# 玉树大地震救灾重建志

## （卷三）灾情灾害志·抢险救灾志

《玉树大地震救灾重建志》编纂委员会　编

方志出版社
Publishing House of Local Records

**图书在版编目（CIP）数据**

玉树大地震救灾重建志 . 卷三，灾情灾害志・抢险救灾志 /《玉树大地震救灾重建志》编纂委员会编 .—北京 ：方志出版社，2024.7

ISBN 978-7-5144-5216-7

Ⅰ . ①玉… Ⅱ . ①玉… Ⅲ . ①地震灾害—重建—玉树县 Ⅳ . ① D632.5

中国国家版本馆 CIP 数据核字（2024）第 015985 号

责任编辑：高孟君
责任校对：张玉霞
责任印制：梅中英
出 版 者：方志出版社
地　　址：北京市朝阳区潘家园东里 9 号（国家方志馆 4 层）
邮　　编：100021
网　　址：http://www.zgfzcb.cn
发　　行：方志出版社图书营销中心（010-67110500）
印　　刷：北京中科印刷有限公司
开　　本：889 毫米 ×1194 毫米　1/16
印　　张：36.25
字　　数：877 千字
版　　次：2024 年 7 月第 1 版
印　　次：2024 年 7 月第 1 次印刷
定　　价：390.00 元

# 玉树

**2010.4.14 7:49**

**7.1级大地震**

4月14日7时49分37.9秒 青海省玉树藏族自治州玉树县发生里氏7.1级强烈地震

总受灾面积约为35862平方千米，重灾区面积约8022平方千米，246842人受灾，

2698人遇难，270人失踪。此次地震为当地有历史记录以来最强烈的地震

4月14日8时许 青海省消防总队玉树支队成立救援组、医疗救护组和县中队看守所增援组，当即开始紧急救援，成为第一支救援部队、第一个救出生命的部队、第一家开设集中安置点的部队

4月14日9时许 青海省委、省政府召开紧急会议，立即启动Ⅰ级应急响应，安排部署抗震救灾和应急处置工作

4月14日10时 卫生部启动自然灾害卫生应急Ⅰ级响应

4月14日上午 温家宝致电强卫，对青海省玉树抗震救灾工作做出重要指示

4月14日中午 受胡锦涛、温家宝委托，回良玉率领国务院有关部门和军队、武警部队负责人紧急赶赴灾区

4月14日11时30分 强卫主持召开十一届省委第92次常委会会议，部署抗震救灾工作

4月14日15时20分 省长骆惠宁一行乘坐专机抵达结古镇，开展现场指挥救援工作

4月14日19时40分 四川省救援队抵达玉树灾区，随即赶赴救援现场。

4月15日11时 甘肃省组织的应急救援队38人、带10辆救护车到达玉树灾区

4月15日17时15分 温家宝乘飞机抵达玉树考察灾情慰问各族干部群众，指导抗震救灾工作

4月15日下午 首架运送震区伤员的飞机抵达西宁机场，38名伤员随即被送往医院

4月17日 卫生部疾病预防控制局局长于竞进带领由25人组成的国家卫生防疫队抵达玉树地震灾区

4月17日 青海省红十字会在西宁市中心广场举行玉树“4·14”抗震救灾大型募捐活动

4月17日 玉树州孤儿学校学生率先复课

4月18日11时 胡锦涛乘专机抵达玉树灾区视察

# 《玉树大地震救灾重建志》编纂委员会

| | | | | | |
|---|---|---|---|---|---|
| **主　　任** | 信长星 | 骆惠宁 | 郝　鹏 | | |
| **常务副主任** | 杨逢春 | 徐福顺 | 马顺清 | | |
| **副 主 任** | 吉狄马加 | 刘春耀 | 韩玉贵 | 余公保 | |
| | 昂旺索南 | 巨　伟 | 王志忠 | 杨松义 | |
| | 王振青 | 高　煜 | 魏守良 | | |
| **委　　员** | 杨汝坤 | 高玉峰 | 曹文虎 | 王予波 | 普日哇 |
| | 刘力群 | 申红兴 | 吴海昆 | 王　绚 | 更　阳 |
| | 毋法祥 | 程丽华 | 纪仁凤 | 赵浩明 | 杨伯让 |
| | 于从乐 | 曹　宏 | 何少民 | 苏　宁 | 张进京 |
| | 张国生 | 解小平 | 王　勇 | 周贤安 | 吴大伟 |
| | 刘贵有 | 龚国平 | 王　莘 | 张晓峰 | 徐华良 |
| | 罗松达哇 | 杨　颐 | 刘山青 | 匡　湧 | 韩建华 |
| | 陈兴龙 | 张黄元 | 乌成云 | 曹　萍 | 王继卿 |
| | 赵　勇 | 金河清 | 陈　锋 | 孙　林 | 索　南 |
| | 李　敏 | 周　斌 | 党　周 | 孙安平 | 张新基 |
| | 温珍才 | 唐赟峰 | 包楚雄 | 邹展业 | 鲁建臣 |
| | 阎　民 | 张世杰 | 张崇明 | | |
| **总　　编** | 杨松义 | | | | |
| **副 总 编** | 李泰年 | | | | |
| **总　　纂** | 杨松义 | | | | |
| **常务副总纂** | 李泰年 | | | | |
| **副 总 纂** | 刘德然 | 史天社 | | | |
| **编　　务** | 师玉洁 | 王　韬 | 李海鹏 | | |

## 《玉树大地震救灾重建志》评审小组

**组　　长**　高　煜

**副 组 长**　杨松义

**成　　员**　曹多珠　王华平　邓尔平　吴解勋　索　南　韩新华　李泰年　王　升　陈宇琪　凌　晨

## 《玉树大地震救灾重建志（卷三）灾情灾害志》编纂委员会

**主　　任**　张新基

**副 主 任**　哈　辉　宋建国　姚宽一

**委　　员**　海　波　周勇智　张晓宁　赵　江　高大伟　景占荣　李卫平　郭臻先　党积明　马千里

**主　　编**　张新基

**副 主 编**　哈　辉　宋建国　姚宽一

**分　　纂**　黄泽荣　曾包红

**副 分 纂**　刘红星　斗　拉

**编写人员**　王绒艳　王　昇　达　杰　安世远　马福全　开晓峰　向　英　李春晖　蒲正鹏　刘恩龙　党积明　叶海年　李生禄　魏永兴　丁生东　索　南　郭方录

# 《玉树大地震救灾重建志（卷三）抢险救灾志》

## 编纂委员会

# 凡 例

一、《玉树大地震救灾重建志》（以下简称“全志”）编纂，以马克思列宁主义、毛泽东思想、邓小平理论、“三个代表”重要思想、科学发展观、习近平新时代中国特色社会主义思想为指导，坚持辩证唯物主义和历史唯物主义的立场、观点和方法，存真求实，全面、客观、系统地记述2010年4月14日发生在青海省玉树藏族自治州玉树县的里氏7.1级地震灾情灾害、抢险救灾、医疗防疫、社会赈灾和恢复重建的全过程，全景展示中共中央、国务院的坚强领导和青海省委、省政府及各族人民群众抗震救灾的奋斗历程，充分展示社会主义制度的优越性和中华民族强大的凝聚力、向心力，大力弘扬大爱同心、坚韧不拔、挑战极限、感恩奋进的玉树抗震救灾精神。

二、全志共分六卷，卷一为《大事记·附录》，卷二为《图志》，卷三为《灾情灾害志·抢险救灾志》，卷四为《医疗防疫志·社会赈灾志》，卷五为《灾后重建志》，卷六为《集体·人物》。

三、各卷记述时限，上限均为2010年4月14日，下限根据记述主体内容有所区别。卷一《大事记·附录》，卷二《图志》下限为2013年12月31日；卷三中的《灾情灾害志》下限为2010年6月20日，《抢险救灾志》下限为2010年8月31日；卷四《医疗防疫志·社会赈灾志》下限为2010年8月31日；卷五《灾后重建志》下限为2013年12月31日；卷六《集体·人物》下限为2014年1月。为保持记述内容的相对完整，对必要的背景内容、捐赠款物统计及与抗震救灾工作密切相关的原始文件、重大事件后续发展等方面，记述时限适当上溯、下延。

四、全志记述的地域范围，灾情灾害部分为玉树大地震的主要灾区，重点记述玉树藏族自治州1个极重灾区（结古镇）、4个重灾区（隆宝镇、仲达乡、安冲乡、巴塘乡）的情况；其他部分为事件相关地域。

五、全志采用述、记、志、传、图、表、录、索引等体裁，以志为主。内容记述，横分门类，纵述史实。篇目结构，除《大事记·附录》外，其余各卷原则上按篇、章、节编次，节下设目。各卷卷首设《编纂说明》。《凡例》中没有涉及但需要说明并作特殊处理的原则和内容，在各分卷《编纂说明》中分别予以说明。全志除《图志》集中编排图片外，其他各卷图片随文插录。图片不编号，表格以各分卷的篇为单位排序编号。所用地图均以国家测绘部门审定的为准。

六、全志采用现代语体文记述，除前言、概述、无题述外，坚持述而不论，寓观点于记述之中。

七、全志涉及国家法律、法规和有关部门规章的，以现行法律、法规和有关部门规章为准。数字用法、标点符号分别采用国家标准《出版物上数字用法》（GB T15835-2011）、《标点符号用法》（GB T15834-2011），计量单位采用国家技术监督局 1993 年 12 月发布的《量和单位》系列国家标准。行文规范，按照全志编纂委员会制定的《〈玉树大地震救灾重建志〉行文规范》执行。

八、全志资料来源为各级档案馆、图书馆和各种媒体及有关单位。统计数字采用省政府统一提供的公开发布的数据和统计局发布的数据。

九、编纂要点。《大事记·附录》居全志之首。《大事记》采用编年体，适当结合纪事本末体，依时间顺序按年、月、日记载玉树大地震救灾重建全过程中的大事、要事、新事、特事。《附录》按文体分类，主要辑存有关抗震救灾和灾后恢复重建的重要文献。

《图志》按专题分类，采用图片下附简要文字说明的形式，直观再现玉树大地震前后灾区面貌和抗震救灾、灾后重建全过程。

《灾情灾害志·抢险救灾志》《医疗防疫志·社会赈灾志》《灾后重建志》为全志的主体部分。其中，《灾情灾害志·抢险救灾志》主要记述玉树地震灾区地理概况、区域历史地震、玉树大地震造成的巨大破坏和次生灾害情况；中国共产党、人民政府、全国各族人民和海内外各方紧急救援玉树地震灾区情况。《医疗防疫志·社会赈灾志》主要记述灾区医疗救护、疫病防治、伤员康复、医疗卫生机构恢复重建等情况；全国各地、国际社会对玉树地震灾区的赈济及捐赠款物的管理发放情况及群众生活安置工作。《灾后重建志》主要记述灾害调查评估、恢复重建工作的组织实施及验收等情况。

《集体·人物》按人物传、人物简介、人物表分类，坚持“生不立传”的原则，以事系人。区分表彰层次，以相应形式记载为抗震救灾和恢复重建做出贡献并受到表彰的英雄集体和模范。

十、全志一般不采用注释，个别特殊需要加以说明的采取页下注或文内括注方式。

十一、鉴于玉树市于 2013 年 11 月 1 日正式挂牌成立，为尊重历史事实，全志对玉树县、玉树市不作统一处理，两称并存。

# 编纂说明一

一、《玉树大地震救灾重建志（卷三）灾情灾害志》由青海省地震局牵头承编，主要参编单位有省民政厅、省国土资源厅、省交通厅、省水利厅、省人口和计划生育委员会、省住房和城乡建设厅、省气象局、省教育厅、省卫生厅、省电力公司（国家电网）、省通信管理局、省邮政管理局、省农牧厅、省广播电视局、中国石油天然气股份有限公司青海销售分公司、省民族宗教事务委员会、省军区、玉树州政府、玉树州地震局。

二、记述地域范围为青海玉树“4·14”大地震灾害涉及区域，以记述极重灾区、重灾区为主，以反映青海省和玉树州灾区情况为主。

三、体例采用篇、章、节、目结构。目下直接记述或设子目记述，以文字为主，辅之以表格、图照，力求全面、真实、完整地记述玉树7.1级大地震及其造成的灾害和损失。行文规范遵守全志凡例规定要求。

四、主体内容包括概述和灾区环境、玉树地震成因及影响、次生灾害、伤亡与灾损共4篇20章及后记。

# 编纂说明二

一、《玉树大地震救灾重建志（卷三）抢险救灾志》由青海省军区牵头承编，主要参编单位有玉树州政府、武警青海总队、省公安厅、省交通厅、省水利厅、省卫生厅、省文化新闻出版厅、团省委、省红十字会、青海机场公司、青藏铁路公司。

二、体例采用篇、章、节、目结构，记述以文字为主，辅之以表格、图照，力求全面、客观、真实地记述玉树大地震抢险救灾基本情况。

三、正文部分横分事类，纵述史实，共设组织领导、组织救援、抢救生命财产、抢修恢复、救灾保障5篇19章。志前设概述，卷末附后记。

四、资金中未注明币种的均为人民币。

五、记述所有省外事务、活动排序均按地理区域划分。

# 总目录

## （卷一）大事记·附录

# （卷二）图　志

# （卷三）灾情灾害志·抢险救灾志

## 灾情灾害志

# 抢险救灾志

# （卷四）医疗防疫志·社会赈灾志

## 医疗防疫志

# 社会赈灾志

# （卷五）灾后重建志

# （卷六）集体·人物

# 目　录

## 灾情灾害志

# 抢险救灾志

# 灾情灾害志

# 众志成城　抗震救灾

# 概　述

# 众志成城　抗震救灾

2010 年 4 月 14 日 7 时 49 分 37.9 秒，青海省玉树藏族自治州玉树县结古镇附近（北纬 33° 2′ ，东经 96° 6′ ）发生里氏 7.1 级强烈地震。地震造成房屋大量倒塌，基础设施大面积损毁，崩塌、滑坡、泥石流等次生灾害隐患剧增，致使人员大量伤亡，城乡产业损失严重。这是玉树地区有历史记录以来破坏最严重、涉及范围最广、人员伤亡最多、救灾难度最大的一次地震灾害，给灾区人民群众的生命财产造成巨大灾难，给灾区经济建设和社会发展带来极其严重的影响。

## 一

玉树大地震发生在巴颜喀拉地块南缘的甘孜—玉树断裂带上。晚新生代以来，青藏高原构造运动强烈，是全球大陆上升幅度最大的地区。随着印度洋板块向北俯冲，青藏高原内部各块体沿若干大型走滑断裂带滑移，其中巴颜喀拉地块就是青藏高原最活跃的地块之一。20 世纪以来，沿该块体边界带已发生过十余次 7 级以上大地震，如汶川 8.0 级、昆仑山口西 8.1 级地震。

甘孜—玉树断裂带规模巨大，为一条形成时间早、切割地壳深的岩石圈断裂，自晚第四纪以来，左旋走滑活动明显。巴颜喀拉地块与其周边的羌塘地块和川滇地块向南西—南方向挤出，且由西向东运动速率加快，而巴颜喀拉地块由于受到东侧四川盆地的阻挡，其南边界向东的运动速率较川滇地块北边界向东的运动速率要小，玉树这次地震就是这种地块体向东不均匀挤出，而沿其边界甘孜—玉树断裂带发生的左旋走滑型地震。

此次地震为前震—主震—余震型，主震震级达 7.1 级，宏观震中位于玉树县结古镇隆洪达附近（北纬 33° 06′ ，东经 96° 85′ ），震源深度 14 千米。截至 2010 年 12 月 7 日，青海省地震局共记录到地震序列 3359 次。其中，5.0 ～ 5.9 级强余震 2 次，6 ～ 7 级 1 次，7.1 级主震 1 次。

此次地震最高烈度等级为Ⅸ度，主要位于玉树县结古镇；地震烈度Ⅷ度区涉及玉树县结古镇、仲达乡、隆宝镇、安冲乡、巴塘乡；Ⅶ度区涉及玉树县结古镇、仲达乡、隆宝镇、安冲乡、巴塘乡、上拉秀乡、下拉秀镇，称多县称文镇、拉布乡、歇武镇；Ⅵ度区涉及玉树县 6 个乡镇、称多县 5 个乡镇、治多县 2 个乡镇、囊谦县 1 个乡镇、曲麻莱县 1 个乡镇、杂多县 2 个乡镇、四川省石渠县 8 个乡镇。

此次地震属于浅源性地震，破坏性强，次生灾害严重。地震的震害特点为地震震级高，震源浅，烈度大，余震不断，持续时间长。地震发生地点靠近城镇，震害现象沿活动断裂呈带状分布，造成严重破坏；灾区设防薄弱，土木结构房屋抗震性能差，破坏严重；地形效应和构造效应明显，震害沿江、沿河谷地带房屋破坏明显严重；灾区环境恶劣，地形、环境、交通、高原反应等加大了救灾难度。

## 二

玉树大地震破坏力强，造成重大人员伤亡和财产损失。地震波及玉树县、称多县、治多县、杂多县、囊谦县、曲麻莱县和四川省甘孜藏族自治州石渠县等7个县的27个乡镇，总受灾面积35862平方千米，其中玉树州受灾面积30445平方千米。地震受灾人口青海省223176人、四川省23666人，共计246842人。地震致使青海境内遇难人员2698人（含失踪270人），其中玉树县1534人、杂多县181人、称多县135人、治多县36人、囊谦县758人、曲麻莱县26人，居住在结古镇的西藏昌都籍人员17人。另外，四川石渠等地也有人员伤亡。

玉树地震灾区范围包括极重灾区、重灾区和一般灾区，其中极重灾区为玉树结古镇。地震断裂带从结古镇南侧穿过，该镇几乎夷为平地，受灾人口占全部受灾人口的40%；重灾区为玉树县隆宝镇、仲达乡、安冲乡、巴塘乡4个乡镇；一般灾区为玉树县下拉秀镇、上拉秀乡、小苏莽乡，称多县称文镇、尕多乡、拉布乡、歇武镇、珍秦乡，治多县加吉博洛镇、立新乡，曲麻莱县巴干乡，囊谦县毛庄乡，杂多县萨胡腾镇、昂赛乡6个县、14个乡镇。

地震造成直接经济损失达228.5亿元，其中青海省226.0亿元、四川省2.5亿元。其中，青海省玉树县损失197.23亿元（含州本级），称多县12.70亿元，治多县5.21亿元，杂多县3.92亿元，囊谦县3.98亿元，曲麻莱县2.97亿元；四川省石渠县2.03亿元，德格县0.17亿元，白玉县0.09亿元，甘孜县0.2亿元。

按照房屋倒塌、严重损坏和一般破坏造成的居民财产损失比例分别按100%、80%和30%的标准，以及生产性固定资产价值、耐用消费品价值等构成居民财产损失的估算标准计算，核定青海省居民财产损失为236250万元，采纳四川省上报损失数据50万元，两省合计为236300万元。

房屋倒塌损坏主要分布在极重灾区和重灾区，一般灾区房屋只受到一般性破坏，基本没有房屋倒塌和严重损坏。青海省农村住房倒损45191户、296337间，四川省农村住房倒损4804户、20096间，两省共计49995户、316433间；青海省城镇居民住房倒损面积457.9万平方米，四川省城镇居民住房倒损面积5.2万平方米，两省合计463.1万平方米。青海省城镇非居民用房倒损面积 166.3 万平方米，四川省城镇非居民用房倒损面积 6.5 万平方米，两省合计 172.8 万平方米。

地震导致全省公共基础设施严重损毁。国道 214 线、省道 308 线桥梁等交通设施损失 91129 万元；供电、通信、石油天然气等市政公用设施损失 128863 万元；损毁水利设施 228 座（个），电力设施 51 座（个），水库 1 座，输配电线路 2814 千米，渠道防洪设施 38.7 千米，水利、电力设施合计损失 118598 万元；134 所学校受损，39204 平方米校舍倒塌，造成危房 192463 平方米，受损校舍 8318 平方米，教育系统设施损失 27312 万元；卫生系统设施损失 15972 万元；广播影视设施损失 9500 万元，文化系统损失 1510 万元；科技系统设施损失 650 万元；环保系统设施损失 5520 万元；宗教活动场所损失 75648 万元；社会福利设施直接经济损失 16692 万元。

地震还造成全省严重的产业损失。农牧业损失 18 亿元。青海省受损工业企业 31 个、受损厂房 31.5 万平方米，附属设施 2265 台（套），核定损失 44337 万元；中央工业企业受损 9 个，核定损失 8827 万元。服务业损失 50402 万元。

地震给四川省造成的直接经济损失为 2.5 亿元。灾区农村房屋损失为 7810 万元，城镇居民住房损失为 1002 万元，城镇非居民用房损失为 933 万元；教育系统损失为 4424 万元，卫生系统损失为 1634 万元，社会福利系统损失为 356 万元，交通设施损失为 4611 万元，广播影视和通信设施损失为 74 万元，水利、电力设施损失为 884 万元，政权设施损失为 325 万元，服务业损失为 200 万元，宗教活动场所损失为 1162 万元，文化系统损失为 50 万元，环保系统损失为 20 万元，居民财产损失为 50 万元，文化遗产损失为 380 万元，矿山资源损失为 40 万元。

## 三

防震减灾是国家公共安全的重要组成部分，事关人民生命财产安全和经济社会可持续发展。青海省地处青藏构造块体东北部，地震活动分布广、强度大、频度高、损失重，是全国地震灾害最强的省份之一。全省有 34 个县历史上发生过 5 级以上地震，93% 以上的地区处于Ⅶ度以上高烈度区，仅 2000—2015 年省内就发生 6 级以上地震 8 次。其中，2001 年昆仑山口西 8.1 级地震是中国大陆地区 60 年来发生的最大震级的地震，2010 年玉树 7.1 级地震造成重大的人员伤亡和经济损失。国务院确定的 2006—2020 年全国 24 个地震重点监视防御区，与青海省有关的有两个，说明青海省面临潜在的地震威胁大，震情形势严峻而复杂，防震减灾任务繁重。

随着青海省经济社会的快速发展和防震减灾形势的变化，全省防震减灾工作取得长足发展，但综合分析，防震减灾工作中还存在一些薄弱环节，这在玉树地震中表现得比较突出：一是工作职责和运行机制尚待细化完善；二是地震监测能力不能适应防震减灾工作的需要；三是地震预测预报能力不足；四是预警与紧急处置系统尚不健全；五是农牧民住宅和幼儿园、学校、医院等人员密集场所抗震设防工作亟待加强；六是各级应急避难场所基础设施亟须完善；七是防震减灾宣传教育普及工作滞后，公众防震减灾常识和自救互救技能有待增强。因此，防御和减轻地震灾害，保护人民生命和财产安全，促进经济社会可持续发展，是一项十分必要和紧迫的任务和责任。玉树大地震给人类诸多启示：

其一，地震是威胁人类的巨大自然灾害之一。中国是一个地震多发的国家，地震研究、减灾防灾，地震基础设施建设及工作能力提高任重而道远。要高度重视加强减灾防灾法规贯彻落实，加强减灾文化建设。群众性的应急避险演练，在发生灾害时可以有效地减轻损失。要继续在防震减灾机制体系、地震专业能力建设和提高全社会的防震减灾意识及素质等方面加大工作力度。

其二，地震无情，大爱无疆。地震是一种自然灾害，反映在社会生活之中则是一种伦理道德关系。应对地震灾害，更多地体现着国家社会治理能力及国家社会的道德精神力量。玉树地震，牵动了亿万国人的心。此次大地震所反映出来的人与人之间的伦理精神与生命关怀感动了中华民族的每一个人。灾害中所生发的“玉树抗震救灾精神”使人们的伦理责任、道德意识再度经历洗礼，从而激发出强大的聚合力量和奋进力量。可以肯定地说，基于灾区人民群众自强不息、艰苦奋斗的生产生活自救自建，战胜地震灾难的力量源泉就在于国家的强大综合国力和各民族的团结一心及无私援助，归根到底就在于党的坚强领导和社会主义制度的优越性。灾难发生后，人们抢救生命的感人事迹，以及一方有难八方支援的火热激情，使大家既看到了一个团结互助的民族，一个勇敢乐观的民族，一个坚强自信的民族，一个自立自强的民族，一个勤劳奋进的民族；也看到了中华民族绵延数千年而没有消亡的原因。这正是国家富强、民族复兴的巨大动力。

其三，多难兴邦，玉汝于成。中华民族是在经受住各种磨难考验中发展壮大起来的。地震造成了灾难，也造就了奇迹。迎着困难，战胜艰险，玉树 3 年灾后恢复重建取得举世瞩目的巨大成就，一个新的玉树傲然屹立在青海高原之上。玉树恢复重建的奋斗历程可歌可泣，令人敬佩，每一个玉树人都不会忘记；玉树恢复重建的经验需要总结，弥足珍贵，各项建设事业都会从中受益。

其四，抗震救灾，医疗先行。地震之后，灾情就是命令，生命高于一切。灾后的医疗卫生工作在抗震救灾、防止次生灾害发生的过程中，是必须重视的关键环节。要坚持医疗卫生条件、队伍、保障优先到位，切实做好医疗救援、生命抢救、心理干预和健康教育、医疗服务、食品与饮用水安全、环境卫生、卫生防疫等各个方面的工作。

其五，安全第一，责任重于泰山。地震灾害主要源自建筑物和各类工程结构性的破坏，直接造成人员伤亡和人类生产生活资料的损失。因此，建筑物和工程结构物科学合理的抗震设防对于防御和减轻地质灾害极为重要。建筑抗震应坚持预防为主的方针。防灾减灾仅有地震的监测预报是不够的，必须走预防为主、综合减灾的道路。应该坚持把震灾预防放在预测预报、应急救援、过渡性安置、恢复重建等各项工作的首位，确立“预防胜于救灾”的指导思想，以提高城镇综合抗震救灾能力为本。建筑抗震应加强新建建筑抗震设计，多道设防，建筑结构设计要以利于建筑抗震为基础。对学校、医院、商场、交通枢纽等人员密集的建筑工程，要增强抗震设防能力。尤其应加强对丙类民用建筑的抗震设防管理，加强城乡自建房屋管理。应鼓励采用抗震性能优良的结构形式和耗能减震体系，提高建筑防震减灾的科技能力和水平。

恩格斯说：“没有哪一次巨大的历史灾难不是以历史的进步为补偿的。”玉树地震造成重大灾害，同时也为人类社会有效防范地震灾害风险留下了宝贵经验。面对任何一次自然灾害，都应该坚持以人民为中心的发展思想，这永远是面对新形势、新挑战，切实减轻地震灾害风险的不二法宝。应该始终坚信，在以习近平同志为核心的党中央坚强领导下，防震减灾事业必将取得进一步发展，玉树的明天，祖国的明天，一定会更加美好！

# 第一篇
# 灾区环境

青海省玉树藏族自治州位于青海省南部，昆仑山脉一巴颜喀拉山系以南，为青海、四川、西藏三省（自治区）交界地带。地貌类型以高原、高山、峡谷为主。整体地形西北高，东南和东部低。区内水系主要有长江、黄河、澜沧江三大水系，气候属大陆性半干旱高山草原气候，是青藏高原重要的畜牧业生产基地和青海省重要的生态屏障区，生态十分脆弱，但地位极端重要。地震灾区自然资源丰富，人文地理、经济地理特色鲜明，区位优势明显。灾区震中玉树县结古镇是玉树藏族自治州、玉树县两级政府驻地，曾是唐蕃古道上的历史重镇。

# 众志成城　抗震救灾

# 第一章　自然环境

## 第一节　地理区位

### 一、灾区范围地形

玉树大地震的极重灾区、重灾区主要处于青海省玉树藏族自治州，波及四川省石渠县 8 个乡镇，属于以牧为主、农牧兼营的地区。整体地形西北高，东南和东部低，地貌大致可以划分为高原区和山原区。最高海拔 6860 米，最低海拔 2587 米，平均海拔 4619.9 米。

高原区主要分布在西北部，地形相对平缓，海拔一般在 4000 米以上。山原区主要分布在东南部，绝大部分区域海拔也都在 4000 米以上，山与原交错分布，河流切割较深。岭谷海拔多在 3500 ~ 3800 米，在河流干流沿岸及其两侧支流零星分布着诸多山间河谷、盆地。侵蚀剥蚀高山区分布在地震灾区的南西一带，平均海拔 4500 米，相对高差 500 ~ 1200 米。沟谷呈 U 形或 V 形，山坡坡度 20° ~ 35° ，山顶浑圆，寒冻风化作用强烈，片状多年冻土发育。上面分布有岩屑坡、融冻泥流等冻土地貌。

### 二、玉树州地理环境

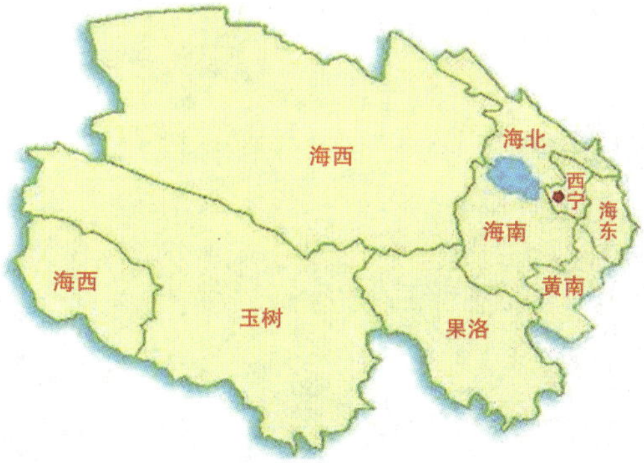

玉树州政区位置示意图

玉树州辖玉树县、杂多县、称多县、治多县、囊谦县、曲麻莱县，地处青藏高原东部、青海省南部、中国第一阶地貌阶梯上。为青海、四川、西藏三省（自治区）交界地带，大部分位于青藏高原面上，西南部为金沙江、澜沧江上游河谷区。

区内地势高亢，山盆发育，山地高大巍峨。

由北往南形成北支博卡雷克塔格山—布尔汉布达山脉，中支巴颜喀拉山山脉，南支唐古拉山脉的山地景观。昆仑山脉—巴颜喀拉山系以南，他念他翁山系以北的通天河流域以及澜沧江上游扎曲三江源区，是以高原、高山、峡谷为主的地形。最低处金沙江水面海拔 3335 米，最高峰布喀达板峰海拔 6860 米，大部分地区海拔 4000 ~ 5000 米。

全州跨有 4 个地貌区：长江源高平原区、唐古拉山高山区、巴颜喀拉山原区和昆仑积石高山区。以山岳（高原）地貌和山原（谷地）两大地貌类型为主。从东南到西北，按高山峡谷—高原山地—低山宽谷—丘状山原 4 级向上依次排列。形成山高、沟深、滩大、谷宽的地貌。

中、西部和北部的广大地区多呈山原状，起伏不大，以低山丘陵、宽谷、湖盆和滩地为主。这一地区，看山是大草山，荒山秃岭较少；望滩是大草滩，石碛沙漠甚微，杂多县的莫云滩、治多县的江荣滩将近 1 万平方千米。辽阔无垠的草原和连绵起伏的丘陵是理想的天然牧场。

中部以东、以南为高原山地和高山峡谷地貌，系横断山脉北端向高原主体部分的转折地段，由长江、澜沧江的 6 条干（支）流自西北向东南并列穿行，岭谷相间，切割强烈，形成高山深谷。冰缘地貌极为发育，占总面积的 70% 以上，冻融作用强烈。

侵蚀中高山分布在中部地带，海拔 3900 ~ 4500 米，相对高差小于 500 米，山顶浑圆，沟谷浅宽，坡度 10° ~ 15° ，冲沟发育。

河谷平原区地形开阔平坦。因受河流的强烈切割，切割深度大于 300 米，堆积物少且不连续，该区土体松散，由第四系松散的卵（砾）石组成，河谷区为玉树灾区主要的农业生产和生活区。

## 三、重灾县区位地形

玉树县处于地震中心地带，位于青海省南部、巴颜喀拉山南麓、唐古拉山东端，北靠通天河，地处玉树藏族自治州东部，东部和东南部与西藏自治区相接，西南部与囊谦县为邻，西部

玉树州山势地貌一角

和杂多县毗连，西北部与治多县相接，北部和东北部与曲麻莱县、称多县以及四川省相望。东西最宽 189.5 千米，南北最长 194.3 千米，总面积 1.57 万平方千米。

玉树县结古镇地处扎西科河与巴塘河交会处，为玉树州、县政府所在地，是青海南部重镇和物资集散地，全州政治、经济、文化、交通中心。

玉树县纵跨长江、澜沧江两大水系，地形复杂，地势高耸，以高山峡谷和山原地貌为主，之间镶嵌诸多山间河谷、盆地。山脉呈北西西—南东东方向，地势大致呈南西高、北东低。境内地势整体以高山、峡谷和山原为主，地形西北和中部高、东南和东部低，最高山峰保俊色海拔 5752 米，东部正达金沙江水面海拔 3350 米，平均海拔 4493.4 米，境内海拔 5000 米以上的山峰有 951 座，大部分终年积雪。玉树地震灾区地处青海南部高原，是青海省域内两大多年冻土区之一，多年冻土分布面积达 14.32 万平方千米。

区内侵蚀剥蚀中高山，主要分布在玉树县境内的通天河、扎西科河和巴塘河谷两侧。山体主要由三叠系灰色岩夹细砂岩、砂岩、石英岩及板岩组成，地势高耸，平均海拔 4500 米，相对高差 500 ~ 1200 米。山体冲沟发育，呈 V 形或 U 形，山体坡度 20° ~ 35° ，山顶浑圆，寒冻风化作用强烈，片状多年冻土发育，其上岩屑坡、融冻泥流及山岳冰川冰蚀冰斗地貌发育，反映了以整体隆升为主的构造运动特点，山体植被覆盖率 60% 以上。山体坡脚处工程活动频繁，开挖边坡工程活动，易导致边坡失稳，产生滑坡、崩塌灾害。

河谷平原区主要分布于通天河河谷、巴塘河、扎西科河一带，由第四系山间冰水及流水堆积的卵（砾）石组成。结古镇南部的巴塘盆地为巴塘断陷谷地。盆地呈条带状近东西向展布，长 50 余千米，宽 3 ~ 5 千米，地形开阔平缓，总体上地形南部和东、西两侧稍高，略向北东方向倾斜，北侧为巴曲河及国道 214 线，中部建有玉树机场。谷地由第四系冲洪积、冰水堆积物卵（砾）石组成。

## 四、重灾区地貌特征

玉树大地震灾区位于青藏高原腹地巴颜喀拉山南部高山区，海拔 3500 ~ 5000 米，平均海拔 4200 米。山体宽阔雄厚，其间为金沙江上游通天河及其支流所分割，河道纵直，河谷深切，切割深度 1000 米以上，谷底一般宽 200 ~ 800 米，横剖面呈 V 字形，灾区居民主要分布于河谷地区。

根据地貌类型 5 级划分要求，玉树地震灾区地貌类型分为：高海拔平原、中海拔平原为 5 级；极高海拔平原、高海拔台地、中起伏中山、小起伏中山为 4 级；高海拔丘陵、极高海拔丘陵、极高海拔台地为 3 级；大起伏高山、小起伏高山、中起伏高山为 2 级；极大起伏极高山、小起伏极高山、中起伏极高山为 1 级。本区地貌类型主要以 1、2 级为主。3、4、5 级地貌类型零星分布。在灾区境内，空间分布上表现为周边高陡，中部相对平缓。

受灾严重的结古镇和隆宝镇地区坐落于扎曲河峡谷上，位于巴颜喀拉山南麓，唐古拉山东端，北靠通天河，山脉呈北西西—南东东方向展布，地势大致西南高、东北低，依据地貌成因和形态类型，地貌可分为侵蚀剥蚀中高山和河谷平原区。

扎曲河谷属构造峡谷，其地形地貌的形成演化主要受控于玉树—甘孜断裂活动构造作用，峡谷呈北西走向，两岸边坡陡峻，最大切割深度达 2000 米。谷底宽 300 ～ 1500 米，谷地河床两侧两岸一般发育有狭窄的两级阶地。其中，Ⅰ级阶地相对河流高度 1 ～ 3 米，属于堆积阶地，由冲积砂砾石组成；Ⅱ级阶地高度 10 ～ 15 米，属基座阶地，地基土呈二元结构，上覆数米厚砾石层，下伏基岩。居民主要集中在相对平缓的河谷阶地区。尤其是玉树州政府驻地的结古镇，城区狭小、人口众多，建筑物密集。

## 第二节　气　象

### 一、气候

玉树地震灾区地处青海西南部牧业区，属大陆性半干旱高山草原气候。高寒是玉树州气候的基本特点，还有寒长暑短，四季不分，只有冷暖两季之别，日温差大，多风少雨，蒸发量大等特点。全年冷季 7 ～ 8 个月，暖季 4 ～ 5 个月，没有绝对无霜期。 全州年日照时数 2467.7 ～ 2789.1 小时，年辐射量每平方厘米 623.5 ～ 674.7 千焦耳，均大于同纬度的东部地区，而日照长波紫外线则比海平面高 10 倍。境内全年大风日数 41.5 ～ 124.3 日，大部分地区在 65 天以上，年均风速 1.1 ～ 5.1 米 / 秒，最大风速可达 28 米 / 秒。高寒缺氧是玉树的基本特征之一，空气中的含氧量只有海平面的 1/2 ～ 1/3。

石渠县属大陆性季风高原气候。气温低，日照长，昼夜温差大，无绝对无霜期。

### 二、气温

地震灾区气候寒冷，年温差小，日温差大。气候寒冷而干湿不均，年平均气温 −0.8℃。

由于灾区平均海拔超过 4000 米，高原高寒气温特征明显，昼夜温差大，全年气候只有冷暖之别，无四季之分，冬季漫长而寒冷，极端最低气温在 −27℃以下，每年有 5 ～ 6 个月以上的时间日平均气温低于 0℃，没有绝对无霜期。由于高原空气干燥、稀薄，白天太阳辐射强，近地层气温高，夜晚地面降温迅速，造成气温日较差较大，年平均气温日较差为 15.2℃。据玉树州各县气象站资料，年平均气温 −4.8℃～ 2.9℃，平均 0℃左右，极端最低气温 −27.6℃。

## 三、降水

降水的显著特点是降水日数多、次数多，但降水强度小。降水变率大，时空分布不均，降水量自东南向西北递减。降水分为旱季和雨季，旱季一般为 11—12 月及来年的 1—4 月，雨季集中在 5—10 月，年平均降水量 450 ~ 550 毫米。年蒸发量 1127.4 ~ 1859.9 毫米。

## 四、灾害

玉树生态环境脆弱，气象灾害多发。主要气象灾害有干旱、冰雹、霜冻、暴雨、雷暴、雪灾和大风等，灾害性天气多，对灾区农牧业生产有较大的影响。年最大积雪厚度 6 厘米。冬季降雪易于形成严重雪灾。农牧区全年无霜期短暂，容易形成冻灾。石渠县主要灾害为暴风雪。

玉树积雪灾害

由于气候寒冷，海拔在 3900 米以上的高山区，为多年冻土区，最大冻土深度为 125 厘米，冰冻期达 225 天，季节冻融厚度在 1.8 米。冻土层的不稳定性易于引发地质灾害，影响工程建设。

# 第三节　水系　水文

## 一、玉树三江源头水系

玉树灾区地处中纬度内陆高原，具有明显的高原气候特点。因接近亚热带的边缘，受到印度洋西南季风和太平洋东南季风的影响，水汽充足，降雨量较多，形成了河流纵横、湖泊众多、水资源丰富的特点。

区内河流分属长江、澜沧江水系，其中长江流域范围内又包括通天河流域、雅砻江流域以及金沙江干流区。长江水系主要河流有通天河、金沙江（位于通天河下游，直门达以下河段始称金沙江）、巴塘河（通天河支流）、雅砻江等，澜沧江水系较大支流有扎曲、子曲。

玉树州处于长江、黄河、澜沧江三大水系上游发源地。黄河干流、支流在州境内总长559千米，长江为3380.2千米，澜沧江为1792千米，总流域面积23.80万平方千米，占全州总面积的89.12%。多年平均径流量1022.3立方米/秒，年径流量324.17亿立方米。理论水力蕴藏量542.7万千瓦，可开发装机容量0.4万千瓦的水电站15座、0.386万千瓦的水电站26座。主要河流概况：

通天河。长江上游干流之一段，原指长江在青海省境内干流段，现特指沱沱河与当曲汇合处至玉树县巴塘河汇入口的长江干流段，位于玉树州境内，流经曲麻莱、治多、称多、玉树4个县。通天河自正源沱沱河与南源当曲汇口开始，向东流入治多县，至莫曲汇口折向东北流，在得列楚拉勃登，长江北源楚玛尔河汇入，成为汹涌澎湃的大河，至此流出江源区；继续向东南流，在德曲汇口以下成为玉树、称多两县界河，至玉树县城附近的巴塘河汇口为止。通天河干流呈弓形，全长813千米，流域面积近14万平方千米。水系发育呈树枝状分布，受水汽来源方向的影响，南岸支流水量一定程度丰于北岸支流。通天河上端海拔4470米，下端海拔3530米，天然落差940米，河道平均比降1.16‰。1956年设立通天河直门达水文站，观测至今，多年平均径流量122亿立方米，多年平均输沙量933万吨，河水清澈，水质良好。

巴塘河。巴塘河是通天河右岸一级支流，位于玉树县境内，因流经巴塘盆地而得名。发源于格拉山北日阿如冬塞以东4千米处，河源海拔5122米。上游称格曲，源流向北，穿过长达34.1千米的高山峡谷，水流湍急。至各琼达出峡，折向西北流，进入玉树县最大的平坦草原——巴塘盆地，右岸支流暗子曲汇入，在上巴塘上游附近纳左岸支流扎巴曲，以下干流始称巴塘河。过上巴塘约2千米多接纳最大支流巴曲，干流复进入峡谷区，穿行约15千米，出峡谷纳左岸支流扎西科河，即至玉树县城所在地——结古镇，干流折向东流，至克南又穿行在深山峡谷之间，直至坎果以下2千米处汇入通天河。干流全长92.3千米，流域面积2480平方千米，干流偏于流域的东部，河口海拔3530米，河道平均比降17.25‰。水系呈扇状，支流较多，其中流域面积大于300平方千米的支流有扎巴曲、巴曲和扎西科河。径流补给以降水为主，流域内年平均降水量500毫米，多集中在7—8月，1960年设立巴塘河新寨水文站，多年平均径流量7.9亿立方米，多年平均输沙量7.87万吨。

扎曲。扎曲为澜沧江干流在青海省境内的别称，位于青海省西南部和西藏自治区的东北部。源出玉树州杂多县西北，唐古拉山北麓的查加日玛以西4千米的高地，河源海拔5388米。干流自河源至陇冒曲汇口名加果空桑贡玛曲，以下至杂纳松多名扎纳曲，再下始称扎曲。河水自西北流向东南，流经囊谦县境后出青海省进入西藏自治区。支流延伸至玉树县。青海省境内干流长度448千米，青海与西藏共界河长约4.5千米，流域面积18509平方千米，省界处河道海拔3516米，落差1872米，河道平均比降4.1‰。河宽100～200米，峡谷段宽30米左右，沙砾石质河床。河流水系发育，青海省境内汇入干流的河流，流域面积在1000平方千米以上的有扎阿涌、阿曲、布当曲和宁曲。径流以降水和冰雪融水混合补给为主，年降水量450～550毫米，多年平均流量138立方米/秒，径流量43.5亿立方米，输沙量310万吨。

子曲。子曲是扎曲一级支流，位于玉树州和西藏昌都地区。源出青海省杂多县扎格俄玛拉东北 2 千米，河源海拔 5428 米。河水由西北流向东南，流经青海省囊谦县，从玉树县以南出青海省进入西藏自治区，流经约 9.5 千米又进入西藏与青海交界地区，于两地交界出口以下 1 千米汇入扎曲。干流全长 290.1 千米，河口海拔 3486 米；青海省境内河长 276.2 千米，青海与西藏共界河长约 4.5 千米，省界处河道海拔 3514 米，落差 1914 米，流域面积 6676 平方千米，河床平均比降 6.9‰，河宽约 70 米，沙砾石河床。径流主要以降水和冰雪融水补给为主，年平均降水量 450 ~ 500 毫米，年平均流量约 63.4 立方米 / 秒，径流量约 19.99 亿立方米。

雅砻江。雅砻江是金沙江左岸支流，发源于青海省巴颜喀拉山南麓，自西北向东南流至呷依寺附近进入四川省境内。干流由北向南流经四川甘孜藏族自治州、凉山彝族自治州，在攀枝花市的倮果注入金沙江。灾区范围内部分位于雅砻江流域上游，控制流域面积 33119 平方千米，多年平均流量 280 立方米 / 秒。

## 二、水文

灾区深居内陆，远离海洋，地势较高，由于受西南暖湿气流及高原季风的影响，加上西风带系统的频繁过境，各路气流沿途水汽补充较多，降水量较其他内陆地区丰沛。灾区水汽来源主要为西南气流即孟加拉湾和印度洋热带西南季风暖湿气流。孟加拉湾暖湿气流沿澜沧江、金沙江河谷进入该区；印度洋暖湿气流沿雅鲁藏布江河谷，翻过唐古拉山进入玉树。东南气流包括西太平洋副热带高压和东南沿海台风输送来的暖湿气流，由于沿途有秦岭等山脉的阻挡，到达灾区时已影响不大。该区域由于地处高寒地带，在西北部分布着大面积的现代冰川，形成了巨大的冰库，是各江河径流补给的主要源泉之一。河流为长江流域、澜沧江流域水系，其中，内流河主要分布在西北部，为向心水系，河流较短，流向内陆湖，外流河有长江和澜沧江两大水系。多年平均水资源量约为 49 亿立方米，为农牧业生产和居民生活提供了保障。

根据灾区所属 7 个县降水统计资料估算，灾区降水量略高于 400 毫米。降水量在年内分布很不均匀，主要集中在 6—9 月，占全年降水量的 70% 以上，10 月至次年 3 月，降水量仅占全年降水量的 10% 左右。灌溉季节 4—5 月降水量占全年的 15% 左右，对农业用水极为不利。

灾区水面蒸发能力从东南向西北递减，并且具有明显的垂直分布规律。区内气象站实测水面蒸发量为 711 ~ 936 毫米，多年变幅较小。干旱指数（水面蒸发量与降水量的比值）在 1.5 左右，属于半湿润区。

区内径流季节性变化剧烈，直门达、新寨站汛期 6—9 月的径流量分别占全年径流量的 72.3%、57.8%。全区径流平均深度约为 133 毫米（灾区所在 7 个县平均数据），呈现从东南向西北递减的趋势。

灾区多年平均水资源量约为 49.2 亿立方米，按现状常住人口 23 万人计算，人均水资源量大于 2 万立方米，水资源十分丰富。灾区人口密度最高的结古镇，人均水资源量也大于 3000 立方米，属于水资源丰富地区。加之区内过境河流水量较大，水资源量并非灾区区域发展和重建的制约因素。

## 三、陆地水域

陆地水域包括河流、湖泊、水库、坑塘水面及苇地、滩涂等类型。冰川储量1899.9亿立方米。在西部的可可西里地区，有众多的内陆湖泊。重建规划区27个乡镇水域面积为2.13万公顷，占全区土地总面积的0.58%。上拉秀乡水域面积最大，达到3167.42公顷。重建规划区27个乡镇的水域主要分布于海拔在4000米以上的地域，比重达70.14%。分布在坡度5°以下的水域总面积11006.42公顷，占51.72%。

## 四、地下水

据估算，地下水资源为114.92亿立方米。

**（一）冻结层水**

区内海拔4300米以上地区广泛分布多年冻土，冻结层上水是区内一种受季节性控制的地下水，广泛分布在山间平原、河谷两侧。单泉流量一般在0.5～3.0升/秒。冻结层下水为多年冻土区地下水，其相态稳定，一年四季都处于液态。冻结层下水主要通过融区排泄，径流迟缓，其天然露头在寒季形成冰锥或冻胀丘，冻结层下水主要接受山间湖塘及冰川融水的补给，矿化度多小于1克/升，化学类型以$HCO_3$–Na·Ca型水为主。

**（二）基岩裂隙水**

主要分布在低于4200米以下的通天河沿岸，由于降水量多在年500毫米以上，大气降水补给充沛，基岩内构造裂隙与风化裂隙发育，富水性强。含水层为三叠系的砂岩、板岩，单泉流量1.0～10升/秒，矿化度低，以$HCO_3$–Ca型或$HCO_3$–Ca·Mg型水为主。

**（三）碳酸盐岩类裂隙岩溶水**

主要分布在玉树县以南的基岩山区，由三叠系、泥盆系的灰岩构成，透水性强、储水性好。大多数单泉流量1.0～3升/秒。矿化度都低于0.5克/升，水化学类型为$HCO_3$–Ca型或$HCO_3$–Ca·Mg型。

**（四）碎屑岩类风化层孔隙裂隙潜水**

分布于基岩山前地带，含水层岩性为第三系砾岩、泥岩，单泉流量小于0.1升/秒，属$HCO_3$–Ca型水。

**（五）松散岩类孔隙水**

主要分布于扎曲、子曲河谷下游地带。因河谷强烈切割，基座阶地发育，地下水以泉的形式排泄于阶地前缘，矿化度多小于0.3克/升，属$HCO_3$–Ca型水。

## 五、供水用水

中华人民共和国成立以来，灾区范围内新建一些保障民生的水利工程，形成以引水工程为主的农灌供水系统，引水管道、蓄水池、机井、土井相结合的农牧区人畜饮水供水系统，以傍河水源地为主的城镇自来水供水系统。其中，作为县城所在地的乡镇均有自来水供水系统，但覆盖率并不高，供水人口仅占县城集中区人口的一半左右，其他人口用水为河水、土井等分散取水方式。以结古镇为例，城镇常住人口为 5.8 万人，自来水覆盖的人口仅 3.1 万人，其余 2.7 万人采取分散取水。

灾区灌溉农业面积不大，几乎无工业产业，人均用水量较少，不足 200 立方米，其中县城人均用水量不足 100 立方米。由于境内河流水量丰富，现状水资源开发利用率很低，社会经济用水对河流流量、水质的影响均十分有限。

## 六、水文地质条件的影响

地下水的运移对崩塌、滑坡的产生，特别是滑坡的失稳破坏起着一定的促进作用。

地表水、大气降水大量渗入岩（土）体孔隙、裂隙中赋存、运动，对岩（土）体产生软化、润滑和动水压力作用，使岩（土）体强度降低，内摩擦力显著减少，加速崩塌滑坡的形成。

地表水、大气降水渗入坡体，增加上覆土体的重量而引起滑坡。

地下水潜蚀及地表水冲刷作用不仅使沙砾石地层组成的高陡斜坡地段产生崩塌或滑坡，而且增加泥石流物源量。

地下水对滑带岩（土）体的浸润作用，使其抗剪强度降低而促进滑坡滑动。

# 第四节　光热条件

## 一、年积温

玉树灾区重建规划区大于和等于 0℃年积温在 293℃～2346℃，地区间差异极大，其一般规律是由西北向东南递增。在各乡镇中，平均年积温最低（小于 550℃）的地区包括治多县东部的加吉博洛镇、杂多县东部的萨呼腾镇、曲麻莱县南部的巴干乡、称多县中南部的尕朵乡和珍秦镇、石渠县的德荣马乡和尼呷镇 7 个乡镇。年积温较低（550℃～670℃）的地区包括杂多县东部的昂赛乡，治多县东部的立新乡，玉树县西北部的上拉秀乡、隆宝镇、安冲乡，石渠县中西部的蒙宜乡、俄多马乡、真达乡共 8 个乡镇。年积温中等（670℃～790℃）的地区包括玉树县南部的下拉秀镇等，石渠县西南部的奔达乡、正科乡、洛须镇，称多县南部的称文镇、拉布乡和歇武镇共 10 个乡镇，该地区部分海拔较低的区域适宜种植老芒麦、披碱草、燕麦、中华羊茅、冷地早熟禾等耐寒优质牧草。年积温较高（790℃～910℃）的地区主要是玉树县的结古镇，该地区部分海拔较低的区域适宜种植牧草以及青稞、马铃薯、豌豆、油菜等农作物。年积温高（大于 910℃）的地区仅分布于规划区南部低海拔河谷地区，即囊谦县毛庄乡，面积很小，部分海拔较低的区域适宜种植小麦等农作物。

根据评价统计，大于和等于 0℃年积温中等（670℃～790℃）分级的地区面积最大，占总面积的 31% 左右；低（小于 550℃）和较低（550℃～670℃）分级的地区面积分别占 30.8% 和 33.2%；而高（大于 910℃）和较高（790℃～910℃）地区面积仅占 2.2% 和 2.7%，这表明该地区大于和等于 0℃年积温以中等和较低为主。

## 二、总热辐射

玉树地震地区光照资源丰富，太阳辐射强，日照时间长，具有由西北向东南递减的规律。曲麻莱县南部地区的巴干乡太阳总辐射最高，达 5861 兆焦 / 平方米以上，治多县东南部的加吉博洛镇、立新乡，玉树县北部的隆宝镇等，称多县西南部的尕朵乡和称文镇等 8 个乡镇地区总辐射次之，为 5780 ～ 58401 兆焦 / 平方米。称多县南部的珍秦镇、拉布乡、歇武镇，玉树县中南部的上拉秀乡、下拉秀镇、巴塘乡、小苏莽乡，石渠县西部的真达乡共 8 个乡镇的总辐射中等，一般为 5720 ～ 57801 兆焦 / 平方米。杂多县西部的萨呼腾镇、昂赛乡，囊谦县东部的毛庄乡，石渠县中西部的俄多马乡等 8 个乡镇的总辐射为 5660 ～ 5720 兆焦 / 平方米，处于较低水平。石渠县西南部的洛须镇、蒙宜乡等地区总辐射最低，一般在 5660 兆焦 / 平方米以下。规划区大部分地区都适宜发展太阳能，特别是西北部地区辐射量极为丰富，是发展分散式太阳能发电的极佳地区。

根据统计，该地区总辐射中等（5720 ～ 57801 兆焦 / 平方米）分级的地区面积最大，占总面积的 38% 左右；较高（5780 ～ 58401 兆焦 / 平方米）和较低（5660 ～ 57201 兆焦 / 平方米）分级的地区面积分别占 30.2% 和 24%；而最高（大于 5840 兆焦 / 平方米）和最低（小于 5660 兆焦 / 平方米）分级的地区面积仅分别占 5.4% 和 2.5%。这表明该地区太阳总辐射以中等和较高水平为主。

## 三、光热利用

规划区域内光热资源具有明显的地带性分布规律和区域差异，可按其特点和规律配置生产活动，在西部地区以发展季节性放牧畜牧业为主，在东部和南部地区可根据其自然条件，种植优质牧草，建立高效的饲草料生产基地，在适宜地区依托生态移民定居点等，发展集约型舍饲育肥畜牧业。在南部热量条件充裕的河谷平坝地区，可发展种植业，特别鼓励轮作；在适宜地区可采用地膜、温室大棚等农业生产方式，提高生产效率。

光照资源丰富是该地区的一大优势，特别是在人烟稀少的西部地区，大力发展分散式的风—光互补发电设备，是一项亟待推广的工作。

# 第五节　地　质

## 一、地层岩性

### （一）前第四纪地层

玉树地震灾区内的前第四纪地层主要由古生界奥陶系、泥盆系、二叠系；中生界三叠系、新生界古近系、新近系等组成。

1. 古生界奥陶系

玉树地震灾区内奥陶系地层呈北—南东向分布。其岩性比较单调，为灰色石英砂岩、板状石英粉砂岩、硅质板岩。为变余泥质结构，板状构造。区内出露厚度超过 717.07 米。

2. 泥盆系

玉树地震灾区中部零星出露中上泥盆系地层。地层呈北西西至南东东向展布，其岩性为一套中厚层、灰黑色、紫红色灰岩为主，微晶结构，中厚层状构造。表层风化强烈，节理裂隙发育，出露厚度 184.37 米。

3. 二叠系

玉树地震灾区只出露了下二叠系，分别在东北中部及西侧中部。从岩性上可分为两个段，即上部灰岩段，下部砂板岩段。岩性为灰色灰岩、砂岩、板岩等。中厚层状构造。区内出露厚度为 509 米。

4. 中生界三叠系

三叠系地层是地震灾区分布最广的地层。为一套滨海—浅海相的轻变质的碎屑岩、碳酸盐岩建造。岩性由细砾岩、含砾粗砂岩、砾粗砂、粉粗砂和板岩夹灰岩组成。地层出露厚度大于 1000 米。

5. 新生界古近系

呈零星小面积分布在地震灾区西部。岩性为橘红色、紫红色沙砾岩和砂岩、含砾粗砂岩、粉砂岩组成。由于出露面积较少， 出露厚度不详。

6. 新近系

小面积零星分布在隆宝镇一带。岩性以中厚状橘红色、紫红色粉质黏土岩、砂岩夹粉砂岩、含砾砂岩组成。出露厚度约200米。

玉树地震灾区侵入岩（γο52、γπ52、δο51、δυ51）小面积零星分布在区内的东南部，主要呈北西—南东向分布，以华力西中期中酸性侵入岩，印支期以—基性侵入岩为主。主要受构造控制。岩性以灰白色，灰色石英闪长岩和花岗岩为主。似斑状结构，块状构造。

**（二）第四纪地层**

玉树地震灾区内的前四纪地层主要由上更新统、全新统组成。

1. 上更新统

上更新统冲积层在地震灾区分布极少，在通天河与扎曲河中，局部发育有三级阶地，由于河流下切强烈，河谷呈V字形，阶地不发育，在河谷两侧仅局部残存有三级阶地，一般为数十平方米。沉积物为半胶结的砾石层、砂层。

2. 全新统

全新统冲积层主要分布在河床、河漫滩及阶地之上，以砾石堆积为主。由于本区山势陡峻、水流湍急，很难分辨典型的冲积层和洪积层。在河流的出口处或冲沟前缘多造成洪积扇。

## 二、岩土体工程地质特征

**（一）坚硬块状侵入岩组**

主要由花岗长岩、二长花岗岩及石英闪长岩等组成，硬脆，裂隙发育，表面多呈球状风化，岩石破碎，呈块状结构。单轴饱和抗压强度为60～200兆帕，岩体坚硬。岩体表面呈微风化—弱风化状，节理发育。

**（二）较坚硬层状变质岩岩组**

主要由灰黑色砂岩、砂板岩、灰岩等组成。中厚层状结构，岩体较完整，强风化厚度一般3～5米，弱风化下限深度10～15米。岩石单轴饱和抗压强度30～60兆帕，软化系数0.75。该岩组在省道308线、通天河左岸普遍分布，岩体裸露，易发生崩塌、滑坡、斜坡失稳地质灾害。

**（三）软弱层状碎屑岩岩组**

该岩组主要由古近系、新近系红色碎屑岩组成，岩性变化大，成岩程度低，干抗压强度一般小于30兆帕，软化系数小于0.3。该岩组抗水性差，软化、崩解现象明显。该岩体在斜坡前缘易形成危岩体，易产生崩塌、滑坡。

## 三、土体工程地质特征

**（一）均一结构的卵石、砾石土体**

分布于河谷河漫滩，Ⅰ级阶地地带以及山前倾斜平原地带，岩性以卵石、砾石或碎石、块石为主。

**（二）非均一结构碎块石土**

主要分布于河谷两岸及各支沟沟口，多呈扇状覆于阶地之上，为泥石流堆积物，成分不均匀，为粉土、砾（卵）石、碎（块）石土体，无层理，结构松散。

**（三）冻土**

玉树地震灾区是片状、岛状多年冻土和季节冻土并存地带，属中纬度、高海拔型多年冻土，由于海拔高程、经纬度及地形地貌和气候条件等区域差异，导致冻土的分布、厚度、温度具有明显的地带规律。在同一纬度同一海拔高程条件下，阴坡 4250 米，阳坡 4300 米，为多年冻土的下限。

### 四、人类工程经济活动特征

玉树州总体经济发展水平较低，产业结构以牧业为主，工业以及其他产业基础薄弱。但随着社会的发展、人口的增加，特别是西部大开发的实施，基础设施建设、地方特色旅游业迅速发展，人类工程经济活动的深度和广度都得到了扩展。伴随而来的种种不合理的经济开发和利用、改造自然界的行为正在加速破坏着地质环境，使地质灾害的发生呈现出总体增加态势。具体地讲，区内人类工程的活动对地质环境的主要破坏方式为削坡取土、人工开挖坡脚。

由于当地牧民削坡取土、建房，人为形成了斜坡；爆破或人工切坡修建的主干公路两侧等重要工程，缺乏坡脚或坡体维护设施，后期流水作用、风化作用、冻胀作用加剧改变了原岩（土）体结构，破坏了原岩（土）体的整体性，为崩塌、滑坡的形成创造了地貌临空条件。

## 第六节　自然资源

### 一、植被与动植物资源

玉树州森林主要分布在海拔 3360 ~ 4800 米，垂直分布明显，依次是高山峡谷灌丛、针叶林、混交林、高山草甸灌丛。灌木主要在阴坡、半阴坡，分布范围广、盖度相对大，阳坡稀少；针叶林地主要分布在阴坡、半阴坡。全州有江西、东仲、白扎三大原始林区。林地面积为 39 万公顷，灌木林地面积为 29.8 万公顷，活立木储量为 707 万立方米，森林覆盖率为 1.7%，林业年产值为 100 万元。

林地资源及其空间分布特征：重建规划区 27 个乡镇林地资源总面积为 25.07 万公顷，占全区土地总面积的 6.88%。位于山原区的巴塘乡、毛庄乡、下拉秀镇和小苏莽乡的林地面积较大，均超过 2 万公顷，4 个乡镇林地面积之和达到 12.04 万公顷，占全区总林地面积的 48.03%。从占该乡镇土地总面积的比重来看，位于山原区的洛须镇比重最大，达到45.87%；其次是毛庄乡，占32.16%。林地分布随地形高程和坡度变化分异显著。林地集中分布于海拔3800米以上且坡度在8º以上的地域。分布在3800米以上的林地占重建规划区林地总面积的比重达94.22%。其中，分布在4000～4500米的占66.37%；地形坡度在8º以上的林地占90.65%、8º以下的林地仅占9.35%。

川西云杉林地

玉树地区地形以山地为主，植被类型主要为高山草甸和高寒草原植被。牧草地资源及其空间分布特征：重建规划区27个乡镇牧草地资源丰富，且分布广泛，覆盖全区。27个乡镇牧草地总面积为283.96万公顷，占全区土地总面积的77.88%。从面积上看，牧草地资源最丰富的地域集中分布在隆宝镇、下拉秀镇、萨呼腾镇和上拉秀乡，其牧草地资源面积均在20万公顷以上，4个乡镇牧草地资源面积之和占全区的33.32%。从所占本乡镇总面积比例上看，全区27个乡镇牧草地所占比例大多在60%以上。其中，俄多马乡达90.2%，有13个乡镇在80%以上，洛须镇最低，只占28.65%。重建规划区27个乡镇牧草地资源集中分布于海拔4000米以上的地域，呈现出随高程降低而分布减少的趋势。分布在4000米以上的牧草地资源占96.06%，在3500～4000米的占3.73%，在3500米以下的牧草地仅占0.21%。地形坡度对牧草地资源分布的影响不显著，不同坡度的分布比例差距不大。玉树地区植被分布极不均匀，益曲河谷地段、扎曲河谷地段植被覆盖率较差，在40%左右；子曲河谷地段水土流失较严重，易发生泥石流；中高山区和宽广河谷区植被覆盖率大于80%，水土流失轻微。

植物组成简单，群落一般较低矮，多镶嵌和重叠，生长缓慢，达到寒温性针叶林分布海拔极限。全市有种子植物63科340余属1440种左右（包括变种、变型和亚种），约占青海种子植物的40%。植物区系成分以北温带植物为主，热带和亚热带植物极少。主要植物有小檗、高山绣线菊、茶藨子、锦鸡儿、白桦、川西云杉、大果圆柏、细枝圆柏、银露梅、金露梅、山生柳等。

玉树州已查明的各类中药材有913种，其中植物类药材808种，著名的有虫草、知母、贝母、大黄、雪莲等；可食野生植物有蕨麻（俗称“人参果”）。石渠县药用植物已查明的有271种，盛产虫草、贝母、鹿茸、麝香、大黄、羌活、知母、马勃等野生动植物药材；盛产“邓柯枸杞”“石渠白菌”，人参果遍地皆是。

玉树农作物品种主要有青稞、豌豆、马铃薯、油菜、芫根。

玉树州动物种类较多，资源丰富。有各种珍禽异兽，主要有野牦牛、野驴、藏羚羊、岩羊、黄羊、白唇鹿、马鹿、金钱豹、雪豹、猞猁、棕熊和珍禽黑颈鹤、马鸡、雪鸡等。鸟类品种为青海省之首，兽类品种居青海省第二。有包括雪豹在内的中国国家一级野生保护动物 7 种，在世界上引起关注并视作危险和濒危对象野生动物有 9 种，是青藏高原三江源区域中野生动物重要繁殖栖息地之一。有动物种类药材 80 种，主要有鹿茸、麝香等。

三江源地区河流湖泊众多，水面类型多样，水产资源十分丰富。主要鱼类为鲤科裂腹鱼亚科的冷水性鱼。

黑颈鹤

隆宝国家级自然保护区总面积 10000 公顷，湿地面积 5000 公顷，约占保护区核心区面积的 66.02%。该区分布鸟类有 14 目 28 科 61 种，国家一级重点保护鸟类有黑颈鹤、玉带海雕、黑鹳、金雕、胡兀鹫 5 种，国家二级重点保护鸟类有大天鹅、灰鹤等 9 种，被中国鸟类专家誉为“黑颈鹤之乡”。

可可西里藏羚羊

玉树州治多县可可西里自然保护区面积 4.5 万平方千米，是中国最大的一片无人区，也是最后一块保留着原始状态的自然之地。这里山峦巍峨连绵、河流纵横交错、湖泊星罗棋布、冰川冷峻挺拔，是野生动物的天堂，有野牦牛、藏羚羊、野驴、白唇鹿、棕熊等 230 多种野生动物生活在广阔的土地上。

石渠县境内药材资源种类多、数量大，既有珍贵药材品种，又有大宗粗药材，是甘孜州药材主产区之一。

石渠县珍稀动物有羚羊、野牦牛、丹顶鹤等，还有鹿、盘羊、野马、獐、狐狸、水獭、旱獭等。县境内有白唇鹿、雪豹、藏羚羊、黑颈鹤等国家一级保护动物 9 种、二级保护动物 34 种。全县有省级白唇鹿保护区两处。

## 二、土壤与土地利用

玉树地震灾区土壤自然类型较为简单，以高山草甸土为主，分布在整个地震灾区。主要土壤类型包括高山寒漠土、高山草甸土、高山草原土、山地草甸土、灰褐土、栗钙土、草甸土、潮土、沼泽土和泥炭土等。其中，在寒冷、半湿润气候条件下形成的高山草甸土分布最广，是畜牧业经济产值较高的草场土壤；其次是灰褐土，分布于西南部，属温带半干旱、半湿润气候条件下形成的产物，多在狭窄谷地；高山寒漠土及沼泽土，零星分布于中部。

2010 年，玉树州土地面积 26.7 万平方千米，草原草地占全州面积的 71%。全州水土流失面积 9.4 万平方千米，约占土地总面积的 35%，土地侵蚀、荒漠化危害呈上升趋势。土地沙漠化面积达 1.95 万平方千米，裸岩砾石地面积 1.2 万平方千米。农业耕地面积占比小。耕地面积

1.38万公顷，农作物总播种面积1.22万公顷，分别占全省的2.5%和2.4%。其中，粮食作物播种面积9800公顷，油料播种面积418.7公顷，蔬菜种植面积363.8公顷。

2010年，玉树县全县总面积1.57万平方千米，约占全州总面积的5.89%，有耕地4873.33公顷，农业人口人均耕地4.85亩。玉树县结古镇的土地利用以牧草地为主体，占86.8%，其他各类用地的情况分别为耕地2.79%、林地8.69%、建设用地0.52%、水域0.003%、裸岩砾石地1.19%。结古镇的土地利用在空间分布上呈现出以下基本特征：牧草地分布广泛，覆盖全镇。耕地主要分布在河谷地带或山间小盆地，高程在4000米以下的耕地总面积为2663.89公顷，占全镇耕地总面积的95.08%；坡度在15°以下的耕地面积为2025.61公顷，占全镇耕地面积的72.3%。城镇建设用地集中分布在结古镇周围，农村居民点用地沿河谷延伸呈零散聚落分布，建设用地地形高程在4000米以下的占98.4%，地形坡度在15°以下的占85.05%。结古镇方圆5千米范围内的区域属于结古镇核心带，在其地形高程4000米以下、坡度在8°以下的土地利用类型中，牧草地所占比例最大，占总面积的40.73%，然后为耕地、建设用地、林地，分别占38.18%、12.69%、9.31%；耕地、林地、草地、建设用地主要集中在高程3500～3800米且坡度在5°以下的地域，分别占到各土地利用类型的47.16%、50.66%、52.57%、75.34%。结古镇核心带后备适宜建设用地数量可观，发展和建设条件相对较好，具备一定规模的增量人口集聚和工业化、城镇化发展条件。

称多县是一个以草原畜牧业为主，兼有小块种植业的农牧结合县。全县草原辽阔，有可利用草场105.6万公顷；耕地2166公顷，均属河谷地开垦而成。

治多县是一个以藏族人口为主的纯牧业县，全县草原总面积387.93万公顷，其中可利用草原面积260.07万公顷，可利用率约为67%。

杂多县是一个藏族集聚的纯牧业县，总面积30161平方千米，草场面积23.6万公顷，其中可利用草场23.5万公顷，约占草场总面积的99.58%。

囊谦县是一个半农半牧县，总面积12741平方千米。

曲麻莱县地处青海省西南部，为黄河源头第一个藏族聚居的纯牧业县，全县土地总面积为52446平方千米。

2010年，石渠县土地总面积25191平方千米，拥有可利用草地1908342.8公顷。石渠的草地沙化面积也比较严重，草地“三化”面积约占总面积的70%。

## 三、矿产资源

2010年，玉树县主要矿产资源有银、铅、锌、沙金等。矿种多、门类全，储量丰富，有色金属矿产有铁、铜、铅、锌等，贵金属矿产有金、银，燃料矿产有煤，非金属矿产有黏土、石灰岩等。具有开发前景的矿产资源有赵卡隆铁铜多金属矿（属P级储量）、隆宝镇可漏沙金矿（属C级储量）、巴塘乡挡托铅锌矿及岗饮铜矿等。

杂多县矿产丰富，有沙金、铜、钼、碱、石棉、水晶、食盐、煤等矿产资源。

称多县有沙金、锑、锰、铜等矿产资源。

治多县境内蕴藏着丰富的金、银、铜、铁、锌、石棉、芒硝、水晶、盐、煤等，但因境内地形复杂、海拔高、交通不便等原因还未开采。

囊谦县根据初步探查，境内有金、银、铜、铁、铅、锌、锡、石膏、硫黄、石灰石、煤、盐等矿产资源。其中，卤水盐储量丰富，开采历史逾百年，平均年产量 4000 吨。在全县 8 个盐场中，仅达改盐场的勘探储量就在 4000 吨以上。煤储藏量较大，分布于东坝乡、白扎乡、娘拉乡、香达镇、着晓乡境内，其中东坝乡豹草沟和尕松山 2 个矿点煤储量在 227 万吨以上，铅、锌、锡、铁等金属矿产资源储量也比较丰富。

曲麻莱县是青海产金地区，采金历史悠久。其他矿藏也较丰富，如天然碱和岩盐都有较丰富的储量。已勘探的矿产地（包括矿床、矿点及矿化点）有 261 处。初步探明的矿种有金、银、铁、铜、钼、铝、锌、锑、锂、盐、铍、铌、钽、镉、煤、泥炭、硫铁、食盐、芒硝、石膏等 20 种。

石渠县蕴藏的矿产资源丰富，主要有金矿、铜矿、锂矿和稀有金属矿。

# 第二章　人文地理

## 第一节　人口　民族

玉树州辖 6 个县，共有 10 个镇、35 个乡、257 个村（牧）民委员会，另有海西州代管的唐古拉山乡。

根据以 2010 年 11 月 1 日零时为标准时点进行的第六次全国人口普查快速汇总数据，玉树州常住人口为 378439 人，常住人口中共有家庭户 92091 户，家庭户人口为 367121 人，平均每个家庭户的人口为 3.99 人。

在全州常住人口中，男性人口为 194762 人，占 51.46%；女性人口为 183677 人，占 48.54%。

在全州常住人口中，0 ~ 14 岁的人口为 120574 人，占 31.86%；15 ~ 64 岁的人口为 238453 人，占 63.01%；65 岁及以上的人口为 19412 人，占 5.13%。

在全州常住人口中，汉族人口为 11685 人，占 3.09%；各少数民族人口为 366754 人，占 96.91 %。其中，藏族 365169 人，占 96.49%；回族 827 人，占 0.22%；土族 281 人，占 0.07%；撒拉族 301 人，占 0.08%；蒙古族 62 人，占 0.02%；其他少数民族 114 人，占 0.03%。

**玉树州、县常住人口的地区分布情况表**

表 1-1

| 地区 | 人口数（人） | 2010 年占比（%） | 人口密度（人 / 平方千米） |
|---|---|---|---|
| 玉树州 | 378439 | 100 | 2.00 |
| 玉树县 | 120447 | 31.83 | 8.95 |
| 杂多县 | 58268 | 15.40 | 1.75 |

续表 1-1

| 地区 | 人口数（人） | 2010 年占比（%） | 人口密度（人 / 平方千米） |
|---|---|---|---|
| 称多县 | 55619 | 14.70 | 4.03 |
| 治多县 | 30037 | 7.94 | 0.45 |
| 囊谦县 | 85825 | 22.68 | 7.44 |
| 曲麻莱县 | 28243 | 7.46 | 0.56 |

在全州常住人口中，居住在城镇的人口 121521 人，占 32.11%；居住在乡村的人口 256918 人，占 67.89%。同 2000 年第五次全国人口普查相比，城镇人口增加 67998 人，城镇人口比重由 19.91% 上升为 32.11%，上升 12.2 个百分点。全州平均人口密度为 2 人 / 平方千米。

### 玉树州各县城镇化率情况表

表 1-2

| 地区 | 城镇人口（人） | 乡村人口（人） | 城镇化率（%） |
|---|---|---|---|
| 玉树州 | 121521 | 256918 | 32.11 |
| 玉树县 | 56802 | 63645 | 47.16 |
| 杂多县 | 20671 | 37597 | 35.48 |
| 称多县 | 4644 | 50975 | 8.35 |
| 治多县 | 12293 | 17744 | 40.93 |
| 囊谦县 | 18358 | 67467 | 21.39 |
| 曲麻莱县 | 8753 | 19490 | 30.99 |

第六次全国人口普查快速汇总数据显示，同处玉树地震灾区的四川省石渠县 2010 年常住人口 80834 人，城镇化率为 8.49%。

### 2010 年全国第六次人口普查石渠县情况表

表 1-3

| 统计项目 | 数据 |
|---|---|
| 常住人口（人） | 80834 |
| 户籍人口（人） | 82692 |
| 城镇常住人口（人） | 6859 |
| 城镇化率（%） | 8.49 |
| 男性（人） | 41299 |

续表 1-3

| 统计项目 | 数据 |
|---|---|
| 女性（人） | 39535 |
| 男女比例（%） | 104.5 |
| 少数民族比例（%） | 97.96 |
| 家庭户数（户） | 21824 |
| 户规模（人/户） | 3.68 |

# 第二节　文化地理

## 一、玉树州民族文化

玉树是青海省的一个藏族自治州。在这片广袤的高原上，距今 4000 多年前就有人类活动。玉树康巴民俗浓郁、佛教寺院林立、汉藏文化融合，形成了古老神奇而又灿烂独特的民族文化。其中，最具代表性的有嘛呢文化、康巴歌舞等。

**（一）嘛呢文化**

嘛呢文化是指以玉树地区的嘛呢石经城和文成公主进藏遗留的传说、建筑及习俗集结而成的历史文化遗产。信佛藏民在一块块白石头上刻写《六字真言经》和《大藏经》，还有各种佛像和吉祥图案，并饰以五彩，成为嘛呢石刻。唐贞观十五年（641），文成公主进藏，玉树地

嘛呢石刻

位于玉树县结古镇的结古寺

区就有了汉、藏、梵 3 种文字的石刻。最早的六字真言石刻距今已有 2000 多年历史。

**（二）康巴歌舞**

康巴歌舞在青海民间歌舞中独树一帜，别具风采，有着极高的艺术观赏价值。玉树地区歌舞的兴起，年代久远。结古寺一世喜那活佛有着非凡的艺术天赋，他独创的 100 多种“多顶求卓”，奠定了玉树成为歌舞之乡的基础。加上玉树毗邻藏、川、滇的地位优势，不断吸收这些地区藏族歌舞的优秀成果来丰富自己的文化艺术创作，日积月累，歌舞成为玉树人的一大精神需要和文化特色。“会说话就会唱歌，会走路便会跳舞”成为康巴人的一个重要性格特征。

## 二、玉树州旅游景点

玉树州自然、人文景观很多，许多景点极具特色。最著名的有结古镇、通天河、可可西里、群果扎西、唐蕃古道、文成公主庙等宗教古迹、风景名胜。

**（一）结古镇**

结古镇是玉树州政府、玉树县政府所在地。结古的藏语意为“货物集散的地方”，是一个当地古今人文、经济、历史、文化荟萃的地方。玉树全县的海拔在 4500 米左右，附近海拔在 5000 米以上的山峰有 900 多座，淡水湖泊和河流遍布全境，结古镇便是一个观赏自然美景的旅游佳地。结古镇附近的草甸草场面积广大，玉树草原一直以独特的风情闻名于外。每年 7 月 25 日至 8 月 1 日举办玉树赛马会，结古镇就会在这个规模最大的藏民族盛会中欢腾起来。

**（二）通天河**

沱沱河与当曲在囊极巴陇地区汇合后称通天河。长江的正源沱沱河发源于各拉丹冬，通天河是长江流经玉树州的名字，全长 800 千米，穿行于唐古拉山脉和昆仑山脉的宽谷之中。在距离结古镇 20 千米的地方就可看到三江源自然保护区的纪念碑，旁边就是气势磅礴的通天河。这里风光险峻奇绝，自古以来就是西宁通往玉树、青海通往西藏的必经之路，也是通天河上游的一大天堑。通天渡建有一座七孔钢筋水泥大桥。漂泊千年的牛皮筏子已经成了人们猎奇摄影追逐的目标。

通天河

**（三）可可西里**

“可可西里”藏语意为“美丽的少女”。可可西里无人区（藏语称该地区为“阿钦公加”），是世界第三大、中国最大的一片无人区，是目前世界上原始生态环境保存最完美的地区之一。被誉为“世界第三极”“生命的禁区”的可可西里，是长江的主要源区之一。

**（四）群果扎西**

群果扎西

“群果扎西”藏语意为“吉祥的水头”，澜沧江的发源地就在这里。杂曲河之源群果扎西滩，地形复杂，沼泽遍野，牧草丰茂，是野马、黄羊、狗熊、黑颈鹤、白天鹅、斑头雁等珍禽异兽的栖息地。杂曲河奔流至西藏昌都，与吉曲河汇合流向远方。

**（五）唐蕃古道**

唐蕃古道起自长安（今陕西西安），途经甘肃、青海，至吐蕃逻些（今西藏拉萨），全长3000余千米。整个古道横贯中国西部，跨越举世闻名的世界屋脊，连通中国西南的邻邦，为古丝绸之路的南路。玉树自古是连接西藏、四川、西宁的交通要道，是唐蕃古道的必经之地。境内以古道和商路为主线，一路名胜古迹、风土人情更是多姿多彩、美不胜收。古道灿烂的文化遗存，传颂着数不清的反映藏汉人民友好往来的动人佳话。

**（六）文成公主庙**

文成公主庙

文成公主庙，别名沙加公主庙，位于玉树县结古镇东南25千米的贝纳沟，是一座既有唐代艺术风格又有藏式平顶建筑特点的古式建筑，距今有1300多年的历史，被列为全国重点文物保护单位。殿堂内的巨型文成公主像和8尊佛像都由石壁雕琢而成，雕刻精细，造型质朴敦厚，当地藏族群众把这里视为玉树高原上的“洞天福地”。

玉树州各类旅游景点多达数百个，其中国家A级旅游景区有30个。

**2009年玉树州部分A级以上旅游景区一览表**

表1-4

| 景区名称 | 地址 |
|---|---|
| AAA级景区 | |
| 新寨嘉那嘛呢景区 | 玉树县结古镇新寨 |
| 文成公主庙景区 | 玉树县结古镇勒巴沟 |
| 当卡寺旅游景区 | 玉树县结古镇 |

续表 1-4

| 景区名称 | 地址 |
|---|---|
| 结古寺旅游景区 | 玉树县结古镇 |
| 拉布民俗村 | 称多县拉布村 |
| AA 级景区 | |
| 贡萨寺文化旅游区 | 治多县 |
| 赛巴寺旅游景区 | 称多县拉布村 |

## 三、石渠县特色文化

石渠县是一个藏族集聚区县，具有浓郁神秘的宗教文化，以色须寺、松格嘛呢石经城著名。2010 年，石渠县松格嘛呢石经城、巴格嘛呢墙申报为全国重点文物保护单位，真达锅庄被列为国家非物质文化遗产。

石渠藏语名“扎溪卡”，意即雅砻江源头。石渠系藏语“色须”译音，因境内的黄教寺庙“色须贡巴”而得名。独特的高原气候和游牧部落文化塑造了石渠美丽灿烂的自然景观和人文景观。这里生活着逐水草而居的 18 个原始游牧部落。他们在 25000 多平方千米的土地上自由

玉树州旅游资源分布图

松格嘛呢石经城

石渠真达锅庄

迁徙，过着自给自足的生活。

农村牧区流传着许多美丽动人的故事，有神话传说、爱情故事、人物故事等。县内民间流行众多的山歌、劳动号子、弦子、锅庄、民间弹唱等，这里的人“会说话就会唱歌，能走路就会跳舞”，民间歌舞已深深植根于这片广袤草原。藏戏传入石渠境内大约在 16 世纪中叶，源于寺庙祈神活动和民间生活的戏剧。藏袍是石渠藏族的主要服饰。

逐水草而居的游牧生产和生活方式，农牧民住所均以帐篷为主。帐篷样式各异，但以牛毛帐篷为主。石渠帐篷在藏区一直享有较高的美誉。

石渠县吐蕃时期遗留的石刻群，形成于 8 世纪末至 9 世纪初，展现着大日如来像、菩萨像、度母像、古藏文题记等吐蕃时期流行的典型题材。

## 第三节　经济地理

玉树州草原辽阔，牧草丰茂，是青海省的主要畜牧业基地之一。加上处于青海北部和西藏、四川之间重要的地理位置，为三省（自治区）商业贸易的重要集散地。历史上，川西雅州（今雅安）每年要发出 9 万驮茶叶至结古，然后由结古发 5 万驮至西藏拉萨、4 万驮在青海省南部各蒙古族、藏族聚居地区销售。所以，这里自古以来就是青海、四川、西藏三地的重要贸易集散地和交通枢纽。

玉树藏族自治州的藏族人口 36.52 万人，占比高达 96.49%。历史上藏民以畜牧业或部分半农耕的经济方式为生。玉树的名优特产众多，最具代表性的有八吉祥徽纪念品、唐卡、护法神像、藏家银器、安冲藏刀、嘛呢石、念珠、藏獒、冬虫夏草、人参果、藏红花、仁青芒、然纳桑塔、牦牛鞭、糌粑、风干牦牛肉等。

2009 年，全州纯牧业地区仍占多数。农作物主要有青稞，树种主要为川西云杉。第二、第三产业有了较快发展。

2009 年，玉树州地区生产总值达 254787 万元。其中，第一产业完成增加值 158271 万元，第二产业 38764 万元，第三产业 57752 万元。人均地区生产总值（GDP）7131 元。“稳粮、扩饲、增菜、推科技、建基地”的农作物种植结构基本形成。畜牧业生产重点围绕结构调整，规划引导，趋向市场，牲畜存栏恢复灾前水平。农牧业机械化水平进一步提高。人民群众生活水平逐年提升，再生产消费不断提高。生态治理和小城镇建设步伐加快，生态移民建设成效显著。造林绿化面积扩大，质量逐步提高，三江源自然保护区生态治理和植被再生效果明显。鼓励非公有制经济组织向农畜产品开发和牦牛肉、藏系羊肉、乳制品的精深加工方向发展，实现工业总产值（现价）10007 万元、工业销售产值 9860 万元、工业增加值 4504 万元。主要工业产品产量中发电量 9094 千瓦时，原盐 2900 吨，砖 650 万块，鲜冻肉 2200 万吨。邮政、电信业迅速发展，其效益持续增长。批发和零售销售额 36127 万元，住宿、餐饮业零售额 7273 万元，其他行业零售额 3721 万元。旅游业发展较好，游客人数达 12.5 万人（次），旅游总收入 6498.75 万元，增长 39.13%。地方财政收入达 5226 万元，财政总支出 204669 万元，增长 21.67%。全州农村居民人均纯收入 2335.27 元，增长 7.3%；城镇居民人均可支配收入 13031.71 元，增长 8.5%。全州稳定脱贫人口达 9677 人，净稳定脱贫人口 1914 人，尚有贫困人口 96389 人，因灾返贫只有 1152 人；已实施整村推进项目总投资 4455 万元，覆盖全州 37 个村、6815 户，受益人数达 32603 人。全州单位从业人员及劳动报酬总体呈现双增态势，年末从业人员 15876 人，增长 12.9%，年平均工资为 36968 元。围绕保增长、保民生、保稳定的目标，积极推进社会保障扩面工作，参加医疗保险人数 18276 人，养老保险人数 5668 人，事业保险人数 6785 人。工伤保险参保人数为 6810 人，参加生育保险的职工有 684 人。

玉树灾区产业发展的资源禀赋和条件优势明显。由于玉树灾区高寒缺氧、气候条件差、自然生态脆弱、工业化程度低，没有化学污染和工业污染，这是一个有利的环境优势。境内平均海拔在 4000 米，年降水量 520 毫米左右，形成了无污染、纯天然的典型的“高原牌、绿色牌、有机牌”农牧业；光能、风能、水力、水利资源丰富，形成了独特的清洁能源；各类中药材包括植物类药材和动物类药材特别是玉树的虫草优势明显；各类珍稀野生动物种类繁多，保护和观赏价值极高；民族手工业历史悠久，产品典雅独特；玉树歌舞文化、服饰文化、帐篷文化和赛马文化合成“玉树四绝”；众多的藏传佛教寺院和象征藏汉民族团结的文成公主庙，享誉世界的新寨嘉那嘛呢石堆和冈察寺大殿内高达 25 米的宗喀巴佛像，以及黑颈鹤故乡的隆宝国家级自然保护区和完整保留的可可西里野生动物乐园，这些都是玉树发展经济的特色和优势所在。总之，玉树具有独特的区位优势、资源优势、自然环境优势和特色文化优势，发展特色农牧业、中（藏）药材种植、特种养殖业、民族手工业、特色文化业、特色旅游业、清洁能源产业潜力巨大，前景广阔。

玉树大地震灾区总体生态系统复杂而脆弱，生物多样性丰富而又易遭破坏。正确处理发展与保护的关系，走好可持续发展之路的任务依然十分艰巨。

# 第二篇
# 玉树地震成因及影响

玉树“4·14”地震，是指2010年4月14日7时49分在青海省玉树藏族自治州玉树县发生的里氏7.1级的强烈地震。玉树大地震，是指以“4·14”玉树地震为主震的、由截至12月7日前发生的前震、余震所组成的地震序列。

玉树7.1级地震位于南巴颜喀拉褶皱带，研究区内共发育30条断裂。其中，全新世活动断裂14条，晚更新世活动断裂13条，前第四纪断裂3条。这是青藏高原地壳运动最活跃的地块之一，历史上大地震频发，灾害严重。

玉树大地震，是一次玉树—甘孜断裂带发生的左旋走滑断层型、浅源性地壳岩层破裂事件。该断裂带是松潘—甘孜印支褶皱系与唐古拉准地台的分界断裂。巴颜喀拉地块与其周边的羌塘地块和川滇地块向南西—南方向挤出，且由西向东运动速率加快，而巴颜喀拉地块由于受到东侧四川盆地的阻挡，其南边界向东的运动速率较川滇地块北边界向东的运动速率要小，正是这种地块体向东不均匀挤出，造成这次玉树大地震。

玉树7.1级地震宏观震中位于玉树县结古镇隆洪达附近，地震沿以前就存在的晚第四纪活动断裂形成了长约60千米的地表破裂带。地表破裂整体呈北西向分布，地震断层近乎直立，为左旋走滑运动，地震断层的破裂时间为20～23秒。震源深度14千米，地震强度大，震中烈度为Ⅸ度。

这次地震属于浅源性地震，波及面广，破坏性强，次生灾害严重。灾区处于高原、高寒山区，由于基础设施、房屋破坏严重，救援、救灾、重建条件艰苦，难度极大。

# 众志成城　抗震救灾

# 第一章　区域历史地震活动

## 第一节　玉树地区地震活动

1900 年以来，玉树藏族自治州全境共发生 5 级以上地震 76 次，其中 5.0 ~ 5.9 级 60 次、6.0 ~ 6.9 级 15 次、7.0 ~ 7.9 级 1 次，最大为 2010 年 4 月 14 日玉树 7.1 级地震。

根据历史文献记载，清乾隆三年（1738）十二月二十三日，玉树西北曾发生过大地震（7.5 级）。该次地震造成了当地的人员伤亡。清光绪二十二年（1896），玉树相邻的四川邓柯也发生过大地震（7 级），地震致使很多村寨和寺庙毁坏，并造成青海、西藏、四川三地交界的色巫滑坡，使金沙江堵江断水 10 日之久。

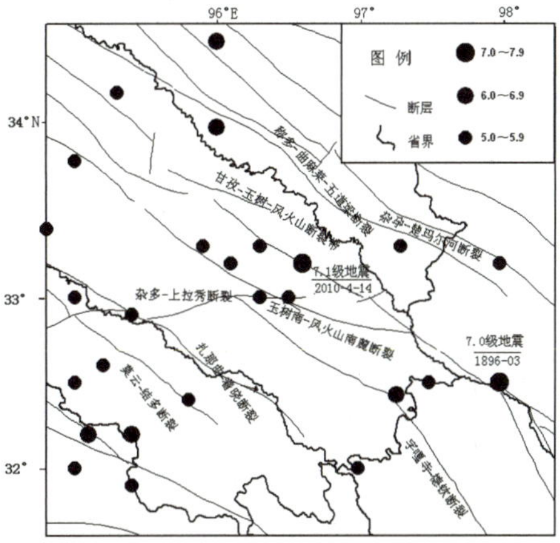


震中附近构造及历史地震分布图（1890—2010 年）

**玉树及邻区 6.5 级以上地震一览表**

表 2-1

| 序号 | 发震时间 | 震中位置 | | | 震级（M） |
|---|---|---|---|---|---|
| | （年·月·日） | 北纬 | 东经 | 参考地名 | |
| 1 | 清乾隆三年十二月二十三日 | 33.3° | 96.6° | 青海玉树西北 | 7.5 |
| 2 | 清光绪二十二年三月 | 32.5° | 98.0° | 四川石渠洛须 | 7.0 |
| 3 | 1915.4.28 | 34.5° | 96.0° | 青海曲麻莱东 | 6.5 |
| 4 | 1915.5.5 | 34.0° | 96.0° | 青海治多东 | 6.5 |

续表 2-1

| 序号 | 发震时间<br>（年·月·日） | 震中位置 | | | 震级（M） |
|---|---|---|---|---|---|
| | | 北纬 | 东经 | 参考地名 | |
| 5 | 1971.4.3 | 32.2° | 95.4° | 青海杂多东南 | 6.5 |
| 6 | 2010.4.14 | 33.2° | 96.6° | 青海玉树 | 7.1 |

说明：据周荣军等《甘孜—玉树断裂带的近代地震与未来地震趋势估计》（1997）资料。

## 第二节　巴颜喀拉地块地震活动

玉树地区位于青藏高原中部，属于上拉秀印支褶皱带构造体系，“4·14”玉树大地震发震构造为甘孜—玉树断裂构造带。玉树—甘孜断裂带与左阶错列的鲜水河断裂带共同组成巴颜喀拉地块的南边界。这次玉树强烈地震处于巴颜喀拉地块南边界，2008 年 5 月 12 日汶川 8.0 级特大地震处于巴颜喀拉地块东南边界。

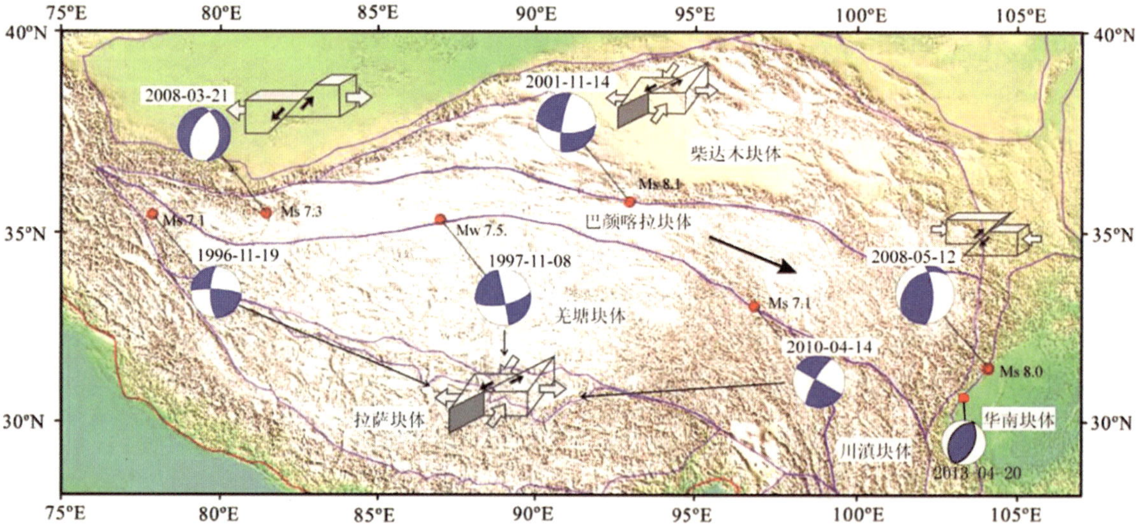


巴颜喀拉块体边界断裂带上主要强震展布图（据刁桂苓等，2010，略作修改）

有仪器记录以来，巴颜喀拉地块发生的最大地震为 2010 年 4 月 14日玉树 7.1 级地震。清光绪十六年（1890）以来，“4·14”玉树地震震中周边 180 千米范围内共记录 5 级以上地震 33 次。其中，6.5 级以上地震 6 次。

除“4·14”玉树地震外，光绪十九年（1893）以来巴颜喀拉地块南边界上还发生 7 级以上地震 8 次。

巴颜喀拉地块南边界上 7 级以上地震一览表

表 2-2

| 序号 | 发震时间（年·月·日） | 震中位置 | | | 震级（M） |
|---|---|---|---|---|---|
| | | 北纬 | 东经 | 参考地名 | |
| 1 | 光绪十九年八月二十九日 | 30.6° | 101.5° | 四川道孚乾宁 | 7.0 |
| 2 | 光绪二十二年三月 | 32.5° | 98.0° | 四川石渠洛须 | 7.0 |
| 3 | 1904.8.30 | 31.0° | 101.1° | 四川道孚 | 7.0 |
| 4 | 1923.3.24 | 31.5° | 101.0° | 四川炉霍、道孚间 | 7.3 |
| 5 | 1955.4.14 | 30.0° | 101.8° | 四川康定折多塘一带 | 7.5 |
| 6 | 1973.2.6 | 31.3° | 100.7° | 四川炉霍附近 | 7.6 |
| 7 | 1973.7.14 | 35.1° | 86.5° | 西藏亦基台错 | 7.3 |
| 8 | 1997.11.8 | 35.2° | 87.3° | 西藏玛尼 | 7.5 |

# 第三节　唐古拉地震带地震活动

2010 年 4 月 14 日玉树 7.1 级地震发生在唐古拉地震带的东边界。唐古拉地震带 5 级以上地震活动出现丛集现象的特征明显。在 1970 年前，曾出现过 4 次 5 级地震的丛集活动时段，平静与活跃交替期间呈现平静时间较短而丛集时间较长的特点。1970 年以后，5 级以上地震活动的这种特征更加明显。2006 年 2 月 26 日治多县 5.5 级、4 月 14 日 5.6 级地震，2006 年 7 月玉树 5.0 级、5.6 级、5.4 级震群，2007 年 2 月 25 日青藏交界 5.3 级地震，2008 年 6 月 9 日至 7 月 17 日唐古拉地震群活动（包括 6 月 9 日 5.0 级，6 月 10 日 5.5 级、5.1 级和 5.4 级，6 月 18 日 5.0 级和 7 月 17 日 5.3 级地震），2008 年 6 月 18 日治多 5.4 级，6 月 29 日班戈 5.5 级地震，以及 2010 年 3 月 24 日西藏聂荣 5.7 级、5.5 级地震显示，唐古拉地区中强地震活动显著活跃，其间（2006 年 2 月至 2010 年 3 月 31 日），唐古拉地区共发生 5 级以上地震 16 次。

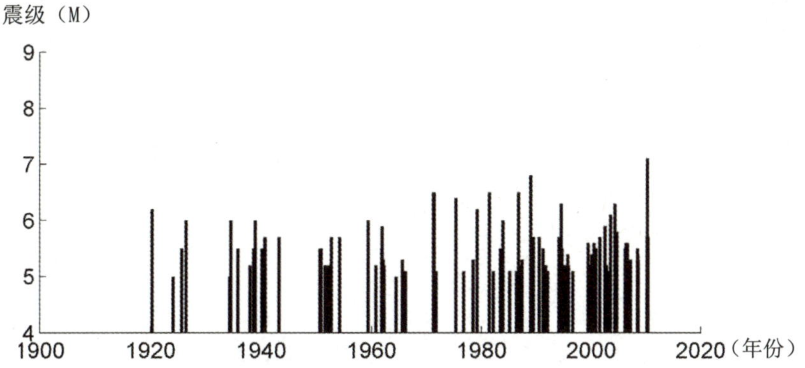


唐古拉地区 5 级地震 M-T 图

# 第二章　地震发生的地质背景

## 第一节　巴颜喀拉块体

### 一、位置

巴颜喀拉块体东部及其邻区位于青藏高原中东部，南北地震带的中段。巴颜喀拉块体东部和东北部为相对稳定的四川盆地（华南块体）和鄂尔多斯块体、西南部为川滇块体、北西侧为

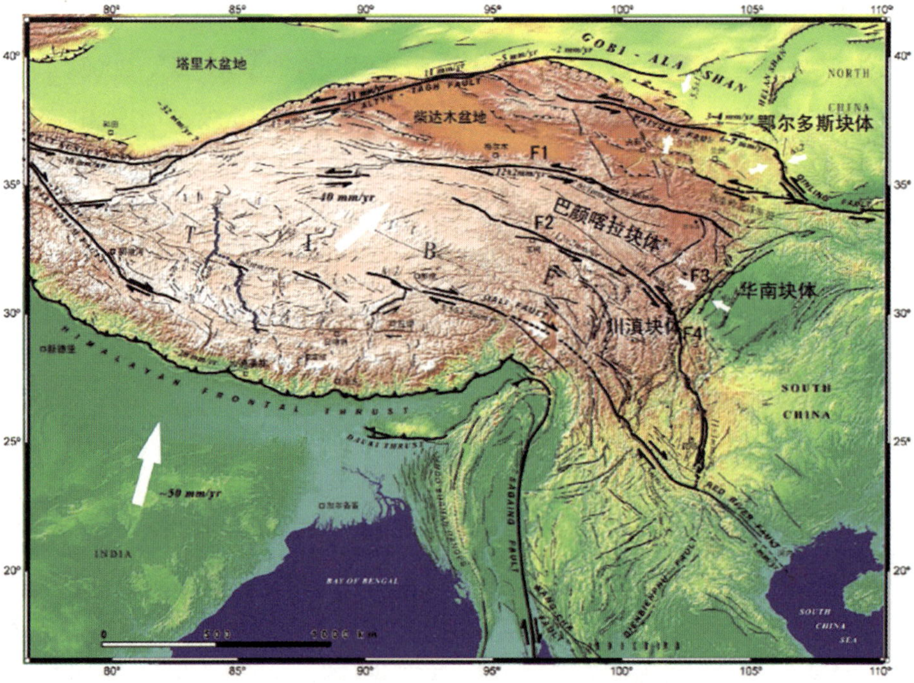


区域大地构造背景图（据 Tapponnier et al， 2010，略作修改）

祁连块体，巴颜喀拉块体的中西部则位于强烈隆升的青藏高原中部。

## 二、断裂构造带

巴颜喀拉块体上分布着 4 条大的地震断裂带，即区域大地构造背景图中表示的 F1 东昆仑断裂带、F2 甘孜—玉树断裂带、F3 龙门山断裂带、F4 鲜水河—小江断裂带。

### （一）东昆仑断裂带

东昆仑断裂带为青藏高原北部一条近东西向大型走滑断裂，左旋走滑运动为主，断裂带西起鲸鱼湖以西（E86°），东经布喀达坂峰、库赛湖、西大滩、东大滩、秀沟、阿拉克湖、托索湖、玛沁、玛曲，过若尔盖草地后向南东止于九寨沟南东（E105°），总体走向 270° ~ 290° ，全长约 2000 千米（青海省地震局，1999）。根据活动断裂带地表形迹的走向变化、几何学结构特征、滑动速率沿走向的差异、历史或者古地震的破裂形迹等，可将东昆仑断裂带划分为 7 个次级断裂段，自西向东分别为鲸鱼湖段、库赛湖段、西大滩—东大滩段、阿拉克湖段、托索湖段、玛沁—玛曲段和塔藏段。

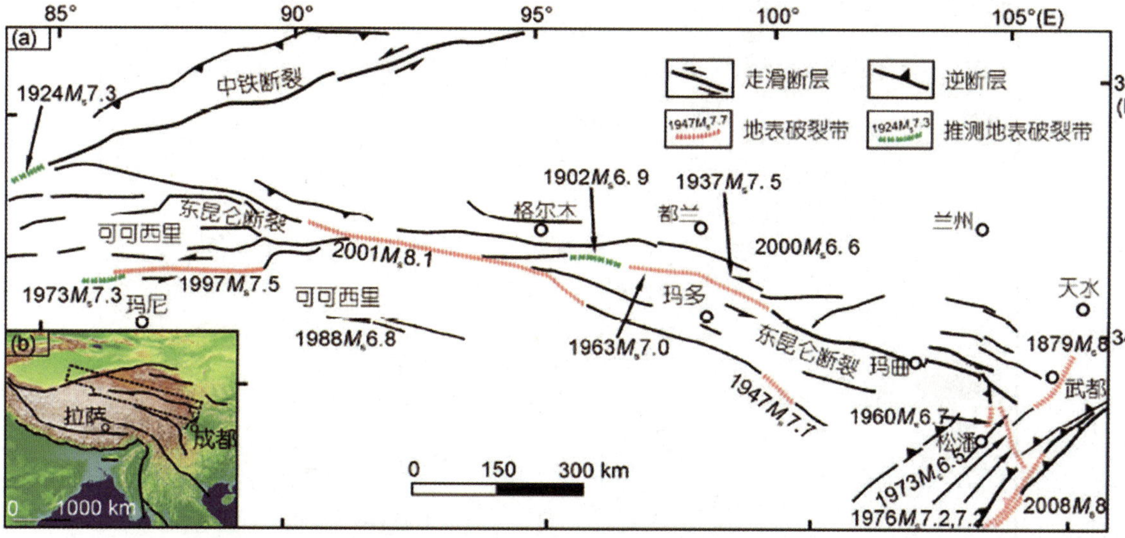


东昆仑断裂带地表破裂带分布图（张军龙等《东昆仑断裂带东部晚更新世以来活动特征及其大地构造意义》，2014）

### （二）龙门山断裂带

龙门山断裂带位于青藏高原东部边缘，南起泸定，向北东延伸经过映秀、宝兴、北川、南坝等进入陕西勉县一带，由走向约 NE45° 、倾向北西、倾角 50° ~ 75° 的 4 条逆断裂叠瓦状组合而成，自北西向南东分别由龙门山后山断裂（北段青川—平武断裂带、中段茂县—汶川断裂带、南段耿达—陇东断裂带）、中央断裂（北段茶坝—林庵寺断裂带、中段映秀—北川断裂带、南段盐井—五龙断裂带）、前山断裂（灌县—江油断裂带）和山前隐伏断裂等组成，右旋走滑兼有逆冲运动的性质。

### （三）鲜水河—小江断裂带

弧形的鲜水河—小江断裂带由三大段落构成：北段为鲜水河断裂带，为一宽度很窄的线性构造带；中段由西支安宁河断裂带、则木河断裂带和东支大凉山断裂带组成；南段为小江断裂带，由东、西两条近于平行而且间隔小于 20 千米的分支断裂带构成（何宏林等，2008）。

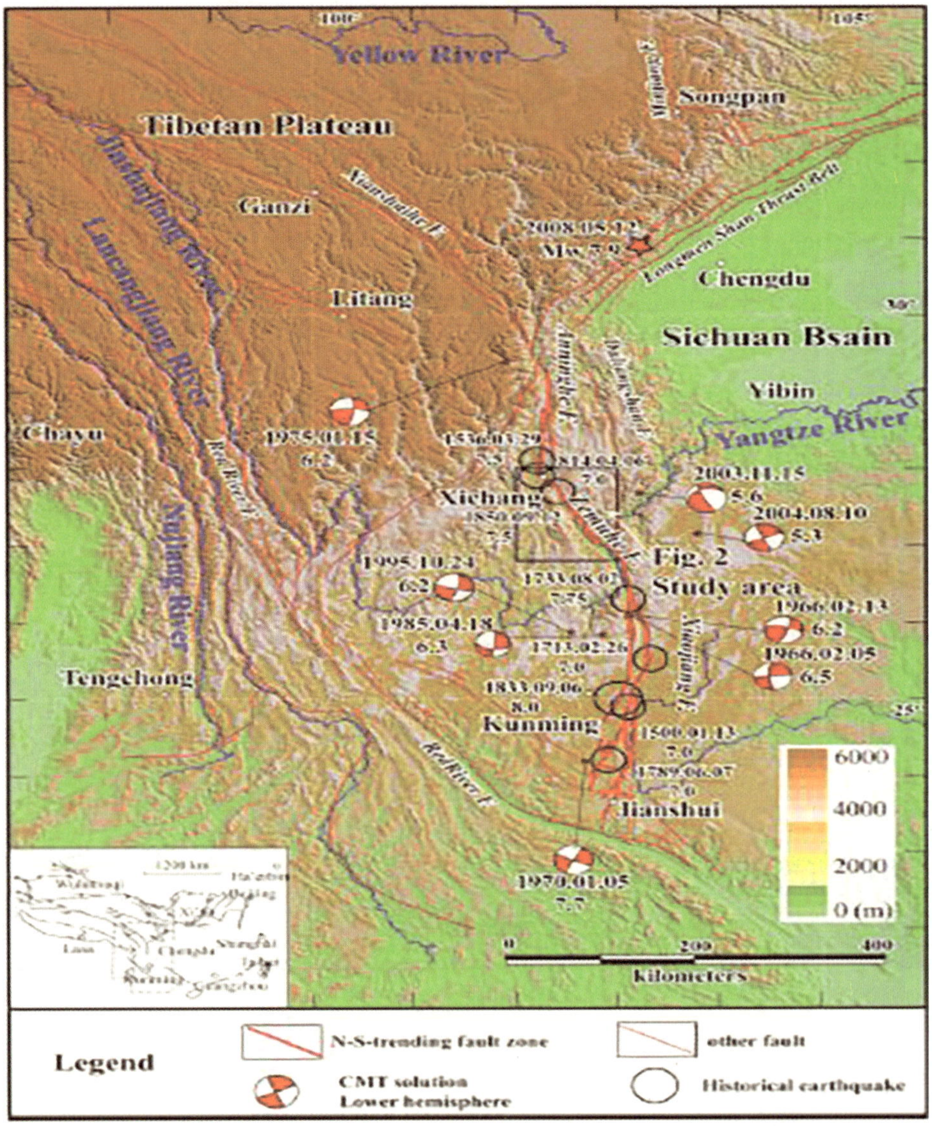


鲜水河—小江断裂带地震构造图（任智坤等，2010）

### （四）甘孜—玉树断裂带

甘孜—玉树断裂带为青藏高原中东部羌塘地块与巴颜喀拉山地块之间的边界断裂，组成了鲜水河断裂带的西部。西起青海省治多县那王草曲塘，经当江、玉树、邓柯、马尼干戈，至四川甘孜县城南与鲜水河断裂左阶斜列，构成青藏高原内部的一条大型走滑断裂带，全长超过 500

千米，整体呈北西向展布，仅在当江附近以走向北西西、倾向西南为主，倾角70° ～85° 。甘孜—玉树断裂带自东向西可划分为5段。即甘孜段（长65千米）、马尼干戈段（长180千米）、邓柯段（长90千米）、玉树段（长100千米）、当江段（100千米）。当江段和玉树段全新世左旋滑动速率为7.3±0.6毫米/年；邓柯段、马尼干戈段和甘孜段全新世左旋滑动速率为12±2毫米/年。玉树段2010年发生7.1级地震，最大同震左旋位移约2.4米，地震地表破裂带长约65千米。

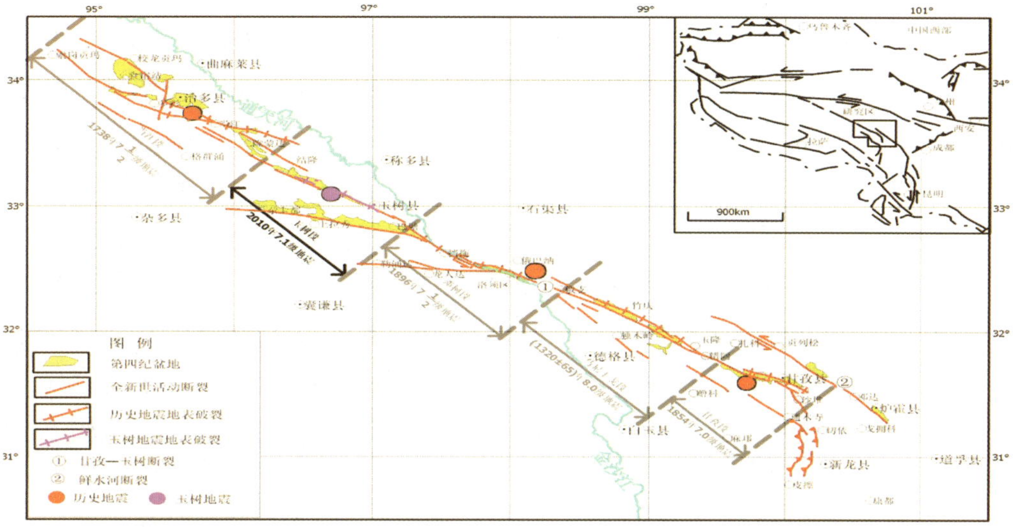


甘孜—玉树断裂带地表破裂带分布图（张军龙等，2014）

甘孜—玉树断裂带控制了一系列强烈地震的发生。对玉树县影响最大，直接关系到玉树灾后重建的活动断裂有两条，分别为玉树—甘孜断裂（F1）、年吉错南—巴塘断裂（F2）。

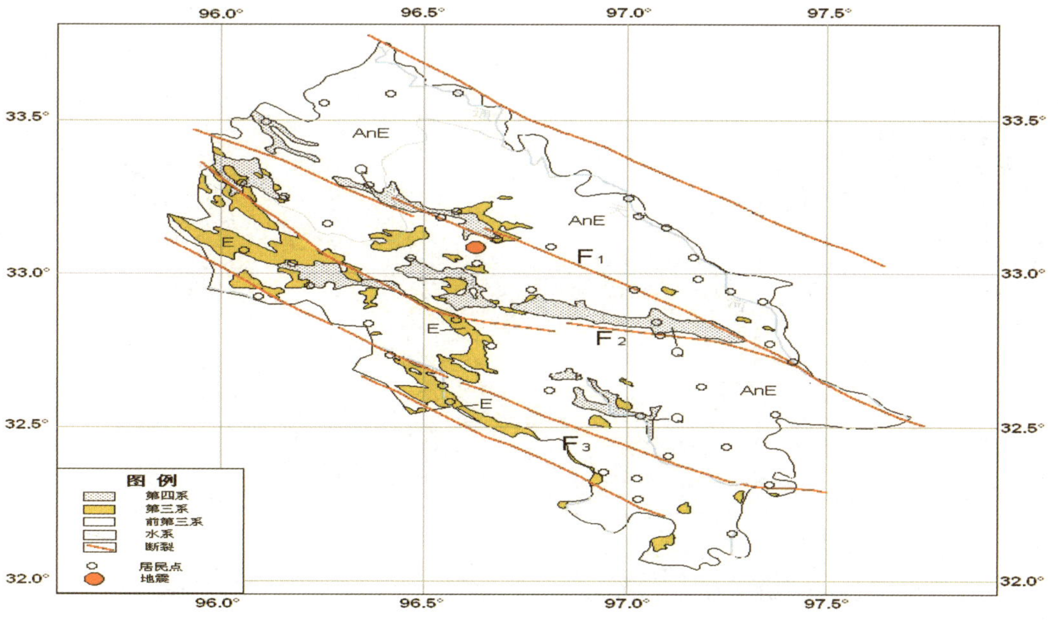


灾区地震构造略图

# 第二节　玉树 7.1 级地震破裂带分布

中国地震局地质研究所陈立春，浙江省地震局现场工作小组叶建青、韩用兵、张凯，甘肃省地震局现场工作小组何文贵、刘兴旺等人对本次玉树 7.1 级地震地表断层进行了考察。科学考察发现玉树 7.1 级地震形成两条地震地表破裂带，即玉树地表破裂带和隆宝滩地表破裂带。其中，玉树地表破裂带长 23 千米，总体走向 285° ~ 320°，左旋走滑性质；隆宝滩地表破裂带沿隆宝滩南侧延伸，总体走向 290°，长 21.5 千米，破裂带呈左旋走滑特征。

2010 年 4 月 17—19 日，地表破裂调查组对“4·14”玉树 7.1 级地震破裂带进行追索勘察。

17 日，地表破裂调查组沿北纬 33° 04′ 22.5″、东经 96° 49′ 31.9″ 处往北西方向进行追索。在北纬 33° 05′ 02.2″、东经 96° 48′ 16.7″ 一带，同震地表破裂带清晰。破裂带总体走向 310°，由两条地表破裂斜列组成，破裂表现为一系列挤压鼓包与张裂缝相间排列，左旋走滑性质，实测同震左旋水平位错量 1.0 ~ 1.1 米。北侧分支破裂叠加于老地震沟槽上，形成反向沟槽。

在北纬 33° 05′ 15.2″、东经 96° 47′ 51.9″ 处河床中，挤压鼓包仍然可见，但相对陡坎高度降低。至北纬 33° 06′ 02.9″、东经 96° 46′ 13.8″ 处，沿地下光缆铺设线路发育挤压

在北纬 33° 04′ 22.5″、东经 96° 49′ 31.9″ 处同震地表破裂（镜向北）

鼓包和裂缝带。从该点往北西直至隆宝镇北纬 33° 15′ 50.2″ 、东经 96° 25′ 49.9″ 一带直线距离约 36 千米，沿光缆线路挤压鼓包和裂缝带非常发育，并且连续，推测为地震过程中沿这种特殊结构面发育的特殊破裂。地震断裂产生的地表破裂长度从北纬 33° 04′ 22.5″ 、东经 96° 49′ 31.9″ 往北约 3.7 千米。

18 日，地表破裂调查组沿北纬 33° 04′ 22.5″ 、东经 96° 49′ 31.9″ 处往南东方向进行追索。在北纬 33° 04′ 11.9″ 、东经 96° 49′ 54.2″ 一带，地貌上为地震坳槽，同震地表破裂带总体走向 310° ，由两条地表破裂斜列组成，分别分布于坳槽的两侧，破裂表现为一系列挤压鼓包与张裂缝相间排列，左旋走滑性质，略显逆冲分量，断层地表产状为 40° ∠ 70° 。往北，地表破裂清晰、连续，多表现为 2 条发育有挤压鼓包的破裂和多条张裂缝。往南，破裂沿山前地震蝴槽分布，现象清晰、分布连续。至北纬 33° 03′ 18.6″ 、东经 96° 51′ 15.2″ 一带，破裂穿过河床，形成有规模不大的陷落塘。公路路边左旋走滑量约 1.5 米。破裂带延向基岩，产状为 40° ∠ 50° 。现象清晰的同震地表破裂带控制长度近 10 千米。

19 日，地表破裂调查组继续追索断裂的东延情况。在北纬 33° 01′ 42.3″ 、东经 96° 53′ 55.0″ 一带，同震地表破裂带由一系列支破裂雁列组成，总体走向 310° 。支破裂表现为一系列挤压鼓包与张裂缝相间排列，左旋走滑性质。改点处 2 道石砌墙体的左旋位错量均为 1.1 米。往南，地貌上为坡中地震坳槽，此次地震破裂沿槽谷雁列分布。沿主破裂带追索，至北纬 33° 01′ 23.5″ 、东经 96° 54′ 47.7″ 西侧，破裂带转为一系列雁列的小裂隙，并逐渐消失。在主破裂带的东侧发现发散的多条分支破裂，反映在改点一带破裂进入尾端。

破裂由 3 条主破裂左阶组成，总体走向 310° ，北侧主破裂长约 16 千米，中间主破裂长约 9 千米，南侧主破裂长约 7 千米，南、北两端点的直线距离约 30 千米。各主破裂均由一系列支破裂雁列组成，支破裂表现为一系列挤压鼓包与张裂缝相间排列或雁列式张裂缝，左旋走滑性质。最大走滑位移量位于北侧主破裂上，约 2.2 米。

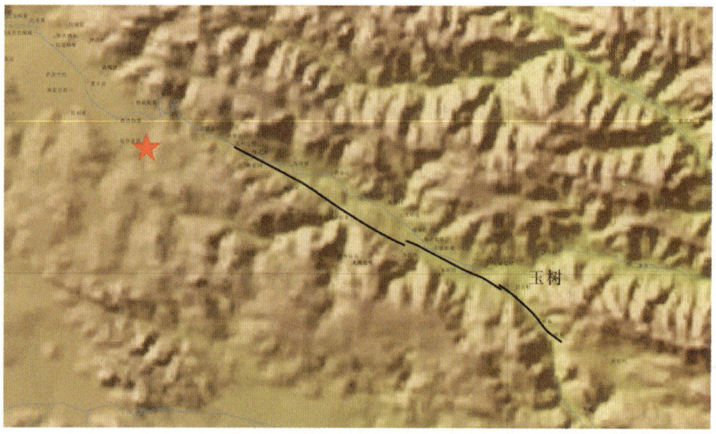

“4 · 14”玉树地震地表破裂分布简图

4 月 19 日上午，研究员王继副和中国地震局地质研究所副研究员陈立春、青海省地震局工程师李志敏对甘孜—玉树断裂进行地表断裂调查。他们在玉树县城赛马场以西的山上发现了地表断裂，断裂为左旋走滑断层，走向 295° ，最大断距 1.1 米，在接近赛马场处地表断裂消失，形成牛尾状分布。

## 第三节　地震断裂带作用力

巴颜喀拉块体东部及其邻区在大的构造单元上处于巴颜喀拉块体、华南块体的交界地带，是青藏高原隆升发展的前缘地带，也是中国南北地震带的中段，构造变形极其复杂，断裂活动强烈，控制着一系列历史强震的发生。2008年的汶川8.0级特大地震发生在巴颜喀拉块体和华南块体的接触带——龙门山断裂带上；2001年昆仑山口西8.1级地震发生在东昆仑断裂带上；2010年玉树7.1级地震发生在甘孜—玉树断裂带上。巴颜喀拉块体内部强震主要发生在块体边界的断裂带上。

这些边界断裂带的活动特征是巴颜喀拉地块与其周边的羌塘地块和川滇地块向南东—南挤出构造变形作用的结果。巴颜喀拉块体北部边界由东昆仑断裂带所控制，东部边界由龙门山断裂带所控制，南部由甘孜—玉树断裂带和鲜水河—小江断裂带所围限。研究显示说明，沿甘孜—玉树断裂带强震活动十分频繁。尤其是清乾隆三年（1738）十二月二十三日青海玉树地震等震线图显示的震中位置与2010年4月14日地震的发震段落吻合，意味着大地震已实现原地复发。

# 第三章　玉树强烈地震发震构造模型

## 第一节　地震构造动力成因

地震成因至今没有完全解开，比较流行的解释是板块构造学说。巴颜喀拉地块是青藏高原最活跃的地块之一。20 世纪以来，沿该地块边界带已发生过十余次 7 级以上大地震。巴颜喀拉地块与其周边的羌塘地块和川滇地块向南东—南挤出，且由西向东，运动速度加快，而巴颜喀拉地块则由于受到东侧四川盆地的阻挡，其南边界向东的运动速率较川滇地块北边界向东的运动速率小，“4・14”玉树 7.1 级地震就是这种块体向东不均匀挤出而沿其边界玉树—甘孜断裂带发生的左旋走滑型地震。地震断层的破裂时间为 20 ~ 23 秒，巨大能力在瞬间释放，造成地壳破裂，形成地震裂带。

## 第二节　玉树地质断裂带活动

玉树 7.1 级地震发震主断层位于鲜水河断裂以西的巴颜喀拉地块南部边界中部的玉树—甘孜断裂带上，是玉树—甘孜活动断裂带突发错动的结果。

玉树—甘孜断裂带为一条形成时间早、切割地壳深的岩石圈断裂，新生代以来构造活动明显。鲜水河活动断裂带在北西段的西端与北西西走向的玉树—甘孜断裂带相连，其南端与北南走向的安宁河活动断裂带相接。玉树—甘孜断裂带具有长期活动的地质演化历史，自晚新生代以来，断裂带北西段和中段走滑速率约 8 毫米 / 年，南东段约 10 毫米 / 年。断裂南东段甘孜一带千年尺度的滑动速率达 10 毫米 / 年，GPS 观测的现代滑动速率也在 10 毫米 / 年，二者具有很好的一致性。玉树—甘孜断裂带曾于清乾隆三年（1738）十二月二十三日在玉树西北发生过6.5级地震，清光绪二十二年（1896）三月在四川省石渠洛须—青海玉树间发生了7.0级地震，1979年3月29日在玉树东南发生了6.2级地震，2006年7月18日、19日在青海玉树发生了5.0级、5.6级、5.4级地震。2010年4月14日发生的7.1级地震是近年来玉树—甘孜断裂带在玉树县附近发生的最大一次地震。

年吉错南—巴塘断裂带为玉树—甘孜断裂带的分支，始于治多县南当江荣沟脑与玉树—甘孜断裂带的交会处，向东南方延伸，经年吉错南、上拉秀后转为近东西向，形成一向南西方向凸出的弧形，经巴塘盆地的南缘后，向东与玉树—甘孜断裂带交会于金沙江南岸一带，全长约230千米。该断层是一条全新世后仍在持续活动的地震断层，曾发生中强地震活动。2006年7月18、19日发生在上拉秀附近的5.0级、5.6级、5.4级3次中强震活动，也证实了该断裂带仍在持续活动的特点。

该断层在巴塘盆地南缘一带，全新世以来活动特征尤为突出。断层沿山前左旋运动，一系列冲沟反向断错形成同步弯拐，造成沿线一连串的泉水溢出带，一系列的坡脊断错带，同时也将山前洪积崩面断错，形成坎高1～3米的断坎带。显然该断层在全新世时期曾发生过强烈的地震活动，是仍在持续活动的地震断层。

# 第三节　玉树强烈地震发震机理

青藏高原是中国现代最新构造活动与地震活动最强烈的地区，玉树地震的发震断裂为甘孜—玉树断裂带。玉树地震发震的宏观原因是青藏高原北边界的阿尔金深大断裂带，该断裂的

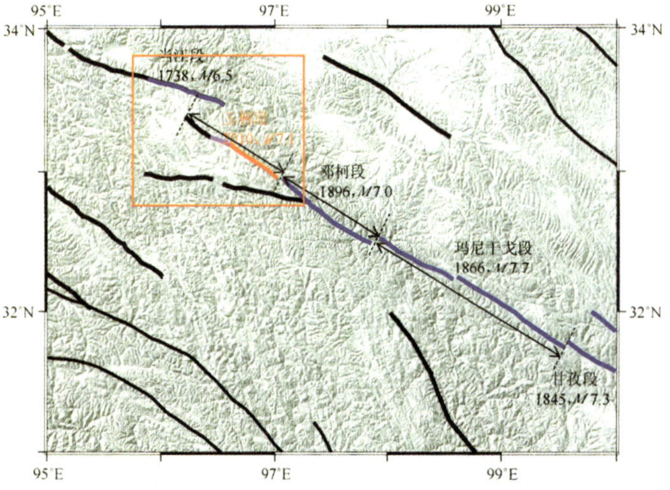


甘孜—玉树断裂带强震破裂分布（蓝色为历史地震地表破裂分布，红色为2010年4月14日玉树里氏7.1级地震地表破裂，粉色为玉树地震的最大余震地表破裂）

南盘每年向东移动 10 ~ 30 毫米，直接控制着青藏高原东北区域的构造和应力积累格局，该断裂带东部区域的祁连断裂带和它构成了近乎单向共轭态势，依次向南有东昆仑断裂带、甘孜—玉树—风火山断裂带等大断裂带，这些深大断裂构造的相互作用为青海区域地震能量积累提供了决定性构造背景。其中，甘孜—玉树断裂带、称多—曲麻莱—五道梁断裂、玉树南—风火山南断裂等晚更新世以来获得较为强烈。从相关地震性质及时空分析，昆仑山口西 8.1 级地震的发生加剧了甘孜—玉树—风火山断裂带中东部区域的应力集中，对玉树地震有一定的触发作用。汶川 8.0 级特大地震的发生进一步证实了巴颜喀拉块体东南部边界带的错位活动，打破了青藏块体东北缘的力学平衡。

# 第四章 玉树强烈地震基本参数与影响场

## 第一节 震中与宏观震中

### 一、震中位置

2010年4月14日7时49分37.9秒，青海省玉树藏族自治州玉树县发生7.1级强烈地震。

宏观震中位于玉树县结古镇隆洪达附近（北纬33.2°，东经96.6°），震源深度14千米。

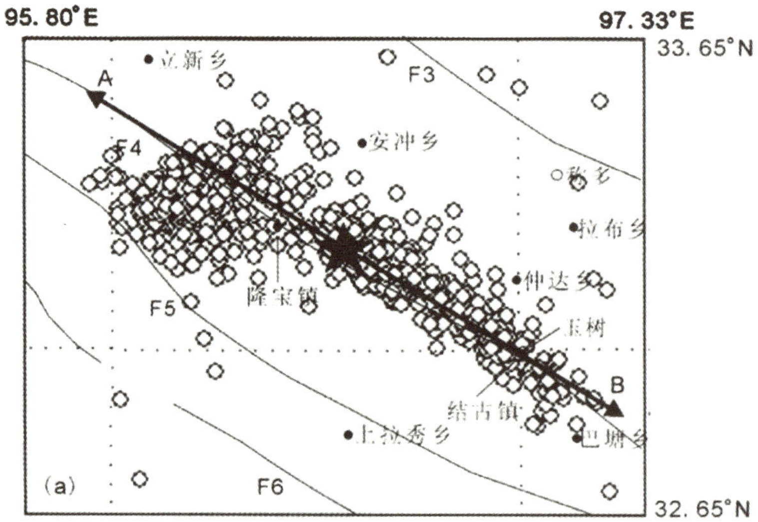

玉树7.1级地震震中位置

4月20日下午，国土资源部玉树一线抗震救灾专家组宣布，通过连续5天详细追踪玉树地震地表破裂情况，基本确定距离县城西北方向11.5千米的隆宝镇郭央烟宋多为宏观震中，位于国家地震信息网公布的仪器震中东约30千米，坐标为北纬33°03′11″、东经96°51′26″。

## 二、主要参数

震前130分钟（14日5时39分），在震源区发生了4.7级地震。之后，在同源地共发生3次5.0级以上强余震，分别为4月14日9时25分6.3级、5月29日10时29分5.7级和6月3日13时35分5.3级地震。

**（一）前震**

时间：2010年4月14日5时39分58秒；地点：青海省玉树藏族自治州玉树县；微观震中：北纬33.2°，东经96.6°；宏观震中：玉树县结古镇隆洪达附近（北纬33.06°，东经96.85°）；震源深度：15千米；震级：4.7级。

**（二）主震**

时间：2010年4月14日7时49分37.9秒；地点：青海省玉树藏族自治州玉树县；微观震中：北纬33.2°，东经96.6°；宏观震中：玉树县结古镇隆洪达附近（北纬33.06°，东经96.85°）；震源深度：14千米；震级：7.1级。

**（三）余震**

截至2010年12月7日，青海省地震局共记录到地震序列3359次。其中5.0级以上强余震有3次。

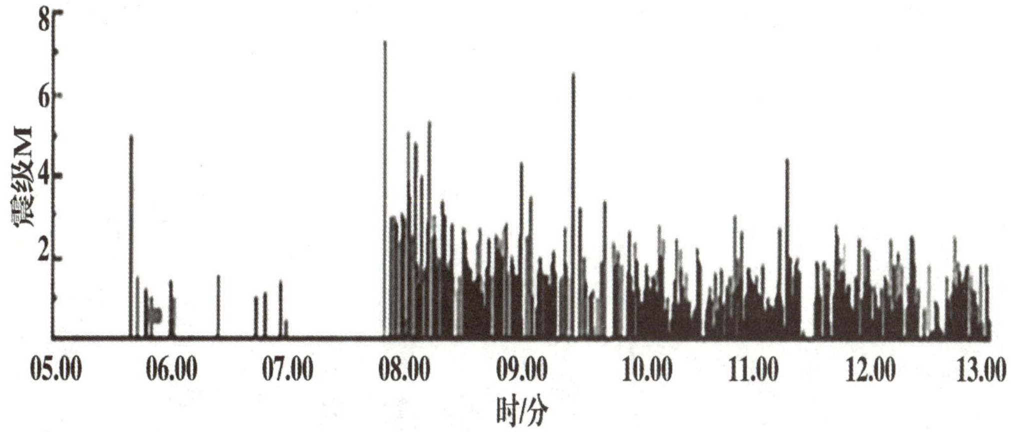


4月14日玉树强烈地震M—T图

**玉树强烈地震5级以上强余震一览表**

表2-3

| 发震时间 | 北纬（°） | 东经（°） | 深度（千米） | 震级（M） | 参考位置 |
|---|---|---|---|---|---|
| 2010年4月14日9时25分17.8秒 | 33.2 | 96.6 | 19 | 6.3 | 玉树县 |
| 2010年5月29日10时29分47秒 | 33.3 | 96.6 | 10 | 5.7 | 玉树县 |
| 2010年6月3日13时35分44秒 | 33.3 | 96.3 | 7 | 5.3 | 玉树县 |

# 第二节　震源机理

2010 年 4 月 14 日玉树 7.1 级地震及当日 6.3 级强余震均为走滑型破裂，震源机制显示为左旋走滑性质。近北西西向的节面 I 为破裂面，与玉树—风火山断裂几何及运动学特性相一致。5 月 29 日 5.7 级余震和 6 月 3 日 5.3 级余震也为走滑型地震，但节面走向与主震有一定差异。

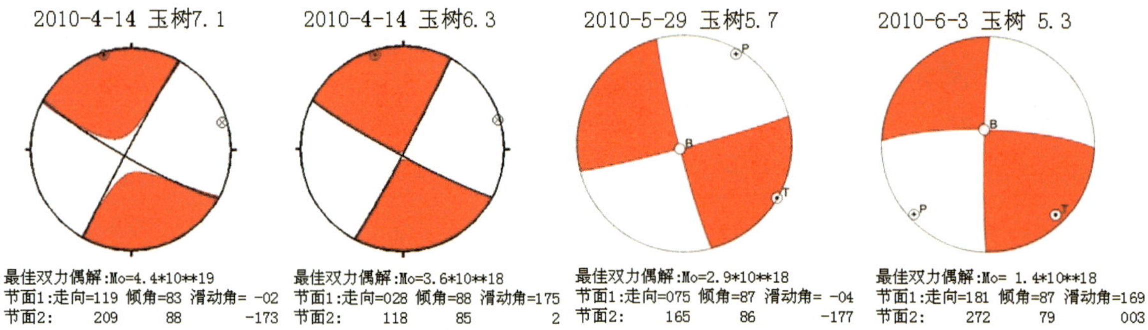


玉树主震及较大余震震源机制图（陈运泰，2010）

根据青海省区域数字地震台网观测的波形数据资料运用矩张量反演方法计算玉树 4 月 14 日 7.1 级地震 51 个 ML≥3.5 级地震的矩张量解，其结果为：51 个玉树 3.5 级以上余震 P 轴走向 189°、倾角 32°、T 轴走向 98°、倾角 31°。第一破裂面走向平均值 145°。

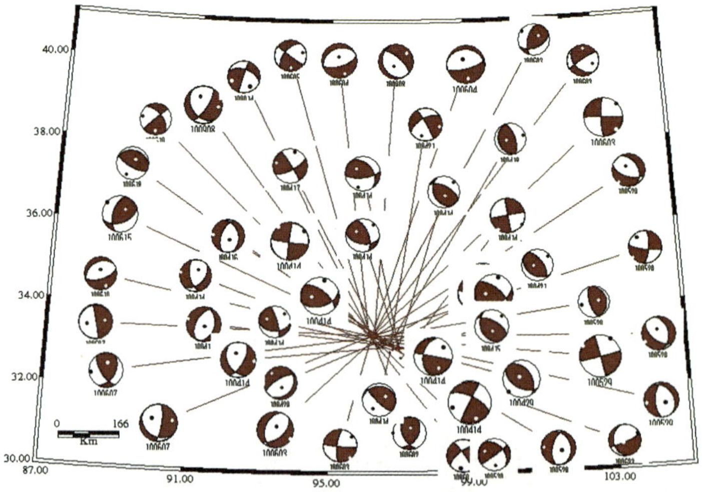


玉树 3.5 级以上余震矩张量沙滩球空间分布图

# 第三节　地震破裂过程与特点

据研究，玉树地震破裂过程持续了约 17 秒，主要包括两次子事件。两次子事件峰值分别发生于震后 3.5 秒和 10 秒，与两个滑移量较大的区相对应。第一个破裂区域位于震中附近，最大滑动量约 2.0 米，最大滑动速率约 0.9 米 / 秒；第二个破裂区域位于走向方向上、距震中 10 ～ 30 千米处，最大滑动量和最大滑动速率分别约为 2.0 米 / 秒和 0.9 米 / 秒。

中国地震局地球物理研究所也在网站上快速公布了这次地震的破裂过程，选用如图所示的 23 个台站的垂直向 P 波资料，选用走向 119° / 倾角 83° 的断层面作为玉树地震的发震断层。利用全球标准速度结构模型和格林函数的反射率方法，通过拟合 P 波波形资料，反演得到了断层面上的破裂传播过程。玉树地震的破裂过程持续约 17 秒，整个破裂过程主要由两次子事件组成。以发震时刻为时间零点，第一次子事件发生于 0 ～ 5 秒，与其相对应的破裂基本上集中在断层面上震源（初始破裂点）附近，破裂从震中西北 10 千米延伸至震中东南 10 千米处，最大静态滑动量约为 0.9 米。第二次子事件发生于 5 ～ 17 秒，这一时段的破裂主要发生在走向方向上，距震源 15 ～ 42 千米、在深度方向 0 ～ 30 千米处，破裂明显贯穿到地表面，在震中东南 18 ～ 40 千米处的地表面静态滑动量（最终滑动量）超过 1 米，最大值达 1.9 米。由于第二次子破裂事件发生的位置距离地表较近且贯穿到地表面，可以推测第二次子破裂事件引起的

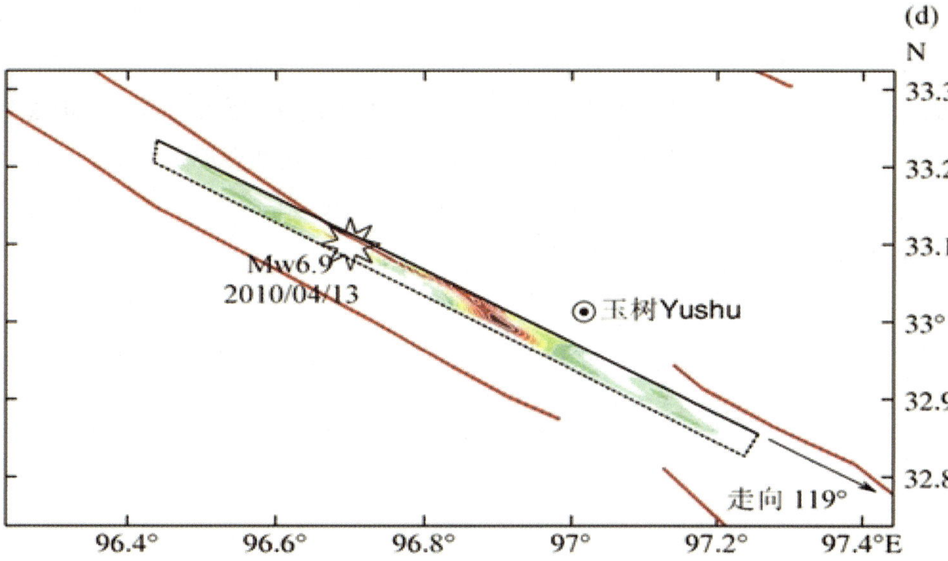


滑动量分布在地面的投影

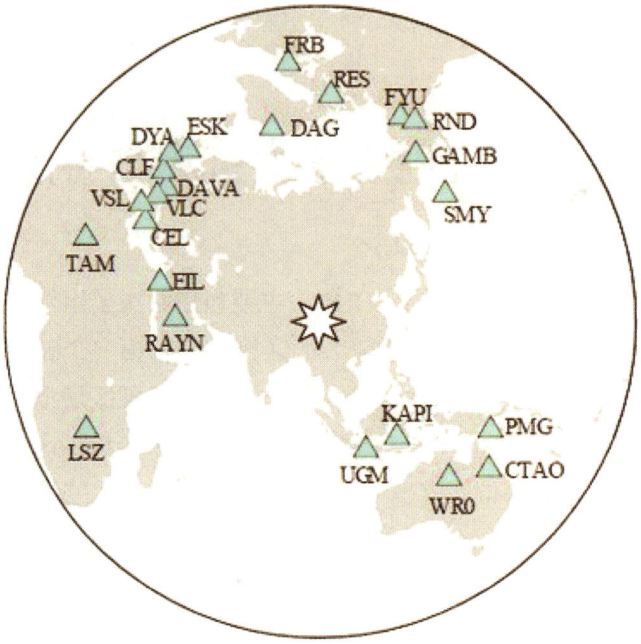


震中和台站位置分布（白色八角星表示震中位置，蓝色三角形表示台站位置）

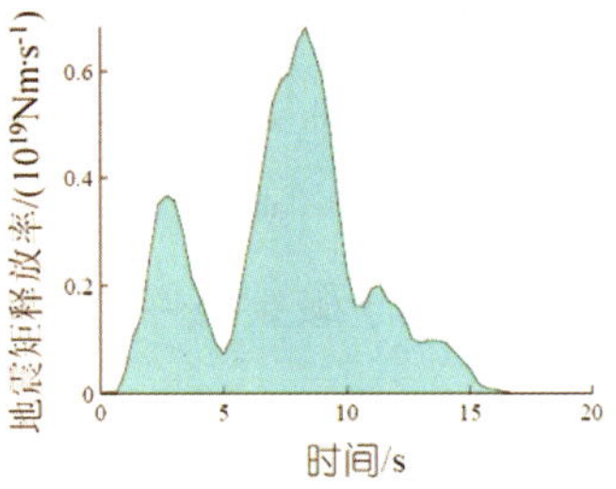


震源时间函数

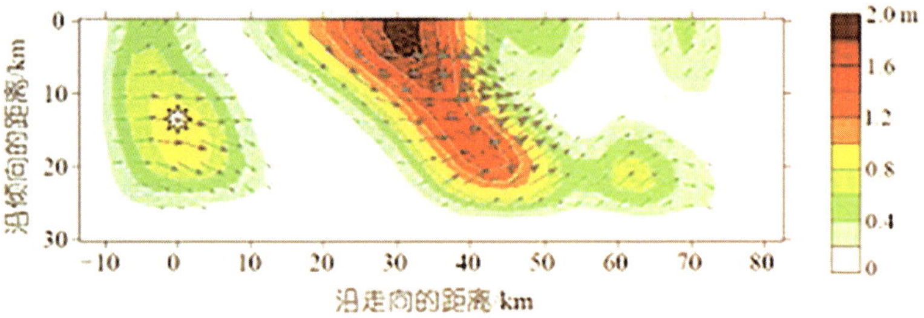


断层面上静态滑动量分布（白色八角形为震源在断层面上的位置）

地面震动和破坏比第一次子事件强烈得多。通过 P 波反演得到的玉树 7.1 地震的标量地震矩约为 3.1×$10^{19}$ 牛·米，相当于矩震级兆瓦 6.9。这一结果与地震矩张量反演结果一致。断层面上平均滑动量约 0.6 米，平均应力降约 15 兆帕。玉树地震的平均应力降的数值与板内地震应力降的典型数值（10 兆帕）大体相当。

中国地震局地震预测研究所的研究则选取 25 个震中距在 32° ～ 82° 宽频带地震台站，基于初至压缩波对主震的破裂过程直接成像。主震震中位置引用中国地震局给出的北纬 33.1° ，东经 96.7° ，震源深度 15 千米（CAP 方法重新定位后的震源深度）。

初步断定，青海玉树地震是一次单侧破裂过程，破裂持续时间为 17 秒左右，破裂尺度在 50 ～ 60 千米。

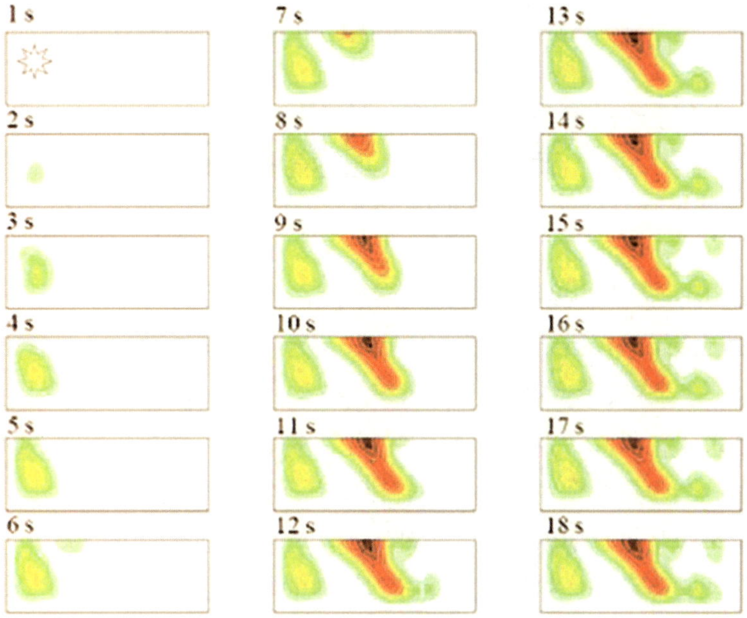


说明：第一个子图中八角星为震源在断层面上的位置。子图左上方的数字表示该子图对应的时刻

断层面上滑动量的时空分布图

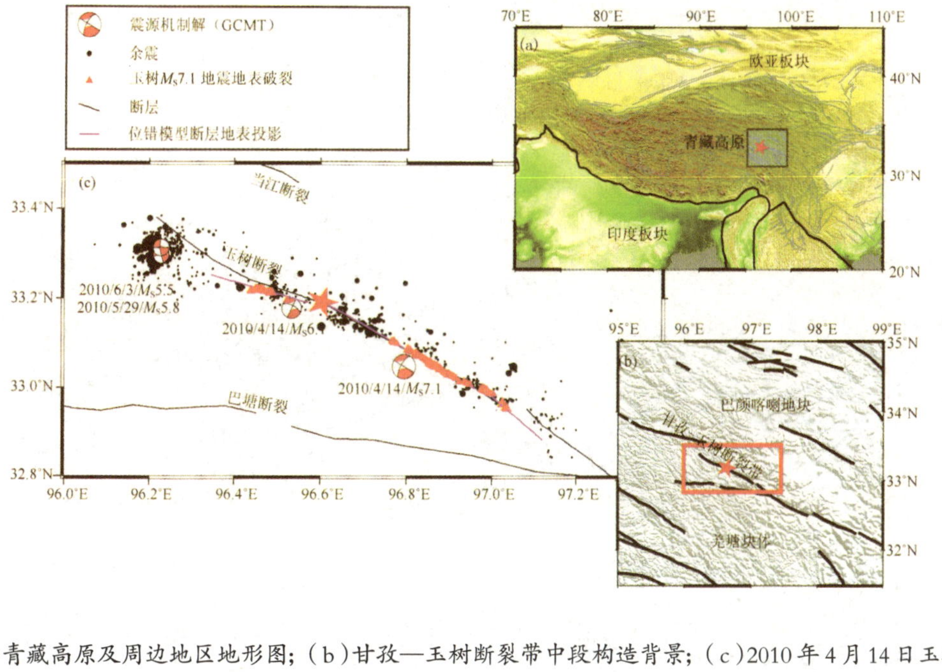


（a）青藏高原及周边地区地形图；（b）甘孜—玉树断裂带中段构造背景；（c）2010年4月14日玉树里氏7.1级地震震中、同震地表破裂和余震（截至到震后70天）分布。红色五角星为表示主震震中（中国地震台网中心）；三角形为主震和最大余震造成的地表破裂；沙滩球表示震源机制解（GCMT）；粉色线段为同震位错模型断层的地表投影

# 第四节　地震烈度

玉树“4·14”地震震中烈度为Ⅸ度。地震烈度Ⅸ度区面积约992平方千米，主要位于玉树县结古镇；Ⅷ度区涉及玉树县结古镇、仲达乡、隆宝镇、安冲乡、巴塘乡；Ⅶ度区涉及玉树县结古镇、仲达乡、隆宝镇、安冲乡、巴塘乡、上拉秀乡、下拉秀镇，称多县称文镇、拉布乡、歇武镇；Ⅵ度区涉及玉树县6个乡镇、称多县5个乡镇、治多县2个乡镇、囊谦县1个乡镇、曲麻莱县1个乡镇、杂多县2个乡镇，四川省甘孜州石渠县8个乡镇。此外，Ⅴ度区还涉及甘孜州德格县、白玉县、甘孜县部分乡镇，也都有不同程度的直接经济损失。

根据汇总抽样调查点数据，绘制了玉树强烈地震的等震线。

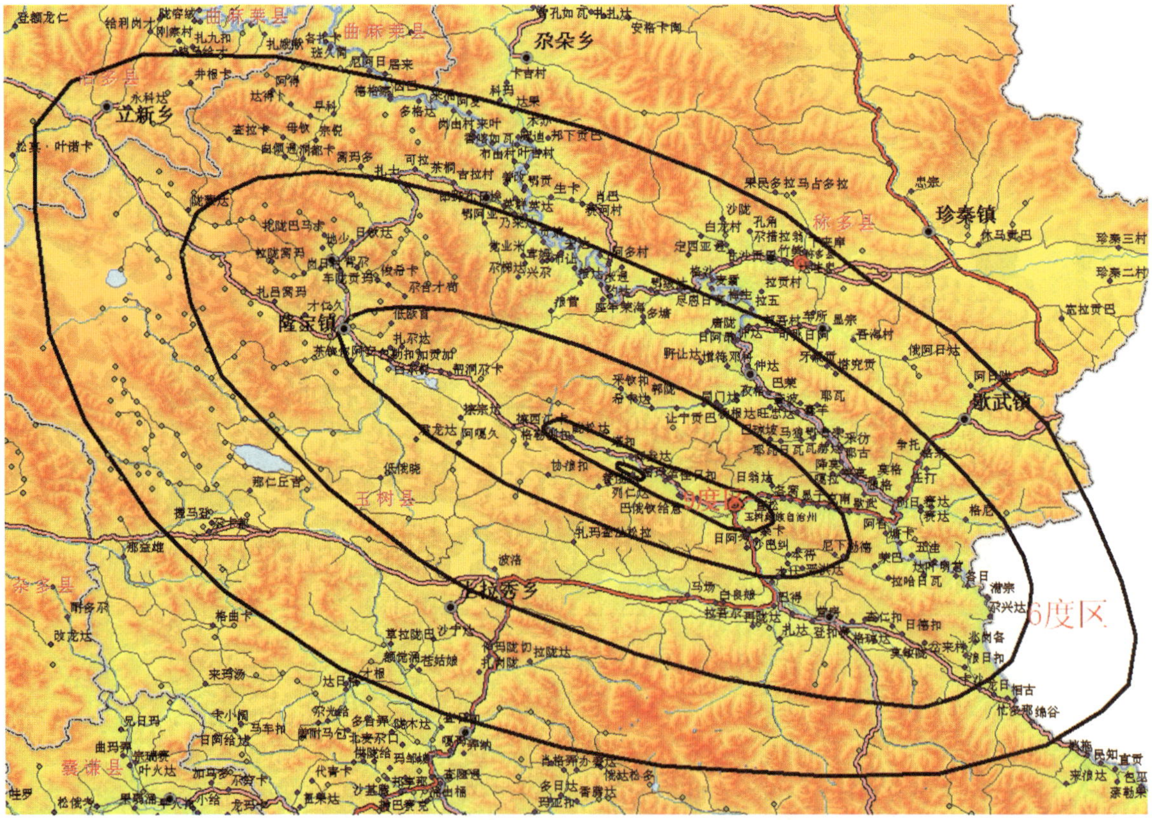


玉树7.1级地震等震线分布图

# 第五节　余震活动

## 一、地震观测

2010 年玉树 7.1 级地震发生前，青海省已建成由 30 个测震台站组成的数字测震台网，省内绝大部分地区地震监测能力达到 $M_L$3.0 级、中东部地区达到 $M_L$2.0 级、西宁附近重点监视区域达到 $M_L$1.5 级，并组建了 12 套流动观测仪组成的数字流动观测台网。

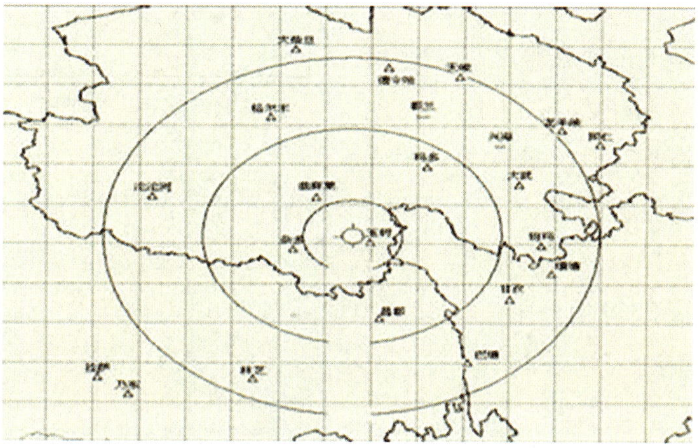

玉树 7.1 级地震前震中附近测震台网分布图

玉树强烈地震发生后，青海省地震局现场流动观测组分别在玉树州军分区、通天河管理站、隆宝国家级自然保护区管理站、下拉秀镇和玉树地震台架设 4 套微震观测仪和 1 套强震仪。之后，将玉树军分区仪器调整到玉树机场附近，将通天河管理站仪器调整到称多县附近。协助地震系统其他单位架设 6 套强震仪和 29 套轻便式数字地震仪。2010 年 5 月，中国地震局沿国道 204 线从青海玛多县到西藏类乌齐县大约 400 千米范围架设 12 个宽频带流动观测仪，在震源

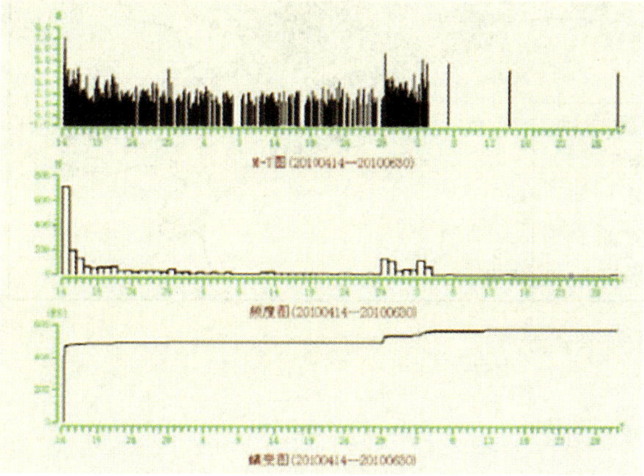

玉树强烈地震序列（$M_L \geqslant 1.0$）的 M—T、频度、蠕变时间分布图

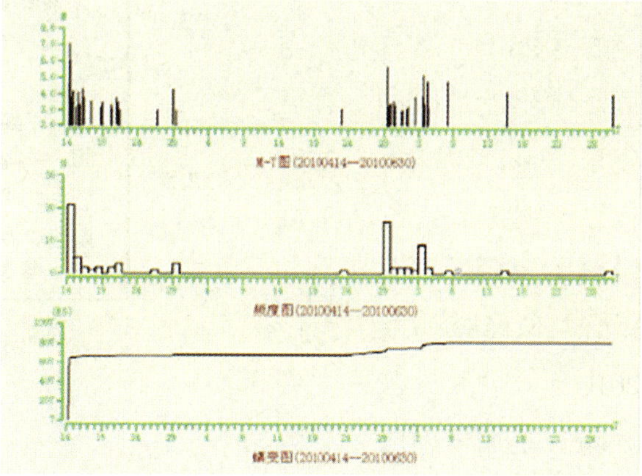

玉树强烈地震序列（$M_L \geqslant 3.0$）的 M—T、频度、蠕变时间分布图

区架设 14 套宽频带流动观测仪，在珍秦镇、立新乡、扎朵镇架设 3 套微震观测仪。玉树地震后共计架设流动微震仪和流动强震仪 66 套。上述数据信号通过 SDH 数据专线、CDMA 1X、3G 网络（vpn）等方式传回西宁和北京，玉树地区的地震监测能力达到 $M_L$1.5 级。“4 · 14”大地震发生后，速报部门 8 分钟完成了速报任务，保证了第一时间开展玉树抗震救灾指挥工作。地震发生后，监测部门从台站抽调技术人员处理波形数据和小于 3.0 级的余震。截至 12 月 7 日 15 时，共分析处理玉树余震 3359 条，其中 3.0 级以上地震 41 个（6.0 级以上 1 次、5.0 ～ 5.9 级 2 次、4.0 ～ 4.9 级 10 次、3.0 ～ 3.9 级 28 次）。

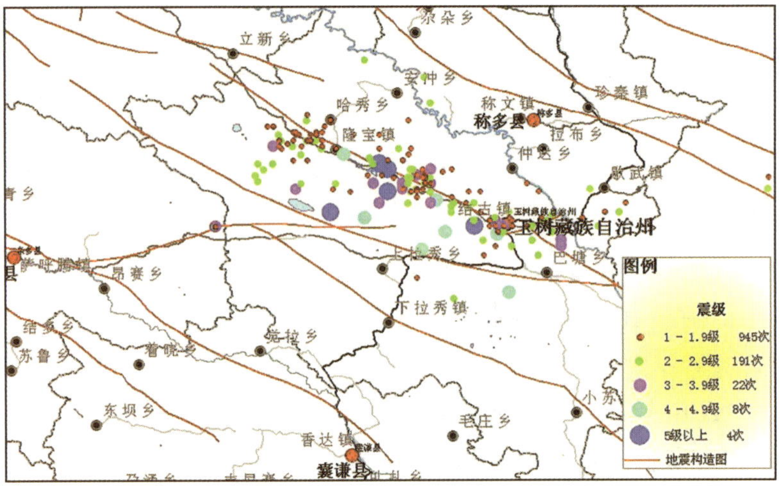

玉树地震余震分布图

## 二、余震活动特征

在空间上，余震序列沿玉树—甘孜断裂带分布，并集中分布在 3 个段落（集中区域），即主震西北端、主震震中附近地区和主震东南端。2010 年 4 月 14 日至 5 月 28 日主要分布在主震震中附近地区和主震震中东南端；2010 年 5 月 29 日至 9 月 7 日分布在主震以西的余震区西北段，并呈现类似震群的活动特点；2010 年 9 月 8 日以后主要分布在主震以西的余震区西北段，与 5 月 29 日以来的分布一致，其他段落呈现零星分布的特点。

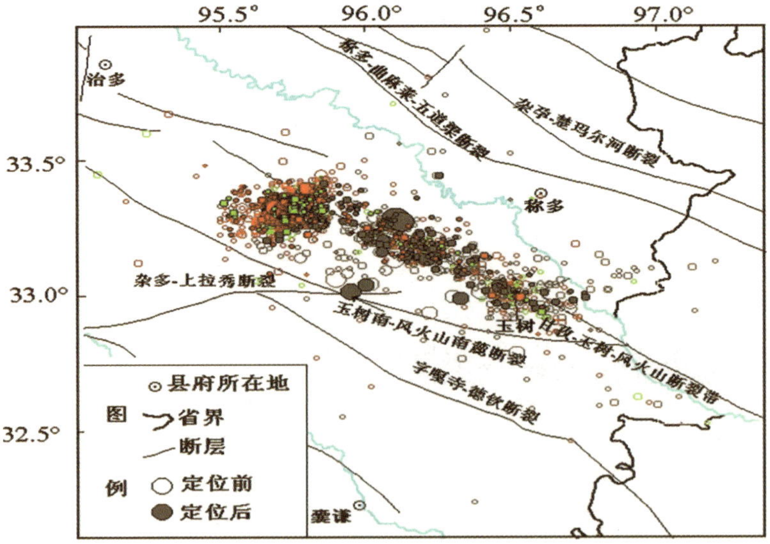

玉树地震序列余震分布

在时间上，余震序列整体上呈现递减特征，并呈现 3 个密集和衰减阶段，主震后早期余震序列衰减较快，以 3 ~ 4 级地震起伏活动为主，呈逐步衰减态势。2010 年 5 月 29 日出现密集活动，发生 5.7 级强余震，出现序列衰减过程中的第一个余震起伏活动阶段，余震活动水平为 $M_L$5 级左右。2010 年 9 月 8 日余震序列出现第二个相对密集起伏活动，其间最大余震为 $M_L$5.0，之后余震呈现相对稀疏的衰减特征。综上所述，2010 年 4 月 14 日玉树 7.1 级地震序列在时间上呈现 3 个密集和衰减阶段。

此次玉树地震序列中主震和较强余震起伏活动受固体潮调制明显。2010 年 4 月 14 日玉树 7.1 级地震发生在农历三月初一，属于固体潮调制时段；5 月 29 日强余震起伏活动发生在农历四月十六，同样属于固体潮调制时段；9 月 8 日 $M_L$5.0（4.6）级起伏活动发生在八月初一，同样属于固体潮调制时段，表明玉树 7.1 级地震的发生和序列的发展受调制现象明显。

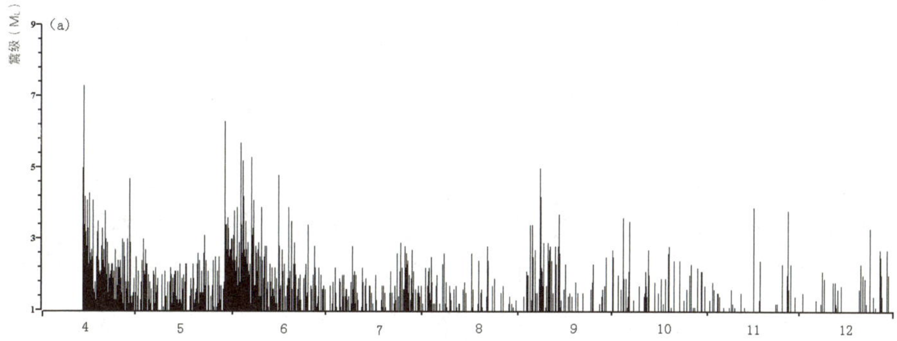


玉树序列 $M_L \geq 1.1$ 地震时序分布图

## 三、地震趋势分析工作

震前，青海省地震局预报部门对该地区的强震形势有所估计，4 月 14 日 5 时 39 分玉树 4.7 级地震发生后及时召开紧急会商会，会商认为 4.7 级地震可能是信号震。震后采取了多项措施和技术方法开展趋势判定工作，如地震类型类比、分析 h 值等方法。

在省委、省政府 2010 年 4 月 14 日 9 时召开的紧急部署抗震救灾工作会议上，省地震局向会议汇报："5 时 39 分玉树 4.7 级地震发生后，我局及时召开了紧急会商会，会商认为 4.7 级地震可能是信号震，但没有依据判断为直接前震。会商提出后面有大地震的危险，可能为 6 ~ 7 级强震，但何时发生时间不好把握，我们也没有意识到 2 个小时就会发生。玉树 7.1 级地震发生后我局地震预报专家初步给出地震类型可能为前震—主震—余震型，最大余震活动水平为 6 级左右。"在会议进行中，9 时 25 分发生 6.3 级强余震，证明省地震局对震后趋势判定准确。青海省副省长徐福顺、高云龙等一致认为省地震局对趋势判定工作总体准确，为政府决策发挥了良好的作用。

4 月 14 日玉树地震之前，青海省地震局预报部门对青海中南部—藏东地区的强震危险性有所察觉，并逐步跟踪了该地区震情的演化发展过程。4 月 14 日 5 时 39 分玉树 4.7 级地震发生后，组织召开了紧急会商会，并做出“信号震”的认识。

在玉树序列的震后趋势判定和震情跟踪工作中，青海省地震局预报部门制定并细化了震情跟踪工作内容和职责，实行24小时滚动会商、24小时双人值班、定时会商和随时会商相结合的工作制度。趋势研判中采用新技术、新方法，首次全面应用数字化地震资料开展震情跟踪工作，并与上级业务部门保持联系，共判震情发展，全力做好趋势研判工作。工作中将每次会商结论及时通过手机短信的方式发往玉树地震现场，使玉树地震现场抗震救灾指挥部掌握会商的动态研判结果，这种工作方式使得前方（玉树地震现场指挥部）、后方（青海省地震局预报部门）、中国地震台网中心三方趋势研判和动态会商的结论一致，对外口径一致。中国地震局在玉树地震发生后派出了经验丰富的专家飞赴西宁协助开展震后趋势判定工作。为提高趋势判定的科学性和准确性，收集较为全面的资料，预报部门与周边省局和相关专家及时联系、进行资料交换和信息沟通。

在整个玉树序列应急跟踪期间（4月14日至7月9日），青海省地震局对6月3日5.3级较强余震及前后的多次4.8级左右的活动有明确的起伏时间、地点和水平估计。在开展玉树震区余震趋势研判和余震跟踪的同时，为了把握全省其他地区的震情趋势，省地震局对每一次出现的显著异常都进行紧急会商，并对异常进行详细落实，开展前兆调查和异常排查工作。在新闻媒体宣传方面，省地震局预报部门根据局办公室和局领导的安排进行辟谣、解释、访谈等工作。为显示玉树地震的跟踪工作，留下可查证的文字记录，预报部门除做好加密会商、临时会商、专题会商的各种记录和编写会商意见等之外，还将每日的工作以简报的形式记录下来，编写简报17期，供领导提出批示和指示，还为将来玉树地震应急跟踪总结等记录历史文字素材，以供查证。

4月19日，玉树7.1级地震期间青海省地震局预报专家研讨震后趋势

# 第六节　玉树强烈地震影响场

## 一、地震宏观破坏调查

青海省地震局地震现场应急工作队经过 7 天的艰苦工作，在野外调查的基础上，绘制了玉树地震的等震线分布图，并对调查资料进行了统计整理和震害损失评估计算，初步完成了地震灾害的直接损失评估工作。

省地震局地震现场应急工作队 100 余人分赴青海省玉树州，分成 30 多个灾害调查小组，对玉树州玉树县、称多县、治多县、杂多县和甘孜州石渠县的 20 多个乡镇的房屋、生命线系统、水利设施、企业等破坏情况进行调查，并对玉树县城进行专项调查评估。调查行程达 5 万余千米，调查范围超过 3 万平方千米，完成 120 个调查点、75 个抽样点的灾害调查工作。

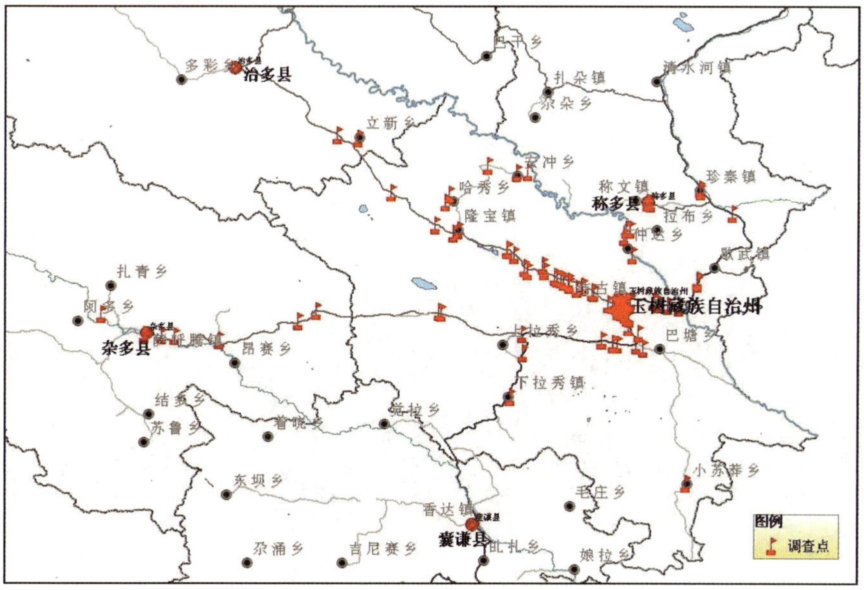


灾区抽样调查点分布图

## 二、地震灾害区域范围划分与受灾情况

根据地震综合灾情指数，将地震灾区分为极重灾区、重灾区和一般灾区。

地震综合灾情指数由平均震害指数、因灾造成的倒塌和严重损坏房屋数、转移安置人口数、地质灾害危险度 4 项指标计算生成。综合灾情指数的计算公式为：

$DI=\sum(fk\times DIk)$

其中，DIk 为归一化的单项指标：$DIk=[DIk-\min(DIk)]/[\max(DIk)-\min(DIk)]$；fk 为上述 4 项指标的权重。

确定各指标权重为：平均震害指数权重为 0.4；倒塌及严重损坏房屋数权重为 0.3；万人转移安置率权重为 0.2；地质灾害危险度权重为 0.1。

极重灾区为青海省玉树县结古镇，面积约为 992 平方千米；重灾区包括青海省玉树县隆宝镇、仲达乡、安冲乡、巴塘乡，面积约为 7030 平方千米；一般灾区包括青海省玉树县、治多县、称多县、囊谦县、曲麻莱县、杂多县的 14 个乡镇，四川省石渠县的 8 个乡镇，面积约为 27840 平方千米。总受灾面积为 35862 平方千米。

另外，地震还对青海省称多县、治多县、囊谦县、曲麻莱县、杂多县以及四川省石渠县、德格县、白玉县、甘孜县的部分乡镇造成影响，造成部分农牧民住房倒损和人员转移安置，确定为灾害影响区。

玉树 7.1 级地震震中距四川省边界约 60 千米，对四川省石渠县、德格县、白玉县、甘孜县的部分乡镇造成影响，造成部分农牧民住房倒损和人员转移安置，确定为灾害影响区。四川省石渠县 7 个多乡镇综合灾情指数在 0.01 ~ 0.2，确定为一般灾区。受此次地震波及，石渠县部分房屋、生命线工程、构筑物等破坏较为严重，少量人员受伤；德格县、白玉县也遭到了一定损失。

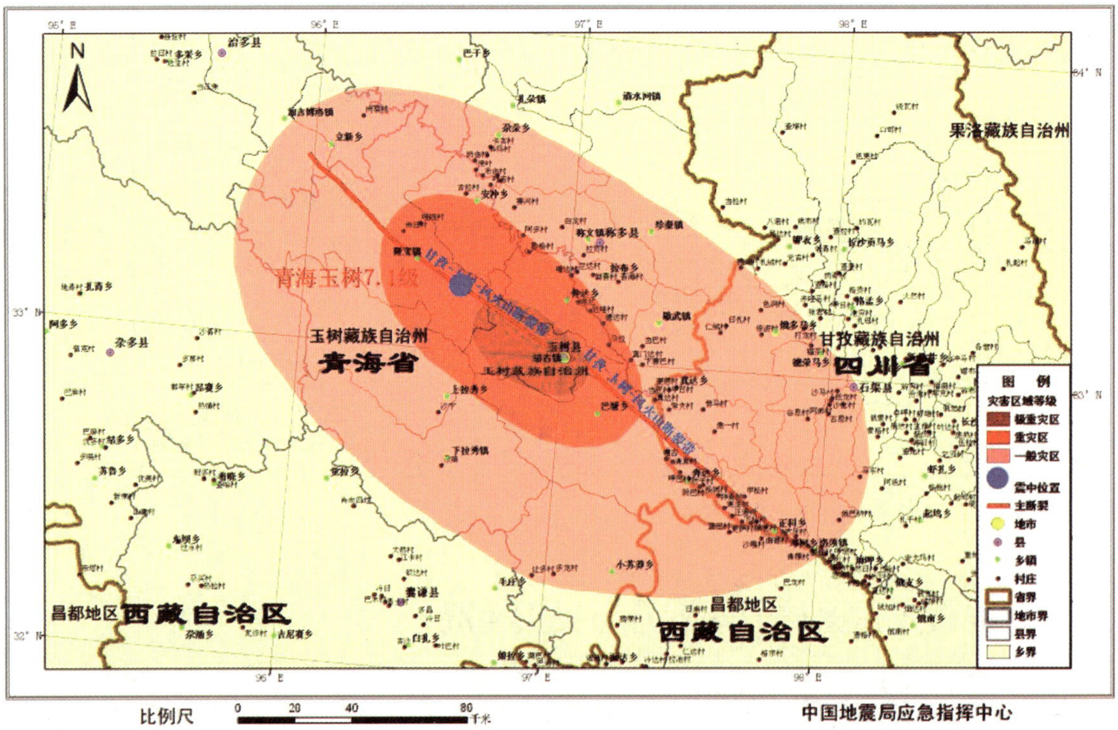


地震灾害区域范围分布图

# 第三篇
# 次生灾害

玉树本来就是地质灾害高易发地区，“4·14”7.1级地震发生后，地质环境更加恶化，地基土液化、软土震陷、崩塌、滑坡、地裂缝、泥石流及不稳定斜坡等地质灾害隐患数量迅速增加，加大了地质灾害发育密度，隐患范围迅速扩大。隐患格局也发生较大变化，区内原有地质灾害隐患以滑坡、泥石流为主，由于地震作用，造成崩塌、地裂缝的数量急剧上升，危害性增大。地震引发大量崩塌、滑坡，直接加剧和引发区内泥石流灾害隐患，造成区内不稳定斜坡的数量大幅增加，加大了危害性。地震造成现有水土保持设施损失严重，水土流失加剧，次生山地灾害面积和规模增大。

此次地震未造成灾区环境污染。经检测，辐射环境属天然本底水平，地下水、地表水未受污染，未引发火灾和大气污染。

# 众志成城　抗震救灾

# 第一章　玉树地区震前地质灾害

## 第一节　震前地质灾害概况

玉树地质灾害的发生主要与海拔高差及岩性组合有关。峡谷区历来是地质灾害频发地区，包括澜沧江干（支）流灰页岩区，通天河干（支）流砂板、泥岩峡谷区。尤其是峡谷河段的高陡斜坡带，巨型崩塌体常致使河道堵塞。全州 6 个县 100 多年来发生较大滑坡 50 多处，1950—1966 年，发生大泥石流 7 次，主要是玉树县（结古镇）、囊谦县、杂多县、治多县和曲麻莱县等地区，在历史上曾造成巨大的灾害。

根据震前对区内的地质灾害调查和区划成果的调研，玉树州 6 个县地质灾害有崩塌 45 处、滑坡 28 处、泥石流 182 处、不稳定斜坡 186 处，共计 441 处。玉树县地质灾害有崩塌 8 处、滑坡 3 处、泥石流 33 处、潜在不稳定斜坡 5 处，共计 49 处。

玉树县泥石流主要分布于结古镇北山地带，历史上多次发生泥石流灾害，给当地群众的生命、财产造成较大的危害和损失。据统计资料，结古镇发育泥石流 20 条，巴塘地区发育泥石流 2 条。区内泥石流的总体特征为沟谷切割强烈，局部山体较破碎，寒冻风化严重，有效降雨强度较大，为泥石流的形成提供了有利条件。

据调查资料，自 1987 年以来，结古镇几乎每年都发生泥石流灾害，受泥石流灾害威胁的人口有 2 万余人。如 1998 年 4 月 18 日发生在澜沧江一级支流子曲娘都龙尕的岩崩，堵塞河道，形成高达 40 米的挡水坝，导致囊谦县众多居民住宅被淹倒塌。又如发生于 2003 年 7 月 29 日的结古镇泥石流灾害，一次性冲出物高达 24 万立方米，致使 1 人死亡、11 人受伤，造成直接经济损失 2500 万元以上。

## 第二节　震前地质灾害类型

玉树地震灾区大部分人口密集区在震前就属地质灾害高易发区，山高、谷深、坡陡，崩塌、滑坡、泥石流等地质灾害发育，部分灾害点正处于活动期，成灾可能性极大。

据玉树州 6 个县的地质灾害调查与区划资料，震前全州 6 个县地质灾害均有分布，主要类型有崩塌、滑坡与泥石流。地质灾害隐患以泥石流最为严重，不稳定斜坡、崩塌、滑坡次之。

在全州地质灾害隐患点中，崩塌类占总数的 9.7%；滑坡类占总数的 6.2%；不稳定斜坡类占总数的 40.9%；泥石流类占总数的 43.2%。地质灾害以泥石流和不稳定斜坡为主。

## 第三节　震前地质灾害分布特征

### 一、崩塌、滑坡分布

主要分布在通天河右岸、扎曲河北岸、省道 309 线公路两侧、杂多县萨呼腾镇及国道 214 线两侧。

### 二、泥石流分布

主要分布在结古镇南北山前、杂多县萨呼腾镇北部山前及省道 309 线、国道 214 线两侧。震后，通过对玉树灾区 6 个县进行排查，发现共有 441 个地质灾害隐患点。

**玉树 7.1 级地震前各县地质灾害隐患点分布情况表**

表 3-1　　单位：处

| 县名 | 滑坡 | 崩塌 | 泥石流 | 不稳定斜坡 | 合计 |
|---|---|---|---|---|---|
| 玉树县 | 3 | 8 | 33 | 5 | 49 |
| 杂多县 | 7 | 4 | 32 | 29 | 72 |
| 称多县 | 0 | 4 | 19 | 52 | 75 |

续表 3-1

| 县名 | 滑坡 | 崩塌 | 泥石流 | 不稳定斜坡 | 合计 |
|---|---|---|---|---|---|
| 治多县 | 2 | 6 | 39 | 17 | 64 |
| 曲麻莱县 | 6 | 4 | 25 | 45 | 80 |
| 囊谦县 | 10 | 19 | 34 | 38 | 101 |
| 总计 | 28 | 45 | 182 | 186 | 441 |

## 第四节　地质灾害易发程度与分区

依据地质灾害易发性定性划分依据，结合地质灾害综合危险性指数，划定出地质灾害高易发区、地质灾害中易发区和地质灾害低易发区。

高易发区。主要包括玉树县结古镇、隆宝镇、巴塘乡、仲达乡、安冲乡、小苏莽乡；杂多县萨呼腾镇、昂赛乡及玉树—杂多公路；称多县称文镇、歇武镇、拉布乡、尕朵乡、扎朵镇；曲麻莱县秋智乡；治多县立新乡；囊谦县香达镇、白扎乡、吉曲乡、娘拉乡。总面积 27246.39 平方千米。崩塌、滑坡、泥石流特别发育，地质灾害隐患点 621 处，威胁 36800 人，造成财产损失 245258.73 万元。

中易发区。位于玉树县上拉秀乡西南部、下拉秀镇、哈秀乡；杂多县莫云乡、查旦乡、扎青乡、阿多乡、苏鲁乡；治多县索加乡、多彩乡，囊谦县东坝乡、觉拉乡、着晓乡、尕羊乡、吉尼赛乡、吉曲乡、毛庄乡。总面积 178332.06 平方千米。崩塌、滑坡、泥石流比较发育，地质灾害隐患点 103 处，威胁 3754 人，造成财产损失 8328.70 万元。

低易发区。位于囊谦县白扎乡南部、觉拉乡西南部；称多县珍秦镇东部。总面积 4521.41 平方千米。崩塌、滑坡、泥石流不发育，地质灾害隐患点 11 处，威胁 334 人，造成财产损失 3604 万元。

# 第二章　玉树地震地质灾害

## 第一节　地震地质灾害概况

### 一、地震对地质环境的破坏及威胁

青海玉树7.1级地震不仅造成了大量人员伤亡和财产损失，还导致玉树藏族自治州辖区20.305万平方千米范围内的地质环境条件发生重大变化，水利工程环境地质条件变得复杂，次生灾害隐患数量大幅度增加。应急调查表明，强烈地震使震区的岩土体普遍受到破坏，形成大量崩塌、滑坡、不稳定斜坡、泥石流等地质灾害体，积累了数十亿立方米的松散堆积物，加剧了已有不稳定或欠稳定的滑坡，加重了地质灾害隐患的危险性；一些山体开裂裂缝延伸长达数百米；由于道路、植被覆盖原因，尚有大量地质灾害隐患点处于隐蔽状态。在降雨、余震的诱发下，导致灾区形成次生灾害，不可避免地会产生新的崩塌、滑坡和泥石流，并可能堵河形成堰塞湖，进而引发洪水、溃决型泥石流和回水淹没等次生灾害。根据震后水资源监测资料，玉树强烈地震对重建规划区内水文情势、水质质量影响较小。由于地震增加了山体崩塌、滑坡与泥石流次生灾害发生的概率，大量泥沙进入河道，造成河道淤堵，一定程度改变了原河流的水文情势；受降雨影响，震后河流各类污染物质增加，也影响下游地区的供水安全。

地震破坏的严重区域位于地震重灾区的玉树县。结古镇是此次地震的极重灾区，地震断裂带从结古镇南侧通过，城镇几乎被夷为平地，受灾人口占全部地震受灾人口的40%，地震造成山崩地裂，新产生的裂缝不仅影响山体的稳定性，而且还造成山体表部的大量山石松动，为灾后恢复重建遗留下了大量的地质灾害隐患，在后期恢复重建过程中的人类工程活动（爆破、开挖、堆载、切坡等）、降水也可能引发或加剧产生新的地质灾害。

按次生地质灾害险情分级：玉树地区特大型地质灾害隐患点11处、大型32处、中型214处、小型479处；地质灾害严重威胁40888人的生命安全和房屋、寺庙、重要基础设施等价值

25.72 亿元的财产安全。主要是对玉树县结古镇、杂多县萨呼腾镇的居民区、学校、村庄等人口集中区造成威胁。地质灾害类型主要为泥石流、滑坡、不稳定斜坡及地裂缝，尤以结古镇南北山泥石流和胜利路南段滑坡对人口密集区的危害性较大。威胁生命线工程的地质灾害类型主要为滑坡及不稳定斜坡，尤以巴塘河峡谷区两岸的滑坡危险性大，主要威胁的生命线工程，包括国道 214 线、省道 308 线、省道 309 线及境内的输电线路和通信线路。威胁重要设施的地质灾害类型主要为滑坡，威胁的重要设施主要为巴塘河峡谷地带的西杭水电站等。威胁寺庙的地质灾害类型为滑坡、不稳定斜坡及地震地裂缝，威胁的主要寺庙为结古寺、禅古寺、当卡寺等。地震地裂缝造成禅古寺大部分建筑损坏。

## 二、震后应急排查的地质灾害

玉树 7.1 级地震后岩体松动，引发大量崩塌、滑坡等地质灾害。主要集中在地表破裂带一线附近的山体。震区内潜在山体斜坡成群且集中发育，稳定性极差，在冻融期和汛期，引发严重的次生地质灾害的可能性较大。威胁人口 34394 人，威胁财产 242302 万元。

震后对玉树州约 20.305 万平方千米范围内，涉及玉树灾区的玉树、杂多、称多、囊谦、治多和曲麻莱 6 个县、14 个乡镇开展地震引发次生地质灾害的应急排查工作。

地质灾害应急排查出地震引发地质灾害隐患总数 295 处，按地质灾害的种类分，有崩塌 92 处、滑坡 41 处、不稳定斜坡 65 处、泥石流 84 处、地裂缝 13 处。其中，玉树县有 268 处，称多县有 5 处，杂多县有 15 处，囊谦县有 7 处。

地震引发的次生地质灾害以玉树县分布最为密集，危害也最为严重，地震引发次生地质灾害造成直接经济损失 60 万元。根据青海省国土资源系统技术人员在玉树县开展的地质灾害应急排查成果，玉树 7.1 级地震后玉树县境内地质灾害（隐患）总数达 268 处，受危害人员 32047 人，受威胁财产 217129 万元。按地质灾害种类分，崩塌 87 处，滑坡 36 处，不稳定斜坡 57 处，泥石流 75 处，地裂缝 13 处（总长约 4 千米）。通过遥感解译，地震在玉树县城南部的巴塘河岸边形成约 4 千米长的滑坡地段，在玉树县城西北的陇松达至堪和一带的巴塘河两岸产生大量崩塌滑坡群，在却参达、扎拉达附近的泥石流上游产生大量滑坡崩塌，雨季来临后有可能形成大规模泥石流灾害，同时在扎西科河等处也发现了大量崩塌与滚石，以及长度达 1.5 千米的大型裂缝。

曲麻莱县城和治多县城，未发现地震引发的次生地质灾害。

**玉树州各县及乡镇震后应急排查新增地质灾害隐患点情况表**

表 3-2　　单位：处

| 县名 | 滑坡 | 崩塌 | 泥石流 | 不稳定斜坡 | 地裂缝 | 合计 |
|---|---|---|---|---|---|---|
| 玉树县 | 36 | 87 | 75 | 57 | 13 | 268 |
| 杂多县 | 2 | 2 | 9 | 2 | 0 | 15 |

续表 3-2

| 县名 | 滑坡 | 崩塌 | 泥石流 | 不稳定斜坡 | 地裂缝 | 合计 |
|---|---|---|---|---|---|---|
| 称多县 | 0 | 2 | 0 | 3 | 0 | 5 |
| 治多县 | 0 | 0 | 0 | 0 | 0 | — |
| 曲麻莱县 | 0 | 0 | 0 | 0 | 0 | — |
| 囊谦县 | 3 | 1 | 0 | 3 | 0 | 7 |
| 总计 | 41 | 92 | 84 | 65 | 13 | 295 |

地震引发的次生地质灾害由面状分布逐步向散点状分布状态过渡。作为此次地震重灾区的玉树县结古镇、隆宝镇、巴塘乡、仲达乡、安冲乡次生地质灾害点多面广，呈面状或块状分布，地质灾害成群发育，而且集中分布在结古镇北部山前、巴塘峡谷的两侧以及省道 308 线、省道 309 线、国道 204 线沿线最为显著。上述区域既是玉树人口密集区的重要经济社会活动区，也是此次次生地质灾害严重危害区。地震灾区北部的称多县、西部的杂多县、南部的囊谦县等地的地质灾害隐患点呈零散的点状分布。

## 三、全面调查的地质灾害

根据震前已有的地质灾害调查成果，加上震后地震应急排查的地质灾害隐患点，震后灾区 6 个县总计有地质灾害隐患点 736 处，其中玉树县 317 处、杂多县 87 处、治多县 64 处、曲麻莱县 80 处、囊谦县 108 处、称多县 80 处。地质灾害类型为滑坡 69 处、崩塌 137 处、泥石流 270 处、不稳定斜坡 247 处、地裂缝 13 处。

**玉树地震灾区震后地质灾害隐患点及威胁情况表**

表 3-3　　　　单位：处

| 县名 | 灾害类型 | | | | | | 险情等级 | | | |
|---|---|---|---|---|---|---|---|---|---|---|
| | 滑坡 | 崩塌 | 泥石流 | 不稳定斜坡 | 地裂缝 | 合计 | 特大型 | 大型 | 中型 | 小型 |
| 玉树县 | 39 | 95 | 108 | 62 | 13 | 317 | 11 | 24 | 150 | 132 |
| 杂多县 | 9 | 6 | 41 | 31 | 0 | 87 | 0 | 4 | 12 | 71 |
| 治多县 | 2 | 6 | 39 | 17 | 0 | 64 | 0 | 0 | 1 | 63 |
| 曲麻莱 县 | 6 | 4 | 25 | 45 | 0 | 80 | 0 | 0 | 10 | 70 |
| 囊谦县 | 13 | 20 | 38 | 37 | 0 | 108 | 0 | 3 | 14 | 91 |
| 称多县 | | 6 | 19 | 55 | 0 | 80 | 0 | 1 | 27 | 52 |
| 总计 | 69 | 137 | 270 | 247 | 13 | 736 | 11 | 32 | 214 | 479 |

根据对统计到的次生地质灾害点进行空间统计分析的结果，地震诱发的次生地质灾害主要

分布于玉树县、治多县、称多县，在县域分布上具有指数递减特征；乡镇区域则主要分布于结古镇、巴塘乡、歇武镇、索加乡等。其中，结古镇灾害点数量占总灾害点数量的 62.8%，分布上又具有集中性。

玉树地震形成的地质灾害具有北北西—南南东向沿地表破裂带呈带状分布的特征，主要分布于地表破裂带两侧 2 ～ 4 千米的山坡地带。通过对破裂带进行每隔 2 千米的空间统计，结果表明，86.7% 的次生地质灾害分布在发震断层 10 千米的范围内，这说明地震引发的大型滑坡主要分布在破裂带附近，破裂带 10 千米以外发生大规模滑坡的概率很小。次生地质灾害在空间上符合沿发震断层呈指数递减规律，其相关性达到 77.6%。

次生地质灾害的分布海拔高程大多数为 3500 ～ 4000 米。分析滑坡与坡度的关系，结果表明滑坡区域的分布坡度介于 25° ～ 40° ，且大多分布在人工开挖的房屋和道路靠山一侧。

## 四、震后次生地质灾害严重程度分区

根据次生地质灾害发育程度，将玉树灾区分为次生地质灾害严重区、较重区和一般区。

严重区。玉树结古镇巴塘河谷区两侧及扎西科滩地区。因地震引发的地质灾害隐患点多，主要为崩塌、落石、滑坡，成群分布，坡体岩土松动严重，因次生地质灾害死亡 23 人、受伤 47 人；城镇建设遭受崩塌、落石、滑坡及地裂缝危害的可能性和危险性大，为次生地质灾害受灾严重区。

较重区。结古镇扎曲以北城区。区内地质灾害隐患点较多，主要地质灾害隐患为泥石流、潜在不稳定斜坡和落石。因次生地质灾害死亡 7 人、受伤 21 人。

一般区。一般区为巴塘谷地，谷地宽阔，远离玉树地震带，未发现因地震作用而引发次生地质灾害隐患。

## 五、震前、震后地质灾害变化特征

根据地震灾区地质灾害应急排查，结合遥感影像，对比震前区内已有地质灾害的分布、发育特征及危害性，分析认为，玉树地震灾区震后地质灾害的变化具备以下特征：

地震使玉树灾区地质灾害隐患点数量迅速增加，加大了地质灾害发育密度。震前结古镇地区的主要灾害隐患点为北山泥石流，地震引发了多处滑坡、不稳定斜坡及崩塌等地质灾害，使地质灾害险情加剧。

地震直接松动岩（土）坡体，造成区内不稳定斜坡的数量大幅增加，斜坡稳定性降低，特别是巴塘沟峡谷两侧及省道 308 线沿线等切坡地段及陡斜坡地段，坡体变形加剧，危岩危石数量增多，危险性大，在降雨及地震作用下，仍具滑动的可能，对人口居住区及生命线工程等构成威胁。

地震引发的大量崩塌、松动岩（土）坡体使泥石流沟流域内的松散固体物质数量急剧增加，直接加剧和引发区内泥石流灾害隐患，加大泥石流暴发频率和规模。

地震引发的滑坡多沿地表破裂带分布，多属堆积层低位滑动滑坡，但部分地裂缝分布于山体顶部或山体中上部，裂缝规模较大，演化趋势复杂，但仍具有形成高位远程滑坡的可能，危险性大。

根据震前、震后地质灾害的对比，造成震后地质灾害急剧增加的主要因素有三个方面：一是断裂带的影响。本次引发地震的玉树—甘孜从结古镇南侧通过，在造成地表破裂的同时，岩石更加破碎，沿断裂带形成了多处滑坡。因此，断裂带的展布方向是控制滑坡发生的主要因素。二是地层岩性的影响。本区基岩地区受寒冻风化的影响，广泛分布有结构松散的残坡积物，在地震应力作用下，沿基岩的接触面发生变形乃至滑动。三是人类工程活动的影响。随着城镇化进程的加快及道路交通的扩建，人类工程活动加剧，城镇建设用地及道路向山区坡脚带的发展形成了许多高陡边坡，在地震的影响下发生变形，形成不稳定边坡，尤以结古镇北部山前地带及省道308线、省道309线、国道214线沿线最为显著。

## 第二节　泥石流

### 一、泥石流的形成条件

泥石流是携带有大量泥沙、块石等固体颗粒的特殊洪流。泥石流与一般洪水的根本区别是会有大量固体碎屑物，按其体积含量最少为15%，最高可达80%。它暴发突然，历时短，来势凶猛，具有很强的破坏力。泥石流是区内最主要的地质灾害类型，给当地人民的生命、财产、生产及生活造成较大的损失和危害。

泥石流的总体特征是河谷切割强烈，两侧山体岩石较破碎、寒冰风化严重，有效降雨强度大，为泥石流的形成提供了有利条件。泥石流的形成必须同时具备三个基本条件：一是地形地貌条件。玉树地区季节性冲沟很多，其流域面积小、主沟纵坡陡峭、沟道密度大、物源区植被差、物源充足、沟道弯曲堵塞，便于泥石流的形成。区内泥石流流域面积均在0.2～5平方千米，大于5平方千米的有11处。另据调查，沟道越不通畅，沟道密度越大，泥石流越容易发生。二是固体物源条件。玉树地区组成泥石流的固体物质主要是三叠系砂岩、板岩，泥盆系的灰岩，奥陶系的砂岩、板岩，风化而成的残坡积物。该地区比较寒冷，风化强烈，残坡积物因地震造成岩土松动，极易被洪水冲蚀而成为泥石流的固体物质。区内泥石流物源主要分布在泥石流的形成区和流通区的坡体下部，故补给段较长，沟岸松散物体储量丰富。三是水动力条件。玉树地区中高山区季节性小冲沟及大部分泥石流沟平时沟内干枯无水，但在大暴雨后，往往会突发洪水，加之沟谷纵坡陡，洪水沿途侵蚀沟槽，极易引发或激发泥石流。区内降水主要集中在6—

9 月，此间多暴雨，也正是泥石流高发期，但就其他地域分布来看，有效降雨强度越大，泥石流越发育。

在上述三个条件之外，植被条件也是一个重要因素。植被具有固定松散土石和削减洪峰降水影响作用。

## 二、区域泥石流流域分布

区域内发育 75 处泥石流，其中 30 处典型泥石流主要分布在通天河沿岸及扎曲河谷地区，区内泥石流沟的总体特征是：河谷切割强烈，两侧山体岩石较破碎，寒冻风化严重，有效降雨强度较大，为泥石流的形成提供了有利条件。区内泥石流流域面积 0.3 ~ 41 平方千米，以 1.2 ~ 9.5 平方千米者居多；主沟纵坡 180‰~ 400‰，以 150‰~ 300‰者居多。近期一次最大冲淤变幅，松散物储量大小不一（3 万 ~ 20 万立方米 / 平方千米），以 3 万 ~ 6 万立方米 / 平方千米者居多。补给区长度普遍大于 60%，相当一部分泥石流沟的补给段长度大于 80%。沟谷上游相对高差 180 ~ 1300 米，以 280 ~ 800 米者居多。沟岸山坡坡度 20° ~ 60° 。沟谷堵塞程度以较严重者居多，严重者主要分布于人类活动强烈的扎曲科各支沟中，沟口堆积扇一般为中小型，沟谷内不良地质体较为发育。大体上泥石流发育区为区域上升区，补给源的岩性主要为寒冻风化残坡积的砂岩。泥石流容重 1.516 ~ 1.621 吨 / 立方米，泥石流计算流量 1.52 ~ 1011.67 立方米 / 秒，历次泥石流一次最大冲出物体积 18.47 万立方米。不仅大多数泥石流沟有致灾史，而且大多数泥石流处于形成期和发展期。沿泥石流通过地区，堆积物随地形变化呈带状和片状，破坏自然环境，加之玉树 7.1 级地震致使结古镇北部泥石流防治工程大部分被毁，物源区物源大增，在暴雨的作用下引发泥石流灾害，对城区居民生命财产构成严重威胁。

区域内泥石流沟具有分布广、数量多、规模较大、发生频率高等特点。经调查，全县泥石流主要分布于县区的中东部，如结古镇的北山地区、益曲河下游地段河谷各支沟沟口地带。沟谷上游、中游往往是泥石流的形成区和流通区，出山口河谷区往往为泥石流的堆积区，也是人口密集的村民居住区和各类工程设施所在处，是受灾最严重的地区。

据统计，泥石流灾害年内分布与降水密切相关，主要集中在暴雨季节（6—9 月），而且泥石流多发生在午后或夜间，此间也是降雨时段。

结古镇是受泥石流危害严重的州政府驻地，结古镇北部镇区建立在现代泥石流堆积扇上，是以泥石流灾害为主要类型的区域，泥石流活动直接危及镇区。自 1987 年以来，结古镇几乎每年都发生泥石流灾害，受泥石流灾害威胁的人口超过 2 万人。离玉树地震最近的一次泥石流暴发时间为 2003 年 7 月 29 日，受当时强对流天气的影响，区内 1 小时内降水量超过 17 毫米。19 时 50 分，结古镇北山 5 条沟同时暴发泥石流，一直持续到 21 时左右。至 7 月 30 日 1 时，形成特大的泥石流及洪水灾害，致灾面积达 80 万平方米，泥石堆积量估算达 24 万立方米，造成 1 人死亡、11 人受伤，致使下游党政机关、企事业单位、学校、商贸企业与居民楼等遭受严重损失，直接经济损失 2500 万元，相当于结古镇 2002 年地区生产总值的 80% 以上，也相当于全州收入的 80% 以上，灾后有组织的清淤工作持续了半个月，受灾群众安置工作则持续了 1 年。结古镇 2003 年 7 月 29 日泥石流暴发物质主要来自山坡坡面洪冲积物，基岩表层风化山体则主要是三叠系的基岩及第四系松散堆积物，岩性为长石石英砂岩、粉砂岩、千枚岩及板岩，基岩表层风化后大量碎石堆积于谷坡和沟底，为泥石流的暴发提供松散碎屑物质。

结古镇北山山体受到地震及余震影响，山体滑坡大量存在，同时受即将来临的雨季以及冻融期的叠加影响，使得泥石流发生的临界雨量急剧降低，很小的暴雨强度即可能诱发大规模泥石流灾害。玉树北部区域的琼龙路、红卫路、扎西科路沿线泥石流堆积扇区域容易再次遭受泥石流暴发的威胁，其中最大的危险区域在扎西科路西北侧。尽管在 2003 年泥石流发生后，结古镇在主要的泥石流沟修建了泥石流拦挡坝，但现有拦挡坝内淤积物质较多，同时受到地震的影响，拦挡坝有可能出现工程结构问题。与此同时，经遥感解译，震后在结古镇西北震中方向的河谷出现大量滑坡，结古镇上游河道山坡也有大量滑坡存在，在雨季极易形成区域性群发泥石流灾害，堵断巴塘河，引起二次溃决洪水。

虽然结古镇南部区域的泥石流不多，但在遭遇 100 年一遇的降雨时，仍有发生大规模泥石流灾害的可能性。

## 三、典型泥石流隐患点

玉树地震灾区共有典型泥石流隐患点 43 处，主要分布在玉树县结古镇、隆宝镇、巴塘乡、仲达乡、安冲乡及杂多县萨呼腾镇等地。

**玉树地震灾区典型泥石流隐患点一览表**

表 3-4

| 序号 | 名称 | 地理位置 | 北纬 | 东经 | 规模 | 发展趋势 | 险情等级 |
|---|---|---|---|---|---|---|---|
| 1 | 卡沙村泥石流 | 玉树县巴塘乡卡沙社 | 32° 43′ 59.3″ | 97° 22′ 20. 05″ | 中型 | 高易发 | 大型 |
| 2 | 无名沟泥石流 | 玉树县隆宝镇德勒村 | 33° 17′ 51.5″ | 96° 25′ 39.1″ | 小型 | 中易发 | 中型 |
| 3 | 达吉贡巴泥石流 | 玉树县安冲乡叶吉村 | 33° 31′ 15″ | 96° 40′ 27″ | 中型 | 中易发 | 大型 |
| 4 | 安冲直社泥石流 | 玉树县安冲乡叶吉村 | 33° 29′ 08″ | 96° 40′ 01″ | 小型 | 中易发 | 中型 |
| 5 | 来叶村来叶社后无名沟泥石流 | 玉树县安冲乡来叶村 | 33° 33′ 41″ | 96° 36′ 54″ | 中型 | 中易发 | 中型 |
| 6 | 仲达乡尕拉村党支部后沟泥石流 | 玉树县仲达乡尕拉村 | 33° 03′ 14″ | 97° 10′ 06″ | 中型 | 中易发 | 大型 |
| 7 | 瓦赫达西侧沟泥石流 | 玉树县仲达乡尕拉村 | 33° 06′ 28″ | 97° 07′ 30″ | 小型 | 中易发 | 大型 |

续表 3-4

| 序号 | 名称 | 地理位置 | 北纬 | 东经 | 规模 | 发展趋势 | 险情等级 |
|---|---|---|---|---|---|---|---|
| 8 | 耶瓦日瓦村后沟泥石流 | 玉树县仲达乡耶瓦日瓦村 | 33° 06′ 07″ | 97° 06′ 27″ | 中型 | 中易发 | 大型 |
| 9 | 热翁陇泥石流 | 玉树县结古镇 | 33° 01′ 07″ | 97° 04′ 02″ | 中型 | 高易发 | 中型 |
| 10 | 无名沟 1 泥石流 | 玉树县结古镇 | 33° 00′ 53″ | 97° 04′ 33″ | 中型 | 高易发 | 中型 |
| 11 | 上尖果陇泥石流 | 玉树县结古镇 | 33° 00′ 48″ | 97° 06′ 39″ | 中型 | 高易发 | 中型 |
| 12 | 显子陇泥石流 | 玉树县结古镇 | 33° 00′ 24″ | 97° 06′ 40″ | 中型 | 高易发 | 中型 |
| 13 | 下尖果陇泥石流 | 玉树县结古镇 | 33° 00′ 42″ | 97° 06′ 44″ | 中型 | 高易发 | 中型 |
| 14 | 代咯龙泥石流 | 玉树县结古镇 | 33° 00′ 24″ | 97° 07′ 23″ | 中型 | 高易发 | 中型 |
| 15 | 杂龙沟泥石流 | 玉树县结古镇 | 33° 01′ 01″ | 97° 01′ 26″ | 中型 | 高易发 | 特大型 |
| 16 | 结古陇巴泥石流 | 玉树县结古镇 | 33° 00′ 39″ | 97° 00′ 54″ | 中型 | 高易发 | 特大型 |
| 17 | 无名沟 2 泥石流 | 玉树县结古镇 | 33° 01′ 22″ | 97° 03′ 22″ | 中型 | 高易发 | 大型 |
| 18 | 谢卧陇泥石流 | 玉树县结古镇 | 32° 59′ 44″ | 97° 10′ 55″ | 中型 | 高易发 | 中型 |
| 19 | 达地沟泥石流 | 玉树县结古镇 | 32° 59′ 59″ | 97° 01′ 30″ | 中型 | 高易发 | 大型 |
| 20 | 德窝陇巴泥石流 | 玉树县结古镇 | 32° 59′ 54″ | 97° 00′ 56″ | 中型 | 高易发 | 大型 |
| 21 | 孟宗沟泥石流 | 玉树县结古镇 | 32° 59′ 16″ | 96° 59′ 46″ | 中型 | 高易发 | 特大型 |
| 22 | 尼龙库泥石流 | 玉树县结古镇 | 32° 57′ 04″ | 97° 02′ 17″ | 中型 | 高易发 | 大型 |
| 23 | 德念陇巴泥石流 | 玉树县结古镇 | 33° 00′ 35″ | 96° 57′ 54″ | 中型 | 高易发 | 特大型 |
| 24 | 杂生陇巴泥石流 | 玉树县结古镇 | 33° 00′ 28″ | 96° 58′ 25″ | 中型 | 高易发 | 特大型 |
| 25 | 日窝陇巴泥石流 | 玉树县结古镇 | 33° 00′ 38″ | 96° 59′ 40″ | 中型 | 高易发 | 特大型 |
| 26 | 载星弄沟泥石流 | 玉树县结古镇 | 32° 57′ 55″ | 97° 01′ 41″ | 中型 | 高易发 | 大型 |
| 27 | 禅古寺南村沟泥石流 | 玉树县结古镇禅古寺 | 32° 58′ 10.1″ | 97° 01′ 26.3″ | 中型 | 高易发 | 大型 |
| 28 | 西航村东沟泥石流 | 玉树县结古镇西航村 | 32° 58′ 47″ | 97° 00′ 52″ | 中型 | 高易发 | 中型 |
| 29 | 卖钦格北沟泥石流 | 玉树县结古镇 | 32° 57′ 46″ | 97° 01′ 35″ | 小型 | 高易发 | 小型 |
| 30 | 甘达村沟泥石流 | 玉树县结古镇甘达村 | 33° 04′ 40″ | 96° 49′ 32″ | 小型 | 高易发 | 小型 |
| 31 | 却参达北沟泥石流 | 玉树县结古镇 | 33° 04′ 38.4″ | 96° 51′ 6.5″ | 中型 | 高易发 | 小型 |
| 32 | 日窝陇巴西 800 米一无名沟泥石流 | 玉树县结古镇民主村 1–2 社 | 33° 00′ 37″ | 96° 59′ 23″ | 中型 | 高易发 | 大型 |
| 33 | 本达村西支沟泥石流 | 玉树县结古镇本达村社 | 32° 53′ 46″ | 97° 03′ 20.0″ | 中型 | 高易发 | 中型 |
| 34 | 前进村南支沟泥石流 | 玉树县结古镇前进村 | 32° 59′ 02″ | 97° 13′ 46″ | 中型 | 高易发 | 中型 |
| 35 | 铁索沟泥石流 | 杂多县萨呼腾镇 | 32° 53′ 59″ | 95° 16′ 43″ | 中型 | 中易发 | 中型 |
| 36 | 左青沟泥石流 | 杂多县萨呼腾镇 | 32° 53′ 49″ | 95° 17′ 04″ | 中型 | 高易发 | 大型 |

续表 3-4

| 序号 | 名称 | 地理位置 | 北纬 | 东经 | 规模 | 发展趋势 | 险情等级 |
|---|---|---|---|---|---|---|---|
| 37 | 沙龙沟泥石流 | 杂多县萨呼腾镇 | 32° 53′ 53.2″ | 95° 18′ 9.2″ | 中型 | 中易发 | 大型 |
| 38 | 宝龙沟泥石流 | 杂多县萨呼腾镇 | 32° 53′ 52.4″ | 95° 17′ 58.6″ | 中型 | 中易发 | 大型 |
| 39 | 乳日贡沟泥石流 | 杂多县萨呼腾镇 | 32° 53′ 46.7″ | 95° 17′ 38.8″ | 中型 | 中易发 | 中型 |
| 40 | 城西沟泥石流 | 杂多县萨呼腾镇 | 32° 53′ 42.9″ | 95° 17′ 35.2″ | 中型 | 中易发 | 中型 |
| 41 | 铁索沟西泥石流 | 杂多县萨呼腾镇红旗村 | 32° 53′ 40″ | 95° 17′ 16″ | 中型 | 中易发 | 中型 |
| 42 | 铁索西沟泥石流 | 杂多县萨呼腾镇红旗村 | 32° 53′ 52″ | 95° 16′ 48″ | 中型 | 中易发 | 中型 |
| 43 | 尕龙沟泥石流 | 杂多县萨呼腾镇红旗村 | 32° 55′ 10″ | 95° 16′ 44″ | 中型 | 中易发 | 中型 |

## 四、碎屑流

碎屑流与泥石流同类，主要发生在结古镇东南及西北部，其中面积较大的碎屑流有 12 处。

### 玉树地震灾区碎屑流分布位置及面积一览表

表 3-5

| 编号 | 面积（平方米） | 北纬 | 东经 |
|---|---|---|---|
| 1 | 22253.21 | 33.01° | 97.06° |
| 2 | 11923.32 | 33.01° | 97.06° |
| 3 | 7802.80 | 33.01° | 97.07° |
| 4 | 4820.54 | 32.95° | 97.03° |
| 5 | 4421.36 | 32.98° | 97.00° |
| 6 | 2907.80 | 32.97° | 97.01° |
| 7 | 2739.36 | 32.97° | 97.01° |
| 8 | 2619.78 | 32.98° | 97.00° |
| 9 | 2178.43 | 32.95° | 97.03° |
| 10 | 2146.04 | 32.95° | 97.03° |
| 11 | 848.75 | 32.98° | 97.01° |
| 12 | 674.40 | 32.98° | 97.01° |
| 总面积 | 65335.79 | | |

# 第三节　滑坡、崩塌、不稳定斜坡

## 一、形成条件和影响因素

一冲沟口出山处滑坡

通天河、子曲河及其支流将区内切割成深大沟谷，相对高差 80 ~ 1300 米，前缘形成坡度大于 20° 的斜坡，为滑坡崩塌的发育提供了地形条件。在通天河谷西侧基岩山区，斜坡陡峻、沟壑纵横、地形切割深度大于 300 米，地形坡度一般大于 30°，斜坡前缘临空面高陡，特别是人类活动强烈的斜坡前缘极易引发崩塌、滑坡灾害。区内巴塘盆地的地形平坦，地质灾害不发育。

玉树地区内广泛分布着残积物、坡积物以及浅变质岩等，岩层较弱或结构面密集的地层，为滑坡的形成奠定了基础。坡积物广泛分布于区内基岩山区，松散、透水性好，雨季大量雨水沿下伏基岩运动，降低了接触面一带的土层强度，造成斜坡原始结构破坏。如巴塘—禅古村公路沿线的滑坡，在这些地段的岩层和原始节理裂隙发育，变质岩岩体整体稳定性差，为崩塌、滑坡的形成提供了条件。

地下水与地表水综合作用对斜坡的稳定性影响明显。玉树地区红土山哑口滑坡的形成是不合理的人工切坡和坡脚处地表水浸润综合作用的结果。年内地质灾害集中发生于 6—9 月多雨期。中东部的低山丘陵区及通天河沿岸，植被覆盖率在 40% ~ 80%，崩塌、滑坡泥石流明显发育。中西部的高山区，植被覆盖率大于 80%，崩塌、滑坡相对不发育。从调查资料来看，在人为活动开挖坡体处，常形成高度大于 10 米的高陡临空面（红土山哑口公路沿线），极易引发崩塌、滑坡等地质灾害。人为活动开挖形成的高度 3 ~ 10 米高陡坡体处，较易引发崩塌、滑坡地质灾害。在局部开挖坡脚高度小于 3 米的地段，崩塌、滑坡一般不发育，原始斜坡完整。未被人为活动改造，无人为开挖坡脚现象的地段，崩塌、滑坡基本不发育。

地震直接造成岩（土）坡体松动，致使玉树地区不稳定斜坡的数量大幅增加，斜坡稳定性降低，引发了大量的崩塌、滑坡地质灾害隐患，造成了人员伤亡和财产损失，同时也为泥石流提供了固体物质来源。

## 二、分布及特征

崩塌、滑坡是较重要的地质灾害类型。滑坡多在每年6—9月降雨的季节发生，当降雨量达到一定数量级后，容易引发大灾害。滑坡灾害具有分布广、数量较多、规模较大、活动性强、危害较严重的特点。崩塌类型主要有黄土崩塌和基岩崩塌两种。按滑体的主要原始物质组分，可分为基岩滑坡、残坡积层滑坡。崩塌与滑坡在三个方面有共同点和联系。一是崩塌、滑坡均为斜坡上的岩体遭受破坏而失稳向坡脚方向运动；二是它们常在相同或近似的地质环境下伴生；三是崩塌、滑坡可以相互包含或转化。

崩塌灾害的基本特征是斜坡上的岩体遭受破坏而失稳向坡脚方向移动、崩落。引发崩塌灾害的斜坡母岩主要以砂岩为主。原始斜坡由于人工开挖坡脚，使岩土节理裂隙增多或岩土体经风化、冲蚀，引发崩塌。崩塌危险区主要在公路沿线。当降雨量达到一定数量级后，容易引起大的灾害。

玉树灾区崩塌、滑坡有123处，典型的有11处。玉树灾区滑坡在结古镇北面分布少，南面分布多，主要发生在结古镇东南及西北部，分布在通天河右岸、扎曲河北岸、省道309线两侧及杂多县萨呼腾镇、国道214线两侧。区内滑坡体大小不等，其体积在500～2.88万立方米。地震灾区内的滑坡有大型5处、中型21处、小型10处。大型滑坡分布于扎曲河下游北侧，在人类工程经济活动强烈地区。玉树灾区典型的崩塌隐患点共有22处，主要分布在极重灾区的玉树县结古镇、巴塘乡、仲达乡及上拉秀乡等地。地震灾区内崩塌主要发生于人工基岩边坡的高陡临空地段，崩塌体体积在100～0.52万立方米，其规模为大型13处、中型32处、小型12处。

基岩滑坡在区内分布较广、数量较多，但对人类工程经济活动影响较轻。该类滑坡主要发育于地形坡度为40°～70°的高陡斜坡地带，前缘临空面普遍大于40°，滑坡以小型为主。区内该类滑坡的稳定性主要取决于人类工程活动强度，其活动性不强。

残坡积层滑坡在地震灾区内分布较广，滑体物质组分以风化、坡积产物为主，局部为坡洪积物。岩土结构松散，下伏基岩以砂岩为主。区内该类滑坡规模一般较小，滑体厚度小于10米，滑坡具有滑速低、滑距较短、复活性强的特点。如巴塘的乡村公路间滑坡较多，存在滑坡、崩塌隐患。

**玉树地震灾区典型滑坡隐患点一览表**

表3-6

| 序号 | 名称 | 地理位置 | 北纬 | 东经 | 规模 | 发展趋势 | 险情等级 |
|---|---|---|---|---|---|---|---|
| 1 | 龙日村滑坡 | 玉树县巴塘乡龙日村 | 32° 43′ 24″ | 97° 23′ 30.9″ | 中型 | 不稳定 | 中型 |
| 2 | 让娘寺滑坡 | 玉树县仲达乡结日村 | 33° 09′ 15.8″ | 96° 55′ 14.8″ | 中型 | 不稳定 | 大型 |

续表 3-6

| 序号 | 名称 | 地理位置 | 北纬 | 东经 | 规模 | 发展趋势 | 险情等级 |
|---|---|---|---|---|---|---|---|
| 3 | 西杭水电站引水渠滑坡 | 玉树县结古镇西杭西路 | 32° 58′ 39″ | 97° 00′ 38″ | 大型 | 不稳定 | 大型 |
| 4 | 当代路滑坡 | 玉树县红卫村当代路 | 32° 59′ 48″ | 97° 00′ 55″ | 中型 | 不稳定 | 大型 |
| 5 | 当卡寺滑坡 | 玉树县结古镇 | 33° 00′ 35.5″ | 97° 08′ 32.8″ | 中型 | 不稳定 | 特大型 |
| 6 | 囊谦县砖厂潜在滑坡 | 囊谦县香达镇香达乡 | 32° 11′ 43.9″ | 96° 26′ 9.4″ | 中型 | 不稳定 | 中型 |
| 7 | 沙玛那潜在滑坡 | 囊谦县香达镇香达乡 | 32° 12′ 15.8″ | 96° 25′ 16.7″ | 中型 | 不稳定 | 中型 |

## 玉树地震灾区典型崩塌隐患点一览表

表 3-7

| 序号 | 名称 | 地理位置 | 北纬 | 东经 | 规模 | 发展趋势 | 险情等级 |
|---|---|---|---|---|---|---|---|
| 1 | 云塔村 2# 崩塌 | 玉树县哈秀乡云塔村 | 33° 34′ 51″ | 96° 23′ 21″ | 中型 | 不稳定 | 中型 |
| 2 | 西杭村 1# 崩塌 | 玉树县结古镇 | 32° 58′ 57″ | 97° 00′ 56″ | 中型 | 不稳定 | 中型 |
| 3 | 西杭村 2# 崩塌 | 玉树县结古镇 | 33° 58′ 37″ | 97° 00′ 56″ | 中型 | 不稳定 | 中型 |
| 4 | 西杭村 3# 崩塌 | 玉树县结古镇 | 32° 58′ 33″ | 97° 01′ 02″ | 中型 | 不稳定 | 中型 |
| 5 | 西杭村 4# 崩塌 | 玉树县结古镇 | 33° 58′ 29″ | 97° 01′ 02″ | 中型 | 不稳定 | 中型 |
| 6 | 西杭村 5# 崩塌 | 玉树县结古镇 | 32° 57′ 11″ | 97° 02′ 05″ | 中型 | 不稳定 | 中型 |
| 7 | 西杭村 6# 崩塌 | 玉树县结古镇 | 32° 57′ 03″ | 97° 02′ 08″ | 中型 | 不稳定 | 中型 |
| 8 | 迷侯沟沟口处崩塌 | 玉树县巴塘乡 | 32° 53′ 22″ | 97° 04′ 14″ | 中型 | 不稳定 | 中型 |
| 9 | 无名崩塌 1 | 玉树县结古镇 | 32° 59′ 01″ | 97° 00′ 39″ | 中型 | 不稳定 | 中型 |
| 10 | 无名崩塌 2 | 玉树县结古镇 | 32° 58′ 59″ | 97° 00′ 40″ | 中型 | 不稳定 | 中型 |
| 11 | 无名崩塌 3 | 玉树县结古镇 | 32° 58′ 53″ | 97° 00′ 42″ | 中型 | 不稳定 | 中型 |
| 12 | 无名崩塌 4 | 玉树县结古镇 | 32° 58′ 50″ | 97° 00′ 45″ | 中型 | 不稳定 | 中型 |
| 13 | 卡再村三社潜在崩塌 | 玉树县卡再村三社 | 32° 58′ 58.7″ | 97° 13′ 21.5″ | 中型 | 不稳定 | 中型 |
| 14 | 国有牧场北侧山体崩塌 | 玉树县国有牧场 | 33° 02′ 9.7″ | 96° 48′ 13″ | 中型 | 不稳定 | 大型 |
| 15 | 扎曲南路崩塌 | 玉树县结古镇 | 33° 00′ 15″ | 96° 59′ 33″ | 大型 | 不稳定 | 大型 |
| 16 | 结古镇西解放村崩塌 | 玉树县结古镇解放村 | 33° 00′ 31″ | 96° 58′ 05″ | 中型 | 不稳定 | 中型 |
| 17 | 弄郎达 2# 崩塌 | 玉树县上拉秀乡弄郎达村 | 32° 57′ 16″ | 96° 00′ 53″ | 大型 | 不稳定 | 中型 |
| 18 | 多拉村崩塌 | 玉树县上拉秀乡多拉村 | 32° 46′ 53″ | 96° 32′ 56″ | 大型 | 不稳定 | 中型 |

续表 3-7

| 序号 | 名称 | 地理位置 | 北纬 | 东经 | 规模 | 发展趋势 | 险情等级 |
|---|---|---|---|---|---|---|---|
| 19 | 迷侯口—吉拉扎寺段崩塌 | 玉树县巴塘乡迷侯口村 | 32° 52′ 28.2″ | 97° 04′ 40.4″ | 大型 | 不稳定 | 中型 |
| 20 | 迷侯口—文成公主庙段崩塌 | 玉树县巴塘乡迷侯口村 | 32° 53′ 48.3″ | 97° 04′ 36″ | 中型 | 不稳定 | 中型 |
| 21 | 绞赛崩塌 | 玉树县仲达乡唐达村 | 33° 17′ 7.8″ | 97° 01′ 3.7″ | 大型 | 不稳定 | 中型 |
| 22 | 巴曲河左岸崩塌 | 玉树县结古镇 | 32° 57′ 12″ | 97° 02′ 01″ | 大型 | 不稳定 | 中型 |

由于原始基岩和土质斜坡形态不规则，部分呈凸形，而且斜坡物质组成主要为石英砂岩、片岩、沙砾土等，在外力作用下，结构松散变形后滑塌、坠落。不稳定斜坡主要威胁对象是坡脚附近的村庄、公路等。

玉树地震灾区震后共有 65 处不稳定斜坡，其中玉树县 57 处、杂多县 2 处、称多县 3 处、囊谦县 3 处。

玉树地震灾区共有典型不稳定斜坡隐患点 20 处，主要分布在玉树县结古镇、仲达乡、安冲乡，杂多县萨呼腾镇，称多县歇武镇，囊谦县香达镇等地。

**玉树地震灾区典型不稳定斜坡隐患点一览表**

表 3-8

| 序号 | 名称 | 地理位置 | 北纬 | 东经 | 规模 | 发展趋势 | 险情等级 |
|---|---|---|---|---|---|---|---|
| 1 | 增达村不稳定斜坡 | 玉树县仲达乡增达村 | 33° 11′ 55″ | 97° 02′ 04″ | 中型 | 不稳定 | 中型 |
| 2 | 电达村南不稳定斜坡 | 玉树县仲达乡电达村 | 33° 10′ 00″ | 97° 00′ 36″ | 中型 | 不稳定 | 中型 |
| 3 | 电达村北不稳定斜坡 | 玉树县仲达乡电达村 | 33° 10′ 25″ | 97° 00′ 20″ | 中型 | 不稳定 | 中型 |
| 4 | 电达村不稳定斜坡 | 玉树县仲达乡电达村 | 33° 10′ 11″ | 97° 00′ 41″ | 中型 | 不稳定 | 中型 |
| 5 | 结古寺东侧 1# 不稳定斜坡 | 玉树县结古镇 | 33° 00′ 29.9″ | 97° 01′ 11.7″ | 中型 | 不稳定 | 中型 |
| 6 | 结古寺东侧 2# 不稳定斜坡 | 玉树县结古镇 | 33° 00′ 31.7″ | 97° 01′ 6.8″ | 大型 | 不稳定 | 特大型 |
| 7 | 孟宗路不稳定斜坡 | 玉树县结古镇 | 33° 00′ 14″ | 97° 00′ 10″ | 中型 | 不稳定 | 中型 |
| 8 | 扎曲南路不稳定斜坡 | 玉树县结古镇 | 33° 00′ 20″ | 97° 00′ 03″ | 大型 | 不稳定 | 大型 |
| 9 | 西同路 1# 不稳定斜坡 | 玉树县结古镇 | 32° 59′ 58″ | 96° 58′ 44″ | 中型 | 不稳定 | 中型 |
| 10 | 西同路 2# 不稳定斜坡 | 玉树县结古镇 | 32° 59′ 42″ | 96° 58′ 51″ | 中型 | 不稳定 | 中型 |

续表 3-8

| 序号 | 名称 | 地理位置 | 北纬 | 东经 | 规模 | 发展趋势 | 险情等级 |
|---|---|---|---|---|---|---|---|
| 11 | 因达不稳定斜坡 | 玉树县安冲乡因达村 | 33° 26′ 16″ | 96° 41′ 45″ | 中型 | 不稳定 | 中型 |
| 12 | 因琼社不稳定斜坡 | 玉树县安冲乡拉则村 | 33° 26′ 31″ | 96° 40′ 48″ | 中型 | 不稳定 | 中型 |
| 13 | 尕才隆沟西 500 米不稳定斜坡 | 玉树县安冲乡尕才村 | 33° 33′ 14″ | 96° 30′ 20″ | 中型 | 不稳定 | 中型 |
| 14 | 前进村东南侧 1# 不稳定斜坡 | 玉树县结古镇 | 33° 00′ 15″ | 97° 00′ 03″ | 中型 | 不稳定 | 中型 |
| 15 | 前进村东南侧 2# 不稳定斜坡 | 玉树县结古镇 | 33° 00′ 16″ | 96° 59′ 50″ | 中型 | 不稳定 | 中型 |
| 16 | 禅古寺不稳定斜坡 | 玉树县禅古寺 | 32° 57′ 04″ | 97° 02′ 29″ | 中型 | 不稳定 | 特大型 |
| 17 | 佐青寺不稳定斜坡 | 杂多县萨呼腾镇佐青寺 | 32° 53′ 49.5″ | 95° 18′ 35.2″ | 中型 | 不稳定 | 大型 |
| 18 | 直门达村 1# 潜在不稳定斜坡 | 称多县歇武镇直门达村 | 33° 00′ 35.5″ | 97° 15′ 14.7″ | 中型 | 不稳定 | 中型 |
| 19 | 香达镇布毛那不稳定斜坡 | 囊谦县香达镇布毛那村 | 32° 12′ 15.8″ | 96° 25′ 16.1″ | 中型 | 不稳定 | 中型 |
| 20 | 盖沟塘不稳定斜坡 | 囊谦县香达镇盖沟塘村 | 32° 17′ 22.6″ | 96° 43′ 30.1″ | 中型 | 不稳定 | 中型 |

区内潜在不稳定斜坡共有 57 段，其中典型潜在不稳定斜坡有 5 段，分布于县区中东部基岩斜坡上。原始基岩和土质斜坡形态不规则，部分呈凸形。斜坡坡度 60° ~ 90° ，以 70° ~ 80° 者居多。斜坡规模不一，坡长 65 ~ 300 米，坡宽 30 ~180 米，斜坡高度 25 ~ 150 米（以 25 ~ 120 米者居多），潜在崩塌斜坡体 2.25 万 ~ 172.8 万立方米。所有斜坡均已存在局部剥坠落或裂缝，不稳定斜坡潜在变形形式最终均为崩塌或滑坡。

## 三、玉树地震灾区典型滑坡、崩塌事件

**（一）隆洪达村附近滑坡**

地理坐标为北纬 33° 03′ 40.548″ 、东经 96° 51′ 50.66″ 。隆洪达村附近出现多处较大山体基岩表层松散堆积物滑塌，最大滑坡体长为 85.1 米、宽为 71.5 米，滑坡和崩塌总面积为 8169.5 平方米，滑坡塌方量共约 5 万立方米，确定烈度为Ⅸ度。

**（二）甘达林村附近崩塌和滑坡**

地理坐标为北纬 33° 04′ 58.9″ 、东经 96° 49′ 12.4″ 。甘达林村附近省道 308 线路边有多处崩塌和滑坡，大型岩块滑落，最大直径 1.7 米，最大滑坡体长为 62.8 米、宽为 55.4 米，滑坡总面积为 6364.6 平方米，滑坡体合计约 4000 立方米，确定烈度为Ⅸ度。

隆洪达基岩表层松散堆积物滑塌

格惹同村附近滑坡和崩塌

甘达林村附近崩塌（一）

甘达林村附近滑坡（二）

直隆盖托村附近滑坡（一）

直隆盖托村附近滑坡（二）

**（三）直隆盖托村附近滑坡**

地理坐标为北纬 33° 08′ 28.337″、东经 96° 43′ 48.503″。直隆盖托村附近省道 308 线路边有较大滑坡掩盖路面，滑坡总面积为 760.8 平方米，共计约 1000 立方米，道路已被清理。确定烈度为Ⅸ度。

**（四）格惹同村附近滑坡和崩塌**

地理坐标为北纬 33° 05′ 32.69″、东经 96° 47′ 47.2″。格惹同村附近边坡出现 11 处滑坡

一冲沟出山口处滑坡（一）

一冲沟出山口处滑坡（二）

一冲沟出山口处地裂缝（一）

一冲沟出山口处地裂缝（二）

和崩塌现象，最大滑坡体长为 134.9 米、宽为 77.1 米，滑坡和崩塌总面积为 12877.9 平方米，总塌方量约 9000 立方米，确定烈度为Ⅸ度。

**（五）一冲沟出山口处碎石滑塌**

地理坐标为北纬 33° 00′ 45.2″、东经 96° 55′ 30.0″。一冲沟出山口处两岸灰岩边坡均发生碎石滑塌，滑塌总方量约 7000 立方米，最大岩块为 80 厘米。山口冲洪积扇顶部产生锯齿状张性破裂，长度约 20 米，张开 12 厘米，垂直位错 10 厘米，裂缝走向 120°。

**（六）纳利库附近的一冲沟出山口处滑坡**

地理坐标为北纬 33° 00′ 42.495″、东经 96° 55′ 25.235″。纳利库附近边坡出现多处滑坡现象，最大滑坡体长为 103.1 米、宽为 77.9 米，滑坡总面积为 8383.2 平方米。

**（七）禅古村西部滑坡、崩塌和碎屑流**

地理坐标为北纬 32° 57′ 3.107″、东经 97° 02′ 1.804″。禅古村的河流西岸有多处滑坡、崩塌和碎屑流灾害，其中对河流和道路产生较严重影响的滑坡有 1 处。该滑坡体长为 85.5 米、宽为 57.5 米，滑坡、崩塌和碎屑流总面积为 4114.7 平方米。

**（八）先锋村南部滑坡和崩塌**

地理坐标为北纬 33° 00′ 32.109″、东经 97° 03′ 49.026″。先锋村南部有多处较大滑坡和崩塌，最大滑塌体长为 400.4 米、宽为 55 米，滑坡和崩塌总面积为 41979.3 平方米。

此外，国道 214 线雁口山至结古段有 30 多处道路边坡塌方。

# 第四节　地表破裂

## 一、省道 308 线旁（北纬 33° 05′ 45.4″、东经 96° 46′ 52.1″）断裂带

此处地表断层表现为雁列状的地表裂缝连续分布，变形量逐渐变小直至消失。

## 二、北纬 33° 04' 22.5"、东经 96° 49' 31.9" 处的同震地表破裂带

该处破裂带总体走向 320° ，由两条地表破裂斜列组成，破裂表现为一系列挤压鼓包与张裂缝相间排列，左旋走滑性质，同震左旋水平位错量 2.1 ～ 2.2 米。确定烈度为Ⅸ度。该处人工坝左旋同震位错约 2.2 米。

北纬 33° 04′ 22.5″ 、东经 96° 49′ 31.9″ 处人工坝左旋同震位错约 2.2 米（镜向北西）

省道 308 线旁自北西端点起的地表破裂带

## 三、北纬 33° 05'02.2"、东经 96° 48'16.7" 一带同震地表破裂带

该破裂带总体走向 310° ，由两条地表破裂斜列组成，破裂表现为一系列挤压鼓包与张裂缝相间排列，左旋走滑性质，实测同震左旋水平位错量 1.0 ~1.1 米。北侧分支破裂

北纬 33° 05′ 02.2″ 、东经 96° 48′ 16.7″ 一带同震地表破裂（镜向南东）

叠加于老地震沟槽上，形成反向沟槽。确定烈度为Ⅸ度。

## 四、北纬 33° 05' 15.2"、东经 96° 47' 51.9" 处河床中挤压鼓包

该处挤压鼓包相对陡坎高度降低。至北纬 33° 06′ 02.9″ 、东经 96° 46′ 13.8″ 处，沿地下光缆铺设线路发育挤压鼓包和裂缝带。向北西直至隆宝镇（北纬 33° 15′ 50.2″ 、东经 96° 25′ 49.9″ ）一带（直线距离约 36 千米），沿光缆线路挤压鼓包和裂缝带非常发育，并且连续，推测为地震过程中沿这种特殊结构面发育的特殊破裂。地震断裂产生的地表破裂长度从北纬 33° 04′ 22.5″ 、东经 96° 49′ 31.9″ 往北约 3.7 千米。确定烈度为Ⅸ度。

北纬 33° 05′ 15.2"、东经 96° 47′ 51.9″ 处河床一带同震地表破裂（镜向南）

在北纬 33° 07′ 59.7"、东经 96° 39′ 46.5″ 处沿地下电缆铺设线路鼓包与裂缝（镜向北西）

## 五、北纬 33° 04' 11.9"、东经 96° 49' 54.2" 一带地震坳槽

在这一带地貌上，同震地表破裂带总体走向 310° ，由两条地表破裂斜列组成，分布于坳槽的两侧，破裂表现为一系列挤压鼓包与张裂缝相间排列，左旋走滑性质，略显逆冲分量，断层地表产状为 40° ∠ 70° 。往北，地表破裂清晰、连续，多表现为两条发育有挤压

北纬 33° 04′ 11.9″ 、东经 96° 49′ 54.2″ 处地震坳槽

北纬 33° 04′ 11.9″ 、东经 96° 49′ 54.2″ 处一带同震地表破裂（镜向南东）

北纬 33° 04′ 11.9″ 、东经 96° 49′ 54.2″ 处往北同震地表破裂远景（镜向北西）

北纬 33° 03′ 18.6″ 、东经 96° 51′ 15.2″ 一带同震地表破裂与基岩断裂（镜向南东）

北纬 33° 03′ 18.6″ 、东经 96° 51′ 15.2″ 一带同震地表破裂（镜向北西）

鼓包的破裂和多条张裂缝。往南，破裂沿山前地震坳槽分布，现象清晰、分布连续。至北纬 33° 03′ 18.6″ 、东经 96° 51′ 15.2″ 一带破裂穿过河床，形成规模不大的陷落塘。公路路边左旋走滑量约 1.5 米。破裂带延向基岩，产状为 40° ∠ 50° 。现象清晰的同震地表破裂带控制长度近 10 千米。确定烈度为Ⅸ度。

## 六、北纬 33° 03′ 28.4″ 、东经 96° 51′ 28.9″ 处破裂带

该破裂带宽度 25 米，水平位移 1.3 ～ 1.6 米，垂直位移 0.35 米。确定烈度为Ⅸ度。

北纬 33° 03′ 28.4″ 、东经 96° 51′ 28.9″ 处地表破裂带分布

北纬 33° 03′ 28.4″ 、东经 96° 51′ 28.9 ″ 处破裂带垂直位移破裂带水平位移

北纬 33° 03′ 28.4″ 、东经 96° 51′ 28.9″ 处破裂规模最大 25 米

北纬 33° 03′ 28.4″ 、东经 96° 51′ 28.9″ 处破裂带

## 七、北纬 33° 01′ 42.3″ 、东经 96° 53′ 55.0″ 一带同震地表破裂带

该破裂处由一系列支破裂雁列组成，总体走向 310° 。支破裂表现为一系列挤压鼓包与张裂缝相间排列，左旋走滑性质。2 条石砌墙左旋位错量均为 1.1 米。往南，地貌上为坡中地震坳槽，此次地震破裂沿槽谷雁列分布。沿主破裂带追索，至北纬 33° 01′ 23.5″ 、东经 96° 54′ 47.7″ 西侧，主破裂带的东侧发现发散的多条分支破裂。

北纬 33° 01' 42.3"、东经 96° 53' 55.0" 一带同震石砌墙体左旋位错量 1.1 米（镜向北）

地表破裂（镜向北西）

地震坳槽与同震地表破裂（镜向南东）

西侧主破裂带尾端的雁列式张裂隙（镜向北西）

## 八、结古镇赛马场（北纬 33° 00′ 14.5″、东经 96° 56′ 29.3″）断裂层

该处地表断层表现为雁列状的地表裂缝连续分布，变形量逐渐变小直至消失。确定烈度为Ⅸ度。

结古镇赛马场断裂层南东端点地表破裂带

# 第五节　地裂缝

玉树大地震变形集中带长约 23 千米（地震地表破裂带总长约 52 千米），宽 500 米，分布面积 11.5 平方千米，地震造成地裂缝隙 13 条，地震引发的裂缝密度为 200 条 / 平方千米，裂缝宽度一般为 0.3 ～ 0.5 米，最宽者达 0.98 米。地震造成玉树县禅古寺地裂缝最为严重，地理坐标为北纬 32° 57′ 16″ 、东经 97° 02′ 05″ ,为中型规模，呈不稳定发展趋势，威胁人口 172 人，威胁财产安全 8000 万元，属特大型险情等级。

区内地裂缝共有 13 段，分布于结古镇西侧山体坡脚。地裂缝形态有直线、折线、弧线；延伸方向 105° ～ 140° ，倾向 230° ～ 280° ， 倾角 65° ～ 76° ，长度 200 ～ 5000 米，宽度 0.05 ～ 5.0 米，下错深度 0.1 ～ 0.65 米。规模等级除禅古寺地裂缝为中型，其余均为小型。地裂缝为平移及下错裂缝，平移距离 0.3 ～ 0.5 米，缝隙填充物为粉土及卵（砾）石。

地裂缝出现时间为 2010 年 4 月 14 日，由地震和构造活动引起，与山坡横交或斜交。

# 第六节　震　陷

玉树大地震造成结古镇南国道 214 线上发生 3 处明显震陷，震陷位于北纬 32° 58′ 10″ 、东经 97° 1′ 19″ ，长 160 米、宽 120 米，造成国道 214 线路基塌陷，严重影响道路通行。民主村震陷有两处，位于北纬 32° 58′ 22.8″ 、东经 97° 1′ 1″ ，其中较大的震陷长 160 米、宽 120 米，对国道 214 线造成一定影响，尚可通行。

# 第三章　气象灾害　环境污染

## 第一节　气象异常与影响

### 一、气候

2010 年 4 月 14 日玉树地区发生 7.1 级强烈地震后，灾区夜间气温较低、降雪（雨）量大、降雪（雨）日数多、风速大、能见度低、气温日较差大，恶劣的天气严重影响了航空、交通运输工作，给玉树地震灾区的救援、受灾群众安置工作及重建造成了较大影响。

**（一）气温变化**

2010 年 4 月 14 日至 5 月 31 日，玉树地区日最低气温在 −5.7℃～ 7.3℃，4 月大部分时间均在 0℃以下，最低达 −5.7℃。日最高气温在 7.9℃～ 23.9℃，日较差在 7.1℃～ 21.7℃，平均为 15.0℃，最大达 21.7℃。

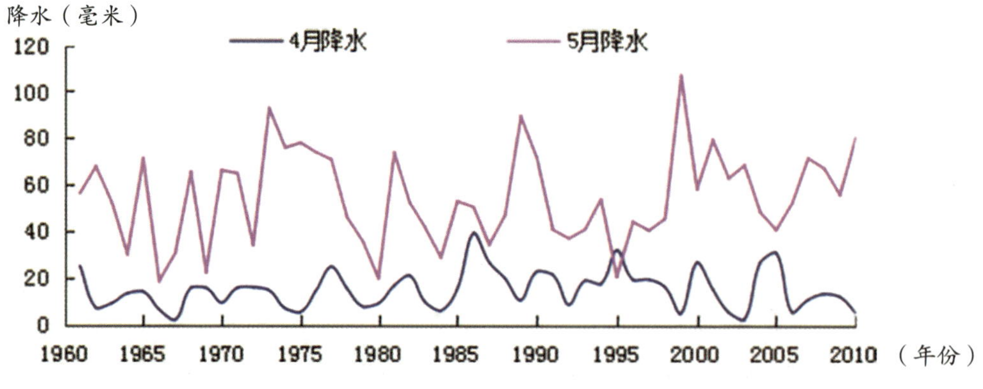


1961 年至 2010 年 4 月、5 月玉树降水量变化曲线图

**（二）降水量**

2010 年 4 月、5 月，玉树降水量分别为 4.6 毫米、80.4 毫米，4 月比常年同期偏少 72%，而 5 月较常年偏多 46%，5 月降水量为 1961 年以来第三位。4 月中旬至 5 月下旬，各旬降水量分别为 2.2 毫米、2.3 毫米、26.9 毫米、17.3 毫米、36.2 毫米。4 月中旬、4 月下旬、5 月中旬降水量较常年分别偏少 55%、69%、7%，而 5 月上旬、5 月下旬较常年分别偏多 156%、39%。降水量主要集中在 5 月上旬和下旬。

玉树地区地震后，4—5 月共出现 6 次降雪（雨）过程，主要集中在 5 月，达 5 次，其中 5 月 7—9 日、30—31 日玉树出现了两次中雪（雨）天气过程，降水量明显大于常年。

**（三）降水日数**

地震后，玉树地区长时间维持降水天气，5 月超过 0.1 毫米的降水天数为 15 天，超过 10 毫米的降水天数为 2 天，中雨出现时间较早。超过 10 毫米的降水天数明显多于常年。5 月 15—22 日玉树地区降水量为 21.3 毫米，出现了连阴雨天气过程。

**（四）风速**

春季（3—5 月），随着南支急流的北抬，冬季环流开始向夏季环流转换，是处在高原主体的玉树地区一年当中大风日数最多、风速最大的时期。1961—2010 年 4—5 月平均风速 0.8 ~ 2.1 米 / 秒，最大风速为 7.1 ~ 26.0 米 / 秒。2010 年 4 月、5 月平均风速分别为 1.6 米 / 秒、1.3 米 / 秒，均比常年平均值大 0.1 米 / 秒。

## 二、气候影响

玉树地区 2010 年 4 月 14 日发生强烈地震后，气温低、风速大、气温日较差大，4 月 19—22 日又出现小到中雪，天气反复无常，不仅给缺少帐篷等物资的群众带来不便，而且还影响交通，路面泥泞、结冰、积雪，给人员抢救、伤员运送及受灾群众安置等工作带来了很大困难。随着灾区气象条件恶化，空中气流随时发生变化，能见度变小，加上大幅降温可能导致跑道结冰，空中运输面临着更大困难。

进入 5 月，降水量急剧增加，降雪日数明显增多。受雨雪天气影响，玉树地区出现了多年来罕见的持续降雪天气。异常连阴雪（雨）、低温天气使交通道路异常湿滑，道路坑洼处出现了积水，对玉树地区的抗灾物资运输、伤员运送等造成了极大的影响。国道 214 线西宁至玉树灾区的道路经常出现路面结冰、湿滑，部分山口路段受到瞬时大风导致能见度低的影响。低温给露宿野外的群众和救援队伍带来不便，使缺少御寒物资的群众出现感冒、冻伤等情况。

# 第二节　地下水、地表水污染

## 一、监测方法措施

2010 年 4 月 14 日 19 时，省环境保护厅抽调 6 名环境监测专业技术人员和 2 辆监测车及应急监测设备星夜兼程赶赴灾区。经过 14 个小时，于 4 月 15 日 17 时 30 分到达极重灾区玉树县结古镇。在抗震救灾现场指挥部统一指挥下，按照应急监测方案要求，开展饮用水水源地水质和大气环境质量监测，当晚 22 时上报第一次监测数据。4 月 17 日，环境应急监测工作组在中国环境监测总站专家的指导下，结合灾区实际开展了地表水、地下水水源地和结古镇大气环境质量监测，并实行监测数据日报制度，每天向省玉树抗震救灾指挥部、省政府应急办和环境保护部应急办报告监测结果。经对玉树县城饮用水源地、地表水进行监测，结果表明饮用水水源地、地表水处于安全状态。

4 月 18 日，由中国环境监测总站专家、青海省环境监测中心站技术人员组成的现场监测组根据监测方案进行监测，结果表明水质和空气质量处于良好状态。

4 月 19 日，环境保护部玉树地震环境应急前方工作组在西宁审定通过了《玉树地震灾区环境应急监测方案》。环境保护部紧急支援玉树灾区第一批价值 570 万余元的环境应急救灾物资运抵灾区，第二批、第三批价值 120 万元的环境应急仪器设备于 4 月 20 时 30 分运抵西宁。

## 二、监测工作结果

4 月 21 日，青海省环境监测中心站第二批环境应急监测组成员奔赴玉树地震灾区开展环境应急监测。4 月 28 日，玉树地震灾区环境应急监测第一阶段工作结束。监测频次为每日 1 次，共采集样品 102 个，上报监测数据 463 个。灾区各项监测指标、监测数据比较稳定，无异常状况，地表水、地下水及环境空气均能达到各类相关标准要求。5 月 30 日，玉树地震灾区环境应急监测第二阶段工作结束。监测频次为每 3 天 1 次，适当增加重金属和挥发性有机物项目（便携仪器法）。共采集样品 108 个，上报监测数据 3214 个。灾区各项监测指标、监测数据比较稳定，无异常状况，灾区地表水、地下水均能达到各类相关标准要求。9 月 30 日，玉树地震灾区环境应急监测第三阶段工作结束。监测频次为每 15 天 1 次，在原有监测项目的基础上，挥发性有机物监测项目由 54 项变为 52 项，由二甲苯代替邻二甲苯、对二甲苯和间二甲苯。共采集样品 279 个，分析项目数 3732 个，上报监测数据 10343 个。灾区各项监测指标、监测数据比较稳定，无异常状况，灾区地表水、地下水均能达到各类相关标准要求。

## 第三节　辐射环境污染

4 月 18 日，省环境保护厅抽调省辐射环境管理站 3 名专家和技术人员奔赴玉树地震灾区，按照应急预案要求开展辐射环境应急监测工作。

4 月 20 日，省辐射环境管理站专业技术人员对地震灾区辐射环境 γ 空气吸收剂量率进行了现场监测，共测点位 24 个。监测结果表明，监测区域内环境 γ 空气吸收剂量率与天然放射性水平调查本底值一致，无异常变化，辐射环境现状处于天然本底水平。同时，监测人员还对文成公主庙 γ 空气吸收剂量率进行了监测，与历年监测值相比基本一致，辐射环境现状属天然本底水平。4 月 21 日，监测人员采取了玉树州扎曲河、巴曲河、巴塘河和玉树州自来水公司水样及玉树州文成公主庙土样，于 22 日返回西宁，将样品送到省辐射环境管理站实验室进行放射性核素分析，分析结果表明玉树灾区辐射环境现状属天然本底水平。

5 月 2 日，省辐射环境管理站工作人员再次前往灾区对地震灾区辐射环境 γ 空气吸收剂量率进行了现场监测，采取长江直门达断面和澜沧江扎曲断面水样、文成公主庙处土样，并于 8 日送到辐射环境管理站实验室进行放射性核素分析，分析监测结果表明玉树灾区辐射环境现状属天然本底水平。

此次地震后未引发火灾及大气污染。

# 第四篇
# 伤亡与灾损

玉树大地震涉及青海、四川两省，形成大面积灾区，造成大量群众受灾及人员伤亡。其中，青海省玉树州受灾人口 223176 人，四川省受灾人口 23666 人，两省合计 246842 人；青海境内遇难人员 2698 人（含失踪 270 人）。同时，地震在城乡住房、公共基础设施、产业、党政机关和事业单位设施、文化遗产等多方面造成巨大经济财产损失。地震造成直接经济损失 228.5 亿元，其中青海省为 226 亿元、四川省为 2.5 亿元。

房屋倒塌是造成人员伤亡的主要原因，全部死亡人员均因地震房屋坍塌而罹难。位于震中的结古镇是玉树州、玉树县两级政府驻地，曾是唐蕃古道上的重镇。这次地震中，结古镇几乎被夷为平地。

玉树大地震造成交通、邮政通信、电力电网、供水等市政设施一度瘫痪，直接影响抗震救灾和群众生产生活。其中，青海省交通基础设施损失为 91129 万元，水利、电力设施损失为 118598 万元。四川省交通设施损失为 4611 万元，水利、电力设施损失为 884 万元。

地震给灾区的种植业、林业、畜牧业等造成严重损失，尤其是给城镇的商业、服务业和建筑业造成空前巨大的损失，对机关、学校、医院、广电、文化、体育等事业系统基础设施均造成巨大损失。其中，青海省卫生系统设施损失为 15972 万元，环保系统设施损失为 5520 万元，科技系统设施损失为 650 万元。四川省教育系统损失为 4424 万元，卫生系统损失为 1634 万元，社会福利系统损失为 356 万元，服务业损失为 200 万元，宗教活动场所损失为 1162 万元。

# 众志成城　抗震救灾

# 第一章 受灾情况与人员伤亡

## 第一节 受灾人口

据青海省 2010 年 4 月 26 日上报数据、结古镇城镇人口登记表及调查结果，青海省玉树州人口 488641 人，其中常住人口 390352 人、暂住人口 98289 人；玉树县人口 148156 人，其中常住人口 108245 人、暂住人口 39911 人；玉树县结古镇人口 93935 人。

地震受灾人口青海省 223176 人、四川省 23666 人，共计 246842 人。

按不同灾害范围类型统计，极重灾区玉树县结古镇受灾人口为 106642 人；重灾区玉树县隆宝镇、仲达乡、安冲乡、巴塘乡受灾人口为 46910 人；一般灾区 10 个县、21 个乡镇和影响区受灾人口 93290 人，其中青海省 69624 人、四川省 23666 人。

**玉树大地震受灾人口统计表**

表 4-1

| 受灾程度 | 行政区 | | 乡镇 | 受灾面积（平方千米） | 受灾人口（人） |
|---|---|---|---|---|---|
| 极重灾区 | 青海省 | 玉树县 | 结古镇 | 992 | 106642 |
| 重灾区 | | 玉树县 | 隆宝镇 仲达乡 安冲乡 巴塘乡 | 7030 | 46910 |
| 一般灾区 | | 玉树县 | 上拉秀乡 下拉秀镇 小苏莽乡 | 22423 | 69624 |
| | | 称多县 | 称文镇 拉布乡 歇武镇 尕多乡 珍秦乡 | | |
| | | 囊谦县 | 毛庄乡 | | |
| | | 杂多县 | 萨呼腾镇 昂赛乡 | | |
| | | 治多县 | 加吉博洛镇 立新乡 | | |
| | | 曲麻莱县 | 巴干乡 | | |

续表 4-1

| 受灾程度 | 行政区 | | 乡镇 | 受灾面积（平方千米） | 受灾人口（人） |
|---|---|---|---|---|---|
| 一般灾区 | 四川省 | 石渠县 | 奔达乡　德荣马乡　俄多玛乡　洛须镇　蒙宜乡　尼呷镇　真达乡　正科乡 | 5417 | 20865 |
| | | 德格县 | — | | 629 |
| | | 甘孜县 | — | | 1127 |
| | | 白玉县 | — | | 1045 |
| 合计 | | 10 个县 | 27 个乡镇和影响区 | 35862 | 246842 |

# 第二节　死亡人员

2010 年 5 月 30 日，青海省政府召开新闻发布会。公布截至 5 月 30 日 18 时，玉树大地震造成 2698 人遇难，确认身份的遇难人员 2687 人（男性 1290 人、女性 1397 人）。其中，玉树县 1534 人，杂多县 181 人，称多县 135 人，治多县 36 人，囊谦县 758 人，曲麻莱县 26 人，西藏自治区 17 人。

确认身份的遇难人员中，年龄最大的 94 岁（女性），年龄最小的是出生仅 3 天的男婴。1 岁以内有 220 人，占 8.19%；2 ～ 10 岁有 631 人，占 23.48%；11 ～ 40 岁有 1105 人，占 41.16%；41 ～ 60 岁有 401 人，占 14.92%；61 岁以上有 330 人，占 12.25%。

全部遇难人员均为 4 月 14 日强烈地震当日因房屋坍塌所致，农牧民遇难人数占多数，城镇居民占少数。

除人员死亡外，地震还造成大量人员受伤。

# 第二章　房屋破坏

## 第一节　农村居民住房破坏

玉树地震灾区震前居民住房以土木结构为主，占 70%；有少数为砖木结构和砖混结构，约占 20%；钢筋混凝土框架结构仅占 10%。地震造成大量房屋损毁。据统计，玉树州农村住房倒损共计 45191 户、296337 间。其中，倒塌住房 26774 户、210458 间，严重受损住房 8589 户、35053 间，一般损坏住房 9828 户、50826 间。倒塌和严重受损房屋中，土木结构房屋占 44.1%，砖木结构房屋占 52.4%，砖混结构房屋占 1.8%、钢混结构房屋占 1.7%。

四川省农村住房倒损共计 4804 户、20096 间。其中，倒塌住房 105 户、683 间，严重受损住房 1488 户、7478 间，一般损坏住房 3211 户、11935 间。

倒塌和严重受损房屋全部为土木结构房屋。四川省灾区农村房屋损失为 7810 万元。

玉树扎西科村民房坍塌

**青海省玉树地震灾区农村住房倒塌损坏情况表**

表 4-2

| 县名 | 倒塌农村住房 | | 严重受损农村住房 | | 一般损坏农村住房 | | 合计倒损住房 | |
|---|---|---|---|---|---|---|---|---|
| | （户） | （间） | （户） | （间） | （户） | （间） | （户） | （间） |
| 玉树县 | 24922 | 199385 | — | — | — | — | 24922 | 199385 |
| 治多县 | 235 | 1292 | 4901 | 15561 | — | — | 5136 | 16853 |
| 称多县 | 107 | 536 | 2551 | 12816 | 6632 | 33366 | 9290 | 46718 |
| 曲麻莱县 | 480 | 2980 | 290 | 2020 | 447 | 2035 | 1217 | 7035 |
| 杂多县 | 1029 | 6256 | 443 | 2950 | 1349 | 6745 | 2821 | 15951 |
| 囊谦县 | 1 | 9 | 404 | 1706 | 1400 | 8680 | 1805 | 10395 |
| 合计 | 26774 | 210458 | 8589 | 35053 | 9828 | 50826 | 45191 | 296337 |

**四川省农村住房倒塌损坏情况表**

表 4-3

| 县名 | 倒塌农村住房 | | 严重受损农村住房 | | 一般损坏农村住房 | | 合计倒损住房 | |
|---|---|---|---|---|---|---|---|---|
| | （户） | （间） | （户） | （间） | （户） | （间） | （户） | （间） |
| 石渠县 | 105 | 683 | 1387 | 6827 | 2681 | 9785 | 4173 | 17295 |
| 德格县 | — | — | 94 | 629 | — | — | 94 | 629 |
| 白玉县 | — | — | — | — | 209 | 1045 | 209 | 1045 |
| 甘孜县 | — | — | 7 | 22 | 321 | 1105 | 328 | 1127 |
| 合计 | 105 | 683 | 1488 | 7478 | 3211 | 11935 | 4804 | 20096 |

两省合计农村住房倒损共计 49995 户、316433 间。其中，倒塌住房 26879 户、211141 间，严重受损住房 10077 户、42531 间，一般损坏住房 13039 户、62761 间。

位于震中的结古镇是玉树州、玉树县两级政府驻地，曾是唐蕃古道上的重镇。在这次地震中，结古镇几乎被夷为平地。据统计，受伤受损各类房屋达 610 万平方米，占所有房屋的 90% 以上。紧邻结古镇的禅古、甘达两村在地震中 500 多户房屋全部倒塌，村舍几乎成为平地。

## 第二节　城镇居民住房破坏

玉树地震灾区城镇居民住房倒塌损坏主要分布在极重灾区和重灾区；一般灾区城镇居民住房只受到一般性破坏，基本没有房屋倒塌和严重损坏；灾害影响区的城镇居民住房基本未受到破坏。玉树州城镇居民住房倒损房屋面积 457.9 万平方米。其中，倒塌房屋面积 365.5 万平方米，严重受损房屋面积 88.3 万平方米，一般损坏房屋面积 4.1 万平方米。

**城镇居民受损房屋的结构类型一览表**

表 4-4

| 类型 | 土木结构（%） | 砖木结构（%） | 砖混结构（%） | 钢混结构（%） |
|---|---|---|---|---|
| 倒塌房屋 | 48.0 | 40.0 | 10.0 | 2.0 |
| 严重受损房屋 | 0 | 11.4 | 79.3 | 9.3 |

四川省城镇居民住房损坏房屋面积 5.2 万平方米，均为一般损坏程度。四川省灾区城镇居民住房损失 1002 万元。

两省合计城镇居民住房倒损房屋面积 463.1 万平方米。其中，倒塌房屋面积 365.5 万平方米，严重受损房屋面积 88.3 万平方米，一般损坏房屋面积 9.3 万平方米。

结古镇居民房屋坍塌

# 第三节　城镇非居民用房破坏

城镇非居民用房包括党政机关办公用房、学校校舍、医疗机构用房、工业及服务业用房等。依据实地调查情况和青海省、四川省上报数据，城镇非居民用房倒塌损坏主要分布在极重灾区和重灾区，一般灾区城镇非居民用房只受到一般性破坏，基本没有房屋倒塌和严重损坏；灾害影响区的城镇非居民用房基本未受到破坏。城镇非居民用房倒塌损坏情况如下：

青海省城镇非居民用房倒损房屋面积 166.3 万平方米，其中倒塌房屋面积 107.8 万平方米、严重受损房屋面积 53.7 万平方米、一般损坏房屋面积 4.8 万平方米。

玉树州受损学校 134 所，其中职业学校 1 所、中学 12 所、小学 116 所、幼儿园 5 所。地震造成 39204 平方米校舍倒塌，造成危房 192463 平方米，受损校舍 8318 平方米。

医疗卫生机构受损房屋面积 119308 平方米，其中倒塌面积 11100 平方米、危房面积 100898 平方米、受损面积 7310 平方米，损失 15972 万元。房屋倒塌的州级医疗卫生机构 3 所，共计 8450 平方米；危房 5 所，共计 33178 平方米；受损 5000 平方米。

地震造成 74 所民政公共服务设施受损，倒塌和损坏房屋面积达 56034 平方米。其中，倒塌房屋 26296 平方米，形成危房 29738 平方米，直接经济损失 13984 万元。按服务类型分：损毁州、县 7 所社会福利中心，损毁州、县 2 所儿童福利院；损毁县、乡 29 所敬老院，损毁 1

玉树州民族中学教学楼被震塌

玉树国税局三层办公大楼被震毁成二层

所流浪未成年人救助保护中心；损毁州、县 6 所烈士陵园纪念设施；损毁 27 所社区服务中心及服务站；青海玉树州气象局职工住宅及值班公寓受损面积 5490 平方米；中国联通玉树分公司所有平房全部倒塌，唯一的一栋楼房严重倾斜。

国家与行政机关设施固定资产损失（主要为办公用房）与城镇非居民用房损失属重复统计，予以核减。核定玉树州国家与行政机关设施固定资产损失 28192 万元，四川省国家与行政机关设施固定资产损失 457 万元，合计 28649 万元。

四川省城镇非居民用房损坏房屋面积 6.5 万平方米，均为一般损坏程度，经济损失 933 万元。

两省合计城镇非居民用房倒损房屋面积 172.8 万平方米，其中倒塌房屋面积 107.8 万平方米、严重受损房屋面积 53.7 万平方米、一般损坏房屋面积 11.3 万平方米。

# 第三章　交通设施受损

## 第一节　国道、省道公路受损

### 一、国道214线

国道214线是从西宁通往玉树州府、玉树县城（结古镇）的重要救灾生命保障线。地震造成国道214线雁口山—结古段、囊谦—结古段，连接国道109线的不冻泉—曲麻莱—治多—结古段两条公路3个方向的部分路段出现不同程度的损坏，防护工程严重受损，塌方10万余立方米，挡墙垮塌3万余立方米，受损桥梁4733.86延米/161座，受损公路71条2595千米，几乎所有涵洞和小桥受损，2座大桥、4座中桥不同程度发生位移。特别严重的是玉树县9个乡镇、17个村的17条长380.4千米的公路、11座桥梁（110延米）在地震中遭到破坏，其中通往仲达乡、安冲乡、小苏莽乡和巴塘机场的公路尤为严重，部分地段交通一度中断。震区周边多条路段出现大面积滑坡、沉陷、路面裂缝，公路基础设施损坏严重。其中，受损较为严重的路段有：

**（一）通天河至结古段**

国道214线784～821千米。此段路线长37千米，道路为二级公路，路基宽8.5米，沥青混凝土路面。主要是防挡工程损坏严重，桥涵裂缝，路基路面沉陷、裂缝、变形，开挖段山体松动、滑塌、碎落；当卡寺路段（799～790千米处）右侧山坡有明显的老滑坡特征，此次地震引起新的滑坡，对道路产生严重威胁，需要对此段道路进行改线（改线路段现场初步确定为797千米+300米～800千米+500米处）。

**（二）玉树至巴塘段**

尕拉尕山段821～860千米。此段路线长43千米，玉树至巴塘机场（840千米）段长19千米（一级公路），路基宽17米，路面宽度2×8米（地震发生时正在实施路面铺筑工程）；巴塘机场至尕拉尕山段长20千米（三级公路），路基宽度8.5米，路面宽度7.0米，沥青表面处治路面。

主要是桥涵结构严重开裂，梁板偏位，防挡工程严重损坏，路基沉陷、开裂、变形，地震造成821千米+400米~827千米段长5.6千米右侧山体失稳、滑坡，对道路产生严重威胁，需要增设抗滑工程措施。

此次地震灾害对国道214线靠近通天河路段有一些影响，同时由于沿线次生灾害较多，危及行车安全。

### 二、省道308线

省道308线贯通曲麻莱县城、治多县城、玉树县，是通往震中结古镇的保障线。地震对红土山至结古镇段（396~430千米）造成影响和损失。该路线长34千米，为三级公路，路基宽7.5米，路面宽4.5~6.0米，沥青混凝土路面。主要破坏损失是路基路面严重沉陷、开裂，防挡工程损坏严重，桥涵裂缝，开挖段山体松动、开裂、滑塌、碎落。

省道308线是格尔木方向通往玉树结古镇的保障线，此次地震对省道308线曲麻莱至红土山段（190~396千米）路线长206千米造成了破坏，损失巨大。

## 第二节　隧道和桥梁受损

### 一、巴塘1号桥（大桥）

此桥全长104米，上部结构为5孔—20米预应力混凝土空心板，下部为双柱式墩，桩基础，桩接盖梁式桥台。由于地震的作用，墩台挡块已被挤压破坏（尤以3号、4号桥墩较为严重），梁板出现横桥向偏移（偏移幅度20~30厘米），支座偏位、脱空；主要结构出现开裂、混凝土破损。

### 二、巴塘2号桥（中桥）

此桥全长90米，上部结构为4孔—20米的预应力混凝土空心板，下部为双柱式墩，桩基础，重力式U型桥台，扩大基础。在桥面连续处有明显裂缝（3~5毫米），尤以人行道处明显；墩台两侧挡块已被挤压破坏（尤以处在曲线内的第三、第四跨的墩台较为严重），梁板出现横桥向偏移（偏移幅度达30~40厘米），支座偏位、脱空；主要结构出现开裂、混凝土破损。

## 三、西杭电站支线桥（中桥）

此桥全长30米，上部结构为1孔—25米的预应力混凝土空心板，由于地震的作用，桥台两侧挡块已被挤压破坏，梁板出现横桥向偏移（偏移幅度40～50厘米），支座偏位、脱空；主要结构出现开裂、混凝土破损。

## 四、西杭曲中桥（上、下行，中桥）

此桥全长86米，上部结构为4孔—20米的预应力混凝土空心板，下部为独柱式墩（半幅）、桩基础。由于地震作用，墩台两侧挡块已被挤压破坏，梁板出现横桥向偏移（偏移幅度40～50厘米），支座偏位、脱空；主要结构出现开裂、混凝土破损，少数梁板板端混凝土挤压破损。

## 五、禅古1号大桥（上、下行，大桥）

此桥全长106米，上部结构为5孔—20米的预应力混凝土空心板，下部为双柱式墩（半幅）、桩基础。由于地震作用，墩台两侧挡块已被挤压破坏，梁板出现横桥向偏移（偏移幅度15～20厘米），支座偏位；桥墩系梁（桩柱连接处系梁及中系梁）靠近墩柱处出现较大贯通裂缝，墩柱在底部1米范围内出现环形裂缝，墩柱与盖梁相接处有较大的环形裂缝；锥坡破损，较大震裂缝。

## 六、禅古2号桥（上、下行，大桥）

此桥全长146米，上部结构为7孔—20米的预应力混凝土空心板，下部为双柱式墩（半幅）、桩基础。由于地震作用，墩台两侧挡块已被挤压破坏，梁板出现横桥向偏移（偏移幅度15～20厘米），支座偏位；桥墩系梁（桩柱础系梁及中系梁）靠近墩柱处出现较大贯通裂缝，墩柱在底部1米范围内出现环形裂缝，墩柱与盖梁相接处有较大的环形裂缝；锥坡破损，较大震裂缝。

## 第三节　县道及主要乡村公路受损

此次玉树地震使通乡公路及乡村公路也受到了严重的损害。受损混凝土路面长 310 千米、地形地质复杂路段的沙砾路长 550 千米、地形地质简单路段的沙砾路长 1210 千米，受损公路桥梁 161 座（总长 4045 米）。

## 第四节　道段设施受损

### 一、干线公路

在玉树大地震中，干线公路道段设施受损最严重的是玉树公路总段结古公路段，倒塌房屋面积 6368.77 平方米（砖混结构）。房屋受损的有玉树总段、通天河等工区 11 个，砖木结构受损房屋面积为 1820.85 平方米、砖混结构受损房屋面积为 14306.8 平方米。

### 二、地方交通部门房屋

地方交通部门砖混结构受损房屋面积为 11119 平方米。

### 三、客运站点

在玉树大地震中，客运站点设施受损最严重的是玉树客运站，倒塌房屋面积 7057 平方米（砖混结构）。

### 四、交通征稽

玉树交通征稽队砖混结构受损房屋面积 1320 平方米。

# 第四章　公用基础设施受损

## 第一节　供电设施受损

### 一、电网设施

玉树州称多县与玉树县水电站、治多县与曲麻莱县水电站实现相互联网运行，囊谦县、杂多县的水电站独立运行。2009 年，全州用电量 0.58 亿千瓦时，最大用电负荷 2.4 万千瓦。玉树州电网由 4 个独立运行的小电网组成。其中，玉树县与称多县以 35 千伏线路联网，治多县和曲麻莱县以 10 千伏联网，杂多县、囊谦县为独立 10 千伏电网。共有 4 座变电站，最高电压等级 35 千伏，总容量 1.71 万千伏安。其中，玉树县 1 座，容量 1.26 万千伏安；称多县 3 座，容量 0.45 万千伏安。35 千伏线路共 6 条，总长 187 千米，10 千伏线路 405 千米。县际平均距离超过 150 千米，电网仅覆盖包括 6 个县城在内的 15 个乡镇。尚有 4 万户、约 18 万人未解决用电问题，占全州人口的 50%。能源结构单一，电源结构单一，供电可靠性、运行稳定性差，电力供应不能满足用电需求。各网无互供能力，无备用容量，未与青海电网联网。玉树电网由青海玉树电力公司负责运营和管理，实行厂网一体电力管理体制。

地震造成玉树州整个配电网络瘫痪，唯一的一座 35 千伏变电站完好，拉贡电站发的电由 35 千伏线路向外输送，变电站 10 千伏配网线路全部受损，导致有电无法送出。

### 二、水电站

玉树大地震发生后，有 19 座小水电站不同程度受损。地震造成禅古、西杭、当代 3 座水电站受损严重，无法发电，仅有远离震区的称多县拉贡水电站带故障运行。国家能源局会同水利部、电监会等部门制定的《玉树地震灾后恢复重建电力保障方案》，确定 2010 年 10 月到 2012 年仅恢复并网的 13 座水电站，建设总装机容量 2.695 万千瓦。

## 玉树州水电站震损情况表

表 4-5

| 序号 | 工程名称 | 联网情况 | 供电对象 | 电站受损情况 |
| --- | --- | --- | --- | --- |
| | | | 一、玉树县 | |
| 1 | 禅古水电站 | 玉称电网 | 玉树县、称多县 | 大坝受损，生活区房屋及设备损毁，冲砂闸、厂房、尾水、升压站、道路及设备受损 |
| 2 | 西杭水电站 | 玉称电网 | 玉树县、称多县 | 进水闸、冲砂闸、溢流坝、引水渠、压力前池、厂房、尾水、生活区房屋及设备均损毁，压力钢管、升压站、道路及设备受损 |
| 3 | 当代水电站 | 玉称电网 | 玉树县、称多县 | 进水闸、冲砂闸、溢流坝、引水渠、压力前池、厂房、尾水、生活区房屋及设备均损毁，压力钢管、升压站、道路及设备受损 |
| 4 | 仲达水电站 | 独立运行 | 仲达乡 | 溢流坝及引水渠受损，进水闸、冲砂闸、溢流坝、压力前池、厂房、尾水及升压站微损 |
| 5 | 下拉秀水电站 | 独立运行 | 下拉秀镇政府、寺院 | 进水闸、引水渠及压力前池受损，冲砂闸、厂房及尾水微损 |
| 6 | 相古水电站 | 独立运行 | 相古村 | 进水闸、引水渠及压力前池受损，厂房微损 |
| 7 | 当托水电站 | 独立运行 | 当托村 | 进水闸、引水渠及压力前池受损，压力钢管、厂房、生活区房屋及设备微损 |
| | | | 二、杂多县 | |
| | 龙青峡水电站 | 独立运行 | 萨呼腾镇 | 厂房、尾水及道路受损 |
| | | | 三、称多县 | |
| 1 | 科玛水电站 | 玉称电网 | 玉树县、称多县 | 引水渠损毁，压力前池及压力钢管受损，进水闸、冲砂闸、溢流坝、厂房及尾水微损 |
| 2 | 拉布水电站 | 独立运行 | 拉布乡 | 引水渠损毁，压力前池及压力钢管受损，冲砂闸、溢流坝、厂房及尾水微损 |
| 3 | 称多一级水电站 | 玉称电网 | 玉树县、称多县 | 引水渠损毁，压力前池受损，进水闸、冲砂闸、溢流坝、压力钢管及厂房微损 |
| 4 | 歇武水电站 | 独立运行 | 歇武镇 | 进水闸、冲砂闸、溢流坝、引水渠、压力前池、压力钢管及厂房均受微损 |
| 5 | 尕朵水电站 | 玉称电网 | 玉树县、称多县 | 进水闸、冲砂闸、溢流坝、引水渠、压力前池、压力钢管及厂房均受微损 |
| 6 | 拉贡水电站 | 玉称电网 | 玉树县、称多县 | 尾水渠、防洪堤、进厂道路、泄洪闸受损 |
| | | | 四、治多县 | |
| | 聂卡二级水电站 | 治曲电网 | 治多县、曲麻莱县 | 冲砂闸及尾水受损 |

续表 4-5

| 序号 | 工程名称 | 联网情况 | 供电对象 | 电站受损情况 |
| --- | --- | --- | --- | --- |
| 五、囊谦县 | | | | |
| 1 | 扎曲水电站 | 囊谦电网 | 囊谦县 | 溢流坝及引水渠受损 |
| 2 | 吉曲水电站 | 独立运行 | 吉曲乡 | 溢流坝、厂房受损 |
| 3 | 才角水电站 | 独立运行 | 才角寺 | 引水渠、厂房受损 |
| 六、曲麻莱县 | | | | |
| | 曲麻莱水电站 | 治曲电网 | 治多县、曲麻莱县 | 厂房、尾水及道路受损 |

说明：此表来自《青海玉树地震灾后恢复重建水利专项规划》

震区水电站多为工程等级低的径流引水式电站。地震造成西杭水电站损毁，容量为 0.38 万千瓦；禅古、当代、拉贡、科玛、当江荣、扎曲、曲麻莱 7 座水电站严重受损，总装机容量 1.74 万千瓦；歇武、称多一级、龙青峡、聂卡二级、香达 5 座水电站震损轻微，总装机容量 0.53 万千瓦。

# 第二节　邮政、通信设施受损

## 一、邮政设施

玉树州邮政局唯一的邮政营业办公综合楼和员工住宅楼呈贯穿性主体结构裂缝，楼体严重倾斜，成为危楼。玉树州下属的 5 个县邮政局中，称多、杂多两个县局房屋出现裂缝，其他 3 个县局基本未受损失。

## 二、通信设施

玉树地震灾区灾前共有通信局（所）22 个，移动网络基站 190 个，小灵通基站 218 个，传输线路 5305 皮长千米，通信杆路 15784 根。固定电话用户数 2.61 万户，固定无线电话用户 1.92 万户，移动电话用户 15.03 万户，宽带 0.64 万户。

## 玉树大地震灾害前通信网络设施情况表

表 4-6

| 类别 | 单位 | 网络现状 | | | |
|---|---|---|---|---|---|
| | | 电信 | 联通 | 移动 | 合计 |
| 通信局（所） | 个 | 20 | 1 | 1 | 22 |
| 移动网络基站 | 座 | 46 | 41 | 103 | 190 |
| 小灵通基站 | 座 | 218 | 0 | 0 | 218 |
| 传输线路 | 皮长千米 | 2105 | 1600 | 1600 | 5305 |
| 通信杆路 | 根 | 7242 | 1542 | 7000 | 15784 |
| 固定电话用户 | 万户 | 2.61 | 0 | 0 | 2.61 |
| 固定无线电话用户 | 万户 | 1.92 | 0 | 0 | 1.92 |
| 移动电话用户 | 万户 | 2.58 | 1.85 | 10.6 | 15.03 |
| 宽带用户 | 万户 | 0.64 | 0 | 0 | 0.64 |

地震灾害发生后，21个局（所）、111个移动基站、209个小灵通基站中断或受损。通信局（所）中断或受损33个次，移动通信基站中断或受损386个次，传输线路中断或受损5102皮长千米，通信杆路受损8042根，损毁通信机房12924平方米、办公用房12660平方米，直接经济损失127835万元。

## 玉树大地震灾害后通信设施受损情况表

表 4-7

| 损毁设备（累计） | 单位 | 数量 | 损失额（万元） |
|---|---|---|---|
| 局（所）通信中断或受损 | 个次 | 33 | 36757 |
| 移动通信基站中断或受损 | 个次 | 386 | 7660.8 |
| 小灵通基站中断或受损 | 个 | 209 | 3283.2 |
| 传输线路中断或受损 | 皮长千米 | 5102 | 34637 |
| 通信杆路受损 | 根 | 8042 | 1920 |
| 通信机房损毁 | 平方米 | 12924 | 6135 |
| 办公用房损毁 | 平方米 | 12660 | 3842 |
| 车辆损毁 | 辆 | 44 | 1500 |
| 其他设备损毁（合计） | | | 32100 |
| 直接经济损失 | 万元 | | 127835 |

## 第三节　加油站设施受损

中国石油青海销售公司玉树分公司拥有加油站 9 座，均为全资加油站。其中，玉树县结古镇分布有西杭加油站、格夏加油站、结古加油站、新寨加油站，其余加油站分布在杂多、曲麻莱、治多、清水河地区。加油站总库容近 600 吨，担负着玉树地区的人民生产生活用油和工业用油。

2010 年 4 月 14 日玉树发生强烈地震，中国石油青海销售公司玉树分公司 8 座加油站不同程度受损，位于震中地区的结古加油站和格夏加油站储罐区地基隆起，站房、网架严重变形，不能使用。玉树分公司办公楼墙体出现裂缝，无法继续使用，家属区 1920 平方米平房全部坍塌，位于治多、曲麻莱、杂多的加油站因通信中断一度失去联系。玉树地震给玉树分公司造成直接经济损失近 1000 万元，但未造成人员伤亡。

# 第五章　水利、供水设施受损

## 第一节　水利设施灾害损失

### 一、水库、江河堤防

玉树地区的水库都是电站水库，因此，受损情况已包含在小型水电站之中。

玉树大地震前，玉树州仅 5 个县城有防洪堤 7 处，总长度 32.7 千米，已建成排洪渠长度 30.1 千米，其中玉树县结古镇 25.6 千米、称多县称文镇孔雀沟排洪渠长 4.5 千米。青海省水利设施损毁 228 座（个），水库损毁 1 座，渠道防洪设施损毁 38.7 千米。

**玉树州堤防工程震前情况表**

表 4-8

| 县名 | 项目名称 | 堤防长度（米） | 防洪标准（重现期 / 年） | 堤防工程等级 |
|---|---|---|---|---|
| 玉树县 | 结古镇巴塘河河道治理工程 | 6000 | 30 | 3 级 |
| | 结古镇扎西科河堤防工程 | 7700 | 30 | 3 级 |
| 称多县 | 称多县歇武镇防洪工程 | 300 | 10 | — |
| 囊谦县 | 囊谦县香达镇香曲防洪工程 | 6000 | 20 | 4 级 |
| | 囊谦县香达镇扎曲防洪工程 | 4000 | 20 | 4 级 |
| 治多县 | 治多县加吉博洛镇防洪工程 | 7000 | 20 | 4 级 |
| 杂多县 | 杂多县萨呼腾镇扎曲防洪工程 | 1700 | 20 | 4 级 |
| 合计 | | 32700 | | |

地震造成玉树州 7 处堤防工程全部受损，其中玉树县 2 处、称多县 1 处、囊谦县 2 处、治多县 1 处、杂多县 1 处。堤防工程损毁长度 12.87 千米，约占震前堤防长度的 39.36%。地震还

造成 2 处排洪渠工程损毁，长度 26.3 千米，其中结古镇排洪渠 25.6 千米、称文镇孔雀沟排洪渠 0.7 千米。

**玉树州堤防工程震损情况表**

表 4-9

| 县名 | 项目名称 | 长度（米） | 损毁长度（米） | 震后受损情况 | | 堤身垮塌（处） |
|---|---|---|---|---|---|---|
| | | | | 堤身裂缝（处） | 堤身沉降（处） | |
| 玉树县 | 结古镇巴塘河河道治理工程 | 6000 | 5600 | 766 | 5 | 2 |
| | 结古镇扎西科河堤防工程 | 7700 | 2200 | 1055 | 4 | 5 |
| 称多县 | 称多县歇武镇防洪工程 | 300 | 300 | 65 | — | — |
| 囊谦县 | 囊谦县香达镇香曲防洪工程 | 6000 | 1517 | 369 | — | — |
| | 囊谦县香达镇扎曲防洪工程 | 4000 | 800 | — | 24 | 4 |
| 治多县 | 治多县加吉博洛镇防洪工程 | 7000 | 2000 | 20 | — | — |
| 杂多县 | 杂多县萨呼腾镇扎曲防洪工程 | 1700 | 450 | — | 15 | — |
| 合计 | | 32700 | 12867 | 2275 | 48 | 11 |

## 二、灌溉设施

玉树大地震前，玉树州有效灌溉面积 38180 亩，主要分布在玉树、称多、囊谦 3 个县。灌区小而分散，共有灌区 30 处，灌溉面积在 500 ～ 3000 亩，引水流量在 0.04 ～ 0.8 立方米 / 秒，均为小（2）型工程。渠道基本上为土渠，衬砌率不到 10%，灌溉利用系数很低。

**玉树州灌区震前情况表**

表 4-10

| 县名 | 灌区 | 有效灌溉面积（亩） | 引水量（立方米 / 秒） | 渠道长度（千米） | 建筑物（座） |
|---|---|---|---|---|---|
| 玉树县 | 香古渠 | 600 | 0.6 | 6.27 | 2 |
| | 东风渠 | 1400 | 0.35 | 11.47 | 9 |
| | 前进渠 | 1500 | 0.8 | 2 | 9 |
| | 卡沙渠 | 1500 | 0.8 | 3 | 5 |
| | 陇日渠 | 1480 | 0.3 | 3 | 6 |
| | 梅生渠 | 1100 | 0.3 | 2 | 4 |
| | 塘达渠 | 800 | 0.2 | 1.5 | 5 |
| | 英达渠 | 200 | 0.3 | 2.4 | 3 |
| | 英群渠 | 300 | 0.4 | 2.5 | 2 |

续表 4-10

| 县名 | 灌区 | 有效灌溉面积（亩） | 引水量（立方米 / 秒） | 渠道长度（千米） | 建筑物（座） |
|---|---|---|---|---|---|
| 称多县 | 拉布达娃 | 500 | 0.04 | 5.65 | 3 |
| | 拉布帮布 | 1500 | 0.24 | 5 | 4 |
| | 歇武下赛巴 | 700 | 0.08 | 6.5 | 8 |
| | 尕多乡卓木青 | 1000 | 0.12 | 5.6 | 9 |
| | 歇武阿卓茸巴 | 500 | 0.12 | 3.6 | 7 |
| 囊谦县 | 日却灌区 | 1800 | 0.28 | 4.5 | 38 |
| | 南山灌区 | 1500 | 0.23 | 5.4 | 45 |
| | 白扎灌区 | 3000 | 0.46 | 14.3 | 78 |
| | 吉沙灌区 | 1200 | 0.19 | 6.3 | 35 |
| | 东日哇灌区 | 1100 | 0.17 | 5 | 40 |
| | 得来科灌区 | 1000 | 0.15 | 5.8 | 48 |
| | 大桥灌区 | 900 | 0.14 | 3.1 | 24 |
| | 阿则灌区 | 800 | 0.14 | 2.7 | 18 |
| | 砍达灌区 | 1800 | 0.28 | 5.7 | 35 |
| | 娘登灌区 | 1500 | 0.23 | 2.6 | 19 |
| | 巴沙南灌区 | 700 | 0.13 | 4 | 30 |
| | 巴沙北灌区 | 800 | 0.15 | 2.6 | 18 |
| | 外户卡曲 | 1200 | 0.17 | 5 | 41 |
| | 香达镇香达 | 2800 | 0.32 | 3.8 | 3 |
| | 香达镇多昌 | 2500 | 0.28 | 3.5 | 2 |
| | 香达镇前多 | 2500 | 0.27 | 3 | 3 |
| 合计 | | 38180 | | 137.79 | 553 |

地震造成玉树州 9 处灌区工程全部或部分损毁，受损干渠长 21.1 千米，支渠、斗渠长 59.74 千米。

## 玉树州灌区震损情况表

表 4-11

| 县名 | 工程名称 | 受损渠道 | | 受损渠系建筑物 | |
|---|---|---|---|---|---|
| | | 干渠长度（千米） | 支、斗渠长度（千米） | 渡槽（座） | 其他（座） |
| 玉树县 | 香古渠 | 2 | 4.27 | 4 | 2 |
| | 东风渠 | 1.2 | 9.97 | 9 | 3 |
| 称多县 | 拉布帮布 | 3 | 3.5 | 5 | 5 |
| | 歇武下赛巴 | 2 | 2.5 | 2 | 6 |
| | 歇武阿卓茸巴 | 2 | 3 | 3 | 5 |

续表 4-11

| 县名 | 工程名称 | 受损渠道 | | 受损渠系建筑物 | |
|---|---|---|---|---|---|
| | | 干渠长度(千米) | 支、斗渠长度(千米) | 渡槽(座) | 其他(座) |
| 囊谦县 | 娘登灌区 | 0.6 | 6 | 2 | 18 |
| | 阿则灌区 | 1.8 | 7 | 2 | 26 |
| | 白扎灌区 | 4.5 | 16 | 4 | 44 |
| | 南山灌区 | 4 | 7.5 | 3 | 28 |
| 合计 | | 21.1 | 59.74 | 34 | 137 |

## 三、水土保持设施

玉树地处三江源腹地，生态极为脆弱，是三江源地区风力侵蚀、水力侵蚀、冻融侵蚀交替作用最为严重的地区之一。全州水土流失总面积52991平方千米，占全州土地面积的26%。其中，玉树县1729平方千米，称多县8229平方千米，囊谦县4019平方千米，治多县13718平方千米，曲麻莱县13084平方千米，杂多县12212平方千米。玉树州属于国家级水土流失重点预防保护区，近年来水土保持工作主要以预防保护为主，开展了长江源区水土保持预防保护工程，孟宗沟、孔雀沟等小流域综合治理面积350平方千米；实施水土保持造林面积71公顷、种草87公顷、封育治理192公顷，沟道谷坊工程100座、拦沙坝40座，沟岸防护50千米；建成水土保持综合监测站1处。

玉树大地震造成玉树县、称多县、囊谦县、曲麻莱县、治多县5个县21条小流域中拦沙坝33座、谷坊40座受损，主要是基础部分沉降、坝体裂缝，其中轻微震损39座、严重震损11座、毁坏23座。沟岸防护工程震损21.16千米，地震影响水土流失面积424.72平方千米。

## 四、水文设施

玉树州设有水文分局1处，下辖2个水文站和3个巡测站。

**玉树州水文设施震前情况表**

表 4-12

| 站名 | 位置 | 震前基本情况 |
|---|---|---|
| 玉树分局 | 玉树县结古镇新寨 | 砖混结构办公及生活用房二层，建筑物面积381平方米，人员4人 |
| 新寨水文站 | 玉树县结古镇新寨 | 砖混结构一层生产生活用房185.3平方米、围墙161米、煤房20平方米，厕所9平方米，以及水、电等附属设施；气象观测场1处、观测道路225米、观测井1眼、半自动电动缆道1处、副索拉偏缆道1处、浮标投掷缆道1处，水尺及水准点、标志牌桩等辅助设施，人员5人 |

续表 4-12

| 站名 | 位置 | 震前基本情况 |
| --- | --- | --- |
| 隆宝滩水文巡测站 | 玉树县隆宝镇君勤村 | 钢筋混凝土水位自记塔 1 座、水尺 2 根、水准点 2 个，气室探头 1 个、保温柜 1 个 |
| 下拉秀水文巡测站 | 玉树县下拉秀镇 | 钢筋混凝土水位自记塔 1 座、水尺 2 根、水准点 2 个，气室探头 1 个、保温柜 1 个、双绳吊箱缆道 1 处等 |
| 直门达水文站 | 称多县直门达村 | 砖混结构一层生产生活用房 319 平方米、围墙 211 米、煤房 104 平方米，缆道操作房 54 平方米、厕所 8 平方米，以及水、电等附属设施；气象观测场 1 处、观测井 1 眼、半自动电动缆道 1 处、副索拉偏缆道 1 处、浮标投掷缆道 1 处，测船 1 艘，水尺、水准点、标志牌桩等辅助设施，人员 7 人 |
| 香达水文巡测站 | 囊谦县香达镇 | 钢筋混凝土水位自记塔 1 座、水尺 2 根、水准点 2 个，气室探头 1 个、保温柜 1 个 |

玉树大地震造成当地水文站房、基础设施、测验设施的报汛设施较大破坏。经核查统计，玉树水文分局办公用房和新寨水文站、直门达水文站生产生活用房均出现了基础不均匀沉降、墙皮脱落、墙体裂缝和结构变形引起的玻璃破裂现象，测流缆道锚碇周围土质松动、支架发生倾斜。水文站生产生活用房、院落围墙及测验设施受到不同程度的毁坏。

**玉树州水文设施震损情况表**

表 4-13

| 类型 | 项目及单位 | 玉树县 | | | | 称多县 | 囊谦县 | 合 计 |
| --- | --- | --- | --- | --- | --- | --- | --- | --- |
| | | 玉树分局 | 新寨水文站 | 下拉秀水文巡测站 | 隆宝滩水文巡测站 | 直门达水文站 | 香达水文巡测站 | |
| 基础设备 | 房屋（平方米） | 381 | 253 | — | — | 485 | — | 1119 |
| | 缆道（处） | — | 3 | 1 | — | 2 | — | 6 |
| | 测井（眼） | — | 1 | — | — | 1 | — | 2 |
| | 观测场（平方米） | — | 225 | 145 | 145 | 350 | 145 | 1010 |
| | 线路（平方米） | — | 400 | — | — | 1500 | — | 1900 |
| 检测装备 | 测验设备（台） | — | 6 | 1 | 1 | 7 | 1 | 16 |
| | 报讯设备（台） | — | — | — | — | — | — | — |
| | 巡测车（辆） | 2 | — | — | — | — | — | 2 |
| | 水质设备（台） | — | — | — | — | — | — | — |
| 其他（处） | | — | 25 | 4 | 4 | 29 | 4 | 66 |

# 第二节　供水工程损失

## 一、震前乡（镇）村供水设施

受灾区城镇供水工程共有 4 处，其中 1 处已报废，震前实际供水人口 11.17 万人。其中，玉树县城供水人口 10 万人（常住人口 2.21 万人、流动人口 7.79 万人），称多县城供水人口 0.62 万人，杂多县城供水人口 0.55 万人。治多县城供水工程震前已报废，县城无供水保障，县城供水都是零散自备水源取水或到就近的河沟取水，水量和水质无法满足县城发展需要。

受灾区乡村供水安全工程共有 1840 处，受益人口 12.17 万人、大牲畜 11.14 万头、小牲畜 81.93 万只。震前乡村饮水已建饮水安全工程人口 12.32 万人。其中，受灾区 10.08 万人，影响区 2.24 万人；从未修建过饮水工程的不安全人口 4.36 万人、大牲畜 16.38 万头、小牲畜 20.86 万只。

影响区城镇供水工程共有 2 项，其中 1 项工程已报废，震前实际供水人口 0.87 万人，即为囊谦县县城供水工程。曲麻莱县县城供水工程震前已报废，县城供水无保障。

影响区乡村供水安全工程共有 75 处，震前实际受益人口 4.81 万人，大牲畜 3.82 万头、小牲畜 28.65 万只。震前乡村饮水不安全人口 13.96 万人。其中，从未修建过饮水工程的不安全人口 9.29 万人、大牲畜 41.66 万头、小牲畜 47.97 万只；震前已报废的工程造成饮水不安全人口 4.67 万人、大牲畜 3.73 万头、小牲畜 27.95 万只。

**玉树州乡（镇）震前供水情况表**

表 4-14

| 行政区 | 乡村供水工程 | | | | | | 城镇供水工程 | | 备注 |
|---|---|---|---|---|---|---|---|---|---|
| | 乡村总人口（万人） | 受益人口（万人） | 大牲畜（万头） | 小牲畜（万只） | 项 | 处数 | 供水人口（万人） | 处数 | |
| 玉树县 | 7.32 | 4.61 | 3.91 | 27.65 | 37 | 1177 | 10 | 1 | 受灾区 |
| 称多县 | 5.01 | 4.31 | 3.53 | 26.51 | 47 | 537 | 0.62 | 1 | 受灾区 |
| 囊谦县 | 8.41 | 2.93 | 1.75 | 13.12 | 25 | 25 | 0.87 | 1 | 影响区 |
| 治多县 | 2.66 | 1.28 | 1.81 | 13.58 | 17 | 17 | | | 受灾区 |
| 曲麻莱县 | 2.48 | 1.88 | 2.07 | 15.53 | 12 | 50 | | | 影响区 |
| 杂多县 | 4.76 | 1.97 | 1.89 | 14.19 | 14 | 109 | 0.55 | 1 | 受灾区 |
| 合计 | 30.64 | 16.98 | 14.96 | 110.58 | 152 | 1915 | 12.04 | 4 | |

**玉树州震前乡村饮水情况表**

表 4-15　　单位：万人

| 行政区 | 农村总人口 | 已建饮水安全工程人口 | | 饮水不安全人口 | | |
|---|---|---|---|---|---|---|
| | | 受灾区 | 影响区 | 受灾区 | 影响区 | 影响区工程破坏导致 |
| 玉树县 | 7.32 | 4.39 | | 2.41 | 0.3 | 0.22 |
| 称多县 | 5.01 | 3.27 | 0.10 | 0.46 | 0.23 | 0.95 |
| 囊谦县 | 8.41 | 1.08 | 0.45 | 0.33 | 5.15 | 1.40 |
| 治多县 | 2.66 | 0.48 | 0.60 | 0.31 | 1.07 | 0.20 |
| 曲麻莱县 | 2.48 | 0.31 | 0.30 | 0.14 | 0.46 | 1.27 |
| 杂多县 | 4.76 | 0.55 | 0.79 | 0.71 | 2.08 | 0.63 |
| 合计 | 30.64 | 10.08 | 2.24 | 4.36 | 9.29 | 4.67 |

## 二、震后乡（镇）村供水设施

受灾区震毁城镇供水工程 1 处，即结古镇供水工程，影响人口 10 万人；称多县城称文镇和杂多县城萨呼腾镇供水工程无震损，可正常供水人口 1.17 万人。治多县城加吉博洛镇供水工程震前已报废，县城 0.44 万人供水无保障。合计震后受灾区城镇供水无保障人口 10.44 万人。

受灾区震后乡村供水不安全人口 12.64 万人。其中，乡村饮水安全工程共震损 1123 处，受影响人口 8.28 万人、大牲畜 6.64 万头、小牲畜 49.77 万只；从未修建过饮水工程的不安全人口 4.36 万人、大牲畜 16.38 万头、小牲畜 20.86 万只；地震未损坏工程受益人口 1.8 万人。

影响区震后囊谦县城香达镇供水工程未受损，可保证县城正常供水；曲麻莱县城供水工程震前已报废，县城供水无保障。

影响区震后乡村供水不安全人口 13.96 万人，饮水安全人口 2.24 万人。其中，震前损坏工程共 340 项，影响人口 4.67 万人、大牲畜 3.73 万头、小牲畜 27.95 万只；从未修建过饮水工程的不安全人口 9.29 万人、大牲畜 41.66 万头、小牲畜 47.97 万只。

**玉树州乡村饮水安全人口地震前后情况对比表**

表 4-16　　单位：万人

| 行政区 | 农村总人口 | 地震前 | | | | | 地震后 | | | | | |
|---|---|---|---|---|---|---|---|---|---|---|---|---|
| | | 已建饮水安全工程人口 | | 饮水不安全人口 | | 影响区工程已破坏导致 | 已建饮水安全工程人口 | | | 饮水不安全人口 | | 影响区工程已损坏导致 |
| | | | | | | | 受灾区 | | 影响区仍安全 | | | |
| | | 受灾区 | 影响区 | 受灾区 | 影响区 | | 仍安全 | 不安全 | | 受灾区 | 影响区 | |
| 玉树县 | 7.32 | 4.39 | | 2.41 | 0.30 | 0.22 | 0.03 | 4.36 | | 2.41 | 0.30 | 0.22 |

续表 4-16

| 行政区 | 农村总人口 | 地震前 | | | | | 地震后 | | | | | |
|---|---|---|---|---|---|---|---|---|---|---|---|---|
| | | 已建饮水安全工程人口 | | 饮水不安全人口 | | 影响区工程已破坏导致 | 已建饮水安全工程人口 | | | 饮水不安全人口 | | 影响区工程已损坏导致 |
| | | 受灾区 | 影响区 | 受灾区 | 影响区 | | 受灾区 | | 影响区仍安全 | 受灾区 | 影响区 | |
| | | | | | | | 仍安全 | 不安全 | | | | |
| 称多县 | 5.01 | 3.27 | 0.10 | 0.46 | 0.23 | 0.95 | 0.41 | 2.86 | 0.10 | 0.46 | 0.23 | 0.95 |
| 囊谦县 | 8.41 | 1.08 | 0.45 | 0.33 | 5.15 | 1.40 | 0.95 | 0.13 | 0.45 | 0.33 | 5.15 | 1.40 |
| 治多县 | 2.66 | 0.48 | 0.60 | 0.31 | 1.07 | 0.20 | 0.25 | 0.23 | 0.60 | 0.31 | 1.07 | 0.20 |
| 曲麻莱县 | 2.48 | 0.31 | 0.30 | 0.14 | 0.46 | 1.27 | 0.16 | 0.15 | 0.30 | 0.14 | 0.46 | 1.27 |
| 杂多县 | 4.76 | 0.55 | 0.79 | 0.71 | 2.08 | 0.63 | | 0.55 | 0.79 | 0.71 | 2.08 | 0.63 |
| 合计 | 30.64 | 10.08 | 2.24 | 4.36 | 9.29 | 4.67 | 1.80 | 8.28 | 2.24 | 4.36 | 9.29 | 4.67 |

# 第六章　产业受损

## 第一节　农林业受损

### 一、概况

玉树大地震共造成农牧业损失 17.91 亿元，其中畜牧业直接经济损失 15.39 亿元、种植业直接经济损失 1.38 亿元、农牧业服务设施直接经济损失 0.87 亿元、州县农牧场直接经济损失 0.19 亿元、其他损失 0.08 亿元。

青海省种植业受损贮备种子 148 万千克、化肥 420 吨；养殖业死亡牲畜 11389 头，死亡家禽 3757 只；畜牧业死亡牲畜 42970 头，畜棚毁损面积 146.0 万平方米，贮草棚毁损面积 17.8 万平方米，围栏 6775 米；林业受损面积 3292.09 亩，日光节能温室损毁 2250 平方米，塑料大棚 4500 平方米，机井 10 眼，蓄水池 680 立方米。

四川省种植业受损面积 752.6 公顷；畜棚毁损 7.1 万平方米。

两省合计养殖业死亡牲畜 11389 头、死亡家禽 3757 只；畜牧业死亡牲畜 42970 头，畜棚毁损面积 153.1 万平方米，贮草棚毁损面积 17.8 万平方米，围栏 6775 米。

依据农业部和林业部的核定意见，核定青海省农林业损失 173822 万元。

**青海省玉树州农牧业损毁情况表**

表 4-17

| 县名 | 种植业损失 | 养殖业损失 | | 畜牧业损失 | | 林业损失 |
|---|---|---|---|---|---|---|
| | | 死亡牲畜（头） | 死亡家禽（只） | 死亡牲畜（头） | 棚圈、围栏、贮草棚等设施毁损情况 | |
| 玉树县 | 储备种子 148 万千克、化肥 420 吨 | 9858 | 2663 | 37447 | 畜棚毁损面积 146.0 万平方米，贮草棚毁损面积 17.8 万平方米，围栏 6775 米 | 林业受损面积 4133 公顷，日光节能温室毁损 2250 平方米，塑料大棚 4500 平方米，机井 10 眼，蓄水池 680 立方米 |
| 称多县 | | 29 | 414 | 923 | | |
| 囊谦县 | | 1195 | 227 | 764 | | |
| 曲麻莱县 | | 74 | 139 | 1609 | | |
| 杂多县 | | 70 | 152 | 1323 | | |
| 治多县 | | 163 | 162 | 904 | | |
| 合计 | | 11389 | 3757 | 42970 | | |

## 二、畜牧业损失

畜牧业直接经济损失 153866.4 万元。其中，倒塌畜棚（含种畜场和牧场）12164 栋、145.97 万平方米，倒塌贮草棚 4445 栋、17.78 万平方米，毁损围栏 6775 万米，毁损人工草地 11.51 万亩。死亡牲畜 54361 头（只、匹），其中牛 27714 头、羊 26135 只、马 512 匹，家禽 3757 只。

## 三、种植业损失

种植业受损面积 4405.2 公顷，直接经济损失 13796.9 万元。毁损日光节能温室（含农场）1923 栋、63.79 万平方米。其中，倒塌 1325 栋、44.16 万平方米，损坏 598 栋、19.63 万平方米。损失种子 1480 吨、化肥 420 吨。人工草地受损面积 3.87 万亩。

## 四、林业受损

在此次地震中，玉树州只有玉树县的林业受到损失，其他 5 个县的林业未受到损失。

玉树县损失各类林地面积 3292.09 亩，其中损失退耕还林工程的林地 1579.14 亩、天保工程等公益林面积 1712.95 亩；损失各类林木 76.28 万株，其中林地林木 73.08 万株、四旁及庭院林木 3.2 万株。损失保护林地林木的围栏 37030 米。

玉树县林业部门损失办公用房等各类房屋 89 间 2225 平方米；汽车 2 辆，摩托车 5 辆；台式电脑 12 台，笔记本电脑 5 台；会议投影仪 1 套，音响设备 1 套，30 人会议桌 1 套，椅子 30 把；办公桌 45 张，椅子 55 把；沙发 14 套，茶几 20 张等。

## 第二节　工业受损

青海省受损工业企业 31 家，受损厂房 31.5 万平方米，附属设施受损 2265 台（套）。中央工业企业受损 9 家。

**青海省玉树灾区工业毁损情况表**

表 4–18

| 县名 | 受损企业（家） | 固定资产 | |
|---|---|---|---|
| | | 受损厂房（万平方米） | 附属设施（台/套） |
| 玉树县 | 25 | 30.1 | 2182 |
| 称多县 | 6 | 1.4 | 83 |
| 合计 | 31 | 31.5 | 2265 |

青海省受损矿山 2 处，四川省受损矿山 2 处。

依据工业和信息化部的核定数据，核定青海省工业损失为 44337 万元，央企工业损失采用国资委的核定数 8827 万元。

四川省受损工业企业 1 家，附属设施受损 8 台（套）。中央工业企业受损 9 家。

## 第三节　服务业受损

服务业包括商贸业、旅游业、房地产业、金融业等。依据评估核定的两省实物量毁损数据，以及银保监会核定意见，核定青海省服务业损失 50402 万元、四川省服务业损失 200 万元。两省合计 50602 万元。

青海省商贸企业毁损数量 2147 个，毁损面积 311114.9 平方米。其中，州本级和玉树县毁损数量 1922 个，毁损面积 297951.7 平方米；称多县毁损数量 225 个，毁损面积 13163.2 平方米。其中，旅游宾馆受损 57 家，受损面积 109000 平方米；旅游景区受损数量 65 家，受损面积 39700 平方米。

四川省商贸企业毁损数量 11 个，商贸业毁损面积 10970 平方米，全部分布在石渠县；旅游景区受损6家。两省合计商贸企业毁损数量2158个，毁损面积322084.9平方米；旅游宾馆受损57家，旅游景区受损数量71家。

房地产业、金融业等没有进行实物量统计。

玉树县主街道商业用房被震塌

# 第七章　教育设施受损

## 第一节　玉树州教育总体受损情况

地震前，玉树州共有各级各类学校 192 所，在校生 68130 人。其中，综合职业学校 1 所，在校生 2392 人；完全中学 3 所，初中 6 所，九年一贯制学校 12 所，小学 166 所，高中生 2160 人，初中生 13977 人，小学生 48944 人；幼儿园 4 所，在园幼儿 657 人。

此次地震波及玉树各级各类学校 99 所，在校生 43808 人，教职工总数 1648 人，共有校舍面积 248587 平方米，有各类教学仪器设备 137454 台（套）（含课桌凳、学生用床，下同），有图书 474199 册，计算机 2146 台。共有 236652 平方米的校舍损毁，占校舍总面积的 96.5%。其中，地震造成 37981 平方米校舍倒塌，造成危房 190443 平方米，受损校舍 8318 平方米。州、县教育局行政办公用房倒塌 1783 平方米，造成危房 1550 平方米。灾区州、县学校教学仪器设备、图书等办学条件原本就不达标，此次地震又造成严重损失，特别是极重灾区中小学的实验仪器、远程教育设备及体育器材损失殆尽。职业学校的实习实验设备基本损毁，州、县教育局办公设备、设施也受损严重。据统计，核定灾区各级学校校产损失 33479 万元（不含校舍损失）。

## 第二节　学前教育设施破坏

全州受损幼儿园 3 所，损毁仪器设备 2043 台（套），附属基础设施损毁估值 146 万元，教学、生活设施损毁估值 452 万元。其中，玉树州幼儿园损毁仪器设备 1648 台（套），附属基础设施损毁估值 53 万元，教学、生活设施损毁估值 424 万元；称多县幼儿园损毁仪器设备

373 台（套），附属基础设施损毁估值 92 万元，教学、生活设施损毁估值 27 万元；治多县幼儿园损毁仪器设备 22 台（套），附属基础设施损毁估值 1 万元，教学、生活设施损毁估值 1 万元。

## 第三节　中小学设施破坏

全州受损中小学 95 所，损毁仪器设备 125514 台（套），附属基础设施损毁估值 9031.5 万元，教学、生活设施损毁估值 21335.6 万元。其中，玉树县受损中小学 53 所，损毁仪器设备 64032 台（套），附属基础设施损毁估值 2082.5 万元，教学、生活设施损毁估值 16659.6 万元；杂多县受损中小学 8 所，损毁仪器设备 25191 台（套），附属基础设施损毁估值 162 万元，教学、生活设施损毁估值 60 万元；称多县受损中小学 24 所，损毁仪器设备 17432 台（套），附属基础设施损毁估值 6183 万元，教学、生活设施损毁估值 4229 万元；治多县受损中小学 5 所，损毁仪器设备 14648 台（套），附属基础设施损毁估值 215 万元，教学、生活设施损毁估值 144 万元；囊谦县受损小学 3 所，损毁仪器设备 2644 台（套），附属基础设施损毁估值 264 万元，教学、生活设施损毁估值 177 万元；曲麻莱县受损小学 2 所，损毁仪器设备 1567 台（套），附属基础设施损毁估值 125 万元，教学、生活设施损毁估值 66 万元。

## 第四节　中等职业学校设施破坏

全州只有 1 所综合职业学校，玉树州职业技术学校损毁仪器设备 9897 台（套），附属基础设施损毁估值 279.3 万元，教学、生活设施损毁估值 2234.4 万元。

**玉树地震学校设施损毁情况表**

表 4-19

| 学校所在乡镇 | 学校名称 | 基本情况 | | | 损毁 | | |
|---|---|---|---|---|---|---|---|
| | | 学校数（所） | 办学层次 | 震前学生数（人） | 仪器设备（台、套） | 附属基础设施损毁估值（万元） | 教学、生活设施损毁估值（万元） |
| | 玉树州 | 99 | — | 43808 | 137454 | 9456.8 | 24022 |
| | 玉树县 | 55 | — | 23912 | 75577 | 2414.8 | 19318 |
| 结古镇区 | 玉树州职业技术学校 | 1 | 中职 | 2793 | 9897 | 279.3 | 2234.4 |

续表 4-19

| 学校所在乡镇 | 学校名称 | 基本情况 | | | 损毁 | | |
|---|---|---|---|---|---|---|---|
| | | 学校数（所） | 办学层次 | 震前学生数（人） | 仪器设备（台、套） | 附属基础设施损毁估值（万元） | 教学、生活设施损毁估值（万元） |
| 结古镇区 | 玉树县第一完全小学 | 1 | 小学 | 2058 | 6400 | 205.8 | 1646 |
| | 玉树县第二完全小学 | 1 | 小学 | 1836 | 5710 | 183.6 | 1468.8 |
| | 玉树县第三完全小学 | 1 | 小学 | 2793 | 8686 | 274.6 | 2196.8 |
| | 玉树州红旗小学 | 1 | 小学 | 1918 | 5965 | 191.8 | 1534.4 |
| | 玉树县第一民族中学 | 1 | 初中 | 899 | 2796 | 89.9 | 719.2 |
| | 玉树县第二民族中学 | 1 | 完中 | 1432 | 4454 | 143.2 | 1145.6 |
| | 玉树州民族中学 | 1 | 完中 | 1583 | 4923 | 158.3 | 1266.4 |
| | 玉树州幼儿园 | 1 | 幼儿园 | 530 | 1648 | 53 | 424 |
| | 玉树州孤儿学校 | 1 | 九年制 | 205 | 638 | 20.5 | 164 |
| | 玉树县结古镇九年制寄宿学校 | 1 | 九年制 | 1159 | 3604 | 115.9 | 927.2 |
| | 结古镇前进学校 | 1 | 小学 | 34 | 106 | 3.4 | 27.2 |
| | 结古镇苏州希望小学 | 1 | 小学 | 120 | 373 | 12 | 96 |
| | 结古镇第一希望小学 | 1 | 小学 | 109 | 339 | 10.9 | 87.2 |
| | 结古镇果青村小 | 1 | 小学 | 91 | 283 | 9.1 | 72.8 |
| | 结古镇禅古村小 | 1 | 小学 | 105 | 327 | 10.5 | 84 |
| | 结古镇扎芒村小 | 1 | 小学 | 77 | 239 | 7.7 | 61.6 |
| 隆宝镇 | 隆宝镇中心寄宿学校 | 1 | 小学 | 872 | 2712 | 87.2 | 697.6 |
| | 隆宝镇措桑村小 | 1 | 小学 | 131 | 407 | 13.1 | 104.8 |
| | 隆宝镇措多村小 | 1 | 小学 | 232 | 722 | 23.2 | 185.6 |
| | 隆宝镇措美村小 | 1 | 小学 | 37 | 115 | 3.7 | 29.6 |
| 安冲乡 | 玉树县安冲乡中心寄校 | 1 | 小学 | 180 | 560 | 18 | 144 |
| | 玉树县安冲乡来叶村校 | 1 | 小学 | 33 | 103 | 3.3 | 26.4 |
| | 玉树县安冲乡布容村小 | 1 | 小学 | 35 | 109 | 3.5 | 28 |
| 仲达乡 | 玉树县仲达乡中心寄校 | 1 | 小学 | 228 | 709 | 22.8 | 182.4 |
| | 仲达乡土门达村校 | 1 | 小学 | 60 | 187 | 6 | 48 |
| | 仲达乡秋金达村校 | 1 | 小学 | 38 | 118 | 3.8 | 30.4 |
| 巴塘乡 | 巴塘乡九年一贯制学校 | 1 | 九年制 | 490 | 1524 | 77.3 | 618.4 |
| | 相古村小 | 1 | 小学 | 67 | 208 | 6.7 | 53.6 |
| | 当头村小 | 1 | 小学 | 66 | 205 | 6.6 | 52.8 |
| | 玉树州职业技术学校巴塘附属小学 | 1 | 小学 | 82 | 255 | 8.2 | 65.6 |
| | 上巴塘村小 | 1 | 小学 | 237 | 737 | 23.7 | 189.6 |
| 上拉秀乡 | 玉树县上拉秀乡中心寄校 | 1 | 小学 | 270 | 840 | 27 | 216 |
| | 玉树县上拉秀乡加巧分小 | 1 | 小学 | 407 | 1266 | 40.7 | 325.6 |
| | 玉树县上拉秀乡玛龙村小 | 1 | 小学 | 105 | 327 | 10.5 | 84 |

续表 4-19

| 学校所在乡镇 | 学校名称 | 基本情况 | | | 损毁 | | |
|---|---|---|---|---|---|---|---|
| | | 学校数（所） | 办学层次 | 震前学生数（人） | 仪器设备（台、套） | 附属基础设施损毁估值（万元） | 教学、生活设施损毁估值（万元） |
| 上拉秀乡 | 玉树县上拉秀乡下日玛村小 | 1 | 小学 | 139 | 432 | 13.9 | 111.2 |
| | 玉树县上拉秀乡曲新村小 | 1 | 小学 | 70 | 218 | 7 | 56 |
| | 玉树县上拉秀乡上日玛村小 | 1 | 小学 | 121 | 376 | 12.1 | 96.8 |
| 下拉秀镇 | 下拉秀镇中心寄校 | 1 | 小学 | 619 | 1925 | 61.9 | 495.2 |
| | 下拉秀镇钻多村小 | 1 | 小学 | 54 | 168 | 5.4 | 43.2 |
| | 下拉秀镇高强村小 | 1 | 小学 | 81 | 252 | 8.1 | 64.8 |
| | 下拉秀镇塔玛村小 | 1 | 小学 | 113 | 351 | 11.3 | 90.4 |
| | 下拉秀镇上苏鲁村小 | 1 | 小学 | 127 | 395 | 12.7 | 101.6 |
| | 下拉秀镇下当卡村小 | 1 | 小学 | 38 | 118 | 3.8 | 30.4 |
| | 下拉秀镇野吉尼玛村小 | 1 | 小学 | 63 | 196 | 6.3 | 50.4 |
| | 下拉秀镇下苏鲁村小 | 1 | 小学 | 122 | 379 | 12.2 | 97.6 |
| | 下拉秀镇上当卡村小 | 1 | 小学 | 129 | 401 | 12.9 | 103.2 |
| | 下拉秀镇白玛村小 | 1 | 小学 | 59 | 183 | 5.9 | 47.2 |
| 小苏莽乡 | 玉树县小苏莽乡中心寄校 | 1 | 小学 | 340 | 1057 | 34 | 272 |
| | 小苏莽乡江西村小 | 1 | 小学 | 27 | 84 | 2.7 | 21.6 |
| | 小苏莽乡草格村小 | 1 | 小学 | 67 | 208 | 6.7 | 53.6 |
| | 小苏莽乡莫地村小 | 1 | 小学 | 58 | 180 | 5.8 | 46.4 |
| | 小苏莽乡让多村小 | 1 | 小学 | 169 | 526 | 16.9 | 135.2 |
| | 小苏莽乡本江村小 | 1 | 小学 | 119 | 370 | 11.9 | 95.2 |
| | 小苏莽乡多龙村小 | 1 | 小学 | 85 | 264 | 8.5 | 68 |
| 杂多县 | | 8 | | 8100 | 25191 | 162 | 60 |
| 萨呼腾镇 | 民族中学 | 1 | 初中 | 2784 | 8658 | 76 | 30 |
| | 第一完小 | 1 | 小学 | 1926 | 5990 | 35 | 15 |
| | 第二完小 | 1 | 小学 | 2749 | 8549 | 37 | 15 |
| | 瓦里滩孤儿学校 | 1 | 小学 | 194 | 603 | | |
| | 中心寄校 | 1 | 小学 | 172 | 535 | 2 | |
| | 多那村小 | 1 | 小学 | 88 | 274 | 4 | |
| 昂赛乡 | 中心寄校 | 1 | 小学 | 96 | 299 | 6 | |
| | 求是希望小学 | 1 | 小学 | 91 | 283 | 2 | |
| 称多县 | | 25 | | 5725 | 17805 | 6275 | 4256 |
| 县直学校 | 称多县第一民族中学 | 1 | 完中 | 1174 | 3651 | 897 | 689 |
| | 称多县完全小学 | 1 | 小学 | 999 | 3107 | 921 | 623 |
| | 称多县文乐中心寄校 | 1 | 小学 | 128 | 398 | 324 | 325 |

续表 4-19

| 学校所在乡镇 | 学校名称 | 基本情况 | | | 损毁 | | |
|---|---|---|---|---|---|---|---|
| | | 学校数（所） | 办学层次 | 震前学生数（人） | 仪器设备（台、套） | 附属基础设施损毁估值（万元） | 教学、生活设施损毁估值（万元） |
| 称文镇 | 称文镇中心寄校 | 1 | 小学 | 104 | 323 | 389 | 216 |
| | 称文镇赛河寄校 | 1 | 小学 | 35 | 109 | 152 | 89 |
| | 称文镇者贝联校 | 1 | 小学 | 57 | 177 | 62 | 51 |
| 歇武镇 | 歇武镇中心寄校 | 1 | 小学 | 497 | 1546 | 825 | 487 |
| | 歇武镇当巴村小 | 1 | 小学 | 36 | 112 | 120 | 68 |
| | 歇武镇直门达村小 | 1 | 小学 | 114 | 355 | 95 | 92 |
| | 歇武镇上赛巴村小 | 1 | 小学 | 37 | 115 | 86 | 58 |
| | 歇武镇下赛巴村小 | 1 | 小学 | 31 | 96 | 67 | 34 |
| | 歇武镇阿卓茸巴村小 | 1 | 小学 | 27 | 84 | 49 | 46 |
| 尕朵乡 | 尕朵乡中心寄校 | 1 | 小学 | 156 | 485 | 321 | 385 |
| | 尕朵乡第二完小 | 1 | 小学 | 95 | 295 | 115 | 65 |
| | 尕朵乡吉新村小 | 1 | 小学 | 141 | 439 | 95 | 28 |
| | 尕朵乡科玛村小 | 1 | 小学 | 30 | 93 | 67 | 31 |
| | 尕朵乡岗由村小 | 1 | 小学 | 71 | 221 | 45 | 19 |
| 拉布乡 | 拉布乡中心寄校 | 1 | 小学 | 283 | 880 | 725 | 299 |
| | 拉布乡第二完小 | 1 | 小学 | 67 | 208 | 53 | 128 |
| | 拉布乡帮布村小 | 1 | 小学 | 16 | 50 | 62 | 38 |
| 珍秦镇 | 珍秦镇中心寄校 | 1 | 小学 | 604 | 1878 | 351 | 385 |
| | 珍秦镇康南联校 | 1 | 小学 | 359 | 1116 | 182 | 38 |
| | 珍秦镇秀玛村小 | 1 | 小学 | 317 | 986 | 97 | 22 |
| | 珍秦镇群则村小 | 1 | 小学 | 227 | 706 | 83 | 13 |
| 称多县 | 称多县幼儿园 | 1 | 幼儿园 | 120 | 373 | 92 | 27 |
| 治多县 | | 6 | 0 | 4717 | 14670 | 216 | 145 |
| 加吉博洛镇 | 治多县民族中学 | 1 | 初中 | 1555 | 4836 | 57 | 44 |
| | 治多县希望小学 | 1 | 小学 | 1070 | 3328 | 26 | 38 |
| | 治多县完全小学 | 1 | 小学 | 1143 | 3555 | 27 | 29 |
| | 治多县吉尕小学 | 1 | 小学 | 796 | 2476 | 60 | 25 |
| 立新乡 | 立新乡中心寄校 | 1 | 小学 | 146 | 454 | 45 | 8 |
| 加吉博洛镇 | 县幼儿园 | 1 | 幼儿园 | 7 | 22 | 1 | 1 |
| 囊谦县 | | 3 | | 850 | 2644 | 264 | 177 |
| 毛庄乡 | 囊谦县毛庄乡中心寄校 | 1 | 小学 | 475 | 1477 | 156 | 110 |
| | 囊谦县毛庄乡孜多村校 | 1 | 小学 | 78 | 243 | 43 | 24 |
| | 囊谦县毛庄乡孜荣村校 | 1 | 小学 | 297 | 924 | 65 | 43 |
| 曲麻莱县 | | 2 | | 504 | 1567 | 125 | 66 |
| 巴干乡 | 巴干乡寄宿制小学 | 1 | 小学 | 435 | 1353 | 79 | 49 |
| | 巴干乡麻秀村小 | 1 | 小学 | 69 | 215 | 46 | 17 |

# 第八章　卫生系统设施受损

## 第一节　玉树州医疗卫生机构损失

玉树地震灾区受损前有医疗卫生机构 197 个。其中，综合医院 7 个，中藏医院 6 个，妇幼保健机构 7 个，乡镇卫生院 24 个，村卫生室 136 个，疾控中心 7 个，卫生监督所 7 个，药品检验机构 1 个，采供血机构 1 个，制氧厂 1 个。全州医疗卫生机构有设备 9112 台（件）。

州卫生直属系统共有 8 个医疗卫生机构，此次地震灾害造成全部医疗机构房屋和卫生设施均有不同程度的损毁。医用设备和器械受损共 2071 台（件）。依据卫生部提供的数据，核定青海省卫生系统损失 15972 万元。

## 第二节　玉树州各县医疗卫生机构损失

### 一、玉树县医疗卫生机构灾损

玉树县卫生系统共有 68 个医疗卫生机构。其中，县级 4 个，乡级 8 个，村级 56 个。总建筑面积 23040 平方米。此次地震灾害造成全部医疗机构房屋和卫生设施均有不同程度的损毁。据统计，在地震灾害中，造成危房 28 所、20150 平方米，受损 240 平方米。医用设备和器械都不同程度受损，共 4066 台（件）。

## 二、称多县医疗卫生机构灾损

称多县卫生系统共有 52 个医疗卫生机构。其中，县级 5 个，乡级 7 个，村级 40 个。总建筑面积 15200 平方米。此次地震灾害造成以上医疗机构房屋和卫生设施均有不同程度的损毁。据统计，在地震灾害中，造成危房 52 所、14650 平方米，受损 550 平方米。医用设备和器械都不同程度受损，共 379 台（件）。

## 三、囊谦县医疗卫生机构灾损

囊谦县卫生系统共有 19 个医疗卫生机构。其中，县级 5 个，乡级 2 个，村级 12 个。总建筑面积 12770 平方米。此次地震灾害造成以上医疗机构房屋和卫生设施均有不同程度的损毁。据统计，在地震灾害中，造成危房 19 所、12540 平方米，受损 230 平方米。医用设备和器械都不同程度受损，共 797 台（件）。

## 四、杂多县医疗卫生机构灾损

杂多县卫生系统共有 17 个医疗卫生机构。其中，县级 5 个，乡级 2 个，村级 10 个。总建筑面积 8580 平方米。此次地震灾害造成全部医疗机构房屋和卫生设施均有不同程度的损毁。据统计，在地震灾害中，造成危房 17 所、8250 平方米，受损 330 平方米。医用设备和器械都不同程度受损，共 683 台（件）。

## 五、治多县医疗卫生机构灾损

治多县卫生系统共有 14 个医疗卫生机构。其中，县级 5 个，乡级 2 个，村级 7 个。总建筑面积 7550 平方米。此次地震灾害造成全部医疗机构房屋和卫生设施均有不同程度的损毁。据统计，在地震灾害中，造成危房 14 所、7150 平方米，受损 400 平方米。医用设备和器械都不同程度受损，共 576 台（件）。

## 六、曲麻莱县医疗卫生机构灾损

曲麻莱县卫生系统共有 19 个医疗卫生机构。其中，县级 5 个，乡级 3 个，村级 11 个。总建筑面积 5540 平方米。此次地震灾害造成全部医疗机构房屋和卫生设施均有不同程度的损毁。据统计，在地震灾害中，造成危房 19 所、4980 平方米，受损 560 平方米。医用设备和器械都不同程度受损，共 540 台（件）。

# 第九章　广播电视系统受损

## 第一节　玉树州全系统受损概况

2009年，玉树州府所在地玉树县结古镇有1座广播电台和1座电视台，另有青海省广播电视局所属920中波发射台1座。全州有调频转播发射台58座、电视转播发射台208座。全州广播人口综合覆盖率为84.96%，电视人口综合覆盖率为72.2%。玉树州各县都建有电影院，但房屋设备严重老化。

经统计，青海省广播影视台站毁损9个，广播影视设备毁损3967个，影剧院毁损7个，有线干线网毁损909千米。依据广电总局的核定数据，青海省广播影视设施损失9500万元，青海省文化系统损失1510万元。

## 第二节　省广电局920台受损

省广电局920台办公楼、职工公寓裂缝严重，发射机房、配电室、柴油发电机室、锅炉房、门卫、车库倒塌严重，都已无法使用，这些公用房屋建筑面积2200平方米。天线区和生活区用砖砌成的高2.2米、长2800米的围墙全部倒塌。1部10千瓦中波天线拉线倒塌；1部50千瓦短波天线彻底毁损；4部2千瓦电子对抗发射天线严重倾斜，整体损坏，已经无法使用。

## 第三节　州广播电视台受损

玉树州广播电视台办公楼、职工公寓、发射机房、有线前端机房、配电室、锅炉房、门卫、车库、围墙倒塌严重，都已无法使用，公用房屋建筑面积4300平方米；损毁摇臂等设备1套；损坏编辑系统6台、存储系统2套、监视器90台、提词器1台、硬盘播出系统2套、接收机及调制器等前端设备1套、监测系统1套，损坏光缆25千米、网络干线24千米、支线860千米，损坏终端接收机等网络系统设备。损毁音频播出设备2套、车辆6辆。

## 第四节　县级设施受损

玉树县广播电视站办公楼、职工公寓、配电室、锅炉房、门卫、车库、围墙倒塌严重，都已无法使用，这些公用建筑受损1120平方米。损毁广播电视传输发射系统1套，广播电视编、播、录设备1套。称多县广播电视站办公楼、机房、车库墙体裂缝，变成危房，受损面积各600平方米，围墙倒塌430米，地线及供水管线损毁230米。治多县广播电视站办公楼、门卫、锅炉房墙体出现裂缝，变成危房，受损面积600平方米，供水管线损毁120米，围墙倒塌220米。囊谦县广播电视站办公楼、锅炉房、机房墙体出现裂缝，变成危房，受损面积600平方米，供水管线损毁85米，直接经济损失111.55万元。杂多县广播电视站办公楼、车库、锅炉房墙体出现裂缝，机房受损面积410平方米。曲麻莱县广播电视站办公楼、机房、锅炉房、门卫室墙体出现裂缝，受损面积890平方米，围墙倒塌360米。

全州各县共计损毁有线小前端及“村村通”小功率无线发射系统97套、卫星接收设备3850套。玉树州各县电影院基本建于20世纪80年代，影院陈旧、设备老化。地震造成玉树县结古镇电影院全部倒塌，成为废墟，放映设备全部损毁。曲麻莱、称多、治多、囊谦4个县的电影院也遭到严重破坏，墙体全部开裂，损毁面积3800平方米。

# 第十章　科技部门设施受损

## 第一节　气象设施受损

根据受灾实际情况，将玉树地区的州、县级气象局按受灾程度划分为两个级别：极重灾区1个，轻灾区5个。其中，极重灾区范围与国家确定的重建范围一致，轻灾区主要按实际损失情况和恢复重建的紧迫性确定。地震灾害造成部分观测场损毁，气象探测设备受损严重，包括受损自动气象站6个、常规地面观测仪器设备14件（套）、L波段雷达设备2套、探空仪10箱、电子经纬仪1台、水电解制氢系统1套、网络设备6套、实景监控点6个（套）、业务用计算机25台、UPS电源10套、发电机8台、太阳能电站6套、保障分中心车辆1辆、维修测试设备4件、办公设备21套，地震发生时地下通信电缆损坏，影响州气象台SDH宽带通信线路中断。

地震造成玉树州气象局及所属囊谦气象站、杂多气象站、治多气象站、曲麻莱气象站、清水河气象站业务办公及附属用房受损11068平方米。倒塌砖混结构制氢室60平方米，严重受损的房屋为框架结构的玉树州气象局综合办公楼6129平方米、砖混结构的业务楼1200平方米和职工活动中心1000平方米及附属用房140平方米，一般破坏房屋2539平方米。在基础设施方面，受损管网460米、道路350米、围墙800米、供电线路720米。损毁变压器1台、电线杆8根，越野车1辆及各类气象仪器、办公设备等；地震还造成玉树州气象局所属囊谦气象站、杂多气象站、治多气象站、曲麻莱气象站、清水河气象站的水电暖管网、院内道路和围墙均有不同程度的开裂、破损。

## 第二节　科技设施受损

### 一、农业观测设施损失

玉树县农业有害生物预警与控制区域站建设项目工程采购的仪器设备全部存放在玉树县农牧局办公楼，该楼房屋全部垮塌，导致该项目仪器设备及办公设备全部损毁。

新建实验楼 1084.16 平方米、应急防治药械储备库 300.46 平方米，共 1384.62 平方米全部损毁；46 台仪器设备全部损毁；按照施工合同和仪器设备采购合同已支付的各类费用 2018723.27 元全部损失。

### 二、草原观测设施损失

草原生态监测和牧草生产测定场地及定点样方选定在草原，没有建筑设施，在地震灾害中没有遭受明显的毁坏和损失。

## 第三节　环保设施设备损毁

### 一、玉树州环境保护局设备损失

震前，玉树州环境保护局办公设施设备共有计算机 6 台、打印机 6 台、复印机 1 台、执法车辆 2 辆以及部分办公桌椅和空气、土壤、水质监测设备等，在地震灾害中，所有设备几乎全部损坏，无法使用。

### 二、各县环境保护部门设施设备损失

在地震中，各县环境保护部门办公设施遭到严重破坏，特别是玉树县位于地震震中，所有办公设施设备及执法车辆全部损坏无法使用。

## 第四节　地震监测设施受损

震前，玉树州有 5 个无人值守测震台站、1 个值守台站。

玉树州地震监测台站在此次地震中遭受严重破坏，台内的观测室及附属用房等建筑共 430 平方米、地震局房屋 260 平方米、职工宿舍 400 平方米都在震后变成危房，共损毁观测仪器 49 台（套）。

# 第十一章　宗教活动场所与文化遗产受损

## 第一节　宗教活动场所受损

### 一、受损概况

青海省玉树州宗教活动场所受损 87 处，房屋倒塌 124608.6 平方米，严重受损 24737.2 平方米，附属设施受损 78 个，物品受损 78963 件。四川省宗教活动场所受损 190 处，房屋严重受损 6160 平方米，一般损坏 10850 平方米。两省宗教活动场所合计受损 277 处，房屋倒塌 124608.6 平方米，严重受损 30897.2 平方米，一般损坏 10850 平方米，受损附属设施 78 个，受损物品 78963 件。青海省宗教活动场所损失 75648 万元，四川省宗教活动场所损失 1162 万元，合计 76810 万元。

**玉树大地震宗教活动场所受灾情况表**

表 4-20

| 行政区 | | 受损宗教活动场所（处） | 房屋受损（平方米） | | | 受损附属设施（个） | 受灾物品（件） |
|---|---|---|---|---|---|---|---|
| | | | 倒塌房屋 | 严重受损 | 一般损坏 | | |
| 青海省玉树州 | 玉树县 | 53 | 82959.1 | 13456.7 | — | 56 | 50137 |
| | 称多县 | 25 | 28713 | 8567 | — | 16 | 13067 |
| | 杂多县 | 5 | 8208 | 1594 | — | 3 | 7113 |
| | 曲麻莱县 | 4 | 4728.5 | 1119.5 | — | 3 | 8646 |
| | 合计 | 87 | 124608.6 | 24737.2 | 0 | 78 | 78963 |

续表 4-20

| 行政区 | | 受损宗教活动场所（处） | 房屋受损（平方米） | | | 受损附属设施（个） | 受灾物品（件） |
|---|---|---|---|---|---|---|---|
| | | | 倒塌房屋 | 严重受损 | 一般损坏 | | |
| 四川省 | 石渠县 | 151 | — | 6160 | 6590 | — | — |
| | 德格县 | 34 | — | — | 3570 | — | — |
| | 甘孜县 | 5 | — | — | 690 | — | — |
| | 合计 | 190 | 0 | 6160 | 10850 | 0 | 0 |
| 总计 | | 277 | 124608.6 | 30897.2 | 10850 | 78 | 78963 |

## 二、玉树县各寺院受灾情况

全县共有 53 座寺院及宗教活动场所受到不同程度损毁，受损的宗教活动场所 53 处，倒塌的房屋面积 82959.1 平方米，其中僧舍倒塌 318 间、各类殿堂 10 座；严重受损房屋面积 13456.7 平方米，其中受损严重的僧舍 475 间、高危僧舍 3038 间、高危的各类殿堂 85 座；受损的附属设施建筑 56 个，受损物品达 50137 个。全县 53 处宗教活动场所全部纳入重建范围，其中宗教活动点 2 处、清真寺 1 处。

拥有 500 多名僧众的结古寺坐落在彭措达泽山上，是玉树州最大的藏传佛教萨迦派寺院，

玉树县主街道商业用房被震塌

有着600多年历史。地震致寺院大经堂、佛学院和灵塔全部倒塌，讲经院、大昭殿、弥勒殿等其他建筑被震碎，金佛、唐卡、经书、经版等重要文物被埋在废墟里。

位于结古镇以南20余千米外的禅古寺，具有700多年历史，是玉树最大的藏传佛教白教寺院，有1座五层的大经堂、1座四层的大经堂、3座闭关中心和1座佛学院，文成公主庙也归寺院管辖。寺内有藏传佛教的佛像，也有从五台山迎请的汉传佛教佛像。寺里保存着大量珍贵文物，仅佛像就有3000多尊，寺院藏经书十几万册。地震造成大经堂坍塌，活佛禅房、僧侣住所夷为平地。建在半山用于僧侣闭关的小院子也未能幸免。

此次地震使曲麻莱县巴干乡巴干寺的大经堂、中经堂、办公室、伙房、僧舍等都受到不同程度的损坏，受损总面积16914.66平方米。其中，6处殿堂受损面积4648.14平方米，370间僧舍受损面积11309.15平方米，附属设施受损面积957.37平方米。需加固的2处殿堂总面积1943.92平方米，需加固的僧舍总面积4027平方米，需加固的附属设施面积543.52平方米；需重建3处殿堂总面积12126.18平方米，需重建僧舍面积3184平方米，需重建附属设施面积413.85平方米；需维修1处殿堂面积为376.04平方米，需维修僧舍面积4098平方米。

曲麻莱县夏日寺在地震中受到严重损害，无人员伤亡。建筑物中大、小经堂局部倒塌并出现墙体严重开裂，受损面积3800平方米；40套僧舍整体倒塌，25套僧舍局部倒塌或墙体开裂，受损面积9100平方米；3尊佛像倒塌。该寺受损总面积12900平方米。在地震中该寺的文物损失主要有百年金像唐卡1幅、镇寺法器13件。

曲麻莱县的江荣寺建筑严重受损，无人员伤亡。寺院大经堂总面积约2000平方米，混凝土结构，其中墙体、地基、经堂顶窗口等部分造成严重裂缝，已成危房，损失600余万元；2间小经堂面积分别为1400平方米、500平方米，土木结构，受地震灾害影响，地基、四面墙体出现严重裂缝，损失800余万元，已成危房；内置30余尊佛像，其中4尊佛像严重损坏，价值2000余万元，其他26尊佛像均受到不同程度的损坏；寺属3座佛塔，出现严重裂缝，基本倒塌；寺院僧舍30套，土木结构，每套建筑面积100平方米，共3000平方米，墙体地基部分出现裂缝，已无法入住，成为危房；寺院灶膛、商店、寺管会办公室、医疗诊室以及其他建筑物损坏严重；县城至寺院路段约30千米，此路段多处路基断裂，路面坍塌，损坏严重，对恢复重建寺院造成重大影响。

曲麻莱县的仲晴寺活动场所受损，经堂总面积388平方米，一般破坏388平方米；僧舍12排，总面积1600平方米，一般破坏1600平方米；民管会办公室1排，总面积150平方米，一般破坏150平方米；转经堂3处，总面积90平方米，一般破坏90平方米。

## 第二节　文化遗产受损

玉树州受损物质文化遗产 96 处，造成直接经济损失 48323 万元。其中，贝大日如来佛石窟寺和勒巴沟摩崖、新寨嘉那嘛呢石经城等 4 处全国重点文物保护单位都有不同程度损失；禅古寺、当卡寺、赛巴寺、结古寺等 17 处省级文物保护单位多处建筑全部或部分倒塌，损失严重；县级文物保护单位 3 处，一般文物保护点 60 处；博物馆、文物库房、文管所、历史文化名村等其他文物保护场所 12 处。非物质文化遗产受损 34 处。

东仓大藏经珍藏馆于 2007 年开工建设，2008 年建成，总面积 450 平方米。地震造成珍藏馆主体受损。

四川省受损物质文化遗产 6 处，造成直接经济损失 380 万元，其中全国重点文物保护单位 2 处、省级文物保护单位 3 处、县级文物保护单位 1 处。非物质文化遗产受损 1 处。文化场馆站点受损 5 个。

两省合计受损物质文化遗产 102 处、非物质文化遗产 35 处，造成直接经济损失 48703 万元。

新寨嘉那嘛呢石经城佛塔被震毁

# 后　记

根据《玉树大地震救灾重建志编纂工作方案》，青海省地震局牵头负责《灾情灾害志》的编纂工作。2011 年 3 月 24 日，《玉树大地震救灾重建志》编纂委员会（以下简称“全志委”）第一次会议后，省地震局高度重视，局长张新基立即召集有关人员开会研究编纂事宜。6 月，成立《灾情灾害志》编纂委员会及其办公室，确定编纂人员。8 月，省地震局编志办初步拟订《灾情灾害志》编写大纲。9 月，省地震局组织召开篇目大纲审议会议，同时邀请全志委办公室领导到会指导。经各参编单位讨论修改、补充完善，确定了编写大纲，并将任务分解书下发到各参编单位。之后，各参编单位开始收集相关资料，并陆续将资料送交省地震局编志办。

省地震局作为牵头单位，深深感到任务重，时间紧，多次召开专题会议部署工作。编志办主任黄泽荣带领编纂人员除了完成本职工作外，还投入大量的时间和精力与参编单位沟通、协调。2013 年 8 月，省地震局副局长哈辉带队到玉树州政府了解资料收集情况，并召开州有关部门和所辖各县领导参加的编纂工作专题会议，再次落实各有关单位的编纂任务。通过各参编单位的共同努力，2014 年 7 月完成初稿。9 月，编委会对初稿进行审议。省地震局编志办编纂人员根据评审意见，对初稿进行认真修改、补充，对灾害损失数据情况进行逐条核实。在此期间，对修改稿进行多次讨论和审议。2015 年 8 月，将送审稿报送全志委办公室组织评审。

主要撰稿人如下（按章节顺序）：

篇目大纲由省地震局编志办黄泽荣制定。根据各参编单位提交的资料，由省地震局曾包红、黄泽荣负责统稿。

灾害照片由省地震局路海宁、李跃进提供；概述、编纂说明由省地震局曾包红编写；第一篇第一章由省国土资源厅提供资料、省地震局曾包红编写；第一篇第二章由省地震局李智敏编写；第二篇第一章至第四章由省地震局马玉虎编写；第三篇第一章至第二章由省国土资源厅提供资料、省地震局曾包红编写；第三篇第三章由省环保厅安世远、马福全编写；第四篇第一章根据《民政部、地震局、国家发改委关于报送青海玉树地震灾害评估结果报告》由省地震局曾包红编写；第四篇第二章根据有关部门提供资料，由省地震局曾包红编写；第四篇第三章由省交通厅李生录编写；第四篇第四章第一节由省电力公司胡雪红、郭增霞编写；第四篇第四章第二节由通信管理局强阿娜、省邮政管理局岳焕宽编写；第四篇第四章第三节由中国石油天然气股份有限公司李献勇编写；第四篇第五章由省水利厅王绒艳编写；第四篇第六章由省农牧厅周文奎，省环保厅安世远、马福全，玉树地震局、省民宗委分别编写；第四篇第七章由省教育厅丁生东编写；第四篇第八章由青海省卫生厅健康教育所刘占山编写；第四篇第九章由省广电局王海红编写；第四篇第四章由省气象局李周藏编写；第四篇第十一章由省文化厅提供资料。

在编纂过程中，部分参编单位分管此项工作的领导和编纂人员因调离工作岗位或退休，编委会成员有个别调整。在《灾情灾害志》编纂完成之际，特向所有参与此项工作的参编单位的领导和同志们表示衷心感谢！

承编单位虽然对志书所涉及的所有资料和内容进行了认真核查并负有全部责任，但由于资料繁杂、数据庞大，疏漏之处在所难免，敬请读者斧正。

《玉树大地震救灾重建志（卷三）灾情灾害志》编纂委员会

2020 年 11 月

# 抢险救灾志

# 众志成城　抗震救灾

# 概　述

# 众志成城　抗震救灾

# 概 述

2010年4月14日清晨，突如其来的大地震打碎了青海玉树的宁静。霎时间，地震夺走了许多灾区同胞的生命！顷刻间，一大批群众被困在废墟之下！眼看着，成千上万的失去亲人、失去家园的人们仍处在不断余震和次生灾害威胁之中！灾难无情，人间有爱。在党和政府的坚强领导下，一场与时间赛跑、与死神较量、史无前例的高寒高原地区生命大救援行动迅即展开。通过灾区广大干部群众和人民军队、武警官兵以及全国救援组织、志愿者的拼搏努力，玉树大地震抢险救灾取得了伟大胜利，创造了人类同自然灾害斗争史上又一个英勇壮举，谱写了中华民族守望相助、血浓于水，中国人民命运与共、众志成城，社会主义祖国团结强盛、共克时艰的英雄赞歌！

## 一

面对突如其来的地震灾难，中共中央、国务院坚持人民至上、生命至上，高度重视、果断决策，迅速部署和组织开展国家动员、规模宏大的抗震救灾斗争。地震发生时正在国外出访的中共中央总书记、国家主席、中央军委主席胡锦涛当即向国内发出指示并决定提前回国，次日，批示要求兰州军区“要急灾区群众之所急，组织力量，奔赴一线，全力支援地方抗震救灾斗争”。4月17日，胡锦涛主持召开中共中央政治局常委会会议，听取国务院抗震救灾总指挥部关于玉树地震和抗震救灾工作情况汇报，部署抗震救灾工作。次日上午，他赶到灾区，现场视察，召开会议，听取汇报，作出重要指示。其他党和国家领导人分别对玉树抗震救灾提出要求，指导救灾工作。地震发生后，国务院总理温家宝立即与中共青海省委书记强卫通电话作出重要指示，当天召开国务院常务会议研究抗震救灾工作，随后两赴灾区考察指挥；国务院成立玉树抗震救灾总指挥部，副总理回良玉任总指挥，指挥部成立抢险救灾、群众生活、卫生防疫、基础设施和生产恢复、地震监测、社会治安、宣传、综合、灾后恢复重建9个工作组。地震当天中午，回良玉带领指挥部人员同解放军四总部前方工作组乘专机赶赴玉树，深入受灾最严重的结古镇，看望慰问受灾群众，指导抗震救灾工作。指挥部先后召开18次会议部署抢险救灾和灾后恢复重建，协调各方力量，解决重大问题，调动全国各方面资源紧急支援灾区。国家各部委紧急响应，积极组织实施救援减灾行动，从各方面落实政策和物资保障措施。中央军委和解放军四总部启动应急机制，紧急作出部署，组织部队驰援灾区；实时下发指示，指导军队和武警部队有力、有序、有效地展开救援行动；加大投入，全力保障部队救援行动和灾区群众生活。

一时间，玉树大地震成了举国触痛、人人揪心，国家担当、倾力援助的重大自然灾害公共应急事件，玉树地震抢险救灾成了国家最高响应级别的救灾行动，玉树灾区成为党和政府及全国人民倾注关怀、凝结爱心的地方。

## 二

地震发生后，中共青海省委、青海省人民政府迅速启动应急预案，周密部署，紧急组织，立即展开全面有效的抗震救灾工作。省委书记强卫、省长骆惠宁第一时间打电话分别作出明确指示，及时部署救灾工作。地震后仅半个小时，省委、省政府就召开紧急会议，启动《青海省自然灾害救助应急预案》，实施Ⅰ级响应。会议决定成立省抗震救灾领导小组，强卫担任组长，骆惠宁担任第一副组长，省委常委、常务副省长徐福顺任副组长，5名省委常委、5名副省长任成员；决定成立青海省玉树抗震救灾指挥部，骆惠宁任总指挥，徐福顺任常务副总指挥，两名副省长和省军区参谋长、武警青海省总队总队长等任副总指挥，省委、省政府28个部门主要领导担任成员。省玉树抗震救灾指挥部分别设西宁指挥点和玉树现场指挥点。指挥部玉树现场指挥点由骆惠宁担任指挥长，两名副省长和省军区、武警总队领导等担任副指挥长；指挥部西宁指挥点由徐福顺任指挥长，另外6名副省长任副指挥长，分别承担相应方面的保障工作任务。省玉树抗震救灾指挥部与国务院玉树抗震救灾总指挥部下设的9个工作组衔接，现场指挥部也设置了9个工作组。西宁指挥点根据需要，设置了通道保障组、物资保障组、铁路运输工作组、信息综合组、综合协调组。省玉树抗震救灾指挥部还成立了西宁机场航班及救灾物资、人员进出领导小组。省玉树抗震救灾指挥部成立伊始当即发出保障交通、电力、车辆及粮食、食品、油料供应，救援队伍，医疗救治，救灾物资等相关的12个指令。与此同时，省委、省政府各有关部门相应成立抗震救灾领导小组及工作机构，启动救灾应急预案，将抗震救灾作为最大的中心任务进行安排部署，海北、海南、海西、海东等地区党委、政府也迅速行动，组织人员力量赶赴灾区开展应急救援工作。

玉树州是大地震的主体灾区，震中和极重灾区、重灾区就在州府所在地的玉树县。地震发生后，玉树州委、人大、政府、政协的领导干部迅速挑起组织领导抗震救灾的重担。震后20分钟，州委、州政府成立玉树抗震救灾临时指挥部，启动《玉树地质灾害防治应急预案》，建立重大问题、重大事项随时随报研究制度。临时指挥部成员分成搜救组、联络组、应急抢险组、受灾群众安置组、医疗救治组、社会治安组、宣传组7个工作组，立即组织当地驻军、武警、公安、医院、机关工作人员投入自救互救工作，各类社会团体、灾区寺院僧众和群众迅速自发组织起来进行自救互救。4月14日11时，玉树县委、县政府成立临时指挥部，组建临时基层党组织，迅速将重灾区划分成19个责任片区，安排县科级领导负责，从县直机关抽调干部职工充实到各片区，展开自救。治多县委、县政府立即启动应急预案，成立抗震救灾和防震工作指挥部、结古地区人员工作组、治多县救援组、治多县医疗救援队等救灾组织，发出《关于做好抗震救灾和防震工作的紧急通知》。14时，12名县级领导带领救援人员、机械、物资急驰玉树灾区，于22时到达结古镇。按照州委安排，在玉树州职业技术学校操场上搭建起救灾工作点帐篷，组建“党员突击队”“党员抢险队”，迅速展开救援。在隆宝镇设立受灾群众安置点6个，拉运帐篷120顶，搭建帐篷565顶，安置受灾群众6780人。杂多县委于4月14日8时40分召开紧急会议，成立抗震救灾和防震工作指挥部，成立结古地区人员工作组、杂多县救援组、杂多县医疗救援队等组织。15时，党员突击队、民兵突击队和医疗救援队人员300人集结完毕。紧急调拨棉帐篷80顶、棉被50床、面粉1000千克、大米1000千克、价值13800元的食品和生活用品，挖掘机6辆。22时，县委主要领导带领救援人员和物资、机械到达结古镇展开救援。称多县委、县政府紧急行动，迅速反应，立即启动应急预案，组成由县级领导带队的灾情调查组分赴各乡镇查看灾情，抢救被埋和受伤人员，安置住房倒塌或已成危房的群众，保证受灾群众的生命安全。紧急动员和组织党员、干部职工、公安民警、民兵、寺院僧侣以及青年志愿者、外来务工人员、县各医疗服务机构专业人员1200余人，组成称多县抗震救灾突击队和医疗服务救助队，在地震发生后不到2个小时就到达结古镇展开救援。囊谦县委、县政府14日10时启动维稳应急预案，决定每个单位除留守1～2名值班干部外，其余全部赶赴结古地区参加抗震救灾。紧急集结机关民兵应急连一排、政法系统、教育系统、乡镇党员干部、卫生系统、宗教界人员800余人，组成17个抢险组织。县民兵应急连一排30人率先乘车于14时30分抵达灾区，至16时20分左右，救援突击队全部抵达灾区展开救援。曲麻莱县委立即召开会议，研究赴结古救援和本县灾情调查工作，成立由县长任总指挥的抗震救灾指挥部，下设调查组、后勤保障组、医疗救助组、党员干部突击队、社会各界捐款接收组等9个临时机构。紧急抽调县级干部15人、党员及一般干部158人，车辆44辆，开赴结古镇救援。

在青海全省抗震救灾战线全面展开的同时，党和国家的强大救灾力量迅速汇入，一场国家抗震救灾行动有序、高效地全面展开。玉树抗震救灾组织指挥实行属地管理为主、分级负责的原则，青海省玉树抗震救灾指挥部负责玉树抗震救灾行动的统一指挥和调度落实；国务院抗震救灾总指挥部和下属各组主要负责制定政策措施，调集资源支持，协调青海省同其他救灾主体的行动；军队和武警部队玉树抗震救灾联合指挥部以及国家相关部委前线指挥部均在青海省抗震救灾指挥部统一组织指挥协调下展开工作。青海各级党委政府快速反应、有力指挥。省委、省政府第一时间成立抗震救灾工作领导小组和指挥部，明确职责和工作制度，与玉树州指挥部实行省州一体、统一指挥；及时成立与国务院抗震救灾总指挥部各工作组相衔接对应的工作小组，切实加强与军队和武警部队抗震救灾联合指挥部的密切配合。从中央到省州县、从军队到地方、从一线到后方，整个指挥系统政令畅通、高效运转，为抗震救灾提供了强有力的组织领导保证和物资条件保障。

# 三

人民子弟兵永远都是人民群众最可靠、最可爱的人。和平年代，在大疫大灾面前更显军队英雄本色。灾情就是命令，时间就是生命。军委一声令下，军队以临战姿态、以最快速度紧急动员，武警和民兵预备役部队快速集结。北京军区、济南军区、兰州军区、成都军区，第二炮兵和总后勤部直属单位，调集 15843 名解放军和武警部队官兵、4628 名民兵预备役人员，出动运输机、直升机、汽车和机械，以及先进的医疗器械，昼夜兼程，火速赶赴灾区，担负起搜救受伤人员、抢救财产、医疗救治和卫生防疫，运送救灾物资、装卸救灾物资、运送伤员，清理废墟以及其他保障等抢险救援任务。

武警玉树州支队官兵在地震中以出操的队列跑步直接奔向县看守所、加油站、军械库、综合楼等要害位置。其中，支队参谋长带领的一支 50 人的队伍直奔 8 千米外的果青村救援；支队机关和直属大队 350 名官兵按照 10 ～ 15 人一组编成了 40 个搜救小组，由团营干部带领从操场奔赴一线抢救人员。他们成为灾区反应最快、到达最早的第一支救援部队。

玉树军分区、玉树县人武部、结古兵站和驻玉树 68046 部队 61 分队官兵在进行自救的同时，第一时间投入 400 余人救援力量抢救周边群众生命财产，体现了快速机动、特别能战斗、特别能吃苦的战斗精神。

15 日凌晨 3 时，青海省独立团 1002 人、预备役步兵旅医疗分队 66 人到达结古镇，随即在结古镇红卫路、西杭及扎西科地区展开救援，医疗队在玉树州体育场设立救护所接受救治地震伤员。当晚 9 时，在救灾一线，兰州军区成立玉树抗震救灾指挥部并组成前方指挥部，由司令员、政委担任总指挥，副司令员、副政委担任指挥员。次日，奉命成立军队和武警部队玉树抗震救灾联合指挥部（以下简称“联指”）。联指下设指挥组、政工组、后勤组、装备组 4 个工作组。联指对进入灾区的各个部队实施统一指挥，包括各大军区、青海省军区、武警部队、消防、特警、专业救援队伍等。各任务部队也都相应地成立了指挥领导机构及工作机构。全军形成了一个有机统一的抗震救灾作战体系。

地震当日，兰州军区 4 支部队 6000 多人机动、空运向灾区连夜进发；济南军区第 153 方舱医院次日从驻地出发赶赴玉树；成都军区调集 2 支部队和西藏军区、成都警备区、四川省 5 个军分区及其所属民兵应急力量，组成救援队伍向着玉树州进发；海军、空军、第二炮兵和武警部队按照军委要求，迅速部署兵力参加救灾抢险。

人民解放军在抢救群众生命财产、清理移除地震废墟、增进民族团结、维护灾区稳定等工作中，发挥了主力军、生力军的战斗作用。全体参战指战员、武警部队官兵、民兵预备役人员和公安干警冲锋在前、顽强拼搏，奋不顾身、吃苦耐劳，号令一致、听党指挥，亲民爱民、军民共建，表现出了强大的战斗力量和崇高的精神境界。

# 四

应对地震、抢险救灾，第一时间抢救人的生命是第一位的任务。为抢救人民群众生命财产，灾区干部群众在拼力自救，人民军队、武警官兵在日夜奋斗。“一方有难，八方支援。”全国各地的专业救援队伍、志愿者抢险队伍、救灾资源设备和各种救灾物资纷纷涌入重灾区结古镇。

地震发生后的次日，国家地震灾害紧急救援队，公安特警和公安消防组织的专业救援队，中央国家机关及相关机构、系统派出的救援队和专家组到达现场。北京、西藏、四川、甘肃、陕西、重庆、广东、云南、山东等省（区、市）在第一时间组织资金、物资、人力支援玉树，一支支救援队在灾区奔忙着，他们代表着全国各地千千万万个同胞的亲情与关爱。相继数日，来自全国各地的 34 支共计 12600 人的社会团体、群众救助组织和 2600 多名志愿者陆续到达灾区，青海省和就近周边省区组织的救援力量源源不断赶赴灾区。救人、救灾、抢修基础设施、保障灾区群众生活需要，各项抢险救灾的任务扎实推进。

以最高的效率抢救生命。地震无情，生命第一。一场把救人作为第一位的任务，全力以赴在海拔 4000 米左右的雪域高原进行的大救援行动迅疾展开。不放弃、不抛弃，只要有一丝希望，就不惜一切代价地搜救被困伤员。各路搜救队伍被统一组织起来，划片搜救，争分夺秒地与死神拼搏较量。72 小时黄金救援期内，从灾区废墟下救活 1433 人；黄金 72 小时过后，继续不遗余力地搜救生命，又救出 22 人；随后的 3 天里，集中进行“拉网式”搜救，确保不留一个死角，不遗漏一人。整个救援期间，累计抢救压埋人员 2008 人，紧急转移安置受灾群众 6.8 万户、22.3 万人。

以最优的服务妥善安置群众。紧急从全国各地组织调运帐篷、食品、饮用水、药品等救灾物资，震后第五天基本实现受灾群众有帐篷住、有饭吃、有干净水喝、有病能医治、有棉衣御寒的目标。累计发放各类补助资金 1.88 亿元，保障灾区群众的基本生活。

以最快的速度抢修恢复基础设施。各级政府、各部门、各系统组织紧急抢修恢复基础设施。震后第一天，紧急修复被损毁的道路交通。当晚 8 时，全面恢复机场通信；次日凌晨 5 时，开始恢复玉树县通信。48 小时内基本恢复供电，部分地段供水系统得到恢复。震后第七天，解决重灾区结古镇临时安置点和结古镇以外 8 个乡镇的供水问题。很快实现了通往灾区的道路畅通，玉树机场通航能力显著提升，供水、供电、通信等全面恢复。

以最强的举措恢复社会秩序。积极建立政府主导、市场为辅的灾区物资供应体系，及时有序地把救灾物资发放到群众手中。震后第二天，部分金融机构临时营业点开始营业。震后第六天，市场恢复营业，群众急需的日用品开始销售，金融和邮政等临时网点开张。组织农牧民生产自救，修复受损温室大棚，保证春耕播种顺利完成。优先为学校搭建帐篷、板房，震后第四天，玉树州孤儿学校率先复课；5 月 12 日，所有学校全部复课。同时，在充分尊重学生和家长意愿的前提下，协调安排3535名灾区学生在省内转移就学、5074名中学生分别转移到四川、山西、辽宁、天津、河北、宁夏、山东等省（区、市）异地就学。灾区高考、中考顺利进行。及时建设州、县、乡党政机关活动板房集中办公区，迅速全面恢复党政机关日常办公秩序。

以最佳的氛围营造良好社会环境。政治工作是一切工作的生命线。地震刚一发生，省委、省政府迅速将极重灾区结古镇划分为19个片区，从省直机关抽调干部、组织灾区干部，成立工作队，分片负责，全方位、强有力地开展救灾和政治思想、文化舆论宣传教育工作。发放1800多面党旗、国旗和5500多块共产党员胸牌，建立帐篷社区党支部，使灾区有群众的地方就有基层党组织挂牌办公，有帐篷的地方就有党旗、国旗高高飘扬，群众有困难随时能够找到党组织和政府，找到党员和干部。玉树州委、州政府带领全州广大干部群众，积极开展自救互救互帮，不少党员干部舍小家顾大家，从废墟上爬起来即投入抢险救灾之中，表现出了感天动地、震撼人心的精神和勇气，共同营造了众志成城、共克时艰的良好氛围。军队、武警更是加强政治工作，广泛深入地开展了一系列丰富多彩的动员、教育、竞赛、创先争优、拥军爱民活动，对夺取抗震救灾的全面胜利起到了根本性的保障作用。

## 五

艰难困苦，玉汝于成。这场历史罕见的强烈大地震，既是青海高原人民蒙受的一场巨大磨难，也是各族人民团结前进中的一场重大考验。在全党全军和全国人民的大力支持下，全省广大干部群众特别是灾区干部群众，以坚定的信念、顽强的意志、坚韧的精神，战胜磨难，经受考验，向历史交上了一份合格的答卷。

玉树抗震救灾积累了宝贵的精神财富，许多好的做法及经验值得总结和传承。

一是坚持党的领导，从省到州到县、从军队到地方、从一线到后方，整个指挥系统政令畅通、高效运转，依靠社会主义制度和国家力量科学救灾，为抗震救灾提供了坚强的组织领导保证。

二是面对突如其来的地震灾害，全省各级党员领导干部挺身而出、身先士卒，勇于奉献、顽强拼搏，充分发挥了抗震救灾的先锋模范作用。

三是面对突如其来的地震灾害，人民子弟兵、武警和公安民警冲锋在前、勇挑重担，特别守纪律、特别能战斗，充分发挥了抗震救灾的中坚作用。

四是面对突如其来的地震灾害，灾区各族人民不分民族、信仰、区域，心往一处想，劲往一处使，同舟共济，有难同当，充分发挥了抗震救灾的主体作用。

五是面对突如其来的地震灾害，全国、全省特别是灾区人民群众命运与共，凝心聚力，众志成城，团结奋斗，充分展示了强大的国家感召力和民族凝聚力。

# 第一篇
# 组织领导

玉树大地震发生后，中共中央、国务院高度重视。中央政治局常务委员会召开会议，全面部署青海玉树抗震救灾工作；国务院成立抗震救灾总指挥部，组织协调抗震救灾工作；中央军委召开紧急会议，安排部署抗震救灾工作。解放军四总部成立军队抗震救灾指挥协调组，并派出前方工作组，组建军队和武警部队玉树地区抗震救灾联合指挥部，对进入灾区救灾的军队和武警部队实施统一指挥；青海省委、省政府，中央和国家机关有关部门都相继成立抗震救灾指挥机构，组织指挥抗震救灾工作。

# 众志成城　抗震救灾

# 第一章　决策部署

## 第一节　中共中央决策部署

### 一、中共中央政治局常委指示要求

#### （一）胡锦涛作出重要指示批示

4月14日，玉树大地震发生后，正在华盛顿出席核安全峰会的中共中央总书记、国家主席、中央军委主席胡锦涛立即向国内发出指示，要求各部门全力做好抗震救灾工作，千方百计救援受灾群众，加强地震监测预报，落实防范余震措施，切实安排好受灾群众生活，维护灾区社会稳定；指示有关部门调用飞机运送救援队伍奔赴灾区，调动部队投入抗震救灾斗争。次日，胡锦涛在军队有关情况报告上作出重要批示。

#### （二）吴邦国主持委员长专题会议

4月16日，中共中央政治局常委、全国人大常务委员会委员长吴邦国主持召开全国人大常委会委员长会议，研究抗震救灾工作。对在玉树地震中遇难的各族同胞表示沉痛哀悼，向遭受严重地震灾害的灾区人民群众表示诚挚慰问，向奋战在抗震救灾第一线的人民解放军指战员、武警官兵、公安民警和广大干部群众致以崇高的敬意。

#### （三）温家宝作出重要指示

4月14日，中共中央政治局常委、国务院总理温家宝与青海省委书记强卫通电话，慰问灾区群众，要求青海省委、省政府全力以赴做好抗震救灾工作，安排好受灾群众的生活，确保受灾群众有饭吃、有住处、有衣穿；并对抗震救灾工作作出重要指示：一是国家已成立抗震救灾指挥部。二是当务之急要组织部队、武警和抢险队伍全力以赴救人，组织医疗队伍、药品抢救伤员，组织救灾物资，尤其是帐篷、药品、食品等。三是切实防止发生次生灾害，迅速部署受灾群众的临时住房建设工作，统筹安排灾后重建工作。温家宝强调，青海有什么需要，尽快报国务院，国务院有专门机构负责协调。

**（四）贾庆林作出重要指示**

4 月 12—16 日，正在湖北调研的中共中央政治局常委、全国政协主席贾庆林指示灾区各级党委和政府要迅速动员各方面力量投入抗震救灾，把抢救人的生命作为第一位的任务，努力把损失降到最低程度；要求各部门各行业发扬一方有难、八方支援的精神，积极投身抗震救灾工作，千方百计救援人民群众。

**（五）李长春提出重要要求**

4 月 17 日，中共中央政治局常委李长春要求宣传思想战线坚决贯彻落实胡锦涛总书记关于抗震救灾工作的重要指示精神，全力以赴做好抗震救灾宣传报道工作。

**（六）习近平作出重要指示**

4 月 19 日，中共中央政治局常委、中央书记处书记、国家副主席、中央党的建设工作领导小组组长习近平在中央党的建设工作领导小组会议上强调，坚决贯彻落实中央政治局常委会议精神，在抗震救灾中充分发挥党组织和党员作用，充分发挥各级党委的领导核心作用，为抗震救灾提供坚强的思想、政治和组织保证。

**（七）李克强作出重要指示**

4 月 15 日，正在辽宁考察工作的中共中央政治局常委、国务院副总理李克强在沈阳实地察看支援青海玉树抗震救灾物资抢运工作，强调要全力搞好抗震救灾保障，加大援助力度，确保受灾群众基本生活，确保抗震救灾有序进行。

**（八）贺国强作出重要指示**

4 月 16 日，正在四川考察工作的中共中央政治局常委、中央纪委书记贺国强要求大力弘扬伟大的抗震救灾精神，充分发挥四川与青海玉树地理相邻的优势和在汶川抗震救灾中积累的经验，全力投入支援玉树抗震救灾工作，为夺取抗震救灾斗争胜利再立新功。

## 二、政治局常委会会议部署

4 月 17 日 16 时，胡锦涛主持召开中共中央政治局常委会会议，听取国务院抗震救灾总指挥部关于玉树地震灾情和抗震救灾工作情况汇报，部署抗震救灾工作。

会议指出，玉树抗震救灾工作正处在关键时刻，必须以更加顽强的精神、更加迅速的行动、更加科学的方法，克服一切艰难险阻，做好各项工作。

会议决定，要抓紧做好以下几个方面的工作：全力搜救被困群众，加大力量投入，扩大搜索范围，逐村逐户排查，全力搜救被埋人员，确保搜救工作不留死角，尽最大努力抢救生命；努力救治受伤人员，加大现地救治和危重伤员转移救治力度，确保受伤人员得到及时有效救治，尽最大努力抢救伤员生命、医治群众伤痛；妥善安排群众生活，千方百计做好受灾群众救助和安置工作，加强救灾物资组织调运，切实保障受灾群众急需的生活物资供应，保障灾区医疗急救物资供应，保障灾区群众有饭吃、有衣穿、有干净水喝、有临时住处、有病能得到及时治疗；

切实解决好灾区学生复课问题，扎实做好灾区卫生防疫工作；迅速修复基础设施，尽快实现和有效保障灾区通路、通电、通水、通信息，尤其要保证运输畅通；密切关注震情，加强对余震的监测和防范，加强对次生灾害的预防，避免造成新的损失；加强宣传舆论工作，及时、准确、全面、客观地发布震情灾情和抗震救灾工作进展情况，大力宣传抗震救灾斗争中涌现出来的模范集体和先进人物，激励广大干部群众坚定信心、顽强拼搏、团结一心同地震灾害作斗争；精心做好涉外工作，妥善管理和使用国外所捐款物；做好思想工作，加强社会管理，加强社会矛盾化解工作，全面加强社会治安工作，确保灾区社会安定、民族团结、人心稳定；切实加强组织领导，建立强有力的指挥系统，实行统一领导、统一指挥，加强协调，科学调度，有序推进抗震救灾工作。

会议要求，受灾地区各级党政领导班子和领导干部要坚守岗位、恪尽职守，深入一线、靠前指挥，到灾情最严重的地方去，到最困难的地方去，带领广大群众全力以赴抗震救灾。要充分发挥各级党组织的战斗堡垒作用、各级领导干部的模范带头作用、广大共产党员的先锋模范作用。人民解放军和武警部队要充分发挥突击队作用，为夺取抗震救灾胜利贡献力量。要热忱关心和爱护所有参加救灾的救援人员，保证他们身体健康、体力充沛。要加强对中央抗震救灾决策部署落实情况的监督检查，搞好救灾资金和物资使用监管。要及早谋划恢复生产、灾后重建工作，在做好灾害评估、搞好规划的基础上适时组织力量帮助受灾群众重建家园。

## 三、政治局常委视察指挥

### （一）胡锦涛视察指挥

4 月 18 日，胡锦涛乘飞机赴玉树地震灾区视察，指导抗震救灾工作。

胡锦涛一下飞机后立即赶往受灾最严重的玉树县结古镇视察，仔细查看房屋倒塌情况，向在现场救援的 68211 部队、68710 部队官兵表示慰问，要求部队尽最大努力抢救被困人员，只要还有一线希望就要下百倍努力。

在受灾群众居住的帐篷里，胡锦涛关切地询问人员受伤、物资请领、生活保障等问题。当村民反映住房和孩子上学问题时，胡锦涛说：“党和政府一定会帮助灾区群众建好家园，一定会尽快让孩子们复课。”“地震无情，人间有爱。党中央和灾区群众心连心，我们已经从全国抽调了大批救援人员来到玉树，抢救被困人员，及时救治伤员。我们还要安排好乡亲们的生活，让大家有饭吃、有水喝、有住所、有御寒衣被，尽快解决学生的复课问题，并帮助你们把新房建起来。”

在扎西大同村，胡锦涛向村党支部成员了解灾情和群众安置情况，得知村党支部的党员干部在失去亲人的情况下强忍悲痛，积极组织群众开展自救、安排群众生活的情况时，对党员干部关键时刻挺身而出带领群众奋力抗灾的行动表示感谢，叮嘱党员继续做好组织群众、带领群众、服务群众的工作，当好群众的主心骨和贴心人。

在玉树州体育场医疗救助点，胡锦涛看望正在接受治疗的受伤群众，鼓励他们增强信心，积极配合医生治疗，争取早日康复；向医务人员表示诚挚慰问和崇高敬意，勉励官兵大力发扬救死扶伤的人道主义精神，精心医治和护理受伤群众，加强灾后卫生防疫工作，为夺取抗震救灾斗争胜利做出更大贡献。

在玉树州孤儿学校板房内，胡锦涛叮咛学生，党和政府一定会建设更好的校园，希望同学们努力学习，长大以后成为对国家对人民有用的人才。胡锦涛在黑板上写下“新校园，会有的！新家园，会有的！”几个大字，带领孩子们大声朗读。

在搜救和清理废墟现场，胡锦涛代表中共中央、国务院、中央军委，向军队和武警官兵表示崇高的敬意和诚挚的慰问。胡锦涛指出，部队和武警官兵坚决贯彻中共中央、国务院、中央军委的指示，迅速奔赴灾区一线，全力投入抗震救灾斗争，当尖兵，打头阵，使灾区人民群众增强了信心、希望和力量。大家要发扬不畏艰险、不怕疲劳、连续作战的作风，出色完成各项抗震救灾任务；模范执行党的民族政策，严守群众纪律；根据高原特点，坚持科学救灾；要搞好自身保障和安全。

现场视察灾情后，胡锦涛在抗震救灾指挥部的帐篷会议室召开会议，听取工作汇报，作出重要指示。胡锦涛指出，抗震救灾工作正处在关键时刻，必须以更加顽强的精神、更加迅速的行动、更加科学的方法，克服艰难险阻，做好各项工作。要重点做好六项工作：一是全力搜救被困群众。二是努力救治受伤人员。三是妥善安排群众生活。四是迅速修复基础设施。五是加强宣传舆论工作。六是确保社会和谐稳定。胡锦涛强调，有效开展抗震救灾，关键是要建立强有力的指挥系统，实行统一领导、统一指挥，加强协调，科学调度，有序推进救灾工作。受灾地区各级党政领导班子和领导干部要牢记全心全意为人民服务的根本宗旨，坚守岗位、恪尽职守，深入一线、靠前指挥，到灾情最严重的地方去，到最困难的地方去，带领广大群众全力以

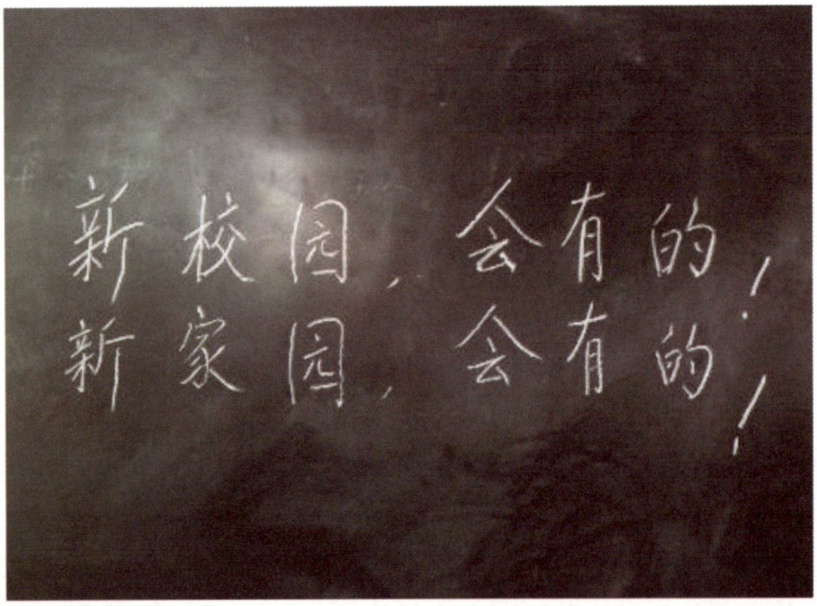


4月18日，胡锦涛在玉树地震灾区视察灾情，在玉树州孤儿学校板房教室黑板上题字　（省军区　供图）

赴抗震救灾。

中共中央政治局委员、国务院副总理、国务院抗震救灾指挥部总指挥回良玉，中共中央书记处书记、中央政策研究室主任王沪宁和中央军委委员、总参谋长陈炳德等陪同视察。

**（二）温家宝视察指挥**

4 月 15 日下午，温家宝乘飞机抵达玉树灾区，考察灾情，慰问各族干部群众，指导抗震救灾工作。

一下飞机，温家宝就乘车赶赴灾情最严重的玉树县结古镇，了解搜救情况，向救援队员表示慰问。温家宝说：“玉树发生地震灾害后，党中央、国务院高度重视。乡亲们的灾难就是大家的灾难，乡亲们的痛苦就是大家的痛苦，乡亲们失去的亲人也是大家的亲人。我们共同对他们表示哀悼。当前，第一位的工作是救人，我们已经派出了大批救援队伍，还在陆续增派，只要有一丝希望，就要尽百分努力，决不放弃。”20 时 40 分，温家宝在玉树军分区机关大院主持召开国务院抗震救灾指挥部会议，听取救灾情况汇报，明确重点做好的十项工作。23 时会议结束后，温家宝又到玉树州体育场群众安置点看望群众。

4 月 16 日，温家宝深入受灾严重的学校、孤儿院、寺庙、受灾群众集中安置点，看望慰问各族群众。温家宝指出，各族干部群众在灾害面前要互相关心，互相帮助，团结一致，并肩作战。一定能够战胜这场灾难，在战胜灾难中进一步增强民族团结。玉树州位于三江源，是重要的生态保护区，当前有关部门已经开始谋划灾后重建，一定会科学规划，加快实施，尽最大努力建设一个更好更美的新玉树。国务院副总理回良玉、国务委员兼国务院秘书长马凯、国务委员兼公安部部长孟建柱一同看望慰问各族群众。

5 月 1 日，温家宝再次赴玉树地震灾区，深入村庄、学校、部队方舱医院、自来水厂和寺庙，了解灾后群众安置情况，指导灾区恢复重建工作，代表中共中央、国务院向“五一”国际劳动节期间战斗在抗震救灾第一线的广大干部群众、解放军指战员和武警、公安消防官兵表示慰问。晚上，在结古镇组织召开玉树抗震救灾和灾后重建工作会议。

5 月 2 日，温家宝赶赴设在结古镇赛马场的解放军第 255 野战方舱医院。详细察看医疗保障和卫生服务情况；安慰腿部被砸伤的 68 岁藏族妇女索南拉毛认真接受治疗；叮嘱部队医务人员一定要为受伤群众看好病。

5 月 2 日清晨，温家宝到玉树县第三完全小学看望师生。在六年级一班活动板房里，13 岁的女孩永藏拉毛带领全班同学为温家宝动情地合唱歌曲《感恩的心》。温家宝让同学们记住歌词中“人间坎坷辛苦，我不认输”这句话，走出教室在学校废墟前三鞠躬，悼念在大地震中遇难的同胞。

**（三）贾庆林视察指导**

4 月 26 日，贾庆林抵达地震灾区后立即赶往玉树县第一民族中学看望师生，到结古寺看望慰问宗教界人士。在听取青海省委、省政府抗震救灾工作汇报后指出，要继续贯彻落实中共中央、国务院决策部署，妥善安置受灾群众，全力以赴做好医疗卫生工作，着力做好民族、宗教工作，全面启动灾后重建，努力夺取抗震救灾斗争的全面胜利；并要求统一战线和人民政协要充分发挥自身的优势和作用，为抗震救灾和灾后重建做出积极贡献。

**（四）李长春检查指导**

7 月 2 日，李长春到玉树检查指导重建工作，看望慰问灾区各族干部群众和灾后重建人员，实地查看灾后恢复重建特别是文化建设情况，看望玉树县第三小学学生，向学生赠送学习用品，到结古镇文化馆帐篷活动点查看文化设施，听取灾区群众文化活动情况介绍。

**（五）习近平视察指导**

6 月 1 日，习近平赶赴青海玉树地震灾区，视察军队和武警部队清墟现场、济南军区第 153 方舱医院，看望慰问灾区各族干部群众和灾后重建人员，考察群众安置情况和灾后重建工作，接见州、县、乡党员干部代表，听取青海玉树地震指挥部抗震救灾和灾后重建工作汇报。

习近平刚一飞抵玉树，就到玉树州红旗学校，向孩子们致以节日祝福。他兴致勃勃地欣赏了孩子们“我心中的新玉树”主题绘画活动，同小朋友们一起唱《北京的金山上》，嘹亮的歌声飘荡在雪域高原。习近平特别牵挂灾区群众的生产生活，在玉树体育场济南军区野战方舱医院，习近平走到正在接受治疗的群众床边，一次次俯下身子关切询问伤情和治疗情况，鼓励他们好好养伤，争取早日康复。习近平还走进藏族村民尕玛松保家的帐篷，拉着他的手详细询问生活还有什么难处。一路上，习近平反复强调要把恢复重建城乡居民住房摆在突出位置，通过恢复重建让群众生活条件明显改善、生活质量明显提高。习近平在结古镇甘达村灾后重建施工现场强调，灾后重建要坚持以人为本，注重生态环境保护，精心规划、精心组织、精心实施，建设更加结实的城乡居民住房，更加先进的公共服务体系，更加完善的基础设施，更加合理的产业结构，更加繁荣的民族文化，更加和谐的生态环境，更加文明的社会秩序。在加吉娘村帐篷社区党支部，习近平动情地与基层党员干部一一握手。习近平充分肯定灾区广大领导干部、基层党组织和党员在地震灾害面前，充分发挥了骨干带头作用、战斗堡垒作用和先锋模范作用，希望大家继续扎实做好安置受灾群众、维护灾区社会稳定、组织群众重建家园等各方面工作。

**（六）李克强视察指导**

5 月 10 日，李克强抵达玉树灾区视察，赴禅古村查看灾情，听取工作汇报。主持召开抗震救灾和恢复重建工作会议，议定灾后重建目标定位、中央财政支付政策、恢复重建工作组织形式、居民住房恢复重建、基础设施建设、受灾群众补助等事项。

**（七）贺国强检查指导**

8 月 17 日，贺国强到玉树看望慰问干部群众和灾后恢复重建人员，实地考察群众安置、灾后恢复重建和监督检查工作，出席在青海玉树召开的地震灾后安置、恢复重建暨监督检查工作汇报会，听取青海省、中央纪委监察部、国家发展改革委、民政部、财政部、审计署工作汇报，并作重要讲话。

# 第二节　国务院指挥部署

## 一、召开会议

### （一）国务院抗震救灾总指挥部第一次会议

4 月 14 日 21 时，回良玉在玉树军分区机关大院临时搭建的抗震救灾指挥部帐篷中，主持召开国务院抗震救灾总指挥部会议，全面分析地震灾情，研究部署救灾措施。会议做出十项部署：一要全力加强人员搜救，进一步调集专业抗震救援队伍、解放军、武警部队和公安民警等各方面力量展开搜救，凡是有生命迹象的地方，都要尽最大努力搜救。二要千方百计救治伤员。三要做好受灾群众的安置工作，确保受灾群众的衣被、帐篷、食品等需要，保证群众有地方住、有饭吃、有干净水喝、有伤病能医。四要抓紧基础设施恢复，特别是要优先保证交通、通信畅通和电力供应。五要高度重视防范次生灾害的发生，对病险水库、塘坝要加强监测，采取措施确保安全。六要加强震情监测预报和分析研判。七要做好社会稳定各项工作，维护灾区社会秩序。八要充分发挥基层党员干部的先锋模范带头作用，充分发挥解放军、武警部队和公安民警的突击队作用。九要加强宣传和舆论引导，客观、及时、公开发布灾情和救灾进展情况。十要加强抗震救灾组织领导，坚持科学抗震救灾、依法抗震救灾、合力抗震救灾，有力、有序、有效地抗震救灾。

### （二）国务院抗震救灾总指挥部和青海省抗震救灾指挥部联席会议

4 月 15 日 11 时，回良玉在玉树县结古镇主持召开国务院抗震救灾总指挥部和青海省抗震救灾指挥部联席会议，研究解决抗震救灾中存在的突出问题。一是人员搜救问题，要继续加大力度，划分的 19 个片区都要有干部和救援人员到位，包括灾区最边远的村镇，确保搜救工作不留死角。二是抓好伤员救治和防疫问题。三是受灾群众安置问题，重点是帐篷和食品，受灾群众所需的帐篷正在抓紧调运、陆续运到，要有组织地发放和搭建，食品和饮用水要多渠道予以保证，鼓励受灾群众投亲靠友，要加强交通管理，尽快恢复道路交通和正常社会秩序。回良玉在听取青海省和总指挥部各组情况汇报后强调，要强化协调组织领导，地方、中央部委、军队要密切配合形成合力，由青海省抗震救灾指挥部具体负责；要强化各项工作措施落实；要强化抗震救灾抢险的安全性；要强化抗震抢险救灾的宣传工作。

### （三）国务院抗震救灾总指挥部召开会议做出十项决定

4 月 15 日下午，温家宝飞抵青海玉树地震灾区，20 时 40 分，温家宝在结古镇国务院抗震救灾总指挥部临时搭建的帐篷办公地点召开会议，听取青海省抗震救灾情况汇报，对下一步工作作出部署。会议决定，（1）千方百计地全力搜救被困人员，要把救人作为抗震救灾的核心和第一任务，只要有一线希望，就要付出百倍努力，坚持到底，决不放弃，这要作为行动方针。下一步要加强排查，并确定若干重点地方，集中力量进行抢救，最大限度地救人，解放军、武警部队等其他救援力量在结束对结古镇搜救后，继续做好对周边乡镇的排查搜救工作，不漏一村一户。（2）全力做好受伤人员的医疗救治工作。（3）高度重视受灾群众的安置，要调集足够数量的棉衣棉被帐篷，确保防寒防冻。同时要搭建学校帐篷满足孩子早日恢复上学的需要，一些公用设施或者需要相对集中的地方可以使用一定数量的板房，具体请青海省研究，向国务院抗震救灾总指挥部汇报。（4）尽快恢复基础设施运行，要在已经恢复通信和道路的基础上，尽快恢复供电和供水，要做好应急发电机所需柴油的保障工作，同时要加快损毁水电站的修复，早日恢复电网供电，要采取措施确保灾区群众安全用水，要确保民航机场飞机起降安全，加强道路交通疏导，做好救灾物资的运输和受伤人员运送工作。（5）要做好余震及次生灾害的防范应对工作。（6）做好受灾群众生活补贴发放工作。（7）做好灾后评估和重建方案制定工作。（8）保持社会秩序稳定，随着救灾工作的展开，各种困难会越来越暴露，各级党委和政府要认真做好群众工作，深入基层、深入群众、深入寺庙以及僧侣中，逐个做工作，使大家对重建家园充满信心，自觉地投入救灾、恢复重建，维护社会秩序稳定。要注意防止救灾物资供应和发放问题，或者一些困难得不到解决，而造成群众的不满，出现一些影响公共秩序的事情。（9）做好抗震救灾工作的宣传和舆论引导，要加强抗震救灾中的宣传工作，颂扬伟大的民族精神。同时要加强信息发布工作，坚持信息公开和正面引导。请青海省在适当的时候，召开中外记者招待会，并且在条件成熟时组织一些境外媒体到灾区来参观。（10）加强领导，统一指挥。救灾工作要依法、科学、统一进行，形成合力。各级领导要各司其职，忠于职守，每个党员干部要发挥模范表率作用，团结广大群众战胜这场灾难。

**（四）国务院抗震救灾总指挥部和青海省抗震救灾指挥部联席会议**

4 月 16 日 12 时 20 分，回良玉在结古镇主持召开国务院抗震救灾总指挥部和青海省抗震救灾指挥部联席会议，听取青海省抗震救灾指挥部和总指挥部各组贯彻落实温家宝讲话精神的具体措施和工作进展情况汇报。回良玉强调，要全面贯彻落实温家宝在玉树地震灾区考察时的讲话精神，细化、实化各项要求和工作措施，进一步做好抗震抢险救灾工作。当前，抢救幸存者、救治伤病员和安置受灾群众是最重要的三件事。第一位的工作还是救人，凡是有生命迹象的地方，就坚决不放弃；要继续开展生命探测，组织专业队伍和大型机械救人，确保不留死角。

**（五）国务院抗震救灾总指挥部第六次全体会议**

4 月 17 日晚，回良玉主持召开国务院抗震救灾总指挥部第六次全体会议，学习传达中央政治局常委会会议精神，研究细化实化抗震救灾的具体措施，要求抢险救灾组要进一步细化人员搜救和伤员救治的具体措施，强化军地各方救援力量的协调配合，逐村逐户排查搜寻，确保人员搜救不留死角和盲点。社会治安组要严密防范、严厉打击盗窃、抢劫、哄抢救灾物资等违法犯罪行为，做好集中安置点等重点区域的消防安全工作。注意处理好各种矛盾，尤其是不同民族群众之间、信教群众和不信教群众之间的矛盾，防止境内外敌对势力煽动捣乱。省指挥部要切实发挥现场统一组织指挥的职能，总指挥部加强组织、指导和协调，及时帮助解决抗震救灾和恢复重建中遇到的困难和问题。

**（六）国务院抗震救灾总指挥部第七次全体会议**

4 月 19 日下午，回良玉主持召开国务院抗震救灾总指挥部第七次全体会议，认真学习领会胡锦涛在玉树地震灾区考察时的重要指示精神，研究部署下一阶段抗震抢险救灾和恢复重建各项工作。会议决定，适时轮换抢险救灾队伍，针对玉树地震灾区海拔高、救援队伍体力消耗较大的情况，请各工作组科学组织抢险救灾力量，适时并尽可能从高原地区选调队伍进行轮换，同时做好相关生活和医疗保障工作。统一信息发布口径。为保证信息发布的准确性和权威性，原则上由青海省指挥部统一发布有关信息，各工作组如需发布，应与省指挥部沟通一致。

**（七）国务院抗震救灾总指挥部第八次全体会议**

4 月 21 日上午，回良玉主持召开国务院抗震救灾总指挥部第八次全体会议，研究部署灾后重建、灾害评估及救灾捐赠款物管理使用等工作。关于社会稳定工作，会议决定，要进一步加强对各类人员的管理，密切关注舆情和社会面动态，严密防范、严厉打击各种违法犯罪和破坏行为。注意处理好不同民族群众之间、救灾重建人员与僧尼之间的关系，及时化解出现的矛盾和问题，促进民族团结进步。会议要求各工作组牵头单位抓紧组织对《青海玉树地震抗震救灾工作细化分工方案》研究提出审核意见。在此基础上制订各项工作的具体细化实施方案，明确工作目标、责任分工和进度安排，并报总指挥部。

**（八）国务院抗震救灾总指挥部召开抗震救灾联席会议**

4 月 24 日，回良玉在玉树地震灾区考察并连夜主持召开抗震救灾联席会议，传达胡锦涛、温家宝近日关于抗震救灾工作的重要指示精神，听取青海省抗震救灾和恢复重建有关情况汇报，研究部署下一步工作。关于灾区群众生活安置和生产建设恢复工作，会议要求，要根据群众家庭人口数量，科学增配帐篷，实现分户居住；调集折叠床等物品以及符合灾区群众饮食习惯的生活物资，做好饮用水应急保障工作；要全力帮助农牧民生产自救，满足青稞种子等农用生产资料需求，抽调技术人员加强指导；加快开展废墟清理，科学选择废墟清理物的掩埋地点，切断各种污染源，为尽快恢复秩序、灾后重建奠定基础；要耐心细致地做好群众工作，切忌简单、粗暴地拆除清理；要保护好历史文化和少数民族文化遗产，适当保留一定的地震遗址。关于维护灾区社会稳定和民族团结工作，会议强调，要严密防范、依法打击盗窃、抢劫、哄抢救灾物资，以及借赈灾募捐名义诈骗敛财、散布传播各种谣言制造社会恐慌等违法犯罪活动；要积极主动帮助灾区群众解决实际困难，及时发现和化解各种不稳定因素，维护好灾区社会秩序；积极发挥民族宗教界人士的作用，继续大力宣传和全面贯彻落实民族宗教政策，妥善处理好民族群众之间、信教群众和不信教群众之间的矛盾，及时化解出现的问题，防止境外敌对势力煽动捣乱。关于关心救援人员健康和安全工作，会议指出，要大力宣传杜金玉等抗震救灾先进人物和模范集体的感人事迹，高度重视应急抢险和恢复重建队伍的安全健康和医疗保障工作，做好医疗巡诊，做好定期轮换，积极开展高原病预防和精心治疗，科学保持抗震救灾队伍的持续战斗力。

**（九）国务院抗震救灾总指挥部第十次全体会议**

4 月 26 日下午，回良玉主持召开国务院抗震救灾总指挥部第十次会议，专题研究部署玉树地震灾区学生复课、板房建设等工作。会议就关于学生复课工作决定，一是尽快恢复教学，原则同意教育部制订的复课时间表，要组织力量，启动帐篷学校、活动板房教室等临时课堂，帮助灾区解决好师资、教材、教具等问题，尽快实现复学复课，同时积极创造条件，组织好灾区的中、高考工作，研究制定灾区高考录取有关政策。二是妥善转移部分学生异地就学，针对灾区教学空间狭小，难以满足大量学生复课要求的情况，在充分尊重学生及家长意愿前提下，科学、有序、稳妥地组织部分学生异地就学。省内转移复学工作由青海省负责，省外转移复学工作由教育部负责协调落实，教育部、青海省、财政部等有关部门抓紧研究转移就读的具体补助等相关办法。三是做好伤残、致孤学生的安置和救助工作。加强伤残、致孤学生的心理抚慰，做好安置和救助工作，解决好他们的学习、生活问题。四是抓紧开展受灾学校恢复重建。要把学校重建摆在优先位置，充分考虑玉树地区的特殊性，兼顾当前，着眼长远，尽快研究制定灾区学校重建规划，并加快组织实施。对于活动板房建设，会议决定，一是从严控制使用范围。原则同意群众生活组提出的活动板房使用原则，活动板房建设主要用于学校、医院等公共服务设施和政府机关等需要相对集中办公的地方，原则上限于结古镇使用，其他受灾乡镇和受灾县尽量不安排使用。二是严格控制使用规模。鉴于活动板房占地多、成本高、运输难度大、填充材料难以自然降解，需要地面硬化、通水通电等配套工程，为保护三江源生态环境，切实维护灾区长远发展利益，根据地方需要和环境承载力，活动板房建设总量必须严格控制，需求量由民政部会同有关部门进一步认真测算。三是加强活动板房建设的指导和管理。活动板房的建设既要与灾后重建有效衔接，也要对将来的拆除、回收、处理等提前作出安排。要尽可能合理利用汶川地震灾区退出的、尚能利用的板房，做到物尽其用。由青海省负责采购调运和安装；住房和城乡建设、环境保护部门在选址、用地、货源、质量技术、环保等方面给予指导，使活动板房满足玉树高寒地区和环保特殊需要；教育、卫生、民政、财政等部门协助做好活动板房使用管理和服务保障工作。四是印发活动板房使用管理的通知。为指导玉树地震灾区进一步做好活动板房安排和管理使用工作，由群众生活组抓紧起草有关通知，明确活动板房使用原则、总体控制规模和使用管理要求。会议强调，要抓紧做好废墟清理工作，决定由青海省组织解放军、武警部队以及当地干部群众尽快开展废墟清理，力争震后30天内基本完成重点废墟清理任务。同时，要合理确定地震遗迹遗址保护点，对需要长期保留的遗迹遗址进行保护。

**（十）国务院抗震救灾总指挥部第十一次全体会议**

4月29日，回良玉主持召开国务院抗震救灾总指挥部第十一次会议，专题研究部署玉树地震灾区废墟清理、交通运输保障等工作。会议要求，一要集中力量，加快进度，科学有序地开展废墟清理，力争在尽可能短的时间内完成废墟清理任务。二要突出重点，优先清理校园、主道两侧和人行道垮塌建筑物废墟。三要注重环保，按照三江源地区生态环境保护的要求，科学选择废墟垃圾处理场地和处理方式，决不能造成对环境的再污染，对生态的再破坏。四要搞好资源有效利用，清理中要注意保护好群众财产，尽最大努力减少群众损失，对废墟中的各类物资要分类整理，可利用的建筑材料等要尽量回收利用。回良玉强调，交通运输是灾后重建的重大瓶颈制约，必须先行做好交通运输保障工作，为恢复重建铺好路、搭好桥、奠定好基础，做到保畅通、保运力、保安全。要进一步完善抢通保通具体方案，在通往灾区的各条道路上增加保通机械和人员，做到随毁随抢、随抢随通。要抓紧处治路面裂缝和沉陷，加强震损桥梁加固维修，确保公路安全运行。

**（十一）玉树灾后恢复重建会议**

5 月 1 日晚，温家宝在青海玉树主持召开会议，研究灾后恢复重建工作。他强调，玉树地震灾区抢险救灾、应急救援基本结束，进入全力医治伤员、安置受灾群众，恢复正常秩序、加快恢复重建的新阶段。必须坚持人民利益高于一切，以更加顽强的精神、更加精心的组织、更加细致的工作，克服一切艰难险阻，科学依法统筹做好抗震救灾和恢复重建工作，让灾区人民满意，让全国人民放心。温家宝强调，今后的抗震救灾工作要重点放在以下九个方面：一是进一步安置好受灾群众生活。二是切实加强灾区卫生防疫工作。三是全力保障基础设施恢复正常运行。四是尽快建立正常的生产生活秩序。五是做好灾害评估工作。六是抓紧编制灾后恢复重建规划工作。七是研究制定支持灾后重建的政策措施。八是科学组织实施灾后恢复重建工作。九是促进民族团结进步事业发展。

**（十二）国务院抗震救灾总指挥部第十三次全体会议**

5 月 6 日，回良玉在北京主持召开国务院抗震救灾总指挥部第十三次会议，听取并审议国家减灾委专家委员会对玉树地震灾害的评估报告，研究灾后恢复重建工作指导意见。

**（十三）李克强召开抗震救灾和恢复重建工作会议**

5 月 10 日晚，李克强在玉树县结古镇临时搭建的帐篷里主持召开灾后重建现场办公会，听取青海省委、省政府灾后重建工作的汇报，并就有关问题同大家深入交换意见。他指出，抗震救灾工作在统一指挥下已经取得显著成效和阶段性成果，开始转入全面推进灾后恢复重建的新阶段。要坚持以人为本，从实际出发，科学规划，统筹兼顾，重点做好以下五项工作：一是保障灾区应急救援、过渡性安置费用和受灾群众补助等所需资金，安置好受灾群众，全面做好伤病员救治、卫生防疫和高原病防治工作，尽早恢复正常生产生活秩序。二是抓紧编制灾后重建总体规划和专项规划，恢复重建所需资金主要由中央财政安排，采取更加优惠的财税、金融、土地、教育、就业、扶贫、社保、援建援助等政策，力争用 3 年甚至更短的时间基本完成恢复重建任务。三是本月底前基本完成废墟清理、城乡布局规划、重建选址等工作，优先规划设计居民住房和公共设施，做好重建各项准备。四是 2010 年年底前努力做到全面完成可修复住房维修加固，力争完成大部分农牧民住房重建工作，开工建设大部分城镇居民住房，使尽可能多的受灾群众入住永久性房屋，并及早安排其他受灾群众越冬所需棉帐篷和取暖设施。五是抓紧恢复重建学校、医院以及供水、供电、电信、道路等设施。会议强调，在重建中，要尊重民族文化习俗和宗教信仰，注重生态环境保护。

**（十四）国务院抗震救灾总指挥部会议**

5 月 14 日，回良玉在北京主持召开国务院抗震救灾总指挥部会议，听取并审议关于玉树地震灾后恢复重建承载能力评价报告，研究当前抗震救灾和灾后恢复重建有关工作。

**（十五）国务院常务会议**

5月19日，温家宝主持召开国务院常务会议，研究部署玉树地震灾后恢复重建工作。会议指出，恢复重建工作面临高寒缺氧、施工期短、交通不便、生态脆弱和建筑资源严重不足等特殊困难，任务艰巨繁重。必须坚持以人为本，把保障民生放在优先位置，尊重民族文化习俗和宗教信仰，注重生态环境保护，以灾区各级政府为主导、广大干部群众为主体，中央大力支持、各方积极援助，科学依法统筹、有力有序有效地推进恢复重建各项工作。会议提出用3年时间基本完成恢复重建主要任务，使灾区基本生产生活条件和经济社会发展全面恢复并超过灾前水平，为建设生态美好、特色鲜明、经济发展、安全和谐的社会主义新玉树奠定坚实基础。

**（十六）国务院抗震救灾总指挥部第十六次会议**

5月27日，回良玉在北京主持召开国务院抗震救灾总指挥部第十六次会议，研究玉树地震灾区受灾群众过渡安置和灾后恢复重建对口援建工作。

**（十七）国务院抗震救灾总指挥部第十七次会议**

6月2日，回良玉主持召开国务院抗震救灾总指挥部第十七次会议，审议《玉树地震灾后恢复重建总体规划》，研究玉树地震灾区学生复课和转移就学、伤员治疗康复和卫生防疫工作。强调要科学编制并认真实施好《玉树地震灾后恢复重建总体规划》，坚持质量第一、加快重建进度，坚持民生优先、突出生态保护，坚持节约原则、确保重建安全，力争早日建好新玉树、新家园；要进一步改善灾区学校教学条件，健全师资队伍，为新学期全面进入正常教学做好准备，同时在充分尊重学生和家长意愿的前提下，科学、有序、稳妥地组织部分学生异地转移就学；要进一步做好伤员的康复治疗，加强卫生防疫工作，确保大灾之后无大疫。

## 二、国务院领导灾区现场指挥

4月14日中午，受胡锦涛、温家宝委托，回良玉率国务院有关部门和军队、武警部队负责人紧急赶赴灾区慰问受灾群众，指导抗震救灾工作。

4月23—24日，回良玉深入玉树地震灾区，考察指导抗震救灾工作，看望慰问受灾群众，并连夜主持召开抗震救灾联席会议，研究部署灾后恢复重建前期工作。他强调，当前抗震救灾工作进入新的阶段，要把进一步安置好受灾群众、全面恢复正常秩序、开展灾后重建摆在突出位置，为灾区办实事、解难题，科学谋划、扎实推进恢复重建各项工作。

回良玉在受灾严重的结古镇禅古村、甘达村，走进村党支部临时驻地、受灾群众安置帐篷、村里的帐篷小学，详细了解他们的生活情况和学生的复课情况。在玉树供水水源地，他仔细询问供水系统修复情况。当得知救灾工作有序开展，受灾群众都住进了帐篷，日常生活用品保障充足时，回良玉鼓励大家说，越是在灾难面前，越要充分发挥基层党组织和广大党员干部的先锋模范和战斗堡垒作用。当前要重点做好群众安居、伤员救治、卫生防疫工作，尊重民族习惯，妥善安排好过渡安置期群众生活。

回良玉在体育场安置点方舱医院，了解伤员救治和医疗设施情况后，勉励大家继续抓紧救治伤员，同时要保护好自己的身体。在各方面的共同努力下，玉树州职业技术学校高三年级已全面复课。回良玉到复课点看望师生，他说，失去校园只是暂时的，新校园一定会有的，同学们一定要珍惜来之不易的学习机会，以优异成绩回报党和政府的关心。他还看望慰问了正在开展搜索和废墟清理的人民子弟兵。

在结古寺，看到寺庙秩序逐渐恢复，文物得到及时抢救，回良玉十分欣慰。他说，在这次抗震抢险救灾过程中，民族宗教界人士发挥了积极作用，各族干部群众共同谱写了一曲民族大团结的赞歌。在灾后恢复重建中，要继续弘扬各民族共同团结奋斗、共同繁荣发展的时代主旋律。24 日一大早，回良玉一行驱车数百千米，翻越海拔 4600 多米的山脉，专程到海拔 4300 多米的受灾十分严重的隆宝镇，看望慰问受灾的农牧区群众，勉励他们振奋精神，重建家园。国家正在研究部署灾后重建工作，支持他们积极发展农牧业生产，努力建设社会主义美好新牧区。

回良玉对抗震救灾前一阶段的工作做六个方面的肯定。一是通过拉网式、地毯式搜救，人员搜救工作全部覆盖了受灾村庄、城镇和有人居住的地方，搜救工作充分体现了生命至上、救人至上、以人为本。二是伤病群众得到了及时救治。三是受灾群众得到基本安置，受灾群众已基本住进了帐篷，金融服务网点开始恢复运转，部分学校开始复课，灾区社会稳定。四是基础设施得到及时抢修。道路基本抢通，通信得到恢复，供电基本恢复，玉树县 8 个乡镇、结古镇 11 个片区实现了供水。五是震情灾情初步搞清。六是灾后重建工作开始积极推进。

## 第三节　中央军委指挥部署

### 一、军委首长批示

玉树大地震发生后，军委主席胡锦涛和其他领导就部队做好抗震救灾工作分别作出指示。4 月 15 日，胡锦涛在军队有关情况报告上批示：兰州军区要急灾区群众之所急，组织力量，奔赴一线，全力支援地方抗震救灾斗争。军委其他领导在军队有关情况报告上作出批示：告兰州军区、武警部队，要积极主动支援地方抗震救灾，保护灾区人民群众生命财产安全。同时，要做好驻震区部队自身防护工作，及时救治受伤官兵。还要注意社会情况，做好维护社会稳定的相关工作。要求兰州军区与地方政府密切配合，进一步查明灾情，特别是人员伤亡情况。

中央军委委员、总参谋长陈炳德在军队有关情况报告上批示：兰州军区组织就近部队查看灾情、速报。兰州军区党委首长高度重视玉树地区的救灾工作，周密作了安排，及时调动了部队投入救灾。望深入细致了解灾情，全力以赴、积极主动地组织救灾，首先是救人，组织好医疗救治，同时组织好各种保障，主动加强同地方的联系，协调配合做好救灾工作。

## 二、军委紧急会议部署

4月15日，中央军委召开紧急会议，传达学习胡锦涛重要指示，专题研究部署部队抗震救灾工作，要求全军和武警部队站在政治和全局的高度，自觉践行全心全意为人民服务的根本宗旨，积极主动、全力以赴投入抗震救灾。要大力弘扬抗震救灾精神和人民军队的光荣传统，不畏艰险，不怕困难，不怕疲劳，坚决完成抗震救灾任务。

## 三、军委、总部指挥命令

4月20日，总参谋部、总政治部联合下发《充分发挥部队抗震救灾突击队作用的通知》。要求部队坚持生命至上、救人为先，不抛弃、不放弃，扩大搜索范围，进村入户包干，军地联合排查每一处倒塌房屋，争分夺秒搜救每一个被困群众，竭尽全力抢救每一个幸存生命。充分发挥军队医疗、心理、运输等专业力量作用，及时有效抢救伤员生命、医治群众病痛，最大限度减少因灾死亡、致残人数。21日，总参谋部下发《关于落实27个重点村镇排查计划事项的通知》，要求任务部队对27个重点村镇再次展开拉网式排查搜救。

4月22日，为指导任务部队救援行动有序有效展开，军队抗震救灾指挥协调组下发《深入贯彻落实胡主席重要指示，全力做好当前抗震救灾工作》，要求联合指挥部和各有关单位把握救灾进程，科学筹划救灾阶段工作的转换与衔接，适时调整救灾力量，严密组织兵力的轮换和回撤。进一步加大人员搜救和伤员救治力度，继续坚持救人第一的原则，进一步扩大搜救范围，采取“过筛子”的排查方法，加大对重点乡镇和村庄的搜救力度，确保不留盲点、不留死角。北京军区、济南军区方舱医院要发挥医疗救治的骨干作用，在一定时期内替代受损的州、县医院功能，集中救治伤员。联合指挥部要从现有医疗队中抽调部分力量深入结古镇周边乡镇巡诊看病，协助恢复村镇医疗点。要严密组织救灾物资运输，兰州军区协调青海省抗震救灾指挥部，在西宁市或共和县成立军地运输联合协调机构，统一组织军地运输力量，区分轻重缓急，科学计划救灾物资调度运送，空军固定4架运输机担负西宁至玉树的空运任务，陆航3架直升机担负短距离应急运输任务，联合指挥部根据需要抽调62201部队和兰州军区所属运输部队担任地面运输任务，派出部分兵力担负物资装卸载和发放任务。通知还对支持配合灾区重建、援建玉树“两校一院”、维护社会稳定、促进民族团结、加强部队安全管理、保持部队战斗力提出要求。

为做好对救援部队的指挥协调工作，4月17日，总参谋部下发《加强玉树地区抗震救灾值班有关问题》。明确：（1）军队抗震救灾指挥组、军队和武警部队玉树地区抗震救灾联合指挥部建立抗震救灾专项值班。（2）军队和武警部队玉树地区抗震救灾联合指挥部专项值班室和有关军区、军兵种、武警部队作战值班室（指挥中心），每日18时前向军队抗震救灾指挥协调组专项值班室上报部队行动和救灾成果，以及部队部署、首长活动、需求建议、综合保障等情况。（3）总部有关部门专项值班室每日 18 时前向军队抗震救灾指挥协调组专项值班室综合报告组织抗震救灾主要情况。（4）有关军区、军兵种、武警部队和总部直属单位赴救灾现场一线指挥所，每日 17 时前将综合情况报告军队和武警部队玉树抗震救灾联合指挥部，也可以越级向军队抗震救灾指挥协调组专项值班室报告情况。（5）救灾现场各级指挥机构要与地方政府建立信息互通机制，及时掌握地方需求和组织抗震救灾有关情况。（6）师以上各级指挥所之间沟通明密传真以及有线、无线电话等多手段通信联络，确保指挥通信稳定可靠。（7）军队抗震救灾指挥协调组专项值班室在总参谋部作战部应急大厅开设。（8）军队和武警部队玉树地区抗震救灾联合指挥部值班室在玉树开设。

8 月 6 日，胡锦涛在解放军四总部呈报的《军队和武警部队参加青海玉树抗震救灾总结》上作重要批示：军队、武警部队官兵和民兵预备役人员在玉树抗震救灾中，冲锋在前，顽强拼搏，出色完成了各项任务，发挥了主力军和突击队作用，受到了地方各级党组织、政府和各族人民群众的高度赞誉。希望同志们再接再厉，继续努力，为玉树灾后重建再立新功。

军委其他领导要求，全军一定要认真学习领会、坚决贯彻落实胡锦涛重要批示精神，紧密结合各自实际，切实做好下一步的各项工作和建设，以一流标准和一流业绩，让中共中央、胡锦涛放心。8 月 12 日，解放军四总部联合下发《认真学习贯彻胡主席重要批示，扎实做好玉树灾后重建等各项工作》通知，指出要坚持用胡锦涛重要批示凝聚军心士气，在全军部队中进一步激发责任感、增强荣誉感，完成党和人民赋予的各项急难险重任务，在玉树重建中争取新作为、做出新贡献。

# 第二章　指挥机构

## 第一节　国家抗震救灾指挥机构

### 一、国务院抗震救灾总指挥部

4 月 14 日，国务院成立抗震救灾总指挥部。回良玉任总指挥，青海省委书记强卫、中国地震局局长陈建民、国务院副秘书长张勇、总参谋部作战部部长白建军、国家发展改革委副主任彭森、公安部副部长黄明、民政部部长李学举任副总指挥；下设抢险救灾、群众生活、卫生防疫、基础设施保障和生产恢复、地震监测、社会治安、宣传、综合 8 个工作组。

4 月 15 日，国务院抗震救灾总指挥部发文明确各组工作方案。

4 月 19 日，根据玉树抗震救灾实际，总指挥部由下设 8 个工作组调整为 9 个工作组，增加灾后恢复重建组。国务院抗震救灾总指挥部在玉树设立一线联络组。

**国务院抗震救灾总指挥部成员一览表**

表 1–1

| 总指挥部职务 | 姓名 | 领导职务 |
|---|---|---|
| 总指挥 | 回良玉 | 中共中央政治局委员、国务院副总理 |
| 副总指挥 | 强　卫 | 青海省委书记 |
| | 陈建民 | 中国地震局局长 |
| | 张　勇 | 国务院副秘书长 |
| | 白建军 | 总参谋部作战部部长 |
| | 彭　森 | 国家发展改革委副主任 |
| | 黄　明 | 公安部副部长 |
| | 李学举 | 民政部部长 |

## 二、部分国家部委、金融机构抗震救灾机构

4 月 15 日，国家发展改革委牵头成立基础设施保障和生产恢复组。

4 月 14 日，教育部启动教育部自然灾害应急预案，建立 I 级响应机制，组建救灾工作领导班子，下设 8 个工作组。

4 月 14 日，科技部启动科技救灾应急机制，成立科技抗震救灾领导小组。

4 月 14 日，公安部在灾区一线成立前方工作组，协助青海省公安厅开展维护治安秩序和协调外地支援警力等工作。公安部成立前、后方指挥部，统一协调公安机关开展抗震救灾工作。

4 月 14 日，国家减灾委、民政部牵头成立国务院抗震救灾总指挥部群众生活组。

4 月 16 日，人力资源社会保障部成立以副部长胡晓义为组长的抗震救灾领导小组。

4 月 14 日，国土资源部成立抗震救灾领导小组，部长徐绍史任组长，副部长鹿心社、汪民任副组长。

4 月 14 日，环保部成立抗震救灾应急领导小组，启动环境应急预案。

4 月 14 日，交通运输部决定启动抗震救灾 I 级响应，成立抢险保通、运输保障和综合宣传 3 个工作小组，全力支持青海省交通厅在省委、省政府领导下做好公路抢险保通和运输保障工作。

4 月 14 日，水利部成立抗震救灾前方领导小组。

4 月 14 日，农业部成立专门机构，负责统筹做好灾区农产品市场供应、价格信息调度、重大动物疫病防控、畜牧业生产、救灾资金和物资保障以及灾后恢复重建等工作。组成救灾工作组赶往灾区，组织灾情现场勘察和农牧业生产救灾。

4 月 14 日，商务部启动 I 级救灾应急响应机制，成立抗震救灾工作领导小组。4 月 23 日，商务部抗震救灾前方工作组到达灾区。

4 月 14 日，卫生部迅速成立抗震救灾应急领导小组，迅速成立了国务院抗震救灾总指挥部卫生防疫组。

4 月 14 日，中国人民银行启动应急预案，成立玉树抗震救灾工作领导小组。

4 月 15 日，质检总局启动应急预案，成立抗震救灾应急工作组，下设进口物资快速通关小组、产品质量监督小组、特种设备安全小组。其中，进口物资快速通关小组负责进口救援物资的检验检疫和快速通关；产品质量监督小组负责灾区救援物资产品质量的监管；特种设备安全小组负责灾区特种设备安全工作的督查和指导。

此外，特种设备安全小组已经组成专家组，4 名特种设备安全方面的权威专家出发赶赴灾区，进行现场检查和指导。

## 第二节 解放军和武警部队抗震救灾指挥机构

### 一、军队抗震救灾指挥协调组及四总部前方工作组

4 月 15 日 10 时 10 分，解放军总参谋部电示，在军委主席胡锦涛和军委其他首长的直接领导下，四总部成立军队抗震救灾指挥协调组，派出四总部前方工作组。

4 月 15 日，为加强对任务部队的组织指挥，根据军委首长指示，总参谋部下发《明确部队参加玉树地区抗震救灾指挥协调有关问题》的通知，明确在胡锦涛和军委其他首长直接领导下，四总部成立军队抗震救灾指挥协调组，由副总参谋长章沁生任组长，总政治部副主任刘振起、总后勤部副部长秦银河、总装备部副部长刘胜任副组长，按照国家抗震救灾总指挥部的部署要求，负责指挥协调军队和武警部队抗震救灾行动。通知明确，派出由总参谋部作战部部长白建军任组长的四总部前方工作组，在玉树灾区参加国家抗震救灾总指挥部抢险救灾组和卫生防疫组的有关工作，代表军委总部，指导协调军队和武警部队玉树地区抗震救灾联合指挥部有关工作和任务部队救灾行动以及维稳工作。

4 月 15 日 22 时，四总部前方工作组召开会议，成立指挥组、政工组、后勤组和保障组，分别由白建军、总政治部群工办副主任石楚敬、总后勤部卫生部部长张雁灵、总装备部通用保障装备部副部长李明泉担任组长。5 月 10 日，四总部前方工作组回撤。

### 二、军队和武警部队玉树地区抗震救灾联合指挥部

4 月 16 日，总参谋部下发《明确部队参加玉树地区抗震救灾指挥协调有关问题》的通知，明确组建军队和武警部队玉树地区抗震救灾联合指挥部，由兰州军区副司令员赵建中任总指挥，兰州军区副政委刘晓榕任政治委员，武警部队副司令员薛国强任副总指挥，对进入灾区的救灾部队实施统一指挥，统筹协调灾区内部队机动、任务安排、行动协同和综合保障。外区增援兵力，包括直升机和医疗救援、工程技术等力量，进入灾区后的抗震救灾行动由联合指挥部统一指挥和协调。

4 月 16 日，根据总参谋部《明确部队参加玉树地区抗震救灾指挥协调有关问题》的通知，以兰州军区前方指挥部人员为主，其他救援力量领导参加，成立军队和武警部队玉树地区抗震救灾联合指挥部（以下简称“联指”）。兰州军区副司令员赵建中任总指挥，兰州军区副政委刘晓榕任政委，武警部队副司令员薛国强、武警部队后勤部一名领导、兰州军区副参谋长王振国、兰州军区联勤部副部长王子军、兰州军区空军副参谋长刘广彬、青海省军区政委段进虎、济南军区联勤部一名领导、四川省军区副司令员沙正华、96351 部队副司令员谭本宏任副指挥员。

联指下设指挥组、政工组、后勤组、装备组 4 个组。

联指成立后，在军委总部的领导和四总部前方工作组的具体指导下，根据青海省抗震救灾指挥部的统一安排，组织军队和武警部队救援力量展开救援行动。在救援阶段后期，兰州军区适时安排联指人员轮换，军区副参谋长张志强、军区联勤部副部长王子军分别接替负责联指工作。

## 三、兰州军区玉树抗震救灾指挥部及玉树抗震救灾前方指挥部

在玉树大地震发生后，兰州军区立即成立玉树抗震救灾指挥部，司令员王国生、政委李长才担任总指挥，组织指挥军区部队开展抗震救灾行动；组成玉树抗震救灾前方指挥部，由副司令员赵建中、副政委刘晓榕担任指挥员，赴现场组织指挥救援行动。

## 四、兰州军区前方协调指导组

6 月 25 日 18 时，根据总参谋部电报批复，军队和武警部队玉树地区抗震救灾联合指挥部撤销。青海省军区成立玉树抗震救灾前方指挥部接替指挥，负责军队在玉树地区所有任务部队的组织指挥，组织协调各部队的任务、管理、保障和军地之间关系，指导玉树军地联合指挥中心的运行和管理。兰州军区司令部、联勤部在玉树各留 2 ~ 3 人，政治部、装备部各留 1 ~ 2 人，组成兰州军区前方协调指导组，负责后续阶段部队完成任务的协调指导工作（不负责灾后重建及援建任务事宜）。协调指导组由兰州军区司令部军训部副部长胡建林负责，7 月 5 日组织人员轮换。8 月 7 日，青海省军区玉树抗震救灾前方指挥部撤销。兰州军区前方协调指导组全部回撤。

## 五、空军抗震救灾前进指挥部

兰州军区空军成立空军抗震救灾前进指挥部，刘广彬任总指挥。

## 六、成都军区指挥机构

成都军区成立玉树地区抗震救灾前线指导组，指导陆军第 13 集团军某团和四川省军区参加抗震救灾。

## 七、参加抗震救灾各部队指挥机构

### （一）陆军第 21 集团军玉树地区抗震救灾应急指挥组

4 月 14 日至 5 月 2 日，陆军第 21 集团军成立由参谋长许振华为组长、政治部副主任张应

银为副组长的玉树地区抗震救灾应急指挥组。

5月4日至8月3日，集团军成立玉树地区应急指挥组，先后由装备部部长刘林学、政治部副主任刘志富、装备部副部长张洪科、后勤部副部长王雁怀轮流担任组长。

4月14日至5月2日，集团军所属68211部队成立抗震救灾应急救援先遣指挥组，由政委杨新民、参谋长邹俊良担任指挥员。

5月4日至8月3日，成立灾后重建分队领导小组，部队长胡正强、政委甘伟任指挥员，副部队长刘春延、副政委杜劲松任副指挥员，下设综合计划组、政治工作组和后装保障组。

集团军所属68206部队成立抗震救灾指挥组，由副部队长张宝林任组长，成员由杨平安、田博、马志强、刘小宝、马宝明、张树勋、李涛、刘宁社组成。

集团军所属68205部队成立抗震救援物资前运领导小组，由副部队长任升虎任组长，政治部副主任崔拥政任副组长，统一组织物资前运工作。

**（二）陆军第47集团军玉树抗震救灾前进指挥部**

陆军第47集团军成立玉树抗震救灾前进指挥部，由副军长张联义任指挥员。集团军所属68303部队成立由部队长王少龙、政委罗军任组长的抗震救灾领导小组。

## 八、四川省军区指挥机构

四川省军区成立由省军区1名主官任组长的支援玉树抗震救灾指挥组，以副司令员沙正华为组长的前进指挥所，以参谋长张培敏为组长的基本指挥所。

## 九、青海省军区指挥机构

4月14日8时20分，青海省军区组成由政委段进虎总负责，参谋长党国际任组长，机关19人参加的玉树抗震救灾先遣指挥组。青海陆军预备役步兵旅成立由旅长王宝平、政委陈远英任总指挥的抗震救灾指挥部，设立基本指挥组、前方指挥组、政治工作组、后装保障组、督导工作组和接待组。

## 十、69008部队指挥机构

69008部队成立由副旅长李勇俊任组长的抗震救灾领导小组，下设组织计划、装备保障、后勤保障3个小组。

## 十一、96361部队指挥机构

96361部队成立由部队长李保弟、政委许凤忠任组长的抗震救灾基本指挥组，副部队长毛鹏德、副政委喻允刚任组长，参谋长高玉强任副组长的抗震救灾前方指挥组。

### 十二、武警部队指挥机构

武警总部立即启动Ⅰ级应急机制，成立武警玉树抗震救灾前线指挥部。4 月 29 日，武警玉树抗震救灾前线指挥部撤销，成立武警玉树抗震救灾指导协调组，协助青海总队组织指导玉树抗震救灾和维稳行动。

### 十三、武警青海总队指挥机构

武警青海省总队成立前进指挥所和基本指挥所。前进指挥所下设军事组、政工组、后勤组，在军队和武警部队玉树地区抗震救灾联合指挥部的领导下，在武警部队指挥协调组的指导下，按照属地指挥原则，统一指挥协调参加抗震救灾的武警部队救灾行动。

武警青海总队前进指挥所指挥人员分 3 批参加组织武警部队救灾行动。第一批前进指挥人员由总队长谢才书、副总队长牛建国、副政委龚松华，司令部参谋长郑高龙、副参谋长刘学顺，政治部副主任高军，后勤部副部长张书太和机关 21 名人员组成。

武警青海总队第二批前进指挥人员由副总队长李百海、副参谋长李海敏、政治部副主任潘好斌、后勤部副部长柳世芳和机关 18 人组成。

武警青海总队第三批前进指挥人员由副总队长杨全刚、副参谋长何碎新、政治部副主任周永德、后勤部副部长许录林和机关 17 人组成。

## 第三节　地方党委、政府抗震救灾指挥机构

### 一、青海省抗震救灾指挥机构

青海省委、省政府成立抗震救灾工作领导小组，全面负责玉树抗震救灾工作；成立青海省玉树抗震救灾指挥部，指导协调抗震救灾工作。为加强对抗震救灾工作的组织领导，省委、省政府组织两套班子，一个班子随省委、省政府主要领导到第一线工作；另一个班子在西宁协调各方面工作，西宁的工作由徐福顺统筹安排。抗震救灾指挥部下设玉树现场指挥点和西宁指挥点。

**（一）省委、省政府抗震救灾工作领导小组**

4 月 14 日，省委、省政府印发《关于成立省委、省政府抗震救灾工作领导小组的通知》，明确领导小组组成人员。

### 青海省委、省政府抗震救灾工作领导小组成员一览表

表 1-2

| 小组职务 | 姓名 | 领导职务 |
|---|---|---|
| 组长 | 强　卫 | 省委书记 |
| 第一副组长 | 骆惠宁 | 省委副书记、省长 |
| 副组长 | 徐福顺 | 省委常委、常务副省长 |
| 成员 | 吉狄马加 | 省委常委、省委宣传部部长 |
| | 多杰热旦 | 省委常委、省委统战部部长 |
| | 张书领 | 省委常委、省军区司令员 |
| | 邓本太 | 副省长 |
| | 张光荣 | 副省长 |
| | 马顺清 | 副省长 |
| | 高　华 | 省政府秘书长 |

**（二）青海省玉树抗震救灾指挥部**

4 月 14 日，省政府根据《青海省人民政府突发公共事件总体应急预案》和《青海省地震应急预案》，印发《关于成立青海省玉树抗震救灾指挥部的紧急通知》，明确青海省玉树抗震救灾指挥部组成人员、玉树现场指挥点和西宁指挥点人员组成。

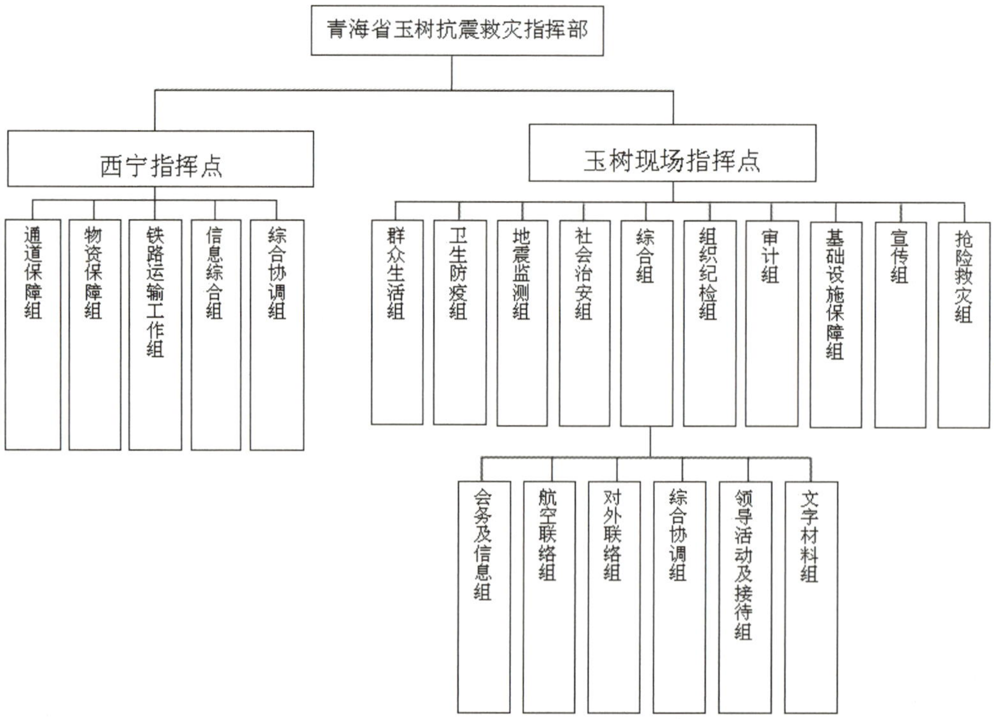


青海省玉树抗震救灾指挥部机构组成示意图（5 月 15 日至 6 月 15 日）

## 青海省玉树抗震救灾指挥部组成人员一览表

表 1-3

| 指挥部职务 | 姓名 | 单位领导职务 |
| --- | --- | --- |
| 总指挥 | 骆惠宁 | 省委副书记、省长 |
| 常务副总指挥 | 徐福顺 | 省委常委、常务副省长 |
| 副总指挥 | 张光荣 | 副省长 |
| | 党国际 | 省军区参谋长 |
| | 谢才书 | 武警青海省总队总队长 |
| | 高　华 | 省政府秘书长 |
| | 曹文虎 | 省发展改革委主任 |
| | 张新基 | 省地震局局长 |
| | 更　阳 | 省民政厅厅长 |
| 成员 | 王向明 | 省委宣传部副部长 |
| | 王定邦 | 省政府副秘书长 |
| | 晁海军 | 省政府副秘书长 |
| | 张守成 | 省经委主任 |
| | 王予波 | 省教育厅厅长 |
| | 程丽华 | 省财政厅厅长 |
| | 纪仁凤 | 省人力资源社会保障厅厅长 |
| | 刘山青 | 省国土资源厅厅长 |
| | 匡　湧 | 省住房城乡建设厅厅长 |
| | 杨伯让 | 省交通厅厅长 |
| | 于从乐 | 省水利厅厅长 |
| | 曹　宏 | 省农牧厅厅长 |
| | 何少民 | 省商务厅厅长 |
| | 苏　宁 | 省卫生厅厅长 |
| | 李三旦 | 省林业局局长 |
| | 解小平 | 省外事办主任 |
| | 吴大伟 | 省旅游局局长 |
| | 马忠孝 | 省供销合作联社主任 |
| | 陈晓光 | 省气象局局长 |
| | 王怀明 | 省电力公司总经理 |
| | 章建良 | 省通信管理局局长 |
| | 胡红斌 | 民航青海监管办主任 |
| | 卢永忠 | 青藏铁路公司总经理 |
| | 程珠祖 | 西宁机场公司总经理 |
| | 刘江民 | 省公安厅消防总队总队长 |

省玉树抗震救灾指挥部下设玉树现场指挥点和西宁指挥点。

青海省玉树抗震救灾指挥部现场指挥点由骆惠宁任总指挥，在玉树灾区一线办公。

### 青海省玉树抗震救灾指挥部玉树现场指挥点人员组成一览表

表 1-4

| 指挥点职务 | 姓名 | 单位领导职务 |
| --- | --- | --- |
| 总指挥 | 骆惠宁 | 省委副书记、省长 |
| 副总指挥 | 张光荣 | 副省长 |
| | 党国际 | 省军区参谋长 |
| | 谢才书 | 武警青海省总队总队长 |
| | 高　华 | 省政府秘书长 |
| | 张新基 | 省地震局局长 |
| | 更　阳 | 省民政厅厅长 |
| 成员 | 王定邦 | 省政府副秘书长 |
| | 晁海军 | 省政府副秘书长 |
| | 夏学平 | 省委宣传部副部长 |
| | 王予波 | 省教育厅厅长 |
| | 杨伯让 | 省交通厅厅长 |
| | 于丛乐 | 省水利厅厅长 |
| | 王晓勤 | 省卫生厅副厅长 |
| | 王怀明 | 省电力公司总经理 |
| | 章建良 | 省通信管理局局长 |
| | 程珠祖 | 西宁机场公司总经理 |
| | 刘江民 | 省公安厅消防总队总队长 |

4 月 20 日，省玉树抗震救灾指挥部为进一步加强对玉树抗震救灾工作的领导和组织协调，对玉树现场指挥点指挥部组成人员进行调整。

### 青海省玉树抗震救灾指挥部玉树现场指挥点人员组成一览表
### （4 月 20 日以后）

表 1-5

| 指挥点职务 | 姓名 | 单位领导职务 |
| --- | --- | --- |
| 总指挥 | 骆惠宁 | 省委副书记、省长 |
| 副总指挥 | 赵建中 | 兰州军区副司令员 |

续表 1–5

| 指挥点职务 | 姓名 | 单位领导职务 |
|---|---|---|
| 成员 | 齐 玉 | 省委常委、组织部部长 |
| | 张光荣 | 副省长 |
| | 段进虎 | 省军区政委 |
| | 谢才书 | 武警青海省总队总队长 |

为和国务院玉树抗震救灾总指挥部下设的 8 个工作组衔接，省玉树抗震救灾指挥部在玉树现场指挥点也设 8 个工作组，即抢险救灾组、群众生活组、地震监测组、卫生防疫组、宣传组、基础设施保障和生产恢复组、社会治安组、综合组。4 月 16 日，省玉树抗震救灾指挥部决定，增加组织纪检组。4 月 17 日，增加审计组。

**青海省玉树抗震救灾指挥部玉树现场指挥点各组人员组成及职责一览表**

表 1–6

| 组名 | 组长 | 副组长 | 职责分工 |
|---|---|---|---|
| 抢险救灾组 | 李鹏新（兼） | 党国际 郑高龙<br>张新基 贾应忠 | 搜救、营救 |
| 组织纪检组 | 齐 玉（兼） | 张玉娥 葛文平<br>董晓淇 | 组织纪律、财经纪律的督促落实 |
| 群众生活组 | 张光荣（兼） | 更 阳 王玉虎<br>程丽华 王予波<br>匡 涌 何少民<br>曹 宏 布 尕 | 受灾群众救助和安置工作 |
| 社会治安组 | | 田钧雷<br>白加扎西 | 治安秩序维护，安全保卫和社会稳定工作 |
| 地震监测组 | 张新基 | 刘山青 赵浩明 | 地震灾害监测和次生灾害防范 |
| 卫生防疫组 | 王晓勤 | | 医疗救助和卫生防疫工作 |
| 宣传组 | 夏学平 | 邓尔平 | 信息发布和宣传报道工作 |
| 基础设施保障和生产恢复组 | 杨伯让 | 于丛乐 刘山青<br>章建良 王怀明<br>程珠祖 江永俄色 | 交通、通信、水利等基础设施的抢修和维护，以及运力安排 |
| 审计组 | 王新平 | 邱 德 | 对救灾款物筹、分、管、发、用全过程进行跟踪审计 |
| 综合组 | 高 华 | 高存福 杨汝坤<br>毛占彪 王定邦<br>晁海军 王 勇 | 综合协调、信息汇总、文字材料、对外联络和督促落实工作 |

玉树现场指挥点综合组下设 7 个小组。会务及信息组由杨汝坤负责，工作人员从省委办公厅、省政府研究室抽调。后勤保障组由毛占彪负责，工作人员从省政府办公厅、省政府接待处

抽调。航空联络组由王定邦负责，工作人员从省政府办公厅抽调。对外联络组由晁海军负责，工作人员从省政府办公厅抽调。综合协调组由王勇负责，工作人员从省政府办公厅和州、县政府办公室抽调。领导活动及接待组由岳建华负责，工作人员从省政府办公厅、省委接待办抽调。文字材料组由马华伟负责，工作人员从省委办公厅、省政府研究室抽调。

省玉树抗震救灾指挥部从西宁派出的替换人员由玉树现场指挥点明确相应职责。

省抗震救灾指挥部西宁指挥点由徐福顺任指挥长，人员组成及分工见表 1-7。

**青海省玉树抗震救灾指挥部西宁指挥点人员组成一览表**

表 1-7

| 指挥点职务 | 姓名 | 单位领导职务 | 职责 |
|---|---|---|---|
| 总指挥 | 徐福顺 | 省委常委、常务副省长 | 全面工作，签署指挥部文件，动用省内资源 |
| 副总指挥 | 邓本太 | 副省长 | 负责支援省内水利设施抢修 |
| | 王令浚 | 副省长 | 负责市场商品供应、外事、海关工作，国际社会提供的紧急援助 |
| | 高云龙 | 副省长 | 负责支援灾区地震监测预报、灾情评估，中高院校有序正常运转 |
| | 马顺清 | 副省长 | 负责支援灾区医疗救援队伍、药品、医疗器械、食品调配，捐赠款物接收管理 |
| | 张建民 | 副省长 | 负责新闻宣传，支援灾区损毁房屋恢复重建方案的论证，协调省住房和城乡建设厅、省国土资源厅的救灾工作 |
| 成员 | 钟通蛟 | 副秘书长 | 负责省政府总值班室（应急办）向国务院报送信息，安排办公厅各处室值班，指挥部电文核审，签发《青海值班快讯》 |
| | 乌成云 | 副秘书长 | 负责组建曹家堡机场运输工作小组，并保障安全有序运转，安排进青海航班 |
| | 尚玉龙 | 副秘书长 | 负责新闻发布 |

### （三）其他领导小组

根据工作需要，青海省玉树抗震救灾指挥部成立西宁机场航班协调及救灾物资、人员进出领导小组；省委、省政府抗震救灾工作领导小组，省玉树抗震救灾指挥部成立青海省抗震救灾资金物资监督检查领导小组。

西宁机场航班协调及救灾物资、人员进出领导小组。4 月 15 日，青海省玉树抗震救灾指挥部成立西宁机场航班协调及救灾物资、人员进出领导小组。主要职责是负责协调确定西宁机场航班及救援人员、救灾物资转运，确保救援人员、救灾物资及时安全运往灾区，接收灾区伤员等事宜。

**西宁机场航班协调及救灾物资、人员进出领导小组组成人员一览表**

表 1-8

| 小组职务 | 姓名 | 单位领导职务 |
| --- | --- | --- |
| 组长 | 乌成云 | 省政府副秘书长 |
| 副组长 | 巴麻仁欠 | 青海机场公司党委书记 |
| | 刘一兵 | 省国动委综合办主任 |
| | 王晓辉 | 民航西北地区管理局副局长 |
| | 袁存孝 | 省公安厅副巡视员 |

西宁机场航班协调及救灾物资、人员进出领导小组下设 5 个工作组。

机场运力协调工作组：由青海机场公司党委书记巴麻仁欠任组长，青海机场公司办公室主任杨晓峰任副组长，主要负责组织协调机场抗震救灾保障运力，安排救援航班计划、保障，保证救援物资中转运输顺畅。

机场救灾人员物资分流、运送工作组：由省公安厅副巡视员袁存孝任组长，省交通厅处长袁复玉、省商务厅处长崔艳杰任副组长，成员有省公安厅、省民政厅、省交通厅、省卫生厅、省红十字会、青海机场公司等单位人员。主要负责机场人员、物资运送，省内外领导及救援人员安排工作。

各地支援灾区机场救援物资接收工作组：由省民政厅副厅长景占荣任组长，省政府办公厅副处长李海萍任副组长，成员有省民政厅、省商务厅、省卫生厅、青海机场公司、省红十字会等单位相关人员。主要负责机场救灾物资的接收、登记、仓储、转运、报送等工作。

机场周边环境安全保障工作组：由海东行署副专员曹生渊任组长，海东行署副秘书长瓦世德任副组长，成员由海东地区相关单位抽组。主要负责机场周边的安全保卫工作，确保救援物资和救援人员在机场的安全和有序运输。

机场中转人员滞留保障工作组：由海东行署副专员曹生渊任组长，海东行署副秘书长瓦世德任副组长，成员由海东地区相关单位抽组。主要负责组织不能及时赶赴灾区的救援人员在机场周边进行安置及相关的保障工作。

4 月 17 日，青海省玉树抗震救灾指挥部下发《关于西宁机场航班协调领导小组统筹协调铁路运达救灾物资转运工作的紧急通知》，明确西宁机场航班协调及救灾物资、人员进出领导小组统筹协调铁路运达救灾物资转运工作，领导小组成员增加了青藏铁路公司的有关领导。

青海省抗震救灾资金物资监督检查领导小组。4 月 21 日，省委、省政府抗震救灾领导小组，省玉树抗震救灾指挥部，为加强对玉树抗震救灾决策部署落实情况和资金物资管理使用情况的监督检查，决定成立青海省抗震救灾资金物资监督检查领导小组。

**青海省抗震救灾资金物资监督检查领导小组组成人员一览表**

表 1–9

| 小组职务 | 姓名 | 单位领导职务 |
|---|---|---|
| 组长 | 仁青加 | 省委常委、省纪委书记 |
| 副组长 | 张玉娥 | 省纪委副书记、省监察厅副厅长 |
| 成员 | 娄海青 | 省纪委常委、省监察厅副厅长 |
| | 孙　林 | 省民政厅副厅长 |
| | 陈　锋 | 省财政厅副厅长 |
| | 王继卿 | 省审计厅副厅长 |
| | 冯小青 | 省政府督查室主任 |
| | 李永和 | 财政部驻青海财政监察专员处监察专员 |

## 二、玉树州抗震救灾指挥机构

震后 20 分钟，邓尔平组织召开玉树州抗震救灾临时指挥部会议，启动《玉树州地震灾害防治应急预案》，成立玉树州抗震救灾临时指挥部，邓尔平任总指挥，州人大常委会主任昂格、州政协主席丁显成、州政府副州长江永俄色任副总指挥，各县党政军领导、州直属机关单位负责人为指挥部成员。指挥部下设搜救组、联络组、应急抢险组、受灾群众安置组、医疗救护组、社会治安组、宣传组 7 个小组。

## 三、玉树州各县抗震救灾指挥机构

4 月 14 日 11 时，玉树县成立抗震救灾临时指挥部，组建临时基层党组织。

4 月 14 日 11 时 30 分，治多县成立抗震救灾和防震工作指挥部，组建结古地区人员工作组等救灾组织。

4 月 14 日 11 时 30 分，杂多县成立抗震救灾和防震工作指挥部，县委书记张晓军任总指挥，县委副书记王培军、县政府副县长何勃任副总指挥，指挥部下设办公室。

4 月 14 日晨，称多县立即启动应急预案，组成由县级领导带队的灾情调查组开展抗震救灾工作。

4 月 14 日 19 时，囊谦县成立抗震救灾指挥部，下设办公室（组织建设、宣传、后勤）、物资分发组、安全保卫组、医疗卫生组、受灾群众安置组和部队协调组 6 个小组，分别在 1 名县级领导负责下运行。各乡镇也建立临时指挥部，村社设立临时办事点。

玉树大地震发生后，曲麻莱县立即成立由县长尕桑为总指挥的抗震救灾指挥部，下设调查组、后勤保障组、医疗救助组、党员干部突击队、社会各界捐款接收组等 9 个临时机构。

# 第三章　组织实施

## 第一节　中共中央有关部（委）组织实施

### 一、中央宣传文化部门和主要新闻单位负责人会议

4 月 17 日，李长春主持召开中央宣传文化部门和主要新闻单位负责人会议，强调宣传思想战线要坚决贯彻中央政治局常委会会议精神，坚持及时、准确、全面、客观的原则，认真做好抗震救灾宣传报道工作，大力弘扬伟大的抗震救灾精神，着力营造万众一心、众志成城、迎难而上、敢于胜利的良好氛围，为做好抗震救灾工作提供强大的精神动力和舆论支持。

### 二、中央有关部门负责人会议

4 月 19 日，贾庆林主持召开中央有关部门负责人会议，强调玉树抗震救灾面临着相对特殊的困难和挑战。要坚持一手抓抗震救灾，一手抓团结稳定。进一步发挥统一战线在抗震救灾中的积极作用，各级统战、民族、宗教部门要组织群众、寺庙僧尼开展救灾和自救并向其提供援助，引导各地寺庙、僧尼为死难者念经祈祷活动在当地进行。对国外藏族同胞提出回国奔丧、捐款等要求的，国家驻外使领馆要热情相待，主动介绍抗震救灾和国内的真实情况，了解其合理需求，给予必要帮助。

### 三、中央党的建设工作领导小组会议

4 月 19 日，习近平主持召开中央党的建设工作领导小组会议，要求中央党的建设工作领导小组各成员单位和中央有关部门党组（党委）紧急行动起来，在抗震救灾中充分发挥各级党

委的领导核心作用、各级领导干部的模范带头作用、基层党组织的战斗堡垒作用和共产党员的先锋模范作用，为抗震救灾提供坚强的思想、政治和组织保证。

### 四、中央抗震救灾资金物资监督检查领导小组会议

4 月 19 日，贺国强出席中央抗震救灾资金物资监督检查领导小组会议，强调要按照中央的要求和部署，认真借鉴汶川抗震救灾监督检查工作经验，做好青海玉树抗震救灾的监督检查工作，确保救灾工作规范、有序、廉洁运行，向广大人民群众交出一份明白账、廉洁账、放心账。

## 第二节　国务院有关部（委）组织实施

### 一、国家发展改革委

4 月 14 日 18 时，国家发展改革委召开专题会议，研究部署抗震救灾工作。一是迅速掌握电力、交通、通信、水利等基础设施受损情况，组织好受损设施的抢修维护，并做好灾区生产恢复的准备工作。二是加强煤电油运和应急物资保障，优先保证抢险救灾人员及装备的运输急需。三是保障灾区市场供应，加强价格监管，维护市场秩序和价格基本稳定。

同日，紧急下达中央预算内补助资金 5000 万元专项用于抗震救灾和损毁设施恢复重建。协调国家电网公司为灾区提供应急发电设备等物资，协调中石油集团为灾区紧急调运成品油，4 月 14 日从西宁紧急增运 156 吨、4 月 15 日从格尔木增运 120 吨成品油。

4 月 15 日，国家发展改革委牵头成立基础设施保障和生产恢复组，副主任彭森主持召开第一次全体会议，要求各成员单位按照抗震救灾总指挥部的统一安排，全力做好交通、供电、供水、供气、通信等设施抢险维护工作，保障灾区抢险应急物资供应等重点工作顺利进行。

### 二、教育部

4 月 14 日，教育部召开会议，研究部署玉树地震救灾工作。一是启动教育部自然灾害应急预案，建立 I 级响应机制，组建救灾工作领导班子，下设 8 个工作组。二是要高度重视，坚持救灾第一的原则。三是及时了解掌握灾情及震区需求，尽最大可能给予支持。四是各司局按照职责分工，加强配合协调，共同做好教学恢复、心理康复、对口支援、组织捐助等工作。五是建立救灾值班工作制度。

同日，教育部副部长鲁昕飞抵玉树指挥教育系统抗震救灾，了解学校灾损情况和灾区教育

抗震救灾自救情况，研究、协调解决有关问题。

4 月 18 日上午，教育部召开党组会议暨玉树地震救灾工作领导小组第三次会议，学习传达 4 月 17 日中央政治局常委会会议精神，要求按照中共中央、国务院关于学校复学复课的要求，做好复学复课工作，配合青海省政府和教育厅，帮助解决教师、教室、教材、教具等方面的困难，加快复学复课进度。

4 月 24 日，教育部部长袁贵仁到玉树灾区一线查看灾情、看望师生，部署学校复课、学生异地转移、灾后学校恢复重建工作。

5 月 19 日，教育部副部长陈小娅主持召开玉树灾区学生省外转移安置就学对接协调会议。根据青海省提请的转移人数，在征求相关省、自治区、直辖市意见的基础上，决定将玉树 5074 名学生转移安置到四川、天津、河北、山东、山西、辽宁、宁夏 7 个省（自治区、直辖市），并会同财政部落实对灾区转移安置学生的特别资助政策，确保灾区学生安全顺利地到达接收地，确保安排好学生的学习生活，确保接收地学校教育教学工作的正常进行。

## 三、科技部

4 月 14 日，科技术启动科技救灾应急机制，成立科技抗震救灾领导小组，召开科技抗震救灾专家组会议，听取专家关于防止次生灾害、疫病防治、救援人员高原病防治、鼠疫控制、灾情评估、灾后重建等方面的建议；启动应急科技项目，支持前期经费 100 万元。

4 月 17 日晚，科技部副部长、抗震救灾工作组组长杜占元主持召开科技部玉树地震抗震救灾工作组第二次会议，传达国务院抗震救灾总指挥部抗震救灾会议精神，要求各级科技部门要发挥科技优势作用，针对跨部门、综合性问题，组织不同领域、不同学科专家，集思广益，综合分析，及时提出有效的技术措施和科学合理的政策建议。要求不折不扣地完成科技部参与抗震救灾工作组第五组——监测组的工作，加强与地震监测组相关单位的沟通合作，完成好监测组的各项任务；加强与青海省科技厅的沟通和联动，及时了解抗震救灾和灾后重建的技术需求，共同开展科技支撑抗震救灾和恢复重建工作。

## 四、工业和信息化部

4 月 14 日，工业和信息化部部长李毅中打电话，要求全力做好抗震救灾有关工作。同日下午，工业和信息化部党组成员、总工程师朱宏任带领相关人员随国务院副总理回良玉专机飞抵玉树，迅速连通灾区与国务院应急办的视频会议系统。启动工业产品应急保障工作预案，制定紧急措施，进行抗震救灾准备。4 月 15 日，向玉树灾区紧急调运发电设备、油料、医疗器械及药品等物资器材。

## 五、公安部

地震发生后，公安部成立前方指挥部和后方指挥部，统一协调公安机关开展抗震救灾工作。公安部指挥中心与青海省公安厅指挥中心、玉树县公安局随时保持联系，及时了解现场最新情况，准确研判灾情，统筹协调组织全国公安机关参与抗震救灾。同时，公安部前方指挥部迅速建立现场指挥体系，畅通指挥渠道，随时保持与公安部后方指挥部的联系，全力组织开展人员救援及社会面治安防控工作。

4 月 14 日，公安部副部长黄明陪同国务院副总理回良玉乘专机飞赴灾区，担任现场公安各警种统一指挥，负责灾区社会治安维稳工作。

4 月 15 日，国务委员、公安部部长孟建柱陪同中共中央政治局常委、国务院总理温家宝到达灾区视察，深夜到公安部指挥部治安组，听取工作汇报，研究急需解决的事项；副部长刘金国多次作出重要批示，在部指挥中心统筹协调；副部长陈智敏 4 月 26 日飞抵灾区指导维稳工作。公安部在灾区一线成立前方工作组，协助青海省公安厅前线指挥部开展维护治安秩序和协调外地支援警力等工作。

为加强抗震救灾交通应急管理，公安部还紧急部署青海及周边地区立即启动应急机制，加强对通往灾区道路的管控，为运送抗震抢险救灾人员、物资、装备车辆提供交通保障，确保抗震救灾车辆优先通行，确保救援人员、物资运得进来，危重伤员送得出去。

为确保灾区社会治安稳定，公安部前方指挥部积极组织协调各警种，在组织救援工作的同时，全力开展社会面治安防控工作，确保救援人员安全，并加强对重点目标的守护和重点区域的巡逻，坚决制止和查处哄抢物品、趁火打劫等违法犯罪行为。

## 六、国家减灾委、民政部

4 月 14 日 8 时 30 分，国家减灾委、民政部紧急启动国家Ⅳ级救灾应急响应，根据灾情发展，12 时将响应等级提升至Ⅰ级。4 月 14 日晚，牵头成立国务院抗震救灾总指挥部群众生活组，建立工作制度，做好抗震救灾工作。与铁道部、民航局、总参谋部作战部迅速启动救灾联动机制，紧急从天津、沈阳、郑州、武汉、西安 5 个中央救灾物资储备库向青海灾区调拨 5000 顶棉帐篷、5 万件棉大衣、5 万床棉被。

## 七、财政部

4 月 14 日，财政部紧急下拨救灾资金 2 亿元用于抢险救灾、受灾群众转移安置和生活救助、伤员救治、卫生防疫等工作。

4 月 18 日上午，财政部部长谢旭人主持召开部长办公会议，要求把紧急救援工作摆上突出位置，确保不因资金问题影响各项抗震救灾工作开展，同时加强对抗震救灾资金和物资使用的监管。4 月 20 日，财政部再次下拨救灾资金 3 亿元。

## 八、人力资源社会保障部

4 月 16 日，人力资源社会保障部副部长张小建召集有关司局紧急研究部署支持抗震救灾工作，成立以副部长胡晓义为组长的抗震救灾领导小组。筹措资金 160 万元用于灾区人力资源和社会保障系统抗震救灾。

## 九、国土资源部

4 月 14 日，国土资源部部长徐绍史打电话询问地震情况，要求尽快调集玉树周边的地质队伍抢救群众，派遣小分队调查灾情；成立抗震救灾领导小组，部长徐绍史任组长，副部长鹿心社、汪民任副组长；启动救灾应急预案，决定从陕西省国土资源系统、甘肃省国土资源系统、中国地质调查局调集 100 多名专业人员连夜赶往灾区，与先期到达灾区的青海省国土资源系统专业技术人员一道，开展地质灾害应急排查和受灾群众临时安置点选址评估等工作；从国家测绘局、中国地质调查局航遥中心调集 5 架航遥飞机连夜赶赴灾区，拍摄震后遥感照片，为国务院抗震救灾总指挥部以及救灾临时机构提供相关资料；委派副部长汪民到达玉树现场指导工作；国土资源部地质灾害应急中心 3 人专家组、中国地质调查局 6 人工作组紧急赶赴地震灾区。

4 月 16 日上午，国土资源部召开抗震救灾领导小组第二次会议，要求加强综合协调，做好地震灾害排查、应急找水打井、影像数据服务、地质变化分析研究等工作。

4 月 17 日 20 时，国土资源部连夜召开抗震救灾领导小组第三次会议，要求进一步加快速度，做好地质灾害隐患排查、基础信息资料服务、受灾群众临时安置点选址、灾后恢复重建规划选址及用地保障、灾区打井找水以及救援人员安全防护等相关工作。紧急征调 1 台饮用水应急救援车送达玉树灾区，缓解灾区群众饮水困难。

5 月 24—25 日，徐绍史到玉树地震灾区查看灾情，看望慰问干部群众，部署有关灾后重建工作。

## 十、环境保护部

4 月 15 日，环境保护部组建由 20 名专家和相关人员组成的应急救援队赶赴玉树地震灾区，开展环境监测和应急救援工作。紧急采购应急监测物资支援灾区，中国环境监测总站连夜组织采购发货，总价值 580 万余元的便携式气相色谱、生物毒性测定仪、水质仪及帐篷等保障设备，首批物资于 4 月 18 日晚 10 时运抵青海。组织编写《玉树抗震救灾及灾后重建饮用水安全保障技术指南》《玉树抗震救灾及灾后重建固体废物安全处置技术指南》《灾后危险废物和危险化学品清理指南——现场操作手册》，送往灾区指导灾区开展污染防治工作。

## 十一、住房城乡建设部

4 月 15 日，住房城乡建设部有关专家与青海省住房和城乡建设厅专家组 13 人到达玉树灾区，对学校、医院、银行、邮局和政府办公楼四类建筑进行应急评估，共评估受损建筑近 29 万平方米。

4 月 18 日下午，部长、党组书记姜伟新主持召开住建部抗震救灾工作会议，要求尽快与有关部委联系，落实派出桥梁检测专家前往地震灾区进行受损桥梁检测评估工作；尽快做好发往灾区移动厕所和吸粪车起运工作；继续做好地震受灾地区公共建筑和普通住宅的受损评估工作。

4 月 24 日，姜伟新到玉树地震灾区查看救灾公共设施运行和建筑垃圾清理情况，了解灾区房屋评估进程，看望住房和城乡建设系统参与抗震救灾抢险救援的专家组成员和救援人员。

## 十二、交通运输部

4 月 14 日，交通运输部决定启动交通运输部抗震救灾一级响应，成立抢险保通、运输保障和综合宣传 3 个工作小组，立即以战时保障方式进入应急状态。部长李盛霖要求青海交通系统千方百计保救灾通道畅通，保救援人员物资运输，保干部职工及家属安全。部党组连夜召开会议要求全力开展受损公路的抢通保通工作，清理公路沿线的塌方和落石，确保救灾车辆和物资车辆安全通行。全力组织开展应急物资运输保障工作。同时，要求青海周边省份做好应急援助准备工作。

14 日晚 12 时，随同回良玉专机同行的交通运输部副部长高宏峰在玉树机场主持召开会议，研究部署玉树机场保障工作。4 月 15 日，交通运输部向青海省交通部门紧急拨付 1000 万元的抢险救灾专项资金，支持玉树灾区开展公路抢通保通工作。

4 月 23 日，交通运输部发出《关于开展向青海灾区捐资公路抢通保通机械设备活动的通知》，在全国交通运输系统和相关大型交通企业中开展向青海灾区捐赠公路抢通机械设备的专项活动。各省交通运输部门和相关交通企业迅速行动，积极响应，截至 5 月 17 日，有 144 台（套）累计总价值 3753 万余元的捐赠机械设备在一线投入使用。

4 月 24 日，交通运输部党组副书记、副部长翁孟勇到玉树灾区指导抢险救灾和公路保通工作，查看震区公路、桥梁、交通附属设施的损坏情况。

5 月 9—10 日，李盛霖到青海玉树考察灾后重建保通工作，看望慰问交通系统干部职工、在抢险救灾中殉职的李德业的家属和武警官兵。

## 十三、铁道部

4月14日，铁道部发布紧急命令，要求各铁路局（公司）对抗震救灾物资运输实行急事急办、特事特办，及时抢运，有多少运多少，以最快速度运抵灾区和最急需的地方；结合正在开展的安全大检查活动，组织对线桥隧涵、通信信号、牵引供电、机车车辆设备设施进行大检查、大整修，确保铁路大动脉安全畅通。成立调度指挥中心救灾台，24小时负责处理救灾物资装车、卸车和运输事宜。

4月16日，铁道部主要领导赶赴青藏铁路公司，部署铁路抗震救灾工作，提出要切实加强组织领导、强化抗震救灾指挥部功能、快速扩充救灾物资接卸和仓储能力、规范抗震救灾物资管理等要求，深入铁路抗震救灾现场指挥部查看抗震救灾物资运输组织情况。

5月12日至6月3日，铁道部、兰州军区、青海省领导先后到青藏铁路公司抗震救灾指挥部、西宁站、西宁站货场检查指导抗震救灾物资运输中转工作。

## 十四、水利部

4月14日，水利部部长陈雷紧急组织有关司局和长江水利委员会开展抗震救灾工作，按灾区的需求，从资金、技术、物资、人员等方面给予支持。同日18时30分，副部长胡四一主持召开水利部工作组专题会议，传达贯彻国务院秘书长马凯在国务院抗震救灾紧急会议上的部署和要求，安排水利部门抗震救灾工作。要求各司局、各单位紧急行动起来，全力做好抢险救援和防范次生灾害各项工作。迅速摸清灾区水利设施受损情况及可能出现的险情，落实排险避险措施，防止次生灾害造成重大损失；启动水利部抗震救灾应急预案；国家防汛抗旱总指挥部办公室等有关部门全力做好水库、水电站、堤防等除险保安工作，受损严重的水库要尽快腾空库容，对可能出现的堰塞湖险情要及时落实排险避险措施；有关部门加强应急值守，掌握水利系统救援工作最新情况和需求，做好前方工作组的支撑和保障工作。

4月15日上午，随同回良玉赶赴玉树震区的副部长刘宁带领国家发展改革委、国家防总、青海省水利厅、青海省水利水电集团公司负责人及大坝水工、地质专家21人，现场查看禅古水电站水库大坝震损灾情及巴塘河、扎西科河上游来水、滑坡垮塌等情况；详细勘查水库大坝坝顶、上游坝坡、下游坝坡、放水闸门及库区岸坡外观和大坝震损等情况，听取电站管理单位和水利部门抗震应急处置情况汇报。经专家现场勘察，一度出险的玉树县城上游的禅古水电站蓄水已基本放空，水电站厂房用电已恢复，放水闸门启闭正常，险情解除。部领导和专家对震后水利部门及时采取开闸放水的措施给予肯定，要求把禅古电站大坝的安全作为第一位的工作来抓，加强检测和监测，科学分析和研判坝体的稳定性，尽快形成除险加固方案；严密防范次生灾害的发生；要抓紧抢修电网帮助电站恢复供电，要把禅古和拉贡两座电站的抢通作为重点，做好应急供电，满足灾区用电需要；坚持应急供水与正常供水系统恢复相结合，水质检测与水源保护相结合，保证灾区群众有干净水喝；要组织力量对水文、水保等设施震损情况进行排查。

4 月 16 日，陈雷主持召开青海玉树抗震救灾及防汛抗旱工作视频会商会议，要求水利部有关单位和部门立即成立 7 个抗震救灾工作组，迅速投入抗震救援，号召全国水利系统向玉树灾区提供技术、物资、人员等援助。按照水利部视频会商会议的具体安排，长江水利委员会副主任陈少军带领水质监测和水源保护方面专家赶到玉树灾区支援供水保通。4 月 21 日，陈雷主持第三次救灾会议，研究灾后重建工作。

## 十五、农业部

4 月 14 日，农业部成立专门机构，负责统筹做好灾区农产品市场供应、价格信息调度、重大动物疫病防控、畜牧业生产、救灾资金和物资保障以及灾后恢复重建等工作。部长韩长赋要求，突出抓好灾区重大动物疫病防控工作，安排应急救灾资金 100 万元，向灾区调拨 2000 件防护服、200 台机械消毒器以及消毒液机、帐篷等应急物资；组成救灾工作组赶往灾区，组织灾情现场勘察和农牧业生产救灾；指导青海省农牧部门组织邻近地区兽医部门应急预备队，支援灾区做好消毒和无害化处理工作；紧急动员农业部重大动物疫病定点联系工作组应急预备队以及青海周边省份动物防疫应急预备队，筹集应急防疫物资，做好支援灾区动物防疫的各项准备；强化疫病防控工作。与卫生、军队有关部门联系，对动物防疫工作作出部署，防止出现鼠疫、炭疽等人畜共患病疫情；针对高原牧区自然环境对可能发生的次生灾害进行分析，加强应急值守，实行 24 小时值班。4 月 15 日，派出由兽医局、中国动物疫病预防控制中心、中国兽医药品监察所和中国动物卫生与流行病学中心等单位专家组 24 人赶赴灾区展开动物防疫和无害化处理工作。同日，农业部抗震救灾指挥部召开第二次会议，对灾区农牧业救援急需工作作出部署。发出紧急通知，要求青海省各级兽医主管部门和动物卫生监督机构按照《动物防疫法》和国家有关规定，对因灾致死动物和病死动物，严格实行“四不准一处理”（不准宰杀、不准销售、不准运输、不准食用及无害化处理）。要求各地加大对农贸市场、冷库等动物及动物产品经营、贮藏场所的监督检查力度，严厉查处运输、加工、贩卖因灾致死动物、病死动物及动物产品的违法行为，确保地震灾区不出现重大动物疫情安全事件。

## 十六、商务部

4 月 14 日，商务部启动一级救灾应急响应机制，成立领导小组，召开紧急会议，下发通知，要求在有条件的地震灾区迅速恢复商业网点营业，保障灾区群众基本生活需要。安排资金 100 万元，向灾区调运生活必需品等救灾物。4 月 15 日，派商务部驻西安特派员办事处工作组到西宁，就抢险救灾事宜召开工作会议。4 月 16 日，商务部要求青海省、四川省和西藏自治区商务厅组织毗邻地震灾区的餐饮企业赴灾区开展“粥棚献爱心”活动。发挥“万村千乡市场工程”作用，通过流动售货车、帐篷商店等方式做好灾区商业生活物资应急供应。

4 月 22 日、23 日，商务部组织支援的 35 顶帐篷商店、50 间板房商店、30 辆流动售货车抵达玉树，向受灾群众销售商品，带动灾区个体经营户恢复经营，稳定市场价格。4 月 27 日，商务部支援灾区的第二批 24 辆流动售货车到达玉树。

## 十七、卫生部

4 月 14 日，卫生部组建卫生部青海省玉树地震卫生应急领导小组，由卫生部部长陈竺和党组书记张茅任组长，派出卫生部前方工作组。随后紧急召开会议，传达贯彻国务院紧急会议精神，研究部署医疗卫生救援工作，同时与总后勤部卫生部紧急会商，启动了军地医疗卫生力量协调联动、优势互补的医疗救援协作机制。

迅速成立了国务院抗震救灾总指挥部卫生防疫组，启动了自然灾害卫生应急Ⅰ级响应，确定了“高度重视、协调配合、迅速应对、科学处置”的原则，紧急调动全国医疗卫生力量，千方百计抢救伤病员，全力支持地震灾区卫生防疫工作。卫生部及时制定下发《关于做好青海玉树县地震伤员医疗救治与转运工作的通知》《抗震救灾卫生防疫工作方案》等文件。

## 十八、中国人民银行

4 月 14 日，中国人民银行党委书记、行长周小川对抗震救灾工作作出指示，要求总行相关司局了解灾情，研究应急措施，部署抗震救灾工作。同日下午，召开电视电话会议，党委委员、行长助理李东荣传达国务院关于做好玉树抗震救灾工作会议精神，并与人民银行西安分行、西宁中心支行现场连线，部署应急处置工作。成立玉树抗震救灾工作领导小组，及时启动应急预案和应对处置工作，确保重要业务系统安全运行；密切关注当地金融机构受损情况，采取措施，维护当地金融稳定。同时，启动国库业务系统、货币金融系统、中央银行会计集中核算系统等应急预案。

4 月 20 日，人民银行召开抗震救灾电视电话会议，周小川传达国务院抗震救灾指挥部会议精神。要求总行相关司局会同西安分行、西宁中心支行，做好玉树地震对金融部门的灾害影响评估工作，并抓紧研究金融系统在玉树灾后重建的专项政策，帮助灾区尽快恢复生产和生活秩序。

## 十九、国务院国有资产监督管理委员会

4 月 14 日，国务院国有资产监督管理委员会及时下发《关于中央企业做好青海玉树抗震救灾工作的紧急通知》，部署中央企业做好玉树抗震救灾工作，要求全力抢救受伤人员，全力抢修重要基础设施，为抗震救灾提供物资和人员援助，严格值班制度，畅通信息渠道。电力企业、电信企业全力修复受损设施，石油企业积极调配修复成品油；民航企业积极调配运输力量，保障灾区人员、物资运输；中储粮积极调运粮食；中国中铁、中国铁建、中国水电、中国冶金、

东方电气等企业要迅速组织灾区周边队伍，组建抗震救灾救援队，调配救援设备、器材、物资，迅速赶往灾区参加救援工作；地处灾区及附近的中央企业要主动向灾区调运吊车等大型施工设备；有关建筑施工企业要组织抢险队伍参与抗震救灾；航空、运输、物流中央企业要认真做好救灾急需的药品、食品、帐篷、衣被等物资的生产调度。

## 二十、中国地震局

4 月 14 日，地震发生 11 分钟，中国地震局台网中心正式公布玉树地震信息，半小时内将灾情上报中共中央、国务院，并通过传真、短信等方式通知国务院应急办、国家发展改革委、公安部、住房城乡建设部、卫生部、民政部、安监总局等相关部门。中国地震局派出副局长赵和平带 24 人组成的国家地震现场工作队赶赴灾区开展地震现场应急工作。安排青海省、四川省、甘肃省地震局流动观测队伍在震区进行地震流动加密观测，架设 4 台微震观测仪（玉树机场、隆宝国家级自然保护区管理站、玉树县下拉秀镇政府、称多县电信局），将数据传回青海省地震局测震台网中心。

4 月 15 日，中国地震局现场工作队在玉树地震现场展开应急工作

（省地震局　供图）

中国地震局启动国家地震应急Ⅰ级响应，牵头迅速成立国务院抗震救灾总指挥部的抢险救灾组，要求有关地震部门按照要求做好地震救援科技支撑工作，提供灾区信息、地质构造、地球物理、社会影响、遥感分析、灾区快速评估等信息资料。根据国务院指示，下达派遣地震灾害紧急救援队伍的命令，命令国家地震灾害紧急救援队（中国地震局 40 人，66150 部队 60 人携带专业救援装备车 2 台和搜救犬 9 条，武警总医院 30 人）和青海、西藏、甘肃、陕西、宁夏、广东、四川、重庆等地震灾害紧急救援队（公安消防总队）立即赶赴灾区开展抢险救援行动。

启动西北区地震应急救援协作联动工作机制，甘肃、陕西、宁夏、新疆地震局按照西北联动区工作方案，陆续派现场工作队赶赴灾区开展工作，西藏、四川、江苏、浙江、广西、重庆、贵州等省（自治区、直辖市）地震局按照跨区域协作联动工作方案派出现场工作队在灾区开展相关工作。

中国地震局地质研究所等单位派出专家赶赴灾区开展地震现场工作。至 4 月底，在灾区实施救援与检测的地震系统现场工作队员共 200 余人次。

## 二十一、中国气象局

4 月 14 日，中国气象局紧急拨付救灾资金 100 万元支持玉树震区气象部门抗震救灾。同日 16 时 30 分，中国气象局党组书记、局长郑国光，副局长宇如聪，中纪委驻局纪检组长孙先健，与青海省气象局进行视频连线，了解受灾情况，部署抗震救灾工作。

4 月 15 日，郑国光、副局长沈晓农与青海省气象局派往玉树灾区的工作人员通过应急指挥车进行视频连线，要求有针对性地开展预报工作，为各级领导提供精细化的气象预报服务。在外学习的中国气象局副局长王守荣也高度关注灾情，详细了解气象部门状况，并对灾区气象职工表示慰问。4 月 21 日，中国气象局动用 500 万元机动经费，专项用于青海省玉树抗震救灾应急支出。4 月 22 日，中国气象局从应急储备库中调拨活动板房 995 套支援玉树灾区临时过渡安置。4 月 23 日，郑国光与青海省气象局再次进行视频连线，指导抗震救灾工作。4 月 27 日，沈晓农到青海省气象科研所检查抗震救灾遥感监测气象服务工作。

## 二十二、国家测绘局

4 月 14 日，国家测绘局要求各有关单位尤其是在京单位做好供图、提供地理信息数据及技术服务工作；无偿提供急需的测绘资料；调集 7 架无人机前往玉树灾区开展航空摄影；召开党组会议研究部署抗震救灾测绘保障工作，指派国土测绘司司长张燕平连夜奔赴灾区，现场协调指挥抗震救灾航空摄影工作，为国务院应急办、青海省政府应急办等单位提供灾区地图、挂图、电子地图、高分辨率卫星遥感影像、基础地理信息数据。4 月 15 日 22 时至 16 日凌晨，连夜组织对玉树地区 12 幅 1∶25 万公众版地图进行数据提取、拼接、配置，制作完成综合反映区域居民地、交通、地貌、水系等状况的灾区公众版地图，发往灾区用于救援指挥；制作完成玉树灾区抗震救灾交通保障图，提交解放军总后勤部等有关部门并配发给救灾部队使用。4 月 17 日，第一批最新获取的灾区航摄影像和雷达影像传回、带回北京，国家测绘局立即组织国家基础地理信息中心、山西省测绘局等单位连夜对影像数据进行技术处理，制作灾区影像图、地震前后比对影像图及三维地理信息系统。18 日上午，将 1∶2000 玉树县域高分辨率航空灾区震后遥感影像图提供给中共中央办公厅、青海省政府、省抗震救灾指挥部等部门。4 月 19 日上午，国家测绘局航摄组无人机完成对玉树地震灾区的航拍摄影工作，完成 1∶1000 航摄数据采集工作。

## 二十三、国家民航局

4 月 14 日，国家民航局采取措施，保证西宁—玉树空中运输畅通，紧急调派中国国际航空公司等 6 架中型民航客机从北京、广州、昆明、济南、成都等方向满载救援人员和物资于 4

月14日19时20分起陆续抵达西宁机场和玉树机场。

4月15日上午11时，中国民用航空局副局长率领民航局专业技术小组飞赴玉树机场，现场指导协调玉树机场抗震救灾人员物资运输任务。民航西北空管局协调开辟直飞临时航线，确保“空中生命线”畅通，满足救灾需要。

## 第三节　中央军委、解放军四总部组织实施

### 一、应急响应

地震发生后，中央军委和解放军四总部启动应急机制，紧急作出部署，组织部队驰援灾区；适时下发指示，指导军队和武警部队有力有序有效地展开救援行动；加大投入，全力保障部队救援行动和受灾群众生活。

4月14日玉树地震发生后，军委、四总部迅速发出救灾号令，调动部队赴玉树抗震救灾。军委领导和总参谋长陈炳德给兰州军区领导打电话明确任务。总政治部针对救灾实际，在地震发生不久，抽调相关人员组成抗震救灾政治工作应急办公室；4月15日，军委抗震救灾专题会议结束，立即研究提出10条具体措施，派出精干工作组深入一线指导，先后5次发文，部署抗震救灾政治工作。

军委领导在军队有关情况报告上作出批示：告兰州军区、武警部队，要积极主动支援地方抗震救灾，保护灾区人民群众生命财产安全。同时，要做好驻震区部队自身防护工作，及时救治受伤官兵。还要注意社会情况，做好维护社会稳定的相关工作。要求兰州军区与地方政府密切配合，进一步查明灾情，特别是人员伤亡情况。

陈炳德在军队有关情况报告上批示：兰州军区组织就近部队查看灾情、速报。兰州军区党委首长高度重视玉树地区的救灾工作，作了周密安排，及时调动了部队投入救灾。望深入细致了解灾情，全力以赴、积极主动地组织救灾，首先是救人，组织好医疗救治，同时组织好各种保障，主动加强同地方的联系，协调配合做好救灾工作。

总部机关迅速行动，打破常规，“快”字当头，排兵布局，综合值班、空中力量、地面行动、综合保障等8个小组协调一致行动。总后勤部组织医疗队、医疗防疫专家组、方舱医院开赴灾区救援，调集帐篷、药品、食品等大量救灾物资运往灾区。总装备部及时掌握部队救援需求，全力为救灾部队调配补充各种专业救援器材。

依据军委和四总部的号令，各任务部队陆空并进，速奔灾区。截至15日凌晨，动用兵力6390人，其中包括协助勘测灾情的海军某型飞机。

根据军委首长的指示，总参谋部、总政治部向全军和武警部队下发开展抗震救灾工作的紧

急通知，要求抗震救灾任务部队坚决贯彻落实胡锦涛重要指示，以坚强的领导、坚定的决心、坚决的行动，全力以赴支援地方打赢抗震救灾这场硬仗。通知强调，有关大单位要按照军委的部署要求，坚持救人第一、快到为要，抗震救灾需要多少兵力、多少物资，凡是部队能够提供的，要毫不犹豫尽快投入。任务部队要大力弘扬我军听党指挥、服务人民、英勇善战的优良传统，不畏艰险，不怕疲劳，连续作战，尽一切力量、用一切手段搜救被埋群众，最大限度地抢救人民群众的生命。要对灾区倒塌的房屋进行全面搜寻，凡是有生命迹象的地方都要尽最大努力搜救，做到不漏一处。要充分发挥专业救援队伍、工程技术部（分）队的作用，加快搜救速度，提高救援效率。部队医疗卫生系统要迅速派出医疗救护队伍，实施现场救治，确保受伤群众得到及时有效的治疗。通知要求部队想灾区群众之所想，帮灾区群众之所需，解灾区群众之所难，主动配合地方做好受灾群众的救助工作。积极筹措和调运食品、饮用水、衣被、帐篷等救灾物资，解决群众吃饭、饮水、穿衣、住宿等问题；抓紧抢修道路、电力、通信等基础设施，尽快恢复灾区正常生产生活秩序；采取避险措施防范次生灾害，协助地方加强卫生防疫工作，防止给灾区群众造成新的伤害。

4 月 20 日，总参谋部、总政治部联合下发《充分发挥部队抗震救灾突击队作用》的通知。要求部队坚持生命至上、救人为先，不抛弃、不放弃，扩大搜索范围，进村入户包干，军地联合排查每一处倒塌房屋，争分夺秒搜救每一个被困群众，竭尽全力抢救每一个幸存生命。充分发挥军队医疗、心理、运输等专业力量作用，及时有效抢救伤员生命、医治群众病痛，最大限度减少因灾死亡、致残人数。21 日，总参谋部下发《关于落实 27 个重点村镇排查计划事项》的通知，要求任务部队对 27 个重点村镇再次展开拉网式排查搜救。

## 二、政治动员

4 月 15 日，军委主席胡锦涛和其他领导就部队做好抗震救灾工作，分别作指示。同日，中央军委召开紧急会议，传达学习胡锦涛重要指示，专题研究部署部队抗震救灾工作，要求全军和武警部队站在政治和全局的高度，自觉践行全心全意为人民服务的根本宗旨，积极主动、全力以赴投入抗震救灾。要大力弘扬抗震救灾精神和人民军队的光荣传统，不畏艰险，不怕困难，不怕疲劳，坚决完成抗震救灾任务。同日，总参谋部、总政治部下发通知，要求抗震救灾任务部队以坚强的领导、坚定的决心、坚决的行动，全力支援地方打赢抗震救灾这场硬仗，自觉接受党和人民的考验。要求部队大力弘扬解放军听党指挥、服务人民、英勇善战的优良传统，不畏艰险，不怕疲劳，连续作战，抢救受灾群众。

4 月 19 日，总政治部印发《抗震救灾群众纪律》，明确“十不准”要求。4 月 20 日，总参谋部、总政治部印发《关于认真学习贯彻胡主席重要指示，充分发挥部队抗震救灾突击队作用的通知》。强调任务部队要深入做好宣传服务群众的工作，以抗震救灾的实际行动促进民族团结。教育引导官兵严格遵守民族宗教政策，自觉尊重少数民族风俗习惯，模范执行各项群众纪律，遇事讲冷静，处事讲稳妥，办事讲科学，树立和维护威武文明之师的良好形象。广泛开展“学人民、爱人民、为人民”活动，为灾区群众“送温暖、献爱心”，把群众工作做得真切自然、易于接受，真正取得实效。充分发挥战斗队、工作队、宣传队作用，开展“共创灾后临时模范社区”等形式多样的军民联建共创活动，进村入户为群众解难题、办实事、送温暖。大力宣传党和政府灾后重建的决策部署，宣传各族人民全力援助灾区的生动事例，宣传军民同心、重建家园的感人事迹，让藏族群众真切感受到共产党好、祖国大家庭好、“金珠玛米”好。针对部队转入执行灾后重建、清理废墟的后续任务，救灾工作由点向面拓展、人员更加分散、军地联系交往更加频繁的实际，总政治部再次指示，教育官兵要模范遵守党的民族政策，严格执行群众纪律“十不准”，确保不发生问题。同时，组成群众纪律检查监督工作组，对部队执行群众纪律情况进行检查，维护纪律规定的严肃性。

4 月 21 日，为激励部队士气、鼓舞官兵斗志，坚决做好抗震救灾各项工作，总政治部发出通知，印发《军队参加青海玉树抗震救灾斗争战斗口号》。通知指出，当前，青海玉树抗震救灾正处在关键时刻，各救灾部队要紧贴担负任务、紧贴抗震救灾进程、紧贴官兵思想实际，采取多种方法手段，不间断地做好思想动员和现场鼓动，叫响抗震救灾战斗口号，激励官兵大力弘扬解放军听党指挥、服务人民、英勇善战的优良传统，大力发扬伟大抗震救灾精神，自觉践行当代革命军人核心价值观，始终保持高昂战斗士气和顽强战斗作风，全力以赴夺取抗震救灾斗争胜利。

4 月 22 日，在大规模抢救生命财产行动暂告一段落之时，四总部联合向奋战在抗震救灾一线的人民解放军、武警部队官兵和民兵预备役人员发出慰问电，对救援部队官兵表示亲切的慰问，致以崇高的敬意。同日，总政治部印发《军队参加青海玉树抗震救灾宣传教育提纲》。4 月 25 日，总政治部印发指示，对加强干部考察培养、组织干部调整补充、落实干部激励政策、解决干部实际困难等提出具体要求。5 月 3 日，总政治部印发《关于进一步做好抗震救灾政治工作的指示》。

8 月 6 日，胡锦涛在四总部呈报的《军队和武警部队参加青海玉树抗震救灾总结》上作重要批示：军队、武警部队官兵和民兵预备役人员在玉树抗震救灾中，冲锋在前，顽强拼搏，出色完成了各项任务，发挥了主力军和突击队作用，受到了地方各级党组织、政府和各族人民群众的高度赞誉。希望同志们再接再厉，继续努力，为玉树灾后重建再立新功。

## 三、维护灾区稳定

4 月 17 日，陈炳德与青海省领导交换意见时指出：要正确处理救灾、维稳与促进民族团结的关系，在救灾中积极做好群众工作，大力宣传党和政府的关心，严格执行党的民族宗教政策，自觉遵守群众纪律，尊重少数民族风俗习惯，争取包括僧侣在内的广大藏族群众的支持，通过抗震救灾促进军政军民和民族团结，维护社会稳定。

4 月 20 日，胡锦涛在四总部联合工作组《检查调研抗震救灾工作情况》报告上批示：在全面、扎实完成抗震救灾各项任务的同时，要协助地方确保社会稳定。

4 月 22 日，军队抗震救灾指挥协调组印发《深入贯彻落实胡主席重要指示全力做好当前抗震救灾工作》，再次提出维稳工作要求。

4 月 23 日，总参谋部印发《军队和武警部队维护玉树灾区及其他藏区社会稳定预案》，要求兰州军区、联合指挥部认真学习领会胡锦涛和中央军委关于做好维护藏区社会稳定的重要指示，结合部队实际，扎实做好玉树灾区及其他藏区维稳工作，为夺取玉树抗震救灾胜利创造良好社会环境。

## 四、后勤保障

军委领导在总后勤部《坚决贯彻胡主席重要指示精神，进一步做好抗震救灾后勤保障工作情况报告》上批示：抗震救灾不但要靠精神力量，而且要靠物质力量，离开了有力的后勤保障，同样不可能完成抗震救灾任务。一定要遵照胡锦涛的重要指示，突出抓好救治伤员、防疫防病、受灾群众安置、部队和受灾群众饮食保障、物资运输，以及灾后重建的相关工作，为党和国家分忧，让胡锦涛放心。

4 月 15 日，在军委抗震救灾专题会议后，总后勤部部长廖锡龙召集总后勤部有关领导和二级部领导开会强调，要坚决贯彻落实胡锦涛重要指示精神，全力以赴做好抗震救灾后勤保障。既要保障有力，要人给人、要钱给钱、要物给物；又要贯彻落实科学发展观，按实际需求报申请、订计划，做到精确保障。根据廖锡龙指示，总后勤部发出《关于迅速做好青海玉树抗震救灾后勤保障和相关准备工作的指示》，要求各业务部门坚决贯彻中共中央、国务院和中央军委决策意图，积极投入抗震救灾行动中，急事急办、特事特办，高标准按时限完成后勤保障任务。在抗震救灾中，为有关单位、任务部队加大拨款力度，其中分 3 次为兰州军区拨款 7000 万元。

4 月 17 日，总后勤部下达《关于为抗震救灾任务部队补充后勤物资事项》，为任务部队补充后勤物资，其中为兰州军区任务部队补充各类后勤物资 71.87 万台（套）。总后勤部在玉树抗震救灾行动中，先后 4 次向灾区调运高原炊事车 23 台、加油车 20 台、医疗用车 21 台、净水车 13 台、淋浴车 9 台和其他特种保障车辆 12 台，以及被装、给养、卫生、野营等后勤物资 80 余万套（件）。

## 五、装备保障

中央军委委员、总装备部部长常万全要求“建制内、建制外都要保障，只要是救灾所需就全力保障”。总装备部派出前方工作组赴一线指导救援行动装备保障，因地制宜、因时制宜、因事制宜，一切从实际和实效出发，急事急办、特事特办。4 月 19 日、4 月 20 日、6 月 5 日，总装备部先后印发关于为抗震救灾部队补充部分车辆和气象装备、补充抗震救灾所需维修器材机具设备、补充玉树抗震救灾工程车辆装备维修器材的通知。为参加抗震救灾部队调拨补充车辆 18 台；24 种车型的随车附件 4 项、机具设备 29 套、轮胎 7180 套、蓄电池 2900 支等车辆维修器材；工程装备维修器材 45881 件（套）、机具设备 10 种 64 件（套）；防化装备维修器材 5 种车型 1075 件、机具设备 4 种 11 套。总价值 2350 万元。

## 六、军委和四总部领导一线组织指导

4 月 17 日，陈炳德、总参谋长助理戚建国到玉树指导军队和武警部队抗震救灾工作。陈炳德在玉树机场看望正在装卸物资的官兵，要求他们争分夺秒、加快速度，将救灾物资尽快送到受灾群众手中。在玉树与青海省委书记强卫、省长骆惠宁交换意见时，陈炳德强调，救援部队要继续把救人放在第一位，只要有一线希望，就要付出百倍努力，争分夺秒地挽救人民群众生命；要在重点搞好结古镇城区搜救的同时，组织力量全部进入周边 8 个乡镇，进村入户、仔细排查、及时施救，运用先进科技手段和专业力量，提高救援效率；要抓紧转运重伤员，发挥空军大型运输机作用，加快机场周转进度，组织军队医院积极收治，确保受伤人员得到及时有效的救治；要想方设法把急需物资运进灾区，根据灾区需求区分轻重缓急，有序有效运送物资；要协助地方政府做好学校复课、搭建临时医院、保障道路畅通等工作，尽快恢复灾区正常的生产生活秩序。

4 月 18 日，军委领导随胡锦涛赴玉树抗震第一线，看望受灾群众，慰问在灾区一线救援的官兵。要求参加抗震救灾的部队官兵坚决贯彻落实胡锦涛的重要指示，不怕疲劳，连续作战，坚决打赢高原抗震救灾这场硬仗。

4 月 28 日，中央军委委员、总政治部主任李继耐赴青海玉树慰问抗震救灾部队。抵达玉树后，前往受灾严重的结古镇扎西大同村，看望清理废墟的兰州军区和 96351 部队官兵，视察军民共建示范社区；到野战方舱医院慰问医疗专家、医护人员和正在接受救治的受伤群众；在玉树军分区及武警玉树州支队接见抗震救灾中表现出色的玉树军分区司令员吴勇、副政委旦增，武警玉树州支队支队长石华杰，以及部分民兵预备役官兵；在玉树机场看望正在执行物资装卸、运输等任务的空军、68206 部队以及武警青海省总队官兵；向青海省领导赠送军队和武警部队捐助的援建资金。听取军队和武警部队救灾情况汇报，并就下一步抗震救灾工作作出指示。

4 月 24 日，副总参谋长章沁生随国务院副总理回良玉赴玉树灾区视察救灾情况，参加国务院抗震救灾总指挥部现场工作会议，看望慰问四总部前方工作组人员。

5 月 7 日，总后勤部副部长秦银河看望慰问北京军区第 255 野战方舱医院、68060 部队应急兵站、68313 部队等任务部队，现场察看废墟清理点工作情况，集中接见各医疗（防疫）队代表；听取联合指挥部抗震救灾后勤保障情况汇报，对救灾行动后勤保障工作作出指示。

5 月 20 日，总装备部副部长刘胜赴玉树检查指导抗震救灾工作，听取联合指挥部抗震救灾工作汇报。5 月 21 日下午与兰州军区领导交换意见。

# 第四节　青海省委、省政府组织实施

## 一、部署决策

玉树抗震救灾组织指挥实行属地管理为主、分级负责的原则。青海省玉树抗震救灾指挥部负责玉树抗震救灾行动的统一指挥和调度落实；国务院抗震救灾总指挥部和下属各组主要负责制定政策措施，调集资源支持，协调青海省同其他救灾主体的行动；军队和武警部队玉树抗震救灾联合指挥部以及国家相关部委前方指挥部均在青海省抗震救灾指挥部统一组织指挥协调下展开工作。

面对突如其来的灾难，青海省委、省政府迅速决策，成立救灾指挥机构，组织部署救灾行动，在中共中央、国务院坚强领导下，在人民解放军、武警部队的直接参与和全国各族人民的大力支持下，创造出高原高寒地区应对特大自然灾害的奇迹。

接到灾情报告后，青海省委、省政府高度重视，省委书记、省人大常委会主任强卫，省委副书记、省长骆惠宁立即给玉树州负责人打电话了解灾情，作出指示，部署抗震救灾工作。

4 月 14 日 9 时，省委、省政府召开抗震救灾紧急会议，部署抗震救灾和应急处置工作，强卫、骆惠宁分别对应急处置工作提出具体要求。

强卫指出，玉树州抗震救灾工作要明确现场的主要负责人，把州、县的干部队伍组织起来，明确分工，明确每一个部门和每一个人的职责；要尽快摸清情况，保证信息畅通，到底哪里灾情最严重，要把准确情况报上来；第一时间组织专业救援队、医务人员等到一线抗震救灾，把灾害损失减少到最低程度。

骆惠宁要求，立即组织解放军、武警部队、民兵预备役和医疗卫生等专业应急救援队赶赴灾区，全力抢救伤员和被困群众；抓紧向灾区运送食品、饮用水、药品和帐篷以及防寒衣被，确保灾区群众有饭吃、有衣穿、有干净水喝，有临时住所；迅速组织力量抓紧抢修受损设施设备，特别是要尽快恢复灾区的水电、交通、通信等设施，确保与玉树机场的通信联络；严密监测地震灾情，采取有效措施，强化预报工作。同时，要坚决防止垮坝、滑坡等次生灾害的发生，不能造成新的伤亡；切实做好稳定人心和宣传报道工作。

4 月 14 日 10 时，省委、省政府紧急启动《青海省自然灾害救助应急预案》，并实施 I 级应急响应。省玉树抗震救灾指挥部各成员单位立即进入 I 级响应实战状态。

4 月 14 日 11 时 30 分，强卫主持召开十一届省委第九十二次常委会会议，部署抗震救灾工作。会议明确，灾区各级党委、政府及省直有关部门要紧急行动起来，把抗震救灾作为当前的首要任务来抓，不怕困难，全力抢救伤员，切实保障灾区人民群众生命安全，尽最大努力把地震灾害造成的损失减少到最低程度；组织人民解放军、武警和医疗卫生人员，尽快赶赴灾区，全力抢救受伤人员；千方百计向灾区调运食品和帐篷、防寒衣等救灾物资，确保灾区群众有饭吃、有衣穿、有临时住所；组织力量抓紧抢修受损的基础设施，尽快恢复公路、通信、通电和供水，要严密监测地震灾情，采取有效措施，防止次生灾害发生，同时要科学组织救灾工作，防止造成新的伤亡；做好舆论引导和稳定人心工作。

4 月 14 日中午，强卫代表省委、省政府向全省发出号召：人民解放军和武警部队官兵、公安民警要立即行动起来，抢救生命，救治伤员，保护人民！全省广大领导干部要立即行动起来，坚守抗震救灾的各个岗位！全省广大共产党员要立即行动起来，勇敢投身抗震救灾中，冲锋在前，发挥作用！全省各族群众要立即行动起来，全力以赴支援灾区抗震救灾，共克时艰！

4 月 14 日，省政府召集相关部门召开玉树抗震救灾紧急部署会议，省委常委、常务副省长徐福顺，副省长张建民出席并讲话。

## 二、省委、省政府领导现场指挥救灾

4 月 14 日，强卫、骆惠宁在省会西宁部署抗震救灾工作后，骆惠宁于 15 时 20 分乘专机抵达玉树县结古镇，现场指挥抗震救灾工作；16 时 20 分，强卫乘专机抵达玉树县结古镇，现场指挥抗震救灾工作。

在飞机上，骆惠宁听取有关部门和部队的汇报，进一步了解灾情。骆惠宁指出，这次抗震救灾工作时间紧迫，责任重大，任务艰巨，各级党委、政府要把保护人民生命财产安全放在第一位，全力做好被困群众的抢救和受伤群众的救治工作，安排好受灾群众生活，全力组织恢复受损的基础设施，特别要抓紧通电、通路、通水，保证通信畅通，保证重要基础设施和水库大坝、公路涵洞的安全，保证社会秩序的正常。骆惠宁抵达玉树机场后随即乘车前往受灾最严重的结古镇，到西杭村、禅古村、甘达村、州武警支队、西北牛宾馆、客运公司、州体育场、扎西科赛马场等伤员和受灾群众安置点察看灾情，指挥救人，了解伤员抢救情况，慰问受灾群众。

4 月 15 日凌晨 1 时，强卫到玉树州救灾物资发放点，了解救灾物资发放情况。随后，到玉树州人民医院，看望被救人员的治疗情况。凌晨 2 时，到玉树州妇幼保健医院和结古镇扎曲南路的受灾点，看望慰问受灾群众和正在全力抢救伤员的消防队员。中午，到坐落在结古镇南面山坳里的玉树县下拉秀镇加吉娘移民村，给抗灾救人的党员干部授予党旗和党员突击队旗。强卫要求，全省广大党员在这次抗震救灾斗争当中，一定要发挥共产党员的先锋模范作用，团结带领全省各族人民把这场抗震救灾斗争进行到底，夺取最后的胜利。

4 月 17 日，强卫先后到重灾区扎西大同村、西杭村、当代村，查看灾情，看望受灾群众，了解救灾物资发放等情况，在当代村看望参加抢险救灾的成都特警。接受中央电视台记者专访。骆惠宁先后到玉树州综合职业学校、玉树第一民族中学、扎西科赛马场，看望受灾群众、师生和参加救援的武警、特警及消防官兵。

4 月 19 日上午，强卫到距结古镇 70 千米的隆宝镇，沿途逐村查看受灾情况，看望和安抚受灾群众，慰问抗震救灾一线的基层党员干部和部队官兵，检查指导抗震救灾工作。16 时，强卫主持召开抗震救灾各支援单位负责人会议，传达胡锦涛视察灾区重要讲话精神。21 时 45 分，强卫到抗震救灾新闻媒体人员驻地，看望各媒体记者，鼓励广大新闻工作者以高度的政治责任感，全力投入抗震救灾新闻宣传工作中，为夺取抗震救灾的最终胜利做贡献。同日，副省长王令浚出席玉树地震灾区商业网点恢复正常运营工作启动仪式。

4 月 21 日，根据国务院安排，青海省举行哀悼会，悼念“4·14”地震遇难者。在震中结古镇，省党、政、军领导，州、县、乡各级干部代表，结古地区学生、群众、宗教界代表，支援玉树抗震救灾的解放军指战员、武警官兵、消防战士、公安民警、医务工作者、青年志愿者、工程救援人员代表 1000 余人参加悼念活动。强卫在悼念仪式上讲话，玉树州委书记贾应忠致悼词，州长王玉虎主持悼念仪式。在省会西宁，各族各界代表在新宁广场集会，省委、省人大、省政府、省政协、省军区、武警青海总队领导及社会各界群众代表近万人参加，深切哀悼在玉树地震中遇难的同胞。骆惠宁致悼词，徐福顺主持悼念活动。

4 月 21 日，强卫接受中央电视台《面对面》栏目专访，并到结古寺看望慰问僧众，到玉树县新寨村和巴塘草原的两个救灾物资转运点了解物资点建设及物资调运情况。省政协主席白玛到玉树，在结古镇西杭村、扎西大同村以及禅古寺等指导抗震救灾。

4 月 22 日，强卫看望慰问济南军区和北京军区野战方舱医院官兵，对野战方舱医院官兵在地震发生后火速集结、赶赴地震灾区、迅速开展医疗救治工作给予高度评价和感谢。14 时 30 分，强卫致电省电力公司总经理王怀明，转达回良玉对国家电网青海公司在玉树不幸殉职的抢修队队员杜金玉的深切哀悼和对其家属的慰问。强卫代表省委、省政府，向杜金玉表示悼念，向其家属表示慰问；向奋战在玉树抗震救灾一线的干部职工表示最诚挚的慰问和最崇高的敬意。下午，在玉树县扎西科赛马场的囊谦县、曲麻莱县受灾群众集中安置点，强卫和干部群众交谈了解救灾情况，翻看受灾群众登记和统计表、物资发放点，详细了解受灾群众安置和物资发放等情况；到玉树州综合职业学校、玉树第一民族中学，察看由兰州军区支援建设的帐篷校舍。

## 三、青海省玉树现场指挥部会议及组织指挥

4 月 14 日夜，骆惠宁在结古镇主持召开青海省玉树现场指挥部第一次会议，就贯彻落实回良玉 4 月 14 日傍晚在玉树视察时所作指示精神，紧急部署抗震救灾工作。按照国务院抗震救灾指挥部下设的 8 个组，调整省抗震救灾内部机构，也设 8 个组，明确各小组负责人和组成人员。强卫出席省玉树抗震救灾现场指挥部第一次会议并讲话。会议要求将受灾地区分成 19 个片区（扎西科、民主路南、民主路北、禅古、隆宝镇、新寨村、甘达村、果青村、仲达村、安冲村、巴塘乡、小苏莽乡、下拉秀镇、上拉秀乡、哈秀乡、扎西大同村、当代村、西杭村、

红卫村），由玉树州委、州政府立即明确各片区负责人，并指定专人和指挥部联系；组织力量连夜开展抗震救灾，任务和责任落实到人。科学合理配置抢救力量，抓紧救人，把已经到达的专业救援队伍配置到重灾区，迅速救人；4 月 15 日，把陆续到达的救援力量配置到各灾区。迅速调配水、电、路基础设施抢修力量，制定抢修恢复的具体时间表，确保灾区道路畅通。新闻宣传工作做到准确、及时、公开，加强宣传和舆论引导，特别注意典型事迹宣传；采取各种措施，宣传各级的抗震救灾部署和措施，稳定人心，激发群众抗震救灾的信心。省、州、县的指挥系统要高度整合。州、县要派干部分别加入各类救援抢险队伍中，担任联络员、向导员，做到上下联动，左右衔接，形成合力。立即安排省抗震救灾指挥部和 8 个工作组的工作地点，4 月 15 日早晨挂牌办公，统一集中组织协调抗震救灾工作。省抗震救灾现场指挥部每天召开不少于一次碰头会议，汇总分析情况，协调解决问题，部署抗震救灾各项工作。

4 月 14 日，青海省玉树抗震救灾指挥部下发《关于集中采购救灾物资的紧急通知》《关于玉树周边州组织救援队伍赴玉树救灾的紧急通知》《关于紧急启动省级粮食应急预案通知》《关于做好救灾物资调运的紧急通知》《关于向玉树地震灾区迅速增派应急救援队伍的紧急通知》《关于确保省内外通往玉树道路交通畅通和油料供应工作的紧急通知》《关于西宁指挥点人员分工的紧急通知》《关于救援人员到达情况的紧急通知》《关于紧急抽调省级机关车辆的通知》，为实施救援提供依据和制度保障。

4 月 15 日夜，骆惠宁在结古镇主持召开青海省玉树抗震救灾现场指挥部第二次会议，对抗震工作任务进一步细化。关于抢险救灾工作，要求抢险救灾组会同玉树州，进一步在结古镇明确标出由消防、地震专业救援力量施救的地点，连夜开展生命探测，每个点安排州、县专人负责联络，确保 4 月 16 日清晨依据新调整的重要施救地点，组织消防等专业救援队伍和已经到达结古镇的 42 台大型机械展开突击救人。玉树州对涌巴塘滑坡地段设置警戒线，立即转移滑坡体下部居住人员。省军区安排 6 个连的兵力，对除结古镇、隆宝镇、安冲乡外的玉树县其他 6 个乡，连夜行动，逐村逐户开展人员施救等工作。加快结古镇定点供水工作，要在 4 月 22 日前抢通 5 ~ 6 个供水点，请求水利部组织专业队伍和水利检测设备，对禅古水库受损检测给予支持。抓紧抢通结古镇电网线路，一周内要保证医疗救护点、群众集中场所的

4 月 15 日，青海省玉树抗震救灾指挥部在玉树县结古镇召开现场指挥部第二次会议，部署抗震救灾工作　　（省水利水电集团　供图）

供电。强卫出席会议并讲话。

4月15日，省政府办公厅下发《关于支援玉树灾区抗震救灾的紧急通知》《关于抓好当前工农业生产和社会稳定各项工作的紧急通知》。青海省玉树抗震救灾指挥部下发《关于境外记者采访灾区服务管理的意见》《关于为唐山市和攀钢集团抢险救护队、绵阳市应急志愿服务队赴玉树救灾提供全力支持的紧急通知》《关于防范和应对地震灾害次生环境污染事件的紧急通知》，青海省玉树抗震救灾物资集中采购工作协调小组办公室紧急下发《关于玉树抗震救灾物资紧急采购有关事宜通知》，进一步规范玉树地震灾区抗震救灾工作科学、依法、紧张、有序推进。

4月16日16时20分，强卫主持召开青海省玉树抗震救灾现场指挥部第三次会议，研究贯彻落实温家宝和回良玉在玉树灾区视察、指导抗震救灾工作时的重要指示精神，部署抗震救灾的具体工作。骆惠宁、齐玉、张光荣及指挥部各成员参加会议。强卫强调各级党委、政府要进一步统一思想，明确目标和任务，抗震救灾指挥部各成员单位要进一步保持清醒头脑，加强对抗震救灾工作的组织领导，切实落实工作职责，严格工作责任制，强化统一协调，进一步将抗震救灾工作从紧急状态向有序状态转变，实现有序、科学、依法抗震救灾。要坚持以人为本，围绕受灾群众的抢救、救助、安抚，继续加强被埋人员的搜救工作。骆惠宁指出，抢险救援单位要充分发挥专业力量和大型机械的作用，继续突击施救被建筑物掩埋有生命迹象的人员，并加快找到遇难者遗体，为下一步工作创造条件。为增强施救工作的有效性，要按建制向工程救援队配置懂藏语的干部，提出施救被建筑物掩埋人员及清理废墟需调用部队大型机械和工程兵、汽车兵员清单，提请兰州军区协调。玉树州要广泛发动群众，提供可能失踪或被建筑物掩埋人员的亲戚朋友的信息，并公布抢险救援单位的联系方式和联系电话。要先抢修供水主干线，在4月20日前完成重点临时安居点的供水，除结古镇外的玉树县8个乡镇要从4月17日开始进行水源勘查，通过打井解决供水问题。尽快健全基层组织，并充分发挥作用；要迅速恢复行政组织和群众自治组织，配强带头人，可抽调部分机关干部下去任职或担任临时指导员，夯实基础，把握主动。全体公务员特别是党员干部，必须在规定时间内报到接受任务，除被批准的外，要在两日内报到，对无特别理由逾期不报到者要按党纪政纪严肃处理。要保证通往灾区的道路畅通和安全，省道要实行途经地区负责制和地区与交通管理、运输管理部门共同管护，既要保持道路畅通，又要及时维护保养。在进玉树的路口增设标识指示牌。指挥部要立即下发紧急通知对交通通畅提出要求。强化宣传工作，营造良好氛围，要坚持正面引导，增强灾区群众对抗震救灾和重建家园的信心；在居民集中安居点可采取板报、公告等形式，把党和政府的抗震救灾政策措施宣传到位，要抓紧调配收音机、电视机；广播宣传车要加大藏语宣传力度，让受灾群众随时听到党的声音；要发挥基层干部的作用，加强工作性宣传；宣传部门要扩大抗灾报纸等宣传刊物的发放，通过空投报纸和加印有关抗震救灾专刊，及时把有关情况和信息传播到受灾群众中。4月17日，由指挥部举办中外记者新闻发布会，指挥部各工作组长要认真准备，客观准确介绍抗震救灾的各方面工作情况。在地震发生的第七天，设立遇难者哀悼日，由省委办公厅负责制订哀悼活动方案，有序开展遇难者悼念活动。调整兵力部署，切实维护社会稳定，随着抗震救灾工作进一步由紧急状态向有序状态转变，兵力部署要按人员搜救、保障物资安全、维护社会治安、清理废墟、搭建帐篷的顺序，适当作出调整。要维护交通秩序和生活秩序；要在集中安居点建立警务室，并加强对重点部位的警戒力量；要加强情报战线工作，防止境外敌对势力和分裂势力的干扰破坏。全面落实党的民族宗教政策，妥善处理各种人民内部矛盾，防止矛盾激化和引发不稳定因素。强化指挥体系建设，坚持统一高效指挥，要进一步充实完善指挥部机构，在已有 8 个工作组的基础上增设组织纪检组。指挥部各成员单位和各工作组要继续履行好各自职责，按照职责分工，主动做好相关工作的对接，抓好指挥部安排的各项工作任务的落实，切实把各项工作任务和措施落到实处。综合组要做好信息、简报、专报工作，加强各方面的沟通和衔接协调。要实行工作报告制度，各工作组要于每日下午 5 时向综合组报告当天的工作进展情况。要有长期作战的准备，加强指挥部各工作组的人员和力量调配，适当增加工作人员。要做好两套工作力量的准备，定期轮换。要逐步改善指挥部的工作生活条件，配备必要的办公和生活设施及用品，增强指挥部的持续工作能力。

4 月 16 日，徐福顺召集在西宁的省委、省政府抗震救灾领导小组成员和西宁指挥点副指挥长、省政府副秘书长召开紧急会议，学习贯彻落实温家宝、回良玉的重要指示，以及国务院抗震救灾总指挥部、青海省玉树抗震救灾指挥部联席会议精神，就有关紧急事项进行深入研究，部署下一步工作任务，集中形成 10 条具体落实措施。尽快研究制定灾区学生复课的实施方案；尽快制定灾区金融工作指导意见，督导金融机构做好各项金融服务工作，确保灾区金融秩序的稳定，确保受灾群众人心稳定；加强玉树指挥点新闻中心力量，负责加强现场新闻发布；负责加强对现场记者服务管理。加强灾区保通电工作，保障灾区重点机构、重点部位发电和供电的有序稳定，扩大供电范围，并督导省电力公司等单位加快电网抢修，力争尽快恢复玉树县城及周边乡镇、村的供电。加紧灾区打井采用地下水工作，抢修恢复灾区水利设施，尽快对灾区水库大坝进行技术鉴定。加强抗震救灾工作的督查督办，确保指挥部各项决策部署的跟踪落实。

4 月 16 日，青海省玉树抗震救灾指挥部下发《关于贯彻落实国务院抗震救灾指挥部、青海省玉树抗震救灾指挥部联席会议精神的决定》《关于切实保障玉树地震灾区道路畅通和安全的紧急通知》《关于救援人员到达情况的紧急通报》《关于 96351 部队救援队即赴灾区参加救援的命令》等文件，进一步规范抗震救灾工作。

4 月 17 日，骆惠宁主持召开青海省玉树抗震救灾现场指挥部第四次会议，听取指挥部各成员单位关于落实指挥部第三次会议精神的情况汇报和下步工作安排意见，并安排部署抗震救灾的具体工作。强卫、齐玉、张光荣、赵建中及指挥部各成员参加会议。强卫要求进一步强化责任制度，狠抓工作到位，切实把抗震救灾的各项工作落到实处。骆惠宁安排 9 项具体工作。部队派兵力对一些灾区垃圾进行突击清运，集中清运后，由玉树州负责经常性保洁。新闻宣传重点是救援被困群众和安排好群众生活，要系统报道各方参加抗震救灾的情况，突出报道抢险救援一线和基层干部的典型。要高度关注最近发生的四川佛学院 5 名僧侣沿途抛撒救灾物品的现象，玉树州宗教部门要出面开展引导工作。在西宁设立军地地面物资导运中心，加强和统一组织救灾物资向灾区运送。省军区协调空中支援，完成国家测绘局在灾区开展 1∶2000 航测。

指挥部增设审计组，加强对抗震救灾物资和资金使用情况的有效监管。指挥部各工作组每日下午5时前，向综合组报告当天工作进展情况。

青海省委书记强卫（左一）在玉树地震灾区组织救灾
（省公安消防总队　供图）

4月17日，青海省玉树抗震救灾指挥部下发《关于集中力量解决学校活动板房储运的决定》《关于玉树地震灾区银行业金融机构办理支付结算业务有关事项的决定》《关于做好地震灾区垃圾处理和厕所设置工作紧急通知》《关于严格控制非直接抗灾救援人员和车辆进入灾区紧急通知》《关于西宁机场航班协调领导小组统筹协调铁路运达救灾物资转运工作的紧急通知》《关于采取措施恢复灾区正常商业活动的紧急通知》，进一步规范救灾工作。

4月18日晚，强卫主持召开省玉树抗震救灾现场指挥部第五次会议，传达贯彻胡锦涛视察玉树地震灾区时的重要讲话精神和中央政治局常委会会议精神。强卫就贯彻胡锦涛讲话精神，做好下一步工作提出5点要求：要继续全力以赴抢救生命、救治伤员。要把救人作为第一位的任务，坚持不放弃、不抛弃，只要有一线希望，就要付出百倍努力去抢救生命。进一步科学组织救援力量，加大力量投入，扩大搜索范围，逐村逐户排查，确保不留死角，确保不放弃一个人。切实加大交通整治力度，确保运输畅通。要认真做好群众工作，党员、干部要成为广大群众抗震救灾的主心骨。加快基础设施恢复步伐，加大生态环境保护力度。要抢时间、抢进度、保质量、保平稳，争取早日全面恢复基础设施，为抗震救灾和灾后重建奠定坚实的基础。加强宣传思想引导，切实维护社会稳定。灾区社会稳定出现了一些苗头性、倾向性的问题，必须引起高度重视。要加强情报信息工作，加强社会治安综合治理，坚决防止出现影响社会稳定的重大事件。群众慌乱的情绪渐渐稳定下来，但焦躁不安的情绪容易滋生蔓延，一些影响团结稳定的矛盾和问题也容易产生。要进一步加大民族政策的宣传力度，加大民族团结的建设力度，加大中共中央、国务院和全国各地关心、支持、帮助灾区的宣传力度，把广大群众的思想引导好，把广大群众的力量凝聚好。骆惠宁就进一步做好抗震救灾工作作具体部署。进一步全力搜救被困人员，按照19个片区划分的工作职责，各片区对搜救范围实行网格化管理，做到不漏一处；从废墟下救人已经到了冲刺阶段，如果哪一片的搜救出现遗漏，要追究责任；要注意宾馆、饭店等公共场所被掩埋人员的搜救；教育部门要加强对学生和教师的查找，特别要加强对第三完小学生和教师的查找工作。从4月19日开始，对新搜救出来的人员，由民政部门负责登记、造册。进一步恢复基础设施，加快推进集中定居点的供水工程；提高灾区通信保障水平；继续实行公路途经地区负责制和地区与交通、运管部门共同管护，加强结古道路疏通工作，继续保通。继续研究在西宁设立军地地面物资导运中心建设问题。民航部门协助国家有关部门加快玉树机场夜航设施建设。财政部门对抢修恢复量大的水利水电工程预拨资金。省发展改革委会同电力部门协调国家发展改革委，请求增调3000千瓦柴油发电机组及所需柴油。省交通厅会同建设厅负责摸清在玉树的大型机械设备能力，为适时清理废墟、灾后重建做好准备。进一步做好复课工作，4月底前后灾区各校都要开始复课，注意加强对受灾学生的心理疏导，省发展改革委和教育厅协调国家发展改革委、教育部，请求帮助解决课桌凳、活动板房、课本、教学用具等问题。进一步做好社会稳定工作，由省公安厅负责，武警配合，在进入玉树的重要交通口设卡，对所有进入玉树的非直接救灾人员及车辆进行检查劝阻。要严格遵守和落实党的民族政策，尊重民族风俗习惯，促进民族团结，要把玉树当地寺院和僧侣参与抗震救灾的积极性保护好引导好，省委统战部负责向中央统战部报告，请求协调四川等周边省区统战、宗教部门到玉树，做好各自省区近日涌入玉树的僧侣的劝返工作。有关部门要加强情报信息搜集工作。玉树要按行政区划组织基层群众成立巡逻队，维护社会治安。进一步加强宣传思想工作。州、县、乡和救援单位要注意做好群众的宣传思想工作，把群众的注意力引导到重建家园上来。宣传组要安排发出劝阻非直接救灾人员进入灾区的信息。新闻发布要增加生态环境保护内容，由省环保厅会同玉树州做好准备工作，由宣传组安排发布。进一步加强指挥系统自身建设。要合理划分省抗震救灾指挥部的办公、住宿布局。要迅速建立州县干部临时办公、生活区。抗震救灾工作中的具体问题，由省抗震救灾指挥部各工作组与玉树州直接沟通，以提高效率。加强指挥系统的后勤保障工作，地方提需求，请联合指挥部给予支持，保障工作要覆盖省、州、县指挥系统。同时，各参救单位要从玉树的气候环境条件出发，关心爱护所有救灾人员，科学地组织开展救援工作。地震监测组进一步加强地震灾害监测和预防工作。审计组迅速布置对救灾物资款项的审计工作，民政部门对参与救援部队和有关单位进行慰问。

4月18日，青海省玉树抗震救灾指挥部下发《关于做好玉树震区民族文化遗产保护工作的紧急通知》《关于做好西宁口岸外援人员、物资入关检验的紧急通知》，对保护民族文化遗产进行规范。省双拥工作领导小组发出《慰问信》，慰问奋战在玉树抗震救灾一线的人民解放军和武警部队官兵。同日，副省长王令浚在玉树召开会议，专题研究部署恢复灾区商业网点正常运营工作。

4月19日19时30分，强卫主持召开省玉树抗震救灾现场指挥部第六次会议，部署12项具体工作。关于学校复课所需大帐篷由教育部门报计划，民政部门按计划配送。加强军地用兵协调。大型机械设备按19个片区配备，由建设厅、交通厅提出配备计划安置点功能区划。抗震救灾和灾后重建工作更多任务将由州、县、乡来承担，参加救灾工作的省直部门要更加注意调动好发挥好地方干部的积极性，加强传帮带，多出主意，多给服务和支持，以提高他们的能力和水平。

4月19日，青海省玉树抗震救灾指挥部就文物和非物质文化遗产保护工作发出紧急通知。迅速成立玉树州委、州政府文化遗产抢救保护工作领导机构，明确责任人并制订抢救、保护计划。迅速组织人员，在确保人员安全的情况下，深入现场摸清灾区文化遗产受损情况。对受损的国保、省保、县保单位及在第三次全国文物普查中新发现的文物点、非物质文化遗产保护项目和国家级传承人要实施抢救性的保护措施，力争将损失降到最低程度。加强对文物的日常巡查，特别要加强重点部位的检查力度，积极配合有关部门进行安全检查，对出现险情的建筑，要立即停止向公众开放。要加强对文物保护单位和文化系统干部职工的安全防范意识教育，要求认真做好文化遗产保护的各项工作。

4 月 20 日夜，强卫主持召开省玉树抗震救灾指挥部第七次会议，重点强调 6 个方面工作：继续开展重点搜救，在大规模搜救活动告一段落后，还要进行 3 天的全面搜救，要突出重点，科学搜救，确保不留死角。玉树州要分析成功搜救的案例，总结经验，找出死角；各部队和救援队要依据州上提供的分析结果，有重点地开展搜救工作。全面恢复正常秩序，基础设施要全面恢复，学校要尽快复课，教职员工精神状态很好，都在积极准备复课，学校在 4 月 23 日复课，要保证复课一个学校，马上把电通上。要抓好商业恢复营业、党政机关恢复办公和城市恢复管理。要突出加强环境卫生维护，部队要发扬优良传统，密切配合，大力协助州、县加快垃圾清理，搞好环境卫生。要及时掌握社情民意，确保社会稳定。对于劝返外省僧侣，中央领导和有关部门非常重视，兄弟省区积极配合，已取得初步成效，要继续抓紧做好这项工作，对不是玉树州县籍的省内僧侣，玉树州、县和有关地区也要做好劝返工作。

4 月 21 日，军队和武警部队玉树抗震救灾联合指挥部、青海省玉树抗震救灾指挥部联合发出《关于建立抢险救灾片区责任制开展军民共建的通知》，要求各片区实行责任包干，承担本辖区抢险救灾、被困群众营救安置、废墟清理、垃圾清除、卫生防疫等各项具体任务。省玉树抗震救灾指挥部向玉树州委、州政府以及 19 个抗震救灾责任区分别发出《关于地震灾区建筑垃圾应急处置方案的决定》《关于充实加强青海省玉树抗震救灾现场指挥点指挥部组成人员的通知》《关于加强玉树县地震灾区道路交通管理工作的通知》《关于进一步加强新闻发布的紧急通知》，规范抗震救灾工作。

4 月 21 日晚，强卫主持召开省玉树抗震救灾指挥部第八次会议，听取玉树州和省指挥部各组关于当前重点工作进展情况和存在问题的汇报。齐玉、段进虎、张光荣、谢才书及指挥部各成员参加会议。省政协主席白玛出席会议并讲话。会议认为，以省政府昨天召开灾后重建工作会议和今天全国举行哀悼活动为标志，抗震救灾已经从紧急状态全面转向有序状态，已经从抢险救灾全面转入灾后重建。抗震救灾工作要一手抓全面恢复正常秩序，一手抓灾后重建。各项工作要进一步提高标准，提高效率，务见成效。

4 月 22 日至 5 月 11 日，省玉树抗震救灾指挥部召开第十九次至第二十二次会议，重点安排灾后重建、物资运输、受灾群众过渡性安置、清理废墟、基层组织建设、军地基层支部联建共创活动、流动人口管理服务、档案抢救、卫生防疫、灾区群众就业、社会稳定等工作。

## 四、组织实施成效

2010年5月3日，青海省省长骆惠宁（中）看望担负清墟任务的省军区部队官兵 （玉树州委组织部 供图）

4月26日，青海省副省长张光荣在国务院新闻办举行的新闻发布会上对玉树救灾情况作了介绍。张光荣说，在中共中央、国务院的坚强领导下，全党全军全国人民紧急动员、患难与共，各路救援队星夜兼程、千里驰援，抢险救灾；灾区各族干部群众临危不惧、奋起自救。从地震发生到现在，实现了从应急救灾向有序救灾的全面转变，取得了抗震救灾的阶段性重大成果。

在救援期间，全国有34支、12603名抢险救援力量，全力以赴投入搜救工作，最大限度营救生命。抓住黄金72小时，把灾区划分为19个片区，全力以赴、全覆盖展开生命大搜救，解放军、武警、公安、消防和地震、矿山等救援队伍从废墟下救出幸存者1433人。黄金72小时以后，坚持抢救生命“不放弃、不抛弃”，继续把救人作为第一任务，突出重点、强化科学搜救措施，到地震发生第七天，又从废墟下救出幸存者22人。在此基础上，又展开3天的“拉网式搜救”行动，确保不留死角，不放弃一人。截至4月23日18时，从地震废墟中救出幸存者1455人，挖出遇难者遗体1029具。整个搜救过程，充分体现了生命至上、救人至上、以人为本。

通往灾区的4条干线公路保持畅通；重灾区结古镇10条输电线路经过抢修，具备带电条件，其中8条线路已投入运行；机关、医院、部分学校等恢复供电；大部分受灾群众安置片区应急集中供水抢通，8个乡镇应急供水工程已实现通水。通信恢复正常。过渡期安置点及其水、电、路等基础设施正在抓紧建设。

5月14日，省委、省政府发出感谢信，向中共中央、国务院，向奋战在抗震救灾和灾后重建第一线的干部群众、人民解放军指战员、武警官兵、民兵预备役人员、公安民警和各救援队伍，向大力支持抗震救灾和灾后重建的全国各族人民，向踊跃为灾区提供援助的港澳台同胞、海内外朋友和国际友人，对他们为玉树抗震救灾给予的关怀及无私援助表示崇高的敬意和最衷心的感谢。

5 月 31 日，省抗震救灾指挥部在西宁举行新闻发布会，张光荣通报玉树地震遇难、失踪人员核实情况，受灾群众安置、灾区恢复正常秩序和灾后重建情况。

# 第五节　青海省委、省政府有关部门组织实施

## 一、青海省委有关部门

### （一）省委办公厅

4 月 15 日晚，省委组织部驻玉树州抗震救灾工作组与州委组织部领导召开会议，研究如何在抗震救灾中充分发挥基层党组织的战斗堡垒作用和党员的先锋模范作用　　（玉树州委组织部　供图）

4 月 14 日，省委办公厅召开厅领导和有关处室负责人会议，省委常委、秘书长沈何对办公厅开展抗震救灾作出具体部署。派出第一批工作人员随省委领导乘专机飞往灾区开展工作，先后抽调 40 多名干部赴玉树救灾一线参与抗震救灾工作。16 日，下发《关于全力做好抗震救灾期间各项工作的通知》，要求充分发挥机关党组织的战斗堡垒作用和党员的先锋模范作用，全力做好抗震救灾工作。4 月 14 日，省委档案局启动应急机制，指导和协助玉树灾区档案部门开展档案抢救和保护工作。玉树抗震救灾期间，先后派出 15 人次赴玉树地震灾区，指导灾区档案部门紧急抢救、清理、转移州直机关 100 多个单位档案近 20 万卷。

### （二）省委组织部

4 月 14 日，省委组织部从省管党费中向玉树灾区拨款 50 万元专项用于抗震救灾。抗震救灾期间，组织部制定下发《关于在玉树抗震救灾中充分发挥各级党组织战斗堡垒作用、各级领导干部模范带头作用和广大共产党员先锋模范作用的紧急通知》等文件 30 余份，指导全省各级党组织、广大党员干部和各级组织部门全力投入抗震救灾。组织指导在救援队伍中成立临时党支部，组建“党员突击队”“党员抢险队”等骨干力量 500 多支；发放党旗、国旗、红旗

8146 面，共产党员胸牌 9000 枚，稳定受灾群众情绪，凝聚党心民心。研究确定“先重建恢复功能，后规范发挥作用，再转型确保覆盖”的组织工作思路，建立 25 个帐篷社区党支部，牵头组织政法、民政和群众团体等 9 家单位组成玉树州基层组织建设工作指导组，在 10 个灾后重建片区管委会及所辖 39 个社区层层建立党工委、党支部、党小组和居民自治组织；加强灾区各类基层组织建设，成功实现基层组织从紧急抢险救援到有序恢复重建过程中的两次转型。

**（三）省委宣传部**

省委宣传部在抗震救灾期间，成立抗震救灾新闻宣传协调领导小组，制定下发《玉树“4·14”地震抗震救灾宣传报道方案》《关于组织抗震救灾综合深度报道宣传报道意见》，及时将工作重心转移到抗震救灾的宣传报道、广播电视等基础设施的恢复、重点文物和非物质文化遗产的抢修保护工作上。组织记者分多路赶赴灾区，采访报道抗震救灾最新进展；随时直播最新消息，让全社会最大限度了解灾情和抗震救灾进展情况；采取召开新闻协调会、通气会，下发新闻协调通报、新闻报道方案等形式，为各媒体明确报道方向。各媒体按照“及时准确、公开透明、有序开放、有效管理、正确引导”的原则，整合优势力量，前后方密切协作，在重要版面、重要时段开辟专题、专版、专栏，采用多种形式，大力宣传党和国家以及省委、省政府的决策部署，宣传全国全省各族人民和社会各界向灾区送温暖、献爱心义举，宣传抗震救灾中涌现出来的先进典型、模范人物和人民解放军、武警部队、公安民警、消防官兵、医护工作者在抗震抢险救援一线的感人事迹。邀请民政、交通、卫生等部门负责人和救灾单位负责人，对不同时段的地震灾情和各项抗震救灾工作情况及时进行介绍和发布，做到信息发布及时、准确、公开、透明，为外界了解和掌握抗震救灾工作的新情况、新信息创造良好条件，掌握了舆论引导的制高点和主动权。充分发挥青海新闻网等网络媒体优势，搭建功能全面、形式多样的专题报道平台，采用图文实时滚动发布、青海卫视网上 24 小时直播及其他专题要闻视频转播、Flash 动画演示等多种网上表现形态，实现抗震救灾新闻报道和指挥部权威信息、重要公告、重要数据等通过青海新闻网在互联网上的权威发布；开设主题帖《青海玉树地震灾情实时播报》，及时发布《我为玉树灾区抗震救灾献计献策》等帖文，引导网民参与抗震救灾工作；刊发《地震无情人间有爱》等 40 余篇评论，正确引导抗震救灾舆论导向，激发网民的民族自信心和爱国热情。协调中央和省内媒体加强《抗震救灾英雄谱》的宣传报道，青海新闻网及时刊发省委、省政府《感谢信》，协调《求是》杂志社刊发省委书记强卫《众志成城抗震救灾　再建美丽新家园》文章。组织《青海日报》、青海电视台开展玉树隆宝卫生院七姐妹倾心救治伤员事迹采访报道，在省内媒体刊发全国人大常委会副委员长热地撰写的《地震无情人间大爱——沉痛悼念玉树地震遇难同胞》，引起社会各界的热烈反响。组织省内媒体开展玉树灾区少年儿童欢度“六一”活动、玉树灾区学生高考等采访报道活动。强化媒体管理服务，加强网上舆情监控。地震发生第二天，省委宣传部、省委外宣办、省政府新闻办联合组成青海省抗震救灾应急新闻中心，新闻中心在玉树成立中外媒体服务中心，为到灾区采访的 183 家中外媒体 644 名记者提供新闻稿件和视频网络传送 24 小时不间断服务。加强和密切与全国各级网络媒体联系，形成中央重点新闻网站、国内主要门户网站、各省重点新闻网站 58 家网络媒体报道网，为夺取抗震救灾全面胜利营造良好网络舆论环境。紧急拨付资金近200万元，用于宣传文化系统各单位和玉树州委宣传部开展抗震救灾宣传工作。省文明办在各大医院、车站、机场、交通要道悬挂宣传标语5000多条，营造万众一心、抗震救灾的浓厚氛围。联合多家单位主办“永不放弃·向生命致意——青海玉树地震大型赈灾晚会”，为灾区募得各界捐赠款物折合人民币近9亿元。全省宣传思想文化战线工作者通过捐款捐物、交纳特殊党费等形式，筹集款物价值460余万元。省文联组织省书法家协会、省美术家协会举办“抗震救灾——书法、美术作品义卖活动”，将义卖所得的6万余元善款全部捐赠玉树地震灾区。围绕玉树抗震救灾工作，策划编辑出版诗集《废墟上的花朵》《玉树不倒——4·14大地震影像纪实》，报告文学集《玉树大营救》，图书《玉树不倒青海长青》，摄影画册《玉树不倒》，影像志《玉树“4·14”抗震救灾影像志》，文集《玉树挺起你坚韧的脊梁》。完成以玉树抗震救灾为题材的电影《玉树花开》的拍摄制作；拍摄玉树重建电视宣传片《新家园新玉树》；与四川省委宣传部、成都军区政治部合作，创作的大型灾后重建话剧《情满玉树》在北京成功演出并在全国巡演。

**（四）省委统战部**

省委统战部在抗震救灾期间动员全省统战系统人员支援灾区，向中央统战部和省内外统战系统通报灾情。协助灾区开展医疗防疫、心理辅导、运送物资等工作。重视灾区社会稳定，做好民族宗教工作，及时向宗教界发放地震常识及政策宣传品，消除谣言，稳定人心；协调四川、西藏、甘肃等省（自治区），妥善有序地劝返近万名到灾区抢险救灾的外地僧侣。加强对大型宗教活动的管理，推动灾区迅速恢复社会秩序。协调结古寺完成939具遇难者遗体善后工作。规范境外藏胞入境审批手续，有序接待回国探亲奔丧的境外藏胞117人。

## 二、省政府有关部门

**（一）省政府办公厅**

4月14日，省政府办公厅组织相关处室工作人员19人和11辆车，由省政府秘书长、办公厅党组书记高华带队赶赴灾区，协助省政府领导组织救援行动。下发紧急通知，要求党员干部在大灾面前保持清醒头脑，服从命令，听从指挥，坚守岗位，履行职责，坚持24小时值班，确保各类信息畅通。充分发挥组织指挥、综合协调、主动服务的职能作用。截至4月30日，办公厅共派出53人次赶赴一线参加抗震救灾指挥部工作，保证指挥系统高效运转。

**（二）省发展改革委**

4月14日，省发展改革委向国家发展改革委紧急报告灾情，申请应急补助5000万元，专项用于灾区水电路通信等设施抢修；抗震救灾期间，紧急启动国民经济动员预案，组织货源、调运各种救援物资33车送往灾区；向国家发展改革委上报落实两批急需救灾物资；会同相关部门实行一条龙办理和公开招标采购制度，4次联合下达环卫设施、供电、医疗卫生、学生复课、消防等13大类10.6亿元物资采购计划。4月17日，下发《关于做好玉树灾区重要商品及物资价格稳定工作的紧急通知》，要求对流通进灾区的所有生活必需品进行价格检查，坚决打击哄抬价格等不法行为。

（三）省教育厅

4 月 14 日，省教育厅成立抗震救灾领导小组和指挥部，启动应急预案，成立地震应急指挥中心，向教育部、省委、省政府报送地震灾情信息。派出工作组赶赴地震灾区，组织人员采购 60 万元的食品、帐篷、被褥等救灾物资，送往灾区学校。4 月 15 日凌晨 3 时 30 分，省委教育工委书记、省教育厅厅长王予波主持召开省、州、县教育系统抗震救灾指挥部第一次会议，对教育系统抗震救灾工作作出全面安排部署。16 日 9 时 30 分，王予波在灾区主持召开州、县教育部门领导、中职学校和州、县属中小学校长会议，安排部署灾区震后学校复课工作，鲁昕出席会议，并就震后复课等情况再次进行部署，要求在救人的同时，把复课、恢复正常教学秩序作为教育系统重要任务抓紧抓好。17 日，省教育厅下发紧急通知，对全省各地接收灾区学生就学提出要求。明确各地接收玉树灾区学生人数：西宁市 1800 名，海东地区 1000 名，黄南州 1000 名，海南州 1000 名，果洛州 500 名，海北州 600 名，海西州 200 名，青海民族大学附属中学 100 名。18 日，青海省、州、县教育系统抗震救灾指挥部与玉树州政府召开联席会议，研究部署震后学校复课工作。22 日，省教育厅领导会同教育部玉树灾区复课工作组赶赴玉树灾区协助当地有关部门开展学校复课准备工作，重点考察高三学生帐篷教室，详细了解师生的学习生活情况。5 月 19 日，青海省副省长高云龙、张光荣分别主持召开由省教育、财政、公安、交通、铁路、卫生部分以及相关高校领导参加的学生转移工作协调会，明确转移工作具体分工和各部门任务。省教育厅主要领导多次带领有关人员及玉树州、县政府分管领导、教育局局长、学校校长到相关省（自治区、直辖市）接收地学校实地考察、协调转移安置工作，并与相关省份签订接收转移安置学生工作协议书。省政府办公厅印发《关于青海省玉树地震灾区学生省外就读转移工作实施方案》，明确转移安置要求、原则、各相关部门职责、组织实施等具体事项。

2010 年 5 月 14 日，省教育厅厅长王予波（左一）看望在西宁就读的玉树地震灾区学生　　（省政府新闻办　供图）

（四）省科技厅

4 月 15 日，省科技厅协调中国科学院系统研究所和微电子研究所组成宽带无线应急救援队赶赴玉树地震灾区，开通宽带无线服务。4 月 18 日，将 2 套科普挂图《高原病防护须知》

（中文版）、《抗震救灾众志成城》（藏文版）运往玉树灾区。5月2日上午，在玉树州民族中学、玉树县第一完全小学与西宁市虎台中学、古城台小学之间，开通网络远程教学直播课堂。5月5日，组织中国科学院、省测试计算中心有关技术人员赶赴玉树灾区，开通“虹膜识别综合信息管理系统”，为准确发放灾区人员生活补助、转移补助金、遇难人员抚慰金、“三孤”补助金等提供支撑。

**（五）省经济委员会、国有资产监督管理委员会**

省经济委员会、国有资产监督管理委员会在抗震救灾期间成立抗震救灾领导小组，启动应急机制，以最快的速度恢复灾区主要线路供电，保障灾区燃油供应，组织省内饮用水、方便食品等生产企业加快生产进度，保证灾区生活用品供应。组织调拨救灾物资价值3100万余元。

**（六）省民族宗教事务委员会**

省民族宗教事务委员会在抗震救灾期间由主任普日哇带领工作组赶赴灾区，指导部署民族宗教抗震救灾工作。给灾区紧急拨付10万元抗震救灾专款，组织运送发放各类救灾物资，妥善做好受灾寺院僧尼过渡安置工作。指导协调寺院妥善处理和集中火化遇难者遗体，协调部分寺院搭建临时“板房寺院”，团结依靠民族宗教界爱国人士，转移安置重灾寺院僧尼2000余人，劝返外地籍僧尼并制止外地僧尼大规模前往灾区。

**（七）省公安厅**

省公安厅在抗震救灾期间启动Ⅰ级应急预案，成立应急救援指挥部，厅党委成员和各部门、各警种负责人为指挥部成员。研究部署道路交通、藏区维稳、警卫任务、社会治安、大型活动、防火灭火等重点工作。指导玉树州公安局等当地公安机关迅速组织警力开展学校、居民点和寺院救援工作，解救被困人员，救助伤员，转移安置受灾群众。派出由两名副厅长带队的工作组赴灾区一线，从厅机关抽调民警90余人，从省内各州（市、地区）调集公安民警、特警、消防官兵600余名赶赴灾区投入抢险救援工作，调拨312万元救灾物资运往玉树灾区；加强金融网点、监管场所等重要目标的守卫，杜绝银行资金丢失、在押人员伤亡和脱逃事故发生；开展网络舆情引导工作，防止虚假信息引发社会恐慌。

**（八）省民政厅**

4月14日，省民政厅启动《青海省自然灾害救助应急预案》Ⅰ级响应，厅机关实施救灾应急值守，分别在厅办公室、厅规财处、厅救灾处、省慈善总会、省救灾物资储备中心和曹家堡机场、西宁火车站设立7个救灾应急值班办公室，实行24小时值班制度。安排玉树州等邻近物资储备库，就近、就地紧急发放救灾物资，安置受灾群众；抗震救灾期间在共和县尕海滩设立西宁—玉树救灾物资军地导运中心，在结古镇东入口设立救灾物资接收点，有序引导救灾物资的调动和发放。通过省、州、县救灾物资储备库紧急调运救灾物资，并通过航运、陆路紧急向灾区调拨救灾物资，累计向玉树地震灾区调运发放各类救灾物资共26大类100多个品种。申请中央财政专项资金7.04亿元和省财政资金1.28亿元用于应急抢险救灾、受灾群众过渡安置、基础设施应急抢修、疾病防控和受灾群众生活救助。

**（九）省财政厅**

4月14日，省财政厅立即启动财政应急预案，紧急下拨地震救灾应急资金1000万元，随后又下拨应急补助资金3000万元，专项用于玉树州地震灾区水、电、路、通信设施的抢修。成立玉树抗震救灾应急工作领导小组，建立值班制度和信息通报制度，按照特事特办、急事急办的原则做好财政应急保障工作。争取中央财政支持，落实应急救援财力补助15亿元。加强抗震救灾资金管理，制定10余项管理制度和办法，对救灾和重建资金实施跟踪监督检查。

**（十）省人力资源社会保障厅**

4月14日，省人力资源社会保障厅召开厅领导和有关处室负责人会议，部署玉树抗震救灾工作。15日，厅党组组织召开抗震救灾专题会议，成立抗震救灾领导小组，对全省人力资源社会保障系统抗震救灾进行安排部署。16日，厅党组书记冯锐强赶赴玉树灾区，组织召开州人事、劳动部门负责人座谈会，捐赠价值8.6万元的帐篷、发电机、食品、水、毛毯等灾区急需的生活用品。18日，省职工医疗保险管理局两名副局长带领10名技术骨干赶赴玉树灾区，帮助灾区抢救医疗保险信息数据备份及财务账册，恢复建立医疗保险经办工作站，开展医疗保险经办工作，并捐赠近8万元的办公用品、生活用品和食品。20日，省人力资源社会保障厅召集各州（市）地人力资源社会保障局（人事、劳动保障局）主管就业工作的负责人和就业局局长，召开省就业系统援助玉树地震灾区工作专题会议，就进一步调集全省就业系统力量，支援灾区抗震救灾工作作出部署。

**（十一）省国土资源厅**

4月14日，省国土资源厅党委召开紧急会议，迅速部署救灾工作，紧急动员全省国土资源系统力量投入抗震救灾。成立由厅长刘山青任组长、各副厅长任副组长、各事业局和厅办公室负责人为成员的抗震救灾领导小组，分玉树指挥部和西宁指挥部，分别由刘山青和副厅长朱小川担任指挥长，负责前、后方组织指挥。玉树指挥部下设地质灾害应急排查分队、打井找水分队、人员搜救突击队；西宁指挥部下设协调联络组、后勤保障组、宣传报道组。紧急向玉树州下拨地质灾害防治专项资金50万元，派出3支由100余人组成的专业地质灾害监测队伍，在刘山青和副厅长宋建国带领下赶赴灾区，开展应急排查和转移群众工作。会同陆续赶到灾区的国土资源部专家组和陕西、甘肃等省地质灾害防治专业队伍在震区开展地质灾害应急排查和监测预警工作。4月16日，省国土资源厅派出8个工作小组展开现场调查。刘山青在玉树组织专家召开分析论证会，分析震后地质灾害现状，17日，向省抗震救灾指挥部上报受灾群众临时安置场地和灾后重建选址方案的建议。紧急从省环境地质局调派专业打井队伍和大型打井钻机3台赴玉树，打井找水。省测绘局、省地矿局和省国土资源博物馆全力为各级抗震救灾指挥机构提供灾区地图和地质资料，向省抗震救灾指挥部、省军区等20多个部门和单位提供各类地图1000余幅、数字化成果10余幅（套），紧急赶制灾区地震前后高分辨率遥感影像图、地震灾情解译图、政区图、地质构造图、地质构造分区图等资料。18日，研究确定玉树灾区救灾及恢复重建亟待争取支持的政策和地质灾害防治项目经费3.16亿元，向国土资源部上报《关于申请玉树地震灾区地质灾害应急工作经费的请示》，申请地质灾害防治专项经费1661万元。

**（十二）省环境保护厅**

4 月 15 日，省环境保护厅组织环境应急监测人员到达灾区，对灾区周边环境进行采样监测。16 日，协调环境保护部西北督查中心、中国环境监测总站和省环境保护厅专家组成现场工作组，制定《玉树地震灾区环境应急监测方案》，编制《青海省玉树地震灾区水污染处置预案》。采购竹扫帚 5000 把、塑料垃圾收集袋 5000 个和手推垃圾车 100 辆空运灾区，缓解灾区环卫工具极度缺乏的问题。保证地震灾区有垃圾清运车 10 台、洒水车 3 台、吸粪车 3 台和环卫车 12 台，基本做到生活垃圾日产日清。5 月 12 日，会同玉树州人民政府，组织有关技术人员，安全处置州卫生职业技术学校实验室 6 立方米危险化学品残渣，排除 1 起因地震形成的危险化学品污染隐患。

**（十三）省住房城乡建设厅**

4 月 14 日，省住房城乡建设厅启动《青海建设系统破坏性地震应急预案》，启动地震应急 I 级响应。组建抗震救灾工程救援队赶赴灾区配合专业救援队伍进行生命搜救、危楼拆除等工作。组成专家技术组赶赴灾区，和住房城乡建设部联合组成灾后房屋损毁情况应急评估小组，并从玉树州建设系统抽调 20 多名专业人员协助、配合工作。截至 4 月 23 日，专家组对灾区重要建筑和生命线工程及商铺、各类住宅建筑进行应急评估；集中对玉树县城 7 个乡镇大面积倒塌和未倒塌但破坏严重的房屋进行调查统计；收集玉树州其余 5 个县的房屋损坏情况；开展房屋受损情况评估和监测工作，与当地住房城乡建设部门研究制订有关受灾群众过渡安置房建设等工作。完成玉树灾区党政机关、部分学校等板房建设任务；清理废墟近 310 万立方米；完成结古镇等 9 个受灾乡镇 425 万平方米的房屋安全鉴定及 84 座寺院房屋鉴定工作。

**（十四）省交通运输厅**

4 月 14 日，省交通运输厅召开紧急会议，成立抗震救灾指挥部，启动交通运输应急预案，设立 5 个协调机构，建立 24 小时值班、领导干部带班和信息报送联络制度。迅速组织力量抢修灾区 3 条生命运输线，组织动员在玉树地区施工建设单位在积极自救的同时，就近调集机械、

2010 年 4 月 16 日，省交通运输厅召开会议部署抗震救灾工作　（省政府新闻办　供图）

人员，配合玉树州救灾；组织车辆调运救灾物资；采取措施确保救灾车辆快速通行；组织有关单位机械设备待命，做好沿线公路保通，确保救灾物资车辆顺利运行。协调省内大型专业运输企业调集客货运输运力待命，储备充足的应急运输运力，为灾区全面施救工作提供道路运力保障；落实驻地部队应急运输车辆；紧急筹备并成立西宁机场、西宁火车站及西宁火车站东货场应急车辆现场调度机构，负责各地救援人员及救灾物资的航空、铁路、公路道路之间的有序转运；印制并审核发放“4·14”抗震救灾运输通行证，开通救灾运输车辆专用通道，确保救灾车辆免费快速通行；开展运输车辆途中故障救急服务工作，保障救灾物资及时安全送达灾区；安排专人与省民政厅、卫生厅等单位联系沟通，准确掌握应急运输运量，储备充足运力。

**（十五）省水利厅**

4月14日清晨，正在海南州同德县调研水利工作的省水利厅厅长于丛乐闻悉玉树震情后，立刻电令禅古电站水库开闸放水；在兴海县唐乃亥乡就近召开紧急会议，成立水利抗震救灾指挥部。会议决定于丛乐、副厅长张伟赶往玉树灾区现场指挥水利抗震救灾，副厅长宋玉龙即刻返回西宁组织抗震救灾队伍。4月14日23时，省玉树抗震救灾指挥部任命于丛乐为省玉树抗震救灾指挥部基础设施保障与生产恢复组副组长，明确水利部门担负防灾害、抢供水、保供电任务。晚12时50分，水利部副部长刘宁、于丛乐、张伟，与水利部、国家防汛抗旱总指挥部、长江水利委员会、省水利厅、玉树州水务局组成的联合专家组一起研究水利系统救灾工作。15日凌晨，水利部、省水利厅领导和专家召开会议，部署抗震抢险工作。15日，水利部、住房城乡建设部、陕西省水利厅、湖南省水利厅、省电力公司、省水电集团公司、玉树州电力公司、省防汛机动抢险队等单位抽组20余支水利水电应急抢险队，携带供水、供电等抢险物资设备赴玉树。抗震救灾期间，省水利厅积极协调落实应急供水、防洪工程、大坝除险加固等抢险救灾资金1亿多元，组织运送9批（次）各类抢险物资72.1吨，及时输送省内外救援人员20批177人（次），落实全省水利系统价值520.27万元的各类抢险物资。

4月16日，省水利厅抢险救灾指挥部召开会议研究抢险救灾工作　　（省政府新闻办　供图）

**（十六）省农牧厅**

4 月 14 日，省农牧厅迅速成立玉树抗震救灾指挥部，党委书记、厅长曹宏率领应急救援工作组赶赴灾区，深入村镇牧户营救受伤群众，了解掌握农牧业生产、农牧系统办公和生活设施损毁情况。4 月 15 日，调集第一批抗震救灾人员 8 人，以及 3 吨消毒药品、500 台喷雾器、1500 套防护服及口罩、手套等物品运抵灾区。16 日，调集第一批动物防疫救灾人员 12 人，以及 10 吨消毒药、100 顶救灾帐篷抵达灾区，迅速展开包括动物死亡在内的畜牧业受灾情况调查。18 日，省农牧厅从海南州各级动物疫病预防控制中心抽调人员和玉树州 200 多人，分 8 个工作组在结古镇地区分区分片逐家逐户搜寻、无害化处理死亡动物尸体。22 日起，利用 2 周左右时间，给 10 万条犬、60 万头牛、10 万只羊及其他动物进行炭疽、狂犬病等人畜共患病的免疫注射，以确保公共卫生安全，确保大灾之后无大疫。召开动物防疫誓师动员大会，展开死亡牲畜无害化处理工作。

**（十七）省商务厅**

4 月 14 日晚，省商务厅筹集方便面、矿泉水、火腿肠等第一批急需生活品运抵灾区。震后第五天，组织 15 户内贸企业赶赴灾区，重启灾区商品销售网点，恢复和带动市场经营。震后 7 天内，组织调运应急物资 1400 余吨。开展“粥棚献爱心”活动，建设 5 个过渡安置期应急市场。接收分发商务部提供的价值 800 万元的救灾物资。为灾区提供活动板房 159 个、帐篷 155 顶、流动售货车 30 辆。

**（十八）省文化和新闻出版厅**

省文化和新闻出版厅在抗震救灾期间下拨抢救保护经费 1400 万元，开展文物紧急支护排险；下拨经费 1068 万元用于非物质文化遗产抢救保护工作。组织专业艺术院团，赴玉树灾区和西宁地区慰问演出 21 场，慰问救灾人员及受灾群众 1.2 万余人。

**（十九）省卫生厅**

参见《玉树大地震救灾重建志·医疗防疫志》。

**（二十）省人口计生委**

4 月 14 日晚，省人口计生委派工作组和医务人员连夜赶赴灾区参与抗震救援，开展医疗救助。为省委、省政府报送灾区州、县、乡、村人口数据。组织实施“真情关怀手牵手，共渡难关心连心”活动，抚慰和心理疏导受伤群众。省人大常委会颁布《玉树地震灾区有成员伤亡家庭再生育的决定》后，省人口计生委及时出台实施意见，明确地震灾区再生育对象的申报条件和审核程序，指导灾区人口计生部门做好服务体系建设和再生育技术服务工作。

**（二十一）省审计厅**

省审计厅在抗震救灾期间成立救灾款物审计工作领导小组，抽调党员业务骨干组成现场审计工作指导组赶赴灾区，指导当地审计机关开展自救和属地管理的救灾款物跟踪审计工作。审计组进行编组分工，分别成立财政发改委综合组、卫生红十字会综合组、民政交通建设组和后勤保障组。各审计组履行审计法定职责，建章立制，规范运作；把握总体，严谨细致，建立审计责任追究制度，确保审计结果准确无误。

**（二十二）省林业局**

省林业局在抗震救灾期间组成33人抢险救援队，携带油锯、导链、钢钎等专用抢险工具，在副局长党晓勇带领下于4月16日凌晨2时到达玉树州投入救援。根据省抗震救灾指挥部要求，救援队分成两组，一部分帮助孤儿学校的孩子搭建临时住所，一部分负责装卸救灾物资；紧急采购价值23万多元的物资支援灾区；及时向国家林业局上报基层林业系统损失情况，争取救灾资金200万元。

**（二十三）省工商行政管理局**

省工商行政管理局在抗震救灾期间组建慰问和指导救灾工作组，携带救灾物资赶赴玉树灾区，慰问和指导救灾工作。分6批向玉树工商系统调运棉帐篷、食品、饮用水以及药品等救灾物资，动员全省广大个体工商户、私营企业捐款捐物。组建特遣队及时赴玉树支援灾区市场恢复和秩序维护工作。筹建50个应急商业网点和4处应急市场，保证灾区商品供应。围绕食品、粮油、饮用水、药品等灾区急需物资的调配工作，加强对西宁、海东、海西等地综合批发市场、重要商品集散地和机场、站点等重点场所的监督管理。

**（二十四）省金融办公室**

省金融办公室在抗震救灾期间建立健全灾区金融服务体系，协调省内各金融机构及时开通“绿色通道”，简化办贷程序，支持抗震救灾。4月15日和18日，省农业银行玉树分行和中国邮政储蓄银行玉树支行分别设立临时营业点。青海银行玉树分行、建设银行玉树支行分别于7月19日和12月10日开业，丰富灾区金融服务机构。运用差别化金融政策，适当下放贷款审批权限，缩短授信审批环节，强化灾区信贷引导。

**（二十五）省广播电视局**

省广播电视局在抗震救灾期间派出救援人员赶赴玉树县结古镇920发射台，检查和修复播出设备，在最短时间内开通中波882KHZ广播频率，恢复920发射台调频106MHZ中央人民广播电台第一套节目的播出和1套中波、2套调频，转播中央人民广播电台一套、青海人民广播电台一套并及时插播玉树康巴藏语广播节目。协调国家广电总局调配3万台收音机、100台电视机和100部直播卫星接收机配置到受灾群众集中安置点和临时医院，申请救灾资金1929.6万元，其中国家广电总局拨付紧急援助玉树地震应急设备款800万元；玉树抗震救灾LED大屏资金103.3万元；玉树抗震救灾军地联合指挥中心有线电视建设费26.3万元。此外，李长春在慰问玉树地震灾区后，特别向玉树州广电系统拨付救灾资金1000万元。这些资金为及时恢复灾区广播电视节目的播出，保障灾区人民和抗震救灾人员收听收看广播电视节目发挥了重要作用。

**（二十六）省统计局**

省统计局在抗震救灾期间成立抗震救灾领导小组，筹集并向玉树州统计局援助笔记本电脑、打印机、发电机、无线上网卡、照相机等应急办公物资和生活用品。派专人对统计系统计算机设备进行检修，对援助设备进行调试，在最短时间内恢复急需的工作设备性能。5月13日，国家统计局党组书记、局长马建堂率天津市统计调查系统人员深入玉树灾区看望慰问统计系统干部职工。

**（二十七）省质量技术监督局**

省质量技术监督局在抗震救灾期间成立抢险救灾工作领导小组，组织特种设备检验工作队1支、食品检验工作队1支和特种设备抢险工程队2支赶赴玉树开展检验和救援工作，检测食品66批次，排查、抢修和检验特种设备69台、压力管道4条。对375批次429816床（件）救灾物资进行检验，检出不合格救灾物资33905床（件）。对4家粮油生产加工企业实施定厂监管，对225家生产企业和经销单位供应灾区的食品、建材、电线电缆、成品油、絮棉制品进行检查，对1275批次商品产品进行检验，对合格产品快速验放。为抢险救灾和震后重建提供计量服务18次，检查加油站39家、食品和粮油生产企业46家、水泥生产企业8家、加油机等计量器具242台（件）。

**（二十八）省安全生产监督管理局、青海煤矿安全监察局**

4月17日，青海省安全生产监督管理局、青海煤矿安全监察局局长刘建青（右一）在玉树地震灾区现场指挥救援　　　　（马建民　供图）

4月14日，省安全生产监督管理局、青海煤矿安全监察局按照国家安全监管总局和省委、省政府的部署，两局党组书记、局长刘建青召集两局各处室负责人召开紧急会议。成立省安全监管局、青海煤监局抗震救灾领导小组，下设救援组、后勤保障组、综合协调组和玉树抗震救灾前线指挥部。迅速组织省区域性矿山应急救护队赶赴灾区，并调用配备有卫星电话的应急救援指挥车1辆和240千瓦应急电源车1辆及矿山救护车3辆，携带生命探测仪、切割机等专业救援设备，由刘建青带队，赶赴灾区开展抢险救援工作。加强两局机关24小时应急值守工作，随时保持与救援一线、国家安全监管总局及省有关部门的联系。

**（二十九）省气象局**

4月14日7时52分，省气象局通过无线电台获悉地震消息。8时15分，组织召开紧急会议，部署抢险救灾气象服务。9时，组成19人抢险救灾救援组，由副局长张国胜带队赴玉树灾区；启动地震灾害Ⅰ级应急响应，成立抢险救灾应急指挥部，下设综合协调、气象服务、现场气象服务、技术保障、后勤保障、宣传信息6个组。14日下午，向灾区起运20顶帐篷、2台发电机、移动通信设备及药品、食品等第一批抢险救灾物资。15日和19日，组织第二批、第三批抢险救灾物资运往灾区。

**（三十）省储备物资管理局**

4月14日，省储备物资管理局及所属单位立即进入紧急状态，调集、部署人力和资源，腾空、清理部分库房和站台，做好接收、储存和转运物资各项准备工作；对库存物资进行统计，就可调动物资向有关部门提出意见和建议，及时将库房、设施设备、人员、储存能力以及工作向省政府有关部门汇报，全力以赴做好救灾物资接运工作。为缓解全国各地物资集聚西宁所带来的压力，青藏铁路公司将省储备物资局535处确定为救灾应急物资备用中转站。4月18日，535处开始接收从全国各地发往青藏铁路公司的部分集装箱及物资，缓解青藏铁路公司救灾应急中转站货运压力。23日上午，宁夏、江西、江苏等省红十字会援助的帐篷、棉衣被、药品、方便食品等救灾物资陆续运抵535处。为确保救灾物资质量不受雨雪天气影响，535处腾出新库房用于存放救灾物资，组织全体职工卸装救灾物资。储备局251处做好救灾物资的接收和发运准备工作，干部职工整装待命，保证救灾物资随时接收发运。截至5月4日，535处累计接收抢险救灾物资83车、181790件，251处储运救灾油料物资2827.27吨。

**（三十一）省地震局**

4月14日，省地震局通过震情快报、手机短信等形式向省委、省政府、玉树州政府及省防震减灾工作领导小组成员提供地震参数；按照应急预案启动地震应急Ⅰ级响应，党组书记、局长张新基立即组织召开应急指挥部会议，部署地震应急工作。9时，张新基向省政府汇报震情和初步掌握的灾情及省地震局应急反映情况，提出全省依照《青海省地震应急预案》启动Ⅰ级响应、迅速派遣青海省重大灾害应急队伍前往灾区展开应急救援。震后30分钟，副局长哈辉带领由8人、2辆车组成的第一批现场工作队携带4套流动观测仪器赶赴灾区，开展地震现场工作。地震现场工作队共分30个小组，行程5万余千米，用1周时间完成民居、办公用房及学校、医院等建筑，交通、水利、电力、通信等公共设施，以及宗教文物、企业等行业和部门100个调查点、75个抽样点的灾害调查工作，对玉树州委办公楼、玉树州政府办公楼、大型宾馆及公路桥梁等进行安全性鉴定。结合省公安厅、省民政厅、省国土资源厅、省统计局等各相关单位提供的灾害评估基础数据，于4月24日完成《玉树7.1级地震灾害损失评估报告》。省地震局测震台网中心做好地震分析处理、地震速报和地震信息发布工作，每一小时上报一次余震情况，并上传到青海省地震局门户网站。分析处理玉树地震余震3359个；前兆台网中心及时收集处理和上报各项前兆及强震台网资料，密切关注前兆数据变化情况，及时发现异常变化；网络室认真检查和维护应急指挥大厅系统和网络系统，保证各系统正常运行；各台站加强震情值班，对所有观测仪器等设备进行全面检查和维护，保证仪器正常运转。中国地震局紧急安排青海省、四川省、甘

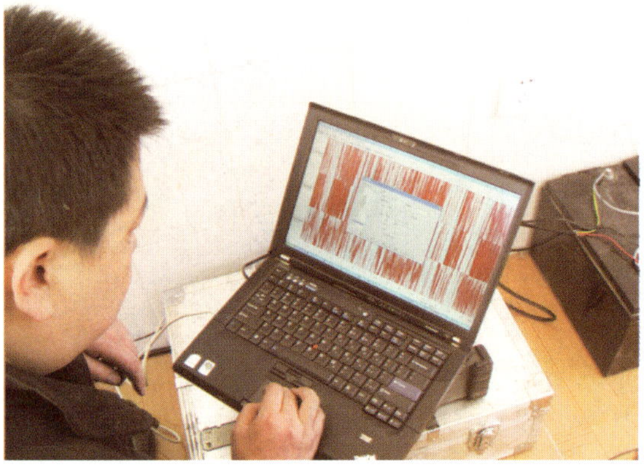

4月20日，青海省地震局现场工作队流动观测组人员进行流动仪器调试　　（省地震局　供图）

肃省地震局流动观测队伍在震区进行地震流动加密观测，架设4台微震观测仪（玉树机场、隆宝国家自然保护区管理站、下拉秀镇政府、称多县电信局）。5月，省地震局和中国地震局地球物理研究所合作，在做好科考台站架设的同时，根据资源共享的原则，将3个台站（珍秦镇、立新乡、扎朵镇）数据传回省地震局测震台网中心。加上原有的玉树、杂多、曲麻莱3个固定台站，震区200千米范围内的台站数增加到10个，提高了对震区1.0级以上地震的监测能力。省地震局预报中心收到地震短消息后立即组织预报人员紧急会商，作出4.7级地震为信号震的判断，在发送会商意见当中发生7.1级地震。地震发生后，省地震局预报中心会商，制定并细化震情跟踪工作内容和职责，实行24小时滚动会商、24小时双人值班、定时会商和随时会商相结合的工作制度，与中国地震台网中心保持联系，关注震情发展。在研判玉树序列的发展过程中，及时与四川、西藏、江西、甘肃等地震局单位专家沟通，请教序列判定中遇到的问题。派出前兆调查组奔赴德令哈、民和、贵德等地开展前兆调查和排查工作。按《防震减灾法》《震后趋势判定公告》《地震预报管理条例》规定程序，以及《地震预测意见管理办法》接收、处理地震预报爱好者和专业技术人员填报的卡片意见。截至6月22日，序列判断无重大差错，序列跟踪共收集录入序列数据2834条，玉树序列跟踪期间预报中心组织召开针对玉树序列的临时会商会83次，编写临时会商意见62期，组织现场落实异常10次，组织针对玉树序列的学术讲座和培训4次，召开8次针对玉树序列的专题讨论会，编写玉树序列震情跟踪简报17期，接受办理预测意见3次。

**（三十二）省通信管理局**

4月14日9时45分，省通信管理局召开紧急会议，成立抗震救灾通信保障领导小组，组织带领电信运营企业通信抢险队伍赶赴灾区，组织协调各通信部门尽全力保障通信畅通。中国电信青海分公司紧急商请集团公司调动12支抢修队伍，出动抢险人员102人，向灾区征调4500部天翼移动电话并预充话费，运送海事卫星电话106部、应急保障车34辆、便携油机101台和大量救灾物资。中国移动青海公司由党员技术骨干组成3支通信抢险突击队，开通省抗震救灾指挥部专用通信和巴塘机场的移动通信，连夜铺设结古镇与巴塘机场之间阻断的9千米光缆，全面恢复地面基站通信。中国联通青海省公司组织人员赶赴灾区抢修通信线路，为抗震救灾提供通信保障，先后245人次、45车次参加抢险，物资设备投入186万余元。

**（三十三）省邮政管理局**

4月14日，省邮政管理局启动《青海省邮政业突发事件应急预案》Ⅰ级响应，与省邮政公司召开紧急会议，联合成立抗震救灾应急保障领导小组，组建抗震抢险突击队。突击队迅即赶赴灾区开展救援。震后第七天，玉树州及所属5县邮政业务全部恢复正常。

**（三十四）西宁海关**

西宁海关在抗震救灾期间，由领导带队走访玉树抢险救灾指挥部、省红十字会等单位，了解抢险救灾进展情况以及境外救灾捐助物资情况，通报海关支援救灾的工作安排和应急措施。成立抢险救灾领导小组，启动突发公共事件应急预案，成立抢险救灾物资应急通关工作组，设立进境救灾物资和人员绿色通道，开通通关值班热线，24小时值班备勤，快速验放巴基斯坦等国援助的救灾物资。做好抢险救灾赈灾物资通关工作，先后为玉树灾区办理进出口征免税证明 11 份，审批减免税货值 95.28 万美元，减免税收 237.25 万元。

**（三十五）省粮食局**

4 月 14 日，省粮食局成立抗震救灾粮食应急供应领导小组和玉树抗震救灾粮油供应办公室（前线工作组）。震后 3 小时将第一批粮食运往灾区；1 名副局长带领 19 人的工作队，携带救灾物资赶赴玉树县结古镇，展开核灾、救灾及粮食供应工作。启动省级粮食应急预案，4 月 16 日，将 358 吨大米、216 吨食用油、200 吨面粉和大饼、馒头等方便食品送达灾区。与省民政厅等 12 个部门协商，报经省玉树抗震救灾指挥部和省粮食应急领导小组同意，印发《青海省玉树抗震救灾粮油供应管理办法》；编写《青海省玉树抗震救灾粮油供应管理办法的问答》，通过报纸、电视、广播等媒体广泛宣传，让灾区群众和社会各界了解党和国家的政策；制定《青海省玉树抗震救灾粮油质量管理办法》《青海省玉树抗震救灾粮油交接办法》等涉及救灾粮油出库、加工、调运、交付等制度。按照国家发展改革委、国家粮食局、财政部、农发行分 3 批下达的灾区群众 6 个月的中央储备粮油抗震救灾供应计划，与中储粮西安、兰州分公司和宁夏粮食局及省民政厅、玉树州（县）民政等部门衔接协调落实，完成 6 个月玉树州受灾群众 223176 人、21557.91 吨救济粮油加工、调运、交付工作。其中，面粉 8212.878 吨（挂面 100 吨），大米 9931.333 吨，青稞 2674.541 吨，食用油 739.158 吨。省军队粮油采购供应站成立省玉树抗震救灾军粮供应站，分批赴玉树开展军粮供应。累计为救援部队供应粮油 663 吨。研究制定《玉树地震灾后恢复重建期间市场粮油供应方案》，成立省、州、县粮油供应联动协调工作组，实行组织机构、粮油资源和供应设施互补联动，恢复并保障玉树市场粮油供应。前期在玉树县结古镇设立 3 个帐篷式“国有放心粮油销售点”、2 台流动式“国有放心粮油销售车”，后迁入板房式粮油经营点进行市场销售。地震发生后 1 个月内全州恢复经营的民营和个体粮油经营户达到 101 户，基本恢复覆盖玉树全州的粮油供应销售网点。根据抗震救灾期间全省粮油市场专项检查实施方案，指导玉树州发展改革委组织工商、质检、卫生等部门对结古镇应急市场及粮油门店进行检查，增加玉树地区青稞、面粉、大米、食用油库存。

# 第六节　灾区党委、政府组织实施

## 一、玉树州委、州政府组织实施

**（一）响应决策**

4 月 14 日玉树地震发生后，正在中央党校学习的玉树州委书记贾应忠终止学习，16 时到达州府结古镇，组织抗震救灾。同日上午 8 时，玉树州州长王玉虎原计划在西宁参加北京市宣武区—玉树州称多县对口帮扶工作座谈会，得到玉树地震的消息后，立即打电话要求在家的州委、州政府领导成员，紧急行动，动员一切社会力量搞好救灾；在参加省政府召开的抗震救灾紧急会议后，组织在西宁的州委、州政府有关领导，召开紧急会议，部署抗震救灾工作。

面对突如其来的自然灾害，玉树州委、州政府、州人大、州政协在玉树的领导干部把抗震救灾、挽救生命作为义不容辞的政治责任，迅即组织抗震救灾。州委常委、州委秘书长邓尔平等，立即驱车赶往结古镇民主路、当代路、胜利路查看灾情。8时，邓尔平利用州机要电话向省委常委值班室报告玉树发生大地震的情况，并向州委书记贾应忠、州长王玉虎作了汇报。在玉树军分区大院机关搭建起玉树州抗震救灾指挥部帐篷，指挥全州6县和州直机关40多个部门迅速开展人员搜救、灾情勘察和应急处置工作。要求玉树军分区、武警玉树支队、玉树州公安消防支队“从人员密集场所先开展救援，从学校、宾馆等人员密集场所打开救援突破口”。针对灾情不明、震中位置不清的情况，组成5支小分队赶赴机场、214国道通天河大桥、隆宝镇等方向查看灾情。为防止社会秩序混乱，在重点部位加强治安和保卫力量，确保社会稳定；针对禅古电站坝体受损、山体滑坡等情况，迅速派出州电力公司和州水务局领导赶赴现场，开闸放水、查看灾情、抢修电站，并组织水库下游群众撤离。针对因山体滑坡导致机场路中断的情况，迅速派出工程队抢修救援通道。建立重大问题、重大事项随时通报研究制度，将受灾区域划分为19个片区。

震后半小时机要部门开通6部对外电话和网络，建立起和外界的联系，公布捐款账户、发布救灾信息。州委组织部用手机短信对全州领导干部和共产党员提出要求。邓尔平电话通知灾情较轻的其余5个县的县委书记、县长组织本县机关干部、医护人员、学校教师带队到结古镇救援。针对震后人心不稳、情绪激动的情况，采取分片派人、出动宣传车等多种方式宣传省委、省政府领导指示，让群众了解省委、省政府领导即将赶赴玉树领导抗震救灾，大批救援物资已从北京、西宁等地起运，救援队伍已经出发等信息，正确引导震后社会舆论，安抚群众情绪，安定人心。13时，邓尔平召集临时指挥部成员和各片区负责人召开碰头会，综合汇总各方面情况，确定和公布初步震情、伤亡人数和紧缺救灾物资。州抗震救灾指挥部从州救灾物资储备库调取帐篷400余顶，从各县储备库调运帐篷900顶，搭建在州体育场、赛马场空旷地域和西杭、折龙达、普布达赞等重灾区，集中安置受灾群众。根据重灾区分布情况，设立23个物资发放点，抽调县级以上干部负总责，片区乡镇干部、村委会和社区人员投入救灾物资发放中，尽全力保证受灾群众不挨饿、不受冻。至14日晚，紧急搭建帐篷医疗点140多个。征用客运公司4辆客车，由本地志愿者把伤员送至医疗点；由统战部门和宗教部门把藏族遇难者遗体交结古寺的僧侣处理，其他民族的遇难者遗体送烈士陵园存放。

**（二）组织救灾**

4月14日16时30分，王玉虎与省长骆惠宁同乘飞机到达结古镇后并赴禅古村、甘达村、武警支队、西北牛宾馆、客运公司等地察看灾情，慰问受灾群众。后陪同温家宝再次察看灾情，慰问受灾群众。23时40分，贾应忠主持召开州抗震救灾工作会议，研究救灾物资发放和下一步救灾工作。

15日，贾应忠主持召开玉树州抗震救灾指挥部会议，听取州抗震救灾各工作组当天工作开展情况的汇报，并就下一步工作进行再安排再部署。王玉虎要求全州人民紧急动员起来，迅速投入抗震救灾中；要保证抗震救灾迅速有序进行；要维护正常的工作秩序。15日凌晨3时许至6时40分，王玉虎到结古镇搜救现场，看望搜救人员，慰问受灾群众。陪同温家宝到孤儿学校、综合学校、扎西科、赛马场等地察看灾情，看望受灾群众。13时，到州医院、体育场等卫生医疗点看望医疗队和正在接受治疗的伤员。16时30分，察看禅古、甘达村受灾情况。19时30分至翌日凌晨4时20分，到省指挥部参加省抗震救灾工作会议。23时40分，王玉虎主持召开州抗震救灾工作会议，研究救灾物资的发放和下一步救灾工作的措施。

17日，为解决好物资发放和受灾群众管理、减少玉树县工作压力，州抗震救灾指挥部决定，州所属5县玉树籍干部职工回援玉树县工作，6县负责各自划分区域内受灾群众物资发放和管理工作。

18日8时，王玉虎主持召开州政府专题会议，决定州财政紧急下拨540万元专款用于各县救灾，下午到赛马场察看受灾群众安置情况。22时，玉树州抗震救灾指挥部召开会议，各责任区汇报当天工作开展情况；对下一步抗震救灾重点工作及分工做研究部署。决定动用州委、州政府2009年结余资金，各县、各部门也要适当调拨资金，用于抗震救灾，同时也可适当用于工作人员生活补助。调拨给玉树县200万元，囊谦县100万元，其他县60万元。从19日起，集中力量在各废墟点进行网格化大排查，尽最大努力搜救被困人员。另外，国务院初步定于21日召开青海玉树地震遇难同胞哀悼会，各部门要尽快核准各类数据，要通过各种方法掌握暂住人口、移民的伤亡情况，确保对外公布的数据准确无误。19日起，全州环卫工人要到岗上班，进行生活垃圾清理，为调动环卫工人的积极性，提高工资待遇，每人每月增加600元，时间暂定为3个月；选定地震废墟建筑垃圾填埋场，动员在本州施工的10家信誉好、规模大的建筑公司，携带工程设备，每家出1辆车、40名以上工人，分10个点清运废墟建筑垃圾。城建、发改等部门尽快拿出结古镇区7所重点学校的设计图、布点图等，争取一步到位。教育部门抓紧做好活动板房需求量和学校活动板房选址工作，尽早恢复学生复课。同时，复课也可考虑采取赴省内外开办寄宿制学校、寄宿制班级等办法。工商、经贸等部门抓紧衔接省商务厅等部门，制订出详细的实施方案，调运急需的生活物资，尽快恢复市场。依法、科学、公平、有序发放好各类救灾物资；公安、安全等部门要切实掌握社会动态和正反两方面的信息，掌握敌情、社情、民意。统战、宗教部门要详细了解州内外社会力量和宗教人士救灾情况。19日起，州内记者全部到位，跟随州委、州政府领导赴救灾现场拍摄，搜集整理抗震救灾各方面的资料，并广泛宣传报道。

19日，王玉虎陪同骆惠宁先后到州综合学校察看废墟清理情况，到赛马场视察受灾群众安置情况。在赛马场现场办公，召开会议再次部署受灾群众安置工作，负责赛马场安置点的州人大常委会副主任尕松、副州长周洪源、囊谦县委书记吴德军等州县领导参加会议。

20日，玉树州委、州政府向支援玉树抗震救灾的广大救援人员、志愿者和社会各界人士、港澳台同胞、海外侨胞及国际友人发出《感谢信》，代表地震灾区和三江源头的各族人民群众，向支援玉树抗震救灾的广大救援人员、志愿者和社会各界人士、港澳台同胞、海外侨胞及国际友人表示最衷心的感谢并致以最崇高的敬意。同日，贾应忠陪同强卫到牛头广场视察受灾群众安置、商业经营等情况，并慰问驻扎在此地的甘孜特警。随后，到玉树县第三完小，确定21日悼念仪式地点。看望工作在抗震一线的结古镇卫生院和农行工作人员。王玉虎主持召开专题会议，安排赛马场等地受灾群众安置和帐篷发放工作。在结古镇民主路、胜利路察看废墟清理、商业网点及社会治安情况。

20日夜，玉树州抗震救灾指挥部召开会议，各责任区汇报当天工作开展情况。贾应忠部署地震灾区党政军群参加21日10时全国哀悼玉树遇难同胞活动、外地僧尼劝返、100个水井项目、灾后重建大型设备的合理调配使用等15项具体工作。王玉虎强调，抗震救灾一定要突出重点，统筹兼顾，重点做好受灾群众安置、救灾物资发放和登记工作，同时做好清理废墟和重建规划工作。

21日10时，玉树州各族干部群众在灾区现场为“4·14”地震遇难者举行哀悼会，王玉虎主持悼念仪式，贾应忠致悼词，强卫讲话。下午，贾应忠到团结村、红卫、物资转运点、新寨、当代、扎西大同、成都市应急民兵营、第一民族中学、十字路口等受灾区看望慰问受灾群众，并对抗震救灾中存在的问题进行察看、了解情况，慰问奋战在一线的成都特警。

22日，玉树州委再次要求共产党员在抗震救灾中发挥先锋模范作用，全州广大党员，特别是党员领导干部，务必要把抗震救灾作为当前首要的政治任务，作为义不容辞的历史责任，自觉投身到抗震救灾的第一线，以强烈的责任心和使命感，抢险救灾、挽救生命。

23日，贾应忠主持召开青海省玉树抗震救灾指挥部玉树指挥点关于受损财产登记、受灾人员登记核查和抚恤金、生活补助发放等相关工作会议。

24日，玉树州委、州政府组织4个工作组，分别到抗震救灾第一线慰问驻玉树各类救援队74个。其中，医疗救援队20个，工程抢险救援队46个，维稳及安全保卫等其他救援队8个。贾应忠出席兰州军区第一抗震救灾救援队与结古镇扎西大同村第四社区援建灾后社区启动仪式。启动仪式结束后，贾应忠同地震后派到扎西大同村指挥抗震救灾的州人大常委会副主任陈德杰、布达哇以及扎西大同村党支部一班人察看社区建设情况，并慰问在此抗震救灾的兰州军区部队官兵。王玉虎到玉树县指挥部现场办公，召集6县党委、政府主要负责人研究部署受灾群众登记、“四项补助”发放工作。提出分类、分项登记的办法，要求各县、各片区、各行业进一步理清头绪，分清轻重缓急，有序推进各项工作。

26日，州抗震救灾指挥部和省抗震救灾指挥部召开联席会议，总结前一天的工作，部署当天工作任务。

27日，贾应忠在结古镇了解到外来务工人员租住的房屋在地震中损毁、没有得到任何救助的情况后，要求玉树县、曲麻莱县、囊谦县互相配合，妥善安排好没有登记救助的群众，解决好这些群众的生活。

29日，玉树州召开社会治安形势分析会议，研究社会治安方面存在的问题，安排部署工作任务。30日，玉树州副州长胡居正主持召开受灾群众安置点消除消防安全隐患座谈会，对做好灾区受灾群众安置点的消防安全工作进行部署。胡居正主持召开全州金融系统全力支持和参与灾后恢复重建工作会议。玉树州金融系统各单位主要负责人参加会议。会议要求，当前各金融机构应做好优惠金融政策的争取，制定信贷宽容政策。解决各金融机构存在的困难和问题，抓好日常工作。政府要争取财政支持，拓宽担保平台等工作。

## 二、玉树州各县委、县政府组织实施

### （一）玉树县

4月14日11时，玉树县委、县政府召开紧急会议，安排部署救灾工作，迅速在县委院内搭建帐篷，成立临时指挥部，组建临时基层党组织。为有针对性地帮助玉树本地区及其他地方的受灾群众都能渡过难关，玉树县根据州指挥部统一安排，迅速将重灾区划分成19个责任片区，安排县科级领导负责，从县直机关抽调干部职工充实到各片区，展开自救。

县政法部门组织公安民警，全力以赴维护震区秩序；县民政局投入全部力量，开展接收物资和救助工作；县交通部门及时掌握境内国道、县乡道路通行情况，调动全部能动的设备，组织人力、物力清理塌方、抢修损毁路段，确保交通运输通畅；县卫生局、县医院在医疗设备缺乏、医务人员不足的情况下，深入受灾现场，组织力量搭建临时帐篷医院，集中安置救护伤员；县宣传思想文化工作者深入地震灾区现场，拍摄大量图片，发布地震灾情实时信息，协同省、州宣传部门和各级新闻媒体，及时开展抗震救灾新闻宣传报道及协调和提供素材、推介先进典型等工作。震后第三天起，在条件有限的情况下，异地拟订宣传内容，赶制横幅标语，悬挂到抗震救灾一线，以及受灾严重的办公区、安置点和交通要道，发挥舆论引导和鼓舞人心的作用，激发灾区群众抗震救灾、重建家园的信心和决心。

随着抗震救灾工作的不断深入，玉树县陆续建立起25个帐篷社区（村）党支部，选拔配备政治思想能力强、联系服务群众能力强、维护社会稳定能力强的干部担任社区党支部书记，承担起组织群众、安置群众、恢复秩序、清理废墟、恢复重建、发展生产等任务。

### （二）治多县

4月14日8时40分，治多县委、县政府通过电视新闻得知结古镇严重地震灾害后，立即启动应急预案，派出县委副书记余万宝驱车赴玉树州了解情况并向州委请战；县委召开由四大班子领导、各乡镇领导、各单位主要负责人会议，要求全县所有干部坚守岗位，24小时待命，随时应对可能发生的情况。安排有关部门开展摸底调查，通知学校停课，组织抢修通信设施。11时30分，县委成立抗震救灾和防震工作指挥部、结古地区人员工作组、治多县救援组、治多县医疗救援队等救灾组织，发出《关于做好抗震救灾和防震工作的紧急通知》。

14时，县委书记王延奇等12名县级领导带领救援人员、机械、物资于22时到达结古镇。按照州委安排，在玉树州职业技术学校操场搭建起救灾工作点帐篷，组建“党员突击队”“党员抢险队”，迅速展开救援。在隆宝镇设立受灾群众安置点6个，拉运帐篷120顶，搭建帐篷565顶，安置受灾群众6780人。

**（三）杂多县**

杂多县委领导通过电视了解到结古镇发生地震的消息后，4月14日8时40分，县委召开由四大班子领导、各乡镇领导、各单位主要负责人会议。要求全县所有机关单位干部职工从14日15时起，24小时待命，各单位要做好值班工作，主要领导要亲自带队值班，做到随叫随到。所有在岗干部职工一律不得请假。如不遵守纪律、不服从领导和安排，将从严从重处理。11时30分，县委成立抗震救灾和防震工作指挥部，县委书记张晓军任总指挥，县委副书记王培军、县政府副县长何勃任副总指挥，指挥部下设办公室，办公室设在县委办；成立结古地区人员工作组、杂多县救援组、杂多县医疗救援队等组织，发出《关于做好抗震救灾和防震工作的紧急通知》，要求县民政局调运好支援结古灾区的各类救灾物资和车辆，做好杂多县受灾情况的调查工作，掌握情况。县交通局调运准备好相关机械设备，组织人员对结古至杂多干线公路开展巡查，确保道路畅通。县卫生系统组建好医疗救援队，做好准备接收伤员工作。县人武部、武警县中队、县公安局立即组织民兵预备役人员、武警战士、公安民警组成预备队，原地待命。县公安交警部门要加强道路交通安全检查，防止各类交通事故的发生。县教育局做好在校生的疏导工作，特别要加强防震抗震方面的常识教育，教育学生加强自我防范和保护意识，切实确保广大学生的生命安全。县政府办、县发展改革局加强对各加油站的管理，从14日15时起，从严控制社会民间车辆加油，确保各类应急车辆和机械用油。同时，实时掌握各加油站油料储备情况，随时向指挥部报告。做好对群众的解释工作，避免群众产生恐慌心理。县公安、武警、消防要协助做好相关工作。县工商局做好市场监管工作，防止少数不法商人乘机出现囤积居奇、哄抬物价等行为，确保正常的市场供应和交易秩序。县电视台做好相关宣传引导工作，防止民众因不明真相而出现恐慌心理。在通信中断的情况下，电视成为全县了解外界情况的唯一渠道，一定要做好各项设备线路的检查，确保电视节目安全、顺利播出。各社区居委会要切实做好本辖区居民的解释、疏导工作，消除群众的疑虑。加强防震抗震方面知识的宣传教育工作，引导居民加强自我防范和保护意识。要密切掌握辖区居民的思想和心理动态，发现问题及时报告指挥部。县电力公司保障县城电力供应，尤其是要确保党政机关、武警驻军、广播电视、通信等部门的电力供应，不得出现断电、停电现象。电信、移动、联通等部门要积极做好恢复通信的相关工作。萨呼腾镇、昂赛乡对本辖区地震灾情进行调查统计，认真排查每一处隐患，做好群众疏导，严防群众生命财产受损失。

15时，杂多县组织党员突击队、民兵突击队和医疗救援队人员300人集结完毕。紧急调拨棉帐篷80顶、棉被50床、面粉1000千克、大米1000千克、价值13800元的食品和生活用品，挖掘机6辆。22时，县委书记张晓军带领救援人员和物资、机械到达结古镇，根据州委安排在结古镇新寨村搭建起救灾工作点帐篷，立即展开救援，调查登记受灾情况，安置好受灾群众基本生活。

15日，为进一步做好在结古地震灾区杂多籍受灾群众的救灾救援工作，杂多县委、县政府成立杂多县结古地区抗震救灾工作领导小组，县委书记张晓军任组长，县委常委、县人民政府副县长索吉远，县委常委、县纪委书记俄金加，县委常委、县委组织部部长韩培林，县政府副县长洛松才仁任副组长。4 月 30 日，为做好地震灾后灾情核查，确保地震遇难人员抚慰金、转移补助金、困难群众生活补助金、“三孤”人员生活补助金发放工作规范有序开展，杂多县委、县政府成立地震灾情调查及“四金”发放工作领导小组，县委副书记王培军任组长，县委常委、县委政法委书记昂扎，县政府副县长才仁公保任副组长。抗震救灾期间，杂多县组织县、乡、村、社各级干部 1560 人（次）到一线开展工作。

**（四）称多县**

4 月 14 日晨，称多县干部群众了解到玉树县灾情最严重的消息后，县委、县政府紧急行动，迅速反应，立即启动应急预案，部署抗震救灾工作，组成由县级领导带队的灾情调查组分赴各乡镇查看灾情，抢救被埋和受伤人员，安置住房倒塌或已成危房的群众，保证受灾群众的生命安全。紧急动员和组织党员、干部职工、公安民警、民兵、寺院僧侣以及青年志愿者、外来务工人员、县各医疗服务机构专业人员 1200 余人，组成称多县抗震救灾突击队和医疗服务救助队，地震发生后不到 2 个小时到达结古镇展开救援。

地震发生当天，称多县委书记李毅正在国外考察，得知玉树地震的消息后，想方设法于 15 日下午赶回玉树县结古镇称多救灾现场进行指挥；县委副书记、县长更太在西宁市和北京市宣武区领导洽谈合作支援事宜，得知玉树地震的消息后，取消活动，赶回称多，紧急召集各乡镇灾情调查工作组组长、各乡镇、县政府各部门主要领导，召开灾情调查汇报及抗震救灾工作部署会议。20 日，称多县抗震救灾指挥部针对称多籍人员在玉树县结古镇居住较多的实际，组织常住结古镇的称多籍受灾群众，采取群众推荐、组织提名的方式，在结古镇胜利路选举产生胜利路南、北两个临时党支部和称多籍社区居民委员会。

**（五）囊谦县**

在大地震发生后，囊谦县委书记吴德军迅速派县委常委、统战部部长扎江赶往州府所在地结古镇了解震情，一小时后再次派出一名科级领导前往州上了解情况。4 月 14 日 9 时，玉树县发生地震的准确消息传来后，县委、县政府领导中止正在召开的“两基”攻坚冲刺会议，立即召开县抢险救灾领导小组成员会议。10 时，启动维稳应急预案，决定每个单位除留守 1 ~ 2 名值班干部外，其余全部赶赴结古地区参加抗震救灾；本县所有学校停课，紧急疏散师生；紧急集结由机关民兵应急连一排、政法系统、教育系统、乡镇党员干部、卫生系统、宗教界人员 800 余人组成县直机关党员突击队、民兵应急分队、乡镇党员突击队、政法系统、教育系统抢险突击队、医疗救援队和宗教救援队等 17 个抢险组织。

县民兵应急连一排 30 人率先乘车于 14 时 30 分抵达灾区，至 16 时 20 分左右，救援突击队全部抵达灾区展开救援。19 时，囊谦县成立抗震救灾指挥部，下设办公室（组织建设、宣传、后勤）、物资分发组、安全保卫组、医疗卫生组、受灾群众安置组和部队协调组 6 个小组，分别在 1 名县级领导负责下运行。各乡镇也建立临时指挥部，村社设立临时办事点。

22 时，县抗震救灾指挥部在结古镇召开会议，决定县抗震救灾队按乡镇分成 10 个点，分别在当代路、体育场、扎西科赛马场、扎西大同村等地设立临时营地，开展搜救和安置受灾群众工作。县直各部门按照“两基”攻坚工作联点协助各乡镇开展工作。将民政部门送达的 50

顶帐篷留 4 顶作为医疗救援队的临时营地和县抗震救灾指挥部会议室外，其余全部发给 10 个乡镇设立临时受灾群众安置点。14 日 24 时，指挥部将第二批 50 顶帐篷全部发给各乡镇。4 月 15 日早晨，囊谦县抗震救灾指挥部和设立的 10 个临时受灾群众安置点上空升起党旗和国旗。为解决受灾群众吃饭问题，14 日 19 时，指挥部通知留守值班的县委常委、宣传部部长带领人员到各商铺采购食物，组织食品加工部门连夜为灾区蒸馒头、烙饼子。15 日 8 时，两辆满载食品的卡车抵达结古镇，指挥部按照乡镇设立的受灾群众临时安置点以最快的速度将食品发放到受灾群众手中。

15 日 16 时许，西杭通谷地段因房屋倒塌造成道路阻塞，严重影响救援进度。根据州抗震救灾指挥部的要求，囊谦县抗震救灾指挥部迅速组织 60 余人，用带来的装载机紧急清理废墟，经过近 2 个小时的奋战，疏通道路，为救援工作争取宝贵的时间。

扎西科赛马场是玉树州受灾群众的避难所，大量受灾群众不断涌入赛马场，最多时有 2.4 万余人，现场秩序一度混乱。加之因道路不通，直到 15 日下午大批救援物资还未到达灾区，部分受灾群众情绪不稳定，出现哄抢物资的现象。据不完全统计，哄抢的物资达 24 车。面对这种局面，州委、州政府将扎西科地区的救援和赛马场受灾群众安置工作全部委托给囊谦县。县抗震救灾指挥部召开紧急会议。决定迅速组织部分救援人员进驻扎西科赛马场全面开展受灾群众安置工作，10 个乡镇在继续开展搜救的同时也将营地全部迁往扎西科赛马场，迅速建立社区，组织村社干部和搬迁户管理委员会全体干部加强对受灾群众的管理，稳定局面。在各级组织的努力下，扎西科地区混乱局面于 15 日晚 10 时得到全面改善。

囊谦县委、县政府自觉服从玉树县委、县政府协调安排，按照玉树县的要求展开工作，为玉树县工作提供帮助。4 月 20 日，扎西科南侧物资发放点因物资发放出现分歧，受灾群众情绪激动，根据玉树县请求，囊谦县县长马玉带领民兵突击队 20 人赶赴现场，帮助解决问题。囊谦县先后派出 3 名县级干部、5 名科级干部长期协助玉树县工作，从县委办公室、县民宗局抽调干部 3 名协助玉树县开展受灾情况调查统计工作。

**（六）曲麻莱县**

曲麻莱县委得知玉树县发生地震的消息后，立即召开会议，研究赴结古镇救援和本县灾情调查工作，成立由县长尕桑任总指挥的抗震救灾指挥部，下设调查组、后勤保障组、医疗救助组、党员干部突击队、社会各界捐款接收组等 9 个临时机构。紧急抽调县级干部 15 人、党员及一般干部 158 人，车辆 44 辆，开赴结古镇救援。地震发生时，州委常委、县委书记仁青才仁在结古镇，立即和副县长韩忠义等人抢救群众。在曲麻莱县没有任何消息的情况下，仁青才仁中午赶回县城，再次召开会议，部署抗震救灾工作。之后，又返回灾区，指挥曲麻莱县抗震救灾，在灾区组建第一个临时帐篷党支部 。

# 第二篇
# 组织救援

玉树大地震发生后，在中共中央、国务院、中央军委的坚强领导和正确指挥下，国家启动地震Ⅰ级应急响应、救灾Ⅰ级响应机制，青海省各级党委、政府快速反应、有力指挥，各族、各界群众坚强面对，全国各地紧急驰援，各路大军奔赴救援，展开了人类历史上首次在高寒高原地区的大规模救援行动。

面对突如其来的地震灾难，中央国家机关、部分省（自治区、直辖市）立即启动Ⅰ级响应，组织人力、物力，全力支援玉树灾区。国家有关部委、各行业、各系统紧急派出人员赶赴灾区，国家地震灾害紧急救援队专业救援力量第一时间赶赴灾区。公安部从青海、西藏、甘肃、宁夏、四川、广东、山东、河南、陕西、重庆 10 个省（自治区、直辖市）公安厅（局）、消防总队调集 2022 名公安消防特勤，从四川、甘肃和青海紧急派出公安特警，以及救援车、搜救犬和救援专用器材，以最快的速度赶赴地震灾区实施救援。

一方有难，八方支援。青海省和周边省份就近组织力量快速赶往灾区，四川省在做好自身抗震救灾的同时，以最快的速度组织人力、物力支援玉树灾区。全国有 16 个省（自治区、直辖市）组织起专门的救灾队伍，来自全国各地的 34 支共 12600 多人的社会团体、群众救援组织和 2600 多名志愿者，火速赶往灾区。

灾情就是命令。中央军委一声令下，解放军、武警部队和民兵预备人员迅速以临战姿态和最快速度动员，北京军区、济南军区、兰州军区、成都军区，第二炮兵和总后直属单位，武警和民兵预备役部队快速行动，调集 15843 名解放军和武警部队官兵、2773 名民兵预备役人员，出动运输机、直升机、汽车和机械，以及先进的医疗器械，昼夜兼程，紧急赶赴灾区，担负起了搜救人员、抢救财产、医疗救治和卫生防疫、运送救灾物资、装卸救灾物资、运送伤员、清理废墟以及其他保障等抢险救援任务。

灾情十万火急，救灾牵动神州。一时间，“玉树”成为最热的字词。全国各地千千万万情系玉树灾区的人们，以各种方式奔忙出力，援助救灾，用行动和大爱筑起了一道绽放爱国主义精神和民族精神的万里长虹。

# 众志成城　抗震救灾

# 第一章　救援力量

## 第一节　国家应急响应及救援力量

### 一、国家应急响应

青海省玉树大地震发生后，国家启动地震Ⅰ级响应、救灾Ⅰ级响应，中央国家机关、有关机构、系统启动Ⅰ级抗震救灾响应，派出救援队和专家组赶赴地震灾区。从政府到社会，整个国家行动起来，集中各种可利用的资源迅速驰援地震灾区。一支支全国共同抵御突发地震自然灾害，挽救人民群众生命财产损失的抢险救灾斗争队伍迅速集结。

**启动玉树大地震救灾应急Ⅰ级响应部分国家部委、机构一览表**

表 2-1

| 单位名称 | 应急响应名称、等级 | 启动时间 |
|---|---|---|
| 中国地震局 | 地震Ⅱ级应急响应级别升级为Ⅰ级 | 4 月 14 日 12 时 |
| 国家安全监管总局 | 启动与中国地震局应急联动工作机制 | 4 月 14 日 |
| 国家减灾委　民政部 | 国家Ⅰ级救灾应急响应 | 4 月 14 日 8 时 30 分 |
| 交通运输部 | 交通运输部救灾Ⅰ级响应 | 4 月 14 日 |
| 教育部 | 教育部自然灾害应急Ⅰ级响应 | 4 月 14 日 |
| 商务部 | 商务部Ⅰ级救灾响应 | 4 月 14 日 |
| 铁道部 | 铁道部Ⅰ级救灾响应 | 4 月 14 日 |
| 民政部　铁道部　民航局<br>总参谋部作战部等 | 启动救灾联动机制 | 4 月 14 日 |
| 中国红十字会 | 中国红十字会Ⅰ级救灾响应 | 4 月 14 日 |

## 二、国家专业救援力量

4月14日下午，国家地震救援队从北京南苑机场出发赶赴玉树，当晚20时到达地震救援现场。救援队共有救援人员100多人，其中中国地震局40人、66150部队61人、武警总医院医务人员30人。有专业救援装备车2台和搜救犬9条，有16大类100多个品种、价值300多万元的药品和手术床、无影灯、生化仪等全套急救设备。

中国地震局派出国家地震现场工作队24人。

## 三、国家机关及相关行业系统救援力量

### （一）公安系统

公安部紧急从甘肃、四川、西藏、广东、山东、云南等省份抽调1952名公安特警、消防官兵、公安边防医护人员到青海省灾区开展救援工作。截至16日15时，到达玉树灾区展开救援工作的省内外救援警力共计7504名。4月14日上午9时，青海省公安厅迅速调集青海公安消防总队及西宁、海南、果洛公安特警共434名警力赶赴救灾第一线，开展救援和维护当地社会治安工作；同时，立即调动青海武警部队3040名警力开赴灾区进行救援。

### （二）国土资源系统

国土资源部紧急部署，中国地质调查局和青海、陕西、甘肃3个省的地质灾害应急排查专家组、专业技术人员和后勤保障人员星夜兼程向玉树集结。中国地质调查局派出局机关、中国地质环境监测院、中国地质科学院地质力学所、西安地质调查中心共15人组成的专家组。截至4月18日16时，国土资源部派出300名专业技术人员赶往灾区，其中280人在现场开展工作。全系统形成在国土资源部抗震救灾领导小组统一领导下，前方协调工作组直接统一指挥，前方12个小组开展地质灾害排查，后备队伍提供技术和后勤补给支持并随时待命的格局。

青海省国土资源系统抽调下属的省地矿局、省环境地质勘查局、省核工业局、省有色地质矿产勘查局、省测绘局共110人，分别于14日、15日凌晨到达玉树；17辆满载价值60多万元救灾物资的大卡车迅速驶往玉树，在结古镇安营扎寨。8个专家组迅即开展地灾隐患排查和找水打井。

陕西省国土资源厅紧急调派96名工作人员集结西宁待命，并决定从96名工作人员中精选出65名人员赶赴灾区承担对3个乡镇的应急排查，其余31名人员在西宁作为预备队，随时准备赶赴灾区。

甘肃省国土资源厅组织的专业队伍第一批人员12人于16日下午到达灾区，第二批33人在西宁作为预备队。中国地质调查局从下属水文地质环境地质部、监测院、地质力学所、西安地调中心抽调的21名专业技术人员到达灾区。另有一支50人打井队伍于18日上午抵达灾区。

有关部门大力配合，中国科学院派出15人、遥感飞机1架；国家测绘局、中国地质调查

局派出航遥中心航遥飞机 5 架，高空航摄专用飞机 1 架搭载机载合成孔径雷达系统，“空中国王”航空摄影机 1 架；国土资源部地质灾害应急中心派出专家组 3 人；中国地质调查局派出工作组 6 人；陕西、甘肃国土资源系统组成 100 人参加专业技术人员救援队。

**（三）环境保护系统**

4 月 15 日，环境保护部组建环境应急指挥部，派出的工作组和有关专家共 20 人赶赴玉树地震现场，会同当地环境保护部门紧张开展环境监测和应急救援工作。

**（四）住房和城乡建设系统**

住房城乡建设部组织陕西、甘肃、四川、重庆等地住房和城乡建设主管部门及有关中央企业，就近调集抢险救灾急需的机械设备 629 台和 2224 名人员，随时调往青海玉树地震灾区。其中，住房城乡建设部技术人员 4 名、大型饮水应急救援车 1 台；住房城乡建设部有关专家与青海省住房和城乡建设厅专家组 13 人。

**（五）水利系统**

水利部、陕西省水利厅、湖南省水利厅、青海省电力公司、省水电集团公司、玉树州电力公司、省防汛机动抢险队等 20 余支水利水电应急抢险队携带供水、供电等抢险物资设备及时到达灾区。其中，有国家发展改革委、国家防总、青海省水利厅、青海省水电集团公司负责人及大坝水工、地质专家 21 人。

**（六）农业系统救灾**

农业部组织专业人员进行灾情现场勘察和农牧业生产救灾，并安排应急救灾资金 100 万元，向灾区调拨 2000 件防护服、200 台机械消毒器以及消毒液机、帐篷等应急物资。其中，有农业部兽医局、中国动物疫病预防控制中心、中国兽医药品监察所和中国动物卫生与流行病学中心等单位专家工作组 24 人。

**（七）卫生系统**

4 月 14 日 15 时，第二批由 25 人组成的医疗队乘飞机抵达灾区，迅即开展医疗救治工作。

当晚，青海省从省级医疗单位抽调 300 名医务人员，分乘 9 辆大巴连夜出发，于 15 日中午抵达灾区后立即投入医疗救治工作。

至 4 月 14 日 18 时，卫生部门派出青海、四川、西藏、甘肃共 5 支 287 人的医疗卫生救援队伍携带医药物资赶赴灾区，其中青海省 123 人的队伍和四川省甘孜州 71 人的队伍到达灾区开展伤员救治工作。卫生部还在全国组织 18 支 396 人的专家组和 60 支 1320 人的医疗救援队伍随时待命。

截至 16 日 18 时，先后抵达灾区的医疗队有 14 支 1583 人，其中当地 502 人、省级 441 人、省外 640 人。省外医疗队抵达西宁 720 人、抵达海南州 179 人，赴玉树灾区途中 146 人、赴西宁途中 411 人。

**（八）安全生产应急救援队伍**

4 月 18 日 8 时，国家安全监管总局组织到达青海玉树地震灾区救援现场的安全生产应急救援队伍 26 支 512 人。

**（九）中铁系统**

中国中铁股份有限公司立即启动抢险救灾应急预案，就近调集大批大型救援机械，成立多支救援突击队，紧急奔赴灾区投入抗震救灾工作。4 月 14 日，中铁五局集团兰新铁路二线项目部第一时间紧急抽调 260 名职工组成中铁抗震救灾突击队于当晚抵达西宁，帮助相关部门通宵抢运救灾物资。15 日，中铁隧道集团青张铁路西格二线关角隧道工程指挥部组建 71 人的救援突击队，于 16 日一早赶到玉树灾区，并带去了棉被、棉垫、担架、帐篷、药品、食品及救援工具等救灾物资。中铁二局集团分别在距离玉树较近的兰新铁路甘青段、类昌公路和年邦公路项目部成立了 3 支抗震救灾抢险队共 46 人，调集挖掘机和发电机等各类抢险救灾机械设备 39 台（套）奔赴灾区救援。

**（十）中国民航系统**

到 4 月 18 日，中国民航局从 13 家航空公司调集 42 架飞机投入抗震救灾行动，建立了一条稳固的“空中生命线”。

**（十一）国家电网系统**

4 月 14 日，接到国家电网公司和省公司命令，由甘肃省电力公司兰州供电公司代表国家电网公司增援青海玉树地震灾区。国家电网甘肃省电力公司（由兰州供电公司组成）增援青海玉树地震灾区抢险队当晚出发。抢险队由 21 人组成，有 1 辆指挥车、2 辆工程车、2 辆应急电源车（共 350 千瓦）。

4 月 14 日 20 时 30 分，甘肃省电力公司派出增援青海玉树地震灾区的抢险队伍连夜出发

按照国家电网公司安排，国家电网四川省电力公司出动首支救灾抢险队，共 21 人、6 辆车，携带 2 台 30 千瓦、1 台 20 千瓦发电机。

国家电网四川省电力公司出动第二支救灾抢险队，共 74 人、21 辆车，携带应急电源车 1 辆、28 台发电机等物资。

国家电网四川省成都市供电公司电力出动抢险队，共 75 人、23 辆车。

**（十二）中国电信系统**

4 月 14 日 8 时 30 分，中国电信青海公司通信保障主管副总经理率第一批光缆抢修队、电源应急抢修队、抢险救援队和工程抢修队，同时携带应急通信 1 部、通信发电车 1 部、应急发电车 3 部、油机 2 部以及若干食品、帐篷等救援物资火速奔赴灾区第一线。12 时，中国电信青海省通信服务有限公司基站、电缆、光缆 3 支抢修队伍，共 35 人、4 台通信抢修车，从西宁出发赶赴灾区。12 时，中国电信玛多分公司派出 4 人、1 台车，成立光缆抢修队，赶赴灾区。13 时 30 分，中国电信海南州分公司快速成立 5 人抢险小分队，携带 2 台发电机和若干救灾物资，赶赴灾区。14 时，中国电信西安机动局派出指挥车 1 台、交换应急车 1 台（1000 门）、交换软交换设备应急车、电源应急车 200 千瓦、卫星通信车 1 台、微波设备 2 套、海事卫星 6 套，紧急赶赴灾区救援。16 时 30 分，中国电信甘孜分公司派出 6 人援助小分队，携带抢险设备和救灾物资抵达灾区现场。中国电信集团公司网运部应急处、交换处 4 人紧急赶赴灾区一线。

## 第二节 青海省救援力量

### 一、青海省重大灾害紧急救援队

截至 4 月 15 日 6 时 55 分，青海省公安消防总队（青海省重大灾害紧急救援队）玉树、西宁、海西、格尔木、海东、海北、果洛、海南、格尔木支队，青海省公安消防总队机关、总队医院，共投入救援官兵 242 名，出动救援车辆 27 台（抢险救援车 11 台、指挥车 6 台、后勤保障车 5 台、出发前从省军区新购 5 台宿营车）。携带生命探测仪、液压扩张器、金属切割机、多功能手动破拆工具、救援三脚架等 5 大类 504 件救援装备器材及 2 条搜救犬，全部到达救灾现场参与地震救援。

### 二、省级有关单位救援力量

地震发生后，青海省有关单位和部门积极响应省委、省政府号召，立即派出人员、携带装备赴灾区参加生命大救援。其中，省委办公厅 40 人；省档案局 15 人；省政府办公厅 19 人，车辆 11 台；民族宗教事务委员会 10 人；公安厅机关 90 人；省人力资源和社会保障厅 12 人；省国土资源厅专业地质灾害监测队 3 支，100 余人；省环境地质勘查局、省水文地质工程地质环境地质调查院专业打井队伍 45 人，大型打井钻机 3 台；省住房和城乡建设厅工程救援队 250 余人，机械设备 48 台（套）；省防汛机动抢险队 100 人；省水利水电勘测设计研究院 20 人；省水利厅专家队 30 多人；省林业局抢险救援队 33 人；省粮食局 19 人；省测绘局 500 人；省气象局抢险救灾救援组 19 人；省地震局第一批现场工作队 8 人，车辆 2 台，流动观测仪器 4 套；省安监局 65 人。

## 三、中央直管、省直管企业（事业）单位及社会组织救援力量

中国电信青海省公司光缆抢险、无线通信抢险和应急通信抢险 3 支抢险队 32 人；中国移动青海移动公司 5 个代维公司 100 人，油机 12 台，卫星电话 5 部，卫星通信车 2 辆；中国联通青海分公司抢险队 76 人；省出入境检验检疫局卫生防疫队 4 批 41 人次；青海煤业集团矿山救护队 19 人，专用救援车 3 台，250 千伏安移动电源车 1 台；青海投资公司 100 人；国家电网青海省电力公司 842 人，车辆 160 余台 ；中国石油青海油田分公司抢险救援队 24 人，车辆 9 台，300 千瓦发电机组 2 台、200 千瓦发电机组 1 台；中国石油青海销售公司抢险救灾保供工作组，流动加油车 10 辆，发电机 20 台，2000 吨流动油库 1 座，增设加油点 3 个；青藏铁路公司抗震救灾党员突击队 51 人，青年志愿者突击队 101 人，装卸工人突击队 41 人；青藏铁路公司伤病员转运工作队志愿者 310 人，客运人员 100 人，安全保卫公安人员 11 人，车辆检车人员 37 人，车务运转人员 4 人，疾控人员 15 人，专列 2 辆；中国水利水电第四工程局有限公司 31 人，挖掘、装运设备 11 台；中国电力投资集团黄河上游水电开发有限责任公司 3 批 101 人，1000 千瓦应急发电车 2 台；中国科学院西北高原生物研究所宽带应急通信指挥系统救援队（中国科学院微系统所、微电子所、盐湖所、西北高原所相关科研人员组成）12 人；青海大学医疗救治、志愿服务、高原病防治医疗服务等抗震救灾队伍，招募志愿者 3813 人；青海师范大学到灾区参加志愿服务 30 余人；青海省总工会 18 人；西部矿业集团有限公司矿山救护队 40 余人，车辆 12 台；西宁特钢集团公司 42 人；中铁一局电务公司通信抢险队 14 人，光缆熔接机 2 台，发电机 4 台，抢险车 2 辆，光缆施工机具 2 套；青海庆华集团 46 人（木里煤矿 18 人、煤化公司 13 人、格尔木铁矿 15 人），大型挖掘机 2 台，装载机 4 台，自卸车 7 台，平板车 6 台，工作车 3 台；青海水电集团公司 8 人；青海水电实业公司 8 人；青海水利水电工程局水工队 67 人；青海水利水电工程局安装队 84 人；青海水利水电工程局三分局 66 人；正平路桥集团公司救援突击队 140 人，公路保通突击队 29 人，机械 34 台；青海青藏合力工贸有限公司 24 人；青海省九州富强房地产公司 40 人；青海博川矿业开发有限公司救援队 6 人；青海红十字蓝天救援队 24 人；巾帼志愿者队伍 300 余人。

## 四、各州（地、市）救援力量

### （一）西宁市

抢险、医疗救援队 6 支，市国税局救援队 3 支 80 余人，西宁市水利局 76 人，大通县博爱医院 8 人，大通县水利抢险队 15 人，湟源县水利抢险队 23 人，西宁市“出租车义务 110 抗震救灾应急小分队”9 人、出租车 2 辆。

### （二）海东地区

输电线路救灾抢险队 87 人，抢修工具 74 种；化隆县水利抢险队 15 人；民和县水务局玉

树抗震救灾抢险队 20 人，车辆 5 台，塑料自来水管 1 万米，发电机 4 台；互助县水利抢险队 18 人；循化县水利抢险队 18 人；平安县水利抢险队 21 人；乐都县水利抢险队 20 人；青海省威远路桥公司玉树机场路项目部 46 人；循化工程救援队 80 多人。

**（三）海西蒙古族藏族自治州**

抗震救灾救援队及卫生防疫应急队、救护队 2 支 320 人，大型机械 115 台；格尔木市救援队 159 人，车辆 62 台；格尔木红伟集团 5 人；河南省义煤集团青海义海公司救援队 39 人（义海公司救护队 22 人、新闻后勤人员 7 人、豫西建设公司 10 人），车辆 6 台，携带救援破拆装备 25 类 165 件；青海水电集团格尔木水电有限责任公司 12 人。

**（四）海南藏族自治州**

青海海南航河建筑开发责任有限公司 10 人，共和县水利抢修分队 15 人，贵德县水利抢险队 22 人，中国电信海南州分公司抢险分队 5 人。

**（五）海北藏族自治州**

西海煤炭开发有限责任公司矿山救护 11 人；西海煤电有限责任公司矿山救护中队 15 人，车辆 3 台。

**（六）玉树藏族自治州**

玉树县委、县政府 2510 人；称多县委、县政府 1200 人；称多县医疗救助队 15 人；囊谦县委、县政府 900 人；杂多县委、县政府 246 人；治多县委、县政府 1090 人；曲麻莱县委、县政府 150 人。

玉树县结古寺救援队 437 人；玉树玉通公司线路队 60 人；玉树玉通公司土建队 23 人；玉树电力公司囊谦分公司 7 人；玉树电力公司治曲分公司 2 人；玉树电力公司杂多分公司 15 人；玉树电力公司称多线路班 15 人；玉树电力公司结古地区职工 100 人；称多县农民工救援队 28 人，车辆 3 台。

**（七）果洛藏族自治州**

果洛州救援队 63 人，玛多县抢险队 39 人，中国电信玛多县分公司光缆维修队 4 人。

**（八）黄南藏族自治州**

黄南州人民医院 37 人，河南县退役老兵救援队 7 人。

# 第三节　解放军和武警部队救援力量

## 一、北京军区救援力量

北京军区接到中央军委的命令，立刻组织解放军最先进的野战方舱医院赴灾区支援。4 月

14日15时，第255野战方舱医院176名官兵集结在唐山火车南站待命。15日凌晨，某分部迅速成立指挥组，快速展开装备、药品、被服等装备物资的准备工作。这是此次首批跨区携带新式野战医疗方舱赶赴地震灾区的医疗分队。这套方舱由检验、超声、X光等12个要素单元组成，具备检伤分类、急救手术、供应洗消等功能，信息化程度高，设备器材齐全，遇到疑难问题，还能与全军各大医院通过卫星联网，实施远程专家会诊。快速展开后，能布设床位200张，昼夜通过伤员达400人，并能同时进行4台手术。此外，他们还携带有防疫车、被服洗涤车、运输车等装备42台（套），抵达灾区后能够很快展开一座野战化医院，及时进行医疗救援。

## 二、济南军区救援力量

济南军区接到中央军委的命令，立刻组织解放军最先进的野战方舱医院赴灾区支援。解放军第153野战方舱医院在两个小时内组织217名医护保障人员、69台装备，于17日晚抵达灾区。6月10日，解放军第153野战方舱医院赴玉树第二批86名轮换人员，集结后出征，乘火车奔赴玉树。

## 三、兰州军区救援力量

68211部队专业救援队（兰州军区第一抗震救灾救援队）109人，车辆19台，各类专业救援装备9大类937件（套）；68211部队灾后重建分队181人，工程机械24台，车辆44台；68303部队3002人，各类车辆251台，各类工程机械104台（21集团军工兵团配属54台，租用地方50台）；68710部队1002人，车辆54台；青海省军区机关和直属队399人；兰州军区兰州总医院（国家应急）医疗救援队106人，车辆装备10台；解放军第1医院医疗救援队62人，车辆装备9台；解放军第4医院医疗救援队39人，车辆8台；解放军第10医院医疗救援队52人，车辆装备5台；解放军第25医院医疗队50人，车辆装备6台；解放军第323医院医疗队84人，车辆装备9台；兰州军区疾病防控中心防疫（心理救援）队33人，车辆装备5台；69008部队救援队直升机3架，16人；68062部队857人；68060部队抗震救灾运输分队112人，车辆45台；联勤某分部运输队265人，车辆133台；68060部队应急兵站210人，车辆装备65台；68063部队150人，运输车28台；68206部队救援队170人，车辆14台；兰州军区装备维修保障分队（联指第一装备保障基地）30人，车辆10台；兰州军区野战政治工作宣传队12人，野战宣传车3台；兰州军区某通信团保障分队49人，车辆9台；兰州军区某通信总站保障分队18人，车辆4台；68046部队61分队及该部队救援队55人，车辆5台（雇用地方车辆1台），通信设备24部（套），供电设备6部；青海陆军预备役步兵旅928人、车辆56台，旅前进指挥所现役官兵11人，车辆5台；通信救援队64人，车辆7台；医疗救援分队148人，车辆5台；水网维修救援队37人，车辆8台；工程救援队280人，车辆13台；汽车抢修队140人，车辆9台；综合保障队248人，车辆9台；海东军分区民兵应急救援队赴灾区救援力量 268 人，沿途保障力量 428 人；玉树县民兵应急营 100 余人；海南州民兵应急营 3 连灾区电力抢修分队 120 人，车辆维修组 16 人；达日县民兵医疗服务队 17 人，道路疏导组 32 人；称多县民兵应急连 94 人，乡镇民兵 66 人，车辆 4 台；曲麻莱县民兵应急连救援队 50 人；治多县民兵应急连救援队 80 余人；大通县桥头铝电有限公司民兵应急连 135 人，重型装载车和相关设备 12 台；玛多县民兵应急连道路疏导组和救灾服务站 20 人。

## 四、成都军区救援力量

陆军第 13 集团军某团 278 人；四川省军区陆军预备役高炮师及野战医疗分队 63 人；四川省甘孜军分区及所属独立营、武装部 330 人；四川阿坝军分区及所属民兵应急力量 155 人；四川省成都警备区及成都市民兵综合应急救援大队 1 营 240 人；四川资阳军分区及预备役工兵团 200 人；四川内江军分区及预备役防化团 174 人，车辆 23 台，切割机 10 台，帐篷 27 顶和其他抗震救灾物资 11 类 1421 件；四川绵阳军分区及北川民兵应急分队 114 人；西藏军区总医院医疗队 30 人，车辆 7 台。

## 五、空军救援力量

根据总部命令，空军组织 3 架伊尔 –76 运输机紧急执行空运救援人员和物资任务。

空降兵部队 1500 人和 100 名伞兵做好了执行抗震救灾任务的各项准备。其中，空军大型运输机 10 架，各类机动卫勤分队 11 支，救灾运输分队运输车 53 台，支援分队 105 人、38 台（套）机械装备。

## 六、海军救援力量

飞机 1 架。

## 七、第二炮兵救援力量

96351 部队机关及直属分队 596 人；96361 部队 504 人，车辆 63 台；二炮总医院、解放军第 536 医院 100 人。

## 八、总部所属单位救援力量

62201 部队及所属第 22 医院、62213 部队、62214 部队 1006 人；第三军医大学医疗救援队 15 人；第四军医大学医疗救援队 68 人；解放军第 301、302、309 医院（60 人）专家及医疗组

208 人；后勤工程学院净水专家组 2 人；总后勤部东北军需物资采购局 7 人。

### 九、武警部队救援力量

武警部队机关及直属分队 100 人；武警 8653 部队 1100 人；武警交通部队 61 人；武警水电部队 80 人；武警疾控中心防疫队 6 人；武警青海总队 4000 人；武警青海总队第 1 支队 1000 人，47 台车辆，携（运）行各类救援工具 1328 件；武警青海总队第 4 支队 900 人，西宁支队 450 人，车辆 27 台，总队医院医疗队 40 人，总队后勤运输队 55 人；武警四川省总队甘孜州支队石渠县中队 20 人；武警甘肃省总队 170 人。

## 第四节　公安消防、边防、特警救援力量

### 一、公安消防部队救援力量

4 月 14 日，公安部消防局调集 10 个总队 2022 名官兵携带雷达生命探测仪、红外视频搜寻仪、声波搜寻仪器和破拆、起重、照明器材等设备，以及救援车与搜救犬奔赴玉树地震灾区。其中，青海省公安消防总队 489 人；西藏自治区公安消防总队 105 人；甘肃省公安消防总队 80 人；宁夏回族自治区公安消防总队 120 人；四川省公安消防总队 303 人；广东省公安消防总队 314 人；山东省公安消防总队 190 人；河南省公安消防总队 108 人；陕西省公安消防总队 108 人；重庆市公安消防总队 205 人。

### 二、公安边防部队救援力量

广东省公安边防总队 113 人，云南省公安边防总队 60 人。

### 三、公安特警救援力量

4 月 17 日 15 时，甘肃省人民医院、甘肃省急救中心等 39 名医护人员和 10 台急救车，携带药品器械和生活物资，翻山越岭向玉树进发。

至 17 日 18 时，公安部从广东、四川、甘肃、云南、宁夏、西藏等地，紧急调集 1630 名消防特勤、特警、边防医疗人员，携带生命探测仪等搜救工具赶赴灾区救援。其中，青海省西宁市公安特警 80 人；青海省海南州公安特警 50 人；青海省果洛州公安特警 35 人；四川省成

都市公安特警 260 人；四川省甘孜州公安特警 70 人；四川省阿坝州公安特警 60 人；甘肃省兰州市公安特警 150 人。

4 月 15 日 1 时许，河南省消防总队赴青海灾区抢险突击队在郑州新郑机场集结。河南省消防总队跨区域应急救援队于 4 月 15 日 3 时从郑州出发，紧急飞赴青海。这支队伍由 100 多名队员组成，大部分队员曾参加过汶川特大地震救援。救援队配备了生命探测仪、液压破拆工具、起重气垫、帐篷等抢险救援物资 3300 余件（套）。

4 月 15 日上午，山东省消防应急救援队在西宁市青海宾馆前集合，飞赴青海玉树震区展开救援。

# 第五节　外省（市、区）救援力量

## 一、北京市救援力量

4 月 14 日上午 10 时开始，北京市卫生部门、红十字机构、国家地震灾害紧急救援医疗队所在的武警总医院等单位迅速行动，集结人员，到下午 5 时，共组建 5 支救援队伍。分别是由 80 名医疗专家组成的地震灾区救援医疗队；由 3 家精神专科医院的 30 名医务人员组成的心理救援医疗队；由 12 辆急救车和 50 名医务人员组成的 999 救援队；由 12 名志愿者组成的北京市红十字会蓝天救援队地震灾区先遣队；由武警总医院 30 名医护人员组成的国家地震灾害紧急救援医疗队。

4 月 15 日，北京第一批急救医疗队赶赴青海玉树。急救医疗队由来自北京大学第一医院、北京大学第三医院、北京大学人民医院、北京积水潭医院、北京朝阳医院、北京儿童医院和北京急救中心的 60 余名医护人员组成，包括临床骨科、普外、脑外、肾内、胸外等专业，同时携带近 8 吨的急救物资和生活用品。

4 月 15 日，北京急救中心组建的 104 名医护司人员急救医疗队，奔赴青海玉树执行救援任务。急救医疗队紧急配置价值 400 多万元的近百种药品、器械、物资。

## 二、河北省救援力量

4 月 15 日 21 时，中国联通河北省分公司派出应急通信队伍启程奔赴灾区。应急通信队 12 人，通信车 4 辆，5000 瓦便携式发电机 1 部，2000 瓦便携式发电机 2 部，车载海事卫星电话 2 部，便携卫星通信站 1 套。

4 月 16 日上午，河北省唐山市救援队 53 人出发赶赴玉树地震灾区救援。

## 三、内蒙古自治区救援力量

中国移动内蒙古有限公司救援队 21 人，越野车 3 辆、物资储运车 2 辆、皮卡车 1 辆、应急通信车 2 辆。

## 四、上海市救援力量

上海东方医院 4 人。

## 五、江苏省救援力量

江苏中兴江苏一建 20 人；江苏黄埔博宥集团 30 人；徐州徐工集团 13 人；徐州开发工程机械有限公司 10 人。

## 六、浙江省救援力量

宁波万爱集团 3 人。

## 七、江西省救援力量

4 月 15 日上午，江西一支由 32 人组成的抗震救援队迅速在结古镇灾区展开救援工作。该队由江钨控股集团驻西宁办事处救援队 10 名队员与该集团负责在玉树藏族自治州杂多县承建工程项目的 22 名建筑管理及施工人员组成。

4 月 15 日，驻赣武警水电二总队 100 余名武警水电官兵分别从南昌、青海等地出发，次日抵达灾区开展救援工作。60 名专业技术骨干组成的电力设施抢险队，在陕西榆林集结完毕，随时准备开赴灾区抢险。20 名医务人员组成的医疗救护队，启程开赴灾区。

## 八、湖南省救援力量

4 月 19 日晚 7 时，湖南省农电局局长刘启华任队长的抢险队一行 24 人，经过 3 天的艰难行程到达地震重灾区玉树县结古镇。

4 月 22 日上午 10 时，湖南省首支抗震救灾医疗救援队 8 人奔赴青海灾区前线参加抗震救灾工作。

## 九、广东省救援力量

广东省医疗专家组 27 人，广东佛山救援队 5 人。

## 十、四川省救援力量

四川省迅速派出大批救援队伍参与玉树县抗震救灾工作。4 月 14 日，四川省卫生厅派出 3 批医护人员和救护车紧急赶往灾区，并带去 10 多吨急救药械、11 件灭菌消毒片。

4 月 14 日上午，按照四川省卫生厅的安排，甘孜州卫生局副局长林银生率四川省首支紧急医疗卫生救援队伍，于 14 日上午 11 时 30 分从石渠县出发，赴玉树州玉树县参加抗震救灾紧急医疗卫生救援工作。医疗卫生救援队由甘孜州人民医院、州疾控中心、州红十字会、石渠县医疗卫生机构共 49 名医疗防疫人员和 9 辆救护车辆组成。这是第一支抵达灾区的外省医疗救援队。

4 月 14 日下午，由四川省人民医院、华西医院 23 人组成的医疗救援队，紧急赶赴青海省玉树县地震灾区参与医疗救援。医疗救援队中的人员，均参与过汶川特大地震救援工作，主要由骨科、麻醉科、神经外科等医疗人员组成。

4 月 14 日 19 时 44 分，空军运输航空兵某师谢昌强机组运送四川救援队 52 名救援队员和设备，从成都空军某机场起飞后顺利抵达玉树机场。

4 月 14 日 22 时，四川省绵阳市首支 32 人医疗救援队伍启程奔赴玉树地震灾区。

4 月 14 日，四川移动从紧邻青海的甘孜等地组织第一批 60 名抢险救灾人员急赴玉树，先头部队当日晚抵达后立即投入通信抢险工作。

同时，四川省多支救援队迅速赶往玉树地震灾区救援。其中，四川省矿山救护总队 52 人；四川省地震局 8 人；四川省阿坝州 56 人； 四川东汽救援队 22 人；四川省阿坝州医疗救援队 17 人；四川华日集团 31 人；泸州老窖股份有限公司救援队 15 人。

4 月 15 日，四川省安监局从省内参加过汶川特大地震抗震救灾工作的广能集团救护队、广安市救护队、内江市救护队、什邡市救护队、彭州市救护队紧急调动了 11 个小队 100 人的矿山救护队紧急出动，急驰成都，再乘机转赴青海地震灾区。此外，离青海地震灾区较近的雅安市矿山救护队赶赴青海地震灾区。参战救护队均携带了破拆、通信、急救及生命探测仪等装备。同时，四川省安监局调动芙蓉集团救护大队、川南煤业公司救护队等 100 多名救护人员立即到成都集结待命，做好了第二批救援队伍赴青海地震灾区的准备工作。

4 月 16 日，四川省卫生厅从成都派出首支国家医疗救援队抵达青海省玉树地震重灾区。

## 十一、西藏自治区救援力量

到 4 月 14 日 16 时 30 分左右，西藏至少派出了包括消防官兵和地震专家在内的近 200 人组成的救援队伍前往青海玉树藏族自治州参与抢险救援工作。16 时，西藏派出的首支救援队进入玉树境内。其中，救援人员 60 人，抗震救灾医疗队 119 人，地震局 5 人。

## 十二、陕西省救援力量

4 月 15 日，由第四军医大学组建的国家应急医疗队首批 60 名队员从西京医院出发，赶赴青海玉树灾区开展医疗救援。

4 月 15 日晚 7 时许，陕西省地震局派出由 8 人组成的现场工作队到达玉树灾区，由 108 人组成的陕西省救援队也在当日抵达玉树灾区，展开紧急救援。陕西省救援队伍中有 65 人（2 人为省地震局工程结构专家）来自陕西省地震灾害紧急救援队，他们携带生命探测仪、顶升、帐篷等专业救援装备。另有 43 人来自陕西公安消防总队和咸阳公安消防支队。

4 月 15 日上午 9 时，西安地调中心抽调的第一批 4 名专家出发赴青海玉树地震灾区。15 日下午，西安地调中心参加青海玉树抗震救灾应急调查的第二批 10 名专家启程赴灾区，指导当地次生灾害救援。

4 月 21 日 7 时 30 分，根据卫生部通知，由省卫生监督所及安康、商洛市卫生监督所共 21 名卫生监督员组成的陕西省赴青海灾区卫生监督队，从西安出发，赴玉树地震灾区执行食品和饮用水安全保障救援任务。

## 十三、甘肃省救援力量

甘肃省应急救援、地震和医疗等部门迅速组织救援队奔赴玉树救灾。4 月 15 日，这些部门的第一批救援队伍全部出发，后续队伍陆续集结。9 时 30 分，甘肃省地震局派出由 9 名相关专家和工作人员组成的第一批地震现场工作队，赶赴玉树县开展地震现场工作；14 时 30 分左右，甘肃省救援总队第一批救援人员离开兰州开赴玉树灾区。受卫生部指派，甘肃省于 14 日 15 时也紧急向青海省玉树地震灾区派出了首批医疗救援队。这支医疗救援队由 39 人组成，来自甘肃省人民医院、甘肃省急救中心、甘肃省疾控中心等单位。

4 月 15 日，甘肃省国土资源厅组成了 12 人的地质灾害应急调查先遣队赶赴玉树县。

同时，多支救援队伍到灾区救援。其中，甘肃省交通运输厅突击队 60 人，大型机械 19 台、清障车 1 台、技术人员 5 名；国家电网甘肃省电力公司（白银供电公司和定西班玉宝供电公司组成）第二批救灾保电队 18 人，发电车 2 辆；甘肃省电信、移动、联通公司应急通信车 12 辆，抢修技术人员 42 名；甘肃省地震局 16 人；甘肃省国土资源系统 35 人。

### 十四、宁夏回族自治区救援力量

宁夏回族自治区医疗卫生防疫队 3 支，140 人；宁夏回族自治区地震局专家 9 人；中国电信宁夏公司救援队 12 人，移动应急通信车 2 台，光缆线路抢修车 1 台，保障车 1 台，海事卫星通信设备 1 部。

### 十五、新疆维吾尔自治区救援力量

新疆维吾尔自治区地震局 3 人；新疆维吾尔自治区医疗救援队 4 支、防疫队 1 支，111 人，车辆 25 台（其中 2 支医疗队在西宁支持红十字医院、交通医院等抢救玉树伤员）；中国电信新疆公司救援队 8 人，基站传输车 2 辆，指挥车 1 辆。

### 十六、台湾省医疗团

4 月 18 日，台湾红十字会组织医疗团搭乘华航 CI641 班机启程，经香港、北京转机，到青海参与玉树地震受灾群众的救援工作。

## 第六节　其他救援力量

### 一、社会团体救援力量

4 月 14 日 20 时，中国红十字会 999 紧急救援队从北京出发急赴玉树地震灾区。救援队由 52 名队员组成，队员主要来自北京市 999 急诊抢救中心及北京市红十字会。随队出发的还有 8 辆救护车、1 辆物资运输车、1 辆饮食供应车、1 辆手术车和 1 辆通信保障车。

4 月 14 日下午，北京市红十字会蓝天救援队首批队员整装待发，他们乘坐 3 辆越野车日夜不停赶赴灾区。北京红十字会蓝天救援队共派出 2 批 21 人。

四川省红十字会要求甘孜州红十字会组织红十字救援队 20 余人，立即赶赴灾区。

4 月 17 日上午，广西红十字会紧急医疗救援队 21 名队员赶赴青海玉树地震灾区参与救援。

4 月 19 日，中国红十字会大众卫生应急救援队 15 名队员从云南出发赶赴青海玉树地震灾区，4 月 21 日到达玉树地震灾区开展工作。主要任务是为灾区群众提供应急厕所以及防病治病知识的宣传普及服务。应急救援队中有红十字会工作人员 8 名、来自不同岗位的志愿工作者 5

名、云南卫视记者2名。此次运送的设备主要包括流动式标准化卫生厕所100套、工作大帐篷8顶、发电机4台、营地照明灯2组、挖掘机1台、工作车2台等，基本能自给保障20天左右。

## 二、志愿者

4月14日上午，曾在汶川特大地震发生后组织抗震救灾联队救灾的第二炮兵某部退伍老兵、河北省枣强县芍药村党支部书记王文忠，立即召集村内党员召开赈灾会议，提议组队前去抗震救灾，得到了党员的积极响应。王文忠等18名农民党员和预备党员迅速组成抗震救灾联队。王文忠当日自筹资金30万元购买棉衣、被褥、帐篷、棉手套、矿泉水等救灾物资，并于当日晚启程赶赴灾区。

河北省保定市徐水县岳家营村10位农民得知玉树地震消息后，立即相约赴玉树救灾。他们4月15日上午出发，一边赶路，一边采购了170条棉被、78件棉大衣和3顶帐篷，日夜兼程，吃住都在一辆24座的中巴车上，18日中午抵达玉树灾区。由于遇到堵车，最终于19日凌晨到达结古镇果清村，将物资交付这里的救灾工作组。

4月14日，民营企业家陈光标率救援人员和数十台机械设备连夜驰援玉树。他从江苏黄埔再生资源利用有限公司派出的33名民兵队员于14日下午3点半抵达灾区投入救灾。

曾参与汶川特大地震救援的长沙中联重工科技发展有限公司紧急调集了距离玉树最近的青海西宁、四川雅安和成都等地的11人，约60台中型挖掘机和25吨左右汽车起重机等灾区急需的救援设备驰援玉树。

中国国旅组织由40名中国国旅志愿者、中国红十字会、旅游媒体志愿者及户外救援专家志愿者组成的自驾救援队紧急赶赴青海玉树地震灾区，携带大量的物资及灾区急需药品，参与抗震救灾工作并对地震幸存者进行及时诊治。

到达灾区的志愿者救援力量还有：

共青团四川省委在玉树灾区志愿者2批58人；共青团四川省委在甘孜通往玉树的交通要道志愿者服务站18个、志愿者350人；共青团四川省委在四川各高校招募进行医疗救治服务志愿者450人（四川在线）；四川南充民工队15人；四川成都国际商贸城15人；四川巴中农村志愿消防队6人；四川省成都市登山协会12人；四川安县应急志愿者救援队30人；“老兵联盟”（四川省宜宾五粮液酒厂老兵赵成才）30人；四川茂县羌族村民6人；爱德基金会8批次22名员工和16名志愿者；中国户外网8264抗震救灾队15人；河北省唐山市宋志永爱心志愿服务小分队30人；河北省唐山市农民企业家皇甫志友志愿者16人；甘肃白银众诚志愿者救援队17人；甘肃省庆阳农民志愿者5人；甘肃省古浪县志愿者8人；黑龙江省牡丹江市志愿者2人；河北省秦皇岛市紫云山滑雪场6人；重庆市青年应急志愿服务队20人，越野救援摩托车10辆；河南省洛阳市志愿者12人；河南省焦作市清洁工、四级残疾王大庆1人；山东省莒县农民志愿者10人；长期照护全国联盟山东省青岛市四方爱心护理队13人；宇通客车救援队7人；大庆中油庆瑞石油科技有限公司4人。

# 第二章　解放军和武警部队救援出动

## 第一节　出动力量组成

依据军委总部的号令，各任务部队陆空并进，速奔灾区。至 4 月 15 日凌晨，全军动用兵力 6390 人，其中包括协助勘测灾情的海军某型飞机。至 4 月 15 日 11 时，紧急出动 1 万多名兵力赶赴灾区，其中 5200 多名官兵抵达救灾现场，展开救援行动。

救灾期间，军队和武警部队坚决贯彻上级命令，根据救援任务需要持续加大兵力投入，总计投入兰州军区、成都军区、北京军区、济南军区和空军、二炮、武警部队兵力 15843 人，民兵预备役 2773 人；19 支医疗队，3 支防疫队，2 个方舱医院，3 个专家组；10 架运输机，3 架直升机，各型通用车辆 498 辆，工程机械 397 套。

## 第二节　动员出发

### 一、北京军区联勤部出动

4 月 14 日 16 时，北京军区联勤部卫生部医疗管理处接到总后勤部卫生部医疗局要求方舱医院赴玉树抗震救灾的命令。当晚，联勤部启动应急机制，成立由副部长李德生、副政委刁建业为组长的联勤部抗震救灾指挥部。成立北京军区玉树抗震救灾前方指挥部，总指挥由联勤部卫生部副部长秦明奇担任，副总指挥由联勤部某分部副部长张建设、第 255 医院院长刘建军担任。联勤部军事交通运输部、卫生部、财务部、军需物资油料部等相关二级部有关人员修订完善抗震救灾卫勤保障预案。联勤部向联勤部某分部下达第255方舱医院15日10时前做好赴玉树抗震救灾准备的命令。

15日中午，联勤部副部长连世秀带领联勤部司令部副参谋长徐志宏、政治部副主任涂国政、物资油料部副部长邹晓东、卫生部副部长秦明奇、军交部处长张峻峰和机关部分人员，赴第255医院驻地，指导方舱医院抽组和出发准备工作。命令第255方舱医院15日23时50分出发赴玉树进行医疗救护。16日，秦明奇、张建设带领任务先遣组一行6人，乘飞机于14时30分到达西宁，17日7时30分，乘首班飞机从西宁机场出发，8时40分到达玉树，受领任务，勘察预定配置地域，接洽后勤保障关系。

## 二、济南军区出动

济南军区成立玉树抗震救灾指挥部，军区联勤部一名副部长任总指挥。联勤部某分部成立指导组。命令第153方舱医院4月15日从驻地出发，赴玉树参加抗震救灾任务。

## 三、兰州军区出动

4月14日8时10分，兰州军区接青海省军区报告玉树发生地震的情况后，司令员王国生、政委李长才紧急碰头作出部署，要求青海省军区迅速到青海省有关部门了解情况、请领任务，督促玉树军分区查明灾情、组织自救互救，兰州军区将玉树地震情况上报总参谋部应急办公室。8时15分，兰州军区党委召开会议，部署抗震救灾工作。决定立即启动应急预案，成立兰州军区抗震救灾指挥部，由副司令员赵建中、副政委刘晓榕任指挥员，连夜赶赴灾区组织指挥部队抗震救灾行动；决定动用6000人的兵力、3架直升机、6支医疗队参加玉树救援。王国生和兰州军区参谋长刘粤军坐镇作战值班室，研究部队地面机动、空中输送和直升机转场等重大问题，对部队实施集中直接高效指挥。兰州军区司令部快速拟制抗震救灾用兵方案，出动68710部队、68211部队应急专业救援队、68303部队，并派出69008部队3架高原直升机驰援灾区。8时30分，兰州军区向四总部上报《玉树地区抗震救灾情况报告》，简要介绍地震灾情，从定下救援决心、开展自救互救、调派部队救援3个方面汇报兰州军区救援部署。9时5分，兰州军区向全区部队下发《玉树地区抗震救灾情况通报》，通报玉树灾情，要求各大单位密切关注玉树震情，高度关注驻地、辖区社情动向，加强部队管控，做好抗震救灾准备；驻灾区部队加强自身防护，防止余震造成人员伤亡，统筹做好抗震救灾和维护社会稳定工作。9时10分，兰州军区下发《赴玉树地区抗震救灾》命令。指令青海省军区一名副职领导带领68710部队赴玉树抗震救灾，解放军第4医院派出一支医疗队随救灾部队前往玉树救援，68211部队专业救援队做好一切出动准备；明确救灾工作在地方党委、政府统一领导下组织实施，部队行动由青海省军区统一指挥。9时20分，兰州军区向总参谋部上报《协调空运抗震救灾部队事》的请示，申请总部协调飞机运送军区救援部队。10时30分，兰州军区陆续下达68710部队、68211部队救援队向玉树地区机动的命令。68710部队、68211部队抗震救灾专业救援队采用摩托化机动和空运方式急赴灾区。16时，兰州军区副司令员赵建中、副政委刘晓榕率机关11人摩托化机动奔赴玉树，抵西宁后听取青海省军区工作汇报；次日从西宁乘飞机抵达灾区，在玉树军分区召开会议，对兰州军区抗震救灾前方指挥部组成及任务进行分工，部署抗震救灾工作。17时10分，兰州军区副参谋长王振国率前方指挥干部6名，携指挥车3台、电台车1部星夜兼程赶赴灾区，参加兰州军区前方指挥工作。18时16分，兰州军区下发《派遣直升机参加玉树抗震救灾》命令，69008部队3架直升机从新疆五家渠机场起飞，经哈密、张掖飞抵青海共和机场，执行救灾任务。

4月15日，兰州军区向陆军第47集团军下达赴青海玉树地区抗震救灾的命令，命令68303部队携带必要装备，到玉树地区参加抗震救灾。

为保证对执行救援任务部队实施顺畅指挥，4月15日，兰州军区向有关部队下达《赴玉树担负抗震救灾通信保障任务》的通知，指示出动人员和通信设备，担负军区前方指挥部通信枢纽及抗震救灾通信保障任务，16日12时前到达玉树，由军区前方指挥部直接指挥。4月17日，兰州军区司令部下发《关于进一步组织民兵预备役人员参加抗震救灾行动的指示》，指示青海省军区根据救灾需要持续动员民兵预备役救援力量，组织指导预备役步兵旅和其他地（市、州）人武部门，迅速收拢民兵应急分队和医疗救护、道路抢修、电力通信、防化救援等专业技术分队，做好参加救援准备；沿国道214线和其他通往灾区的交通干线人武部要组织民兵预备役人员抢修损毁路段、疏通车辆人员、维护交通秩序、提供服务保障，确保“生命线”畅通；驻机场、车站等重要交通枢纽的人武部，要组织民兵预备役人员积极投入救灾物资和伤病人员的前运后送；发挥民兵预备役人员环境熟悉、语言相通的优势，配合地方党委、政府做好稳定工作，防止个别别有用心的人趁机制造事端；组织力量加强对党政机关和银行、监狱等重要目标的监控巡查，强化防卫措施，协助地方公安、武警部队维护治安秩序，严厉打击违法犯罪活动，确保灾区社会稳定。

担负抗震救灾任务的部队依据命令迅速行动，截至16日18时，兰州军区出动部队兵力6471人、车辆363台、直升机3架，在受灾的2个县、9个乡镇展开救援行动。

玉树抗震救灾应急救援阶段任务完成后，兰州军区部分任务部队担负震区废墟清理清运任务。为保证按时完成任务，4月28日，兰州军区决定，68211部队抽调55台工程装备（推土机10台、装载机10台、挖掘机4台、斯太尔自卸车30台、16吨吊车1台）和110名操作手（推土机、装载机操作手40名，斯太尔自卸车驾驶员60名，挖掘机操作手8名，吊车操作手2名），组织精干指挥组携带必要保障人员和装备（共171人、65台车辆机械），于5月5日赴青海玉树执行灾后重建任务。

## 四、成都军区出动

成都军区调集陆军第13集团军某团278人，四川省军区陆军预备役高炮师及野战医疗分队63人，四川省甘孜军分区及所属独立营、人武部330人，四川省阿坝军分区及所属民兵应急力量 155 人，四川省成都警备区及所属民兵应急力量 120 人，四川省资阳军分区及预备役工兵团 200 人，四川省内江军分区及预备役防化团 174 人、车辆 23 台、切割机 10 台、帐篷 27 顶和其他抗震救灾物资 11 类 1421 件，四川省绵阳军分区及北川民兵应急分队 114 人，乐山预备役步兵旅，西藏军区高原医疗分队，赴玉树参加抗震救灾。

## 五、海军出动

4 月 14 日 12 时，根据军委总部命令，海军向某飞行团下达任务，指示该团正在四川汶川上空执行灾区重建航测任务的飞机直飞青海玉树探测地震灾情。执行过汶川特大地震空中遥感任务的机组人员，于 15 时 30 分驾机飞抵玉树地区上空，进行低空遥感探测。为完成“广覆盖”的要求，机组加大航线密度，确保不留空白。

## 六、空军出动

中央军委委员、空军司令员许其亮，政委邓昌友要求运输机部队做好应急出动准备，命令空降兵某军 1600 人（含空投伞兵 100 人）完成赴灾区的出动准备。4 月 14 日下午，空军调用 3 架空军大型运输机搭乘人员和物资，其中两架由北京南苑机场直飞玉树机场、第三架从湖北当阳飞赴成都，从成都飞到青海玉树机场。截至 4 月 15 日 18 时，空军共出动 7 架空军大型运输机飞行 23 架次，分别从南苑、太平寺、西宁、双流、中川、咸阳 6 个机场空运救灾物资和救援人员，转运受伤群众。

## 七、第二炮兵出动

第二炮兵命令 96351 部队机关及直属队出动 596 人、96361 部队出动 504 人、第 536 医院出动 100 人参加抗震救灾。

## 八、武警部队出动

4 月 14 日 7 时 55 分，武警部队作战指挥中心启动 I 级应急响应机制，运用卫星指挥系统了解灾情，作出决策部署。及时召开作战会议，传达学习中央决策指示，研究部署抗震救灾工作；开设基本指挥所，迅速部署兵力，通过卫星通信系统，全时指导武警部队抗震救灾行动，及时向任务部队传达中共中央、国务院、中央军委首长的重要批示；派出副司令员薛国强率前方指挥部紧急赶赴灾区，协调指导部队救灾行动；武警总部机关三大部成立相应应急机构，24 小时值班；下发军事、政治、后勤保障工作指示，命令青海总队 4000 人、8753 部队 1100 人、水电部队 80 人、交通部队 61 人、武警总医院 30 人赴玉树灾区参加抗震救灾。

# 第三章　解放军和武警救援

## 第一节　联指（兰州军区）组织到位

军队和武警部队各级救灾指挥机构组织任务部队以救人为第一任务，坚持以人为本、生命至上的原则，全面展开救援，排查倒塌房屋，搜救被困人员，清理废墟垃圾，参与双促共建。联指在军委总部和四总部前方工作组的指导下，根据青海省抗震救灾指挥部的统一安排，组织军队和武警部队救援力量到位并展开救援行动。

4 月 15 日，兰州军区党委召开会议，传达学习、深刻领会军委主席胡锦涛和军委总部首长重要指示精神，研究部署抗震救灾工作。机关有关部门通过多种渠道和方式将胡锦涛重要批示和军委总部首长的指示传达到全体官兵，引导各级把思想统一到中共中央、中央军委的决策部署上来，把抗震救灾作为当前一项最紧迫、最重大的政治任务，全力做好遂行救援任务的准备。兰州军区党委下发《关于坚决贯彻落实胡主席重要指示，全力以赴做好抗震救灾工作的通知》，要求各级党委领导要切实将官兵思想统一到胡锦涛重要指示精神上来，务必把抗震救灾任务和军区党委明确的各项具体工作作为头等大事抓紧抓好；机关职能部门要加强组织领导，坚持靠前指挥，周密制订组织计划，科学调配救灾力量，合理使用各种资源，确保抗震救灾工作的质量效益。

4 月 16 日，兰州军区召开办公会，部署抗震救灾工作。军区参谋长刘粤军通报灾情，汇报军区部队向玉树灾区开进及展开救援的情况，对下一步救援行动提出建议。刘粤军指出：一是继续查明掌握灾情。加强与地方政府有关部门的联系，全面掌握情况，及时上报军区。二是加强组织指挥。军区前指和青海省军区指挥所迅速划分任务区，明确责任范围，理顺指挥关系，合理配置各种救援力量。三是全力做好救灾工作。加强医疗、通信和工兵等专业分队，带足专业工具，利用 72 小时黄金救援时间，全力以赴搜救幸存人员。四是周密组织部队机动。合理计划安排和调整部队进入灾区的时间，确保机动顺畅、按时到位。五是后续兵力使用。建议调派汽车第9团部分运输车辆在玉树机场、西宁机场和火车站担负救灾物资转运任务，指定陆军第21集团军部分部队做好相关准备。待转入废墟清理和灾后重建阶段需投入大量工程机械时，视情指定47集团军某团担负任务。六是加强部队自身保障和安全防护。加大对救灾部队的保障力度，救灾部队要搞好自我防护和防寒工作，确保自身安全。七是统筹抓好藏区和灾区社会稳定工作。另外，要大力加强舆论宣传、部队教育和新闻工作。

4月16日，为保证救援行动的效果，联指根据青海省抗震救灾指挥部将灾区划分为19个片区的实际，合理部署救援力量，引导任务部队按片施救。救援部队具体部署是：68710部队部署在结古镇红卫路、西杭地区、扎西科；68211部队部署在扎西科；68303部队部署在花石峡兵站、隆宝镇、上拉秀乡、禅古寺、甘达村、果青村、扎西科等16个点位；青海陆军预备役步兵旅部署在体育场、扎西科；96351部队救援力量部署在广场等地域；四川省军区救援力量部署在扎西科、巴塘机场、师范学校、运输机动车交易市场和第一民族中学；武警部队救援力量分别部署在新寨村、扎西大同村、果清村、红卫路等14个点位；69008部队3架直升机部署在共和机场；联指要求各救援部队按照区分的任务区域进村入户，展开拉网式排查，消除救援盲区。

同日，兰州军区政委李长才乘飞机抵达玉树指导抗震救灾工作。在玉树机场一下飞机即加入转运伤员的队伍，与官兵一起护送伤员上飞机；到结古镇看望慰问救援部队、第323医院医疗队队员，勉励官兵发扬优良传统，克服困难，完成救援任务，夺取新的胜利。针对任务部队机动和通信设备使用频繁、官兵与地方单位灾区群众接触广泛、国内外新闻媒体记者多、灾区人员成分复杂的实际，兰州军区保密委员会下发《关于做好执行青海玉树抗震救灾任务中保密工作的通知》，对部队执行抗震救灾任务中军事秘密安全管理提出要求。要求部队搞好保密教育，严格通信保密管理，严格新闻宣传报道保密管理，加强涉密载体和涉密装备管理，加强保密监督检查。

4月17日，兰州军区司令员王国生、装备部部长高亢乘民航航班飞抵玉树。抵达后看望兰州军区总医院医疗队队员，嘱咐官兵保重身体，做好高原病防治，指示医疗队领导要把救援官兵的生命安全放在第一位，对高原反应强烈的人员要请专家会诊、及时治疗，对确因身体原因不适合在灾区工作的坚决后送。

4月18日晚，兰州军区司令员王国生、政委李长才在联指主持召开任务部队师以上领导干部会议，传达胡锦涛重要指示，分析抗震救灾形势，研究部署贯彻落实措施。会议决定，要坚决用胡锦涛的重要指示统一思想和行动，统筹抓好六个方面的工作。一是全力做好伤员救治和受灾群众安置工作，加大搜救力度，搞好伤员救护，帮助灾区群众安家，力争达到每个家庭有一顶帐篷；帮助学校“五一”前开学复课，安排好敬老院、孤寡老人的生活。二是军区7支医疗队与各社区、乡镇医院和卫生所结对搞好帮扶，军区派一支防疫队进点开展疫情监测和防控消毒工作。三是展开废墟清理准备工作。68303部队和68710部队要划分好任务区，清理倒塌房屋，平整场地，为灾后重建做准备。四是广泛开展宣传群众、教育群众、争取群众的工作，营造团结友爱、和谐稳定的社会环境。五是建好综合保障点，在结古镇建立一个集工作、生活、医疗、车辆保障于一体的多功能保障基地。六是切实做好维护社会稳定的工作。加强情报收集研判，掌握敌社情动向，做好应急处突准备，防止发生不测事件。

4月20日，联指临时党委召开会议，兰州军区司令员王国生、政委李长才出席会议。会议传达学习军委领导指示，安排救灾工作。一是下达再次搜救的命令，组织任务部队从20日起利用3天时间，再次进行排查搜救，加大搜救力度，扩大搜救范围，逐村逐户进行拉网式排查，彻底消除救灾死角盲点。二是抓紧做好受灾群众的安置工作，在对人员搜救的同时展开清理废墟垃圾、平整场地、搭建帐篷、修建活动板房和公厕等工作。三是优先着力安排孤儿、孤老、孤残人员的基本生活。紧急采购1000套课桌椅和教学用品，保障学校复课。四是军地联合在共和县建立西宁方向地面物资转运中心，抽调150人的兵力、50台车辆，担负救灾物资执守、装卸和运输任务，做好物资转运工作；抽调部队和民兵预备役力量，配合地方交管部门执行国道214线交通管制任务；充分利用空中运力资源，加快救灾物资转运进度。五是做好伤病员救治工作，20日、21日，安排济南军区、北京军区野战方舱医院分别在玉树州体育场、赛马场展开；组织17支医疗队部分医护力量深入结古镇周边乡村巡诊看病，帮助恢复村镇医疗机构功能。六是抽调兵力在结古镇建设一个集工作、生活、医疗、车辆、接待于一体的综合保障基地。七是4月22日召开任务部队抗震救灾政治工作会议，研究进一步做好抗震救灾政治工作的措施。

为加强对救灾工作的领导，强化军地协调配合，落实工作责任和工作措施，4月21日，联指和青海省玉树抗震救灾指挥部联合下发《关于建立抢险救灾片区责任制的通知》，决定军地双方建立抢险救灾片区责任制，开展军民共建，玉树州委副书记东坝阿宝负责玉树州协调工作，青海省军区参谋长党国际负责解放军部队协调工作，武警青海总队总队长谢才书负责武警部队协调工作，任务部队在19个片区实行责任包干，承担本辖区抢险救灾、被困群众营救安置、废墟清理、垃圾清除、卫生防疫等任务；各片区配备地方责任人1名、部队责任人1名。通知还明确责任人职责，提出共建的要求。

同日，联指召开玉树抗震救灾清理废墟预备会。兰州军区司令员王国生对清理废墟作出七点指示：一是关于作业编组，划分若干个作业区，每个作业区编步兵1个连至1个营，配属推、挖、装、卸、吊等工程机械，协调地方政府工作人员、户主参加。二是关于工兵部队进点。68211部队抽调的人员和装备在营区做好充分准备，听令而动。三是关于清墟组织指挥，在联指统一领导下由军区副参谋长王振国、青海省军区司令员张书领负责，指挥、政工、后勤、装备组有关人员参加。四是关于与地方的协调，积极受领任务、协调地方外援的工程机械，协调确定垃圾倒运点，协调地方派出引导员。五是关于工程机械保障，所需工程机械由68211部队派出。六是关于前期准备，主要是指导部队周密计划、充分准备、搞好协调。七是关于各种保障，重点做好装备和油料保障。

4月23日，以搜救生命为主的第一阶段救援工作基本结束，救灾重点转入恢复灾区生产生活、伤病员救治和卫生防疫、搭建帐篷学校、转运物资和保护抢救藏文化遗产。兰州军区决定，任务部队组织工作队进村入户，配合地方党委和政府深入开展群众工作，服务藏族群众，增进民族团结，促进社会和谐。要求工作队在地方党委和政府统一领导下，采取“一队包一村”

的办法进村入户做好事办实事，做好宣传教育群众、民情社况调查、安抚群众、送温暖献爱心、协助地方加强基层党组织建设 5 个方面工作，把群众工作做到灾区每一户家庭、每一个人员。

4 月下旬，救灾工作取得阶段性成绩，但救灾形势依然严峻。一是受灾群众生活安置困难较多。灾区群众吃饭、饮水、看病、上学等方面还有许多问题亟待解决。二是防疫形势严峻。灾区环境卫生特别是饮水、就餐卫生条件差，极易发生传染病疫情，控制动物疫病和人畜共患病的难度大。三是次生灾害隐患多。灾区高危建筑、公用设施险情还没有完全排除，加上余震不断，随时可能发生重大次生灾害。针对这些情况，4 月 27 日，联指召开工作会议，传达中共中央、国务院和军委总部首长关于救灾工作指示，总结前期工作，研究部署任务，表彰先进单位 28 个、先进个人 211 名。会议提出救援工作要抓住“一个根本”，即促进灾区经济发展、社会进步、民族团结、和谐稳定的根本；做到“两个防止”，即搞好任务交接防止出现空档，搞好思想发动防止松懈麻痹。会议决定抓好以下工作：一是着力帮助受灾群众尽快恢复生产生活。组织部队进村入户帮助严重受灾乡镇、村社群众拆除危房、清理倒塌房屋、抢救粮食和财物，抢修灾毁基础设施，排除地质灾害险情，开展伤病人员医疗救治和心理疏导。二是各医疗分队要深入尚未进入的乡村，争分夺秒抢救受伤群众，尽最大努力保障伤员生命安全。协助当地政府搞好医疗救治与卫生防疫，加大防疫工作力度。三是认真组织废墟清理，采取人装混编、分组作业的方法，科学组织实施；严密组织物资装卸运输，科学调配力量，在花石峡、清水河兵站开设保障点。四是协助地方政府保持灾区社会稳定。五是搞好部队自身安全防范。加强安全教育，抓好人员、车辆管控；重视以高原病防治为重点的防病工作，开展高原病防护知识宣讲，配发高原病预防药品，增强官兵防范意识；突出饮用水源水质的监测检验和防疫，突出执行任务过程中的自身安全防护，严密防范由余震引发的滑坡、泥石流、滚石造成人员伤亡，防范因水库、堤坝等垮塌而引起的水灾。

会议要求进一步健全四项制度。一是联席会议制度，每日 17 时在指挥部召开由各救援单位领导或代表参加的联席会议，通报情况，安排工作。二是专项值班制度，指定专人 24 小时坚守，严密跟踪掌握救灾工作进展。三是情况报送制度，加强情况统计综合，每日 17 时前向联指报送当日工作情况。四是联络员制度，各单位指定专人负责组织协调、上情下报，与联指保持 24 小时不间断联系。

为适应任务需要，联指对救援兵力部署进行调整：68308 部队调整 100 人到巴塘乡（原四川省军区任务片区）继续执行救灾任务；调整 200 人进驻巴塘机场接替 68710 部队（35 人）和四川省军区（150 人）物资装卸转运任务。调整后，该部负责新寨、果青、隆宝、仲达、安冲、巴塘、小苏莽、上拉秀、下拉秀、哈秀 10 个片区救灾及灾后重建有关任务。

68710 部队调整 200 人到西杭（原四川省军区任务片区）执行救灾任务，在巴塘机场担负物资装卸转运任务的 35 人归建。调整后，该部负责扎西大同、西杭 2 个片区救灾及灾后重建有关任务。

武警部队以三分之一的兵力继续在甘达村、扎西科、禅古、民主路南、民主路北 5 个片区执行救灾及灾后重建有关任务，以三分之二的兵力担负维稳任务。扎西大同、西杭、红卫、隆宝4个片区的救灾任务调整给其他部队。

96351部队负责红卫、当代2个片区的救灾及灾后重建有关任务。

抽调部分部队担任应急处突力量，担负应急处突任务。

68211部队担负重建任务的55部装备和110名操作手采取铁路输送与摩托化机动相结合的方式，于5月上旬前部署到灾区，分别配属给68303部队、68710部队遂行救灾及灾后重建任务。

鉴于抢救生命财产任务基本完成，联指根据总部指示决定逐步减少救援兵力。专业救援部（分）队、预备役部队、成都军区部队、部分医疗分队等共1700余人4月下旬至5月上旬分批组织回撤。回撤的部队有68211部队应急救援专业队，青海陆军预备役步兵旅工程救援队、水网救援队、通信抢修队及医疗救援队，四川省军区部队。

兵力调整后，玉树救灾兵力从12778人减至11100人左右。兰州军区部队、武警青海总队、96351部队等任务部队以及第309医院，北京军区、济南军区2个方舱医院，第22医院部分人员，第536医院，主要担负灾后重建；空军4架运输机、68062部队、62214部队、68303部队200人、68206部队150人、96351部队200人、武警青海总队4支队450人继续担负西宁曹家堡机场、共和转运点、巴塘机场、玉树烈士陵园等地的物资装卸运输任务。

5月3日，根据军委首长指示、为了给军地抗震救灾指挥人员提供必要的办公生活条件，由兰州军区筹资援建的玉树抗震救灾军地联合指挥中心工程举行开工建设仪式。

5月7日，根据青海省玉树抗震救灾指挥部的请求，联指决定自5月8日起，68303部队利用5天时间对解放村进行废墟清理；每日由68710部队出动160～200人、96351部队出动80～100人、武警部队出动80～100人，共500人，担负4个片区的灭獭防鼠任务。

随着救援工作重点的转变，5月7日联指报请总参谋部，决定5月10日再次撤出部分医疗救援兵力。总参总医院、第22医院、济南军区第153野战方舱医院一部回撤。兰州军区总医院，解放军第1、第10、第25、第323医院的乡镇卫生院对口帮扶小分队67人回撤。北京军区第255野战方舱医院、济南军区第153野战方舱医院、武警青海总队医院医疗队、第536医院医疗分队、第4医院医疗队和疾病预防控制中心防疫队继续在灾区担负医疗救援和卫生防疫任务。

5月10日，联指召开军队和武警部队抗震救灾任务部队领导干部会议总结救灾工作，从防病防疫、废墟清理清运、群众过渡安置、物资拉运、维护部队自身安全和社会稳定、加强政治工作和做好群众工作、全面搞好保障等7个方面安排部署下一阶段任务。要求部队牢固树立长期作战的思想，及时总结经验，适时表彰先进单位和个人，深入查找存在问题和不足，改进工作指导和方法；搞好筹划指导，精心组织指挥，坚持工作高标准，用科学的方式方法抓工作落实。严禁急躁蛮干，杜绝粗疏作风；坚持统筹兼顾，一手抓抗震救灾，一手抓维护稳定；做好部队自身防病和安全管理工作。明确担负清墟任务的部队5月25日前完成任务。

5月14日，联指就完成清墟任务、援建“两院一校”等灾后重建需要上级协调的问题进行梳理，对废墟清运的装备台班费、保养费、自卸车公里费和租用地方平板拖车费以及所需油料，申请总部按照有关标准核销；对援建“两校一院”建设规模、建设周期、材料需求、经费测算等拟制两套方案上报军区和总部；对灾后重建物资运输运力问题提出意见建议。

5 月 18 日，兰州军区参谋长刘粤军在兰州主持召开玉树抗震救灾工作协调暨军事斗争准备检验评估讲评会，研究部署抗震救灾下一步工作。会议决定，要跟踪掌握抗震救灾情况，适时组织前指人员轮换，持续搞好部队救灾保障，密切关注藏区社会形势，择时组织指挥机构调整和部队回撤，全面总结玉树抗震救灾工作。

两个阶段清墟任务完成后，6 月 23 日，联指召开任务部署会议，再次调整救灾兵力。68303 部队 2208 人、车辆 180 台，68710 部队 959 人、车辆 38 台，兰州军区通信装备技术大队 4 人、通信车 1 台，第一装备保障基地 27 人于 6 月 26—28 日回撤。留玉树继续执行救援任务部队的部署相应作调整。68303 部队 682 人由新寨调整至扎西科玉树军分区靶场（原 68710 部队部署地域），配属 68211 部队工程机械分队 184 人，继续担负废墟清理清运及“两校一院”施工保障等任务；所属 68313 部队在玉树州委、州政府担负炊事保障任务的 16 人和在第 255 医院担负警戒执勤任务的 17 人归建，由 68303 部队调整 1 个排接替；68313 部队在应急兵站担负警戒执勤任务的 61 人回撤，由 68303 部队调整 1 个排接替； 68710 部队 43 人继续担负军地联合指挥中心的保障任务；兰州军区疾病预防控制中心 2 支防疫队 27 日回撤 1 支，1 支防疫队继续担负防疫任务；第 4 医院医疗队继续担负医疗救治任务；68060 部队应急兵站兵力适当减少，保留 40 人左右；第 153 和第 255 方舱医院在完成医疗救治任务的同时继续对州、县医院进行帮带。

5 月 23 日，兰州军区副参谋长张志强赴玉树接替副司令员赵建中，负责联指工作。到达后，听取联指各组工作情况汇报，查看部队清墟现场。27 日，检查 68060 部队应急兵站机关和各模块工作开展情况，对人员、车辆管理和安全“双防”工作提出要求。

5 月 24 日，兰州军区召开党委常委会，专题听取抗震救灾情况汇报，研究继续做好支援玉树灾后恢复重建有关问题。军区司令员王国生、政委李长才讲话。次日，军区副司令员赵建中、副政委刘晓榕赴玉树，在联指召集军区各大部有关人员传达学习军区党委常委会会议精神，研究贯彻落实措施。随后联指发出《认真贯彻军区党委常委会会议精神，继续做好支援地方灾后重建相关工作》通知，要求任务部队继续做好灾后重建中的思想政治工作，科学组织各项救灾行动，确保部队安全稳定，精心组织好后勤和装备保障工作。

经过一个月左右的紧张施工，玉树抗震救灾军地联合指挥中心工程竣工。为做好联指和青海省抗震救灾指挥部进入准备，5 月 25 日，联指向青海省军区下发《青海玉树地区抗震救灾军地联合指挥中心管理运行有关问题的通知》，对中心的任务、保障、管理等问题作出规定。通知明确，军地联合指挥中心常驻工作人员 108 人（军队 30 人、地方 78 人），设置接待保障容量 80 人；中心日常管理保障工作由玉树军分区负责，成立管理办公室，下设行政管理、后勤保障、接待服务、财务结算 4 个组，管理办公室主任由玉树军分区后勤部部长担任；青海省军区调配 4 名后勤专业干部加强办公室工作，调配 40 名士兵担任炊事员、驾驶员和警卫勤务人员，从玉树州招聘 15 名服务员从事服务保障工作。

8 月 13 日，兰州军区司令部、政治部、联勤部、装备部向各大单位转发四总部《认真学习贯彻胡主席重要批示，扎实做好玉树灾后重建等各项工作》，要求用军委主席胡锦涛的批示凝聚军心，鼓舞士气，毫不放松地抓好支援灾后重建和“两校一院”援建工作，坚决完成后续支援任务。

## 第二节　陆军第 21 集团军救灾

在国防大学参加培训的第 21 集团军军长何清成得知玉树发生地震的消息后，立即打电话对 68211 部队抗震救灾专业救援队提出要求。政委刘雷分析灾情，部署任务，指示配备专业救援装备的 68211 部队、距离震区较近的 68215 部队、临近机场的 68205 部队等单位做好抗震救灾准备；正在集团军某特种大队检查工作的参谋长许振华带领机关精干人员立即赶赴 68211 部队，与部队一同研究机动方案，调整补充救援装备和物资器材，全力做好遂行任务准备。

4 月 14 日 8 时 40 分，第 21 集团军启动应急预案，成立应急办公室，落实 24 小时应急值班制度；向有关部队下达关于做好赴玉树地区遂行抗震救灾任务的预先号令；成立第 21 集团军玉树地区抗震救灾应急指挥组。4 月 17 日，第 21 集团军救援分队区分 2 个搜索勘察小组，采取“全面搜索、重点搜救”的方法，分别对扎西大同、扎木车、禅古寺等 46 处受灾点和玉树州职业技术学校进行重点搜索和营救。

18—19 日，许振华在玉树组织召开会议，传达军委主席胡锦涛的重要指示精神，总结前期救援工作，要求部队全力搜救被埋群众，努力救治伤员，妥善安排受灾群众生活，迅速修复基础设施。

4 月 20 日，第 21 集团军政委刘雷深入抗震救灾一线，指导部队救援行动，看望慰问救灾官兵，指导搭建帐篷学校和与扎西大同开展联建共创示范社区工作。副军长曹益民在军部组织玉树抗震救灾应急办全体成员召开专题会议，分析梳理集团军前期救援工作，查找存在的困难和问题，围绕贯彻落实胡锦涛和军委总部、军区首长抗震救灾重要指示精神，从服从组织指挥、加强跟进保障、强化应急值班、抓好救援工作、加强自身管控等方面研究制定具体措施。

4 月 21 日，刘雷及应急指挥组指挥有关部门采取购置与调用相结合的方式，援助灾区学校 15 顶帐篷、180 套桌椅及部分灶具、发电机，由 68211 部队救援队在玉树州职业技术学校任务区清理场地搭设帐篷、组装桌椅，率先在灾区开办第一所“高考帐篷学校”，帮助玉树州职业技术学校 7 个高考班学生复课；指示 68215 部队雇用地方运输车辆，为师生运送新鲜蔬菜和水果等生活品。

4 月 22 日，根据兰州军区指示，第 21 集团军抽调 68206 部队部分兵力由政委杨忠、副部队长张宝林带队，赴青海共和担负抗震救灾物资装卸和看守任务。23 日，刘雷、许振华、张应银等领导指导任务部队与扎西大同村党支部开展联建共创，共同建设灾后重建示范小区。

4 月 26—28 日，曹益民、李富华带应急办有关人员，围绕总部部署的“十项工作”，研究具体落实措施。

4 月 30 日，根据联指命令，第 21 集团军 68211 部队抗震救灾专业救援队完成救灾任务，采取摩托化机动方式回撤，刘雷、张应银一并回撤。许振华率部分机关人员留灾区进行后续阶段清墟工作准备。

4 月 27 日，第 21 集团军接到兰州军区关于抽调灾后重建分队赴玉树执行灾后重建任务的命令，集团军应急办修订完善应急指挥组编组方案，成立玉树地区应急指挥组，组织指挥和协调部队清墟工作和灾后重建行动。指挥组赶赴 68211 部队指导部队检修车辆和工程机械，调整补充器材工具，组织通信、机要、军需、卫勤保障，细化车辆机械定人定位，拟制铁路输送和摩托化机动方案，派出机关精干人员，提前赴西宁市协调平板拖车征集和沿途兵站保障事宜。

4 月 14 日，第 21 集团军所属 68211 部队在第一阶段（4 月 14 日至 5 月 2 日）成立抗震救灾应急救援先遣指挥组。8 时 50 分，68211 部队迅速收拢在外植树人员，进入等级战备，进行战斗动员，组织各营（连）副营（连）长、车勤人员和驾驶员，检查和启封所有车辆，重点检修专业救援队 11 台运输车和专业救援车，配备 48 部海事卫星电话、车载 GPS 定位仪等通信工具，筹备野战高原自救药品、氧气瓶及野战帐篷、生活食品等物资，做好随时出动准备。

依照兰州军区命令，68211 部队专业救援队空中输送梯队 54 人（集团军指导组 2 人、68211 部队首长机关 8 人、专业救援队 43 人、配属卫星通信兵 1 人）、各型专业救援装备 9 类 937 件，由集团军参谋长许振华带队，4 月 14 日 20 时 42 分搭乘空军大型运输机从中卫香山机场起飞，21 时 47 分到达西宁曹家堡机场；15 日 6 时从西宁曹家堡机场起飞，7 时 39 分抵达玉树巴塘机场，10 时 40 分抵达灾区结古镇。4 月 14 日 14 时 55 分，68211 部队保障分队摩托化输送梯队出发。集团军应急指挥组及保障人员分别从宝鸡、兰州、酒泉等 5 个点位同步向灾区机动。应急指挥组与 68211 部队边行军、边搜集玉树震区灾情和机动道路状况，边研究救援行动方案。15 日 21 时 30 分到达结古镇，连夜展开救援行动。

68211 部队在第二阶段（5 月 4 日至 8 月 3 日）成立灾后重建分队领导小组，随灾后重建分队到玉树灾区，负责灾后重建分队执行任务期间的组织领导、计划协调、宣传报道、给养保障和装备维修工作。灾后重建分队由 171 人、61 部装备（车辆）组成。编成 2 个列车梯队，先后于 4 月 30 日 20 时 23 分、5 月 1 日 17 时 26 分从宁夏中卫迎水桥货运站实施铁路输送，5 月 1 日 8 时 20 分、5 月 2 日 6 时 10 分到达青海省西宁市铁路货运站，然后向玉树灾区摩托化机动。

4 月 20 日，第 21 集团军所属 68206 部队接兰州军区动用部分兵力担负抗震救灾物资装卸和看守任务的通知，组织检修车辆装备、调整补充物资器材，3 小时完成车辆装载和物资器材准备工作，编队完毕。21 日 12 时，赴青海共和执行救灾物资转运任务的分队从驻地出发，摩托化机动至青海省共和县城以北 20 千米的尕海滩，担负抗震救灾物资装卸和看守任务。

## 第三节 66150部队（国家地震灾害紧急救援队）救灾

4月14日12时35分，陆军第38集团军66150部队（国家地震灾害紧急救援队）接到集团军预先号令后，迅速召开常委会。部队长王洪国组织挑选60名思想过硬、作风顽强、技术精湛、经验丰富的救援骨干参加救援。13时接到集团军出动命令，13时15分完成人员集结和装备、物资准备工作。王洪国带领60人，携带专业救援装备车2台和搜救犬9条，赶赴北京南苑机场，16时15分乘两架空军大型运输机于20时15分到达玉树巴塘机场，采取摩托化行军至玉树县结古镇灾区，连夜展开救援行动。4月26日归建。

4月14日，国家地震灾害紧急救援队（66150部队组建）在北京南苑机场整装待发

（66150部队　供图）

## 第四节　陆军第 47 集团军救灾

接到兰州军区赴玉树救灾预先号令后，第 47 集团军成立玉树抗震救灾前进指挥部，由副军长张联义任指挥员，指导 68303 部队救灾行动。张联义率 68303 部队抵达灾区后，两次主持召开任务部署会，依据联指安排，将兵力部署在 16 个任务点上，担负进村入户排查搜救任务。4 月 18 日，集团军一名主官抵达玉树灾区，召集旅党委常委和各任务点负责人，传达命令，明确责任，提出要求，研究制定“常委分头带队、与医务人员联合编组、逐户搜救排查、逐村（社）签订责任书”的搜救原则，逐级建立责任制、签订军令状。在排查过程中，张联义赴隆宝镇、仲达乡、哈秀乡、安冲乡、上拉秀乡等点位一线指导，抽查验收；每天交班会上各点位负责人汇报当日搜排进展情况，集团军首长和旅领导逐片逐点进行讲评，根据各点位工作进展情况对次日工作进行部署，提出具体要求。4 月 25 日，集团军军长彭勇到玉树灾区，听取救灾工作情况汇报，到各任务点现场查看工作进展情况。

4 月 14 日，第 47 集团军所属 68303 部队接赴青海玉树地区执行抗震救灾任务的预先号令，党委召开会议，分析形势，部署任务；成立抗震救灾领导小组；按照应急预案，启封车辆，收拢人员，确定机动路线；与兰州军区交通战备部门联系，对机动途中交通管制事宜进行协商。4 月 15 日，根据上级命令，68303 部队分 5 个梯队，从驻地向青海玉树摩托化机动。4 月 16 日 7 时 40 分至 17 日 4 时 40 分，梯队依次到达结古镇，展开人员搜救、清理废墟和拉运、分发物资等救援工作。4 月 28 日，彭勇、张联义参加 68303 部队党委（全体）扩大会议，传达学习军委领导的讲话及联指临时党委会议精神，研究部署下一步工作。5 月 5 日、20 日，集团军副军长沙军、副政委李伟分别到集团军玉树抗震救灾前指接替指挥工作。6 月 25 日，68303 部队回撤部分完成救援任务的部队。8 月 5 日，留玉树的部分人员完成上级赋予的救灾任务后回撤。

## 第五节　空军部队救灾

### 一、广州军区空军 95006 部队

4 月 14 日，广州军区空军 95006 部队启动应急指挥机制，13 时 13 分，3 架空军大型运输

机在副部队长、机长王志强带领下，紧急飞赴北京南苑机场和成都太平寺机场，当夜从北京、成都将192名救援队人员和55.1吨救援物资运抵玉树机场。4月15日，95006部队出动7架大型运输机紧急运送救援人员、伤员和装备物资。6时许，2架飞机先后从部队驻地起飞前往北京南苑机场，运送国家地震灾害紧急救援队后续人员和装备。8时46分，1架飞机飞赴北京南苑机场，及时将救援人员和物资运送至灾区。10时31分、10时48分，2架大型运输机相继飞赴西安咸阳机场，执行救援。下午，2架空军大型运输机从玉树起飞，将受伤群众及护理人员分别运往成都、兰州两地治疗。

## 二、成都军区空军

成都军区空军迅速下达"全力保障青海玉树抗震救灾任务飞行"指示，命令95616部队、95788部队及相关部队做好抗震救灾准备。4月14日下午，成都军区空军参谋长丁来杭赴太平寺机场组织第一架次抗震救灾飞行；15日上午，成都军区司令员方殿荣到成都场站检查指导抗震救灾工作情况。现场指挥组按照"伤员转运要快捷，物资装卸要安全，机组保障要十分满意"的工作要求，协调四川省应急办、卫生厅、民政厅、民航西南管理局、双流机场集团公司和95006部队、成都军区联勤部等军地单位联合行动，严密组织保障救援力量、救灾物资前运和伤病员后送。成都军区空军本着"快速、准确、高效、安全"的原则，组织协调空运保障任务，优先安排95006部队大型运输机停放，根据任务和起降时间合理排序，保证9架空军大型运输机同时停放、随时滑出。指挥所针对救灾空运飞行批次多、节奏快、强度大的特点，加强与双流机场联系协调，调配民航航班避让，暂停太平寺机场5701厂试飞，确保"空中生命线"畅通。及时准确掌握空运情况，在飞机从玉树机场起飞前，指挥所加强与空军、兰州军区指挥所及玉树现场指挥部联系，了解乘载伤员、救援人员情况，及时通知有关部门做好救护和后送准备；飞机入区后，与空中机组再次确认，确保飞机着陆后伤病员能及时得到救治。抽调95788部队、空军某团共100人，组成两支装卸队，轮流作业，救灾物资随到随装，保证救灾空运高效有序运行。4月17日，太平寺机场组织保障进出玉树救灾飞行20架次，将1860顶灾区急需的帐篷送抵玉树、245名人员（含伤员29名）安全后送。截至4月26日，成都军区空军共出动人员12500余人次、车辆839台次参加抗震救灾，组织保障救灾飞行45架次，空运各类人员798名（含伤员260名）、物资设备369.1吨，巡诊医治受灾群众556名，为2530余人次提供饮食保障。

## 三、兰州军区空军

兰州军区空军相继派出7个协调组，分赴西宁、格尔木、咸阳、太平寺、共和、玉树机场，协助各单位组织指挥抗震救灾任务飞行和人员、物资的集散保障工作。4月16日7时30分，为防止玉树灾区空域出现雷达情报盲区，导致迷航、误飞、空中相撞等问题发生，派出雷达小分队，在玉树州称多县清水河乡地域担负抗震救灾雷达情报保障任务。派出专人赴青海民政部门请领任务，应青海省民政厅请求，紧急抽调55人、19台车，筹措被褥、棉衣1万件（套），运往灾区；启封24台车辆，用于救灾保障。

## 第六节　96351部队救灾

96351部队所属96361部队于4月14日13时58分接到上级做好紧急出动准备、随时担负抢险救灾任务命令后，紧急召开玉树抗震救灾准备工作会议，传达玉树地区灾情通报，对抗震救灾工作进行部署；成立抗震救灾前方指挥组。15时5分，抗震救灾指挥组组织机关、基层相关人员修订完善《抗震救灾行动预案》和后勤、装备保障方案，结合部队形势任务和阶段性特点，按照就强用兵的原则，抽组成立抗震救灾任务分队。按照“全面准备、突出重点、先急后缓、集中使用”的原则，组织物资筹措请领、车辆维护检修等工作，请领补充帐篷、铁锹、镐、麻袋、撬杠等抗震救灾器材550件（套），制作各类标语、横幅、彩旗等400余件，准备800人7日份野战给养，维护检修车辆65台（件）。17时30分，各项准备工作基本就绪。各任务分队组织临战演练，并处于待发状态。18时50分，第一批救援力量65人、车辆装备16台进行集结、车辆编队和物资装载等工作。20时5分，副部队长毛鹏德任梯队长，副参谋长李进龙任梯队政委，带领第一批救援力量从营区出发，20时58分抵达96351部队西宁营区；21时，与96351部队机关、第536医院等单位统一编组，分为2个梯队，采取“双司机轮换驾驶、昼夜连续公路机动”的方式赶赴玉树灾区。15日14时30分，抵达结古镇。16日0时，在玉树州委党校西侧雍诺尔饲料厂宿营。4月15日9时6分，96361部队接到上级电话通知抽组第二批救援力量400～500人（具体人数自定）带相应物资装备车辆，做好随时出动准备的命令。 9时15分，抗震救灾指挥组召开紧急会议，研究确定抽组人员433人，42台（件）装备参加抗震救灾。11时20分，96351部队司令员李启胜到96361部队向执行抗震救灾任务全体官兵作临战动员。11时51分，第二批抗震救灾救援力量编成1个梯队，由参谋长高玉强任梯队长、副政委喻允刚任政委，带领救援部队433人，携车辆装备49台（件），帐篷86顶，以及铁锹、镐、编织袋等11类物资器材，采取“单梯队多批次、单司机昼夜公路机动”行军方式，16日18时50分，抵达结古镇，连夜在州委党校东侧空心砖厂宿营。16日7时20分，部队长李保弟等4人，乘指挥车1台，从营区出发机动至西宁。10时20分，与96363部队车辆编为1个梯队，由96351部队后勤部部长孙梅业、96361部队部队长李保弟带队，共31人，携车辆9台、帐篷30顶、矿泉水837箱、卫星电话3部、军用电话50部和相关机要装备，从西宁出发，采取公路机动方式，于17日2时40分抵达结古镇，开展人员搜救、物资转运、群众安置等任务。6月18日7时49分，96361部队397人，车辆63台，编成1个行军纵队、4

个行军梯队，采取公路机动的方式，6 月 19 日 11 时 15 分到达营区。

96351 部队到达玉树后，迅速在格萨尔中心广场搭建 51 顶帐篷，安置 600 余名受灾群众，采取后方紧急调运与缩减救灾部队自用相结合的方式，将救灾帐篷增加到 100 顶，扩大受灾群众安置区，充实完善相关生活设施。4 月 16 日，二炮部队副参谋长李宗德，96351 部队司令员李启胜、政委张升民在西宁和徐福顺交换意见后，到玉树检查指导二炮部队抗震救灾工作。截至 4 月 19 日，安置受灾群众 1100 余人。筹措 4500 套棉绒衣，1400 床棉被，178 顶棉帐篷，18 吨大米、面粉，40 余吨军用罐头、压缩干粮，30 余吨矿泉水，20 台制氧供氧设备运抵灾区。结合灾区安置点实际，二炮抗震救灾部队在安置区设置 5 大功能区：一是住宿区，为无处栖身的受灾群众提供安身之处。二是饮食区，配备两台野战炊事车，每天向受灾群众提供 3000 余份热的饭菜。三是医疗区，配备 54 名医护人员、5 台救护车、2 台大型野战手术车、1 台 X 线诊断车、5 顶大型医疗帐篷和 1 台物资保障车。四是宣传文化区，在广场中心配置大型野战宣传文化车，在受灾群众集中区域配置 5 台卫星电视，传播中共中央的声音和全国各族人民的关爱之情。五是制氧供氧区，为来自全国各地的救援队和志愿者提供服务。

## 第七节　四川省军区救灾

### 一、四川省军区

震后 5 分钟，四川省军区主要领导指示省军区作战值班室向甘孜军分区了解情况，迅速查明与玉树县紧邻的石渠县真达乡、奔达乡等 5 个重点乡的地震灾情，立即向成都军区和四川省委、省政府报告灾情。震后 20 分钟，省军区召开党委常委会会议，启动省军区抗震救灾应急预案，命令石渠县人武部组织民兵应急连赶赴玉树灾区，并紧急动员 8 个师级单位 15 支救援分队 1584 人携带专业救灾装备器材，展开四川省民兵预备役第一次成建制大规模跨战区、跨省应急救援行动。四川省军区玉树抗震救灾前进指挥所总指挥、副司令员沙正华率省军区前进指挥所于 15 日 21 时 30 分到达玉树，各任务部队多点、多路、多梯队向灾区开进。

四川省军区前指根据成都军区党委首长指示和四川省委、省政府的要求对四川省赴玉树灾区全部救援力量负责统一协调指挥，包括四川省军区各救援分队、西藏军区高原医疗分队，四川省公安特警、消防、医疗救护等人员共 2888 人。四川省军区前指及时为各单位协调宿营点，为西藏军区高原病专家防治分队、省卫生厅应急分队等单位提供食宿和保障。先后 5 次召开任务部队团以上领导干部会议，传达各级领导指示精神，研究部署抗震救灾工作。有 1 名军职、13 名师职、18 名团职干部深入一线组织指挥抗震救灾行动，救援官兵和民兵预备役人员叫响“铭记‘5·12’，‘感恩’全国”，用实际行动代表四川人民将“感恩救援”行动进行到底。救灾部队先后在玉树县结古镇、扎西科村、巴塘乡、隆宝镇、上拉秀乡等片区的18个任务点实施救援。4月29日上午10时，四川省军区采取分梯队、摩托化机动方式回撤。5月1日16时全部归建。

## 二、成都市民兵综合应急救援大队

成都市民兵综合应急救援大队1营接到四川省军区、成都警备区命令后，在2小时内完成建制营出动准备。240名救援官兵，携带生命探测仪、海事卫星电话等12类、24件（套）抗震救灾专业装备、600余件通用装备，连续行军42小时到达玉树灾区，立即展开救援。4月29日11时30分返回驻地。

## 三、石渠县人武部

地震发生后，石渠县人武部组织80余名应急民兵率先在本县真达、奔达、俄多玛等5个乡开展自救，同时派出80多名应急民兵迅速支援玉树。4月14日14时到达玉树县汽车站展开救援。甘孜军分区政委张雅军率领军分区前指15日3时30分到达玉树灾区。军分区独立营和甘孜、色达县民兵272人分别到达灾区展开救援。4月29日，甘孜军分区任务部队回撤。

## 四、阿坝军分区

阿坝军分区司令员夏春喜立即召开紧急任务部署会，组派阿坝军分区第一救援梯队、州民兵医疗队，于4月14日22时10分从马尔康出发，由军分区副政委陈黎明、参谋长刘桂忠带队到达玉树震区。第二梯队由黑水民兵组成，第三梯队由汶川民兵和军分区机关官兵组成，分别于4月15日、19日赴玉树救灾，在地震灾区连续奋战15天，投入救灾兵力203人，4月29日回撤。

## 五、资阳军分区

资阳军分区政委曹军、副政委赖平和参谋长王卫组织资阳陆军预备役工兵团官兵280人和救灾装备，于14日20时30分向玉树实施摩托化机动，昼夜兼程，于16日6时、16时30分到达玉树灾区，执行生命救援、清理废墟、装卸物资、进村入户、搭建帐篷、卫生防疫等急难险重任务，4月29日回撤。

## 六、内江军分区

内江军分区启动抢险救灾预案，组织部队官兵和民兵预备役人员162人，出动车辆23台，携带切割机 10 台、帐篷 27 顶和其他抗震救灾物资 11 类 1421 件赶赴玉树救援。4 月 29 日回撤。

## 七、绵阳军分区

绵阳军分区组织四川预备役高炮师野战医疗救护分队（成都市第九人民医院组建）到达玉树灾区抢救受伤群众，4 月 29 日回撤。

## 八、乐山陆军预备役步兵旅

乐山陆军预备役步兵旅政委范后雄奉命带领相关人员于 15 日凌晨 1 点从乐山出发，历时 23 小时，行程 1119 千米，于 17 日凌晨到达灾区，立即带领黑水县民兵展开搜救。

# 第八节 青海省军区救灾

## 一、青海省军区

4 月 14 日 8 时，青海省军区接到玉树军分区司令员吴勇报告玉树发生地震的情况，8 时 10 分，省军区政委段进虎组织省军区领导和机关召开紧急会议，通报震情，分析形势，启动抗震救灾应急预案；将震情用电话简要向兰州军区主要领导报告；派出人员到省委、省政府了解情况，请求任务；指示副司令员尹武平、参谋长党国际督导玉树军分区组织自救互救。8 时 20 分，省军区启动应急指挥机制，成立玉树抗震救灾先遣指挥组，随 68710 部队先遣分队赴玉树；8 时 35 分，根据兰州军区指示，向 68710 部队下达遂行抗震救灾任务预先号令。8 时 40 分，省军区召开党委常委（扩大）会议，通报灾情，传达兰州军区司令员王国生、政委李长才的指示精神和青海省领导的意见，要求全力以赴做好玉树抗震救灾行动的一切准备。10 时，参谋长党国际带领玉树抗震救灾前指人员随地方领导奔赴灾区；10 时 30 分，省军区依据兰州军区命令向 68710 部队下达向玉树地区机动命令，副司令员尹武平赴 68710 部队指导部队出动。14 时 30 分，段进虎参加省抗震救灾指挥部会议，会后立即召开省军区有关部门会议，研究部署抗震救灾工作。4 月 15 日 0 时 30 分，段进虎向到达西宁的兰州军区副司令员赵建中、副政委刘晓榕汇报灾情和省军区开展的救援行动及下一步工作安排后，召集省军区有关领导研究落实军区首长指示，对省军区领导进一步明确分工，部署工作。9 时 30 分，段进虎飞赴玉树指挥抗震救灾。

4 月 16 日，省军区司令员张书领中止在国防大学学习，抵达玉树灾区，组织指挥省军区部队抗震救灾行动。省军区政治部主任李军作为军队和武警部队玉树抗震救灾新闻发言人飞抵灾区，进行召开新闻发布会的筹划和准备。

省军区前指到达灾区后，针对玉树抗震救灾力量多元、职能不同、任务各异的特点，在联指统一领导下，与各级指挥机构实现对接，建立每日灾情、民情、社情会商和重大工作协商机制，积极发挥桥梁作用，主动协调救援行动，理顺各种关系，提供有关保障。

抗震救灾前两天，物资匮乏，保障困难，省军区党委确立“建制保障为主、支援保障为辅”的原则和“军地协作、多法保障”的思路，协调地方打通空中生命线，开辟救灾车辆绿色通道，开设野战军粮供应站，开通玉树州、海东地区银行救灾账户，增设加油站，协调有关部门建立尕海滩军地救灾物资导运中心。指导6个军分区（警备区）在西宁机场、火车站、沿途兵站和各交通要道设立协调联系点、服务保障点，为救灾力量进行保障；发动组织民兵应急分队担负医疗救护、现场搜救、物资发放、巡逻警卫等任务。

4月18日，张书领、段进虎、党国际等省军区领导在灾区一线指导工作。4月23日，省军区前指召开工作会议，传达学习胡锦涛视察玉树抗震救灾工作时的重要讲话、李继耐来信以及兰州军区政委李长才、副政委刘晓榕在军区抗震救灾政治工作会议上的讲话精神。省军区司令员张书领、政委段进虎分别就前一阶段抗震救灾工作情况进行小结，就抓好下一步工作提出要求。根据救灾进程，省军区及时调整前指人员以实施对部队的不间断指挥。4月29日，段进虎、李军离开灾区返回西宁。5月7日、10日，省军区副司令员尹武平、副参谋长昂旺索南分别到达玉树接替前指工作，指导所属部队清理废墟、灾后重建等工作。5月25日，省军区副司令员余公保和副参谋长郑继虎率第三批前指轮换人员到达玉树，接替指挥工作。6月1日，省军区在玉树召开抗震救灾前指会议，传达贯彻中央领导讲话、联指和省委有关指示精神，研究部署第二阶段清墟任务。6月14日，省军区副政委许金峰、副参谋长昂旺索南带第四批前指轮换人员到达玉树，指导68710部队进行废墟清理工作。

6月25日，依据总部指示，军队和武警部队玉树地区抗震救灾联合指挥部撤销，省军区组建玉树抗震救灾前方指挥部接替指挥，担负在玉树执行救灾任务所有部队的组织指挥和协调保障任务，并负责指导军地联合指挥中心的运行和管理。7月5日，省军区副司令员尹武平参加前指工作。

在玉树抗震救灾救援阶段，省军区先后组织8批机关人员120多人次到玉树抗震救灾前方指挥部轮流工作。

## 二、青海陆军预备役旅

4月14日8时40分，青海陆军预备役旅召开党委会，通报玉树灾情，研究部署救灾准备工作；启动应急指挥机制，通报灾情，成立旅抗震救灾指挥部，下设6个组，建立24小时应急值班制度。10时，旅向炮兵团、各营连下达执行抗震救灾任务预先号令，指示各单位18时前完成一切救灾准备工作，要求“五类应急救援力量”和各应急分队1800人作为后续动员力量，做好各项准备；下发抗震救灾管理工作、政治工作、后勤装备保障工作指示，向省军区上报《关于执行抢险救灾任务的请示》，请求担任玉树抗震救灾任务。预备役步兵旅及时与预编地政府沟通联络，向旅第一政委、省委政法委书记以及各预编地党委、政府汇报可能担负任务的情况，坚持在省委、省政府和省军区及预编地党委、政府的领导下组织动员救援力量；预编部队所在地政府赋予预编单位救灾任务后，旅同时向省军区报告，在省军区下达救灾命令后及时向预编地党委、政府通报。14 日 10 时 20 分，预备役旅工兵营接到组织工程救援队赴玉树灾区救援的命令。成立以马成华、副营长赵龙为组长的营抗震救灾指挥小组。11 时，组织正在玉树州囊谦县施工的工兵营筑城连 54 人、1 台挖掘机、1 台装载机开赴灾区救援；14 时，组成以地爆连为主，道桥连、筑城连配合的工程救援队 35 人，配备 1 台指挥车、2 台挖掘机、2 台平板拖车、4 台自卸车、1 台洒水车，摩托化机动赴灾区实施救援；18 时，在预编单位动员抽组 25 人的救援小组，从西宁出发开赴灾区。10 时 40 分，旅通信营接省通信管理局通知，由预编副参谋长、营教导员邢仁平带领营应急分队 40 人、3 部通信保障车赴玉树灾区；随后成立由营长任组长的救灾领导小组，由接力有线连、通信连组成通信抢修队，分专业组成 8 个抢修分队，投入人员 139 人、车辆 29 部，应急电话、光缆抢修器材及发电机共 20 余套（台），以最快的速度赶往玉树灾区抢修地震毁损的通信设施。12 时许，正在乡镇预编单位进行组织整顿工作的预备役旅步兵第 2 营领导接到旅情况通报后，将旅党委的部署向湟中县委、县政府和县武装部汇报，参加县委召开的抗震救灾协调会和省水利厅任务部署会。17 时，步兵 2 营应急分队组织召开领导小组会议，由 6 连抽调 15 名预编技术骨干，调配 4 台救灾专用车辆和供水抢修设备，与大通县水务局预编官兵 20 人、4 台车辆组成水网抢险队，15 日 10 时赶赴灾区担负供水线路抢修任务。12 时 40 分，根据旅通知，卫生科科长、医院院长杨林迅速选调 12 名医疗救护专家，组成 30 人的医疗救治队，配备医疗救护器材及药品，14 时 30 分从西宁机场乘机出发赴灾区。

16 时 30 分，副政委马文贤率领由现役官兵 10 人组成的旅抗震救灾前指赴玉树灾区，组织前方救援行动；组织 4 台车辆（通信、指挥车各 1 台，运输车 2 台）赶赴灾区，为救援人员提供物资器材保障。旅组织动员汽车连、修理所、警调连、侦察连专业修理人员 139 人、车辆 16 台，分 4 个批次执行西宁至玉树途中救灾车辆的修理、保障任务。救援行动展开后，前指每天上午 8 时 30 分召开救援工作任务部署会，通报灾情，分析执行任务情况，明确当天工作任务。选派组织能力强、身体素质好和语言通、路况明、地形熟的现役军官担任救援队指挥员，指导分队行动，确保每个任务区、每个方向都有现役干部现场指挥；组建“三队一组”，即“党员突击队”“思想工作骨干队”“政策宣传队”和“心理医疗小组”，在救援现场及时为受灾群众进行心理疏导；针对玉树是藏族居民聚居区的实际，在救援队中编配懂藏语的联络员 17 名，方便部队快速实施救援和与受灾群众进行沟通交流；根据灾区任务转换和实际需求，按照“急用先上”的原则，分批次组织部（分）队赴灾区执行任务。预备役步兵旅除派出赴灾区救援兵力外，继续动员大批预备力量待命，随时支援灾区。1 营以 1 连为主抽组 105 人的应急分队、车辆 5 台，准备个人生活保障物资 105 套、帐篷 20 顶；2 营以 6 连为主抽组 40 人的应急分队，车辆 5 台；3 营抽组 90 人的应急分队；4 营抽组 65 人的应急分队和护士 5 人、救护车 1 台，筹备个人生活保障物资 65 套；高炮营抽组预编官兵 60 人、运输车 8 台、救护车 1 台，筹备个人生活物资 60 套、帐篷 4 顶；防化连抽组官兵 20 人、运输车 3 台，筹备个人生活物资 20 套、防护器材 20 套；炮兵团动员客车 10 台、运输车 6 台、指挥车 1 台、油罐车 1 台，筹措 15 万元经费和大批救灾及生活物资，并协调预编地各医院组建 15 名医护人员、3 台救护车组成的医疗救护分队。16 日、17 日后，旅长王宝平、政委陈远英相继组织带领旅机关现役官兵和炮兵团、步兵 1 营、高炮营预编官兵 323 人，在西宁火车站、曹家堡飞机场担负伤员转运和过境救灾物资装卸（载）任务。

## 三、军区所属 68710 部队

4 月 14 日 9 时 42 分，青海省军区所属 68710 部队接到省军区赴玉树抗震救灾任务预先号令，部队长王波涛、政委刘晓明组织召开党委（扩大）会议和作战会议部署工作，指示迅即展开赴玉树救援准备。组织先遣分队、人员输送、物资运输 3 个梯队，收拢人员，启动车辆，准备物资。在没有实施战备等级转换的情况下，副部队长班玉宝带领先遣梯队，用 48 分钟完成出动前的一切准备，率先开赴玉树灾区。3 小时后，68710 部队按照“军地协同、分组编队、先急后缓、持续输送”的机动原则，组织 1002 人、运输车辆 57 台（军车 44 台、地方大巴 13 台），携带武器 51 支，锹、镐 1903 把和其他救灾装备，分两个梯队实施摩托化机动。第 1 梯队于 10 时 30 分出发，第 2 梯队于 13 时出发，15 日凌晨 3 时到达结古镇。进入灾区后，部队未经休息和调整，王波涛、刘晓明迅速区分任务，指挥部队展开生命大营救；在以搜救被困群众生命为主的第一阶段任务中，党委常委分工包营，靠前指挥，在 12 平方千米的任务区内，将兵力以排为单位进行编配划分，设置医疗救助点、物资分发点、饮食供应点、信息咨询站和受灾群众收容站，快速形成“小群多位、定点保障、通道顺畅”的救援局面，确保搜救人员、转运伤员、卸载物资、警卫执勤等多项任务同时展开。在遂行清墟任务时，针对任务区场地有限、任务繁重、人车流动频繁的实际，部队党委确立“分片包干、同步展开、向心推进”的清墟思路，将兵力和工程机械划分为 2 班 8 组，每组又编为群众工作组、清墟引导组、财产清理组、废墟清运组和警戒勤务组，采取按片区归属签订责任书、按群众需要清理贵重物品、按作业编组清运垃圾废墟、按震前地貌回填平整场地的方法步骤，形成“人机结合、同步推进、全面攻坚”的清墟格局，确保清墟任务顺利完成。

# 第九节 69008 部队救灾

4 月 14 日 22 时 20 分，69008 部队接到出动命令后，立即停止飞行训练，迅速组织召开党委会，仔细分析抗震救灾可能担负的任务，对陆航部队首次赴青藏高原在陌生地形、陌生航线、陌生气候条件下遂行任务进行详细部署，成立抗震救灾领导小组，决定由 3 个具有丰富高原飞行经验的机组执行抗震救灾任务。会后，各系统迅速展开各项准备工作。机务人员立即对直升机展开加油、维护、航材装运等准备工作；飞行人员仔细研究航图、确定飞行航线，研究高原地形、标高、天气特点，连夜组织飞行准备、协同；场站保障人员立即准备帐篷、食品、药品、发电机等物资。当日 23 时 30 分前完成出动的各项准备。4 月 15 日，69008 部队出动直升机 3 架、机组成员 16 人，携带班用帐篷 3 顶，单兵自热食品、矿泉水等食品 3 日份。4 月 15 日 8 时，3 架直升机从新疆五家渠机场起飞，当日 17 时抵达青海共和机场，16 日 11 时 58 分，降落玉树巴塘机场。4 月 16 日、17 日，3 个机组共飞行 57 小时 11 分，12 架次，向青海西宁、甘肃兰州等地运送伤员 74 人（次），其中重伤员 34 人（次）、陪护人员 15 人（次）、医护人员 19 人（次）、其他人员 6 人（次）、物资 950 千克。17 日下午，3 架直升机运送伤员飞至青海玛多县境时，狭窄山谷形成局部的低云、降水，直升机无法通过。紧要关头，副部队长李勇俊迅速查看周围天气，发现左边通道透着亮光，没有完全被云层覆盖，依据多年的高原飞行经验并对照地图，指挥 3 架直升机在山谷中曲折绕飞，比原航线多飞行 80 千米，脱离危险天气，将伤病员安全运送至西宁和兰州。5 月 17 日，救灾分队接到气象通报，18—21 日可能会出现雷暴天气并伴有冰雹。装备部飞机发动机主任郭洪义带领机务人员连夜自制防冰雹蒙布 15 个，加固直升机旋翼，保证直升机安全。5 月 28 日 11 时，69008 部队 3 架直升机返回驻地。

4 月 15 日，69008 部队直升机在玉树运送地震伤员

（69008 部队 供图）

## 第十节　68060部队救灾

地震发生后，68060部队立即启动应急机制，成立应急领导小组，设立应急办公室和值班室，部队长李文林、政委孙安运主持会议，传达学习兰州军区联勤部首长指示，通报有关灾情信息，分析可能担负的具体任务，研究部署抗震救灾支援保障工作。68062部队和68063部队收拢人员，检修车辆，加注油料，做好执行救灾物资和救援力量的运输保障任务的准备；某综合仓库、油料仓库做好物资、油料随时紧急收发准备；全力做好过往救灾部队的食宿保障工作。按照联勤部预先号令，4月14日13时30分，迅速派出第4医院38人医疗救援队，由副部队长肖世军带队，赶赴灾区。

4月15日，68060部队召开专题会议，传达学习兰州军区联勤部《青海玉树地区抗震救灾后勤保障指示》，安排部署抽组开设应急兵站和派遣第10、第25医院医疗队事宜，研究拟制《抗震救灾后勤保障指示》。按照要素齐全、精干高效、实在管用的原则，抽组210名官兵、100余台（件）车辆装备组成应急兵站，由副部队长刘爱民任站长、副政委魏继荣任政委，司令部副参谋长张焕栋任参谋长、政治部副主任王在军任政治处主任，下设指挥组、物资队、运输队、油料队、警通排5个保障模块，14时从西宁出发连夜赶赴灾区，16日12时到达结古镇指定地域。68062部队担负救灾物资的运送任务，4月17日，先期出动的186人、76台运输车通过公路将第一批救灾物资送达玉树。4月20日，根据兰州军区联勤部指示，68060部队研究决定，由副部队长武顺喜带机关相关人员和68062部队官兵50人、车辆20台前往共和县尕海滩，同68205部队组建军地地面物资导运中心。应地方政府请求，报兰州军区联勤部批准，从68063部队派遣50人、3台运输车，4月14日17时紧急赶赴西宁曹家堡机场，帮助抢装抢卸、转运救灾物资。4月17日，由68062部队政委白敏带相关人员前往花石峡兵站设立综合保障点，下设技术保障、饮食宿营保障、卫勤保障及政治工作4个小组，负责68060部队执行任务车队和部分友邻单位行进途中的技术保障、卫勤保障、饮食保障和宿营保障等。截至7月15日，68062部队和68063部队等应急运输分队先后奉命出动82批次（人员2857人次、车辆793台次）执行应急运输任务，运送各类救灾物资6344吨。

# 第十一节　驻青藏铁路公司军事代表办事处救灾

4 月 14 日 9 时，驻青藏铁路公司军事代表办事处（以下简称“军代处”）党委指示运输调度值班室向铁路有关部门了解灾情信息和铁路设施设备损毁情况，向兰州军区联勤部军交通运输部电话报告青藏铁路设施设备安全和路况通行有关情况。启动应急机制，结合管内实际，制定《玉树地区抗震救灾物资铁路运输保障预案》。9 时 30 分，召开党委会，分析灾情形势和可能担负的任务，成立由青藏铁路公司总经理卢永忠、军代处主任唐周福为组长，军地双方有关人员参加的抗震救灾物资铁路运输领导小组，负责抗震救灾物资铁路运输的组织指挥。下午，副主任魏承智、总工程师肖湘、青藏铁路公司副总经理朱华新，分别带领有关人员深入西宁 3 个车站，对基本和预备卸载地域进行现地勘察，检查装卸载线路、站台、照明等情况，腾空装卸（载）线路和站台，清理进出站道路，确保救灾物资及时卸载。详细掌握管内车辆保有量，摸清车辆的车种、数量和备用情况。对西宁、格尔木军运备品库物资进行清点，估算保障能力。20 时，向兰州军区联勤部上报《关于做好抗震救灾物资铁路输送准备工作的报告》。

4 月 15 日上午，军代处召开党委扩大会议，传达学习兰州军区联勤部《青海玉树抗震救灾后勤保障指示》和联勤部领导在《关于做好抗震救灾装备物资铁路输送准备工作的报告》上的重要批示，进一步分析形势任务，明确细化分工，安排部署救灾运输保障工作，并向西宁、哈尔盖、柯柯、格尔木沿途军供站下达《关于做好抗震救灾部队铁路输送饮食供应保障工作的通知》。当日下午，主任唐周福赴西宁站货场，组织指挥利用野战站台车紧急搭设临时站台。4 月 17 日 9 时 30 分，召开办公会，进一步分析形势任务，讲评前期运输保障工作情况，对下一步工作提出六点要求。

4 月 16 日，驻青藏铁路公司军事代表办事处组织快速卸载救灾装备
（驻青藏铁路公司军事代表办事处　供图）

4 月 19 日，依据兰州军区联勤部《青海玉树地区抗震救灾后勤保障补充指示》要求，及时向机关各部门和驻拉萨、格尔木军代处下发《关于

加强战备值班工作的通知》，要求准确掌握部队应急输送和保障情况，确保 24 小时值班和不间断通信联络，及时汇总上报抗震救灾应急铁路输送工作情况。

## 第十二节　总部直属部队救灾

### 一、第 309 医院医疗队

第 309 医院医疗队 27 人于 4 月 15 日 22 时到达灾区。5 月 10 日 9 时，任务结束后，医疗队采取空运方式，返回北京。

### 二、62201 部队

地震发生后，62201 部队立即与青海省地震局、青海省民政厅和青海省军区联系，了解震情和受灾情况，主动请领任务。同时，及时向总后勤部报告情况，并启动应急预案。派出先遣组，勘察道路，了解社情，为部队长途机动赶赴灾区奠定基础。

### 三、运输部队

抽组第 22 医院野战医疗队和 62213 部队应急运输分队承运 300 名武警官兵紧急驰援玉树灾区。应青海省抗震救灾指挥部请求，紧急抽组成立应急装卸分队，采取编组行动、轮换作业的方式，抢运灾区急需物资。

## 第十三节　武警部队救灾

### 一、武警玉树抗震救灾前指

地震发生后，武警部队先后 6 次召开党委常委会合作抗震救灾专题会，及时传达中共中央、国务院、中央军委的决策指示，研究部署抗震救灾工作。4 月 14 日，武警部队向甘肃、青海、8650 部队、水电、交通 5 个指挥部发出通知，明确玉树抗震救灾行动指挥关系：武警部队参加青海玉树抗震救灾行动接受国家抗震救灾现场指挥部和青海省抗震救灾指挥部统一领导。武警内部实行垂直指挥，按照属地指挥原则，凡进入青海执行抗震救灾任务的部队由青海总队前指指挥协调。总部基指负责及时传达中共中央、国务院、中央军委和武警党委、首长有关指示，调动、协调、保障部队参加抗震救灾行动，搜集掌握、报告通报抗震救灾和部队行动情况。总部前指参加国家抗震救灾总指挥部工作，负责对一线武警部队抢险救灾行动实施指导。参加抗震救灾的部队要搞好内部协同配合。各任务部队行动情况要及时报告青海总队前指，并抄报总部前指、青海总队基指，由青海总队基指于每日 18 时前综合报总部基指。各任务部队于每日双时向总部作战勤务指挥中心电话报告一次灾情、部队行动、战果等情况。总部政治部、后勤部参加基指值班人员于每日 11 时前和 17 时前分别向总部作战勤务指挥中心报送本部门指导任务部队抗震救灾工作情况。重要情况及时报告。

4 月 15 日下午，武警部队司令员从上海世博安保一线赶赴玉树灾区指导抗震救灾。正在上海调研的武警部队政委喻林祥通过电话对抗震救灾行动提出明确要求；总部其他领导及机关有关人员昼夜坚守总部基指，通过卫星通信系统实时指导协调部队救援行动。

4 月 17 日，中央政治局常委会后，武警党委连夜召开常委会议，传达学习胡锦涛重要指示精神，研究部署攻坚阶段的抗震救灾工作，召开抗震救灾一线部队团以上干部会议。总结取得的成绩，指出存在的问题，针对当前和今后工作任务提出 4 点要求：要认清抗震救灾艰巨性、长期性、复杂性、阶段性规律，有针对性地做好救灾工作。要科学确定工作目标，确保救灾任务圆满完成，确保执勤目标绝对安全，确保社会大局稳定，确保部队内部安全稳定，展示武警部队威武文明之师和忠诚卫士的良好形象。始终盯住完成救援救护、宣传组织群众、协助灾后重建、确保目标安全、维护社会稳定、完成营房重建等具体任务。当前部队内部坚持做到：绝不允许对上级的命令指示打折扣；绝不允许在任务分配调整上讲价钱；绝不允许工作中弄虚作假；绝不允许违反群众纪律。武警部队副司令员薛国强就抗震救灾行动中的管理问题提出六个方面要求，一是加强抢险救人现场的管理，二是要加强勤务管理，三是要加强营区和宿营地的管理，四是要加强各级值班的管理，五是要加强警械和车辆的管理，六是要加强饮食饮水和防疫的管理。

18 日，胡锦涛视察玉树灾区后，武警部队在玉树召开武警部队抗震救灾前指和救灾部队团以上干部会议，研究贯彻落实措施。司令员强调：要迅速组织传达胡锦涛的重要指示，进一步统一各级党委领导和全体官兵的思想行动；要采取坚决行动，打好搜救围困群众攻坚战；要科学组织任务和部署调整，把部队工作重点由抢险救援逐步转换到维稳处突上；要科学实施工作指导，确保部队抗震救灾有序有力有效。

19 日，根据联指安排，武警任务部队除青海总队部分人员担负维稳任务外，其他兵力在各任务片区进行集中搜救，逐村逐户进行排查，不留死角和盲点，水电、交通和 10 支医疗队配合行动。

22 日，武警部队抗震救灾前指在玉树支队机关驻地召开由总部、总队前指领导，任务区的负责人，地方单位负责人参加的抗震救灾任务区警地协调对接会。会议由青海省武警总队副总队长牛建国主持，总队参谋长郑高龙组织学习《关于建立抢险救灾片区责任制开展军民共建的通知》；各片区地方负责领导、任务部队领导简要汇报完成任务的方法及存在问题；总队长谢才书对当前和今后一个时期的抗震救灾工作提出具体安排。

## 二、武警玉树抗震救灾指导协调组

4 月 29 日，武警玉树抗震救灾前指撤销，成立武警玉树抗震救灾指导协调组，协助青海总队组织指导玉树抗震救灾和维稳行动。

5 月 1 日，武警部队政委喻林祥到玉树看望慰问参加抗震救灾的武警部队官兵，在团以上干部会议上要求重点抓好 6 项工作。一是要持续不断地用中共中央、国务院、中央军委和胡锦涛的决策指示统一思想，二要突出工作重点，三要确保内部安全稳定，四要扎实做好群众工作，五要搞好动中抓建，六要加强组织领导。

6 月 18 日，武警玉树抗震救灾部队在解放村任务区举行第二阶段清墟任务警地双方交接仪式。青海省政府副秘书长马骥，玉树州（县）政府及地方工作组、片区负责人，武警总部指导协调组成员，驻玉树武警部队部分官兵参加交接仪式。青海总队副总队长杨全刚介绍武警部队完成清墟任务情况，并与片区负责人进行签字交接，玉树县委、县政府和地方群众向任务单位赠送锦旗。省政府副秘书长马骥充分肯定武警部队对玉树灾后重建工作做出的突出贡献。此后，武警部队又进行了第三阶段清墟任务。6 月 27 日，武警部队指导协调组与青海省总队进行交接后回撤。

## 三、武警青海总队指挥中心

14 日 7 时 51 分，武警青海总队指挥中心接到玉树支队支队长石华杰电话报告玉树发生地震的消息，迅速将情况报告总队长谢才书、政委孟世强，总队党委立即召开紧急会议，启动紧急增援预案。命令在玉树驻训的四支队 650 名官兵和玉树支队 700 名官兵在开展自救互救的同时，全力投入抗震救灾。同时，通过总队卫星地面站与驻灾区一线部队卫星指挥车及时向武警总部党委首长上报灾区情况。9 时，谢才书率第一、第四支队，以及配属的武警 8653 部队兵力 3100 名、医疗救护人员 70 名、车辆 176 台，分别从西宁、格尔木向玉树机动。18 时 30 分，谢才书率总队前指人员抵达结古镇，到省抗震救灾联合指挥部受领任务，15 日零时，部队陆续抵达重灾区结古镇后划分任务区域，命令一支队、四支队就地开展救援，武警部队主要担负隆宝镇、红卫村、仲达乡、扎西科村、当代村、新寨村、甘达村、果青村等 11 个片区的搜救任务。

## 四、武警青海总队

为确保指挥顺畅，武警青海总队调用卫星车、机要车、GPS 卫星定位仪、电子地图、卫星

4 月 15 日，武警青海总队前指在玉树地震灾区召开会议，研究部署抗震救灾工作　　（火光　供图）

电话、夜视侦观、微波传输等高科技器材，保证抗震救灾行动“动中通”“一线通”“可视通”“全时通”，确保指挥通信顺畅不间断。

4 月 22 日，根据联指《关于建立抢险救灾片区责任制开展军民共建通知》，武警青海总队玉树抗震救灾前指召开由总部前指领导，武警 5 个（甘达村、扎西科村、禅古村、民主路南和民主路北）任务区负责人、5 个任务区地方领导参加的抗震救灾任务区警地协调会。会议要求全力做好抢险救灾 8 个方面的工作。警地双方要加强沟通、主动协调、积极配合、形成合力，地方责任人要搞好筹划，每天提出工作任务，会同片区任务部队共同商定具体工作计划。

5 月 17 日，武警青海省总队玉树抗震救灾前指召开阶段性工作讲评部署会。会议明确，一是要抓好维稳工作落实。担负警戒等任务的部队要严密组织勤务，巡逻队形前后要有观察员，行走人行道，按规定着装；临时勤务要设警戒线，保证官兵绝对安全。二是要保证清墟工作顺利完成。按照“挖、堆、平、运”的要求，人机有效结合，严格操作规程，作业现场设立指挥员、安全员、警戒员和医务人员，从严落实清墟工作措施 15 条，叫响“保安全就是保胜利”“大干十天、夺取全胜”的口号，争取提前完成任务。三是抓好安全工作。四是前指各组要按照职能任务，抓好动中建、动中管，保证部队正规有序。五是严格车辆管理。六是抓好营区安全。七是落实各级各类值班。八是正规各项秩序，完善各类预案，统筹各项工作，按上级要求完成各项任务。

6 月 3 日，青海总队前指召开专题会议，传达学习习近平视察玉树灾区时的重要讲话，以及联指临时党委第四次（扩大）会议和青海省委书记强卫、省长骆惠宁讲话精神，专题安排部署第二阶段清墟工作，研究制定《第二阶段清墟安全管理措施 10 条》，规范指导部队行动，确保清墟安全。

6 月 30 日，武警青海总队前指撤销，成立指导协调组，由总队 1 名副参谋长带机关 7 人组成，指挥武警任务部队行动。

4 月 14 日，武警青海省总队第一支队根据总队命令，出动兵力 1000 名、车辆 47 台，携（运）行各类救援工具 1328 件，采取摩托化方式，赶赴灾区救援，执行搜救幸存者、救治受伤群众、挖掘搬运遗体、搭建救灾帐篷、转移安置受灾群众等任务。6 月 28 日归建。

地震发生时，武警青海总队第四支队正在玉树州囊谦县驻训三大队 300 名官兵迅展开救援。

支队其余900名官兵从驻地格尔木市分两个梯队向玉树灾区长途机动，15日下午，行至距结古镇30千米处，突遇大面积山体滑坡，官兵们历时3小时奋力抢通滑坡路段，按时到达指定地域。担负搜救被掩埋群众、挖掘搬运遗体、救助安置受灾群众、装卸运送救灾物资、拆除震后危房、清理倒塌废墟、疏通平整交通要道、清理垃圾、搬迁、转移群众等任务。10月15日，一大队和八中队留玉树驻训，其他部队归建。

4月16日，武警青海省总队西宁市支队出动兵力450名、车辆27台，赴玉树参加抗震救灾任务。担负玉树抗震救灾期间中央首长视察安全警戒、物资搬运、武装巡逻、目标守护、废墟清理等任务。6月3日归建。

## 五、武警四川省总队

14日11时20分，与玉树毗邻的武警四川省总队甘孜州支队石渠县中队20名官兵到达结古镇，立即到玉树州职业技术学校搜救幸存学生，并展开后续救援行动。

## 六、武警甘肃省总队

玉树地震发生后，中国地震局迅速向甘肃省通报情况，甘肃省委、省政府高度重视，命令甘肃地震灾害紧急救援队（甘肃省武警总队第三支队五中队和武警甘肃省总队医院）立即做好驰援玉树的准备，武警甘肃省总队接到命令后，立即启动应急预案，向第三支队和总队医院下达预先号令，派工作组指导两个单位对车辆、通信、救援等装备进行检修保养，补充物资器材，请领帐篷、行军床等，在甘南州夏河县驻训的三支队五中队官兵4个小时撤回兰州营区，迅速做好出动准备。经武警总部同意，甘肃省武警总队170人（总队前指10人、第三支队120人、总队医院40人），携带5大类、72个品种、1858件（台）救援装备和搜救犬2条，与甘肃省地震局专家16人联合编队，采取摩托化机动方式，连续行军20小时，4月15日到达玉树灾区，担负人员搜救等任务。4月24日归建。

## 七、武警8653部队

4月14日10时，武警8653部队接到预先号令后，紧急部署任务，快速高效准备，不到2个小时就做好机动准备。10时55分，第一梯队600名官兵和第二梯队200名官兵分别从西宁市和果洛州玛沁县机动，23时10分到结古镇，第三梯队300名官兵于次日凌晨到达。救灾中，主要采取分区域、拉网式搜救和逐点逐户逐室搜救相结合的方法，按照先急后缓、先易后难、先人后物的顺序，在当代、民主路南、民主路北、禅古4个重灾区同时展开搜救，提高救援质量。采取一线平推、地毯搜、拉网式等方法，加快清理废墟进程，为按时完成清墟任务赢得了宝贵时间。从4月24日起，担负赛马场、格萨尔广场机动备勤维护灾区社会稳定任务，同时担负装卸救灾物资、搭建帐篷等任务。6 月 28 日归建。

## 八、武警交通一总队一支队

地震发生时，武警交通一总队一支队副政委谢家新正在玉树州出差，他迅速向武警交通指挥部报告。指挥部主任孟洪喜、政委刘学政迅速作出决定，就近从青海、甘肃、四川、西藏抽调专业技术骨干和大型专业机械，迅速奔赴结古镇。指挥部副主任乔国义带工作组赴玉树一线指导交通部队抗震救灾。在距结古镇 185 千米的囊谦县白扎乡施工的武警交通一总队一支队二大队 6 名干部和 23 名战士，迅速出动挖掘机 6 台、装载机 7 台等大型救援物资装备，分 3 路，边抢通中断公路，边摩托化行军，16 时到达结古镇后展开救援。16 日上午，武警交通指挥部驻西藏、甘肃、四川抽调的 30 名机械操作手携带大型挖掘装备到达玉树。6 月 28 日，武警交通第一支队 91 人、车辆 30 台，机动至囊谦县，担负国道 214 线玉树县境内路段拓宽保通施工任务。

## 九、武警水电指挥部

地震发生后，武警水电指挥部紧急抽调 130 人、18 台设备参加抗震救灾。五支队青海羊曲、班多项目部官兵 14 日晚连夜开进，15 日 14 时到达重灾区结古镇。五支队河南省鹤壁南水北调工地项目部官兵 16 日晚到达结古镇，随即展开人员搜救和道路抢修。6 月 28 日，水电二总队第五支队 142 人、车辆 12 台机动至共和县，担负西宁至玉树高压送变电线路架设任务。

## 十、武警总医院

14 日 16 时 15 分，武警总医院（国家地震灾害紧急救援队医疗队）30 人携带价值 300 多万元的药品，从北京南苑机场乘空军大型运输机起飞，20 时 15 分到达玉树巴塘机场，担负医疗救治任务。

# 第四章　公安特警和消防部队救灾

## 第一节　公安特警部队救灾

### 一、四川省公安特警

抢险救灾期间，四川省调集成都市特警250人、甘孜州特警70人、阿坝州特警65人赴玉树，担负人员搜救、挖掘现场警戒、维护灾区社会秩序、安全警卫等任务。

4月14日20时30分，成都特警支队250人在支队政委李明带领下，从成都市双流机场起飞至西宁市曹家堡机场，分乘5辆大巴车摩托化机动到达玉树州结古镇开展救援。甘孜州特警支队70人在支队长向学马带领下，14日18时从色达驻训地出发，15日凌晨5时15分到达玉树州结古镇实施救援。4月20日23时，阿坝州特警支队65人在支队政委朱润林带领下到达结古镇。

根据公安部指示，为保证特警队旺盛的战斗力，按照“保持现有规模不变，非战斗减员不补充，原则上一个月一轮换”的要求，成都特警5月15日、甘孜特警5月11日、阿坝特警6月5日，分别进行首轮轮换。

### 二、甘肃省公安特警

甘肃省抽调兰州市公安局12名机关工作人员、150名特警，在兰州市公安局副局长何全意带领下，4月14日14时15分摩托化开进，15日上午9时30分抵达玉树灾区，担负警卫、维护当地交通治安秩序、搜集并上报各类情报信息、搭建帐篷、转移救灾物资等任务。

## 三、青海省公安特警

青海省抽调西宁、海南、果洛3支特警支队赴玉树执行救灾和重建阶段执勤、维护治安任务。驻勤特警联合当地派出所开展武装巡逻，强化对社会面的治安管控；担负安全警卫任务；做好各种群体性事件的预防和处置工作；严格落实对水、电、油、气、通信、广电、金融等34个重点单位和要害部位的治安保卫；协助交警部门担负路面巡查、道路疏通工作；在进入玉树州的重要路口设立治安卡点，强化对车辆、人员的检查、登记等工作。

# 第二节　公安消防部队救灾

4月14日8时，青海省公安消防总队接到玉树7.1级强烈地震的报告后，立即进入一级战备，成立以总队长刘江民为总指挥的救援部队，集结西宁、海东、海北、海南支队近100名抢险救援攻坚组队员，4月14日19时进入灾区，展开救援。总队政委姜玉伟乘飞机于当日15时20分到达灾区指挥玉树支队救援。总队针对玉树海拔高、空气稀薄、天气寒冷的实际，对救援力量变“大兵团”为若干机动灵活的“小分队”，到大部队难以到达的区域全力搜救，动用所有的生命探测仪和搜救犬，竭尽全力，极尽所能，开展拉网式排查搜索。总队成立前后方后勤保障工作组。抗震救灾期间，共调派官兵355人（次）、保障车辆460台（次），运送人员3000余人（次），运送物资100余吨，行程20余万千米。

救灾期间，全省消防部队共抢救群众569人，其中在艰难复杂的废墟中解救埋压群众416人、解救被困群众153人；疏散受灾群众4105人；扑救火灾41起；抢救了一批“三江源”重要文献，以及价值9120.41万元的经书、金佛、唐卡等贵重物资和现金。出动救援小分队破拆变形扭曲的防盗门、保险柜560余次。

4月14日8时40分，西宁市公安消防支队抽调3名机关干部、8名特勤和13名攻坚组成员，组成第一支应急救援分队，在参谋长王彦军带领下，携带56种160件（套）特种救援器材、1台抢险救援车、1台饮食保障车、1台宿营车奔赴玉树。11时40分，支队长李海峰带领由54名攻坚组成员组成的第二救援分队，携带56件（套）特种工具，从西宁机场乘专机于18时17分抵达玉树。西宁市公安消防支队共投入救援官兵122人、车辆30辆，出动车辆133台次、人员1360人次。

海东地区公安消防支队召开紧急会议，作出部署，并动员全体官兵做好一切准备奔赴玉树灾区抗震救灾。9时，接到总队指令后，命令平安应急救援大队组成12人救援队，携带救援装备，在支队参谋长张志强带领下，乘坐抢险救援车赶赴灾区。从民和调集海东搜救犬分队赶往平安集结，在支队长张涛带领下，一行5人及2条搜救犬4月14日13时乘飞机赶赴灾区。14日14时，支队向灾区派出运兵车1辆、物资运输车1辆、餐饮保障车1辆、越野指挥车2辆和后勤保障队10人赶赴灾区增援。15日，按照总队命令，支队抽调人员11人、皮卡车2辆组成物资运输队赶赴灾区。支队所属部队全部进入一级战备，随时准备赶赴灾区支援。

海西州公安消防支队召开紧急会议，安排部署赴玉树灾区抗震救灾救援准备工作，迅速启动海西州公安消防支队重大灾害应急救援预案，成立抗震救灾指挥部。指导德令哈一、二中队准备救援器材，抽调10名身体素质好、业务技能精的党员骨干组成抗震救灾应急救援队，成立破拆、侦检、救生等小组，做好增援准备。4月14日12时30分，支队长李博带领36名官兵、2辆抢险救援车、3辆战勤保障车，以及48种、134件（套）特种装备器材赶赴灾区，15日12时30分抵达玉树县结古镇重灾区展开救援。

海南州消防支队4月14日按照总队全勤指挥部的统一部署，迅速集结党员和部队骨干组成抗震救援小分队，由支队长卫传淮带队，9时37分从海南州府恰卜恰镇出发， 20时59分到达玉树县结古镇，先后在玉树州民族中学、玉树州职业学校、结古镇新建北路、胜利路、西环路、建业街、大同西路等地参加搜救。卫传淮根据现场情况，迅速制定“层层剥离、确定重点、救人第一”的总体施救方案，组织救援官兵采用呼喊、敲击的方式确定生命迹象，利用破拆施救的方式救援。

海北州公安消防支队4月14日接到省公安消防总队进入一级战备的命令后迅速做好准备，接到参加抗震抢险救援战斗的命令后，党委迅速召开紧急会议，部署救灾事宜。参谋长严永成组织支队全体官兵进行战前动员，挑选海晏中队12名骨干，检查准备抢险救援装备器材。9时，政委倪文怡带领救援队伍向玉树灾区进发，15个小时后到达受灾现场救援。

格尔木市公安消防支队14日9时35分接到总队全勤指挥部命令，各执勤中队立即进入一级战备状态，支队党委召开紧急会议，向官兵通报玉树地震灾情，启动重大应急救援预案。根据总队领导指示，支队救援官兵从省道309线急进。当行驶至西大滩时，救援官兵遭遇强烈沙尘暴袭击，在能见度不到5米的情况下，队员们利用强光手电照明艰难行进。在可可西里至曲麻莱县150千米沙石路面上，车辆先后9次爆胎。在距离灾区60千米的地方遭遇山体滑坡、路面塌方，队员们冒着余震危险，用双手和铁锹开辟出通向灾区的通道。15日凌晨，救援车队和后勤保障车辆安全抵达灾区。

果洛州消防支队迅速组成救援小组，进入一级战备。4月14日中午，由14名救援官兵、1辆抢险救援车和1辆指挥车组成的首批救援小组，从距结古镇736千米的果洛州府大武镇奔赴灾区。15日凌晨1时许，救援队到达地震灾区展开救援。

地震发生后，山东省公安消防总队成立山东公安消防救援队，调集济南、青岛、淄博、泰安等13个支队及总队机关93名救援队员，携带26条搜救犬及530件（套）救援器材，赶赴灾区展开救援，连续奋战三昼夜，抢救被困人员。

广东省公安消防应急救援队303名官兵分2批次于4月25日抵达玉树后，主要承担结古镇民主街路段的搜救任务，分成12个救援分队迅速展开救援。持续奋战120多个小时，搜救、挖掘坍塌建筑物 356 处，及时转移和妥善安置受灾群众，解救被困群众，发现和清理遇难者遗体，搬运救灾物资。

四川省公安消防总队救援队 320 名官兵携带 32 台生命探测仪、6 条搜救犬和 1000 余件（套）救援特勤装备，分两路快速驰援灾区。连续奋战 5 天。

西藏自治区公安消防总队救援队 105 名官兵携带抢险救援车辆 11 台，配备生命探测仪、各类器材装备 867 件（套）紧急驰援灾区，连续奋战 5 天进行救援。

甘肃省公安消防总队出动官兵 257 人、车辆 34 台，分两个梯队携带抢险救援器材装备、消防员个人防护装备和后勤保障物资，赶往玉树灾区。14 日 13 时 30 分，第一梯队由总队参谋长巩永义带队，抽组总队机关和兰州、白银、临夏支队 170 人、28 台救援车分别就地集结出发。16 时 50 分，第二梯队由总队副参谋长杜超仁带队，抽组兰州市支队 87 人、救援车辆 6 台从兰州出发。15 日 11 时 45 分，200 人、26 台车到达结古镇。19 时 30 分，甘南、临夏支队 50 人、车辆 8 台到达灾区，立即投入救援行动。

4 月 14 日 23 时 21 分，重庆市公安消防总队连夜抽调 210 名官兵组建抗震救灾第二支救援队伍，15 日 3 时赶到灾区，在玉树州师范学校、文化公园、百斯特医院、中国电信新建路营业厅等地展开救援。在历时 5 天的救援中，官兵们充分运用在“5・12”汶川抗震救灾行动中积累的丰富经验，严密组织，科学施救。

# 第三篇
# 抢救生命财产

玉树大地震突如其来，人民生命财产受到直接威胁。面对巨大灾难，灾区人民不屈不挠，在中共中央、国务院的坚强领导下，紧急展开自救互救；各级党委、政府迅即启动应急预案，紧急组织开展大规模救援行动，最大限度地挽救了受灾群众的生命，减低了灾害造成的损失。玉树地震灾区平均海拔4000米以上，高寒缺氧、环境艰苦、经济发展滞后，抗御自然灾害能力脆弱。州府所在地距离省会西宁800多千米，由于地震影响，道路不通。全州唯一的玉树机场交通中断，导致外界救援力量在短时间内很难开赴灾区展开救援。在没有外援的情况下，玉树州各级党委、政府针对人员伤亡、设施损坏程度，第一时间展开自救互救，力所能及地扩大救援范围，最大限度抢救人民群众生命财产；当地驻军和武警部队在做好自救的同时，迅即组织力量展开救援；各族干部群众，不分民族，不分籍贯，不分军民，不分僧俗，尽最大可能抢救生命。大批教师在危急关头舍小家顾大家，抢先、果断、有序地将学生迅速撤离到安全地域。交通、电力、水利、通信、气象、广电、公安交警和医疗卫生等部门全力投入自救保障工作。紧急赶到灾区的解放军官兵和武警部队，重点用兵，把主要兵力、专业力量集中用于重灾区结古镇，同时把整个灾区划分为13个责任区，所有的责任区都有专业的力量和军队、武警部队。各任务部队按照划定区域，抓住72小时黄金救援时间，争分夺秒、夜以继日地展开生命大营救。玉树军分区、玉树县人武部、结古兵站和驻玉树68046部队61分队官兵在进行自救的同时，投入400余人救援力量抢救周边群众生命财产。玉树地震后，全国有34支12603人的抢险救援队投入搜救，最大限度营救生命。黄金72小时救援期内各救援队按照划分的19个片区，全力以赴、全覆盖展开生命大搜救。军队、武警、公安、消防和地震、矿山等救援队伍从废墟下救出幸存者1433人。黄金救援期过后，救援人员不怕疲劳，连续作战，继续进行生命大救援。4月21—23日，联指按照胡锦涛“扩大搜索范围，逐村逐户排查，全力搜救被埋人员”的指示，下达再次对受灾的9个乡镇、39个行政村进行拉网式搜排搜救的命令，要求确保不留死角和盲点，最大限度地抢救生命。公安部也向全体参战干警发布总攻令，全力搜救被困人员。地震造成大量国家、群众财产和文物被废墟掩埋。救援人员在排查搜救的同时，把抢救国家和人民群众财物作为一项重要任务，力争将受灾损失降到最低限度。

# 众志成城　抗震救灾

# 第一章　自救互救

## 第一节　党政机关自救互救

### 一、玉树州、县机关自救

玉树州直机关60%处级以上的干部在地震中有亲人伤亡和自家房屋倒塌、财产遭受损失，但全体干部不顾小家，顾不上安排和处理伤亡的亲人，顾不上抢救自家的财产，主动赶赴州政府大院受领任务。州临时指挥部根据各部门人员工作性质和管辖范围，按行业、按系统部署任务，并立即组织部队、武警、公安（消防）、医院、机关工作人员迅速展开自救互救。为向省委、省政府及时反映灾情并同上级取得联系，州委、州政府部分机关干部冲进办公楼抢出传真机、电脑等办公设备，利用几台损坏的电脑拼凑出一台能使用的电脑集中办公。

4月14日8时10分左右，玉树县委、县政府将自发集中到县委门口的干部职工，分成3个组深入灾区查看灾情，开展自救。广大干部强忍失去亲人、失去家园的悲痛，投入搜救生命、救治伤员、安抚群众、调查灾情、恢复秩序中去。州委常委、县委书记方向东在身患多种疾病的情况下，白天深入各片区指挥救灾、发放物资，晚上详细汇总人员伤亡及物资财产损坏情况，每天工作18个小时以上。指挥部李昊在地震中失去孩子，妻子受伤还躺在医院的情况下，一直坚持在工作一线。玉树县结古镇党委书记尼玛扎西，顾不上地震切去他右脚大拇指一半的伤痛，通知镇村、社干部到牦牛广场集合。尼玛扎西到达广场时，已经有36名村、社干部和亲戚朋友到达。他一边继续联系未到人员，一边组织已到人员抢救群众，抢救出3名重伤员和10名轻伤员，挖出21具遇难者遗体。当天晚上，尼玛扎西主持召开镇、村、社三级干部会议，充实村级党支部，成立村镇抗震救灾指挥中心。每个指挥中心下设灾情调查组、宣传组、搜救队、物资发放组、统计小组。在全镇11个自然村都成立临时党支部，恢复49个党小组展开工作。各村陆续组建起民兵应急队，不分男女老少，凡身体无伤病的均被编到民兵应急分队迅速展开救人。随着搜救活动全面展开，民兵应急分队不断壮大，很多从废墟中被救出来的轻伤群众都加入救援队伍中。新寨村民兵应急分队刚开始组建时只有450人，后来逐步发展到1500人。村、社、镇民兵应急队从废墟中救出生还者220人，挖出遇难者遗体316具。

## 二、公安系统自救与救援

地震造成州公安系统3名民警、3名协警遇难，180余名民警受伤，100余名民警亲属遇难，320余名民警家中房屋倒塌。公安机关办公用房或倒塌或成危房，办公设备全部损毁，损失严重。州公安机关快速反应，紧急启动应急预案，成立应急救援指挥部，及时向青海省公安厅汇报灾情，组织玉树县公安局开展自救和生命救援工作；从5县公安局抽调100名民警，开展生命大救援，解救被困群众，救助伤员，转移安置受灾群众。共搜救被困群众912人，清理遇难者遗体125具，救助受灾群众1.9万人，转移安置群众410户2000余人。

地震发生时，玉树州公安局局长潘志刚一边赶往公安局，一边下达集结指令，组织所有在位民警分三路赶往民爆仓库、金融部门、加油站等重点部位，落实看护人员职责，协调特警帮助守卫。

州公安局特警支队支队长尼玛家房屋倒塌，正在睡觉的尼玛被埋在废墟中，甘肃临夏籍回族邻居努海一家徒手把他从废墟中刨出来。尼玛一从废墟中出来，立即寻找到他们家收养的孤寡老人，地震时老人被强大的地震波抛到街面上，致使双腿骨折。尼玛背起老人向医院跑去，待安置好老人后，与赶来的4名特警队员一起投入救援行列中，带领大家共救出9名被埋群众，其中有5人生还。

特警队员坚持边救援，边向指挥部结古镇集结，达到结古镇后又分成5组在废墟里展开搜救工作。救援中的队员索南战斗得知弟弟、妹妹被埋的消息后，强忍悲痛含泪继续坚持在救援现场，直到当前任务完成后，才赶回去搜救弟妹，但弟妹已经遇难。经过努力，州特警队共救出118名群众。

州公安局治安支队副支队长普布无法顾及失去6名亲人的伤痛，责任和使命驱使他必须以大局为重。地震发生时，普布从家中冲出立即查看公安局的枪械库，之后迅速向州公安局集中。途中看到几个学生被埋压在废墟中，其中一个孩子的脚被石块压得动弹不得，普布把他救出，抬到安全地带。根据局长命令，为避免枪支流失，普布把枪支全部装在自己的车上，迅速到民爆公司清点炸药，防止流散到社会。普布守护着车里的枪，也看守着被地震震裂的民爆仓库。

地震发生时，玉树县副县长、公安局局长青鹰正在家里准备吃早餐。他立即跑出院门，组织邻居自救互救脱离险境后，迅速跑向公安局，及时对救灾工作进行安排部署。安排先赶到的民警在民族宾馆实施救援，自己到县城西部的新建路查看震情，了解情况，并向玉树州政府主要领导、省公安厅电话报告震情；安排新建路派出所值班人员组织群众抢救2所学校被埋学生；给在现场救灾的医院辖区胜利路派出所下达“务必保持通往医院的道路畅通”的命令；向上级提出先把居民转移到位于结古镇的体育广场、格萨尔广场和县城西赛马场的建议。

玉树县公安局民警才旦多杰是一位残疾人，在地震发生后，冒着余震危险，驾驶着自己的汽车将伤员送往医院救治。政治处民警拉巴东周的外婆和2岁的儿子被压在废墟下，他和妻子一起用双手在废墟中扒刨寻找，两人已经遇难。他强忍悲痛到邻居家救人，协助州特警支队救援人员救出1人，后赶赴州公安局受领任务。新建路派出所指导员周伟被民警薛晓峰和杨昆救出后，立即带着两名民警营救一对残疾夫妻。安排薛晓峰用警车运送伤员，组织其他民警和群众全力搜救被困者。新建路派出所民警更然的妻子在地震中遇难，他强忍悲痛坚持救援，直到晚上才料理妻子的后事。

4月14日，玉树公安特警在废墟中救人

（公安部治安管理局　供图）

4月14日，新建路派出所民警从废墟中救出29名受伤群众，挖出11具遇难者遗体，并将29名受伤群众送到州医院急救点。上拉秀乡派出所所长公却尼玛的妻子家中除母亲外，6人全部遇难，他顾不上照顾妻子及其家人，带着保安和协警连续救出3名被压的孩子。

地震发生后，胜利路派出所所长拉巴与妻子立即赶到工作岗位，到学校等人员聚集地查看灾情，安排各警务室民警到辖区救人，带领民警在禅古寺救出十余名被埋僧众。协警色塔家的房屋倒塌，妻子和儿子都被埋压在废墟里，他找到自己家的位置敲打废墟上的房梁寻找亲人，这时，邻居突然跑来求助，他含着泪水协助邻居从废墟中成功救出一名被埋压男子。

## 三、法院、检察院、司法行政系统自救与救援

地震发生时，正在办公楼内值班的玉树县人民法院院长韩国福，从办公楼冲出，看到2名干警居住的宿舍全部倒塌，便爬上废墟一边呼喊着干警的名字，一边徒手救出2名被困干警。之后他徒步赶往附近学校查看灾情，组织干警和县领导一起奔赴玉树县第三完全小学，同其他群众一起抢救学校师生。地震发生后5天里，玉树县法院干警协助专业救援人员从废墟中挖出被埋群众104人，其中56人生还；干警宋春花主动参与护理重伤员120人。囊谦县人民法院成立救灾领导小组，在县委、县政府的统一安排下，4月14日12时，由副院长带领10名干警组成救援小组及车辆奔赴结古镇参与救援，当日16时到达结古镇。截至15日13时，救援小组从废墟中抢救和运送伤员18人。治多县法院院长贾小平正在玉树结古镇参加法院院长工作会议，面对突如其来的灾难，不顾失去姐姐的痛苦，与副院长丹智尖措带领6名干警向医院

运送伤员，在 10 余天的救灾中，共运送伤病员 28 人次，拉运遇难者遗体 18 具，抢救群众被埋财产 48 户，拆除群众危房 5 户，搬卸救灾物资 10 余吨。杂多县法院院长王玉龙带领该院 5 名干警维护玉树县结古镇治安秩序。法院执行局局长尼玛仁青，在没有任何辅助工具的情况下用双手从公园河边一处废墟中救出一名 40 多岁的中年妇女和一个七八岁的男孩。4 月 15 日，他冒着不断余震的危险，奔赴受灾严重的扎西科、玉树州职业技术学校抗震救灾一线继续救人。曲麻莱县人民法院院长更尕带领该院 7 名干警一直奋战在救灾一线。

玉树州人民检察院全体干警共救助受灾群众 70 余人，搜救出幸存者 24 名，安置受灾群众 34 名。

州司法局全体干部从废墟中救出群众 19 名，找到罹难者遗体 9 具，出动单位车辆运送救灾物资 3 车次。

## 四、其他各县自救与救援

地震造成治多县隆宝镇 1865 户 7483 名牧民受灾，876 间房屋倒塌，195 人受伤，55 人遇难。地震发生后，治多县在组织自救的同时，迅即组成救援队伍，于 4 月 14 日 22 时到达结古镇重灾区展开救援，在各学校救出治多籍学生 216 名，找到遇难学生 6 名，并安全将这些学生护送至治多县城。根据州委统一安排，治多县成立由县委书记王延奇和县长马生堂为总指挥的治多县驻隆宝镇抗震指挥部，成立后勤保障协调组、搜救治安组、医疗组、宣传报道组、道路清障组、赴州联系协调组。第一批救援队近 100 人赴距结古镇 70 余千米的隆宝镇进行救援，15 日凌晨到达隆宝镇。第二批救援队 29 人携带帐篷 60 顶和部分生活物资于 4 月 15 日凌晨 6 时出发赴隆宝镇。救援队搜救被困群众 205 人，遇难人员 45 人；救助病人 600 余人，其中重症病人 29 人。派车将 4 名重伤员送往海南州治疗，3 名重伤员送玉树州医院治疗。

4 月 14 日 22 时，杂多县救援队在结古镇展开救援，县总工会干部更却江才在玉树州职业技术学校和其他救援人员一起，成功营救 4 名被埋学生。15 日夜，他将在州职业技术学校就读的 35 名杂多籍学生护送回杂多县，并安全交给学生家长。昂赛乡年都村村民查吾强忍着失去亲人的巨大悲痛，带领村里的党员和民兵在玉树县扎西科赛马场杂多受灾群众安置点，担任装卸搬运物资、发放登记救灾物品、维持秩序、夜间巡逻等任务。杂多县委办公室干部、县抗震救灾突击队队员任百船看到参加救援的同志很辛苦，一天下来吃不上一口热饭、喝不上一口热水的情况后，主动担负起为救援队员做饭的任务。杂多县个体工商户陈忆茹在地震发生后的第一时间，组织起个体支部的十几名党员，主动找到县委、县政府，要求到州上参加救援。抗震救灾期间，她把自己店铺里的所有商品以低于成本的价格向外出售。当县上部分救灾物资出现缺货时，她从其他店铺那里高价买进，然后再以低价卖出。

称多县救援队在地震发生不到 2 小时即赶到结古镇，立即到灾情最严重的玉树州职业技术学校和民族宾馆搜救，在没有专业工具的情况下，救援队员用双手刨砖块，用双肩扛石板，连续奋战近 24 小时，成功营救 6 名受伤群众、挖掘出 41 具遇难者遗体。在禅古寺废墟和危房底层抢救出16名被埋人员和部分珍贵的宗教文物，为国家和禅古寺挽回上百万元的损失。在黄金72小时内，称多县救援队共搜救被埋压人员216人。

囊谦县组成17个救援突击队，分别于4月14日14时30分至16时20分到达震中灾区。针对救援队伍中有在灾区工作或生活的亲属，指挥部决定：前来救援的500多名干部职工，凡是在州上有亲戚的立即前去各家帮助救灾，其余人员以系统为单位分成突击队，由系统责任部门主要领导、乡镇党委书记任组长组织救援行动，300名宗教界人员组成的突击队，统一由统战部宗教部门负责，按照就近从速的原则在州民族师范学校、达丁、蒙泽尕3个地域开展救援。为增强救援力量，指挥部为10个乡镇各拨款5万元，要求他们在人员不足的情况下可采取雇佣、重奖的办法救人。天黑前，救援队在没有任何机械设备的情况下，用手挖肩扛的方式成功营救出幸存人员68人。指挥部指定专人转移安置囊谦籍在州就读的学生，组织车辆将州民族师范学校、第一民族中等专业学校的50多名囊谦籍学生于14日晚连夜移送返回。15日，县委书记吴德军从指挥部工作人员中抽调出领导干部10名，赴扎西大同村开展搜救，从废墟中救出1名群众。

4月14日15时30分，曲麻莱县救援队到达结古镇附近扎西科滩，分成10个救援组，进入10个片区开展紧急救援；及时和州抗震救灾指挥部联系，根据任务需要又转到民主路南片区实施救援，共救出351名受灾群众，清理遇难者遗体32具。地震发生时县委书记仁青才仁正在结古镇，他充分发挥党员干部组织领导作用，组织所属人员从废墟中救出5名幸存者。

## 第二节　玉树驻军和民兵应急分队自救互救

### 一、玉树军分区自救互救

地震发生时，军分区机关刚出完早操，司令员吴勇立即召集在位的军分区常委碰头，研究部署展开自救互救行动，向省军区报告震情。对机关和骑兵连官兵作简要动员后，派出3批人员，分别采用乘汽车、摩托车、徒步方式勘察机场及机场道路受损情况，组织开通125瓦通信电台，为救灾指挥部勘定2个直升机降落场地；命令司令部参谋龙海林带8个小组对军分区重点目标武器库、加油站和军分区附近的银行进行警卫；剩下的60余人分成7个救援小组，分别由常委或干部带队火速奔赴人员密集的学校、宾馆、居民区和玉树县人武部展开救援。在外地休假、疗养、出差、培训的32名干部义无反顾地归队投入救灾行动中，当年确定转业的8名干部也赶到军分区请求安排任务。随后，司令员吴勇赶赴州委、州政府与州领导研究确定协调军地力量、启动民兵应急机制、展开大规模救人方案，形成由军分区牵头，驻地武警、消防部队和民兵应急分队参加的军警民联合救援部署。

军分区骑兵连排长张勇带领6人小分队跑到军分区武器库旁在废墟中奋力挖刨，7时59分，从废墟中救出一家3口，其中一人生还。

玉树州职业技术学校在地震中严重受灾，40多个学生被埋在倒塌的校舍下。吴勇带领30余名官兵乘坐一台运输车前往救援。途中，一名藏族群众拦住吴勇的车，说有人被埋。吴勇当即安排骑兵连排长康后国带领5名战士跟随这位藏族群众前去救人，带领其余人员赶到职业技术学校展开救援。在没有大型机械和专用工具的情况下，官兵们在钢筋瓦砾中肩扛手刨，硬是从废墟中掏出一条“生命通道”。经过5个多小时的连续奋战，相继救出10名学生。这时，一名女学生告诉吴勇“水塔那边还有人被压”，吴勇带人赶过去。发现水泥板死死压在一名女学生身上。由于水泥板太重，官兵们合力将水泥板抬起把女孩救出，女孩已停止呼吸。

军分区独立骑兵连马厩倒塌，几十匹军马被埋在废墟中。全连官兵情绪激动，强烈要求迅速抢救“无言的战友”。军分区司令员吴勇在简短动员中，要求官兵把思想统一到军人职责上、统一到核心任务上。官兵们强忍失去“无言的战友”的悲痛，大部分官兵在前一天为当地医院无偿献血、身体极度虚弱的情况下迅速投入生命大营救，先后转战军分区干部宿舍、教导队附近居民区、新建路居民区、民主路煤房、玉树州民族综合职业学校等8个救援点，震后5小时从废墟中救出123名被埋群众。

军分区副司令员管开吉带领连队兽医等10名战士抢救军马。连队108匹军马，被砸在废墟中61匹。管开吉下令先把最有希望存活的军马救出。战士们救出78号军马后，班长刘永山看到自己的坐骑被重重的横梁压住脊梁。在他奋力移除横梁时听到附近居民区传来呼救声，他只好放弃军马，快速跑到压埋妇女的废墟，和战士们一起救出藏族妇女。骑兵连战士范文秀带领全班人员施救在军分区施工的民工，其间发生大小余震3次，战士们冒着房屋随时都可能倒塌的危险，徒手挖、徒手刨，奋战一个多小时将一名被埋的民工成功救出。为了救治地震中受伤的群众，他带领战士们抢运已成危楼的军分区机关办公楼医务室的药品，强烈的余震使危楼裂缝越来越大，战士们顾不上自身的安危，进出危楼10多趟，抢出近20箱药品。

14日上午12时，地方一名司机家属找到范文秀求救，根据指引，战士们跑到长途汽车站旁的一家旅店，用仅有的1把铁锤和1米多长的钢筋凿开水泥板，打通一个刚好人能钻进的洞，将司机洛桑从二楼拉出。

4月14日，玉树军分区官兵挖出被埋群众

（玉树军分区　供图）

骑兵连1班班长昂旺求张的家就在结古镇，家中的房子全部被震倒塌，母亲被埋，他没有来得及询问家中情况，就近救人，发挥地形熟、语言通、情况明的特长，带领全班战士先后救出被埋群众14人，其中9人生还。随后，又奉命带领全班战士奔赴震灾严重的各个救援点，并带头为受伤群众献血，给救援人员当翻译。

军分区副政委旦增带领12名官兵到驻地附近的大街上救援，用半个小时从废墟中救出12名受伤群众。当得知玉树县人武部后勤科长杨朝阳被埋在倒塌的办公楼中后火速驱车赶去，和在场的干部职工一起拼力刨挖将其救出，但该人已不幸遇难。旦增带一名参谋利用2个小时将结古镇灾区认真巡查两遍，掌握受灾情况后，及时向军分区党委和州委作出汇报，提出请求空中力量支援、加强武器库警戒、尽快发放赈灾物资等5项建议。15时，得知8名亲人在地震中遇难的噩耗，旦增强忍悲痛，不顾外甥女打电话让他去救被压在废墟中的婆婆的请求，含泪继续组织官兵抢救群众生命。14日夜，省军区独立步兵团抵达灾区后，旦增又带领该团290多名官兵前往灾情最重、被埋人员最多的结古镇扎西大同村展开救援，连夜救出3名藏族群众。16日上午，旦增听到一处废墟下传出微弱的呻吟声后，冒着危房随时可能倒塌的危险在墙边搜寻10多分钟，终于从废墟中找到并救出一名藏族妇女和她3个月大的女儿。

军分区大学生干部王占武在地震发生后18小时里带领7名士兵从废墟里挖出11名被埋群众，其中8人幸存。他在救人中突遇强烈余震，为抢救战士左手无名指被玻璃划掉一块肉，右脚被落下的屋梁砸中拇指严重骨折。组织干事李学兵在地震发生时迅速冲进摇晃的办公楼，把印章和装有各种数据的笔记本电脑抢了出来。

地震发生时，管理员梁富荣正带领炊事班7名战士做早饭。他们放下手中工作迅速奔向军分区大门西侧一幢完全倒塌的平房实施救援。官兵们抬开房梁，用手扒开土块和砖瓦，将一名男子从废墟下拉了出来。根据男子的指引，经过40多分钟紧急救援，用双手又刨出一名奄奄一息的妇女和她的女儿。随后，梁富荣又带领战士们从一座坍塌的二层小楼中救出藏族老人顿措和她的3个儿女。

后勤部部长马胜强带领后勤部19名官兵和职工，冲向离军分区最近的结古镇民主路148号居民点一处倒塌的民房，用双手刨开废墟，挖出7名藏族群众。9时40分，他们又挖出1名女孩的遗体。在集中力量抢救生命的同时，为保障陆续到达的救援部队、医疗队进驻和展开，根据军分区安排，他带领8名官兵将50顶帐篷送到玉树州人民医院、妇幼保健院、藏医院和玉树县人民医院，帮助搭建临时医疗救治点，为医疗队展开急救赢得时间。为了给各级抗震救灾指挥机构展开创造条件，马胜强将后勤保障力量分成计划协调组、伙食保障组、医疗救治组、运输保障组分头展开工作，在军分区营区清理废墟，平整场地，搭设帐篷，恢复通信联络。下午6时，在营区搭设帐篷60顶，开通地方专线电话30多部、军用电话200多部，保证军地各级抗震救灾指挥机构有序进入指挥位置、顺利展开工作。后勤人员想尽各种办法，解决重重矛盾，保证进驻军分区大院3000多人的供水、用电、吃饭、住宿等问题。为了让外界及时了解掌握玉树受灾的真实情况，军分区通过电视连线，迅速向全国人民汇报地震时的情景和开展自救互救的感人场面。

司令部副团职参谋龙海林，在带领官兵救出武器库旁被埋的4名卖煤群众后，立即担负武器库值班、负责武器库安全警戒和救灾物资的收发工作，保证重点目标安全。

强烈地震使玉树县人武部办公楼倒塌，人武部中士闫新明被猛烈的摇晃摔倒在地，他爬起来冲向已经垮塌的办公楼，狠命地用双手扒刨砖石瓦块、抢救被埋的后勤科长杨朝阳。当得知人武部家属院全部倒塌、至少5人被埋的情况后，闫新明又立即带领几个人冲向家属院，扒砖块、搬木头，救出一名妇女。为加快救援进度，闫新明冒着余震的危险，从武器库门前的废墟中翻出铁锹和十字镐，和军分区副司令管开吉带领的骑兵连官兵奋战2小时，成功救出5名群众。

## 二、68046部队61分队自救互救

4月14日早晨，刚出完早操的68046部队61分队官兵正在洗漱，突发地震，官兵迅速撤离至营区操场，无人员伤亡。地震导致分队综合楼房主体受损，营区院墙大部倒塌，营区摄像头损坏。分队官兵边组织自救互救，边展开应急通信保障。驻地附近，一名藏族男青年被压在坍塌的房梁下面，分队官兵立即前去救助，和当地群众一起徒手挖掘，30分钟后移开房梁，将人救出。经随行的军医简单处置后，官兵将该青年送到医疗救治点进一步检查治疗。

## 三、民兵应急分队自救互救

地震刚刚发生，玉树军分区号召灾区民兵应急分队开展自救互救。给手机信号刚刚恢复的杂多、称多、治多、曲麻莱、囊谦、玉树6个县人武部官兵和职工发救灾短信。震后2小时，根据军分区党委指示，6个县人武部集结民兵660多人，迅速奔赴外援部队没有进入的玉树县上拉秀乡、下拉秀镇、隆宝镇、哈秀乡、仲达乡等偏远乡镇救援。在救灾一线，民兵应急分队中共有120多名民兵家中受灾、亲人遇难。他们强忍悲痛，连续奋战，创造出一个个救援奇迹。

民兵应急连就地就近转移群众，组织解救被埋压人员，对重要目标实施安全警戒。救灾部队到达前，向州赛马场、体育场转移群众5000余人，解救被困群众30余人。4月14日上午，退伍军人出身的民兵帕帕才仁路过结古镇格萨尔商城时听到废墟中传出呼救声。地震使商城整体倾斜，随时可能倒塌，商城出口卷闸门已被砖块堵死，商场中6名值班人员生命受到威胁。帕帕才仁看到救出他们的唯一办法就是砸开卷闸门。在清理瓦砾时，废墟中的煤气罐突然爆炸将他炸伤，但他没有顾及自己的伤情，带领4名藏族小伙一边呼喊一边用水泥块砸开卷闸门，救出6名藏族同胞。在兰州准备陪父亲检查身体的玉树县人武部政委苏秀国在得知地震消息后，租车从兰州直奔玉树，14日21时在救灾现场和战友们会合，组织人武部官兵救灾。15日凌晨，人武部领导在车上召开震后第一次会议，研究部署救灾工作，继续搜救被压埋的群众；利用钢架车棚搭建简易帐篷，收容受灾群众；借来小发电机，为受灾群众的手机充电。士官闫新明从濒临倒塌的厨房搬出灶具，一些干部取出自己的食品，给受灾群众做第一顿饭；部长苏秀国带领官兵给解放军第323医院医疗队送去部分给养，为海南州医疗队送去筹措的被子。玉树县人武部政工科干事索南文德强忍8名亲人遇难、21名亲人受伤的悲痛，组织14名民兵在县人武部周围展开救援，连续4个昼夜奋战在一线。15日凌晨，玉树县人武部在民兵应急分队中召集5名藏族民兵，组成首个应急服务队，在县人武部副部长牛国营带领下赶到省军区独立步兵

团现场配合救援。民兵多杰才仁等人分头带领官兵，穿梭于废墟中，一边用藏语向废墟中喊话，一边用汉语给官兵翻译，加快救援速度。民兵索南达娃的父亲被倒塌的建筑物砸伤，他强忍悲痛和其他民兵一起救出多名遇险群众。17 日，68303 部队到达现场后，玉树县民兵应急连 30 名藏族民兵配属到部队各个营连，担任向导和翻译，协助部队实施救援。

4 月 14 日 11 时 40 分，称多县民兵应急连按照预定方案集结民兵应急连 94 人、乡镇民兵 66 人，共 160 人，征用车辆 4 台，在县人武部副部长、连长朋措带领下摩托化机动驰援玉树，14 日 13 时 40 分抵达玉树县结古镇，是抵达玉树的第一支民兵应急救援队伍。称多民兵应急连连续 5 天不间断搜救，挖出被埋人员 76 人，其中 6 人生还。16—25 日，应急连根据指挥部统一部署，转入救灾物资发放、废墟清理、疏导交通、看护救灾物资、执勤巡逻、转移受灾群众、搭建帐篷、拉运救灾物资等工作。应急连得知汽车站两层楼的候车室全部倒塌、多名群众被埋的情况后，突击队队长尼玛立即带领部分民兵前往汽车站寻找生存者。在倒塌的建筑物中发现一名被埋的男子，民兵们在没有专业工具的情况下，用双手将压在男子身上的砖头、碎石一块块刨开，发现男子一条腿被水泥板死死卡住不能动弹。10 多名民兵一起用肩扛、用钢钎撬，硬是将水泥板抬起 10 厘米的缝隙，经过 3 个多小时，成功救出男子。朋措带领应急连民兵在玉树州民族师范学校附近居民区展开救援，经过近 10 多个小时的抢救，从废墟中成功救出 5 名幸存者，挖出 34 具遇难者遗体；21 时，应急连官兵赶到玉树宾馆、玉树州卫校等地救援，救出 3 名幸存者，挖出 10 具遇难者遗体；15 日凌晨 2 时，根据州抗震救灾指挥部命令，应急连民兵前往禅古寺配合国家救援队搜救，经过 10 余小时的努力，挖出 37 人，生还 1 人，挖出被埋文物 100 余件，全部移交寺管委会。应急连 1 排 3 班班长旦尼玛的姐姐在地震中不幸遇难，家中 3 名亲人受重伤，旦尼玛接到民兵集结通知后依然投入救援行动。2 排 4 班民兵昂

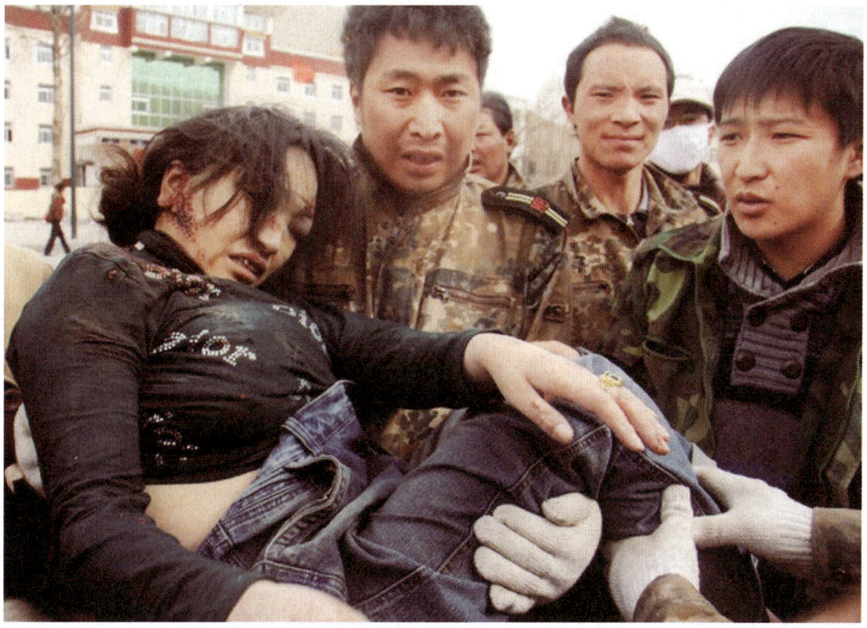

4 月 14 日，玉树县民兵救出在地震中受伤的群众　（玉树军分区　供图）

布战斗的妻子即将临产，地震发生后，他将妻子托付给60岁的母亲，听从召唤参加救援队，直到孩子满月时才见第一面。1排2班民兵更尕、旦周多杰家中受灾严重、房屋全部倒塌且家中没有劳动力，连队没有安排他们参加救援，但他们义无反顾地出现在民兵集结的队伍中参加救援行动。

4月14日11时许，曲麻莱县人武部部长张振双和副部长索南当周紧急集合民兵应急分队民兵50人，有的驾驶自家车辆，有的骑摩托车奔赴灾区，15时到达灾区后投入救援。民兵达哇（县政府公务员）、才仁代吉（县旅游局副局长）夫妻二人接到抗震救灾的通知后，来不及妥善安排孩子，打电话委托亲戚照看，就匆忙开车赶往灾区。到灾区后，看到在结古镇上学的19名学生急需转移、67名曲麻莱籍受伤群众急需治疗，达哇开着自家车担负起运送学生和伤员的任务。14日、15日两天驾车从结古镇到曲麻莱县城跑了两个来回，行程1000多千米。之后，又在扎西科医疗点转移运送重伤员60多人。应急连1班副班长丁布江随救援队赶往扎西大同村时路过自己的家，看到家中房屋已成一片废墟，家人不知死活。但丁布江强忍悲痛随队奔赴灾区救援。

治多县人武部政工科长孙明泊紧急集结民兵应急连80余名民兵赶到震区投入救援。正在山东老家休假的人武部部长郭建臣收到短信后，边给部里打电话安排工作边订机票，到达西宁后，包乘一辆出租车直奔玉树灾区。到达灾区后带领民兵在隆宝镇救出被埋群众58人，其中8人生还，为63户受灾群众抢出生活用品和财产，搭建帐篷67顶，装卸救灾物资160多吨，完成对错桑、错多两村的拉网式搜寻。治多县民兵应急连多杰正在玉树州医院陪护住院的妻子，在地震来临时第一反应就是救人。他带领从隔壁建筑工地逃出的几名民工，用双手、镐头挖掘被埋在工棚下的民工，一个小时救出25人，1人遇难。

4月14日15时，杂多县民兵应急连集结完毕，开赴玉树县结古镇新寨村展开救援。15日凌晨，杂多县民兵在搜救中，发现一处废墟下传来微弱的呼救声。民兵们冒着身旁建筑随时倒塌的危险俯身搜寻，确定被埋人员具体位置后，挪开水泥预制板，搬走砖块瓦砾，将被埋在废墟中20多小时的藏族男子多杰成功救出。

## 第三节　驻地武警、公安消防部队自救互救

### 一、玉树州武警支队自救互救

武警玉树州支队官兵在灾区实施生命大营救中，每天连续战斗15小时以上，靠手刨、肩扛、人抬，先后挖出被埋压人员980人，救治群众5189人，转移遇难者遗体155具。仅在4月14日地震发生当天，玉树支队就解救被埋压群众960人，挖出遇难者遗体62具，转移群众1200人。

4月14日，武警玉树州支队官兵在废墟中搜救被困群众 （火光 供图）

4月14日5时39分，玉树发生第一次有感震波后，武警玉树州支队支队长石华杰命令管理股股长张红军组织支队机关干部集合，指示参谋长范玉龙通知在机关院内的直属大队各中队所属人员和衣而卧，打开所有的灯，哨兵加强警戒。之后和参谋长范玉龙认真检查1998年建造的、没有一根构造柱的三层机关办公楼，重点查看位于二楼的弹药库房。

7点30分，张红军组织机关干部出操，范玉龙查看勤务，石华杰在院内查看，7时49分，发生7.1级强烈地震。石华杰将正在出操的支队官兵带至远离建筑物的草坪上，迅速清点人员，支队无人员伤亡。石华杰下达紧急命令：参谋长范玉龙带50人以最快速度跑步增援玉树县看守所，控制局势；军械股股长曾贤平带战士抢修加油站；卫生队组织人力从综合楼里抢搬医疗器械和药品。范玉龙带50人快速跑出支队大院，朝远在果青村方向8千米处进发。曾贤平带人赶赴加油站抢险，卫生队冒着两次发生强余震的可能奔往综合楼。石华杰将震情报告武警青海总队。

石华杰将武警玉树州支队机关和直属大队350名官兵按照10 ~ 15人一组编成40个搜救小组，由团营干部带领从操场奔赴一线，分别派往西杭路、民主路、环城路3条街道，到居民区、银行、学校、宾馆等抢救人员。

在支队机关大院里，安排8名医护人员组成医疗救治站。在支队大院设立第一个受灾群众安置点；开设地面卫星便携站，及时与总队取得联系，保证通信畅通；派出兵力对军械库等军事重地进行警戒，保证枪械弹药的绝对安全；将摄像照相器材从危楼中抢出，保证及时获取影像资料。

在西杭村一处废墟上，直属大队大队长左晓东带领15名战士，不顾频发余震和头顶不时落下的砖头木板，肩扛手挖，挖出一条通道。战士谢宇进入通道，就在他抱着孩子出来时，余震突然袭来，一块带钉的木板掉下朝孩子脸部砸来，谢宇护住孩子，8时5分，藏族小男孩更松从废墟中被成功救出。

位于西杭路的一处4层楼受震后急剧下塌，滑向街道的一侧，楼体从最底层开始一层层塌下来，最上层的两层楼压在倒塌的废墟上，左晓东和战士们发现墙角有一名藏族青年男子压在下面，官兵们扒开水泥砖块和崩塌下来的大块墙体，这时余震不断，战士陈光强迅速将这名藏族男子救了出来。

在州职业技术学校坍塌的教学楼旁，石华杰带救援小组在没有大型机械的情况下，官兵们用肩扛、用手扒，经过3个小时，成功救出1名女学生。

玉树支队直属大队三中队战士肖胜和他在一组的战友们，用5分钟跑到西杭路救援，救出一位藏族老阿妈。老阿妈家住在支队西边500米远的二层土木结构的民房里，房屋坍塌，老阿妈被铁栅栏压在身上，一根粗大的圆木又压着铁栅栏，她的左胳膊向后面折过去，圆木的另一头是半面随时可能倒塌的土坯墙，她的女儿在旁边哭喊。战士们抬起圆木，肖胜拽掉铁栅栏，将老阿妈拖出来。在救援过程中，不断地有人请求救出埋在废墟下的家人，战士们就马上赶去施救。救出人后就背着跑步送往支队院子里的医疗队。

地震发生不到10分钟，玉树支队后勤处军械运输油料股股长曾贤平带两名战士跑到位于西杭路贮油200吨的支队加油站，关闭加油机总阀门，关闭加油站主电源。此时，离加油站不远处的民房正被大火包围，曾贤平安排班长齐海涛、王健和苏磊开车来灭火，又带7名战士继续跑步前往重灾区施救。

西杭路的一处民房倒塌大半，废墟下传出呼救声，曾贤平察看后发现民房内有两个铁柜，铁柜的上面是坠落的粗大房梁，在铁柜和房梁之间，一家4口被困在呈三角形的空间里。他们找来两根粗大的木棍，曾贤平和战士韦亮宇、李正文和苏兴启撬开房板，移走杂物，经过1个小时奋战，将3名被困群众救了出来。

8时许，在州职业技术学校救援现场，支队司令部作训股股长张大鹏带领官兵展开救援。战士刘飞飞听见倒塌楼房的一个角落传出轻微的呼救声，他们初步判断，被困者可能被压在两块预制板的夹缝中，为防止造成二次伤害，尽快将被困者救出，战士们用小钢锯锯开大块预制板，经过4个小时抢救，将一名女教师成功救出。随后，又从废墟中救出1名8岁男孩。

8时20分，支队教导队队长马宝勤带领第三救援小组12名官兵，沿结古镇环城路搜救，他们刚出营区，就被满面泪痕的藏族妇女拉去救人。倒塌的二层楼里，她的女儿下肢被一根水泥横梁死死压

4月14日，武警玉树州支队官兵在废墟中抢救被埋人员　（火光　供图）

住。官兵们搬不动横梁，就将女孩身下的床锯开，将女孩安全救出。一名群众的木板房着火，火苗蹿得很高，房屋的横梁下有一名中年妇女，被夹在两堵墙之间。官兵们找来两桶水，马宝勤浸湿一条床单围在妇女身上，用沙子覆在上面。战士们找来钢管用力撬开横梁。由于两侧土墙挤压，中年妇女还是出不来。官兵们用力推倒其中一面墙体后，终于救出了这名妇女。第三救援小组共救出 8 名生还者，转移重伤员 19 人。

在受灾严重的西杭路第二完小，昂文索南带领 7 名战士在教学楼营救，成功解救出藏族女学生措毛。在措毛的引导下，10 多个小时内解救被埋压学生 45 名，挖出学生遗体 18 具。

在西杭一处废墟中，救援官兵救起一名 5 个月大的婴儿，支队司令部通信股股长张立军家属马雪花主动承担起照顾孩子的任务，直到将孩子通过民政局移交给孤儿院。

支队直属大队三中队七班班长陈光强在地震发生当天连续奋斗 15 个小时救出 21 名生还群众，挖掘搬运遇难者遗体 7 具。

玉树州支队称多县中队 15 名官兵到结古镇救援，在州委党校倒塌的房屋内营救出 5 名被困群众。

14 日 18 时，武警玉树支队官兵发现 70 岁的藏族老阿妈阿白在泥巴糊起的屋内，碎石墙倒塌压着她，她用被子挡住尘土蜷缩在狭小的空间里。官兵们迅速救出了这位亲眼看着女儿被灾难夺走生命、极度绝望中的老人。

支队代理司务长柴鲁斌白天在街上救人，晚上想方设法地为救援官兵和受灾群众送吃的。他冒着生命危险跑进支队二楼战备库房抢救出几箱方便面和一些米、面，第二天一大早熬一大锅热乎稀饭给官兵和群众喝，使官兵投入更大的力量到抢险救援中去。

家住草原站的吉拉去草原拾牛粪，地震发生时她的丈夫还在睡觉，一根大梁落下来砸在她丈夫的一条腿上。儿子、女儿都被落下来的预制板压住。吉拉撂下牛粪筐往回跑，她疯狂地扑向废墟，一边叫着，一边用双手刨挖。玉树支队后勤处营房股股长陈太斌带着救援小组赶来，吉拉拽住陈太斌的手往废墟上爬，朝着几个缝隙比画。陈太斌明白那些缝隙下就是她亲人压埋的地方。陈太斌仔细察看，预制板裂成几块，但有钢筋牵连其中，钢筋牵连处又横七竖八堆着一些断砖、木头。救援需要清理出断砖、木头，但断裂的预制板无法挪动。陈太斌让战士们解下腰带，把这些腰带连接起来套住一根牵连预制板的钢筋，移动断裂的预制板，救出吉拉的丈夫、儿子。

地震造成结古寺讲经院、大昭殿、弥勒殿等建筑倒塌，经堂及房屋 90% 成为危房。武警玉树州支队支队长石华杰带领官兵们跑步上山到结古寺救人，山上大量的乱石碎土不停地崩落下来，官兵们一边躲闪一边快速前进。到结古寺后，官兵们徒手刨挖，抢救僧侣。正在刨挖时，直属大队三中队班长陈光强被突然掉下的一根折断檩木砸中胳膊，他忍着剧痛，坚持继续刨挖。受伤的僧侣一个个地被从土里扒出来，战士们赶紧背起受伤僧侣送往山下。下山的路很陡很长，一边有滚石落下，一边是没有护栏的悬崖，战士们怕靠近内侧伤员会受二次伤害，太靠近外侧又担心从背上滑下后跌落悬崖，只好把身体佝偻得几乎成为一个弯弓，艰难下山。由于救援及时，结古寺没有一个僧侣在地震中死亡。

4月14日，在玉树驻训的武警青海省总队第四支队工化中队官兵在废墟中搜寻被困人员（火　光　供图）

4月16日，玉树支队直属大队一中队官兵用生命探测仪发现废墟中有生命迹象。经3个多小时的全力营救，一名幸存者被成功救出。直属大队二中队官兵在中心广场的一座废墟中成功救出一名被埋57小时的藏族老人。

## 二、武警青海省总队第四支队自救互救

武警青海省总队第四支队三大队在玉树州结古镇驻训，地震发生后，部队领导迅速将官兵按照10人至15人一组，分成20个小组迅速展开救援。8中队新兵欧周巴丁在震后十几分钟就和战友跑到红卫路东幸福巷，巷子里房屋全部倒塌，尘土飞扬。他们寻着呼救声去救人，一处民房倒塌，有妇女和小孩子凄厉的哭声从废墟中传出。欧周巴丁在没有工具的情况下，徒手刨挖时，手被断裂的木头刺伤。大家忍着疼痛，边刨挖，边用藏语安抚小女孩，小女孩头朝下趴在炕桌下，上面压着一名藏族妇女。官兵们用磨破的手一点点清理废墟，将压在她们身上的木头搬开，救出藏族妇女和小女孩。欧周巴丁在震后十几分钟就与战友在红卫路东幸福巷一处倒塌的民房中徒手挖出3名被埋压的群众。

## 三、玉树州公安消防支队自救互救

4月14日凌晨5时39分玉树第一波次地震发生后，玉树州公安消防支队官兵将消防车辆和所有战备及器材装备集中到营院内检验调试。强烈地震发生后的4分钟，支队长康自福组织

官兵迅速撤离营房，立即将相关情况向政府有关部门和省消防总队汇报，并按照上级指示组织全体官兵召开紧急动员会，迅速部署抗震救灾工作。

8时7分，两个救援组和一个灭火组组成的3个抗震救灾分队出发，救援组67名消防官兵携带抢险救援工具迅速开展救援工作，在房屋倒塌、人员密集的区域全力施救；灭火小组巡查结古镇，发现并处置火情。

玉树州职业技术学校一幢3层宿舍楼在地震中全部坍塌，四五十名学生被埋压，毗邻宿舍楼东侧的食堂也被倒塌的水塔压垮，数十名人员被困。玉树州消防支队出动50多名消防官兵赶往现场，分成两组实施救援。在女生宿舍楼的废墟里，有一名女生半个身子被建筑废墟埋压，气息微弱，一脸恐惧，支队司令部参谋高宏圣和玉树县中队副中队长任开峰一边与女孩沟通，分散女孩的注意力；一边指挥官兵利用器材将压在女孩身上的楼板撬开。经过30多分钟的施救，女孩被成功救出。此次救援，共找出27名学生，7人生还。

玉树县第三完全小学的孩子正在早读，震后教室整体垮塌，40多个孩子被破碎的建筑构件埋压。开始孩子们还能在废墟中发出微弱的回应，但随着时间一秒一秒过去，回应声越来越弱。支队参谋长王景超带领救援队员到达现场，迅速展开救援。官兵分成3组，用特种抢险救援器材救人。士兵刘冰、胡相儒来回奔波，在发现生存者位置处，切割木头、铁皮等障碍物，其余官兵奋力用铁锹、双手搬去埋压在学生们身上的石块和建筑物构件，经过4个多小时的艰苦营救，从废墟中刨出23名学生，其中15人生还。

在西杭村一处倒塌的民房废墟里，玉树州消防支队6名战士徒手刨挖。当地群众告诉他们，

4月14日，玉树州公安消防支队官兵在地震灾区搜救被困人员　　（省公安消防总队　供图）

这是一个 4 口之家，3 个大人和 1 个小孩，小孩还不到 1 岁。战士邹培强、谢宇和其他 4 名战士抬走檩条、横梁，搬去土坯，挖出 4 具遇难者遗体。

## 第四节　医院、学校自救互救

### 一、医院自救互救

地震袭来时，玉树妇幼保健院护士蔡凤菊和医生普措文毛正在值班。蔡凤菊组织住院的 6 名病人从窗户爬出。在走廊的另一头，普措文毛组织 15 名人员逃生。楼塌了，普措文毛被压在碎石下。蔡凤菊将普措文毛拉出来背在身上，转移至安全地域。

地震发生时，正在晨练的玉树州医院外科医生尼玛才仁迅速朝医院跑去。此时，医院已送来 10 多名受伤人员，他和值班的医护人员立即为受伤人员进行治疗。此时，他的侄子打来电话，哭着说家里的房子倒了，一家人全被埋了。尼玛才仁看到医院地上躺的到处是伤员，医生又少，继续坚持救治伤员没有离开岗位，直到 10 时左右医护人员陆续赶到，才请假后往家跑。家里的两层小楼全部垮塌，两个姐姐、三个侄女、一个侄子和姨娘都被埋在废墟下。尼玛才仁听到隔壁倒塌的民房下面有小女孩微弱的呼救声，便又赶去营救小女孩，救出小女孩又忙着对她实行救治。直到营救人员赶来，才在他家倒塌的楼前营救自己的亲人。

玉树州红旗小学校长傅文才正在操场晨练，地震发生后，他迅速跑到教学楼，同值班的六年级二班班主任谢城静等教师一起疏散学生，迅速将教学楼两道门打开，让学生跑出去。他们一个教室一个教室寻找，把学生们疏散到楼下，转移到操场。教务处干事扎西看到一些学生吓得蹲在教学楼的走廊里不动，立即和六年级班主任尕玛求培背上学生往楼下跑。操场上，学生们哭成一团，喊着找家长，现场秩序一片混乱。教师们将学生以班为单位聚集在一起，一边做心理安抚，一边等家长认领。12 时，只有 4 年级 1 班学生扎西永卓无人认领，班主任彭永惠将她带回自己家里。

### 二、学校自救互救

地震发生时，玉树州红旗小学 4 年级数学教师季胜秀和 4 名学生走在去学校的路上，她立即将 4 个孩子领到安全地带，直到半小时后，孩子们被家长接走，她才往家跑。此时，她的家已成废墟，丈夫被埋压在废墟中，她从废墟中扒出丈夫时，丈夫已经遇难。

玉树州红旗小学藏文教师旦卓玛，在地震发生时正步行去学校。同行的一名学生因害怕躲到她怀里，旦卓玛发现路边的房屋马上要倒塌，将孩子往街道的另一边推去，自己被倒下来的墙体压住，不幸遇难。

地震发生时，玉树州民族中学初三（3）班藏族学生伊西向秋正在教室打扫卫生，黑板震落，碎片将他浑身多处划伤。他忍住伤痛，快速跑下教学楼和同学江永多杰、李盛向陈旧的教师宿舍楼跑去。班主任王斌一家被埋在倒塌的宿舍内，王斌只有头露在废墟外，还流着血。学生们用手刨挖，余震袭来时，学生伊西向秋扑上去用手护住王斌的头，将王斌从废墟中快速拖出，尔后将王斌家的另外 3 人救出。王斌一家获救后，和学生们又迅速到邻居更登杰老师家，将被埋的更登杰和家人挖出。

玉树州职业技术学校地震时部分房屋倒塌，一些师生被埋。教师李艳带领学生昂江求措用一根椽子撬开预制板，救出 4 名女生。教师李天晓扛着两根椽子也救出部分女生。教师刘应护的家在学校附近的一排平房中，地震后发现同住在一排平房里的教师们都被埋进废墟，他想尽办法和妻子一起从瓦砾下救出 10 名教师。

玉树州孤儿学校师生地震发生时正在食堂吃饭，学校食堂没有垮塌，学生被紧急转移到操场。教师和同学及时救出被废墟掩埋在宿舍的 6 名学生，2008 名学生无一遇难。

玉树县第三完全小学 18 间平房教室全部倒塌，上早自习的学生来不及疏散，被埋在废墟下，校长尼玛江才和 60 名教师在废墟中徒手救援，4 月 14 日天黑前救出 10 多名学生。

玉树县第一民族中学，值班的副校长严力多德在第一次地震发生后和值班的 4 位教师，挨个叫起熟睡的学生，将学生们集中到操场上晨读，830 名学生无一伤亡。

玉树县第二民族中学 10 多位藏族学生不顾余震威胁，从倒塌的房屋中挖出 5 名汉族教师，3 名生还，2 名遇难。

玉树县隆宝镇寄宿中心学校校长洛增扎西在地震袭来时，迅速将 1000 多名学生转移到操场上，中心学校无一人伤亡。

玉树县巴塘寄宿学校有 412 名学生和 31 名教师。4 月 14 日早晨第一次地震时，副校长多杰才丁迅速叫醒教师将学生转移集中在操场上，师生无一伤亡。校长尕松达杰因开会留宿在结古镇，第一波次地震发生后驱车赶到学校救灾。他在地震中失去 18 位亲人，但一直坚守在学校，照顾师生的生活，安抚未被家长接走的 7 名学生。

玉树怀德儿童福利院坐落在去赛马场的道路旁，地震中被后面倒塌民宅的废墟倾压，房子有不少裂缝。校长白日戴乐组织 150 个孤儿安全跑出来房屋，并和孩子们一起徒手刨挖被埋压在废墟里的两个人。4 月 14 日天快黑的时候，校长带领几个年龄较大的孩子，冒险从楼里拖出一些被褥给孩子们御寒。15 日，白日戴乐得到捐助的 7 顶帐篷，他把 2 顶帐篷让给附近受灾群众。

# 第五节　其他自救互救

## 一、灾区群众自救互救

### （一）结古镇

结古镇扎西大同村有263户、600多名村民，地震造成62人死亡、5人失踪。地震发生时，村党支部书记治扎才仁正在村里检查卫生，他迅速赶赴结古镇，参加镇政府召开的紧急党委会后返回村子，将同村党员分成小组救人。同村73岁的老村长、老党员谢尕带领村民救出2名妇女和3名男孩。三社社长才哇家里有3人遇难，他无暇顾及，开车把3名受伤群众送到州受灾群众安置地赛马场，后又返回村子，带人将第三社村民一个个从废墟下救出来，有7人遇难，20人受伤。至14日晚9时，扎西大同村自己组织的救援队成功解救群众40人。

距结古镇26.5千米的甘达村，有240户、1300多名村民，在地震中村子几乎被夷为平地，伤残人数近200人。甘达村60岁的党支部书记叶青将群众组成救援小组，逐户抢救被埋压村民。到次日凌晨，114名被埋压群众获救，挖出58名遇难者遗体。

### （二）下拉秀镇

下拉秀镇党委副书记扎西德莱14日早上正准备出门，地震袭来周围房屋基本全部倒塌，他逃出来后救出邻居家两个月大的孩子，随即又救出孩子的父母。经过5个小时，他同村民一起在废墟中救出6名群众，其中2人遇难。

下拉秀镇加吉娘移民社区党支部书记土丁朋措，在乡亲的帮助下挖出被埋的6名亲人时，发现他的父亲和弟弟已经死亡，妻子的一条腿已经断了。他忍住悲痛立即组织社区开始自救。他带着17名党员抢救社区273户受灾乡亲，还从残疾人洛丘家救出一个小女孩，又从废墟中挖出64岁的老阿妈昂文尕藏。在他的带动下，乡亲们挨家挨户挖掘被埋人员，当日上午救出43人。至4月15日，全社273户每一个人都有了下落。

### （三）隆宝镇

隆宝镇居住着8700多位村民，地震造成49人死亡、近200人受伤。地震发生后，在镇政府值班的5名党员迅速组织群众开展自救互救。镇中心医院院长吉拉组织全体医护人员到各村救治伤员，开展医疗救援工作。10位亲人在地震中遇难的镇党委书记久文，一直坚守在抗震救灾一线。

### （四）街道城区

地震发生时，居住在赛马场的卓玛措和2个孩子被埋在废墟里。在赛马场干活的10余名汉族农民工听到呼喊声，把她和孩子救了出来。

结古镇江洋才让和邻居救出租住他家房屋的 2 名学生并将其送到赛马场安置点后，担心还有人员没救出，便和父亲返回家中，搜救租住他家的其他人员。

在玉树州承包洗车行的民和县人白生强，地震发生后冲出自己房屋，循着哭声到街西 60 米处一家全部倒塌的小卖部，和闻讯赶来的其他人员在倒塌的屋顶挖出一个通道，不顾余震的危险爬进去救出 1 位老人和 1 个小姑娘。之后又到三岔路口结古宾馆，配合武警战士成功救出 2 名幸存者，挖出 2 具遇难者遗体。

玉树州歌舞团舞美阿太和锅炉工索南在地震发生后，迅速熄灭正在使用的锅炉，到距歌舞团后面不足百米的民房救人。在一座倒塌了一半的二层楼下，营救被废墟压埋的一家 5 口。因救援人少，撬不开预制板，就去找大型机械前来救援。救出一家后，阿太和索南又随 1 名妇女去救她家被压埋人员，经 2 个小时挖出遇难者遗体 1 具。在扎曲河边的民房救出 1 名 14 岁藏族女孩。

农业发展银行玉树分行临时工杨阳在地震发生时，从单位 4 楼的食堂跑下，从街道对面倒塌民居中成功救出一家 5 口。

## 二、其他单位和个人自救互救

### （一）正平路桥集团公司

4 月 14 日 7 时 55 分，正平路桥集团公司董事长金生光得知玉树发生地震后，立即指示距玉树州府结古镇 15 千米的玉树机场路项目部“停止一切工作，立刻赶赴玉树参与救灾”。集团公司玉树机场路项目部紧急行动，15 分钟内调集人员，组成保通突击队和救援突击队展开救援。140 名救援突击队员在项目经理张洪江带领下，利用简易工具和手挖，连续奋战 13 个小时，分别从禅古村、禅古寺、西杭电站等地抢救出 45 人，搜寻到 16 名遇难者遗体。随后几天时间里又从双拥巷、皮毛厂家属院等地搜寻出 17 名遇难者。得知西北牛宾馆仍有大量人员被埋后，救援队冒着大楼随时都可能坍塌的危险，经过两天连续奋战，从废墟中搜寻出 11 名遇难者遗体。威远路桥公司玉树机场路项目部有 46 名员工，分散居住在结古镇和机场路施工工地。地震后，

4 月 16 日，正平路桥集团公司玉树机场路项目部救援突击队挖掘被困群众　（杨佳庆　供图）

项目部经理阿生寿带领部分员工迅速在居住地附近救人，发现玉树县广电局家属院旁一排倒塌的民房前，一位年迈的藏族老人在呼救。阿生寿带领员工跑过去，用手刨，用废旧的钢条挖，救出老人被埋的儿子。随后，他们赶往结古镇公路段办公楼和雪域宾馆成功救出6名被埋人员。威远路桥公司玉树机场路项目部共救出幸存者17名，挖出遇难者遗体26具。

4月14日晨，称多县人武部副部长赵福元之妻刘林接到丈夫玉树发生地震的电话后，顾不上给公公婆婆做早饭，带领自己工程队的28名民工和3辆运输车从称多县歇武镇出发赶赴玉树县结古镇。抵达灾区后，刘林把民工编成3个小分队，分别在民主路、红卫路和扎西科展开救援。11时35分在民主路158号救出第一个藏族群众。11个小时，刘林带领的3个救援小分队从废墟中救出45名群众，安排人员开车把34名重伤员连夜送往西宁救治。

**（二）香港义工黄福荣**

香港义工黄福荣在玉树一家孤儿院担任义工，7.1级地震发生时本已脱险，但看到孤儿院坍塌、6名孤儿和教师被压时，两次冲进废墟营救。在余震造成的二次坍塌中，黄福荣不幸被倒塌的瓦砾击倒而罹难，年仅46岁。

**（三）退伍军人高树友**

退伍军人高树友，吉林省长白县人，退伍后在家乡当过公务员，后到澳门工作学习。地震前，到玉树旅游兼考察当地药材。地震发生时，他住在玉树八一招待所，看到街对面的民房垮塌严重，就立即帮忙救人。高树友接连挖出9个人，其中有2名幸存者。高树友协助青海玉树团州委组织志愿者队伍，是玉树地震后首个报到的外地志愿者。在短短的几天里，团州委组织1000余名志愿者，抢险救人、清理废墟、运送伤员、处理垃圾，高树友连续参加工作半个多月。

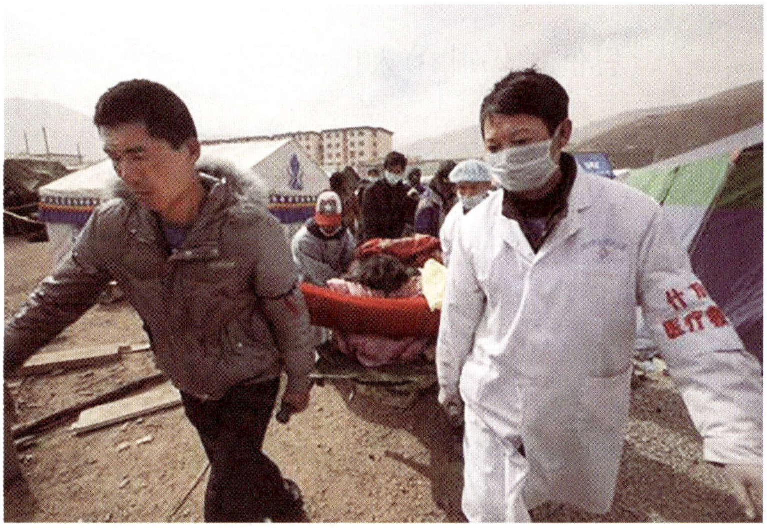

退伍军人、救灾志愿者高树友（左一）在灾区抬送伤员

## 三、宗教界人士自救互救

玉树州藏传佛教界僧侣迅速行动起来，主动与州（县）委统战部、州（县）民族宗教局联系，自发组织结古镇及其周边约2000名僧侣展开自救互救。

地震致结古寺9000平方米的三大经堂濒临倒塌，占地面积1万平方米的小殿堂及禅房倒塌，12处附属设施千疮百孔，经济损失达15419万元；8名僧侣遇难、20名僧侣重伤。4月14日

10时左右，结古寺民管会召集338名僧侣组成3个营救队，在结古地区震后损坏最严重的新建路、西杭路、民主路3个片区展开救援。经过四昼夜的营救，从废墟中救出335人，挖出遇难者遗体312具；抢救并移交财产25万元，金银铜各类佛像、首饰、生活用具等3663件。

玉树县禅古寺、龙西寺，称多县康囊寺、竹节寺等20多座寺院僧侣自发组成抢险救援队，协助党和政府搜救受困人员，抢救伤病群众，寻找遇难者，搬运遗体。曲麻莱县巴干寺20名僧侣，玉树县安冲乡嘎巴寺元旦西然活佛带领7名僧侣赶到受灾最严重的结古镇西杭路、新建路救援，救出10人，挖出遇难者遗体10具。

囊谦县公雅寺组织300余人救援队于14日18时许抵达灾区，尕尔寺组织50人救援队、康奈寺组织60余人救援队、苏莽寺组织42人救援队于15日上午先后抵达灾区。公雅寺僧侣在废墟中救出174名幸存者，挖出356名遇难者遗体。

在结古镇，生活着4000多名少数民族群众。地震中，当地唯一的清真寺被毁，64名少数民族群众遇难，部分少数民族群众的房屋倒塌，生活受到极大影响。少数民族同胞自发组织起来，从废墟里解救被困藏族群众100多人，转移各族群众80余人。

## 四、志愿者自救互救

面对突如其来的地震灾难，灾区群众坚持不抛弃、不放弃，在做好自我救助的同时，自发组织受伤较轻的人员迅速做好对受灾较重人员的施救，救援队伍不断壮大，为救灾工作起到了不可替代的作用。玉树县结古镇扎西达吉从废墟中爬出来，跑到团州委请求安排工作，主动要求到救灾一线参加救援。按照团州委的安排，他迅速组织成立20多人参加的玉树州第一支志愿者生命搜救队，赶到西杭等重灾区，在没有任何搜挖工具的情况下，徒手从废墟下救出2人，挖出9具遇难同胞的遗体。4月15日，救援队继续在重灾区搜救。成功搜救出3人，挖出遇难者遗体1具。

随着时间和形势的变化，志愿者任务也从抢救生命扩展到各个救灾领域，并相继成立引导组（负责外来救援队的地形指引）、翻译组（负责协助外来救援团体与当地藏民之间的沟通）、伤病员运送组（协助医疗部门抬运伤员）、寻亲组（负责登记宣传藏民要寻找的亲人，帮助不识字的受灾群众在寻找表上查找亲人的名字）、装卸队（负责装卸各个点上的救灾物资）、后勤组（负责协助部队为受灾群众煮饭）、物资发放组（负责为偏远的受灾群众发放食品和水）、偏远受灾群众登记组等。

# 第二章　黄金72小时救援

## 第一节　解放军任务部队紧急救援

### 一、兰州军区部队紧急救援

#### （一）68211部队

4月15日，68211部队抗震救灾专业救援队到达震中结古镇后，根据联指安排，重点对玉树民族师范学校、扎西大同、扎木车、禅古寺等46处受灾点进行搜索和营救。救援队采取以老带新、探救结合、全面搜索、重点营救的方式，运用探、测、切、割、顶等多种技术手段，展开救援。玉树州职业技术学校三层楼高的女生宿舍楼地震后垮塌得高不足3米，宿舍楼住着400多名女生，地震发生时正值早餐时间，部分学生被埋压在废墟中。救援队到达现场后，迅速了解情况，细化任务分工，在营长艾正文的具体组织指挥下，官兵首先打通通往一楼楼道的救援通道。搜救组选定通道口，用破碎锤

4月15日，68211部队救援人员在玉树州职业技术学校搜救被困人员
（第21集团军　供图）

砸破最上层的水泥板，用液压钳剪断卡在通道口的钢筋，用液压顶撑杆支撑起二层和三层的横梁，徒手将通道内的碎石一点一点向外清理，形成能容下一人的洞口。仪器组利用光学探测仪对深处进行生命迹象探测，一寸一寸搜寻幸存者。救援队连续打通两条 1 ~ 2 楼的通道，人员进入废墟内全面搜救，挖掘出遇难女学生遗体 3 具。17 时，职业技术学校废墟下的遇难者遗体全部找到。玉树民族师范学校的女生宿舍楼是一座砖混结构的三层建筑，整体坍塌。根据现场勘察和生命探测仪搜寻结果，生命迹象不明显，被埋压的 10 多名女学生已无生还可能。官兵们看到现场数十名学生家长悲伤和焦虑的神情、100 多名喇嘛祈祷生命的虔诚表情，按照“即使有万分之一的希望，我们要做到百分之百的努力”，救援队分班轮流作业，人停机不停，24 小时不间断地进行救援。为搜寻得更仔细，战士彭红兵冒着余震危险钻进高度不足 1 米的二楼搜索。经过 58 小时的连续搜救，挖出 8 具女学生尸体。68211 部队救援队官兵昼夜连续作业 142 小时，搜索受灾点 352 处，营救幸存者 32 名、重病（伤）群众 5 名，挖掘遇难者遗体 8 具。

**（二）68303 部队**

4 月 16 日 19 时至 4 月 19 日 16 时，68303 部队分别对果青、甘达、隆宝、哈秀、相古、上拉秀 6 个外围村镇进行逐点搜救，投入兵力 1946 人次，到达 24 个自然村（社、庄、组），对 4032 个重点受灾户进行搜排，未发现被埋人员。

**（三）68710 部队**

68710 部队官兵按照自己摸索总结的《抗震救灾口诀》 “发现生命先送水，未能饮水快补液；清理口鼻头偏侧，呼吸通畅是原则；臀部肩膀往外拖，不可硬拽伤关节；伤口出血靠压迫，夹板木棍定骨折；颈腰损伤勿扭曲，硬板移送多人抬”，有效提高救援效果。搜寻出被埋压群众 186 人，其中生还 19 人。4 月 15 日凌晨 3 时，68710 部队进入结古镇。官兵未做休整立即根据命令在结古镇红卫路、扎西大同路、西杭电厂 3 个重灾区展开救援行动。部队长王波涛、政委刘晓明在现场指挥；副部队长班玉宝、副政委余冰、副政委周峰、参谋长侯树春、主任闫长林全部深入一线，分工负责，指导营连具体工作；副部队长吴其军负责后勤保障工作。震后废墟漆黑一片，余震频繁，68710 部队确定“划区负责、常委靠前，小群编队、全面展开”的救援方案，1000 多名官兵每人一个

4 月 17 日，68710 部队官兵在废墟下搜救群众　　（68710 部队　供图）

小手电，借助手电的亮光，展开生命营救。在没有生命探测仪、搜救犬的情况下，官兵积极联系群众，寻找线索，定点定位，实施搜救；面对土木结构易塌易倒的情况，采取小组作业、交替实施的办法，提升营救成功率；针对营救点附近有危险建筑物的情况，采取先拆除、后营救的办法实施；对作业技术难度大、不便实施营救的现场，采取联合专业力量、按专长分工负责的办法组织实施。天亮之前成功营救生还者 6 人。

4 月 15 日 7 时 50 分，部分官兵赶到扎西大同受灾区。部队长王波涛带领 8 连官兵在抢救出一位老人后，没有停歇，随即在一名藏族妇女的引导下对被埋在一幢二层楼下的母女展开救援。地震使整座楼房全部垮塌，一楼只剩两尺高，二楼的废墟堆在上面。王波涛和副部队长班玉宝商量后，果断下令部队把二楼的废墟搬开。官兵们迅速行动，用十字镐把大块水泥混凝土破开，用菜刀把木椽砍断，经过一个多小时的努力，用坏 2 把十字镐、砍钝 5 把菜刀，把二楼的废墟清完后，发现一具男性遇难者遗体。王波涛通过喊话确认被压母女的位置，指挥官兵在厚厚的水泥板和交错的钢筋中间撬开一个小洞，王波涛和班玉宝钻进洞内分别把母女二人抱出。妈妈索朗才措和女儿才旦拉毛被掩埋 26 小时后成功获救。10 时许，一个 10 岁左右的藏族小姑娘向正在救援的 68710 部队跑来，神情慌张，满脸泪水，说着含糊不清的藏语。班长常爽上前扶住小女孩，轻轻擦去小女孩脸上的泪珠，关切地询问情况，得知一处废墟下埋着小女孩的阿爸。常爽立即抱着小女孩，带领战士们迅速赶到废墟前，研究方案、展开营救。他们打开一个宽 20 厘米、高 50 厘米的缺口，常爽和战士任鹏钻了进去。此时洞口处飘出一股淡淡的煤气味。面对煤气泄漏的危险，常爽和任鹏没有丝毫犹豫，将一块块混凝土从洞口移出，慢慢拖出一位 35 岁左右的藏族男子。11 时 30 分，营长张继福组织官兵从废墟中挖出 6 具遇难者遗体，准备转入下一搜救点时听到微弱的呼救声，立即召集 3 名战士搬土块、抬椽木，小心翼翼将瓦砾清理后，看到一根粗大的横梁压在幸存者身上。官兵找来锯子和斧头，用 40 分钟砍断并移开横梁，救出 1 名被困 28 小时的藏族群众。14 时许，代理排长王育龙发现一个叫阿流卓玛的 5 岁藏族女孩被压在废墟中，便和战友们快速清理压在卓玛身上的覆盖物，发现女孩的左脚被一根粗木头牢牢压住，无法将人救出。余震来临，王育龙紧紧把小卓玛抱在胸前，用身体挡住砸下来的砖砾石块，一面安慰她不要害怕，一面奋力营救，王育龙不顾个人安危成功救出小卓玛。15 日 16 时，部分官兵行进到西北牛宾馆附近时，得知宾馆废墟中埋有 11 名群众，便迅速展开营救。宾馆倒塌十分严重，损毁的房屋成八字形，上方断裂的混凝土大梁只有一根钢筋牵拉着，伴随阵阵余震随时有再次倒塌的危险。官兵丝毫没有犹豫，立即开始清理碎石。副政委周峰、教导员贾郎拉太带领官兵前来支援。坍塌的混凝土楼板叠加、钢筋纵横交错，官兵用铁锹和镐头撬开一层层断裂的楼板，确定被困人员的位置。和国家地震灾害紧急救援队一起，经过 4 个多小时的艰苦掘进，救出 4 名被埋人员。

4 月 16 日，经过一夜奋战的部队部分官兵奉命在扎西大同村一个塌方坑的周围开展救援行动。排长李政羽安排战士们稍作休整，自己带领班长认真搜寻。当他们从塌方坑口路过时，突然听到教导员贾郎拉太说：“这里有一名幸存者！”李政羽带领全排人员，用工兵锹撬开屋顶移走土块，一点一点地将屋顶揭开，看到藏族妇女卡吉大半个身子，左大腿被一根横梁压着，贾郎拉太指挥 2 个战士从两边用撬杠翘起横梁，几个战士小心翼翼将卡吉从横梁下抱出。被埋整整 49 小时的藏族妇女卡吉被成功救出。连续三天三夜的黄金救援期，官兵顾不上吃饭，忘记疲劳，不顾自身安危，舍生忘死抢救群众。许多官兵被裸露的钉子扎伤了脚、被尖利的砖块磨破了手，坚持轻伤不下火线。藏族新战士达托华杰一边当翻译一边参与救援，三天三夜很少休息，劳累过度突发肺水肿，生命垂危；新战士王超杰多次冒险钻进倒塌的残垣断壁内搜寻生命迹象；大学生士兵春涛不顾余震中受损墙壁再次坍塌的危险，从缺口处带头跳入废墟底部清理杂物直至救出被困群众；新战士朱超宇连续 5 天奋战在救灾第一线，劳累过度昏倒在废墟上；新战士徐开发为保护被压母女，用腿挡住滑落的大土块被砸伤左腿；列兵李正权尊重遇难者，克服心理不适，抱着血肉模糊、散发浓烈腐尸味的遇难者遗体一点一点爬出废墟交给其亲人。

青海陆军预备役旅工兵救援分队曾经参与过“5·12” 汶川特大地震应急救援和灾后重建任务，具有一定的救灾经验。4 月 15 日 18 时抵达结古镇，根据联指命令，清理拆除州建设公司家属楼。这是一栋四层危楼，整体没有倒塌，大量楼板、混凝土块堆积在二楼。在二楼里侧，一家老小 3 口人双手满是血渍，搬移砖块、刨挖被埋在废墟中的一名安徽籍务工人员。队长赵龙带领大家勘查现场、制订计划、展开救援。根据现场情况判断，被埋人员已无生还可能，但队员们仍旧不顾余震威胁，迎着大风和弥漫的沙尘，一边机械施工，一边人员清理，全力开展营救，经过 40 多个小时的救援，将遇难者遗体找到。之后，预备役旅工兵救援分队分成几个小组，轮番上阵，动用工程装备 30 余台次，拆除 3 栋四层楼房。在遇到废墟中有遇难者时，队员们便停止机械作业，采用手刨肩扛等办法从废墟中搜寻遇难人员，共找到遇难者遗体 10 具。

4 月 15 日 14 时，西宁警备区大通县桥头铝电有限公司民兵应急连 135 人、12 台重型装载车，在连长杨启寿带领下星夜兼程奔赴玉树救灾。到达灾区后将机械和人员分组，赶到职业技术学校附近的居民区展开搜救。在大型设备不便使用的情况下，民兵们手挖肩扛，在废墟中一点一点清理搜寻。至 21 日，应急连从废墟中救出被困群众 2 人，清理出遇难者遗体 5 具，疏通道路 6 千米，找出现金 3.6 万多元及大量金银器具和贵重物品。

## 二、成都军区部队紧急救援

四川省军区 8 个师级单位 15 支救援分队，1584 名民兵预备役专业救援队伍，携带先进的德国进口生命探测仪、能承受 24 吨的高压起重气垫、可在烟雾中搜索目标的成像仪等先进设备，到达灾区后立即展开救援。

甘孜军分区救援队官兵累计救出 7 人，挖掘遇难者遗体 29 具，转移甘孜籍受灾群众 17 人，搬运遇难者遗体 3 具。军分区石渠县民兵抢险救灾突击队 4 月 14 日 14 时 7 分到达震区后，将救援队伍分为 3 组，每组 10 人，迅速展开救援。14 时 20 分，成功救出一名被困群众；30 分钟后，队员们用双手刨挖、从废墟中救出一名重伤员，将其送往就近的救治点；15 时，在玉树汽车站废墟中发现一名满面灰尘、半身被埋的藏族妇女。队员们集中力量将压在她身上的瓦砾沙石刨开后，发现她的左腿被一块水泥板死死卡住，不能动弹。10 名民兵试图将水泥板搬开，但未能成功。被救妇女要求队员们用斧头砍掉腿，将他救出。队员们一边安慰她，一边四处寻找可利用的工具，经过 3 个多小时的努力，终于把水泥板移开，救出这名妇女。

阿坝军分区投入救灾兵力 203 人，挖掘出遇难者遗体 1 具。

内江军分区出动官兵 1651 人次，搜挖遗体 9 具。

4 月 16 日 5 时，资阳预备役工兵团与国家地质灾害紧急救援队一起，在玉树扎西宾馆废墟上，用生命探测仪发现生命信号。操作人员根据现场房屋倒塌情况，立即清理砖头瓦砾，用液压扩展器和千斤支撑清空通道上方的预制板，经过 10 小时奋战，在废墟下救出 1 名藏族小女孩。

乐山军分区 4 月 17 日凌晨到达灾区展开搜救，从废墟中挖出遇难者遗体 1 具。

成都市民兵综合应急救援大队 1 营官兵每天分成 21 个搜救小组在受灾最严重的 12 个点实施营救，搜寻幸存者，挖掘遇难者遗体。官兵竭力搜寻生命存在的迹象，不放弃一丝一毫的希望。共排查受困群众 638 户，挖掘出遇难者遗体 11 具，营救出被困群众 4 人。

### 三、第二炮兵部队紧急救援

96351 部队先遣队到达结古镇后，分成 5 个搜救分队，在玉树县扎西大同村、西杭村、民族师范学院 3 个点实施救援行动。16 日 16 时许，96351 部队所属第 536 医院搜救队在结古镇中心广场附近的废墟中救出一位 80 多岁的藏族老人吉嗄，医院迅即为她打好石膏和夹板，进行输液。

## 第二节　武警任务部队紧急救援

### 一、武警青海省总队紧急救援

武警青海省总队任务部队陆续抵达结古镇后，根据联指安排，立即到隆宝镇、红卫村、仲达乡、扎西科村、当代村、新寨村、甘达村、果青村等 11 个片区搜救。

武警青海省总队第一支队累计搜救幸存者 72 人，挖出搬运遇难者遗体 76 具。一支队官兵到达灾区后立即沿西杭街、民主路展开搜救。4 月 15 日上午，火炮中队在结古镇果青村施救，队长贺兴启听到一阵微弱的呻吟声从脚下废墟中传来。他们采用从半倒塌房屋一侧钻孔的方法救人。官兵们从废墟中找来一块铁棒撬开砖石瓦块，打开直径 50 厘米的圆洞。战士吕术浩爬进去看到一女性躺在倒塌一半的墙角处，头和腿被粗大的木梁卡着。战士们将木梁及杂物移开，救出这位被卡 27 个小时已经怀孕七八个月的藏族妇女。

武警青海省总队官兵搜救被困群众　　　　（火光　供图）

16日，一支队支队长安大钧带领火炮中队在扎西大同村救人，一处废墟下压埋着从外地到玉树打工的3人。同来打工的同伴挖到人头露出来时不敢挖了，火炮中队官兵闻讯赶来挖出遇难者遗体3具；在扎西科村的9个施救点，官兵们仅有3把钢筋钳、部分铁锹和十字镐，钢筋钳轮番使用，大部分官兵用手刨。安大钧接到群众报告扎西科村一家3口被掩埋在废墟中，他带工化中队党员骨干突击队赶去救人。一幢小二层楼房彻底垮塌，楼房的建筑材料堆积成了几十厘米高的废墟覆盖在矮墙上面，没有任何缝隙。官兵们徒手在上面刨挖。安大钧看着现场情况，对中队长张雪龙说："不能从上往下挖，弄不好会沉陷下去，一旦沉陷下去一个也救不了，还是从旁边挖吧。"官兵们开始从旁边挖，安大钧站在废墟上，听到微弱的呻吟声，让大家从他站的地方往下挖，挖到两根挤压着的断梁，断梁之间有一处缝隙。安大钧找到两根断檩条从旁边撑住断梁，然后用石头进行加固，指挥大家从两根断檩条下面往外挖掏。经过4个小时奋战，从断梁下掏出一条仅容一人爬进去的通道。张雪龙爬进去将通道进行加固，发现一个藏族男子，遂将他头两边的废墟清理出来，抓住肩膀拖了出来。之后，张雪龙又两次爬进去救出一个藏族女孩和她的妈妈，遗憾的是妈妈因脖子被横梁死死压住时间过长已经遇难。

在扎西科村的一处废墟上，一支队一中队官兵在搜救。指导员贺光启用镐头和战士们在废墟上掏挖，废墟下埋着一家10口，土坯和房板纵横交错堆成"小山包"。安大钧绕着废墟看了一会儿，对贺光启说："这样挖不行，房板跟横梁已经完全重合，估计遇难者存活的希望几近为零。"贺光启组织战士从侧面挖，刚掏出一个小洞，听到里面发出声音。安大钧让大家放下工具用手刨。官兵们用手一块块地捡土坯，一根根地拔房梁，一点点地刨灰土，近4个小时才清理一半。手套破了一双又一双，血和着土，又经过7个小时，终于在挤压在一起的房板和横梁下找到3具遇难者遗体。"呻吟者还没找到"，他们继续挖刨。安大钧将九中队调来增加救援力量，全力搜救。挖到第七具遗体时发现幸存者，是一个10多岁的藏族男孩。他的腿上压着他两个哥哥的头，他的右臂上是他70多岁的阿奶，都已遇难。藏族男孩叫才让，是3位亲人的身体挡住落下的房板才活下来。在扎西科村一处垮塌的房屋前，一个藏族妇女拉着小男孩站着发呆，天黑下来时仍未离开。带领战士在附近搜救的刘生鹏便让一个藏族战士过去询问，得知她的阿妈、丈夫和两个儿子都被埋压在废墟下，她挖不出来，只好守在这里。刘生鹏立刻从搜救点抽过来一个班的兵力投入搜救，从天黑刨到天亮，挖出4具遇难者遗体。

## 二、武警四川省总队紧急救援

武警四川省总队甘孜州支队石渠县中队20名官兵在地震发生后赶赴本县真达乡参加抗震救灾，因去该乡路况差、交通不便，绕道玉树县到达结古镇后，立即在玉树州职业技术学校展开救援。州职校宿舍楼全部垮塌，100余人被埋在废墟中。为搜救幸存学生，官兵采取喊话、耳听等方式在废墟上搜救生命。11时30分，指导员李进良听到废墟下传出一阵阵微弱的呼救声。通过仔细观察和寻找，发现呼救声的位置处于宿舍楼2楼。官兵们顺着声音慢慢找去，终于找到3名被埋在废墟里的学生。在没有大型救援机械、随身携带的营救工具简陋的情况下，李进良将官兵们分成4个小组，轮流上阵搬运、锯开钢筋，历经3个半小时，打开一条长2米、直径40厘米的救援通道。为确保被困学生不再次受伤，李进良腰拴救生绳钻进狭长的救援通道中，抱住被困学生的身体，由洞外官兵用绳索向外拉出。17时20分，将一名被困女生成功救出。另外2名被困女生的位置距洞口还有将近3米的距离，中间还有一大块混凝土，官兵们使用钢钎敲碎混凝土。战士田晓刚进洞时，被一根钢筋刺伤左眼眼角，他忍着疼痛用钢钎一点点敲打混凝土。17时52分，将这2名被困女生成功救出，其中一人因伤势过重死亡。

## 三、武警甘肃省总队紧急救援

武警甘肃省总队三支队五中队4月15日到达灾区后，在玉树州国家税务局和结古镇扎西科路北侧灾区救援，挖出遇难者遗体4具。

在青海驻训的武警8753部队4月14日23时10分到达灾区后，在当代村、禅古村等4个重灾区域展开营救，抢救转移群众650名，从废墟中挖出73人。4月15日，武警8653部队政委黄志远带部分官兵到禅古寺救人。地震发生时，许多僧侣正在经堂里诵经，几乎来不及抬头看看到底发生了什么，墙壁和房顶就塌了下来，很多人被掩埋在废墟之中。根据黄志远的命令，官兵们爬上废墟，在僧侣的指点下展开搜救。在废墟中，很多战士几乎是一点点往外抠土、刨土，指甲盖都刨掉了。大家扛走几百根房梁，仔细搜寻生命迹象，由于寺院里有大量珍贵文物，僧侣们不愿意到集中安置点居住，官兵们便在寺院附近搭建帐篷安置僧侣。至17日，转移伤员13名。

15日10时，在结古镇农达路方向搜救的第三小组官兵，经过3小时奋力救出一名藏族老人。

14 时许，3 连和 9 连官兵在结古镇龙达路 83 号附近倒塌的 3 层居民楼发现生命迹象，被压埋者是一位 60 多岁的藏族老阿妈。为避免二次伤害，官兵们徒手挖掘。3 连副连长段有强和战士肖后全然不顾手被玻璃划得鲜血直流，终于成功救出老阿妈。16 日上午 10 时，2 连 30 名官兵历时 3 小时，救出被两块水泥板压着的一名妇女。该部采取分区域、地毯拉网式搜救，逐点逐户逐室搜救相结合的方法，按照先急后缓、先易后难、先人后物的顺序，在当代、民主路南、民主路北、禅古 4 个重灾区同时展开搜救。至 6 月 26 日，出动兵力 23700 余人次，挖掘被埋人员 49 人，搬运遇难者遗体 87 具。

## 四、武警交通部队紧急救援

武警交通指挥部一总队一支队官兵分别从玉树囊谦、青海西宁、甘肃等地陆续到达玉树灾区后，立即投入救援。4 月 15 日，在结古镇西杭村，藏族群众丹增被埋在废墟里，妻子央金无力营救。教导员董林指挥挖掘机吊开楼板，和官兵们用双手刨出一个小洞，爬进随时可能垮塌的残垣断壁中，将丹增救出。地震发生时，董林在玉树州出差，他组织临近群众自救，爬进公路局倒塌大楼的废墟中救出一名女工程师。挖掘机操作手谢存良跟随突击队从兰州向灾区机动时，连电话都没顾得上给家里打，抵达玉树，高原反应严重的谢存良头痛欲裂、胸闷气短，但还是谢绝领导让他休息的安排，钻进挖掘机一直搜救到次日凌晨。谢存良和战友们连续作战，成功抢救 5 名幸存者。

## 五、武警水电部队紧急救援

武警水电指挥部二总队五支队官兵抵达玉树后，立即展开救援。4 月 16 日 5 时 30 分，在结古镇普达赞巷，官兵们利用生命探测仪捕捉到的信号，打开强光灯，展开营救。由于倒塌的楼板、房梁盘根错节，堆积物有三四米高，到处都可能有被掩埋者，挖掘机、推土机不能随便开进，大家只能用简易工具搜救。现场负责人易道勇带领官兵用双手一层层刨挖废墟。9 时 10 分，三级士官陈海清刨到一只手臂，便加速刨挖，发现一位藏族老人。因为年纪偏大、掩埋时间较长，加之气温太低，老人被送上救护车不到 20 分钟就停止了呼吸。11 时 20 分左右，水电二总队五支队抢险救援小分队相继找到两名遇难者遗体。救援期间，水电二总队五支队官兵在玉树县牦牛广场、格萨尔广场和民主路等 10 多平方千米内的 6 个作业面上进行施救，挖出遇难者遗体 5 具。

# 第三节 公安消防部队和特警紧急救援

## 一、青海公安消防部队紧急救援

**（一）青海省公安消防总队**

省公安消防总队集结西宁、海东、海北、海南支队近 100 名抢险救援攻坚组队员，4 月 14 日 19 时进入灾区，展开救援，当天救出幸存者 186 人。

**（二）西宁市公安消防支队救援队**

4 月 14 日 19 时 42 分，西宁市公安消防支队救援队赶到结古寺商场。商场 3 层的宾馆已变成了 1 层高，废墟下面烈火熊熊，浓烟滚滚，人员难以接近，加之余震不断，给救援工作增加许多难度和变数。1 名藏族妇女被埋在坍塌的混凝土预制板下。在器材装备还未到达的情况下，支队长李海峰迅速组成侦察、警戒、疏散、救援 4 个小组，顶着余震与火势的双重威胁开展救援。官兵在挖掘的时候，废墟下埋压的一个液化气瓶因燃烧过久突然爆炸，爆炸的冲击波将官兵们掀翻在废墟上，大家爬起来又冲上去，靠双手和简易工具挖开一个口子，把饮料给被困者递进去，随后和赶到现场的国家地震灾害紧急救援队一起成功救出这名妇女。根据指挥部命令，救援队转移到玉树州职业技术学校进行救援，现场只留下战训科长王宏仓等 4 名官兵继续搜救。21 时许，废墟深处又发现 2 名被埋压的藏族妇女。王宏仓只身钻进废墟深处，先将一名被困 16 个小时的 20 岁藏族少女救出，之后，冒着余震再次钻入更深的废墟通道将一名 50 多岁的藏族妇女救出。就在他们刚刚离开通道那一刻，一阵强烈的余震袭来，支撑废墟的水泥梁彻底坍塌。轮训队副队长严金科、城北二中队代理副中队长杜仕海带领 6 名官兵在县公安局院内坍塌的住宅区救援。屋内起火，并有人员被埋压。官兵用铁锹等简易工具开展救援。杜仕海判断好方位，一边挖通道一边用木棍支撑顶部，在水泥块、钢筋的堆层下慢慢前进，经过 4 个小时的艰苦挖掘，打通生命通道，在战友们的帮助下，将 1 名藏族少女从垮塌的房屋中救出。在州职业技术学校教学楼东侧全部垮塌的三层教室废墟中，埋压多名学生。西宁消防特勤大队副大队长刘伟志带领官兵经过一昼夜紧张而又小心翼翼地挖掘搜寻，从废墟中挖出 10 具遇难学生遗体。玉树县教育局 1 名员工被挤压在一层楼道中，头部被坍塌的预制板紧紧压住，已经没有生命迹象，之前有两支救援队施救都没有成功。刘伟志带领官兵想方设法挖出遇难者遗体，之后带领官兵在西北牛宾馆用钢钎破拆砖墙，成功救出 2 名埋压群众。西宁市公安消防支队出动车辆 133 台次、人员 1360 人次；抢救人员 19 人，其中 4 人生还。

**（三）海东地区公安消防支队**

海东地区公安消防支队首批救援力量于 4 月 15 日凌晨 1 时到达灾区，在玉树州职业技术学校女生宿舍楼废墟展开救援。该宿舍楼主体三层全部垮塌，埋压人员不详，情况危急。救援队员首先向在场群众详细询问楼内建筑结构和埋压人员情况，经过搜救犬分片进行搜索定位后，确定被埋压人员位置。支队长张涛、参谋长张志强带领队员利用手动破拆工具、液压剪扩器、撑顶器、充气垫等器材小心地在废墟中打开一条条通道，展开全方位救援，寻找生还者。至15日24时，从废墟中挖出5具遇难者遗体。搜救犬分队在玉树第三完小救灾现场搜寻生还者，两条搜救犬在训导员的引导下不停地在废墟中穿梭搜寻，找到2名遇难学生遗体。在玉树州卫生防疫站搜救现场，搜救犬分队经过1小时紧张细致的搜寻，确定1名有生命迹象的妇女和1名儿童的位置。因后援部队尚未赶到，搜救犬分队没有救援工具，便立即组织现场群众和官兵利用铁锹、镐头等简易工具进行挖掘，同时不断安抚被埋压妇女，详细询问楼内被埋压人员的数量、伤势情况。该妇女腿部被厚重的楼板死死卡住，张涛请求指挥部紧急增援，由后续赶来的海北支队接手救援，搜救犬分队又奔赴了下一个救援现场。在玉树州职业技术学校女生宿舍楼救援现场和州人民银行院内，搜救犬分队搜寻并准确定位生还人员14名。

海东公安消防支队救援队在玉树地震灾区利用搜救犬搜救被困人员　（省公安消防总队　供图）

**（四）海西州公安消防支队**

海西州公安消防支队救援官兵在玉树州职业技术学校搜寻被困人员。由于结古镇房屋倒塌严重，通往任务区域的道路堵塞，车辆无法通行，官兵肩扛破拆器材徒步奔向任务区。学校的教学楼、职工楼严重倾斜，存在多处裂缝；男生公寓楼半边倒塌，原本三层的女生公寓楼坍塌成高度仅为一层左右的废墟，该楼西侧男生公寓楼及前方职工公寓楼随时都有倒塌的危险。经过询问，得知女生公寓楼下埋有人员，具体数目不详。支队长李博根据现场情况，带领官兵按照“先外后内，先上后下”的顺序施救。德令哈大队教导员刘开堂将救援组分成3个小组。中队长许鹏带领一组人员利用生命探测仪搜寻幸存人员；副中队长吴永宁带领二组人员利用坍塌部位的缺口，通过喊话、敲打等方式与被埋压人员联络；第三组利用无齿锯、手动破拆工具对倒塌的楼板进行破拆。救援人员对倒塌建筑物的外围进行清理，用钢筋速断器剪断楼板上的钢筋，用无齿锯锯断金属结构，用铁锨清除楼板上面的瓦砾，发现1名被困者，但周围空间狭小，只能容纳一个人作业。救援小组按照任务分工，对被困人员附近的废墟进行清理，经过4个多小时努力成功地将被困人员救出。救援官兵在藏族阿妈引导下，携带生命探测仪、手动破拆工具等救援器材赶赴移民新村救援。在详细了解被困人员的数量、位置等情况后，立即对废墟进行清理和搜救，经过近2个小时的搜寻将一名遇难者遗体挖出。当得知一处废墟中有母女两人被困时，班长户持金，战士许益晨、高祥浩，携带救生、破拆器材，猫着腰在狭窄的空间边清理边匍匐前进，发现被困人员，在大型机械的配合下，成功救出2名被困者。

**（五）格尔木市公安消防支队救援突击队**

格尔木市公安消防支队救援突击队坚持“把救人摆在第一位，只要有一丝希望，就要尽百倍努力，绝不抛弃、绝不放弃”的救灾精神，展开救援。玉树州职业技术学校大部分房屋已坍塌，原本三层的女生宿舍楼变成仅有2米多高的废墟。支队长李学良了解到废墟下埋有被困人员，立即命令特勤中队中队长助理巴才洛带领两名队员利用生命探测仪搜索，其他人员利用铁锹、镐头等工具对废墟挖掘。由于宿舍楼坍塌严重，救援工作进展缓慢。4月14日17时20分，官兵在废墟中发现一只手，李学良组织救援人员利用液压剪、扩张器、铁锹、镐头清理被困者周围的废墟。被困者为一名20岁左右的女学生，双腿被压在废墟下，周围空间非常狭小，无法利用工具挖掘救人。巴才洛放下手中的液压工具，改用双手清理废墟，手指被裸露的钢筋划破血流不止，他简单包扎后继续投入救援，经过4个多小时的努力成功救出女学生。4月16日，救援队在结古镇半坡村施救。一栋两层民房倒塌的废墟下埋有一小女孩。李学良立即命令救援人员利用生命探测仪进行探测，确定被困小女孩被埋压的具体位置。这是一片由瓦砾、土坯、石块和木材堆积得像小山包一样的废墟，由于地形复杂，机械施工无法展开，救援人员只能用简单的工具和双手一点一点清理和挖掘。经过3小时的努力，推开石板，切割开钢筋，才将小女孩救出。

**（六）海北州公安消防支队抢险救援队**

海北州公安消防支队抢险救援队从废墟中挖出遇难者遗体15具，疏散群众120余人。救援队在受灾严重的玉树州妇幼保健站开展救援。妇幼保健站原本三层楼的建筑，已整体坍塌，仅剩摇摇欲坠的地面一层。在确定被埋压人员的位置后，官兵运用特种器材开始施救。由于被埋压人员所在空间狭小，埋压较深，在打开缺口后，支队政委倪文怡决定派人“入内侦察”。参谋长严永成、代理副中队长冯生荣，冒着余震危险，从刚刚打开的洞口钻入废墟。空间只容一人爬行，两人一前一后，一边支架固定、一边向前爬行，终于到达被困者身边，发现被困者为一名女性，腿部被压，需铲除大量埋压物施救。官兵们沿着这条生命通道，所有的器材轮番上阵，工具不够就用手挖。严永成在洞内不断对被困者做心理抚慰。经过近5个小时的艰苦挖掘，将人救出，但其因失血过多而不幸离世。随后救援队赶往玉树州卫校，挖掘出2具遇难者遗体。此时，1名藏族群众跑来求救，倪文怡带领官兵迅速赶往该群众家进行救援。坍塌的房屋在黑暗中只能依稀辨别轮廓。经询问遇险群众的家人，得知是母子二人被掩埋在废墟中。官兵利用挖掘、剪切工具打开一个洞口，严永成第一个钻了进去。突然，一阵强烈的余震袭来，严永成回身一把将随同的战士推出洞口，自己沉陷洞内。幸运的是洞没有坍塌，严永成摸索着找到母子两人，但由于埋压过深、时间过长，两人已停止呼吸。

**（七）海南州消防支队救援队**

4月14日20时59分，海南州消防支队救援队到达玉树县结古镇，立即展开救援，先

海南州公安消防支队官兵在搜救被困群众　　（省公安消防总队　供图）

后在玉树州民族中学、玉树州职业学校、结古镇新建北路、胜利路、西环路、建业街、大同西路等地参加搜救。

**（八）果洛州公安消防支队救援队**

4 月 15 日凌晨 1 时许，果洛州公安消防支队救援队到达地震灾区投入救援。按照省公安消防总队指挥部的命令，主要承担玉树州职业技术学校倒塌的教学楼和学生公寓楼救援工作。地震使两栋大楼倾斜，一栋大楼夷为平地，校园内一片废墟。支队长刘金带领官兵利用救援工具从楼房顶部打开救援通道深入废墟内部，在楼层空隙中搜寻被埋压学生。救援小组利用液压顶杆、实木和石块对可能再次发生倒塌的楼板进行加固，避免楼层再次倒塌，利用搜救犬和生命探测仪对建筑物进行搜寻。为能够尽快查找幸存者，官兵利用抢险救援车照明，增调挖掘机、破拆机和吊车，通过液压剪、手动破拆工具和大锤对楼顶进行分割，逐层进行破拆搜救，连夜奋战搜寻出遇难学生遗体 5 具。

## 二、其他省（市、区）公安消防部队紧急救援

**（一）山东省公安消防总队**

山东省公安消防总队按照青海省消防总队指挥部要求，执行责任区拉网搜救任务，开辟 15 个作业面，连续奋战三昼夜，出动兵力 460 人次，对近 7 平方千米责任区实施搜救。官兵分成 3 批，每批 4 个搜救小组连续奋战，科学施救。4 月 16 日 16 时 18 分，成功救出一名 25 岁男性。救援队共抢救出被困人员 11 人（生还 1 人）。

**（二）广东公安消防总队**

广东公安消防总队共挖掘坍塌建筑物 356 处，成功救出被困群众 1 人，发现和清理遇难者遗体 94 具。到达灾区后，分成 12 个救援小组迅速展开救援，承担结古镇民主街路段的搜救任务。救援官兵按照责任区划分进行搜救的同时，对玉树州孤儿院、吉古村（移民新村）、藏经寺也进行排查搜救。15 日 10 时 30 分，在一栋倒塌的四楼内探测出有被埋人员。12 时 45 分将 1 名生还者成功救出，挖出 32 具遇难者遗体。16 日凌晨，采取“全面撒网、重点突破”的方法，利用询问当地群众和使用生命探测仪等先进设备相结合的方法，在普措达赞巷周边、扎西楼巷、

玉树广播电视大学、玉树供电局家属楼、新建路、扎西北路两侧等方圆10千米的范围内进行排查搜索，挖出遇难者遗体15具。

**（三）四川省公安消防总队救援队**

四川省公安消防总队救援队连续奋战五昼夜，开展救援行动127次，分别在985个救援点上开展行动，搜救范围遍及5平方千米城区和另外的7个乡镇、16个自然村，救出被困群众152人（生还1人）。4月15日15时，南充市特勤消防中队代理排长刘洋在结古镇集贸市场发现生命迹象，用雷达生命探测仪探测判断位置，由于现场狭窄，救援工具难以施展，刘洋和战友胡安邦手工作业，17时10分，挖出一名遇难者遗体。至14日晚，9名消防官兵对结古镇集贸市场、红旗小学、扎曲南路和北路进行搜救，先后从废墟中挖出遇难者遗体7具。

4月15日，广东省公安消防总队救援队和群众救援

（广东省公安消防总队　供图）

16日8时，根据群众提供的线索，泸州市消防支队在玉树州工商行政管理局办公楼旁，利用挖掘机挖废墟中掩埋的4人，22时15分，挖出遇难者遗体4具。16日9时20分，顺义消防中队搜救分队在扎西巷展开搜救，发现生命迹象，官兵用剪断钳剪钢筋，用切割机切水泥板，全力营救废墟下掩埋的母女俩，12时23分，将压埋的妇女身上的杂物清理完，遗憾的是妇女和她怀里抱的孩子已经遇难。14时24分，四川省公安消防总队搜救人员挖出了一位年轻的藏族母亲和她的孩子的遗体。

**（四）西藏自治区公安消防总队救援队**

西藏自治区公安消防总队救援队连续奋战五昼夜，从废墟中搜出遇难者遗体8具，救出重伤人员1名。

**（五）甘肃省公安消防总队救援队**

甘肃省公安消防总队救援队连续奋战五昼夜，成功解救幸存者10人，救助被困群众6人，挖出遇难者遗体38具。4月15日12时30分，甘肃省公安消防总队救援队在新建北路玉树州政府、人民银行、农牧局、体育场一带展开搜救，利用生命探测仪确定埋压人员方位，采取破拆、牵引、起重、搬运、手刨、肩扛等办法实施救援，挖掘出遇难者遗体15具。16日，部分官兵继续在新建北路搜集外，抽调部分人员，在总队长陶润仁带领下，到结古寺救援，挖掘出遇难者遗体23具。

**（六）重庆市公安消防总队救援队**

重庆市公安消防总队救援队于4月15日3时抵达灾区，在玉树州师范学校、文化公园、百斯特医院、中国电信新建路营业厅等地展开救援。15 日 23 时救出 2 名幸存者。16 日 7 时，救援队分成 16 个小分队，在长达 40 千米的山区进行排查，寻找被困群众。在一处倒塌的房屋里发现生命迹象，由于房屋倒塌严重，从上面只能看见一些砖土，救援官兵把砖土刨开，将一大张油毡布揭开后，发现 1 名被困者身体被 10 多根木头死死压住。战士们冒着房屋再次倒塌的危险，从刚刚扒开的洞里爬进去，用手挖、肩扛、手顶的方式把压在被困者身上的木头移开，将被困 51 小时的泽仁多吉成功救出。16 日，九龙坡支队官兵在玉树县商贸城倒塌的楼房一侧搜寻近 5 个小时，挖出 4 具遇难者遗体。在历时 5 天的救援中，官兵们充分运用在“5・12”汶川特大地震抗震救灾行动中积累的丰富经验，严密组织，科学施救，成功救出 1 名幸存者。

### 三、公安特警紧急救援

4 月 15 日 8 时，根据群众报告，西宁特警支队救出 2 名被埋人员。

4 月 16 日 13 时，甘孜特警成功救出被困 54 小时的 13 岁藏族女孩次仁拥青。

## 第四节　专业及地方救援队紧急救援

### 一、国家地震灾害紧急救援队

国家地震灾害紧急救援队分成 3 个救援小组，在道路阻塞、没有车辆保障的情况下，官兵每天徒步近 20 千米，连续奋战三昼夜，利用声波、光学、电磁、热成像生命探测仪等先进装备和专业搜救犬，快速勘查、全面搜索、精确定位、全力救援，最大限度地提高救援效率。

4 月 14 日晚，在受灾严重的民族宾馆，不到 3 个小时就成功救出 2 名幸存者。4 月 15 日凌晨，赶赴西北牛宾馆展开救援，和 68710 部队一起经 7 小时连续奋战，救出 4 名幸存者。

4 月 16 日，国家地震灾害紧急救援队在玉树县民族饭店废墟下救出被埋压 54 个小时的 13 岁藏族女孩赤列旺姆　（66150 部队　供图）

4 月 16 日，在结古镇集

贸综合市场民族饭店倒塌楼房的废墟下，救援队和来自四川省德格县协庆五明佛学院35名僧侣组成的救助队一起救人。救援队细致勘察地形，精心制订方案，采取徒手和仪器破拆相结合的方法，数十人轮流作业；僧侣们清理搜救通道周边的障碍物和杂物，经过近4小时的艰苦营救，清除吊装楼板30余块，废墟8立方米，打通近5米的生命通道，成功地把被埋压54个小时的13岁藏族女孩赤列旺姆救了出来。

4月14—26日，国家地震灾害紧急救援队历时12天，在玉树县转战127个作业点，营救掩埋在废墟深处的幸存者7人，挖掘遇难者遗体31具，帮助其他救援队确认定位18人次。救援中所营救的幸存者都未受到二次伤害，挖掘的遇难者遗体全部完整。

## 二、青海省各地紧急救援队

海西州成立抗震救灾救援队，先后到禅古寺、玉树州职业技术学校开展救援工作，搜寻遇难者遗体22具，格尔木市救援队挖掘出遇难者遗体8具。

河南省义煤集团青海义海公司救援队39人（义海公司救护队22人、新闻后勤人员7人、豫西建设公司10人）、车辆6台，携带救援破拆装备25类165件于4月15日15时30分从海西州德令哈市出发，16日7时到达结古镇展开救援。

西海煤炭开发有限责任公司矿山救护队11人携带专业救援装备于4月14日13时20分从海北州西海镇出发，15日凌晨5时到达结古镇。根据救灾指挥部指示，到禅古寺救援。经了解，寺内藏经塔、讲经堂有人员埋压，矿山救护队与其他救援队伍迅速展开救援，至21时，和其他救援队挖掘出遇难者遗体9具。16日，根据指挥部指示，到一处村民家救援。地震发生时，正在做早饭的两名村民被压埋，并引发火灾，经确认已无生还可能。经过一个中午的挖掘，找到遇难者遗体2具。

西海煤电有限责任公司矿山救护中队15人、车辆3台，携带救援装备于14日10时从默勒矿区出发，12时40分到海北州西海镇集结。13时20分从海北州西海镇出发，15日凌晨5时到达结古镇。到禅古寺救援，和其他救援队挖掘出遇难者遗体9具。16日，救护中队到玉树州职业技术学校1千米范围内救援，11时，在当地群众引导下，成功救出1名女性幸存者，送往四川省驻玉树医疗急救中心。17时30分，根据玉树县职业劳动服务保障局请求，到一居民区救援，该居民区在地震发生时发生火灾，房屋损毁严重，救援难度大。至18时30分，挖掘出遇难者遗体3具。

果洛州玛多县委、县政府抽调救灾人员，于4月14日下午赶赴灾区投入救援，搜救幸存者11人，安全转移群众450人。

## 三、外省（市、区）救援队

北京、西藏、四川、甘肃、重庆、广东、云南、山东等省（市、区）在第一时间纷纷伸出援助之手，及时组织资金、物资、人力、设备支援玉树，救援队在灾区展开生命大救援。

16 日 9 时，四川省矿山救护总队在玉树赛马场附近救出 1 名 42 岁藏族妇女。成都市安监局矿山救护队 24 名队员成功抢救出 5 名幸存者，找出 17 具遇难者遗体。

西藏昌都救援队挖掘出 2 具遇难者遗体。

# 第五节　民众紧急救援

## 一、宗教界人士紧急救援

果洛州拉加寺、龙恩寺、直钦寺、白玉寺等 7 座寺院的 60 多名僧侣在地震发生后第一时间赶赴灾区一线开展救援。

4 月 14 日下午，四川省石渠县色须寺数百名僧侣，乘车 3 个多小时赶到结古镇受灾群众安置点赛马场，与当地民兵一起展开搜救，徒手挖出 10 余人，其中生还 5 人。

## 二、志愿者紧急救援

### （一）共青团组织

地震发生后，共青团中央紧急部署，动员全团力量投身抗震救灾工作。共青团青海省委宣传部在青海青年志愿服务网站公布办公室电话和工作人员手机号码，指导、协调来自全国各地的青年志愿者有序、理性、有计划地参加志愿服务。截至 4 月 15 日下午 3 时，通过电话、短信、邮件和到办公室报名登记的志愿者 1200 余人，通过青年志愿者协会动员和储备的志愿者 2000 余人。至 4 月 17 日，又紧急招募以本地藏族学生为主的语言翻译、伤员照顾、应急服务等志愿者 900 余人。玉树抗震一线发起志愿者行动，组建“红飘带”志愿者队，展开自救。这些志愿者胸系红飘带，忙碌在灾区的各个角落。特别是藏语翻译志愿者，为受灾群众和救援队、志愿者之间搭起畅通的沟通渠道，在抗震救灾工作中发挥重要作用。来自北京、上海、天津、重庆、四川、河北等省（市）26 支志愿者服务队，秉承“奉献、友爱、互助、进步”的志愿者精神，主动与团省委衔接，开展医疗救助、抢险搜救、卫生防疫、维护秩序、环境整治、机动服务等志愿服务。

团省委在西宁火车站和西宁飞机场设立志愿服务站点，派专人负责登记注册零散志愿者，畅通志愿者捐款捐物渠道，专人组织滞留西宁的志愿者参与抗震救灾物资转运、医疗护理等工作。针对玉树地处高寒地区路途遥远、受灾区域情况复杂的实际，劝解志愿者理性服务，劝阻各地部分志愿者队伍盲目进入灾区。据不完全统计，团省委协调和安排车辆 20 台次，对接和组织志愿者团队赶赴玉树 1000 余人。

至 4 月底，团省委组织在灾区救灾的志愿者 4200 人，在西宁参加服务的志愿服务队 12 支，志愿者 1700 余人。志愿服务累计达 31 万个小时，专业搜救 120 余人次，搜救生还者 6 人，劝阻盲目进入灾区的志愿者 400 余人。玉树州委迅速反应，组织州内外青年志愿者 1000 多名，投入抗震救灾行动。4 月 14 日，团州委组织第一批青年志愿者，成立玉树州震后第一支搜救队伍，徒手成功解救群众 3 名。随后，多支青年志愿者救灾队伍陆续成立，承担搜救群众、营救伤员、运送和分发救灾物资、翻译、寻亲等一系列救灾服务工作。

**（二）河北省唐山市志愿者宋志永小分队**

唐山市志愿者宋志永小分队 30 名志愿者于 18 日赶到玉树后协助四川救援队在交通宾馆开展搜救。

**（三）山东省日照市农民赵龙海**

山东省日照市农民赵龙海驾驶自己的农用车，装载自己用 2 万元购买的救灾物资赶到玉树灾区，帮助受灾群众，并帮灾区人员拉运物资、清理废墟、刨挖财物。离开玉树时，他把身上仅有的 100 元也捐给灾区。

**（四）四川省茂县渭门乡椒园村羌族村民**

汶川地震重灾区茂县渭门乡椒园村的 6 位羌族村民，每人拿出 3000 元租了 1 辆大货车，装载村民们捐赠的帐篷、彩条布、棉衣棉被和食物到达玉树灾区，在禅古村一带废墟里搜救被埋人员。

**（五）甘肃省古浪县唐元科等 8 名志愿者**

甘肃省古浪县唐元科等 8 名志愿者驾驶两辆车，4 月 14 日 21 时从古浪县出发行驶 22 个小时到达玉树参加救援，在一处倒塌的平房废墟中挖出 1 具女性遇难者遗体，在扎西科挖出 2 具遇难者遗体。16 日中午，参加扎西宾馆的救援任务，配合消防救援队从废墟中成功救出 1 名 13 岁的女孩。

**（六）中国蓝天救援队青海分队（蓝天救援青海队）**

4 月 14 日 8 时，中国蓝天救援队青海分队（蓝天救援青海队）得知玉树地震后，通过青海户外联盟网站发布公告和手机通知的方式，在最短的时间内集结部分成员组成救援队。3 个小时后，第一小组成员 16 人（包括越野 E 族青海大队 3 人）从西宁出发，15 日凌晨 1 时 30 分左右到达结古镇。在当地政府登记后开始用最原始的方法——铁锹铲、赤手刨的方式寻找幸存者。第二小组 8 人 4 月 15 日中午到达地震现场，也立即开展救援。16 日 13 时 48分，配合国家救援队将在废墟下掩埋近 50 个小时的 13 岁藏族小女孩次仁拉木救出。救援队和消防官兵在玉树州职业技术学校进行搜救。随着省内外专业救援队陆续到达结古镇，蓝天救援青海队的队员们经简单分工，部分人员赶往结古镇周边附近受灾村落搜索；部分人员和专业救援队员在废墟中救人。中午时分，队员们接到求救，有一个三层建筑倒塌，发现有生命迹象。他们请来专业救援队施救。至16时左右，在各方配合下成功救出1名男子。18时30分左右，队员配合消防官兵在玉树州职业技术学校挖出16人，其中10人生还。在地震灾区连续3天搜救中，蓝天救援青海队共救出11名幸存者。

**（七）青海省西宁出租车“义务110”车队**

4月15日中午12时，西宁出租车“义务110”车队队长、共产党员闫立平和7名出租车司机一起驾驶2辆出租车，于16日凌晨2时到达结古镇，立即和当地群众一起救人。7时，他们和省妇联领导取得联系，将4名重伤员送到玉树机场。随后，根据省总工会领导安排，和其他志愿者一起担负救灾物资卸车任务。在卸完2车40吨物资后，又在民主路开展人员搜救，救出1名被埋妇女。之后，继续进行救灾物资卸载、运送、发放、搭建帐篷、运送伤员等工作，20晚7时离开玉树返回西宁。

**（八）青海省湟中县大才乡前沟村“家庭救援队”**

湟中县大才乡前沟村回族农民马宝祥带着自己的儿子、女婿一行7人组成一支“家庭救援队”，开着自家的两辆越野车满载食品、帐篷、铁锹、铁铲等物资，奔赴灾区。到达灾区后投入抢险救灾，成功救出1名幸存者。

**（九）青海省河南县“老兵志愿者”救援队**

河南县“老兵志愿者”救援队由4名回族、2名汉族和1名藏族同胞组成。地震发生第二天，他们借了一辆“长安”牌小货车，带着30箱矿泉水、50箱方便面和1000多元的药品赶到玉树，将药品送到医疗救治点后，投入人员搜救、运送伤员、运送物资等工作。

# 第三章　黄金 72 小时以后救援

## 第一节　解放军任务部队救援

### 一、兰州军区部队救援

#### （一）68211 部队救援队

68211 部队救援队对扎西大同村等点位逐一进行拉网式排查搜救，不留一个死角，不放过一丝可能出现希望的地方。4 月 17 日，救援队派出 2 个搜救分队，对受灾地区 46 个点位进行搜索排查，分别于 10 时 27 分、13 时 20 分在扎西大同、扎木东各挖掘出遇难者遗体 1 具。4 月 18—19 日，派出 2 个搜救分队，对扎西大同附近 16 个点位进行搜索，在玉树粮食储备库以东 1 千米河沟废墟内抢救出重伤群众 1 名。21 日派出 1 个搜索组、1 个营救组，在扎西大同和附近 10 个点位救援；22 日派出 3 个搜索组、3 个营救组，采取拉网式逐户排查的方式，在扎西大同走访排查 235 户群众，没有发现被埋人员；23 日分 6 个小组（1 个调研组、3 个搜寻组、2 个营救组），采取挨家挨户调研摸底、逐点位检测排查、专业设备测查与人工确认相结合的方式，对扎西大同村任务区所有点位进行拉网式逐个排查，未发现被困人员。

#### （二）68303 部队

68303 部队担负 7 个乡（镇）的搜救任务。面对时间紧、点位多、距离远、道路险、海拔高的实际，陆军第 47 集团军领导召集部队党委常委和各任务点负责人，传达命令，明确责任，提出要求，研究制定“常委分头带队、与医务人员联合编组、逐户搜救排查、逐村（社）签订责任书”的搜救原则，逐级建立责任制、签订军令状。部队领导分头到各任务区，带队逐村逐户排查搜救。集团军领导赴隆宝镇、仲达乡、哈秀乡、安冲乡、上拉秀乡等点位一线指导，抽查验收；部队每天召开交班会，组织各点位负责人汇报当日搜救排查进展情况，集团军首长和部队领导逐片逐点对当日情况进行讲评，对次日工作进行部署，提出具体要求。部队按照就近用兵、快速用兵的原则，先后于4月17—23日多次调整部署。在第二次排查搜救时，部队将原部署在隆宝镇的部分部队调整至安冲乡和仲达乡，将原部署在结古镇的部队调整至小苏莽乡。

部队连夜开进，昼夜兼程，迅速到达任务区，并于21日按要求展开搜救工作。营连采取多片同步、拉网式排查的方法，根据每个任务点受灾情况和村社数量，区分若干排查小组，由党员干部担任组长，与各大医院医疗小组、村社负责人联合编组，逐点逐户搜救排查。针对住户散、有些点位不通公路的实际，采取乘坐摩托车、骑马、徒步等多种方式，进村入户搜救排查。

4月16日19时至19日16时，68303部队组织部分部队分别对果青、甘达、隆宝、哈秀、相古、上拉秀6个外围村镇进行逐点搜救，投入兵力1946人次，到达24个自然村（社、庄、组），排查搜救4032个重点受灾户。4月19日，集中力量对扎西大同村、红卫村、当代村、新寨村4个点进行集中搜救，未发现被掩埋的存活人员。17日，组织力量开赴隆宝镇等偏远村镇牧区，开始进村入户搜救行动。官兵们先把受灾的3000多名群众转移到距离城镇较近的保障点，从救灾官兵的野战炊事车中抽出7台，选派35名技术过硬的炊事员，为受灾群众提供饮食保障。

19日，12名官兵赴142千米外的甘宁村。这是该部进村入户搜救排查最远的村庄。小分队凌晨乘车出发，经过3个多小时抵达距结古镇85千米的哈秀乡救治，再翻越阔拉山、伊拉山两处海拔4600米的雪山垭口，忍着高山缺氧徒步走7千米山路，到达地处偏远的藏族山村甘宁村，开始逐户搜救、逐个排查、逐一核实。这座300多户、1300多人的村庄，除60余户人家房屋尚可居住，其余全部倒塌，大量食品、财产被埋。官兵们一边组织村民自救，一边帮助整修简易帐篷，搜寻被埋财物。村民才仁卓玛一家5口人，因食物被埋断炊3天，班长晏荣保带领一个小组立即帮这户人家挖出19袋青稞面、13袋小麦面、1袋大米、盐巴和衣物。60多岁的藏族老人扎西顿珠腰部受伤，行动困难，官兵背着老人走出村庄，历尽艰难把老人送到有医疗条件的哈秀乡。

4月21—23日，部队投入兵力4460人次，集中对隆宝镇、哈秀乡、安冲乡、上拉秀乡、下拉秀镇、仲达乡、小苏莽乡7个乡（镇）所属的39个行政村以及结古镇所属的新寨、果青2个村、12个大队、102个社、1个独立庄进行集中搜救排查，搜救面积860余平方千米。在仲达乡组织搜救排查时，翻越海拔4930米的扎日修和海拔4960米的扎日两座大山，官兵徒步行军近30千米才到达搜救点。12连担负下拉秀镇搜救排查任务，该乡有4000多户、1万余人。面对任务区面积大、住户多、分布散的情况，12连党支部将人员划分为10个搜救小组，划片搜救。官兵不顾高原缺氧，坚持到点到位、不留死角。4月23日16时，完成排查搜救任务，未发现被掩埋的存活人员。

**（三）玉树军分区独立骑兵连**

玉树军分区独立骑兵连由军分区副司令员管开吉、参谋长杨西峰带队，称多、囊谦、杂多、治多、曲麻莱五县民兵应急分队分别由县人武部领导带队，分赴西杭村、扎西大同北路、解放村、新建路和甘达村、隆宝镇及外援部队没有进入的上拉秀乡、下拉秀镇、歇武镇等偏远村社，采取“问、听、看、探、喊”的形式，划分片区，按照“先急后缓、先人员聚集区后人员居住稀疏区”的原则进行为期一周的拉网式搜救。

**（四）68710部队**

68710部队对扎西大同和西杭路两个地区进行现场排查搜救，派出13个搜索小分队，逐村逐户排查，带领周边群众，协同专业救援队的生命探测仪和搜救犬，累计排查1460个点位，对230个点位进行挖掘搜救，发现、救助、妥善安置120名受伤群众和“三孤”人员，组织撤离受灾被困人员2600多人。排查中，官兵们坚持只要有一丝线索就一定彻底查清，只要有一线希望就尽一切办法营救，采取“问群众、听声音、看动静、探迹象”等方式逐户拉网式排查，确保不留死角和盲点。在没有生命探测仪、搜救犬的情况下，官兵依靠群众寻找线索、定点定位实施救援；针对土木结构易塌易倒的情况，采取小组作业、交替实施的办法提升营救成功率；针对营救点附近有危险建筑物的情况，采取先拆除、后营救的办法实施搜救。

4月17日，8连班长王育龙带领战士搜救。一名战士隐约听到一堆废墟下有轻微的敲击声，立即告诉王育龙。他们当即调整力量加大搜救力度，虽经专业救援队生命探测仪探测没有生命迹象后仍不愿放弃。战士们在废墟中找到一张一家四口的合影照片，王育龙拿着照片边向围观群众询问、边组织加快救援速度，当户主的邻居闻讯赶来说一家人已离开灾区后，官兵才停止救援。

19日，在得知扎西大同路一个商铺废墟下可能有受困群众时，官兵面对小山似的废墟没有畏难，在生命探测仪无法确定的情况下，集中力量连夜挖掘7个小时，挖开废墟，找到2具遇难者遗体。

2连官兵清理完扎西大同路一户居民废墟没来得及休息就应一位藏族妇女要求寻找一件重要物品。两层楼房成一堆残砖烂瓦，没有大型机械，官兵们用手掏、用锹挖，2个小时将二楼废墟清走一部分。就在继续清理的时候，一面残墙突然倒向正在挖掘的战士和老乡，大家毫无觉察，战士朱超宇冲上去一把推开战友和老乡，自己却被倒塌的墙壁压在最下面，当他被挖出时强忍疼痛让大家不要为他担心。

## 二、成都军区任务部队救援

4月20日，成都市民兵综合应急救援大队1营组织由18人组成的党员突击队，到距离结古镇较远的仲达乡电达村救援。4月21日，该营1连在海拔4000多米的扎西大同南路猛宗沟雪山，成功地从倒塌的房屋中营救出受困的1名残疾妇女和3名儿童，并将持续高烧、生命垂危、仅3个月大的婴儿达瓦松毛迅速送到县医院进行救治。

## 三、第二炮兵任务部队救援

4月17—24日，96361部队共出动兵力1110人次，车辆48台次，连续奋战7天，每天工作16小时，在赛马场、新建北路、上拉秀乡、西杭电厂、当代、红卫等地进行人员搜救，共抢救运送伤病员27人。

17 日 8 时，副部队长毛鹏德、副政委喻允刚分别带领 100 人的搜救分队按照“一线部署、整体推进”的方式，先后深入赛马场、西杭一巷等重灾区展开拉网式人员排查搜救工作，针对灾区情况不熟悉、搜救区域不明确的实际情况，成立灾情侦察小分队，了解掌握灾区群众伤亡、埋压情况。13时，在西杭一巷，从废墟中成功搜救出 2 名藏族生还者，其中 1 名为 60 岁左右女性，另外 1 名为 10 岁左右小女孩。全天共搜救受困群众 18 名，送往第二炮兵在格萨尔广场搭建的救治中心救治。

19 日 8 时， 由毛鹏德带队，动用兵力 150 人，采取“兵力化整为零，向偏远山区推进、向零星散户深入”的方式，在交通不便、通信不畅的搜救“盲区”上拉秀乡全面展开人员搜救行动。经过长达 4 小时的逐户排查、询问群众和现场查看，共搜救受伤病群众 6 名，送往第二炮兵在格萨尔广场搭建的野战医院进行治疗。

20 日 9 时 40 分，政治部保卫科长李德文、藏族战士彭措扎西、司机刘随景和王司恒在距结古镇 70 千米以外地区搜救时，在结古镇甘达村 3 社，发现 1 名藏族姑娘（才仁云藏，24 岁）被倒塌的房屋砸中腰部。李德文立即向前指报告，前指派救护车将受伤者送往位于格萨尔广场的第二炮兵野战医院。

21 日 10 时 10 分，喻允刚、沈继龙带队，出动兵力 210 人，车辆 8 台，在当代、红卫两地进行排查、搜救，运送 1 名 7 个月大的婴儿（发烧、呕吐）至体育场省儿童医院医疗点救治。

4 月 21 日 10 时 40 分，李保弟组织搜救人员在当代村运送重伤员 1 人（女，26 岁，索南巴措，脖子被砸伤，下半身瘫痪）去机场。

4 月 21—23 日，按照联指和 96351 部队前指明确的任务，采取“军地协作、全面排查、逐户登记”的方式，在红卫、当代片区全面展开排查搜救行动。共出动兵力 490 人，车辆 22 台，排查受灾家庭 1005 户，未发现被埋人员。

## 第二节　武警任务部队救援

黄金 72 小时后，武警官兵们继续坚持“不放弃”，到震后第七天，又从废墟下救出幸存者 8 人。随后，官兵们又展开“拉网式搜救”行动，确保不留死角，不放弃一人。

4 月 18 日 16 时许，武警青海省总队一支队一大队部分官兵搜救时，在扎西科小学倒塌的 4 层楼房的废墟下，听到从地下室传出的微弱的呼救声，官兵们立即动手清理废墟，经过 5 个多小时清理钢筋混凝土、搬移楼板，挖出一条 10 多米深的垂直通道。大队长齐爱民用绳索绑在自己身上，让战士们抓住慢慢往下送，顺着通道四面松动的废墟，身体后退着一点一点往下移，在通道底部发现一名被困女教师。21 时 57 分，女教师被官兵从深达近 12 米的废墟下成功救出。在隆宝镇一处废墟上，下连才一星期的新战士牛培和战友救援被压埋在废墟中的一名有 8 个月

武警青海省总队官兵走村入户搜寻被困人员　　（火光　供图）

的孕妇和她的老阿妈。在没有大型机械的情况下，官兵们用肩扛手挖将二楼的藏族阿妈救出。在老阿妈的引导下，战士们找来棍子撬楼板继续对孕妇进行施救，但无法撬开。牛培走下废墟察看四周，决定从下面掏挖，一点点清理废墟。直到天黑前，挖出一人深的通道，发现孕妇的一只脚，牛培跳进去挟住孕妇的肩膀往外拖。孕妇拖出来，羊水已破，躺在地上只有细微的气息，昏迷不醒。战友们迅速找来医生时，孕妇已死亡。

武警青海省总队第四支队官兵在总队长谢才书、副总队长牛建国、参谋长郑高龙、政治部主任邹建雄率领下，到甘达村搜救，未发现被埋压人员。

4 月 17 日上午 8 时，武警 8753 部队官兵在一座坍塌的危房废墟中发现被困人员，遂找来 10 多根木椽，将随时可能倒塌的危房支撑住。随后分成 2 个组，经过 20 多分钟施救，将被困 73 小时的妇女救出。

# 第三节　公安消防和特警救援

## 一、公安消防部队救援

### （一）青海省公安消防部队救援

4 月 19 日下午，果洛州消防支队参谋长彭泽民带领的搜救小分队一行 6 人在距结古镇 10 千米以外的西杭村倒塌的废墟内发现一名藏族妇女。当时，这名妇女身体大部分被埋在废墟里，只有头部和左手露在外面，处于半昏迷状态。在官兵们搜寻到附近时，该妇女下意识地动了一下手臂，被细心的搜救官兵发现。在对该妇女进行简单的护理后，搜救队员立即展开营救。由于被埋压妇女所处的位置在半山腰处，救援车开不上去，官兵只能用双手进行挖掘，一边唤醒被埋压的妇女，一边利用绳索和木棒清理房梁、用双手刨挖土坯和石块，手被磨破了，但没有一个人叫苦叫累。17 时 55 分，经过 40 分钟的艰苦营救，成功救出藏族妇女，并将她送往医院救治。果洛公安消防支队救出这名被埋压 129 个小时的藏族妇女，创造了生命搜救的又一奇迹。

海西州消防支队救援队官兵按照“一个人也不放弃，只要有一线希望就要尽百分之百的努力”的指示精神，4 月 17 日，在总结救援经验的基础上采取“分片寻找、重点搜寻、全面救助”的原则，将救援队分成 4 个小组，部署在受灾严重的结古镇西杭路、扎西大同路等地区。经过近 4 个小时的询问、搜寻，未发现被困人员。当官兵搜索到西杭路北侧时，一群众向官兵反映有人员被埋压，可能还活着。官兵对被埋压者展开全面搜救，抬木头，搬砖头石块，用铁锨清理碎石瓦砾。协调庆华集团冶金建设指挥部（格尔木铁矿）救援队的 2 台大型挖掘机对倒塌房屋清理，展开救援。经过近 20 分钟的救援，被埋人员成功救出。至 4 月 23 日 9 时，海西支队共出动 36 名官兵，从废墟中挖出遇难者遗体 11 具。

4 月 18 日，海东地区消防支队救援官兵乘车在结古镇民主路行驶时，有群众反映文化公园东侧一理发店内可能有人员被困，救援人员立即赶往救援。该建筑地上二层已全部倒塌，没有大型机械救援无法展开。支队长张涛通过指挥部调集挖掘机 1 台，一面移除大块楼板，一面小心搜救，当地下室被打开后，最终确定屋内没有被埋压人员。救援队先后在玉树民族师范学校女生宿舍、交通局办公楼、结古镇村庄房屋、文化公园东侧理发店、武警支队附近民房、结古镇西杭路附近民房及上拉秀村等地搜救。海东支队共投入官兵 45 人、各类车辆 13 台，在玉树县结古镇及上拉秀乡、文成公主庙等地实施救援 30 余次，抢救 25 人，其中生还 16 人，疏散 970 人。

**（二）甘肃省公安消防部队救援**

4 月 17 日，甘肃省公安消防总队救援队按照“进村入寨、逐户搜救”的要求，将救援重点由城区向周边延伸。9 时 30 分，白银支队在玉树县结古镇向西 10 千米处的果青村二社搜救时，得知在海拔 4500 米的北山、海拔 4900 米的南山上可能有被困牧民。救援队员立即向雪山挺进。官兵们克服海拔高、缺氧、下雪、山陡、道路崎岖等困难，逐村逐户展开搜救，经过 5 小时的排查，分别从南北两山将旦周仁加、旦周才让等 4 名受伤牧民（其中 3 名重伤）安全转移到体育场救助站救助。14 时，兰州支队救援小分队在结古镇西南 10 千米的青果村三社搜救时，得知腿部受伤的 65 岁藏族老人索南格兰和头部受伤的 13 岁藏族男孩急需救治。官兵们徒步 5 千米，用担架将 2 人抬到抢险救援车上，送往医疗救助点救助。14 时 20 分，兰州支队另一路救援小分队在结古镇新寨村发现 4 名被困藏族群众，其中 3 人严重骨折、1 人为即将分娩的孕妇。救援人员在营救 3 名骨折群众时，32 岁的藏族孕妇开始分娩，救援人员立即将孕妇转移至帐篷，随队医生紧急处置后，送往医疗救护点。

**（三）西藏自治区公安消防部队救援**

从 4 月 16 日清晨开始，西藏自治区公安消防总队救援队陆续对位于玉树县结古镇西杭村的禅古寺和部分民居展开拉网式搜救，并采用雷达生命探测仪和蛇眼视频探测仪对地震废墟进行搜寻，在经过两个白天不间断的搜寻后未发现幸存者。截至 17 日下午，救援队找到 9 具遇难者遗体。

**（四）重庆市公安消防部队救援**

4 月 17 日 14 时，重庆市公安消防总队九龙坡支队官兵在结古镇交通宾馆展开搜救时，1 名四川搜救队队员跑过来请求支援。官兵们跑步赶往两千米外的救援现场，几名国家地震灾害紧急救援队员也随即赶到。官兵们牵着两只搜救犬在废墟上反复搜寻，最终确认生命迹象和具体位置，使用专业工具钻孔打洞，在废墟表层凿出一个大洞，成功救出 1 名幸存者。

## 二、公安特警救援

4 月 18 日上午 11 时 20 分，正在扎西科路执行一级警卫任务的甘肃省兰州特警二大队民警接到青年志愿者救援队的求助，称废墟下有生还人员请求增援，便立即组织警力实施救援。在没有任何救援工具的情况下，特警队员用手刨挖，将上面的土石一块一块搬走，仔细清理完覆盖在伤者身上的杂物，历时 1 个多小时，成功将被埋压在废墟下的 20 多岁藏族女性救出，送到医疗点救治。

4 月 17 日晚 8 时 25 分，四川省甘孜特警奋战 7 小时协助救出被埋 85 小时的藏族男青年。救援期间，甘孜特警共营救出 7 名被困人员。

4 月 22 日 10 时，青海省西宁特警在拉网式搜救中，在果青村一处废墟下，救出被压埋的仁青上占，并迅速送往解放军第 1 医院医疗队救治。

# 第四节　专业、地方和民众救援

## 一、国家地震灾害紧急救援队救援

国家地震灾害紧急救援队坚持与时间赛跑，与极限抗争，克服重重困难，不抛弃、不放弃，进行立体拉网式排查。

4月19日，国家地震灾害紧急救援队员在倒塌的废墟上排查幸存者　（66150部队　供图）

4月17日，救援队派出2支搜救分队，分别由总队长王洪国、副总队长刘向阳负责，扩大搜索范围，先后对玉树州电视台、玉树州职业技术学校、师范学院、文化公园、工商银行等9个点位进行搜索排查，未发现幸存者。4月18日，救援队派出3个搜救分队，共54人，救援器材装备车2台，救援犬9条，分别由陆军第38集团军副参谋长和王洪国带队，采取拉网式搜救的方法对结古镇宾馆、赛马场、职校、政府办公楼等12个点进行综合搜救排查，没有发现幸存者。全天发现、挖掘遇难者遗体2具。4月19日，救援队派出3个搜救分队，出动人员42人，搜救犬6条，采取立体式的搜索方法，对玉树州政府、玉树县政府、结古镇胜利路北街等6个地点进行综合排查，发现并挖掘遇难者遗体3具。4月20日，救援队分成3个搜救分队48人，出动救援装备车2台、搜救犬6条，对玉树县远郊进行排查，没有发现幸存者。4月21日，派出2支救援分队42人，出动救援装备车2台、搜救犬6条，对胜利路商业巷1号居民区和西北牛宾馆进行搜救，没有发现幸存者。4月22日，派出20人的救援分队携带部分器材和搜救犬6条，冒雪对玉树县人大、政协大楼进行排查，未发现幸存者。

## 二、四川省矿山救护总队救援

震后100个小时，四川省矿山救护总队在新建路成功救出68岁老人达瓦。震后123个小时，四川省矿山救护总队广安大队在结古镇新寨村，成功营救出68岁的藏族大妈吾金措毛和她4岁的孙女才仁巴吉。截至22日17时，四川省矿山救护总队救援队员从地震废墟中救出53人。

## 三、民众志愿者救援

甘肃省华池县上里塬乡上里塬村农民党员安彦峰4月15日下午带领一起跑运输的4人，于16日上午10时到达玉树灾区进行救援，18日上午9时，成功救出1名被埋藏族群众。

17日14时，北京蓝天救援队在坍塌的民族宾馆救出被埋77个小时的汉族妇女陈彩霞。

# 第四章　抢救财产

## 第一节　抢救群众财物

### 一、解放军任务部队抢救群众财物

#### （一）68211部队救援队

4月17日12时30分，68211部队救援队在玉树州职业技术学校排查商店1处，找出2万元现金和价值约3万元的商品。18—19日，抢救出贵重家具、家电28件，各式箱包19件，衣物被褥415余件（套），鹿角10支，鹿皮20张，金银玛瑙首饰1箱约180件，小轿车3辆，大型保险柜2个，现金580万余元，金银贵重物品47件，冬虫夏草5千克，其他278件。营救出藏獒7只。之后，68211部队救援队抢救藏獒8只，小车4台，现金1386万余元，金银玛瑙物品465件，家电（具）125件，粮食349袋，衣物被褥608件（套），其他贵重物品410件。

#### （二）68303部队

4月16—23日，68303部队在搜救人员时，清理出各类衣物和被褥10997件、各类家电家具1311件（组）、毛皮746张、铜制品110件、汽车7辆、课桌1492张、米面油100.8吨，清理出现金106.811万元，挖出金佛41尊、保险柜19个、经文20箱零104卷、唐卡133幅、藏袍63件、金银首饰186件、佛珠3串、酥油灯200盏、鹿茸100千克和价值12万余元的虫草。5月10—25日，在西杭清理废墟中，清理出现金83.03万元和46个保险柜（内有现金3682.23万元），还有价值约135万元的金条。另外清理出金佛67尊、银佛1尊、玉佛1尊、佛像10幅、金碗12个、银碗11个，汽车10辆、摩托车31辆、粮油208.184吨、家电1166件、经书1366卷、虫草20千克、唐卡182幅（其中金丝唐卡1幅）、鹿茸54千克、藏毯53条。同时营救藏獒32条等。清理现场累计价值1.164亿元。6月1—13日，在扎西大同清理废墟中，帮助560户受灾群众清理出现金及物资价值2300万元。6月29日至7月18日，在扎西大同两侧清理废墟中帮助503户受灾群众清理出现金及物资价值2320万元。

**（三）青海陆军预备役步兵旅地震救援分队**

青海陆军预备役步兵旅地震救援分队为家具店、灯具店、州城建局等受灾单位和个人清理出有关物品价值约103万元。

**（四）68710部队**

5月10—28日，68710部队在担负扎西大同村（解放村片）清墟任务中，清理出现金710万余元，金佛、金银器、明代唐卡、经文、虫草等贵重物品10838件（套、部）。6月1—19日，在清理扎西大同片区废墟中，清理出现金710万余元，清理贵重物资44200余件（一说各类物资21572件，价值2200多万元）。

**（五）四川省军区救援队**

四川省军区救援队共挖出保险柜27个、现金2791.33万元，挖出价值约1.37亿元的金条、唐卡、金佛、虫草、首饰、藏药等贵重物品。甘孜军分区救援队挖掘清理出群众财产价值近4000万元。阿坝军分区清理出金、铜佛像519尊，唐卡86幅，经书727卷（其中有300多年历史的经书367卷），金腰带23条，家电261件，青稞等粮食14000余千克，现金11360元；清理建筑木材105立方米以及大量其他生活用品。内江军分区抢救明清年代金佛9尊、经书33卷、宝瓶1座、虫草20余千克和其他物品54600余件，总价值7100万余元。资阳军分区挖出现金54万元、金佛15尊、价值330万余元的财物和5000万余元的虫草、藏红花等藏药材，挖掘清理车辆、机械、电器等物47台（件）。乐山军分区清理金、铜佛像519尊，唐卡86幅，经书727卷，金腰带16条，家电237件，青稞等粮食6000余千克，现金1万余元。成都警备区挖掘出保险柜25个，清理现金2000余万元，各类贵重金银饰400余件，有价证券500万余元，各类文物80余件，清缴各类子弹425发。

**（六）96361部队**

4月30日至5月30日，96361部队在红卫、当代两个区域展开废墟清理工作，挖掘出现金2378元、轿车2辆、摩托车2辆，金腰带、玉器、金银首饰等贵重物品374件，电视机、电冰箱、家具、被褥及其他生活用品若干。

## 二、武警任务部队抢救群众财物

**（一）武警青海省总队**

武警青海省总队官兵在救援行动中，从废墟中挖出现金650万余元，挖掘和转移藏传佛教文物560余件，移交贵重物品价值9400万余元，并对暂时无人认领的现金、珠宝、文物加以保护，送交当地政府相关部门。武警青海省总队第一支队救援官兵在扎西科村搜救时，挖到2台保险柜，其中一台保险柜无人认领，装有120万元，第一支队上交玉树州公安局治安支队。另一台保险柜装7.5千克虫草、一堆玛瑙石和一堆首饰，第一支队登记造册，上交总队。第一支队在抗震救灾中挖出现金161.6917万元，贵重物品折合人民币1674.7万元。该支队一大队挖出现

武警青海省总队官兵在废墟中抢救出的群众财物
（武警青海省总队　供图）

金12万余元、唐卡7幅、经书5卷、玛瑙首饰41件，各类生活用品价值10万余元。三大队从废墟中挖出保险柜19个，现金92937元、港币100元、外币1000元、虫草7.5千克、唐卡49幅、各类家电292件、手机23部、粮食11吨、牛羊肉960千克、玉镯和玉佛珠14件、金佛2尊、金银首饰127件等，以及日用百货2000余件，共计折合人民币550余万元。武警青海省总队第四支队救援官兵共搜挖现金及贵重物品价值400万余元。支队特勤中队搜挖现金73万元和19400余件物品。4月19日，特勤中队30名官兵得知受灾群众白央措毛家中房屋全部倒塌，装有360元现金的钱包被埋，奋战1小时15分钟，将钱包挖出。

**（二）武警玉树州支队**

武警玉树州支队官兵先后挖掘出5000元现金和虫草、有价证券、金银、电器等价值480万余元的物品。4月20日下午，支队直属大队一中队指导员刁锋带领6名战士在西杭路一受灾群众家搜救财物，从废墟中找到了一个没上锁的保险柜，刁锋指派专人看护，任何人不得擅自打开，及时向支队汇报，并寻找户主。几经周折找到户主，保险柜中有人民币3万余元，虫草、玛瑙、金银首饰若干。一中队在结古镇西杭村帮助群众搜寻物品时，战士朱培强钻进废墟空隙向外递送群众生活用品，废墟堆积物突然坍塌，朱培强被深埋，经过半个小时救援才被救出。

**（三）武警西宁市支队**

武警西宁市支队救援官兵挖掘出现金32.78万余元，贵重物品33件。

**（四）武警甘肃省总队**

武警甘肃省总队救援官兵挖掘出现金51.5万元，黄金珠宝、家用电器、名贵中药材、摩托车、粮食等价值1300万余元。

**（五）武警8653部队**

武警8653部队救援官兵挖出贵重物品和文物价值约5399.6万元。在搜索救援中，5连副连长何伟冒着生命危险带领官兵冲进危房，为一名藏族老大妈抢救出1年的口粮；通信连战士刘晓亮不顾余震频发的危险，帮助一位老大爷抢救出珍藏多年的毛主席像。

**（六）武警交通部队**

武警交通部队救援人员抢救财物价值500多万元。出动20多台（套）专业机械帮助群众拆除危房、抢救财物。46岁的藏族司机索宗的出租车被埋，部队出动机械在废墟中开辟出一条500多米长的便道拖出出租车。4月22日凌晨，官兵去抢救果尕经营的商店中埋压在残垣断壁之下的冰箱、洗衣机、摩托车，快接近财物时，官兵们停下机械，蹲着、跪着、趴着，在狭小的空间里搬开砖块，抢救出大部分重要物品。

**（七）武警水电二总队五支队**

武警水电二总队五支队挖出 30 万余元的现金、银行卡和价值 16 万元的物品。

## 三、青海省公安消防部队抢救群众财产

截至 19 日，青海省公安消防部队救援官兵挖出贵重物资价值 8700 余万元。全省消防部队为当地抢救出一批“三江源”重要文献，以及经书、金佛、唐卡、玛瑙、首饰、现金、存折等贵重物资。

4 月 18 日上午 9 时，海西州公安消防支队救援队搜救到胜利路西杭村一民房时，应户主马吉英请求挖掘被埋大量贵重物品。救援人员分为 3 个小组，一组用铁锨清除砖块瓦砾，一组将椽木抬走，一组则用无齿锯、手动破拆工具拆除楼板，12 时 20 分，成功将小金佛 8 尊，藏服、金戒指、项链等价值 18 万余元的东西挖出交给户主。4 月 20 日 14 时，救援队经 2 个小时的奋战，挖出西杭路农牧局保险柜 1 个、重要票据 30 余箱和价值 8000 万余元的物品，全部移交相关单位。

4 月 19 日，格尔木市公安消防支队救援队赶赴西杭村清理废墟，据两户居民反映，废墟下埋有保险柜等重要物品。救援队兵分两路，一路负责西杭路 41 号处，一路负责加油站旁倒塌房屋。在增派的挖掘机和推土机的协助下，经过 1 小时的挖寻，将两个保险柜挖出，内有现金 14 万元、首饰 10 余件，共搜寻出价值 167 万元的现金和物品。4 月 20 日 9 时，救援队第一小组搜索 98 号院落时，应户主请求，经过 2 小时的挖掘，挖出玛瑙、金佛、藏族服饰等物品，价值 28 万元。4 月 20 日 12 时，救援队第二小组在西杭以北的居民区帮助一农户挖出 1 万元现金、6 万元的存折和价值 4 万元的金银首饰。

4 月 25 日 8 时，海南州公安消防支队救援队接到抗震救援指挥部紧急命令，寻找香港义工黄福荣生前腰间所佩戴的两个小黑包。小分队迅速行动，由于孤儿院坍塌面积过大，加之遗物体积很小，搜寻难度很大。小分队进行拉网式排查，不放过任何一个角落，为保证遗物的完整性，所有人员一律使用手刨，最终在傍晚时候将身份证、手机等遗物全部找出，无一遗漏。在上级部门的协助下完好无损地把东西送还黄福荣的亲属手中。

## 四、其他救援队抢救群众财产

唐山市抢险救援小分队在玉树州职业技术学校高中部开展搜救、清理工作，抢救出各种物品 340 多件，价值 20 万余元。河南省义煤集团青海义海公司救援队在 5 天搜救中，在 33 个点为群众挖出家电、保险柜、首饰等 2000 余件，价值 560 万元。玛多县救援队抢救受灾群众财物价值 15 万余元。

# 第二节　抢救文物

## 一、抢救寺院文物

根据青海省抗震救灾指挥部的部署和联指安排，第二炮兵96361部队、武警8653部队和武警玉树支队对损毁寺庙和被埋文物进行抢救清理。官兵们使用木铲、绳索等原始工具，以肩扛、手刨等方式，小心翼翼地清理每一处废墟。指挥员与活佛一起对挖出的文物一一登记造册，逐件移交。

4月25日，96361部队官兵在玉树县禅古寺废墟中清理佛像

（96361部队　供图）

96361部队部队长李保弟4月17日晚接到禅古寺僧侣求助电话后，连夜邀请藏族老师公保才仁、卓尕给官兵讲授藏族风俗常识课。18日，带领官兵赶赴现场。李保弟和洛卓尼玛活佛再次勘察损毁情况，制订救援方案，安排官兵搜救文物。官兵们将随身携带的挎包敞开集中放置，搜救时由喇嘛带路指定点位，用木铲、绳索，肩扛手刨，小心进行人工挖掘。白天挖掘，夜晚移交，李保弟率3名参谋一一登记造册，大到一尊金佛，小到一页经书，一一归置整齐，请洛卓尼玛活佛过目后移交。4月18日至6月13日，部队共出动兵力1332人次，装备车辆126台次，采取手工扒挖与机械挖掘相结合的方式，边排除险情、边抢救文物、边清查登记，一线展开、轮班作业。在禅古寺，共清理出唐卡、佛像、保险柜等各类物品15171件，现金28055元，存折62万元，圆木1420根，空心砖1100块，清理废墟2660立方米，平整场地8000平方米，喇嘛所用衣物、电器、日常用品及食品若干；成功吊移大佛像6尊，运往新址（文成公主庙附近，单程距离20千米）；在旧址搭建军用帐篷11顶；在新址搭建帐篷15顶；从禅古寺旧址运送文物、食品等物资483吨至新址、赛马场、下拉秀等地。

96361部队捐赠棉被并搭建5顶200平方米的大帐篷和一排14间520平方米的活动板房，

建起灾区第一个“帐篷寺院”，解决 260 多名僧侣住宿学习和贵重文物存放。部队领导多次到该寺进行慰问走访，向他们宣讲党的民族宗教政策。

武警 8653 部队成立文物抢救领导小组，科学制订抢救方案，明确责任，层层签订《文物抢救“五严禁”责任书》，为实施抢救做好充分准备。4 月 17 日，转入挖掘清理文物任务后，政委黄志远召开紧急会议，明确责任要求，组织官兵学习上级关于抢救藏族文化遗产的指示精神，以及寺院规定、藏族风俗习惯及禁忌。在抢救过程中，请来地方文物局的专业人员，对一些较大文物的挖掘和移动进行指导，防止珍贵文物损坏。对每一尊金佛不摸头，不倒立，活佛不在场不挖，僧侣不同意不挖，没有 3 人以上不挖。严格的制度打消僧侣们的疑虑，他们主动与官兵一起挖掘清理。在一次挖掘中，发现一尊金佛卡在废墟中的木梁下，2 连连长姬晓军带 6 名战士钻进废墟缝隙，用肩膀顶起木梁，安全取出金佛，姬晓军却因高原缺氧和体力透支晕倒在废墟上。9 连战士肖军在废墟中抢挖经书，在废墟上面的土块坠落下来时用身体护住经书不受损害，背部被严重砸伤。4 月 20 日，6 连战士刘建民刨挖 4 个多小时后，一幅有着 600 年历史的唐卡终见天日，官兵们用毛刷细致谨慎地清理文物上的尘土，寺院僧侣纷纷双手合十致谢。官兵每挖出一座佛像，都小心翼翼地放好。抢救过程始终都请洛卓尼玛活佛在场，挖出文物及时交给寺院管理人员保管，甚至连砌墙的花砖都一块一块清理出来摆放整齐。至 4 月 23 日，共挖出金佛 1635 尊、经书 4376 卷、唐卡 120 幅，为寺院挽回经济损失上千万元。

4 月 25 日，武警玉树支队支队长石华杰带官兵到结古寺抢救文物。结古寺藏经楼建造在山顶上，大量的唐卡、经书等珍贵物品都在这里珍藏。地震导致藏经楼楼顶倾斜下来，仅有酥松的土墙勉强支撑着，暴露在外的经书被塌陷的一根圆木阻挡，其他的圆木横七竖八地悬在半空，救援人员根本不能靠近，必须将悬空的圆木一根根拉下来，消除危险。参谋长范玉龙勘察后和寺院住持丹巴阳平商量，所有救援人员先撤离墙体 5 米外。范玉龙用绳索甩出去套住圆木，官兵和寺院喇嘛一起将圆木拉倒，解除危险。支队官兵在寺院主体建筑大经堂抢救转移佛像 223 尊、唐卡 121 幅、经卷 3000 余卷（册）。

## 二、抢救东仓《大藏经》

地震造成东仓《大藏经》珍藏馆主体受损，东仓《大藏经》主人家中父女二人遇难，家庭其他成员顾不上失去亲人的伤痛，在最短的时间内和武警玉树支队直属大队官兵联合抢救出藏传佛教东仓《大藏经》3500 余卷稀世珍品，并安全转移。

## 三、抢救嘉那嘛呢石刻

在灾区清理废墟的过程中，各救援队挖掘出大量早期被用作建筑地基材料的嘉那嘛呢石刻。玉树州专门对抢救和回收嘉那嘛呢石文物工作作出部署，州文体广电局、州住房城乡建设局、州国土局、州旅游局等相关部门与玉树县抗震指挥部共同配合，动员信教群众，分组行动，广泛调查摸底，积极协调，掌握用嘉那嘛呢石刻为建筑地基的建筑物及其分布点，明确各点责任人和责任单位；州文体广电局、州旅游局与部队清墟领导小组沟通，加强宣传，在对用嘉那嘛呢石刻作为地基的建筑物进行拆危清墟时，组织专门力量，配合、协助责任人和责任单位抢救、保护及回收嘉那嘛呢石刻；玉树县抗震指挥部组织文化、旅游等单位成立抢救嘛呢石刻文物督查小组，负责督查、清点、统计各点抢救和回收嘉那嘛呢石刻情况；州、县两级文化部门负责将抢救和回收的嘉那嘛呢石刻运送到新寨嘉那嘛呢石经城。

## 四、抢救其他文物

4 月 18 日下午，68710 部队班长李如钢带领 5 名战士在扎西大同西路排查时，一名 40 多岁的喇嘛焦急地向李如钢求救，让帮助挖出埋在 42 号倒塌房屋下面的佛像、经书等佛教文物。官兵们立即爬上废墟，弄清倒塌楼房的结构和文物被埋的位置。为防止对文物造成二次损坏，官兵们用木头支撑住倾斜的墙壁，用手清理砖块木梁、钢筋混凝土块，经过 4 个多小时的奋战，抢救出唐代鎏金释迦牟尼像 1 尊，宋代佛经 1 部，含纯金主佛和舍利的长 1.1 米、宽 0.8 米、高 1.5 米绿度母 1 座，重 1.6 千克昆仑玉 1 块，二十一度母 1 套，《甘珠儿》大藏经全集 1 部，各类大活佛袈裟 12 件，清代瓷碟古玩 8 件，以及千手观音、四手观音等大小金佛 40 余尊。

# 第四篇 抢修恢复

面对基础设施的严重受损和群众生产生活环境的严重破坏，抗震救灾指挥部坚持一手抓人员搜救，一手抓抢修恢复，保证抢险救灾工作有序进行。各系统、各有关单位认真筹划，严密组织，采取有力措施，以最快的速度抢修基础设施，保障恢复正常的生产和生活秩序。地震发生后，国道 214 线、省道 308 线、省道 309 线以及结古镇通往玉树县其他乡镇的部分路段山体滑坡、桥梁毁损，给抢险救灾队伍进入灾区实施救援、救灾物资的运输带来不便，交通运输部门立即组织力量抢修，确保交通畅通。地震造成部分通信设施阻断，青海省通信管理局迅速启动应急机制，成立指挥机构，协调中国电信青海分公司、中国移动青海有限公司、中国联通青海省公司，迅速组织人员抢修通信设施，确保灾区救灾指挥通信顺畅和灾区群众通信畅通。玉树州电网尚未与国家电网连接，区内仅靠几座小型水电站供电。负责该地区发供电管理工作的青海水电集团按照省抗震救灾指挥部的统一部署，协同前来支援的黄河水电公司、省电力公司等单位对受损电力设施进行抢修。地震导致结古镇供水设施损毁严重，供水系统全部瘫痪。玉树县 8 个乡镇人、畜饮水困难。住房城乡建设部、陕西省水利厅、湖南省水利厅、青海省电力公司、青海省水电集团公司、青海省玉树州电力公司、青海省防汛机动抢险队等 20 余支水利水电应急抢险队携带抢险物资设备，展开大救援，其中青海省 13 支专业应急供水抢险分队分赴重灾区结古镇及 8 个乡镇展开供水保通工作。截至 4 月20 日，灾区金融服务工作基本恢复。

# 众志成城　抗震救灾

# 第一章　抢修交通设施

## 第一节　抢修公路

### 一、抢修机场公路

全长21.6千米的结古至玉树机场公路是结古镇通往机场的唯一通道，地震使机场公路受损严重，出现6处滑坡，其中3处交通中断。

玉树军分区根据省军区命令，司令员吴勇安排7名战士勘察机场公路，及时摸清险情，迅速组织70名官兵用2个多小时清除塌方泥石。

省收费公路处正在国道214线施工，调集26台（套）各种机械设备，240多人集结到中断现场，一部分人员投入救援工作，一部分投入抢险保通。共投入机械设备800台（套）、人工3368人次，清理滑坡及塌方65000余立方米，加固桥梁6座。至14日13时，3处交通中断路段修通，能保证单向通车。

省玉树公路总段职工克服机械设备不足、油料缺乏、食品短缺、高寒缺氧、人员连续疲劳等困难，连夜抢险保通，共清理塌方40000立方米。15日凌晨5时，实现双向通行的便道开通，16日中午，双向通行的岔路被全部清通。

正平公司玉树机场路B标项目部组织169名员工，动用34台机械，赶赴灾区参与救援，当发现机场公路因地震造成多处大面积塌方和泥石流时，立即成立保通突击队展开救援。队员冒着余震不断、随时都有再次塌方的危险，投入抢修工作，11时左右修出一条便道。为提高道路的通行能力，保通突击队连续奋战20多个小时打通单幅通道，将部分机械开赴灾区，成为最早到达灾区的机械队之一。

公司临时合同工李德业4月14—17日在玉树机场公路塌方路段昼夜清理塌方，每天连续工作18小时以上，由于当地夜间天气寒冷，加之疲劳过度，患上了感冒。18—22日，李德业在身患感冒的情况下仍坚持工作在玉树机场清理塌方第一线。23日15时，在保通工作现场突感身体不适，就地进行医疗，24日上午病情恶化，经青海省卫生厅和山西医疗救援队全力抢救，抢救无效牺牲。

## 二、抢修国道214线

青海省公路局所属各公路总段和省公路建设总公司组织力量赶赴国道214线开展清理塌方、落石，填补路基沉陷等抢修保通工作。截至4月20日，在雁口山至结古段清理落石70710立方米；在鄂拉山至雁口山段清理零星落石39290立方米，清理积雪积冰60000立方米，埋设波纹管204.83米/15道。

省玉树公路总段成立应急保通领导小组，组织囊谦、结古、黄河沿、花石峡等公路段及治多工区的200余名职工，雇用250名临时工在国道214线鄂拉山至结古段开展抢修保通工作。

省湟源公路总段4月14日下午组织应急队伍，调集职工及临时工115名、机械16台，对国道214线倒淌河至鄂拉山、河卡山、柳梢沟等路段出现沉陷、翻浆及路面病害严重路段及时进行清理及换填处理。对涵洞盖板裂缝加强巡查力度，并做好盖板预制准备。在抢通期间总段投入人员1150人次、机械882台次，清理塌方、泥石流9773立方米，清理积沙2173立方米，处理沉陷、路基翻浆4349立方米，填补坑槽23516立方米，铺筑10厘米厚沙砾路面3194立方米。

省公路建设总段花石峡段和结古段对通天河和花石峡大桥采取限载55吨和派人看守等措施，对鉴定为危桥的玛多黄河桥先期采用铺设钢板临时加固措施。4月22日，省交通战备办公室紧急调运321钢桥和ZB—200型战备钢桥运抵玛多黄河桥后，省玉树公路总段花石峡段

甘肃省交通运输厅抗震救灾突击队抢修玉树地区公路

（甘肃省交通运输厅　供图）

和结古段在玛多黄河桥下游分别按上下行架战备钢桥便桥，修筑便道，埋设波纹管。总段共投入人员4865人次、机械920台次，填筑路基缺口及沉陷7679立方米，处理翻浆路面坑槽2485立方米，埋设波纹管27.93米/19道，清理积雪积冰6万立方米，撒铺防滑料317立方米，清理塌方149260立方米。

甘肃省交通厅成立甘肃省交通抢险救灾指挥部。4月14日21时，甘肃省公路局、省运管局、路桥建设集团、省校验设计院等6家单位60名抢险队员和18台大型机械设备组成突击队在兰州市北龙口服务区集结，22时冒雨出发。15日21时抵达玉树。16日下午起，甘肃交通抢险队路面、桥梁、地质等方面的专家，对玉树境内干线公路危险路段进行全面勘查，确定桥梁加固和滑坡体治理方案，组织人员机械修复受损公路、桥梁。19日凌晨，甘肃省交通抢险队根据青海省抢险救灾指挥部要求，派出30名队员和4台大型机械设备，到国道214线距结古镇50千米处的2个涵洞进行抢修，根据洞内路面移位、路基下沉的情况，采取半幅施工半幅通行的办法，拆去涵洞盖板，用沙石料填充后压实，仅用一个半小时就处理完第一处涵洞的抢险任务。第二处涵洞位于海拔4850米的雁口山上，抢险突击队员克服缺氧带来的困难，精心操作，不到1小时就抢通了道路。28日，完成任务返回兰州。

武警交通部队于17日12时组织16名党员组成党员突击队，抢修国道214线歇武镇段的一座桥梁梁板出现的裂缝。为了让排水涵管连接复位，江苏籍士官张林跳进冰冷的河水，一干就是6个小时，18日抢通。

## 三、抢修省道308线

省道308线是不冻泉通往玉树的通道，经过铁路运输到格尔木的救灾物资，都需要经过省道308线运送到玉树。省格尔木公路总段领导在地震当日召开会议，成立抢险救灾省道308线应急保障突击队，对曲玛河至不冻泉段312千米路段进行抢险保通。全线设曲玛河、多秀、楚玛尔河、叶格4个应急保通点。

省公路局治多项目部4月15日对省道308线隆宝镇至结古镇路段进行抢修，处理塌方9处，清理碎石及土方1300余立方米，在42千米长的路段上清理大量路面落石、坑槽，22时恢复正常通车。

格尔木总段17—20日组成80人突击队，对全线410个公路涵洞进行安全排查，对出现裂缝的13道涵洞的21块盖板进行换板处理，对沙砾路面病害较严重的596千米至626千米路段进行处理和重新铺设沙砾路面。总段投入人员450人、机械130台次，填补路基沉陷及坑槽1255立方米，铺筑沙砾路面234000立方米，平整路面150平方千米。

玉树总段抢通省道308线损毁桥梁便道3处，埋设波纹管4道。

武警交通部队抢通省道308线距震中35千米处塌方。

甘肃抢险队4月25日组织人员带8台大型抢修机械设备，冒着大风和沙尘暴赶往省道308线423千米处抢修，该段300米长的高填方路基由于地震滑塌沉陷，路面裂缝最宽处达50

厘米，省道308线一度中断。经过12个小时奋战，挖运土方1万多立方米，处理路面2000平方米，抢通省道308线。

## 四、抢修省道309线

省道309线是玉树州杂多县出入主通道，东起玉树县的多拉麻科，经加巧达、玛龙称到杂多。玉树公路总段组织人员31名、装载机5台、农用车3辆对龙清峡1800立方米塌方落石进行阶段式清理，保证道路畅通。

## 五、抢修其他公路

震区由于余震和连续降雨，被震松的山体不断发生滑塌等地质灾害，玉树县结古镇、隆宝镇、巴塘乡、安冲乡、仲达乡、上拉秀乡等7个乡镇、17个村的多条公路遭到破坏。

玉树公路总段组织人员、机械赶赴现场抢修维护，对阻断交通的滑坡体进行清除，累计清理塌方9.8万立方米，投入资金196.8万元。

18日中午，距离结古镇30千米的重灾区仲达乡唯一的公路阻断了，两个村3000多人被困。武警交通二总队一支队4人携带3台大型机械赶往现场作业。至19日1时，道路抢通，共清理塌方道路10千米。武警交通二总队一支队在灾区7天，清理抢通道路16条，清理废墟30处。

治多县交通局组织人员征调车辆、机械，积极投入抗震救灾工作中。根据县抗震救灾指挥部的统一部署，4月18日出动装载机及翻斗车辆，打通立新乡受损道路10千米，处理塌方3500立方米。历经7天，投入机械11台、人员51人，抢修国道、村道4条，重点抢修里程达144.8千米，清理土石方33处34867立方米，投入资金57万元。

治多县通往安冲村、哈秀村的农村公路发生山体滑坡及塌方，交通中断。省公路局治多项目部调集职工和机械抢救，清理塌方和落石9260立方米。4月18日，省公路局治多项目部利用3天时间对治多县受损较重的立新乡、加吉博洛镇的农村公路进行抢修，重点抢修立新乡岗查郭庆山段、立新乡岗查至夏日寺吊桥段、加吉博洛镇日青公路松木荣段。

称多县交通局4月15日租用装载机6台、挖掘机2台、5吨自卸车22辆、推土机2台，动用民工70人，分成4个灾后农村公路保通小组对县道直兰、直阿、二赛寺等公路进行抢修。在21天的保通中，共投入资金86.3万元。

## 第二节　保通和新建公路

为防止余震和次生灾害再次使交通中断，交通运输部门组建6个通保组随塌随清；派出专家对通往灾区道路上的桥梁、涵洞进行巡查，对国道214线上的花石峡大桥、玛多黄河大桥、通天河大桥派专人值守，引导救灾车辆限速单车道通过，加强道路的整修、巡查和养护工作。

4月24日，玉树抗震救灾工作转入安置受灾群众、恢复生产生活秩序和灾后恢复重建阶段。按照国务院、交通运输部和青海省抗震救灾指挥部的要求和统一部署，省交通运输厅组织和动员全行业力量积极投入灾后恢复重建保畅通、保运输、保安全和交通基础设施重建工作。根据交通运输部制定的《青海玉树灾后重建公路保通方案》，青海省交通运输厅编制《玉树灾后恢复重建公路保通实施方案》，成立青海交通厅玉树灾后重建公路保通工作领导小组，明确保通工作原则、目标和工作任务，落实保通工作责任单位及责任人。按照“先重点、后一般；分段安排、快速实施”的原则，细化工作措施，保证通往玉树灾区各干线公路正常通行。

### 一、保通国道214线

#### （一）国道214线与京藏高速共用段倒淌河至共和高速公路

国道214线与京藏高速共用段倒淌河至共和高速公路正在建设，玉树地震后，为确保该路段便道畅通，加大人员、机械投入，随时处理施工便道翻浆、沉陷等。至6月21日，完成路基土石方236.5万立方米、桥梁桩基91根、预制梁板8片；隧道掘进1234米，占隧道全长的16.8%，衬砌595米；累计投入保通人员2914人次、机械888台班，处理施工便道翻浆、沉陷等日常病害129处3678平方米，保证建设路段便道畅通。国道214线共和至结古段公路病害整治和保通分别由湟源公路总段、省公路建设管理局、省收费公路管理处3个单位承担。各单位接到保通任务后，立即成立领导机构，明确工作目标、工作责任和工作要求，人员和机械设备于5月7日前全部到位，全力投入公路保通和路基路面整治工程之中。各保通单位首先对保通路段桥涵状况和病害进行详细调查，制订保通和病害处治方案，组织保通力量和处治队伍，并迅速着手实施。至6月21日，柳梢沟至鄂拉山段共处治路面病害4772平方米，完成全部桥涵加固；鄂拉山至雁口山段442千米处于多年冻土地区，公路病害较多。自5月8日开展整治以来，共投入人员72436人次、机械设备6524台班，完成全部桥涵加固维修、路面沙砾找平、路面灌缝和停车港湾设置等工作，共加固桥梁40座，用波纹管替换危涵30道，完成路面沙砾找平19.5万平方米、路面灌缝12.27万米、停车港湾30处，增设警示标志（牌）290块，开采片石18万立方米，加工碎石1万立方米，采备沙砾1.16万立方米，储备沥青108 62吨、水泥1000吨。从6月10日开始铺筑沥青碎石路面，完成1.4万平方米。为保证该段公路3年恢复重建期畅通，各施工单位均成立一支60人的应急保障队伍，配备抢修专用机械和保通设备，将在3年保通期进行公路日常巡查养护、病害处治、冰雪清除、遇险车辆救援等工作；雁口山至结古段完成桥梁维修加固和病害路段路面挖补处理，处理病害路面15千米，其中K799+200处当卡寺滑坡委托中铁西北科学研究院进行监测并编制处治方案，改线方案委托中交一院设计；玛多黄河段在原桥南侧架设了双向战备钢桥，完成花石峡大桥替代桥梁建设。国道214线共和至结古段全线桥涵加固和重点病害整治工作提前半个月基本完成，国道214线西宁至结古段全线畅通。

6月15日，省交通厅与省公安厅联合下发通知，从6月20日起恢复符合装载要求的车货总重55吨以下的车辆通行（玉树地震后，由于桥梁受损，禁止车货总重超过40吨的车辆行驶国道214线共和至结古段）。

**（二）国道214线结古镇至巴塘机场公路工程**

国道214线结古镇至巴塘机场公路工程5月18日上午6时提前7天完成沥青路面铺筑，实现半幅通车。结古至玉树巴塘机场公路起于国道214线结古镇东过境段，经禅古电站、禅古水库、文成公主庙到达终点玉树机场，路线全长21.6千米，全线设有6座大、中、小桥梁，涵洞35道680米，按二级公路标准建设，路面宽度17米。工程于2009年6月开工，当年完成全部路基工程，并铺筑1千米沥青路面。随着灾区抢险救灾向恢复重建阶段转移，玉树结古至巴塘机场公路一个月实现半幅沥青混凝土路面通车。

省收费公路管理处与承担施工任务的正平路桥公司、威远路桥公司4月27日开始铺筑沥青混凝土路面。在保证半幅通行的同时，建设单位200多名职工和50多台机械设备，加班加点施工，加快铺筑另半幅沥青混凝土路面，完成沥青路面铺筑比原计划5月25日半幅通车整整提前了一星期。国道214线巴塘机场至囊谦公路全长134千米，进行设计调整和完善。

**（三）国道214线囊谦至多普玛（青藏省界）段在建工程**

国道214线囊谦至多普玛（青藏省界）段在建工程加紧建设。至6月21日，完成重点控制性工程扎曲河13孔30米预应力箱梁桥、囊谦连接线17孔30米预应力箱梁桥下部工程；扎曲河大桥梁板开始吊装并完成1孔；曲泽尕峡隧道已贯通；全线铺筑水稳基层20千米，铺筑沥青路面15千米。海南州交通局出动人力保通国道214线海南州境内倒淌河—姜路岭段路面畅通。抽调路政、运管人员12人对柳梢沟段便道进行24小时养护，对部分路段进行拓宽，确保救灾车辆通行。正平路桥公司负责国道214线100千米的保通任务。为确保灾后重建道路的绝对畅通，公司组织精兵强将，调用新购置的价值1000余万元的机械，全力以赴、连续作战，确保交通畅通。

5月5日起，省交通路政、运政执法队伍加大路面执法力度，强化路政人员上路巡查、运政执法监管，采取有效措施控制超载车辆对国道214线受损桥梁和路段造成新的垮塌次生灾害。省交通厅协同有关单位在国道214线、省道308线沿线分别设置3个汽车维修点，落实维修救援车辆和大型吊车，随时做好车辆的维修、救援工作。一旦因事故阻断交通，迅速组织清障，在第一时间恢复交通。

## 二、保通省道 308 线

5 月 10 日，青海省玉树公路总段开始对省道 308 线玉树至曲麻莱 248 千米路段进行整治拓宽，投入人员 42182 人次、各类机械设备 11500 台班。至 6 月 21 日，完成路基拓宽 183 千米，路面垫层 59 千米；加固维修桥梁 18 座、涵洞 71 道，涵洞接长完成 146 道；硬化路肩 146 千米；增设交通标志（牌）301 个，完成总工程量的 64.81%。保通重点放在沙砾路面的养护上，对 125 公里沙砾路面进行铺装料补强，并对全线桥涵、边沟进行全面清理疏通和病害处理，铺装沙砾路面 31 万平方米，处理路基病害 2276 立方米，处理路面病害 4210 平方米。7 月 15 日前，全面完成整治拓宽任务。

曲麻莱至不冻泉 316 千米公路由格尔木和玉树两个总段实施保通。4 月 15 日，出动装载机 1 辆、农用翻斗车 2 辆，打通省道 308 线隆宝镇至结古镇段塌方 9 处，清理路面 40 千米。

玉树总段保通人员 180 名、装载机 3 台，对治多县境内哈秀山、红土山、贡土山、同卡峡及隆宝镇的塌方、坍塌涵洞进行保通，共清理塌方 10200 立方米。

## 三、保通其他公路

5 月 1 日，省交通厅工程技术人员对禅古村巴曲河桥梁新址和现有道路状况进行勘查，鉴于原禅古村巴曲河桥已严重受损无法使用、通村公路无法满足工程车辆通行条件的实际，安排省正平路桥公司连夜开工，在禅古村巴曲河已损毁桥梁的上游约 1 千米处架设管涵便桥和拓宽 1.5 千米通村公路。经过 3 天施工，禅古村新址巴曲河便桥及通村公路 5 月 3 日建成并投入使用。

# 第二章　抢修通信设施

## 第一节　抢修中国电信通信设施

### 一、中国电信青海分公司抢修

地震发生后，中国电信集团公司领导打电话了解地震灾情，慰问灾区员工，指示要努力尽快恢复通信，全力保障抗震救灾工作，同时务必确保员工生命安全，防范次生灾害。中国电信集团公司启动应急预案，部署应对措施；组织集团网控中心查看青海方向各类话务，确认暂无拥塞现象；通知全网密切关注相关话务情况，随时准备启动话务控制策略，确保不发生因话务拥塞导致交换机瘫痪；紧急组织集团物资储备中心做好抗震物资调运准备，从陕西、宁夏、甘肃以及四川等公司调动12支抢修队伍，出动抢险人员300多人、应急保障车辆46台、油机101台、其他应急通信装备18台以及卫星电话等设备和技术人员赶赴灾区；协调卫星转发器等应急资源全力支援抗震救灾；集团物资储备中心发布青海地震灾害通报，调集3500部天翼手机；向青海分公司紧急预支重建资金5000万元。

中国电信青海分公司立即组织开展抗震救灾工作，公司领导对抗震抢险工作提出要求：立即启动应急预案，确保抗震救灾通信畅通；密切关注余震，确保员工生命安全；由副总经理邢仁平带队，运行维护部、网络发展部、综合维护事业部组织有关人员赶赴现场抢修；与省政府保持沟通，确保指挥通信畅通；慰问玉树分公司员工，确保员工正常生活；加强通信和行政值班，确保与玉树州及各县政府的联系畅通，所需的救灾物资和设备，省公司给予保障；开展地震损失核查，向集团公司及时报告情况。

电信青海分公司启动应急预案，统筹协调抗震救灾和抢险调度各项工作，全力保障中国电信各项业务通畅，不惜一切代价全力抢修阻断的通信，确保当地党、政、军、机场等相关部门通信正常，组织玉树分公司全体员工全力以赴抗震救灾。

4月14日8时30分，光缆、无线通信和机动应急通信3支抢险队32人，携应急通信车、通信发电车、海事卫星电话10余部等救灾物资从西宁出发，19时45分到达灾区，立即开展抢险救灾。

电信青海分公司综合维护事业部传输线路维护中心主任李启顺率光缆抢修队赶往灾区抢险，边行进边与玉树分公司联系，了解长途线路阻断情况，制订抢修方案。玉树州至治多县、曲麻莱县，玉树州至杂多县、囊谦县长途是双路由保护。在掌握光缆受损的第一手资料后，指示玉树分公司派机务人员赶往治多县将原来的玉树至治多、曲麻莱两县的电路调至架空线路上。14日18时38分，中国电信率先恢复玉树至治多、曲麻莱两县的通信。

10时30分，电信玉树分公司6人抢险小分队，徒步4千米，在下拉秀镇抢通结古镇通往玉树机场的光缆线路。13时，电信海南分公司成立5人抢险分队，携带两台发电机和救灾物资赶往灾区。玛多县分公司4名员工组成光缆维修队17时抵达灾区，抢通曲麻莱方向光缆。19时，玉树分公司成立玉树灾区新闻服务站，为新闻媒体提供电信服务。22时25分，电信青海分公司综合维护事业部及海南分公司派出的3支抢险队抵达灾区现场展开抢险工作。地震造成多处光缆阻断，无法判断共有多少个断点，李启顺指挥抢险队人员从两端机房测试出最近的断点，甩开中间所有断点，重新布放光缆。至15日凌晨5时45分，布放光缆8.8千米，接续光缆接头9个，用最快、最有效的方式在地震后24小时之内全部恢复玉树至杂多、囊谦两县及玉树机场的电线路。15日2时15分，玛多县抢险队和玉树县抢险队恢复玉树机场移动通信。15日21时58分，结古镇至下拉秀镇电路由于发生余震又一次中断。连续工作38小时没有合眼的抢险人员接到通信抢险指挥部命令后迅速出发，冒着山石不断滑落的危险，抢修6个多小时，排除险情，玉树机场通信再次恢复。

4月16日，中国电信青海分公司员工在玉树地震灾区抢修通信线路

（省通信管理局　供图）

4 月 16 日，中国电信启动建设过渡中心机房，以确保灾区通信畅通万无一失。中心机房割接任务是青海电信专业最广、准备时间最短、割接难度最大的工程，涉及交换、数据、传输、全球眼、DCN 等重要网络，共 23 套核心系统。近 200 名技术人员连续昼夜奋战 30 小时，通信主楼机房所有设备均按照 1∶1 的比例，全部复制到功能强大、技术先进的过渡机房中，恢复玉树所有县、乡、村固定电话。16 日起，经省政府批准，电信 118114/114 号码百事通成为全省统一的抢险救灾信息咨询服务热线，为用户提供各类灾情信息汇集、查询、转接、发布等服务。

4 月 18 日，电信玉树临时营业厅开始营业。宁夏救援队抢通玉树机场至结古镇被砸断的光缆 5 处。

4 月 19 日 20 时，电信青海分公司为省抗震救灾指挥部、省消防总队、省公安厅、省卫生厅、省国税局前指、省电视台采访人员、玉树军分区等救灾重要单位和部门提供应急电路、电话，3G 无线网卡以及 WLAN 无线宽带覆盖等服务。20 日，中国电信天翼空间“玉树寻亲”上线，为玉树灾区群众提供寻亲渠道。15 时，经电信企业全力抢修，玉树州所有 8 个通信局、14 个模块局和中断电缆全部修复并工作正常。

4 月 21 日，电信青海分公司实现移动通信全面恢复。在玉树至各县及机场的电路全面恢复后，为了防止因余震、山体塌方等原因再次造成光缆阻断，抢险队根据现场情况，对处于危险地段的光缆进行迁改，并于 4 月 21 日完成割接。随后，综合维护事业部传输线路维护中心联动全省各维护单位，先后派出由海东分公司 5 人、综维部本地网光缆维护中心维护骨干 3 人、海北分公司 1 人、黄南分公司 1 人组成的两支队伍到灾区开展灾后通信保障工作。

4 月 28 日，玉树 6 个县对外通信保持稳定，全州 45 个乡镇通信恢复震前水平。4 月底，玉树州电信通信正常，可以向用户提供天翼移动电话、固定电话以及有线、无线上网等服务。玉树灾区主要的通信手段为天翼移动电话，实时登记的用户数比震前用户增加 30%，其中漫游用户增长 13 倍。

玉树大地震发生以来，中国电信共出动抢险人员 338 人，应急保障车辆 55 辆、油机 276 台、卫星电话 85 部。

## 二、中国通信服务青海分公司抢修

地震造成中国通信服务青海分公司派驻玉树州的 1 名线路维护人员和 1 名营业厅员工不幸遇难。震后，中国通信服务青海分公司维护安装部调集 6 名技术人员，派遣 3 辆应急车，携带 50 千瓦车载发电机 1 台、小型发电机 10 台、各型交直流电缆和发电机备件赶赴灾区。应急小组全面开展电源排查工作，制订解决方案，使交流供电得到可靠保证，玉树州局通信、生活供电正常。截至 5 月 10 日，共派出 140 人次的抢险救灾队伍、车辆 15 台次、各类专用仪器仪表 67 套，抢通党政军等部门 80 余部应急电话，完成州府至机场等重要区域通信线路和基站的检测、抢修和发电。至 5 月 11 日，中国通信服务青海分公司抢通各类通信基站 71 个，担负 54 个基站的发电；抢通、布放光缆60.29千米，整理杆路11.57千米、新立杆194根，拆旧回收光缆12.85千米，为玉树州电信分公司安装临时中心机房，顺利实现成功交割；开设临时电信营业网点2处，发放天翼号段581个，C网补卡115个，办理无线宽带用户22个，办理小灵通转网2000多部，总营业额超过60万元。中国通信服务甘肃分公司将20台油机送到地震灾区支援抗震救灾。

### 三、省建设系统抗震救灾工程抢险队抢修

省住房城乡建设厅通信应急分队抵达灾区后，抢通玉树县至巴塘机场的电信专线，出动1820多人次，修复线路570千米，接续光缆220个接点，架设应急通信中转站2个，保证灾区主要通信干线畅通。

## 第二节 抢修中国联合通信公司通信设施

### 一、中国联通公司抢修

中国联通公司迅速启动应急预案，进行通信抢修和救灾工作。紧急协调四川、陕西、甘肃等相邻省份调拨发电机、应急通信车等应急通信设备，派出技术人员到震区支援。联通青海省公司将玉树州用户设为欠费不停机状态，使用户在震后依然能够与外界联系。紧急购置各种应急救援物资，并与青海其他通信运营商取得联系，相互沟通、配合、支援。第一批救援队于地震当日12时向灾区集中。14日15时，因震区全面停电，联通玉树分公司使用油机发电，保障玉树县结古镇通信畅通。15日8时30分，中国联通用户恢复通信，玉树州各县中国联通通信网络恢复运行。

### 二、中铁一局电务公司通信抢险队抢修

玉树大地震发生后，在青海西宁组织通信工程施工的中铁一局电务公司项目经理赵换弟主动联系联通青海省公司，参加通信抢险。4月14日下午，电务公司抢险队准备光缆熔接机2台、发电机4台、抢险车2辆、光缆施工机具2套和照明等设备材料，4月23日凌晨2时抵达玉树震区。24日，抢险队到震区联通青海省公司指挥部，了解通信光缆在地震中的损坏情况、受领任务。联通通信杆路受到破坏，特别是壁挂在楼房上的光缆，几乎都坠落在废墟上。抢修队两人一组调查线路，走访基站，绘出通信抢险路线图。摸清玉树县城及周边地区约90千米

的线路受损情况。

4月26日11时，抢修队接通中国人民银行玉树州分行中断的通信光缆。5月1日12时，藏乐果基站通信中断，抢险队两名队员把两条大绳拴在腰上，跳入河中将光缆固定。截至5月11日，电务公司14名专业队员抢通通信光缆7处，消除通信光缆隐患25处。

## 第三节　抢修中国移动通信设施

中国移动青海有限公司玉树分公司在地震中房倾屋裂，基站损毁，全州98个基站有64个阻断，玉树巴塘机场通信全部中断。中国移动青海有限公司紧急召开会议，部署抢险救灾工作：一是启动应急预案，派出抢险救灾应急队伍赶赴地震现场；二是紧急组织抢修玉树至巴塘机场专线线路；三是紧急调集帐篷、药品、食品等救灾物资运往灾区；四是紧急调查漫游玉树地区的外地客户，做好通信保障。

中国移动青海有限公司组建5个代维公司，调集100名技术人员，携带12台油机、5部卫星电话、2辆卫星通信车、4000米电缆赶赴玉树。公司领导带领第一梯队，4月14日11时从西宁出发，22时到达玉树。启动2台卫星应急通信车，首先开通省抗震救灾指挥部的专用通信和巴塘机场的移动通信；组织由党员技术骨干组成的3支通信抢险突击队连夜铺设光缆。15日上午10时，结古镇至巴塘机场之间阻断的9千米光缆铺设完成，地面基站通信全面恢复。

4月15日4时42分，移动杂多、囊谦两县的光缆接通，震区移动通信网络全部抢通。16时，结古镇7个基站恢复通信，移动通信网络基本形成，满足抗震救灾通信需求。中国移动青海有限公司在人员比较集中的地方，开设4处中国移动免费报平安电话点，在玉树州政府大院设置业务办理点1处，在体育馆和州政府设置两处免费手机充电点，在州政府、医院、救援队等重点地方设置32台应急无线座机。中国移动青海有限公司对震前已停机的当地客户，震后半小时内作开机处理；制作以公布玉树州政府抢险救灾服务热线为内容的彩铃，15日更换全省所有用户的默认彩铃，便于市民方便获得抢险救灾热线；紧急制作第一批500张带有70元话费的SIM卡、调配100部无线座机送往玉树灾区，免费向灾区群众发放，供灾区群众报平安。

4月16日10时，从西藏、甘肃、宁夏、四川等公司调集大量的通信抢险设施和救援物资运往玉树灾区。12时，免费开通移动“400”救灾热线，向青海省民政厅、青海省红十字会、玉树州红十字会、玉树州抢险救灾指挥部免费提供“400”业务服务。17日，中国移动青海有限公司联合青海省红十字会开通短信捐赠热线“10658666”。19日20时，实现移动通信全面恢复。

4月20日下午，中国移动山西有限公司支援玉树援助队配置精确导航仪等先进器材赶赴玉树。中国移动内蒙古有限公司救援队调集21人、3辆越野车、2辆物资储运车、1辆皮卡车、2辆应急通信车于4月24日抵玉树。

中国移动在 2008 年南方雨雪冰冻灾害及汶川特大地震发生后，全面调查和分析自然灾害对移动通信网络的影响，在全国部署建设约 1500 个“超级基站”，玉树县的“超级基站”就是其中之一。中国移动在玉树县的“超级基站”在地震中，经受住强震考验，发挥出重要作用。

中国移动青海有限公司客服中心主动开通免费救助热线、寻亲热线和救灾公益短信平台，协助省抗震救灾指挥部发布受灾、救灾、天气、捐助等公益信息。截至 4 月 20 日上午，共发送抗震救灾公益短信 7030 多万条，通过寻亲电话帮助 226 名群众找到亲人。市场业务部制作开通 1500 张各含 70 元话费的手机卡，无偿提供给受灾群众。中国移动玉树分公司各营业部的员工，在结古镇设立 7 个免费报平安电话点，无偿为受灾群众和救灾人员服务。

物流部门到西宁、兰州，紧急采购 10 批价值 1000 多万元的救灾物资送往灾区，尽最大努力帮助受灾群众。

## 第四节　管理无线电信号

省无线电管理委员会办公室紧急启动应急预案，成立抗震救灾领导小组，下发紧急通知，与民航青海空管分局衔接工作，对可能出现的干扰隐患确定应对措施。省监测站和海东、海西、玉树管理处技术人员实行 24 小时值班制度，开展航空无线电频率监测，在玉树成立现场指挥部和 3 个应急分队，重点负责玉树机场、抗震救灾指挥部、各救援部队以及公安、武警、消防等重要部门的无线电安全。

省无线电管理委员会办公室在玉树地震灾区监测航空无线电信号，保障无线电通信安全（省无线电管理委员会办公室　供图）

省无线电管理委员会办公室要求海东、海西管理处全力保障西宁、格尔木机场航空频率安全，对3个机场航空专用频段和空军征用的频率进行全天候和全飞行时段监测；对抗震救灾紧急需要使用频率和台站的单位，特事特办，简化审批流程，随报随批；接受申请超短波电台频率单位4家，共有对讲机113部、车载台10台、中继台1台，无线电应急现场指挥部临时现场指配7对双工频点、4个单频。随着抗震救灾工作的深入推进，玉树震区超短波电台的使用数量不断增加。截至4月21日，玉树州抗震救灾指挥部、航空、公安、武警、消防等部门使用的超短波频率正常，其他救援组织使用的150MHz、450MHz频段内没有出现干扰信号。通过监测统计，150MHz频段内新增频点8个，450 MHz频段内新增频点48个。玉树机场附近新增救援单位使用的超短波台站80多部，涉及11个频点。经过逐一反复监听、监测，所有新增台站发收话内容均为抗震救灾临时应急通信，各使用频点通信正常，未发现同频和互调干扰现象。震区应急分队排除多起可能对航空飞行造成干扰的安全隐患，架设超短波无线应急通信网，为抗震救灾指挥部、部分新闻媒体和医疗队等提供无线通信设备，无偿收发传真、电子邮件，为手机充电。保障军用、民用飞机起降2000多架次，保障各救援队伍使用的58个无线电频率没有受到任何干扰，保证各类无线电通信安全畅通。

# 第三章　抢修电力设施

## 第一节　抢修电站设施

### 一、水电站排险抢修

#### （一）青海水利水电集团抢修

地震发生时，为防止次生灾害，位于通天河一级支流巴塘河上的禅古电站开闸放水。4 月 15 日，禅古水库蓄水基本放空，经水利专家组两次对大坝全面检查，发现大坝迎水面混凝土预制板下滑最大位移 4 ～ 10 厘米，坝后部分块石松动，坝顶排水沟出现纵向裂缝 2 ～ 4 厘米；库区岸坡出现少量滑塌，坝下游渗水清澈稳定，无明显变化。初步分析，坝体内未发生裂缝等明显异常现象，大坝基本安全。地震造成电站 3 台发电机组发供电系统受到严重损坏，经电站人员抢修，禅古电站厂内用电立即恢复，但因送出线路震损，无法向电网送电。结古镇唯一的电源——称多县拉贡水电站带故障运行，由于输电线路震损严重，也无法向外供电。治多水电站、科玛水电站、当代水电站也不同程度受损。

4 月 23 日，青海水利水电集团董事长唐增科（中）和技术人员一起研究电站抢修　　（青海水利水电集团　供图）

青海水利水电集团派出专业人员和电站工程技术人员对

发电机进行抢修。

青海水利水电集团格尔木水电有限责任公司派出以检修公司为主的 5 人抢修队，携带高（低）压试验设备、保护测试仪器、电焊机等工具 14 日 11 时出发，连夜赶赴灾区。在省水利水电集团公司抗震抢险指挥部的安排下，对玉树电力公司所属的禅古电站、结古中心变电所、龙青峡电站、扎西水电站、香达电站一次和二次设备进行检修，对发现的故障进行处理，对部分保护进行校正。

**（二）玉树电力公司抢修**

地震发生后，玉树电力公司负责人在简单碰头后，迅速实施应急措施。在国道 214 线结古镇至机场段受阻的情况下，带领技术人员徒步穿越障碍路段，临时借用当地群众的车辆，赶到禅古电站；仔细检查大坝安全状态，指挥实施泄流，并及时报告玉树州政府和集团公司，避免因水库情况不明可能导致的不稳定现象；强行关闭西杭电站引水口进水闸，避免水流通过已垮塌的渠道对国道 214 线继续造成破坏，为交通部门开展道路抢修创造条件。

4 月 14 日 11 时 48 分，经一线人员紧急检查测试，称多拉贡电站 2 号机组恢复运行，其联结至结古镇中心变电所以及联结称多县城的两条 35 千伏线路率先通电。结古中心变电所功能得到恢复，保持 24 小时畅通。

4 月 17 日 6 时，相关人员抵达灾区，现场指挥抗震抢险工作，将救援队分为禅古水电站抢修组、拉贡水电站抢修组、治多水电站抢修组、发电机设备组、水工组及后勤保障组，明确小组负责人，细化分工，安排落实具体工作任务。

4 月 16 日晚，黄河水电公司救援队与青海水利水电集团相关负责人和水利专家连夜召开会议，就禅古、拉贡、治多水电站受损情况及抢修工作进行分析讨论，制订科学合理的电站抢修方案。17 日起，禅古、拉贡、治多水电站抢修工作全面铺开。

**（三）黄河水电公司抢修**

4 月 14 日上午，青海省常务副省长徐福顺紧急召见黄河水电公司领导，要求在适当的时候，支援抗震救灾工作。中国电力投资集团公司决定黄河水电公司全力投入抗震抢险工作。按照省委、省政府的统一部署，紧急组织抗震救灾人员和物资。4 月 15 日 10 时，派出由检修、维护、观测、通信、电焊等专业技术人员及操作工 66 名，携带食品、药品、饮用水、

2010 年 4 月 19 日，黄河水电公司抗震救灾救援队抢修发电设施
（省政府新闻办　供图）

帐篷、床、被褥等灾区急需物品及救灾器具的第二批救援队伍，从西宁出发赶赴灾区。4 月 16 日凌晨 4 时，黄河水电公司 3 批救援队伍 101 人到达灾区。根据省抗震救灾指挥部部署，黄河水电公司救援队支援玉树电力公司，对其在地震中受到严重损坏的水电站进行检测、抢修。

4 月 16 日 15 时 30 分，黄河水电公司组织召开抗震救灾领导小组会议，部署抗震救灾工作，统一组织、协调和指挥，要求各部门、各单位在接到抗震抢险任务时要全力以赴，迅速行动，积极配合，不讲条件，不计代价，提供一切可能的人员、车辆、设备、物资，支援灾区抗震救灾工作；同时，全力做好龙羊峡、拉西瓦、李家峡、公伯峡等水电站安全生产工作，确保各水电站安全平稳运行，为抗震救灾和社会正常生产、生活提供电力保障；参与救援的人员在开展抗震抢险工作的同时，提高自我防护意识，确保自身安全，现场救援人员必须服从指挥，注意安全；物资供应组及时与前方联系，做好物资补给；救灾期间严格执行值班制度，确保通信畅通。

4 月 18 日 14 时，黄河水电公司救援队抢修人员将禅古水电站尾水全部排空，连接外接电源，19—21 日，对 3 号机组水轮机转轮进行更换。水轮机转轮因严重锈蚀，至 20 日才拔出，对机组三大轴承分解回装，发电机组具备开机条件。抢修人员对 2 号机组转轮进行更换，4 月 22 日凌晨 2 时，2 号机组检修、回装完毕，禅古水电站抢修工作顺利完成。

4 月 18 日，黄河水电公司救援队抢修人员对拉贡水电站 4 号机组进行紧急抢修。4 月 19 日 17 时，4 号机组检修完毕，投入运行。救援人员转入对 1 号机组的检修。4 月 20—21 日，研磨、修复推力瓦回装完成，17 时准备开机。4 月 22 日，对 3 号机组推力瓦和导瓦进行研磨处理，25 日检修完毕，18 时 45 分并网发电。

治多水电站单机容量 500 千瓦、总装机容量 1500 千瓦，距离结古镇 200 多千米。4 月 18—20 日，黄河水电公司救援队抢修人员对电站受损情况进行全面检查，查出各类缺陷并制订完善整改方案，并按方案进行维修。4 月 19 日，紧急调运钢板、工字钢、脚手架、丝锥、砂纸、二相闸刀、空气开关、橡套电缆、螺旋千斤顶等 3 吨抢修物资运送灾区。22 日上午，治多水电站消缺工作结束。

5 月 13 日，拉贡电厂发电量为 9.792 万千瓦时，供电量为 9.261 万千瓦时。其中，对结古地区的供电量为 5.355 万千瓦时；拉称地区供电量为 3.906 万千瓦时，仲达地区供电量为 1.113 万千瓦时。

**（四）抢修禅古水电站**

励磁系统：1 号机、2 号机励磁系统对灭磁开关操作机构进行分闸、合闸调节，对强励、强减继电器（DY-31 型）进行校正，2 号机励磁无法起励，经检查是高压保险脱落，进行更换后运行正常。DZS-203 中间继电器内部接线断线，经焊接处理后起励正常。发电机部分：3 台发电机进行绝缘检查，绝缘良好。直流系统：蓄电池不能正常充电，由于地震造成充电器互备交流回路 JD5 充电交流接触器线圈烧毁，在系统断电后不能切换，导致充电机失电不能充电，更换交流接触器（JD5）后恢复正常。升压器：2 号主变压器控制回路断线无法分合闸，经检查，系升压站 3502 控制端子箱 31BF131、31BF101 接线脱落，经处理恢复正常。

禅古电站蝶阀由于地震紧急关机，蝶阀损坏严重，开阀、关阀失灵。公司指挥部研究决定更换一台新蝶阀，对3号机蝶阀进行拆除，安装新蝶阀。由于新蝶阀未配有伸缩节，原伸缩节密封橡皮老化且结构不能满足调节要求，公司重新购置1台伸缩节，同时伸缩节安装在下游侧时，由于空间限制蝶阀重锤安装位置不够，通过协商、咨询，确定将伸缩节安装在上游侧。由于玉树条件限制，4月25日23时将加工设备运往西宁加工，28日凌晨1时30分将加工好设备运回电站。针对禅古电站技术供水系统存在缺陷，公司和电站负责人协商后，进行改造，此改造对降低机组瓦稳定起到很好作用。针对行车运行故障，系统地检查配电回路，改进配电方式，运行稳定。

**（五）抢修龙青峡水电站**

1号、2号调速器油压系统，油泵启、停自动回路整定值错误，油泵频繁启动，油泵电机发热，按规程经重新调整后恢复正常。1S10千伏出线油开关操作回路断线，无法正常操作，检查后发现分闸线圈烧毁，由于无备件，暂没有更换。调速器增、减功率远方失灵，更改控制线路后恢复正常。直流系统接地现象经检查装置本身接地，而现场没有备用设备无法解决，待电站购买同型号的设备后再行更换。1号、2号蝶阀操作回路异常，限位开关进水损坏，现场无备件无法修复，待电站购买后进行修复。进水口闸门止水橡皮效果不佳，停机后检修更换。1号机尾水闸门本体与闸间隙过大，造成闸门止水效果不佳，进行改造处理。

**（六）调测扎西水电站、香达水电站**

扎西水电站、香达水电站设备基本完好，未发现设备缺陷，由于电网10千伏线路较长，覆盖面较大，配变电容量达5000千伏安，消耗无功功率较大，发电机在未达到有功出力80%时超额定电流运行，对发电机造成隐性严重危害。抢修人员对加装无功补偿装置进行无功补偿，保证发电设备安全。

**（七）西杭水电站线路改道**

地震造成西杭水电站机房整体破坏严重，结西线、西11路、西12路出线柜无法正常运行，为尽快打通西11路、西12路线路，格尔木水电公司和省水电集团公司专业人员研究供电方案，在西杭电厂升压站经跌落连通西11路、西12路、结西路，由结西线带西11线、西12线运行。经调整抢修，4月20日22时30分投入正常运行。

## 二、加固电站库区大坝

禅古水电站是玉树区域供电网络中“十五”计划期间竣工的最大的水电站，装机容量4×1200千瓦。水电站大坝坝型为堆石坝，坝高17米，设计库容520万立方米，蓄水量约270万立方米。根据省水利厅的部署，4月17日，省水利水电工程局有限责任公司组织工程和水利抢险分队100余名技术、施工人员，20吨自卸车8台、挖掘机3台、装载机2台，用两天时间完成500米进场道路的抢修任务，完成土石方8000立方米；工人冒着风险、克服困难，连续奋战36小时，完成跨河涵管的埋设任务；18日20时在水库彻底排空后，19日早晨开始实施大坝除险加固和闸门、启闭机更换安装工作，工程技术人员和施工人员精心组织、科学施工，共填筑土石方8100立方米。5月2日，通过专家组阶段性验收，拟投入运行的部分工程全部合格，具备低水位下闸蓄水条件，5月3日正式下闸蓄水。5月5日上午，禅古水电站开始低水位发电。5月10日，完成大坝下游侧加固，电站进入满蓄满发运行阶段。

## 第二节 抢修电力线路

### 一、青海水利水电集团抢修电力线路

地震造成青海水利水电集团玉树电力公司人员大量伤亡，结古地区电力基础设施遭受重大破坏，水电供应中断。4月14日8时30分，集团成立抗震救灾指挥部；9时30分，有关部室、单位负责人赶赴灾区组织抗震救援工作；责成玉树电力公司立即检查所属各发供电、供水设施，结古地区所有电站水库立即按应急预案规定提闸放水，减少库存水量，避免地震造成次生灾害；要求玉树电力公司立即开展伤亡人员搜救及电力设施抢险工作，防止损失扩大；立即购置帐篷、棉大衣、棉被褥、方便食品、药品等救灾物资；10时，指示格尔木水电公司、水电工程局抽调电网和水电站抢修人员组成抢险队赴玉树灾区救援。

4月20日，青海水利水电集团抗震救灾突击队抢修供电设施

（青海水利水电集团 供图）

4月14日14时，尚在行进途中的青海水利水电集团公司领导协调有关企业紧急加工制作灾区被损毁的35千伏高压线路铁塔，要求完成后马上启运。19时40分，第一批应急指挥、抢险人员35人抵达灾区。立即成立前线指挥部并召开第一次会议，初步摸清玉树电力公司和电源电网受灾情况，细化现场各项工作；组织应急抢险组开始集中力量攻坚，抢修通往省抗震救灾指挥部的10千伏结四线，发电保障、后勤保障、善后处理、安全保卫工作同步推进。21时，集团领导赶到禅古电站，查看大坝和厂房受损情况，看望一线抢险职工，要求继续实施放水作业，彻底排除安全隐患。

14日晚，第二批应急抢修人员160人从西宁出发，第一批15吨救灾物资起运。22时15分，

集团指挥部在结古中心变电所研究制订结古地区电力设施抢修和临时供电方案，确定首先在4月21日实现结古地区主干网架抢修恢复目标；成立青海水利水电集团抢险突击队，除统一协调组织灾区各专业队伍实施电力设施抢修计划外，青海水利水电集团直接负责抢修10条严重受损高压线路中的5条，包括结古至禅古35千伏线路、干线长50多千米的结古至歇武10千伏线路等，并承担绝大部分分支线路、变压器抢修和供电到户任务。15日1时，中心变电所至结古镇主城区的10千伏结四线路抢通，恢复对省玉树抗震救灾指挥部、省广播电视局设在玉树的新闻中心、州电视台等重要单位临时供电。14时15分，中心变电所至结古镇主城区的10千伏结三线抢通，恢复对州人民医院的供电。17日14时，玉树州结古镇至禅古水电站输电线路中被损毁的最后一基铁塔抢修完成，灾区首条35千伏线路全线抢修完成。17日20时30分，经与结古至机场线路后半段T结，系统电源恢复巴塘机场的临时供电。

4月14日，青海省水利水电集团玉树电力公司组织人员抢修电力设施　（青海水利水电集团　供图）

截至4月21日20时，青海水利水电集团调集抢修队伍共9批次620人（含玉树电力公司各县支援力量），调运近百吨救灾物资，抽调机械设备、车辆累计达120余台（套），累计投入资金1800万余元。至21日19时15分，电力设施突击抢险行动完成第一阶段工作，临时修复高压线路长约360千米，结古地区严重受损的10条高压线路主干线路全部通电，电网全面投入运行。恢复系统电源对各线路覆盖区一批重要用户的临时供电，系统电源供电用户占可恢复临时供电用户总量的80%，结古地区系统电源负荷接近1500千瓦。

省水利水电工程局有限责任公司救援队4月15日中午到达结古镇，根据抗震救灾指挥部安排和公司要求，电力抢修两个分队投入技术和施工人员160余人以及多套机械设备，分别承担结古变电所至禅古水电站35千伏线路、结古变电所至歇武10千伏线路、莫洛德边10千伏线路等共200千米线路的抢修任务。全体队员昼夜连续奋战，15日12时30分完成第一条线路的抢修，恢复供电。22日，完成上级下达的全部电力抢修任务。

格尔木水电公司抢修人员对结古中心变电所设备进行检查检修，消除缺陷。结飞线3522开关不能正常分合闸，经检查CF19操作机构内部配线与图纸差别较大，按设计图进行改线后，经电气调试后操作恢复正常；3号主变风扇冷却系统安装不规范，操作不方便，存在安全隐患，抢修队经与公司负责人员协商，加装配电控制箱1台；对结飞线35221G隔离刀闸分合触头进行调整，操作机构控制拉杆进行焊接，恢复正常。对结古变电所15千伏备用电源进行检测。

## 二、国家电网青海省电力公司抢修电力线路

青海省电力公司得知玉树发生地震的消息后，立即召开电视电话会议，要求各单位、各部门进入应急状态；将地震情况报告国家电网公司。国家电网公司要求省电力公司发挥集团优势，全力做好抗震保电工作；通知邻近省份电网公司做好支援准备；委托国家电网公司安监部主任、应急办公室派员到西宁指导抢险工作。

青海省电力公司根据《青海省电力公司处置破坏性地震、汛情、覆冰等自然灾害应急预案》，进入自然灾害紧急红色启动状态；成立指挥领导小组，下设应急办公室、事故抢修组、后勤保障组、信息发布组。

14 时 20 分，按照“先应急供电，后临时供电”的思路，确定“抗震保电两条主线同时走”：一是发电车给抗震指挥部、伤员救助点、受灾群众安置点供电；二是与地方电力员工一起摸底排查，确定方案，立即抢修。省电力公司抽调西宁公司 60 人、海南公司 50 人、海西公司 50 人、送变电公司 100 人、火电公司 60 人到离震区最近的海南供电公司集结，统一向灾区开进；要求公司物资、后勤部门全力做好抗震救灾物资准备工作。

4 月 16 日，公司指挥领导小组召集各抢修队负责人部署抢修工作，要求“48 小时内恢复电网供电”。经过全体队员紧急抢修，通往飞机场的唯一一条 35 千伏线路在第四天抢修通电；第五天，4 条 10 千伏主干网线路全部恢复；4 月 20 日 21 时 30 分，结古镇 10 千伏、35 千伏线路主干线路全面贯通。4 月 21 日至 5 月 1 日，队员们配合玉树州电力公司抢修 50 台配电变压器，党政机关、医院、通信基站、受灾群众安置点等重要负荷全部接到主电网，实现电网供电，之后又进行 3 次排查。

2010 年 4 月 20 日，国家电网青海省电力公司工人先锋队紧急运送抢修电杆

（汪晓刚　摄）

4 月 17 日凌晨，西宁公司将发电车所带负荷转移到经抢修已恢复供电的玉树主网；18 日，对卫校受灾群众安置点 300 多顶帐篷架设杆塔 12 基、低压线路 12 千米、广场灯 16 盏、配电盘 12 面；19—20 日，对全长 23 千米的 10 千伏东导线实行全面巡检，消除东导线缺陷 60 多处；21 日，为玉树全国哀悼日现场保电；22—23 日，完成从项目方案制订、施工、供电各环节工作，立杆塔 100 多基，架线 45 千米，装设配电盘 100 多面、广场灯 100 盏。

海东公司由副总经理范克威带变电检修、输电线路、设计、安全监察、宣传人员组成的 87 名抗震救灾人员，乘坐 14 辆车于 4 月 15 日 13 时到达玉树县通天河大桥附近的西杭水电站。按照省公司指挥中心的统一部署，海东公司突击队对受损严重、急需恢复的 35 千伏结古镇至玉树机场 22 千米线路 140 级塔进行受损排查。海东公司设计、送电、检修专业工程技术人员分成 4 组，每组 8 人，由玉树水电公司人员带路，进行排查。15 日 20 时 10 分，巡查人员排查完毕，22 时，海东公司召开各小组负责人会议，汇总巡查结果，研究初步修复建议，并向省公司指挥中心报告情况。 4 月 16 日，按照省公司的部署，海东公司部分抢险人员和火电工程公司抢险人员一起共同处理受损严重的结古至玉树机场 35 千伏线路。省公司指挥部要求海东公司天润设计公司当天拿出结飞线恢复方案。天润设计公司抢险设计队 8 人对最严重的结飞线 7 号塔再次进行特巡、测量。7 号塔严重受损，由 15 日的 15 度倾斜变为 30 度，且周围山体滑坡严重，落石不断，基础大面积塌方。沿途 7~13 号塔山体滑坡十分严重。经仔细测量认为原路径整体恢复需要大量人力、物力和时间，强行恢复难度极大。天润公司提出两套设计方案：一是改线，该方案存在周期长、难度大的困难；二是在相邻禅结线上 T 接。经省公司指挥部审核，按方案二执行。设计人员分 3 路，分别与玉树水电集团公司沟通协调、赴现场继续核对其他基础数据、在营地进行设计；与此同时，天润设计公司西宁留守人员紧急晒制所需图纸。18 时，结飞线抢修方案材料编制工作准时完成。海东公司线路抢险组 25 名队员分 3 组再次对结飞线和需要 T 接的 35 千伏禅古水电上网线路全线排查。19 时，公司和青海送变电工程公司队员一起，带着发电机、应急灯、加固材料、工具，对受损严重的 46 号、48 号、50 号塔进行加固。14 时起，对 35 千伏禅古水电站、35 千伏结古变电站进行设备检查。在部分设备运行的情况下，查出 3 条严重缺陷、8 条一般缺陷。当日晚，对影响第二天供电的严重缺陷进行处理，连夜奋战至 17 日 11 时 30 分完成抢修。4 月 17 日 20 时 33 分，玉树州 35 千伏禅结 T 飞线成功投运。结古变电站是一座已运行十几年的老变电站，设备落后、老化，存在多处缺陷；结飞线开关不能正常动作，现场没有配件。海东供电公司突击队队员对变电站进行系统整改，提出合理的抢修方案并进行抢修，使结飞线具备恢复供电条件；对结古变电中心结 1 路、结 2 路、结 3 路、结 4 路、结 5 路、结 6 路、结 7 路、1 号主变、2 号主变各保护定值修订，通过修订，电网运行稳定。 21 时 15 分，突击队员又分别对禅结 T 飞线 23 千米的线路进行特巡，对玉树机场变电站的频率进行监测。18—21 日，海东公司队员冒着余震落石危险对受损铁塔进行修复。

4 月 14 日 10 时，海南供电公司选调线路设计、工程施工、安全监察等专业 10 人组成先遣队，赶赴震区了解电网受损情况，为省电力公司抗震保电整体部署提供第一手资料。4 月 15 日 10 时 30 分，海南供电公司第 4 批 58 人从海南州出发，16 日凌晨 5 时到达灾区，立即投入

10千伏结3路抢修工作。为保证抢修进度，抢修人员分为3组，经过15个小时不间断工作，完成结3路前段抢修恢复工作。4月17日零时15分，震区受损电网中第一条10千伏线路成功通电。4月15日6时30分，海南公司第一批后勤保障物资车队到达玉树震区，搭建省公司在震区的抗震救灾帐篷。16日凌晨，海南供电公司炊事人员到达玉树灾区，为国家电网公司、省电力公司和甘肃电力公司抢险队员提供后勤保障。海南公司为确保国道214线用电需求，在连续多日的大风中，24小时对350千米国道线上的加油站、重点单位开展线路特巡及消缺工作，河卡山隧道是进出玉树的咽喉，隧道的正常供电对车辆安全通行起着至关重要的作用。兴海县供电公司高原雄鹰河卡用电服务队将隧道保电作为重点，派专人现场值守。4月21日23时，海南供电公司为尕海滩军地物资储备转运中心架设1.2千米的10千伏线路，为抗震救灾物资供应提供电力保障。

4月14日，青海送变电公司抽调150人组成的事故抢修队紧急驰援玉树灾区。震区几乎所有电线杆或拦腰折断，或东倒西歪，或被塌方的山体掩埋，导线断裂，瓷瓶损毁。送变电公司平时任务是高压电网建设，该次是抢修10千伏线路，任务不同，对象不同。抢险队员发挥专业特长，专业优势，每天工作10多个小时，甚至24个小时连续加班加点，在震后40个小时内，完成两条线路抢修任务，为震区重要部门恢复正常用电。其间，排除电网故障220项，修复5条10千伏输电线路40.6千米，占玉树县主干线路的73%，且全部带电运行。4月21日，送变电公司完成抗震保电任务，除留35人的应急小分队外，其余人员返回西宁。

4月15日8时，青海火电工程公司80名抢险队员从西宁出发，16日凌晨抵达结古镇。8时30分，担负结古—巴塘机场35千伏线路抢修任务。公司总经理张西绪立即带领技术人员赶到现场，对线路进行实地勘察，会同电力设计院制订抢险方案。19时30分，公司组织抢险队员连夜对受损的35千伏结古—机场线路46号、48号、49号线塔进行抢修临时加固。受损的铁塔处于结古镇至玉树机场的公路旁且被扎曲河阻隔，运送物资的车辆无法直接到达抢修现场。救援人员搬运材料，通过出现裂缝的禅古水电站大坝，步行三四千米山路到达施工现场。经过紧张施工，21时30分完成加固铁塔任务；震后40小时，结古镇35千伏中心变电站通往玉树机场的专线成功合闸通电。4月18日，公司抗震救灾抢险队对赛马场受灾群众安置点10千伏线路立杆架线。抢险队员用人力将电线杆抬上“跑车”运送到每一个基坑旁，立杆时，用8吨大吊车将电线杆吊起，找正位置，回填泥土，整个过程一气呵成，立一根电线杆只用十几分钟时间，然后进行放线、架设、紧线。4月19日，公司抗震救灾抢险队完成赛马场受灾群众安置点10千伏线路紧线、变压器安装、跨越公路架线等任务。安置点具备通电条件。

调试专业突击队员发挥专业优势，搭建两个底座固定槽钢，安装200千伏安变压器两台。上午11时许，抢险队兵分两路，分头跨越公路架设导线，想方设法克服公路上行驶大型救灾运输车辆多的困难，架通跨越公路6根导线。火电公司42岁的员工杜金玉4月16—20日在玉树机场公路沿线抢修线路，挖电力基坑、杆上紧线，连续几天超负荷工作，20日在18米高的受损铁塔上抢修时累倒，21日凌晨突发肺水肿，牺牲在抢险一线。

4月14日10时，青海电力物流中心启动物资供应应急预案；11时，召开紧急会议，成立抗震救灾物资供应工作小组。从全省区域库内抽调抢险物资、集结物流服务抢险人员，组织20余台抢险车辆，成立抗震救灾突击队赶赴震中玉树支援。15日1时，第一批电力物资（电力杆塔、帐篷、行军床、棉被、手电等）连夜分装7台运输车从西宁出发，20时安全送达省公司玉树抗震救灾前线指挥中心。中心各部门通力合作，人力资源统一调配：采购员紧急开展采购供应工作；物供部、计划部、库存部转运全国各地捐赠和调配的电杆、变压器、绝缘子等电网物资；负责玉树灾区物资配送的物流员工将各类电力应急物资配送到抢修现场。截至4月28日，物流中心抗震救灾突击队累计在震区完成15批次、42车次，空运6批次的物资筹措运输任务，共800万余元的变压器12台、发电机40台、导线70吨、水泥杆200根、低压线100千米、广场灯2000盏和其他电力物资200吨。

## 三、湖南水利赴青海玉树抢险救灾队抢修电力线路

湖南水利赴青海玉树抢险救灾队由24人组成，主要完成134千米受损线路巡查、玉树县敬老院恢复供电、拉贡电站安全大检查以及青海省水利厅前线指挥部板房电力设计与安装等任务。

## 四、武警水电二总队抢修电力线路

武警水电二总队是全军和武警部队唯一具有输变电施工资质的专业电力施工队伍。地震发生后，水电二总队迅速从青海西宁、江西南昌、福建厦门等地抽调专业电力抢修人员，通过空中、陆上通道奔赴抢险救灾一线。

4月17日上午，抢险队在玉树州格萨尔广场、体育场、赛马场、卫生学校4个主要受灾群众安置点抢修电力线路。官兵们用22磅的铁锤和钢钎凿开15厘米厚的混凝土，经过15个小时的连续战斗，保证21时56分格萨尔广场安置点正式供电，是灾区第一个结束柴油发电机应急供电的受灾群众安置点。

4月19日19时，武警水电二总队接青海电网公司请求，执行玉树军分区各级抢险救灾指挥部和武警部队抢险救灾前线指挥部所在地应急供电改常规用电任务。玉树军分区机关营院不能架设电杆，线路要在院内的大树上通过。16名官兵爬上弯曲的大树穿线，凌晨5时，联合指挥部正式接入常规用电。随后，官兵们又完成武警部队玉树抢险救灾前线指挥部的应急供电改常规用电任务。

4月20日上午，水电部队接到抢修玉树最后一条10千伏线路结3线（结古镇至甘达乡）的供电任务。该线路是玉树城区向乡村供电的一条主要线路，全长36千米。地震致16基塔杆倒塌、100多基塔杆倾斜，线路绷断，瓷瓶破碎，抢修难度极大。30多名官兵在泥泞的沼泽地中，冒着6级大风和雨雪冰雹进行抢修，晚上8时恢复供电。同日，武警水电二总队派出一支电力抢修小分队对结古镇至巴塘机场35千伏线路受损的铁塔进行修复。官兵们从营区徒步3千米

到抢修点进行抢修。18 时，机场顺利通电，比原定时间提前 5 个小时。

武警水电二总队先后完成格萨尔广场、体育场、赛马场、卫生学校受灾群众安置，结古 3 线受损电网等 8 条电力线路的抢修、抢建任务，架电杆 250 根、线路 45 千米，给 5000 多名灾民和 10 多支抢险救灾队伍接入常规用电。

武警水电二总队五支队官兵在玉树地震灾区抢修电力线路　（武警水电二总队　提供）

# 第四章　抢修水利设施

## 第一节　抢修供水设施

### 一、青海省水利系统抢修供水设施

4 月 16 日上午，省水利厅抢险救灾前线指挥部及时组织技术人员制订应急供水抢修方案。水利部副部长刘宁和省水利厅厅长于丛乐听取方案汇报，研究制订措施，明确工作重点。5 支应急供水抢修分队 75 人抵达灾区，按照供水方案，投入抢修工作。至 17 日 7 时，青海省 13 支专业应急供水抢险分队 383 名队员全部到达抢险救灾一线，分赴重灾区玉树县结古镇及 8 个乡镇展开供水保通工作。各抢险队配备挖掘机、运输车、PC 管道等物资。

4 月 16—19 日，长江委水质监测组开展水源调查监测。

4 月 17 日 17 时 15 分，经过水利部门全力抢修，玉树州结古镇自来水厂恢复通水。州自来水公司建成 14 个应急供水点，分别配置在州委办公区及临街铺面、州公安局、州无线电监测站、州电信公司、州自来水公司、县第三完小、州职业技术学校、州体育场、州红旗小学、牦牛广场、中心广场、赛马场、折龙达、母亲路等地。

至 22 日，赛马场应急供水工程开挖管沟 2.5 千米，体育场安置点实现供水。玉树县 4 个乡镇应急供水工程全面展开，其中巴塘乡和上拉秀乡应急供水工程基本完成，水源引入工程抢通。为保持水源的清洁卫生，预防灾区疫情发生，省水利厅派出人员对水源进行保护。

结古寺是结古镇最大的寺院，寺里有 500 多名僧侣，还安置有受灾群众 1200 多人。地震后，大量的生活垃圾使原本干净的山涧溪水受到污染，已经不能饮用。水利厅派出厅属第八应急抢险队到结古寺，利用一个上午的时间抢修 2.5 千米供水管道，铺设管道 1.5 千米，将溪水从源头引到群众聚居的地方，设立 6 个应急供水点，解决群众和僧侣生活用水。

4 月 26 日，灾区结古镇供水实现全覆盖。11 个片区应急供水点全部通水，解决 4.2 万人

青海省水利厅抢险队冒着风沙抢修水利设施

（青海省水利厅　供图）

的用水问题。除结古镇外其他 8 个乡镇每地至少有 1 个应急供水点。安冲乡应急供水工程 4 日通水，可保证 1830 人饮用。州民族中学、州委、州政府由水利部援助的日产 5 吨优质水的移动供水车保障。赛马场新建应急供水工程管道铺设基本完成。

截至 5 月 1 日，遭受地震损毁的玉树灾区水利水电基础设施逐步恢复。玉树县结古镇 11 个片区及 8 个乡镇主要应急供水工程全部通水， 共设置供水点 58 个，应急供水受益人口 8.96 万人。赛马场新建应急供水工程 3 条支管管道埋设完成，实现通水。水利部门将结古镇禅古村和甘达村确定为先行灾后重建试点，两个试点村的临时应急供水工程已经开始施工。

5 月 7 日，自来水公司供水量 3019 吨，震后累计供水 23680 吨。5 月 8 日，建成 18 个应急供水点，包括州自来水公司、县第三完小、州职业技术学校体育场、州委办公区及临街铺面、州体育场、州红旗小学、州电信公司、牦牛广场、中心广场、赛马场、州公安局、州无线电监测站、折龙达、母亲路、自来水公司高压水池周边地区、扎西大同西路的 2 个点。5 月 8 日，新增扎西大同西路 1 个供水点。5 月 13 日，针对群众自行开阀取水、造成自来水大量外泄和主管道漏水的问题。13 日关闭群众自行打开的阀门 3 个，更换毁损水龙头 7 个。自来水公司供水量 2303 吨，比 5 月 12 日减少 144 吨。其中，1 号泵向结古镇区供水 1952 吨，2 号泵向赛马场安置点供水 351 吨，震后累计供水 35767 吨。

## 二、湖南水利抢险救灾队抢修供水设施

湖南水利水网维修分队抵达结古镇后，迅速对县城主供水管道实施抢修、封闭和高压试水。4 月 18 日，设立两个临时供水点，解决 1 万多名受灾群众饮水问题。分队先后出动人员 570 人次，

抢修81个下水井，检修管线2870米，建立11个供水点。供水分队赶到玉树县自来水公司，迅速抢修瘫痪的供水系统。4月18日11时，灾区群众喝上干净卫生的自来水。

### 三、青海省水利水电工程局有限责任公司抢修供水设施

青海省水利水电工程局有限责任公司电力抢修队部分力量承担结古镇应急供水工程抢修任务。4月17—25日，公司投入大型挖掘机、装载机、30吨吊车和平板运输车等大型设备6台，完成主管道2.3千米的开挖、回填和5条跨公路钢管埋设、扎西科河道供水钢管架设等任务。

## 第二节　应急供水

4月22日，赛马场安置点实现供水。赛马场安置点有受灾群众2.4万人，是结古镇最大的安置点。为让该安置点群众喝上干净水，省水利厅在扎曲河边安装一台组合式净水机，每小时净化5立方米水；此外，赛马场另配置住房城乡建设部提供的一辆移动水处理车，每天可以净化300立方米水。两种设备一起工作，可以满足3万人的生活用水。

4月25日下午2点26分，由中国红十字会总会委托湖南省红十字会组建的净水、制水紧急救援队（简称“ERU”）一行12人和30名武警湖南总队官兵，携数十吨重大型净水、制水设备，赶赴灾区为受灾群众制水并出水。经卫生部门检测，净化水的浑浊度比例仅为0.1（原水为20.3），比矿泉水的浑浊度还要低，救援队先后在灾区工作22天，为受灾群众制出800多吨安全、优质、健康的饮用水，使3万多名受灾群众受益。

## 第三节　找水打井

地震造成结古镇原有水源地损毁严重，不能使用。为尽快恢复重灾区结古镇供水，省国土资源厅紧急调派45人组成的专业打井队伍和3台大型打井钻机，在玉树县结古镇震区选定新供水源地进场布设钻孔。打井找水分队在结古镇震区原水源地上游紧急勘查选定临时采用地下水点位，分别于16日和17日从海西和西宁野外施工场地抽调专业打井队伍和3台大型打井钻机赴玉树，18日7时进场布设钻孔，当日完成设备安装，19日开钻。4月20日上午，

青海省国土资源厅打井队打出优质的水井，及时解决受灾群众饮水困难
（省政府新闻办 供图）

省环境地质勘查局、省水文地质工程地质环境地质调查院加班加点勘查施工的应急水井第二孔水井成功出水，抽水试验结果为1500吨，可满足5000余人饮水。找水分队经过四昼夜连续工作，玉树县结古镇镇政府扎西科村附近的第一眼应急供水井4月24日10时成井出水，日出水1000立方米，解决1.5万人的饮水问题。

省国土资源系统完成打井26眼，累计总进尺11546米，合计出水量23733立方米／日，较好地解决灾区群众生活用水问题。

# 第五章　恢复秩序

## 第一节　恢复金融秩序

### 一、恢复灾区金融服务

青海省内各金融机构及时开通“绿色通道”，简化办贷程序，支持抗震救灾。玉树震后第二天和第五天，省农业银行玉树分行和中国邮政储蓄银行玉树支行分别设立临时营业点，青海银行玉树分行、建设银行玉树支行分别于7月19日和12月10日开业，恢复灾区金融服务机构。省政府金融办公室运用差别化金融政策，适当下放贷款审批权限，缩短授信审批环节，强化灾区信贷引导。加快融资性担保机构发展，成立注册资本3亿元的灾后重建担保公司，解决灾区信贷担保能力不足问题。

人民银行西宁中心支行4月15日凌晨5时，国库、支付结算等重要系统恢复运行，当日汇划救灾资金6.1亿元。采取发行库代保管的方式，对玉树信用联社、邮政银行和邮政局储蓄专柜的现金、重要空白凭证封存纳入发行库保管，截至4月20日，共代保管现金451万元，重要空白凭证3箱3000余份。各金融机构累计办理存款业务2094万元，取款业务290.5万元。为应对抗震救灾需要，西宁中心支行连续2次向玉树人行追加再贷款限额1000万元和8亿元。中心支行经授权管理的再贷款总额度达到10.7亿元。

大地震发生第二天，农业发展银行青海省分行玉树州支行生活秩序初步恢复；震后50个小时，在帐篷中恢复业务运营。开辟绿色通道，简化办贷流程，提高办贷效率，及时为玉树州肉食品公司、青海三江源生态环境保护建设有限责任公司受损贷款办理展期，进行贷款利率下浮；协同企业对玉树州粮食储备库受损粮食进行销售，降低损失；发放贷款10亿元，支持玉树交通“生命线”保通公路项目；配合粮食局等有关部门做好救灾粮供应管理工作。

大地震发生后，国家开发银行青海省分行成立抗震救灾领导小组，启动应急预案。4月16

日，经总行批准，分行向玉树地震灾区应急贷款10亿元，用于灾区道路、交通、供水、供电、通信等基础设施恢复以及医院、受灾群众安置等救助基础设施建设。

工商银行青海省分行于4月17日召开行长办公会，安排青海分行抗震救灾和金融服务工作。成立抗震救灾工作领导小组。各支行、各部室认真落实省分行有关抗震救灾金融服务工作的要求和安排，优质、高效、快捷服务保障抗震救灾工作，及时研究解决客户的服务需求，对抗震救灾企业的信贷需求及时研究，提出解决方案，尽最大力量满足客户要求。加强资金供应各环节工作，保证救灾企业资金及时到账和现金支取。

农业银行青海省分行于4月14日8时20分召开紧急会议，成立抗震救灾工作领导小组；启动应急预案，提出6条抗震救灾应急措施。下午，再次召开抗震救灾工作领导小组扩大会议，组成两套人马，分别赴灾区一线指挥抗震救灾和西宁协调指挥物资调运等工作。紧急筹措发电机4台、柴油5吨以及恢复营业急需的电子设备等一批救灾物资，于14日21时运抵灾区。经10多个小时的抢修，于4月15日18时50分，完成无线网络、网点终端设备等各项技术恢复，震区农行综合业务应用系统（ABIS系统）全部恢复，农行系统内部邮件和公文等管理系统也陆续运转，开始恢复正常营业。向玉树支行紧急拨付救灾专款100万元。15日上午，农分行抗震救灾领导小组召开紧急会议，对抗震救灾工作作出进一步部署。17日，组织搭建省农行抗震救灾指挥部帐篷，把办公区与生活区分开，确保受灾员工生活、工作秩序恢复正常。19日，对做好金融服务、安全保卫和救灾物资、药品发放等工作提出具体要求。4月24日，农业银行在灾区的8个营业网点全部恢复营业。

中国银行青海省分行迅速行动，启动应急预案，全力做好抗震救灾金融服务工作。制定下发《关于做好地震灾区支付结算服务工作的紧急通知》，对做好支持抗震救灾金融服务工作进行具体安排；在辖区内各营业网点开通抗震救灾捐款“绿色通道”，优先受理地震灾区捐款汇款业务，并免收全部费用；制订地震灾区支付结算服务应急方案，对抗震救灾性质的汇款、玉树灾区在中行开户的单位结算账户办理支付业务、玉树灾区因临时结算业务需要申请开立单位结算账户等业务进行优先安排和部署；认真组织开展玉树地震涉及分行贷款情况的排查工作。

建设银行青海省分行迅速开通救灾捐款“绿色通道”，延长网点营业时间，免收抗震救灾资金业务结算手续费；强化风险防范措施，保障各类救灾捐款及时到账和安全；争取到总行15亿元抗震救灾专项贷款，筹建成立玉树支行。

中国邮政储蓄银行青海省分行通过多种渠道和玉树州支行取得联系，了解地震灾情。召开抗震救灾紧急会议，成立省分行抗震救灾领导小组，启动重大灾情应急预案。4月14日中午，第一批救灾物资到达灾区。次日，第三批救灾人员和物资到达指定地点。震后3日内，邮储银行青海省分行先后4批救援人员和救援物资抵达灾区。开通向灾区捐款免收汇费绿色通道。与省邮政公司合作，安装设备、调试系统、派出流动金融服务车，恢复开办金融服务业务。

## 二、恢复保险理赔业务

大地震发生后，中国人民财产保险股份有限公司青海省分公司玉树营销部7名员工立即排查玉树灾区客户伤亡和保险标的受损情况。4月14日23时，人保财险海南州分公司组织第一批救援队携带帐篷、药品、食物等救灾物资和理赔查勘工具抵达玉树，15日凌晨1时，人保财险青海分公司副总经理齐利源带领第二批救援队伍携带救灾物资抵达玉树。同日8时，在玉树县格萨尔广场设立中国人保理赔服务点，受理受灾保户的报案和咨询服务，并为灾区群众和武警官兵提供手机充电服务。16日，确定“特事特办、先人后物、快查、快定、快赔”的理赔工作原则，及时理赔。同日，人保财险青海分公司第三批救援队携带网络通信设备、发电机等救灾物资抵达地震灾区，与当地电信部门沟通协调，接通理赔服务点网络，全面恢复灾区保险服务工作。17日凌晨1时35分，中国人保的抗震救灾总部现场工作组到达玉树灾区，指导抗震救灾工作。同日，人保财险青海分公司抗震救灾工作组在玉树灾区保险服务点现场向在地震中遇难的客户颜帮文家属支付“与您同乐”保险赔款4万元。针对赴玉树参加救灾的车辆激增的情况，人保财险青海分公司专设理赔小组，于19日在玉树县清水河和玛多县交通要道各设一个保险理赔服务点，开展查勘定损工作，为驰援灾区的救灾车辆提供服务。19日，玉树营销服务部承保灾后第一笔校园方责任险业务，收取保费170元。4月21日，中国人民保险集团股份有限公司和中国人民财产保险股份有限公司抗震救灾联合工作组会同人保财险青海分公司第四批救援人员，赶往玉树灾区，参加抢险救灾。

大地震发生后，中国人寿保险股份有限公司青海省分公司成立抗震救灾领导小组，启动预案，责令信息技术部、业务管理中心立即进行保单查询，逐一排查受灾单位和人员；配合保监局、省保险行业协会和省内有关机构，筹措救援物资，迅速投入抗震救灾工作。4月14日14时，公司领导带工作人员从西宁出发赶赴灾区实地勘察理赔，确认身份。截至16日13时，核查确认2人投保建工险客户死亡，1人投保康宁定期险客户死亡，现场赔付3万元；对7名受伤人员现场进行理赔。省公司业务管理中心、客户服务中心投入结案和理赔工作，实行24小时值班，全员接案，开通绿色理赔通道，特事特办，简化程序，并向社会公布联系电话。

## 三、开展银融监管督导

大地震发生后，银行青海监管局现场指导3天内恢复极重灾区银行临时营业网点，一周内实现玉树地区25个银行网点恢复营业。督导全省银行业机构开辟救灾专款快速通道，免收相关手续费，延长营业时间，提供节假日对公结算服务，确保汇划业务及时办理。紧急发出严防诈骗捐款的风险提示，先后封堵6个假冒捐款账户。督导灾区银行业机构迅速抢救废墟中被埋现金和重要空白凭证，增加守押力量，在临时营业网点安装电子监控、报警等技防设施，确保金融安全。完成灾区震前存、贷款认定工作，维护存款人的合法权益，核实因灾损失贷款，为贷款核销工作奠定基础。

证券青海监管局及时启动应急预案，成立应急工作领导小组，加强值班和报告制度，掌握灾情对辖区资本市场运行的影响情况，配合地方政府开展救灾工作。

保险青海监管局及时对全省保险业抗震救灾工作作出部署，局党委主要负责人于地震当日深入震区一线，带领和指导各保险机构仔细排查保险标的情况，搜集相关信息，开通灾害事故理赔绿色通道，建立赔款预付机制，加快查勘、定损和理赔速度，使受灾企业和群众及时拿到赔款。全省保险业对玉树地震灾害赔付支出 467.1 万元。

## 第二节　恢复商业网点

玉树灾区原有各类市场主体 4098 户（含摊位），地震时 85% 的门店倒塌、15% 的门店成为危房，造成经济损失 33250 万元。地震发生后，玉树州各类商业营业网点全部停业，给抗震救灾工作和群众生活带来了极大不便。为满足灾后广大群众和救援人员的生活需求，4 月 14 日，省商务厅组织系统内企业采购调运方便面、矿泉水、饼干等 6.5 吨到玉树；15 日，北川煤业公司将 100 吨煤送往灾区；16 日，省商务系统调集 25 辆运输车将 260 吨物资运往灾区，组织商业流动服务车进入灾区；17 日，西宁仁青粮油市场、华鑫食品公司、省邮政公司、乐都兴农等 20 余家企业将 400 吨生活物资送往灾区；18 日 6 时，省商务厅从青海华联超市、大百集团、宁食集团、青百集团、惠客家超市等企业调配矿泉水、饼干、火腿肠、榨菜、炉具等灾区急需物资共计 600 吨，协调青藏兵站部 70 辆运输车运送灾区。西宁大什字百货商店、西宁宁食有限公司、青海夏都百货股份有限公司、青海惠客家超市有限公司、北京华联综合超市股份有限公司青海第一分公司、西宁王府井百货有限责任公司、青海荣盛商贸有限公司、西宁华鑫食品有限公司、海西州好好爱家超市有限公

4 月 18 日，青海裕泰畜产品有限公司在玉树灾区设救灾饭供应点

（省政府新闻办　供图）

司、德令哈市福源配送中心、海南州百佳民族贸易有限公司等 13 个单位组织 20 多台车辆，带足货源，赶赴灾区，利用流动车、帐篷商店为受灾群众服务；4 月 26 日，玉树州工商系统联手出动执法车辆 30 多车次、执法人员 100 多人次，对格萨尔广场、牦牛广场、赛马场等受灾群众聚集地和安置地应急商品摊点重点巡查；设立“12315”投诉举报点和工商临时办公点 4 处；28 日，结古镇商业销售网点恢复开业 200 家，由商务部组织的 17 个活动板房、35 顶帐篷销售服务点、30 辆万村千户流动售货车投入运营，结古镇市场全面复苏；29 日，日用百货价格与震前持平，略低于西宁市场价格。5 月 10 日，灾区原有商品零售点基本恢复，服务网点达 700 多个。

## 第三节　恢复邮路

地震造成邮政信息网中断，玉树县 3 处邮政营业网点全部停业，所属县邮政网点也全部停业；造成邮政职工死亡 2 人，重伤 15 人，员工亲属死亡 32 人，玉树州邮政局及所属称多县局、杂多县局 3 处房屋损毁严重，设备基本损坏。青海省邮政管理局迅速启动《青海省邮政业突发事件应急预案》一级响应，与省邮政公司联合成立邮政系统抗震救灾应急保障领导小组，组建抗震抢险突击队展开救援工作。4 月 14 日 12 时，省邮政局突击队员携带 6 辆载着帐篷、医药、生活必需品的车辆赶赴灾区。领导小组紧急抽调 1 辆流动服务车和宁夏邮政公司支援的 3 辆流动服务车，陆续赶赴灾区，对灾区营业网点设备进行调试、联通。

15 日上午，突击队和当地邮政员工克服重重困难，在各种设施严重损坏的情况下开展分拣、投递等工作，使灾区报刊、邮件投递工作有序展开，基本邮政通信生产得到恢复。16 日下午，玉树县 2 处营业网点系统恢复。17 日凌晨，称多县、杂多县、囊谦县营业网点系统恢复；下午，治多县、曲麻莱县营业网点系统恢复。震后两天，第一个临时邮政局正式对外营业，西宁邮区中心局加大发往玉树的邮车频次，将西宁至玉树的邮车由两日一班改为一日一班，玉树至各县的邮车由 5 天一班改为 4 天一班。截至 4 月 29 日，省邮政公司共为灾区投递邮件 2060 件；向抗震救灾指挥部、救援军队和武警部队官兵等“帐篷单位”赠阅党报 16300 份，为受灾群众办理邮政储蓄业务 300 万余元。

为方便爱心人士办理赈灾包裹及赈灾汇款，省邮政公司 4 月 15 日开通省内通向灾区的邮政绿色通道，对所有寄往红十字会、社会福利院、慈善基金会等社会公益性机构的赈灾款、物一律免收邮费、汇费及包装费等费用，对汇往玉树受灾地区的捐赠款、赈灾款免费办理。

# 第四节　恢复气象设施

## 一、恢复气象预报业务

地震发生后，玉树州气象局干部职工冒着余震，手搬肩扛，将地面、高空探测气象设备抢救出来，按时编发4月14日8时地面天气预报，在停电停水的情况下恢复人工制氢，按时完成14日19时15分探空气球施放，保证全球气象高空交换资料的连续性、完整性。及时成立气象服务应急小组。

4月14日，省气象局领导召开会议，部署气象部门抗震救灾工作　（省气象局　供图）

15日，青海省大气探测中心技术人员和玉树州气象局职工将地面、高空、预报业务搬进防震帐篷，各项气象业务基本恢复正常。同日7时20分，省气象局移动气象台到达玉树，连通与中国气象局视频网络，与中国气象局建立通报玉树灾区最新灾情、天气会商和重要资料传输快速通道，实现后方制作的各种预报及服务产品通过省局局域网传送到玉树现场指挥点，为前方指挥点及时得到预报服务产品建立快速通道。前方指挥点从当天开始及时向省玉树救灾指挥部和受灾群众及救援人员提供气象服务。

5月9日，省气象局在赛马场安置点架设移动自动气象站，在国道214线西宁至玉树段建设6个自动气象站、6个固态降水观测站和2个公路交通气象监测站，给玉树恢复重建交通“生命线”提供快速、准确、动态的实时气象监测信息，为国道214线交通安全提供强有力的气象服务支撑。

5月29日，省气象局车载移动雷达到达玉树，在海拔3883米的结古镇加吉娘山垭口完成架设任务，开始正常工作，结束玉树没有天气雷达的历史。

## 二、预防雷电灾害

玉树是青海省雷暴天气高发区，年雷暴日数平均在69.1天以上，居青海省多雷地区之首。

其中，地震重灾区结古镇年雷暴日数64.3天，每年雷暴可能影响189天。地震发生后，省气象局开展防雷减灾工作。颁布实施《地震过渡安置房防雷技术规范》地方标准；制定《玉树地震灾区防雷工作方案》和《玉树地震灾区过渡安置房防雷设计方案》；与省住房城乡建设厅、省质监局、省安监局等部门沟通，在地震灾区防雷管理工作中建立合作机制，明确管理职责，联合下发灾区防雷管理工作文件，为地震灾区防雷工作开展提供保证；下发《关于加强玉树地震灾区雷电灾害防御工作的紧急通知》，将地震灾区过渡安置房防雷装置建设统一纳入过渡安置工程建设管理程序和恢复重建规划，统一规划、统一实施。与省质监局联合下发《关于贯彻实施〈地震过度安置房防雷技术规范〉地方标准的通知》，将地震灾区过渡安置房的防雷装置统一纳入质量监督管理范围。与省安监局联合下发《关于做好玉树地震灾区防雷安全生产工作的紧急通知》，将防雷安全管理统一纳入灾区安全生产工作管理范围。与省住房城乡建设厅联合下发《关于加强地震灾区过渡安置房雷电防护工作的紧急通知》，将地震灾区过渡安置房防雷装置建设统一纳入工程建设管理程序和验收程序。组织编写《地震灾区藏汉双语防雷避险手册》和藏汉双语防雷知识宣传单发给灾区群众。为灾区配备接地电阻及土壤电阻率测试仪等价值近10万元的检测仪器和办公设备，对玉树州气象局防雷中心技术人员进行《地震过渡安置房防雷技术规范》地方标准、防雷检测设备使用、防雷验收程序等培训。中国气象局组织援建3个避雷塔。4月23日晚，由专业人员组成的抗震救灾雷电防护突击队勘察人员先期赶到灾区，实地采集灾区土壤电阻检测数据、安置点布局和周边环境等数据。按照重点人群重点防护的原则，组织人员在玉树县第二民族中学捐建第一个防雷工程示范项目，随后，防雷技术人员对灾区的42家单位的过渡安置房防雷装置进行免费跟踪检测。对州委、州政府、学校、医院等重要公共设施过渡板房的防雷装置建设，由气象部门负责设计方案，建设厅统一组织防雷装置补建工作。

## 三、提供决策依据及建议

4月17日，省气象局向省政府提出玉树灾区雷电灾害防御和地质灾害特点及防御的建议。与中国科学院合作，先后3次向省委、省政府以及抢险救灾指挥部制作玉树州地震前后高清晰遥感影像图、玉树灾区地质灾害风险图和玉树灾区周边地区居民点分布图，为抢险救灾提供参考。截至4月17日18时，报送决策类气象信息15期，向省玉树抢险救灾指挥部报送《地震灾区气候专题分析4—5月玉树地震灾区气候特征分析》《玉树地震灾区气候趋势预测》等决策参考材料。

4月20日，省气象局紧急印制 玉树县地震灾害前后高分辨率影像对比图、玉树地震灾区居民点建筑损毁图、地质灾害风险图、玉树县地震灾后三维飞行图等，重点突出地震灾害后建筑物的损毁程度、地震灾后玉树县地质灾害发生潜势等情况，为抢险救灾工作提供决策依据。组织力量编制《青海玉树地震灾区重建规划之资源环境承载力评价和恢复重建选址工作气候背景分析》《青海玉树高原生态旅游城市建设3个候选地气候条件对比分析》以及《影响青海玉树高原生态旅游城市建设的气象因素及应对建议》3份玉树灾后重建决策服务材料。

# 第五节　恢复教学

## 一、就地复课

玉树地震灾区的部分学校在帐篷教室里恢复上课

（邹小庆　摄）

玉树地震牵动全国人民的心，学校复课学生就读问题得到党和国家、全社会的高度关注。4 月 18 日，中共中央总书记、国家主席胡锦涛到玉树孤儿学校看望慰问学生时，在黑板上亲书“新校园，会有的！新家园，会有的！”12 个大字。国务院总理温家宝在玉树地震灾区检查指导抗震救灾工作时强调“要把抢救和照顾孩子摆在抗震救灾的重要位置”，保证高中特别是高三学生顺利参加高考。地震发生后，经各级党组织、政府和军队共同努力，通过搭建帐篷学校、异地转移就读等办法，使玉树因地震停课的学生有学可上。

4 月 17 日震后第三天，玉树州孤儿学校率先复课，复课仪式在被毁损的教室前举行。省委书记强卫，省长骆惠宁，玉树州委、州政府领导出席复课仪式。该校是一所九年制义务学校，地震中，学校教室和学生宿舍严重损毁。该校由中国青少年发展基金会筹资、武警部队和青海桥头铝电有限公司员工搭建板房教室 4 间，每个教室可容纳约 40 人。

18 日，68313 部队了解到该校由于房少人多、孩子们需轮流睡觉的困难后，在学校空地上搭建 8 顶帐篷，架设起高低床，设法调整 150 床棉被褥，妥善安排孩子们的住宿休息；搭建 15 顶帐篷作为教职员工的办公室和宿舍，建起 200 人同时就餐的帐篷餐厅，配备餐桌椅、大屏幕电视和发电机，调配 2 台炊事车制作饮食，让学生吃上热饭菜；派出 5 名藏族大学生当代课老师，为孩子们辅导功课，改善孤儿学校的教学环境。

同日，成都特警救援玉树灾区青年突击队民警，在玉树州民族中学操场搭建灾后玉树首个帐篷希望小学成玉帐篷希望小学，开设语文、数学、美术、体育等课程，增设防震知识教育课程，对学生进行心理辅导，同时开展有针对性的对口教学和帮扶工作。

同日，玉树县第一民族中学和青海省军区援建的玉树县第三完全小学在灾后第五天复课。省军区协调驻青部队筹措资金18.2万元，援建玉树县第一完全小学、第二完全小学、第三完全小学、第一民族中学和甘达村寄宿学校5所帐篷学校。搭建帐篷185顶，捐赠课桌椅700套，被褥、床铺500余套，学习用具1300多套。4月21日22时许，68710部队150名官兵在副部队长班玉宝的带领下顶风冒雪、连夜奋战13小时，为玉树县第一民族中学、第一完小、第二完小、第三完小等学校平整场地4平方千米，搭建帐篷98顶、大教室30间，给学校建起新的帐篷教室、办公室、食堂、宿舍和厕所。68710部队与县第一民族中学、第二完全小学开展联建共创活动，帮助学校清理废墟、打扫卫生，清理垃圾24车，派出8名干部担任学校辅导员。为使营区驻地附近暂时无法复课的学生能够在上学后跟上教学进度。68710部队硕士研究生士兵苗一楠带领战友们不顾连续搜救和清理废墟的劳累，利用休息时间给这些学生购置书包、文具，为他们补习功课。针对灾后孩子们的安全感极度丧失、恐惧心理久绕不散的实际情况，青海省军区在帮助部分学校复课后，选派12名年龄轻、素质好、具有一定心理干预能力的干部吃住在援建的学校和孤儿院，和孩子们同吃、同住、同娱乐，逐个谈心，耐心疏导，帮助孩子走出心理阴影、让他们安心学习。玉树军分区筹集帐篷10顶、米面2吨和现金4万元送到通天河希望小学，保证复课学校正常运转。

68303部队腾出官兵餐用帐篷5顶、班用帐篷17顶，协调玉树州调整到专用帐篷69顶、住宿帐篷60顶；清理废墟、平整场地6000平方米，3天时间在偏远山区为13所学校搭建203顶帐篷，最远的学校距玉树县城结古镇194千米；筹资10万元，从西宁定制1130套课桌椅、学习用品200套，制作86块班级牌，购置一批篮球、乒乓球、羽毛球等文体器材，保证每个班级有宽敞的教室、每名学生有制式桌椅；为学校送米、面、食用油800余千克；派出12名大学生官兵辅导功课。

救灾期间，68303部队共援建哈秀乡寄宿小学、哈秀乡甘宁小学、隆宝镇寄宿小学、隆宝镇措美小学、隆宝镇措多小学、隆宝镇措桑小学、结古镇果青小学、结古镇扎忙小学、结古镇新寨小学、上拉秀小学和玉树县孤儿学校11所学校，抽调12名大学生官兵帮助中小学生辅导功课，帮助任务区内86个班级4600多名学生于4月24日正式开学复课。

4月20日，武警玉树州支队在营区院内受灾群众安置点搭建起武警爱民帐篷学校，23名学生返回课堂。曾经是教师的支队司令部作训股参谋李文业妻子罗志芳在地震发生前一周来队探亲，地震后作为志愿者参加抗震救灾，帐篷学校成立后，她担任临时老师，为学生上课。

4月21日15时，玉树州职业技术学校高中部高三7个班200名学生正式复课。副省长张光荣，21集团军政委刘雷等领导出席复课仪式。该校由21集团军援建，集团军采取购置与调用相结合的方式，紧急援助灾区学校15顶帐篷、180套桌椅及部分灶具、发电机。在集团军政委刘雷及应急指挥组的具体指导下，68211部队在玉树州职业技术学校任务区清理场地连夜搭设帐篷，组装桌椅，搭建7顶各60平方米供学生上课的帐篷教室、2顶教师备课的帐篷教研室、5顶学生帐篷宿舍、1顶医务室和食堂帐篷。同时还配备2台电视机、1部炊事车等设备。

4 月 21 日，96361 部队搭建的草原寄宿制学校举行开学典礼　（96361 部队　供图）

玉树州职业技术学校学生分布在 1.75 万平方千米的山区，许多学生震后回家寻找亲人，同学校失去联系，帐篷学校复课时只有 37% 的学生返校。针对这一情况，68211 部队救援队与在校师生对照花名册逐一查对学生去向，采取多路分进、逐家走访的方法，进入深山和偏远地区收拢学生，实现“一个都不少”的承诺，确保每名学生都能入校学习。68211 部队救援队在为帐篷学校提供学习场所的同时，在“学、住、吃、医、教、乐”6 个方面提供全方位保障。为每个学生赠送 1 套学习用品和复习资料；按照每人 1 条床单、1 条褥子、2 床被子、1 个枕头的标准为学生提供住宿用品；在校区安装 5 台卫星电视，为每个班购置 1 套文体器材。20 日，联指为“高考帐篷学校”协调 2 台高原型炊事车和 2 台 50 千瓦发电机，68211 部队救援队抽调 3 名炊事员，为“高考帐篷学校”全体教职员工和学生提供 2 个月的伙食保障，一日三餐，每餐主食两种、四菜一汤；联指选派 1 名军医和 1 名卫生员，全程负责医疗防疫工作；在灾区各类生活物资相对紧缺的情况下，21 集团军想方设法筹措生活物资，专门指示某团雇用地方运输车辆从青海民和县为学校师生运送新鲜蔬菜、水果等生活品。

同日，玉树县巴塘乡草原九年制寄宿学校举行搬迁和复学典礼，112 名学生正常复学。该校由第二炮兵任务部队捐助帐篷 115 顶，搭建板房 240 平方米，构成临时教室 20 间、宿舍 9 间、办公室 2 间，设置 200 个床位，为学校配备炊事车、炊事员和医务人员，提供卫生和饮食保障。部队还为学生捐赠书包、文具盒等学习用品 700 套。

22 日，62201 部队援建的玉树隆宝镇中心寄宿帐篷学校正式开课，首批 361 名学生正式复课，其他学生陆续返校。该校地处地震重灾区，是海拔最高、规模最大的中心寄宿学校，地震造成所有校舍成为危房，导致 874 名学生无法上学。62201 部队迅速筹集帐篷、棉衣裤、被褥、食品，从格尔木紧急运往灾区。21 日晚开始一个昼夜搭建 48 顶帐篷，同时从西宁筹措价值 25 万元的 800 套课桌椅及学习用具和生活用品，建成能够容纳 874 名学生、19 个班级、39 名教职员工的寄宿帐篷学校。

同日，68303 部队“邱少云连”在玉树县隆宝镇措美村援建的“少云帐篷小学”正式落成并开学。海拔 4300 多米的措美村距离震中结古镇 70 千米，83 户群众分散居住在周围的山上，地震中 90% 的房屋被毁，村里小学原来仅有的 3 间教室全部成了危房，1 名教师遇难，全村 37 名小学生无法上课。68303 部队官兵在“进村入户”排查搜救中，决定为这个村援建一所帐篷学校。22 日上午，连队官兵带着从部队调整出的 3 顶帐篷，来到措美村，搭建布设“少云帐篷小学”。安排 1 名大学生排长和 1 名大学生士官当教员，给孩子们购买课本、文具、书包，为学校捐赠 1 万元。

23 日，地震 9 天后，高三年级全部复课，复课仪式在玉树县第一民族中学举行。省政协主席白玛、教育部基础教育一司司长高洪、省教育厅厅长王予波等出席仪式。该校由青海省军区帮助学校搭建，共有帐篷 96 顶（含教室 31 间，办公室 5 间）。同日，教育部、财政部决定，中国教育发展基金会从募集的社会捐赠资金中，向灾区高三学生提供每人每天 10 元生活补助，并发放到学生手中。至 5 月 3 日，全州乡镇以上 173 所学校（含 1 所幼儿园）复课。

25 日，玉树结古镇“天津帐篷学校”开课，这所帐篷希望小学由天津青年抗震救灾医疗队和天津青年企业家协调各方力量资助。该校是玉树地震后的第一所希望小学。共青团天津市委为 30 名学生发放学习用品，共青团天津市委书记刘道刚为孩子们进行心理辅导。

26 日，武警玉树支队协调 12 顶帐篷捐助学校，为学校搭建 20 顶帐篷，其中 12 顶用于武警爱民帐篷学校临时课堂、8 顶用于解决 300 名师生的食宿，还搭建一个 100 余平方米的简易厕所。

同日，称多县 33 所中小学校全部复课，10724 名中小学生报到上课的达 6435 名，占全县学生的 60%。

27 日，三江源武警希望小学复课。有 108 名教职员工、1234 名学生的三江源希望学校是一贯制学校，容纳小学、初中、高中的教育。地震造成学校校舍全部成为三级危房，有 1 名教师遇难、1 名教师家中 8 人遇难，其他师生家中都有不同程度伤亡。地震后，武警玉树支队派出两台车，为学校拉运物资 15 吨。

28 日，教育系统抗震救灾指挥部领导对称多县 33 所中小学校、囊谦县 59 所中小学校全部复课情况实地查看，复课面均达到 100%，复课学生分别有 6435 名和 6700 名，占原有学生总数的 60% 和 43.3%。学校校舍安全，配备教学和学生住宿防震帐篷、教学日常用品。

同日，玉树州红旗小学六年级 200 多名学生复课。红旗小学、综合职业学校板房 120 间由青海省军区协助搭建。

5 月 2 日，玉树州民族中学、玉树县第一完全小学与西宁市虎台中学、古城台小学之间，开通网络远程教学直播课堂，实现同步收看同一老师同一堂课的教学内容。副省长高云龙出席开通仪式。该系统由省科技厅联合中科院江苏龙梦科技有限公司为玉树灾区捐赠102台龙芯电脑，省电信局和省、市教育部门在玉树搭建两个网络电脑示范教室，安装龙芯电子白板教学系统。

截至5月6日，玉树县属中小学424个各类教学班，有317个教学班复课，复课率74.8%，复课学生9379名，占全县各类学生总数的54.8%。

5月8日，玉树州红旗小学五年级155人复课；14日，红旗小学三、四年级189名学生复课；17日，红旗小学学校全面复课。该校由中国青少年发展基金会援建价值110万元的板房教室40间。

5月18日，第二炮兵抗震救灾部队援建的“玉树州孤儿板房学校”正式交付并投入使用。这是玉树地震发生一个月后，在灾区建成并投入使用的规模最大、功能最全、质量最高的临时板房学校。玉树地震发生后，玉树州孤儿学校房屋全部坍塌，160名学生无家可归、无学可上。第二炮兵抗震救灾部队主动承担该校临时板房校舍援建任务。在历时21天的施工建设中，援建部队派专人先后到兰州、西宁等地运输板房、水泥等建筑材料100多车次，从兰州空运机械工具和板房配件85箱。担负板房校舍施工任务的56基地工兵营官兵在高寒缺氧的恶劣气候环境中，每天坚持施工作业14小时以上，始终坚持质量第一、安全可靠、坚固实用的原则，在施工中全过程质量管控，严把工程监理关和质量监督关，确保援建工作按计划推进。新落成的玉树州孤儿板房学校，建筑面积共2583平方米，先期投入建设经费350万元，建有教室、办公室、老师和学生宿舍、图书室、餐厅、医务室以及锅炉房和卫生间等共112间板房。每间教室还配备教学黑板以及相应的照明等配套设施，可同时容纳400名学生学习和食宿。与此同时，第二炮兵抗震救灾部队还专门安排两台野战炊事车，为学校师生免费提供伙食保障，并抽派5名参加过心理疏导培训的官兵进驻学校担任辅导员，协助学校对学生开展军训、心理干预和教学辅导等活动。

## 二、省内异地就学

地震使学校教室、设施损毁严重，导致灾区教学空间狭小，难以满足大量学生复课，各校在充分尊重学生及家长意愿的前提下，按照教育部和省教育厅的安排，科学、有序、稳妥地组织部分学生异地就学。玉树州共向省内外各地转移学生11274名（省内转移6200名、省外转移学生5074名）。

4月23日，玉树首批32名学生和1名教师从灾区转移到青海民族大学就读。这批学生是青海民族大学大专班玉树教学点的学生。该教学点设在玉树州职业技术学校，共有61名学生，23日前，陆续有29名学生和3名教师转移到该校学习。

25日，省、州、县教育系统在玉树州职业技术学校举行2009级学生转移起程仪式，州职业技术学校305名学生前往西宁、海南等地就读，骆惠宁出席仪式并为孩子们送行。州职业技术学校幼儿教育班20名、场艺美术班14名、藏医医疗班129名、护理班和卫生保健班134名学生分别转移到西宁市世纪职业技术学校、湟中县职业技术学校、海南州职业技术学校、西宁市卫生职业技术学校就读。省卫生职业技术学院2009级高级护理专业玉树教学点8名学生回省卫生职业技术学院本部学习。为便于管理，玉树州职业技术学校派随班班主任前往接收学校，各接收学校选派优秀教师为玉树班学生授课。

同日，玉树地震灾区的100名师生被安置到天峻县设在德令哈市生格乡的寄宿小学。15时，天峻县委、县政府在该校举行欢迎仪式。县委、县政府拨付200万元资金作为安置灾区师生的生活和学习经费，购置高低床60套，床上用品以及学习、生活用品各120套，搭建彩钢板房300平方米，安排学生宿舍14间、教师宿舍5间，并购买冰柜等物资。针对藏区学生的生活习惯，专门增加酥油、炒面、羊肉等食品，为灾区学生设立专柜，每人每天伙食费标准30元，并抽调业务精、觉悟高、责任心强的高中教师为灾区学生指导高考复习，安排2名心理辅导老师开展师生心理辅导工作。翌日，天峻县还对玉树灾区学生进行体检。29日，协调10名懂康巴藏语的大学生志愿者到学校协助做学生生活管理等工作。

## 三、省外转移就学

按照中央要求，教育部与部分省、自治区、直辖市教育部门进行沟通，确定安排玉树地震灾区中学生在学校重建期间，转移到天津、河北、山西、辽宁、山东、四川、宁夏7个省（自治区、直辖市）就读2年。按照计划，玉树地震灾区转出省进行安置就学的初中、高中学生共5074人。其中，天津接收563人，河北接收286人，山西接收1027人，辽宁接收673人，山东接收600人，四川接收1625人，宁夏接收300人。国家规定，对玉树转移到外省就学的学生每人每月给予600元的生活补助，并免费提供教材、住宿，学生假期回乡及返校的一切交通费用都由政府承担。

6月26日，玉树州民族中学478名学生率先踏上前往省外就读的旅途。首批1600名玉树地震灾区学生也起程赴四川省都江堰市就学。

8月26日，玉树县第二完全小学、下拉秀小学、隆宝小学、哈秀小学、安冲小学和仲达小学毕业升入初一的495名新生在10名教师的带领下，踏上赴山西省长治市的列车，开始崭新的学习生活。

9月1日下午3点，563名玉树学生从结古镇中心寄宿学校出发，踏上去天津就读的行程。

9月2日，青海玉树

6月27日，青海省教育厅在西宁火车西站举行玉树地震灾区学生省外转移就读首批学生出发仪式 （青藏铁路公司 供图）

地震灾区的300名高一学生顺利进入宁夏六盘山高中和宁夏育才学校就读。

9月27日，玉树地震灾区286名学生转至河北省石家庄市就读。

9月底前，578名玉树灾区学生、36名随队教师分别安置到山东省的3所学校。其中，淄博第二职业中等专业学校接收学生190名、教师11名，潍坊商业学校接收学生274名、教师20名，泰安卫生学校接收学生114名、教师5名。

9月5日，来自玉树的学生在天津耀华滨海学校开学典礼上领到课本和书包

辽宁省安排本溪市第十中学承担接收任务，分两批接受玉树学生。7月17日第一批转移安置372名，第二批于8月20日转移安置300名。

玉树地震共造成约1万名受灾学生需要异地安置就学，根据规划，震后玉树灾区共有47所学校需要重建。2012年春季开学时已有13所学校建成并投入使用，秋季开学又新增27所学校建成使用，其余在建的7所均为幼儿园和特殊教育学校。

截至2012年秋季开学，由相关地方政府部门集体转移至外地求学的学生已经全部实现回乡就读。

## 第六节　预防火灾

### 一、义务消防队宣传教育

在救援期间，省公安消防救援队组建72个义务消防队，开展以防火、防盗为主要内容的群防群治活动。每天派出2辆消防车到安置点洒水降尘，对59个受灾群众安置点和2790顶群众自行搭建的帐篷，进行拉网式消防安全检查，发放宣传材料3050份，讲解消防常识700余次，普及人数1万余人次，受灾群众安置点没有发生重大火灾事故。先后出台《青海省玉树地震灾区过度安置房建设消防技术措施》《玉树地震灾区救灾帐房安置点消防安全管理规定》和《关于进一步加强玉树灾区重建消防安全保卫工作实施意见》，在11个集中安置点各设置1个消防执勤点。每个执勤点配置防火干部4名、战训干部1名、驾驶员3名、战斗员8名、水罐消防车2辆、背负式细水雾灭火器3具、防火监督检查车1辆、宿营车1辆。

## 二、落实消防安全责任制

4月21日和5月1日，玉树州政府两次召开全州灾后消防工作会议，研究部署灾后消防安全工作。5月25日上午，青海公安消防总队召开紧急会议，学习贯彻公安部和部消防局领导有关玉树灾区消防安全工作的重要批示。建立灾区消防工作联席会议制度，督促落实灾区消防安全责任制，推动灾区各级单位落实消防工作责任。强化安置点消防工作网络化管理。通过招募消防志愿者、组建消防联防队、实行十户联防、督促使用明火场所实行24小时监护等措施推进网络化管理。继续开展灾区安置点火灾隐患排查行动，加强对帐篷、板房内电气线路、生活用火、佛事用火的消防监督管理，及时消除火灾隐患。充分利用天然水源，采取增设取水口、配备手抬机动泵、增设消防给水管网、设置消火栓等措施，缓解灾区消防水源、灭火设施不足等问题，改善集中安置点消防基础设施建设现状。为每个集中安置点制订灭火预案，加强执勤人员配备。缩短消防行政审批时限，实施特事特办、上门服务。全面落实执勤点消防安全工作责任。针对扎西科居住受灾群众多、居住密度大、生活用电多样化，一旦发生火灾实施救援空间狭窄、水源不充足的问题，建立多个消防点。玉树州、县政府先后将3150具灭火器配发到结古镇10个管委会，并按照“每5户1具”的标准优先配发集中安置点住户。

4月28日，玉树灾区消防部队对灾区学校消防安全工作再部署。派出由防火干部组成的工作组，督促学校加大自身安全监管，严格落实消防安全责任制和整改措施；推动地方政府牵头开展灾区学校消防安全大排查，对检查发现的隐患，责任落实到人，并明确整改期限；主动与校方联系，为师生上消防安全课，重点培训教师传播消防知识。

## 三、玉树灾区消防志愿者活动

6月13日，玉树灾区消防志愿者活动启动仪式在扎西科消防执勤点举行。启动仪式上宣布《玉树地震灾区消防志愿者服务细则》，玉树州经贸委负责人代表联合国开发计划署UNDP项目办与消防志愿者签订聘用合同，UNDP高级协调员杨芳和玉树消防支队支队长康自福分别对开展玉树地震灾区消防志愿者活动提出建议和要求。

玉树消防支队编印《消防志愿者工作手册》200本，分发到每个消防志愿者手中，指导消防志愿者开展消防宣传活动。

# 第七节　清理废墟

## 一、玉树州、县部署

拆迁清墟工作，事关玉树州灾后重建工作大局，事关重建总体规划、各专项规划和有关政策措施的具体实施，时间紧迫，任务艰巨，情况复杂。2010 年 8 月，玉树县人民政府为加快拆迁清墟工作进度，确保灾后重建项目顺利实施，根据国家和青海省有关法律法规、《玉树结古镇灾后重建房屋拆迁管理办法》、玉树州委第二十一次常委会会议精神，成立玉树州灾后重建土地征用和房屋拆迁协调领导小组。按照统一管理、突出重点，分级负责、同步推进，妥善安置、合理补偿，依法拆迁、确保安全的原则制定《结古镇灾后重建拆迁清墟工作方案》。要求州、县两级房屋拆迁协调领导小组要不定期召开会议，明确拆迁任务和要求。

房屋拆迁办公室主要负责房屋拆迁有关方针政策及法律法规的宣传解答，负责核定房屋拆迁量、审核拆迁费标准及执行情况，协调、指导房屋拆迁有关工作。玉树县灾后重建土地征用和房屋拆迁协调领导小组和房屋拆迁办公室，向各片区管委会分解拆迁清墟任务，落实工作责任，并进行指导督促；负责灾后重建各项政策的宣传、讲解和片区内的群众工作；办理房屋拆迁许可证，发布拆迁公告等。

各片区管委会会同项目业主委托的拆迁机构（拆迁公司）承担房屋拆迁的相关工作，具体负责拆危清墟工作的摸底调查、政策宣传和签订协议，提出被拆迁人安置方案，报县拆迁领导小组确定并做好安置工作。拆迁机构（拆迁公司）负责安排拆迁清墟施工队，支付拆危清墟费用，兑现群众房屋补偿等。

州、县各有关部门依据自身职责通力协作，积极配合，发挥好职能作用。建设部门会同州拆迁办负责做好拆危清墟和拆迁补偿工作的统筹安排，拆除施工企业的资质审查备案、房屋拆迁的监督和业务指导等工作。

发改部门负责重建项目的立项、计划的及时下达。财政部门负责按资金管理支付的有关规定，做好资金的审批、拨付、监管工作。公安部门负责危房拆除施工现场的治安及交通管理工作。司法部门负责拆迁清墟工作中的证据保全及相关法律、法规的解释工作。林业环保部门负责房屋拆迁范围内林木的移栽或砍伐、监督管理建筑垃圾的清运和堆放。水务部门负责居民安置点的供水保障。文体广电部门负责拆迁相关法律、法规和政策宣传及新闻报道工作。州电力公司负责切断、移除房屋拆除现场的给水管线、电杆及供电线路，并做好安置点的供电保障。州电信、移动、联通公司负责拆除房屋现场的通信、光纤、网络、基站等设施。安监部门负责监督、指导房屋拆除施工现场的安全施工。

纪检、监察和审计部门对拆危清墟、拆迁补偿、资金拨付等工作的全过程进行监督、检查、审计。按照审查备案、发布公告、宣传政策、提出要求、妥善安置、清理家产、实施拆迁、落实政策、组织验收的顺序实施拆迁。

8 月 21 日，玉树县政府发布拆迁公告，9 月 10 日前完成全部拆危清墟和第一、二批项目拆迁任务，8 月底前完成年内开工项目的调查摸底等前期工作，9 月 20 日前完成拆迁和 2011 年开工项目调查摸底等前期工作，具备拆迁条件的 9 月底前完成拆除任务，不具备条件的年底前全部完成拆迁任务。

拆迁工作按 3 个阶段实施。第一阶段：调查摸底。玉树县政府根据拆迁清墟任务量，制定工作细则，详细汇总有关数据，分类落实任务。组织县房屋拆迁机构、相关部门和各片区管委会，进一步调查登记辖区内需拆迁构筑物的名称、栋数、位置、四至界限、性质、用途及建筑物面积、结构、震后房屋安全鉴定结论、业主和房屋权利人及其联系方式等，研究提出工作意见、时间节点、所需费用等，统筹安排各项工作，抽调工作人员和专业力量。州拆迁办加强督导，并对所需经费进行初核。第二阶段：签订协议。拆迁机构依据房屋安全鉴定结论，明确房屋拆迁补偿标准，并与被拆除房屋的业主签订房屋或建筑物、构筑物拆除协议书。第三阶段：实施拆除。各片区管委会和拆迁机构依据有关法律、法规及程序，组织实施拆迁清墟工作。

8 月，玉树州成立玉树州、县灾后重建房屋拆迁协调领导小组和办公室，并明确相应的职责，根据《城市危险房屋管理规定》《玉树地震灾区城镇受损房屋建筑安全鉴定及修复加固拆除实施意见》精神，制定《玉树灾后重建结古镇区房屋拆迁实施意见》。划定了拆迁范围，明确了拆迁时间和拆迁补偿。房屋及建筑物、构筑物的拆迁量由拆迁公司丈量后报片区管理委员会审核，由片区管理委员会报拆迁办公室审定后实施。要求拆迁按照先领导干部、再机关干部、后城乡居民；先敏感建筑、再其他建筑；先寺院建筑、再商铺、后其他建筑的原则实施拆迁。

建设部门对建设项目规划及拆迁工作进行指导和监督管理，负责房屋拆迁补偿标准等政策的讲解工作。国土资源部门负责土地征用补偿标准等政策的讲解工作，负责对拆迁房屋用地的界址进行确定。发改部门负责下达建设项目计划，并监督实施。司法部门协助片区管理委员会规范房屋拆迁、土地征用有关法律程序，负责做好房屋及建筑物拆除的证据保全公证工作。公安部门负责维护拆除施工现场的秩序，加强拆除片区道路的交通管理，协助片区管理委员会排查、调解拆迁和征地过程中的矛盾纠纷。民宗部门协助片区管理委员会做好对寺院房屋拆迁、土地征用的协调工作。信访部门指导并处理房屋拆迁过程中的信访问题及群体性事件的各项工作，提出解决信访问题及群体性事件的对策和建议。明确资金拨付程序，拆迁补偿安置费由州、县财政局根据项目投资公司审定的拆迁量直接将拆迁资金核拨给拆迁公司，拆迁公司按合同（协议）拨付给被拆迁人。拆除费由州、县财政局根据项目投资公司审定的拆除资金直接拨付给拆迁公司，由拆迁公司按拆除量拨付给各拆除企业。由州审计、监察、财政部门组成工作组，对拆迁公司的房屋拆除量及资金使用情况进行审核。由州纪检、监察、组织、人事部门和政府督察室组成工作组，分阶段对结古镇区灾后重建房屋及建筑物、构筑物拆迁工作进行全方位监督检查。

## 房屋拆迁工作流程图

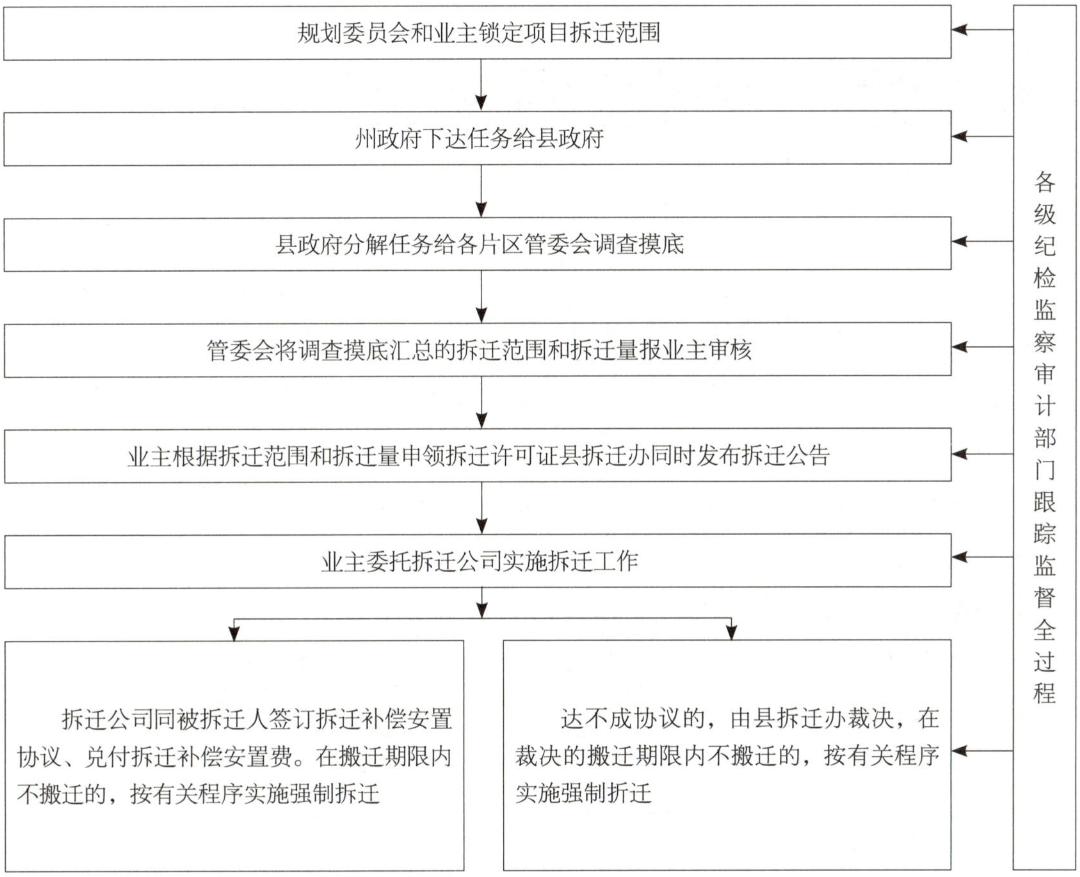


## 拆危清墟工作流程图

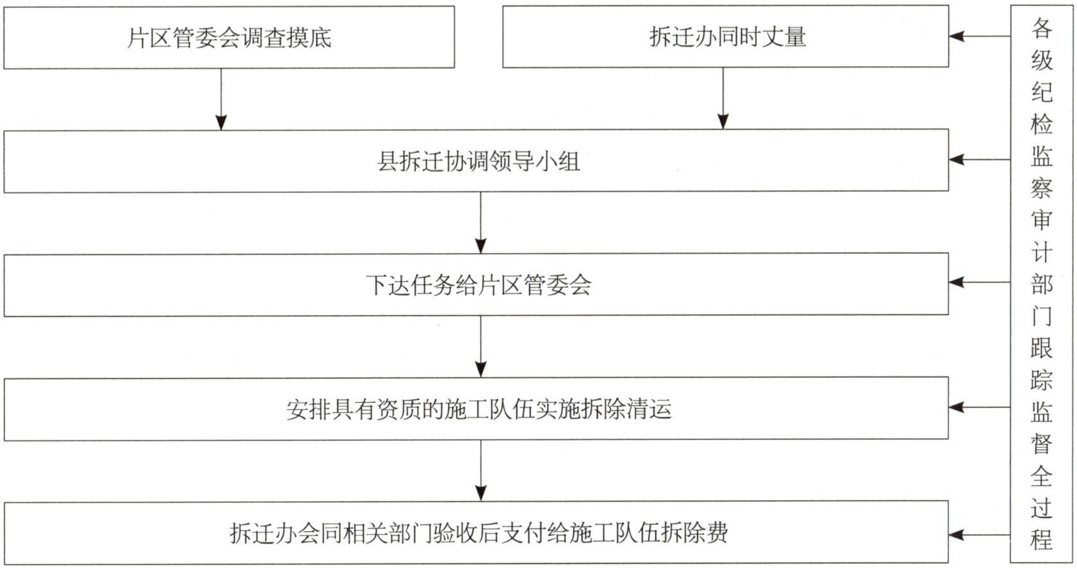

**危房拆除及废墟施工单位情况表**

表 4-1

| 序号 | 施工单位 | 设备情况 | 数量（台） |
|---|---|---|---|
| 1 | 青海海南黄河建筑开发有限责任公司 | 4 台挖掘机、2 台装载机、8 台自卸车 | 14 |
| 2 | 四川华西翔宇爆破有限公司 | 4 台挖掘机、2 台装载机、20 台自卸车 | 26 |
| 3 | 青海宏远爆破工程有限公司 | 2 台挖掘机、1 台装载机、4 台自卸车 | 7 |
| 4 | 青海隆庆房屋拆迁有限公司 | 5 台挖掘机、5 台自卸车 | 10 |
| 5 | 兰州弘旭房屋拆迁有限公司 | 4 台挖掘机、10 台自卸车 | 14 |
| 6 | 甘肃省永靖县挥发拆迁有限公司 | 2 台挖掘机、2 台自卸车 | 4 |
| 7 | 西宁相虎机械拆装有限公司 | 3 台挖掘机、6 台自卸车 | 9 |
| 8 | 成都全得利房屋房拆除服务有限公司 | 3 台挖掘机、2 台装载机、15 台自卸车 | 20 |
| 9 | 东乡县华瑞房屋拆除有限公司 | 8 台挖掘机、4 台装载机、6 台自卸车 | 28 |
| 10 | 青海青藏合力工贸有限公司 | 10 台挖掘机、10 台自卸车 | 20 |
| 11 | 青川县屹川混凝土有限公司 | 3 台挖掘机、2 台装载机、20 台自卸车 | 25 |
| 12 | 青海第三路桥公司 | 2 台挖掘机、2 台装载机、12 台自卸车、1 台绞钳机 | 15 |
| 13 | 青海博川矿业有限公司 | 4 台挖掘机、1 台装载机、10 台自卸车 | 15 |
| 14 | 甘肃国英机接械化房屋拆除工程有限公司 | 2 台挖掘机、2 台装载机、5 台自卸车 | 9 |
| | 合计 | | 216 |

## 二、兰州军区部队清墟

### （一）动员安排任务

玉树县结古镇城区面积 12.13 平方千米，地震受损房屋 610 万平方米，产生建筑垃圾 670 万吨、400 多万立方米。废墟清理是影响和制约灾后重建起步的关键性问题。青海省抗震救灾指挥部两次向联指发函，商请军队和武警部队协助清运废墟。

4 月 21 日 14 时，联指召开由青海省军区指挥组、68303 部队、68710 部队等领导参加的玉树抗震救灾清理废墟预备会，区分任务，制定标准，规范程序，明确注意事项。兰州军区司令员王国生听取联指装备组清理废墟装备保障预案和 68303 部队、68710 部队清理废墟兵力编组使用汇报。对清理废墟工作作 7 点具体指示：划分若干个作业区，每个作业区编步兵 1 个连至 1 个营，按实际任务量确定推、挖、装、卸、吊等工程机械，配属给步兵分队；协调地方政府工作人员、户主参加。68211 部队派出先遣组，勘察道路、现场，与被配属单位研究方案，提前联系确定部队食宿点和有关保障问题。拟抽调的人员和装备，先在营区做好充分准备，听令而动。在联指统一领导下，由军区副参谋长王振国、青海省军区司令员张书领负责，指挥、政工、后勤、装备组有关人员参加。协调地方外援的工程机械，协调确定垃圾倒运点，协调地方派出引导员。所需工程机械由 68211 部队派出。指导部队周密计划、充分准备、搞好协调，研究好编组兵力、编配装备等问题，重点做好装备和油料保障。

兰州军区决定使用 68303 部队、68710 部队、68211 部队救援队（人员和装备配属 68303 部队）。从 68211 部队再抽调 55 部装备和 110 名操作手执行清理废墟任务；本着多用机械少用人力、提高效率的原则，在部队自带 55 部机械装备的基础上，租用地方 252 部大型工程机械。

68303 部队筹集资金 150 万余元，派人前往西宁、兰州、武威等地，分 3 批协调租用各类工程机械 52 台，使日作业量由不足 1 万立方米增加到每日 3.5 万立方米以上。68710 部队投入经费 294 万元，租用地方挖掘机、装载机、自卸车等工程机械 68 台，提高清理废墟效率。

联指向总装专项申请补充车辆工程机械 80 部（辆），其中推土机 10 部、装载机 14 部、自卸车 30 辆。拟订车辆工程装备维修器材供应方案，协调总部调运第二阶段清墟车辆维修器材 5 种车型、6300 套轮胎、2900 只蓄电池，计 9205 件 1501 万元，工程机械维修器材 14 种机型 29044 件 241 万元。

联指将任务部队现有兵力编组 30 个作业单元，划分 10 个作业区。根据机械种类、作业能力和场地大小，采取机械、人员、引导、卫生力量“四结合的形式”，1 个作业单元使用 60 ～ 80 人，配备 1 部装载机、2 辆自卸车，每个作业区配备 1 台推、挖、装载机械，逐作业点编设现场指挥、机械作业、废料清运、安全督导、工程监理、现场救护 6 个组。

联指组织编写清理废墟工作手册，制定《废墟清理清运安全管理规定》，规范方法程序、特情处置等事项。强调各级领导跟班作业，分片包干，巡回督导，把握关节；加强作业监管，装备组抽调 3 名工程专业干部组成废墟清理督导组，到各清墟任务点巡视检查，测算清运量，指导作业，掌握进度。

5 月 2 日，联指转发青海省军区前指《抗震救灾任务转换阶段政治工作指示》，要求各级根据官兵思想实际，明确工作重点，搞好教育引导，教育官兵严格执行民族政策，强化法制观念，增强纪律性；督导官兵严格遵守群众纪律“十不准”和民族宗教政策“十严禁”，杜绝发生违反群众纪律的问题和事件发生。

5 月 14 日，联指转发武警青海总队《废墟清理阶段执行群众纪律注意事项》和 68313 部队《确保部队安全稳定“二十防”》，对废墟清理中贵重物品的交接、佛教器物的处理、藏族风俗的尊重等问题提出要求，对部队安全稳定中 20 个主要问题明确预防措施。在清墟过程中，坚持“先清财再清物”的原则，力争把群众的震灾损失降到最低；遇到贵重物品，坚持做到轻挖、轻拿、轻放，避免二次受损；财物挖出后，与户主现场确认，逐一核对，登记造册，签字移交；对清理出的一砖一瓦、一桌一椅，都本着为群众灾后重建负责的态度逐物分类、堆放整齐。这些做法受到群众的充分信任，使受灾群众从等待观望转变为主动寻求帮助，形成军警民齐心、协同一致清墟的良好氛围。官兵每日走访看望灾区群众，听取意见建议，防止发生军民纠纷。

**（二）军民协作形成清墟合力**

对于军队展开的大规模清理废墟工作，受灾群众由于对宅基地认定和财产评估处理等问题顾虑较多，存在对清墟工作不信任、不支持、不配合的现象，有些行为甚至比较偏激，使清墟工作出现较大阻力，大型机械无法展开。

兰州军区指导任务部队坚持“人民利益至上”的原则，积极主动、想方设法做好群众工作。每天派出由干部带队的宣传小分队，配合地方工作人员，挨家挨户宣传党的重建与惠民政策；协助当地工作人员逐户做好宅基地测量登记，采取定桩画线与核对签字等方法做好区域界定与财物认定，逐步打消受灾群众心中的顾虑。

部队清墟面临的首要问题是受灾群众之间的财产纠纷。在一些居民聚集区，建筑废墟相互交错、难分你我，受灾群众争相认领清出来的贵重物品，有的还将遇难家庭的财产据为己有；有的受灾群众利用搭帐篷、栽木桩筑围栏等方式划界圈地，甚至圈占其他老人、孤儿和遇难家庭的宅基地，邻里矛盾比较尖锐。清墟部队以最大的耐心、最大的诚意和积极的态度开展工作。一是与片区地方工作组共同成立清墟工作军（警）地联合领导小组，设立现场办公点，建立每日难题会商和清墟现场联管机制，形成各司其职、有分有合的“受灾群众有情况、地方有反应、部队有行动”的联动体系。二是定期召开镇、村、组三级干部军地联席会议，确定目标任务、责任分工、工作重难点、完成时限和措施。三是按照以点带面、循序渐进、全面铺开的思路展开清墟作业，把矛盾冲突相对较少的集体企业、党员干部家庭和群众基础较好的户组作为清墟重建的突破口，按照“先外围后中心，先道路后房屋，先公房后私房”的顺序进行清理。四是采取“做通一户清一户、做通两户清两户”的方法，将部队分成多个清墟分队入场清墟，形成全面清墟格局。五是边清墟边派出多个工作组，分头逐户走访，主动与户主沟通，对同意清墟的逐一登记，现场确认财物的具体位置、数量、种类，共同研究制订科学可行的清理方案，签订清理废墟责任书，明确各自责任与权力。六是坚持“三个不清”“四个到场”。“三个不清”：户主不签订责任书不清，片区地方负责人不到场不清，户主不在现场不清，避免盲动和出现“后遗症”；“四个到场”：责任区地方领导到场，主责单位领导到场，配属单位领导到场，户主到场。在清理医院、工厂、学校实验室、民爆物品储藏室、生产车间、仓库时，要求一定有地方负责人、安全技术人员在场引导，否则一概不予清理；发现不明物体和危爆物品（如煤气罐、炸药、雷管、枪弹等）及时上报，必要时请地方专业人员处理。

**（三）抓好预防确保自身安全**

地震灾区高寒缺氧，清墟工作环境恶劣，劳动强度大，作业险情多，现场危房林立，人车进出频繁，藏狗藏獒乱窜，部队安全压力增大，救灾官兵身心疲惫，松懈麻痹情绪日益滋生。联指下发《关于加强安全防范工作的通知》和安全工作各项制度，清墟部队严格落实上级指示，抓好各项预防工作。一是科学统筹任务，坚持靠前指挥，做到情况不明不作业、安全措施不到位不作业、隐患不排除不作业；二是请领、购买下发警戒线、袖标、行车标志，给各作业点和负责人配备对讲机、指挥手旗、小哨子等通信设备，建立任务区通信联络网；三是定期组织思想汇报、安全形势分析、物资点验、安全教育、党员干部评议、开展谈心谈话和总结讲评等活动，及时纠治问题、统一官兵思想；四是严格落实清墟车辆动用审批、干部带车、限制车速等制度，定期对驾驶员进行集中整训；五是定期进行安全风险评估，制订防范预案，做到防患于未然；六是派出安全督导检查组，每天对部队安全管理和清墟作业情况进行巡回检查，及时发现纠正存在的问题。

**（四）关心官兵健康确保持续战斗力**

针对官兵劳动强度大、体力消耗多和灾区昼夜温差大、官兵疲劳易患感冒的实际，清墟部队从合理搭配营养饭菜、增强御寒防冻保暖服饰和被褥发放、提高生活卫生设施等多方面保障官兵供给，改善官兵的生活工作环境，保持其旺盛的精力。

**（五）提高专业化技能水平**

68211 部队机械分别配属给 68303 部队和 68710 部队。针对这一工作特点，陆军第 21 集团军和 68211 部队领导采取措施，重点抓好机械操作安全和操作手的工作。在作业过程中，68211 部队坚持把理顺指挥关系、明确各自职责作为提高清墟工作效率的前提，建立双重管理、对口负责制度，配属各作业小组的工程机械由各小组负责人统一管理使用，每周组织片区负责人、68211 部队负责人召开协调会，双向讲评工作落实情况，重要问题双方领导共同研究解决。清墟任务区环境复杂，有的以平房为主，有的楼房集中、住户密集，对大型机械的使用影响很大。68211 部队把握清墟规律，依据作业进程，科学使用机械。对安全工作“周周拉清单，天天抓落实”。结合作业区住房密度大、建筑物高的实际，做到警戒人员不到位机械不作业、协调人员不签字部队不清理。在车辆运输上突出一个“慢”字，教育驾驶员宁停三分不抢一秒；在机械作业上注意一个“远”字，确保推土机和挖掘机与作业目标、作业人员保持安全距离。每一作业点清墟任务后期，随着作业面的缩小适当减少机械数量，采取机械轮换、集中攻坚的方法实施，先派出履带式重型机械破坏拆除，再组织轮式机械清理清运，对于清运完毕的作业面，组织轮式推土机、装载机进行回填，组织压路机平整压实，以便于搭建活动板房和帐篷，建立集中过渡安置小区。将所有车辆、机械都实行双操作手配备，一老带一新。重载车辆先由主驾驶员操作、副驾驶员观摩学习，空车由副驾驶员操作、主驾驶员指导，5 天后调换操作。每天现场作业结束后利用 10 分钟时间以作业点为单位组织技术骨干轮流讲评；晚饭后安排 20 分钟以队（班）为单位召开技术分析例会，每周组织一次全体操作手参加的经验交流会。组织

5 月 11 日，68211 部队灾后重建分队执行废墟清理任务

（陆军第 21 集团军　供图）

难局、险局下的工程作业观摩，在组织多层建筑拆除、脆弱地基施工、精确掘进作业和快速装载清运等特种作业过程中，让参加过刚果（金）维和及2008年汶川抗震救灾的操作手现场示范，提高新操作手技能。

**（六）结合清墟创建文明“过渡安置社区”**

清墟部队把清墟工作与安置受灾群众工作同抓并举，在清理出大片场地之后，及时展开受灾群众转移安置工作。68303部队在西杭片区统一规划、集中搭建居民生活帐篷、行政办公帐篷、活动板房，赠送桌椅、书柜和文化活动器材，创建社区事务办理站、军地联席办公室、社区警务室等行政办公机构，开办“三孤”人员临时救助站、社区文化活动室、零售商店，建成集受灾群众集中安置、行政、医疗、生活保障于一体的帐篷示范小区。

**（七）分阶段完成清墟作业任务**

联指经和青海省玉树地震灾后重建指挥部商定并报总部批准，组织军队和武警部队分3个阶段执行废墟清运任务。

68303部队第一阶段（5月10—28日），任务区占地面积3450亩，住户1203户，2层以上建筑181栋，总作业量28万立方米。区内有1个武警支队、2所学校、11个企事业单位、6个加油站、7个汽修厂。部队日投入兵力2000余人；动用工程机械106台，累计动用工程机械1245台次。帮助906户受灾群众清理废墟，拆除危房110栋806间，清运废墟71319立方米、清理192898立方米、回填108576立方米。第二阶段（6月1—20日）执行扎西大同村废墟清理任务，住户560户。日投入兵力2000余人、工程机械106台。6月13日提前7天完成任务，共计作业量27.5万立方米，其中拉运废墟7.4万立方米、清理废墟11.9万立方米、回填8.2万立方米。第三阶段（6月29日至7月18日）执行扎西大同两侧20万立方米的废墟清理任务。日投入兵力600余人、工程机械84台。7月18日提前7天完成任务。总作业量44.9万立方米，其中拉运废墟9.1万立方米、清理废墟17.1万立方米、回填18.7万立方米。

68303部队针对第一阶段的清墟任务重、区域广、协同难度大的实际，在实地勘察的基础上，先后两次召开任务部署会，确立“分区划片、先点后面、集中兵力、分步推进、全面攻坚”的总体思路。成立总部废墟清理领导小组，对3个作业区17个作业点进行划片管理，明确责任；各作业区根据担负的任务，成立由片区负责人、68211部队和营连主官参加的现场指挥协调组，对作业点兵力使用、机械分配、作业进度等情况进行区域内统一调控掌握。在第二、第三阶段适当调整领导小组人员，对清墟工作实施有力领导。第一阶段清墟时，针对前期工作主要以清理物品和收拢受灾群众帐篷为主的实际，首先集中2个营的兵力，编成8个作业单位，成立搬运队、挖掘队，配备土木工具，在各点位分头展开物品清理，为工程机械全面展开作业奠定基础。转换为清运废墟后，针对工程机械投入量加大，施工作业点位增加实际，及时调整兵力使用，抽组骨干力量配合工程机械展开作业，增加5个营的兵力，拓展为3个作业区17个作业点，编组25个清墟小分队，采取“全面布点、人机结合、多头并进”的方式，同步展开，加快工程进度。第二阶段清墟时，依据任务区住房密度大、作业区域狭小、进出道路少的特点，划分4个作业区20个作业点，投入4个营的兵力，采取“同步展开、四面合围”的方式展开作业；

在作业步骤上，先期投入较多兵力进行物资清理，为工程机械展开创造条件，随后逐步增大工程机械投入量，减小兵力投入。第三阶段清墟，依据扎西大同东侧任务区住房密度大、作业区域狭小，西侧任务区作业面坡度大、进出道路少的特点，建立东西2个作业区，区分10个作业点。根据租用地方机械和军用机械的不同特点优长，将两者分别配属东西2个作业区，全面展开作业。部队执行清理废墟任务部署分散，驻地与任务区远。为保证作业时间，采取“早出晚归、餐饮前送”的方式，每日7时30分展开，19时30分收工，日作业时间10小时以上；合理安排官兵轮休，每天安排三分之一的官兵轮休，保证每名官兵工作两天、休息一天，确保清墟工作不间断、官兵战斗力不降低。

68710部队第一阶段（5月10—28日）担负扎西大同村（解放村片）清墟任务，清运废墟74347立方米，回填土方132708立方米。第二阶段（6月1—19日）清理扎西大同片区7万立方米废墟。先后出动兵力17352人次，租赁地方工程机械68台，清运废墟189968立方米，回填土方103540立方米，拆除高危建筑1500余间，清理房屋2048间。68710部队落实联指清墟工作预备会精神，先后4次召开会议研究讨论清墟方案，聘请专家现场指导，制定科学、实用的方案。针对区域面积大、作业任务重、工程机械少、突发情况多的实际，确立“分片包干、同步展开、向心推进”的清墟思路，结合地形区分划片，依据编成建立单元，根据任务临时分工，把任务区划分为南北两个作业区；将兵力和工程机械划分为2班8组，每组编群众工作组、清墟引导组、财产清理组、废墟清运组和警戒勤务组；采取按片区归属签订责任书、按群众需要清理贵重物品、按作业编组清运垃圾废墟、按震前地貌回填平整场地的方法步骤；灵活运用总体划片与临时分工相结合、集中指挥与分组实施相结合、人工作业与人机联作相结合、清理

68710部队在玉树地震灾区清理废墟　　（68710部队　供图）

废墟与初步重建相结合等措施，提高清墟效率。在拆除危房过程中，部队领导本着保证参与“拆危”工作官兵人身安全和尽量降低人民群众财产损失的原则，制定严密的“拆危”步骤。拆除建筑物前，指挥员首先对危房进行评估，观察危房大小、受损程度、拆除难度，分析拆除过程中可能会发生的险情，计划需要人员的数量等；按照所处位置环境派出观察人员和安全警戒，提防在抢救过程中随时可能发生的余震和出现的险情。清理废墟前，把人员分为寻找险情人员、寻找重要物资人员、清理废墟人员等小组，合理分工；指挥员向群众询问其重要物品的数量、种类、具体放置位置等信息，征求群众意见；然后区分人员，确立清理方法。清理过程中，做到爱惜一砖一瓦，对清出物品归类，做好数据统计。为了让灾区群众放心，统计人员一般为 2 ~ 3 人，防止陌生人靠近现场，保证群众财产在部队官兵手里不丢失。清墟任务区房倒屋塌，道路被废墟堵塞，居民区巷道基本无法通行，严重影响群众生活、救灾物资运入和废墟外运。68710 部队坚持边清废墟边通道路，先主干道后小巷道，先道路两侧后纵深地区，修复损毁路段，疏通 6 条道路约 16 千米，为清墟工作和群众生活打开通道；边清墟边恢复修建基础设施，先后出动兵力 1800 余人次，进入居民居住区，挖水沟、搭厕所、建垃圾场，给群众生活提供便利。派出 300 余人对 2000 米河道进行清理，修建简易河堤，确保用水安全；根据群众要求，用清理出的可用木椽、木板、砖块搭建起简易库房，供受灾群众存储粮食、物资。

## 三、武警部队清墟

武警部队及时增调水电、交通部队工程机械装备，合理搭配兵力，两次组织任务部队主官和技术人员到军队、地方工程队清墟现场进行观摩学习，结合实际制订清墟“五条标准”，使部队学有榜样、行有依据、干有标准。先后投入兵力 11 万余人次，连续奋战 60 余天，加班加点轮班作业，官兵每天工作 12 小时以上，高标准完成青海省抗震救灾指挥部、联指赋予的 8 个片区、11 平方千米废墟清理任务。

4 月 29 日，根据联指部署，武警部队担负废墟清理、安置群众、恢复秩序和维护稳定等任务。部队按照一手抓救灾、一手抓维稳的工作思路展开工作。在清墟中，确立“分区划片、先点后面、集中兵力、先易后难、循序推进、全面攻坚”的思路，将任务分区到大队、分片到中队、分户到班，增调水电、交通部队工程机械设备，各任务部队做到“四个不清”和“四个到一线”：安全无保障不清、提过分要求不清、户主不同意不清、责任人不到场不清和指挥员、安全员、宣传员、医务员到一线。在清墟现场派出观察员、安全员、信号员，在紧靠公路边放置隔离墩，设置警戒线；对废墟范围实施全程、全时、全方位管控；按照单位、道路、公共场所为重点区域，按土房、砖房、楼房的顺序做好废墟清理工作。5 月 9 日，武警部队针对玉树个别地区受灾群众对政府重新安置政策期望值过高，持等待观望态度，不配合部队清墟作业的实际，召开阶段性工作讲评会，研究推进清墟工作进度的措施。武警部队前指负责人要求清墟部队要按照扎西科清墟部队总结出的做法，利用航空照片、现场拍照、土地部门丈量、房产部门产权档案、登记造册、自行打桩定界等方法，把房产、废墟、宅基地面积的证据固定下来，为下步补偿保留依据。至5月25日，武警部队完成结古镇甘达村、禅古村、扎西科、民主路南、民主路北5个片区清墟任务。共完成清墟面积9.9平方千米，清运建筑垃圾83.8万立方米，回填建筑垃圾63.7万立方米，规整砖块4.4万立方米、钢材476.7吨，清理生活垃圾3303立方米，清理房宅户6694户、机关学校医院等单位11家，拆除危房3417间，挖出现金641.6万元、贵重物品折合人民币9386万元，挖出炸药225千克、导火线533米、雷管150枚、小口径步枪1支、仿64式手枪3支、自制土枪5支、子弹1791发。5月28日，武警抗震救灾部队任务片区第一阶段清墟任务完成，在扎西科与青海省玉树地震灾后重建指挥部签字移交清墟任务区。副省长、省玉树地震灾后重建指挥部第一副指挥长张建民，总部前指、总队前指等领导参加移交。

6月1日，武警部队指导协调组领导、青海总队在结古镇解放村武警部队第二阶段清墟现场，组织各任务部队主官、地方政府、拆迁公司负责人召开部署会，现场明确任务，提出具体要求。下午，青海总队前指在扎西科野营村举行武警部队玉树抗震救灾清墟攻坚誓师动员大会，孟世强作清墟攻坚动员，为清墟标兵颁奖，为任务部队授旗，总部协调组领导从“及时统一部队思想行动、坚定官兵攻坚克难信心、打好后续阶段清墟攻坚战、确保部队自身安全稳定”四个方面作指示；各任务部队采取组织宣誓、表决心、挑应战等形式，进行再动员、再发动。总部指导协调组、青海总队前指领导坚持每天深入一线，检查指导工作，督导落实各项制度，确保清墟质量和进度；任务部队落实指挥员、警戒员、安全员、观察员的“四员”和领导指挥到一线、政治工作到一线、安全员到一线、医务人员到一线的“四个到一线”要求，按照先地方拆迁队拆除、工程机械清理、人工整理“三材”的顺序组织施工作业，做到“四个不清”：安全无保障不清、提过分要求不清、户主不同意不清、责任人不到场不清；广大官兵特别是许多官兵携

5月23日，武警8653部队在玉树地震灾区清理废墟　　（武警8653部队　供图）

带警棍盾牌，边清墟边备勤，以高度的政治热情、高昂的战斗士气、高标准的工作实效，继续保持和发扬连续作战、不怕疲劳、自觉奉献的工作作风，第二阶段清墟任务共清理废墟 20 万立方米。其中，青海总队第一支队、第四支队完成解放村西片区清墟任务，武警 8653 部队完成解放村东片区清墟任务。

6 月 21 日，武警总部指导协调组和青海总队前指组织任务部队团以上干部，在扎西科野营村组织召开第三阶段清墟工作动员大会，指导协调组传达武警部队司令员和政委指示，进行动员，青海总队杨全刚提出具体要求。22 日，总队前指和地方片区负责人在清墟现场召开协调会，确立“先排险、再作业，先人工、再机械，先清材、再堆放，先拆除、再清运，先回填、再平整”的“五先五后”清墟方法和程序。任务部队针对任务区坡陡、道路狭窄、建筑密集、民宅与寺院毗邻、危房与未受损房交错、拟拆房与不拆房相邻、工程机械难进入、难展开等实际困难，确立“分区划片、先点后面、集中兵力、先易后难、循序推进、全面攻坚”的思路，将任务分区到支队、分片到中队、分户到班。坚持临街房不拆、单位房屋不拆（包括铺面、小工厂）、寺庙房屋不拆、未垮塌房屋不拆、达不到危房等级标准不拆的“五个不拆”原则，持续搞好思想发动。第三阶段清墟任务，先后动用兵力 12126 人次、机械 618 台次，清运建筑垃圾 12072 立方米、木材 2135 立方米，规整砖石 1293 立方米、钢材 30 吨，清理 187 户。26 日，杨全刚和玉树州检察院检察长何占禄主持第三阶段团结村清墟完工警地双方交接仪式，各任务区部队主官分别与片区负责人进行现场签字交接。

# 第五篇
# 救灾保障

党和政府为玉树大地震抗震救灾提供了坚实的社会基础和物质保障。大地震发生后，中共中央、国务院向全党、全国人民发出号召，要求把抗震救灾作为当前最紧迫的任务，以对人民群众高度负责的精神，坚决打好抗震救灾这场硬仗。全国各级党委政府、解放军和武警部队以及社会各界紧急动员，快速行动，切实加强抢险救灾中的政治工作，充分发挥社会主义优越性，大力弘扬民族团结的光荣传统，为抗震救灾提供强大的精神动力。为确保抗震救灾行动快速、高效运行，国家有关部门、系统、行业，部分省（区、市），解放军和武警部队，青海省政府各部门从交通、电力、通信、气象、装备、物资等各个方面给予全力保障。解放军和武警部队各级后勤和装备部门紧急启动和完善各种救灾保障机制，筹措和调运灾区官兵和群众急需的救灾物资。灾区各级党委政府、公安部门和参加救灾的解放军、武警部队，针对灾区出现的焦点社会问题，理顺社会关系，倡导人文精神，深化人文关怀，开展军民共建活动，及时化解矛盾，妥善处理各种突发情况，全力维护灾区社会稳定。

# 众志成城　抗震救灾

# 第一章　政治保证

## 第一节　军队思想政治教育

### 一、加强领导

在抗震救灾斗争中，中共中央、国务院、中央军委及青海省委、省政府十分重视抗震救灾中的政治思想工作，不断加强抢险救灾工作的政治动员、思想教育和组织领导。玉树灾区属于高原高寒地区，环境恶劣，条件艰苦，部队抗震救灾任务艰巨。解放军总政治部针对救灾实际，在地震发生不久，抽调相关人员组成抗震救灾政治工作应急办公室；4 月 15 日，军委抗震救灾专题会议一结束，立即研究提出 10 条具体措施，派出精干工作组深入一线指导，先后 5 次发文，部署抗震救灾政治工作。4 月 15 日，总参谋部、总政治部下发通知，要求抗震救灾任务部队以坚强的领导、坚定的决心、坚决的行动，全力支援地方打赢抗震救灾这场硬仗，自觉接受党和人民的考验。要求部队大力弘扬解放军听党指挥、服务人民、英勇善战的优良传统，不畏艰险，不怕疲劳，连续作战，抢救受灾群众。

参与救灾的各大单位政治部启动政治工作应急机制，成立抗震救灾应急办公室，下发政治工作指示，从思想教育、舆论宣传、服务基层、安全稳定作出规定，提出要求，对任务部队救援行动中的思想政治工作实施有力指导。

4 月 14 日 8 时 40 分，兰州军区政治部抽调 6 名机关干部，成立政治部抗震救灾政治工作应急办公室（以下简称“应急办”）。应急办在政治部首长的直接领导下，在兰州负责工作筹划、协调联系和服务保障。15 日，兰州军区政治部 12 名机关人员赶赴玉树灾区，成立联指政工组，由王文杰任组长，军事法院院长何万里任副组长。下设 4 个小组：综合协调组、宣传教育组、群众工作组、安全保卫组，指定具体负责人，搞好上报下传，保证军令政令畅通。

4 月 22 日，联指召开军队和武警玉树抗震救灾政治工作会议，传达学习胡锦涛在主持中央政治局常委会议和视察玉树抗震救灾工作时的重要讲话，研究贯彻落实措施，部署下一步救灾中的政治工作。4 月 23 日，联指临时党委下发《深入学习贯彻胡主席重要指示 努力提高抗震救灾政治工作科学化水平》的指示，部署下一步政治工作主要任务。4 月 24 日，联指下发《关于认真学习贯彻军委领导重要批示，有力有序有效推进抗震救灾工作的通知》，要求任务部队全面系统深入学习领会军委领导在有关内参、简报、专刊上作出的 14 次重要指示，理解精神实质，抓好贯彻落实，指导抗震救灾工作。

5 月 10 日，在联指召开的任务部队领导干部会议强调，要大力加强部队政治工作和做好群众工作，紧随任务进程和官兵思想实际，切实把思想教育、宣传鼓动、人文关怀等落到实处；坚持动中抓建设、打基础，在加强部队全面建设中促进抗震救灾后续任务完成；按照“三队”要求，广泛开展“学人民、爱人民、为人民”活动。

5 月 18 日，联指下发《关于任务部队与地震灾区基层党组织开展联建共创活动的意见》，明确联建共创的指导思想是发挥军地党组织和党员的作用，引导广大军民积极参与灾后重建、真诚服务各族群众、巩固军民军政团结、加强基层组织建设、促进军地和谐稳定；提出开展联建共创活动的标准要求，对任务部队、玉树藏区双方基层党组织均制定了具体指标；强调用好开展联建共创活动的有效载体，即共强基层组织、共育党员队伍、共商决策部署、共享情况信息、共建和谐乡镇、共创文明环境、共同帮困解难、共创文明军营、共创平安玉树；要求加强联建共创活动的组织领导。

5 月 20 日，部队担负的清理废墟任务全面展开。联指下发《关于进一步做好清墟阶段部队政治工作的指示》，要求部队从政治上、全局上认清参加灾后重建工作的重要性，在灾后重建特殊战场上彰显党的先进性，科学组织清墟，扎实做好灾后重建中的群众工作。

5 月 21 日，联指下发《关于任务部队与地震灾区基层党组织开展联建共创“九个一”活动的意见》，对具体活动进行明确，即组织一期党务知识培训班，援建一个党员活动室，召开一次军地党员座谈会，组织一次军地民意调查，开展一次为困难群众献爱心活动，举办一次抗震救灾先进事迹报告会，组织一次基层党支部书记查体观摩活动，搞好一批文化共建项目，表彰一批抗震救灾先进基层党组织和优秀共产党员。当日，联指政工组与玉树州委协商开展共创“九个一”活动有关事宜。

6 月，部队担负抗震救援任务接近尾声，部分救援部队、医疗队回撤归建。22 日，联指发出《关于做好抗震救灾部队回撤中政治工作的指示》，就搞好动员教育、做好思想工作、严守群众纪律、搞好工作总结、公正表彰奖励等问题提出要求。

兰州军区政治部作出《青海玉树地区抗震救灾政治工作指示》，安排部队的思想发动和教育。

4 月 19 日，联指下发《坚决贯彻胡主席视察抗震救灾部队所作重要指示，按照科学发展观要求打赢玉树抗震救灾这场硬仗》，对抗震救灾政治工作保障进一步作出部署。要求充分发挥联合指挥部临时党委的牵头协调作用，坚持在地方党委、政府的统一领导下开展救援工作和灾后重建，教育任务部队讲团结、讲大局、讲风格，做好与地方党委政府的团结、军政军民的团结和友邻部队之间的团结，形成抗震救灾的强大合力。

4月20日，兰州军区政治部印发《军区部队参加玉树抗震救灾宣传教育提纲》，以“排除万难，英勇奋战，坚决打赢抗震救灾这场硬仗”为主题，要求任务部队牢记使命重托，以强烈的政治责任感投入抗震救灾，牢固树立打硬仗、打恶仗的思想准备，坚定夺取抗震救灾胜利的信心和决心，树立解放军威武之师、文明之师的良好形象。

4月21日，兰州军区政治部印发《胡主席在青海玉树考察抗震救灾工作时的讲话要点》，指导各级按照胡锦涛提出的“六条要求”，以更加顽强的作风、更加迅速的行动、更加科学的方法，克服一切困难，完成好抗震救灾各项任务。

各救援部队以胡锦涛的重要指示统一党委领导和广大官兵的思想行动，把参加玉树抗震救灾作为践行解放军宗旨义不容辞的重大责任，发扬解放军优良传统，发挥突击队和生力军作用。以顽强的作风、迅速的行动、科学的方法，克服一切困难，完成好各项救灾任务。武警部队玉树抗震救灾前指转发总参谋部、总政治部通知，要求一线部队结合实际抓好教育，圆满完成各项任务。随着部队任务由应急救援向维稳处突转换，武警部队玉树抗震救灾前指下发《针对阶段任务转换实际　持续做好思想政治工作》的通知，鼓舞部队进一步增强光荣感、责任感、紧迫感。

## 二、思想发动

各级政治部门将思想政治教育作为头等大事、首要任务。依据救援部队任务的转换和不同阶段官兵的思想反映，因地制宜、灵活务实地开展思想教育，把思想发动、现场鼓动、典型激励和舆论宣传有机结合起来，引导广大官兵牢固树立艰苦作战、顽强作战、长期作战的思想，始终以昂扬的斗志和顽强的作风奋战在抗震救灾第一线。

驻灾区部队采取召开党委会、干部大会、誓师动员大会等多种形式，加强思想教育，引导官兵坚定战胜自然灾害的信心和决心。通过边教育边行动，深入思想发动，引导官兵大力弘扬“5·12”汶川抗震救灾精神，勇于承担最危险、最艰巨、最繁重的任务。

68211部队受领任务后，部队官兵争先恐后、争分夺秒地做好救灾准备，先后有37名官兵提前结束休假乘飞机、火车归队。救灾行动展开后，第21集团军政工组深入任务第一线，及时准确掌握官兵思想动态和救灾进度，坚持跟进鼓动，组织开

5月30日，68211部队玉树抗震救灾分队在结古镇组织政治教育
（陆军第21集团军　供图）

展表决心、挑应战、比武竞赛活动，适时进行思想教育，编印下发“人民军队为人民，抗震救灾当先锋”“人民军队难不倒、钢铁战士累不垮”等32条标语口号，制成12条横幅悬挂在宿营区和任务点，鼓舞官兵不惧艰难困苦、不怕流血牺牲、顽强拼搏、全力救灾的志气。

4月14日，68303部队接到预先号令后，采取召开党委（支部）会等形式，层层传达学习上级指示要求，引导官兵从践行党和人民军队宗旨和履行使命任务的高度，正确认识执行抗震救灾任务的重大意义。营、连党委（支部）边学习领会上级指示精神、边摸排掌握官兵思想状况，迅速召回在外出差和探亲休假人员。官兵纷纷请战，表示坚决听从组织召唤。赴玉树执行抗震救灾任务出发前，68303部队组织全体官兵在邱少云烈士塑像前召开誓师动员大会，以营、直属连为单位发倡议、表决心、挑应战。

为执行抗震救灾任务，部队97人终止休假提前归队，134人推迟休假，13人推迟婚期。到达任务区后，68303部队先后3次召开党委全体扩大会议，传达胡锦涛、温家宝及总部、军区首长视察灾区所作的重要指示，研究贯彻落实的具体措施；5次召开专题政治工作会议，学习理解各级关于执行抗震救灾任务的政治工作指示，制定《执行抗震救灾任务政治工作意见》《抗震救灾任务转换阶段政治工作意见》《进一步做好清理废墟阶段政治工作的意见》和《抓好九项政治工作措施》。各营连采取召开党委（支部）会、干部大会、军人大会等形式，及时传达学习上级指示精神，利用救灾间隙、阴雨天、晚上和轮休等时机，坚持课堂随地设、教育随机搞，用好三五分钟、说好三五句话，持续开展经常性的教育引导和宣传鼓动。各营连在营区四周、清墟现场悬挂“众志成城、抗震救灾”“发扬邱少云精神、争取更大光荣”等励志标语、横幅、党旗团，营造全力以赴抗震救灾的浓厚氛围，使官兵时时受感染、处处受教育。政工部门深入各任务点，现场整理发掘清墟过程中涌现出的先进典型和感人事迹，开办“少云广播”和《少云抗震快报》，及时总结宣扬，激发官兵高昂的士气和旺盛的斗志。

青海陆军预备役步兵旅及时召开党委会、动员会，向官兵传达军委、两级军区党委首长指示，号召预任官兵做好一切准备随时奔赴抗震救灾一线。旅机关各部门和营连开展请战活动，首批出发的应急救援分队召开动员誓师会。救援期间，预备役旅综合运用网络政工、短信政工、电话政工等方式，不间断地进行宣传鼓动，结合自身特点编发“发挥自身优长，展我劲旅风采”“三江劲旅好儿男，抗震救灾显身手”等战斗口号25条。组织开展“学、写、唱、建、争”活动，学先进典型，写心语感言、祝福短信，唱抗震救灾歌曲、战斗精神歌曲，建言献策，为科学救灾出“金点子”，立功创模，为抗震救灾贡献力量。

68710部队在准备和开进期间，边准备边动员，边开进边发动，利用装备通信器材集中讲、干部骨干分散讲的方法，做到“六个讲清”。在执行任务中，依托创办的《雄鹰简报》，采取干部会传达学习、小故事介绍、战地广播滚动播放等方式，大力营造学习典型、争做先进的浓厚氛围。加强野营文化建设，开设氧吧书屋，开通雄鹰广播，前送报纸书刊，及时配发电视机、DVD、影视光盘等文化用品，积极满足官兵需求。开展“红旗打起来、标语贴起来、口号喊起来”活动，营造人民军队想人民、为人民、帮人民的氛围；引导官兵进行“假如我是灾民、假如自家受难”的换位思考，激发官兵抗震救灾的激情和动力；开展“抗震救灾当尖兵、履行使

4 月 17 日，68303 部队部署救灾中的思想政治工作　　（68303 部队　供图）

命显忠诚”主题实践教育和小动员、小鼓动、小激励、小安抚、小讲评“五小活动”，催生官兵战胜困难的勇气和敢打必胜的信心，使官兵经受住高原缺氧、环境恶劣、余震不断的考验。4 月 18 日上午，胡锦涛视察玉树灾区灾情、指导救灾工作时，到扎西大同村救援现场看望慰问受灾群众和 68710 部队官兵，作出“三个更加”的重要指示，提出 6 点具体要求。68710 部队迅速组织官兵传达学习，没有电视广播就采用领读报纸的方式传达，没有大块时间就利用休息间隙组织学习，把军委首长的重要指示精神传达到每名官兵，统一思想，坚定信心，激发斗志。

兰州军区联勤各任务部队采取组织集体宣誓、编发抗震救灾鼓动短信、编写战地快报，开展挑应战、表决心等活动，通过印发宣传单、开设战地广播、营造战地文化氛围等形式，见缝插针宣传鼓动，把思想工作做到行军路上、做到营救现场、做到救护站点。68060 部队应急兵站在宿营帐篷、物资库房、装备器械以及各保障服务点张贴标语、悬挂横幅，用石块在营区空地上堆砌标语，叫响“ 联勤、联供、联四方，高原、高寒、高士气”“天塌地陷何所惧，一往无前战震灾”等战斗口号。68062 部队接到担负抗震救灾应急运输任务的通知后迅速召开政工会议，采取逐级临战动员、开设网络专栏、张贴悬挂标语等方式展开动员，广大官兵精神振奋、群情激昂，当天上交 1098 份请战书和决心书，34 名在外休假的官兵得知灾情后，坐火车、乘飞机迅速赶回部队，其中 2 名即将举行婚礼的干部和 1 名妻子临产的士官都耐心说服家人，归队参加抗震救灾。68062 部队用参加抗美援朝、对印反击作战、甘肃陇南抗震救灾等光荣历史激励官兵，将获得的“高原铁骑”“英雄模范连”“党员突击队”等历史荣誉制成 20 面旗帜，连同印制的口号标语，悬挂、张贴在执行应急运输任务的车辆上，把运输车队变成流动宣传站。兰州军区兰州总医院充分发挥信息传输手段作用，每天利用网络终端给医务人员发送战斗口号短信。解放军第 1 医院医疗队在医疗帐篷和结古镇广场高压氧治疗中心门前张贴“白衣战士与灾区人民心连心”“争取时间就是抢救生命”等战斗口号。解放军第 4、第 10 医院医疗队等单位用小石子、易拉罐等物品，在营区摆出“人间写大爱、灾区铸丰碑”等战斗口号激励斗志。

4月16日，68063部队召开抗震救灾誓师大会　　（兰州军区司令部编研部　供图）

兰州军区部队执行抗震救灾任务过程中，先后有3700多名官兵主动写请战书，230多名官兵休假提前归队，96名家中受灾的官兵带头奋战在抗震救灾一线。

4月17日，96361部队临时党委召开党委扩大会议，传达学习胡锦涛、中央军委、第二炮兵和96351部队首长关于进一步做好抗震救灾工作的指示精神，明确上级抗震救灾有关要求。次日，组织任务部队学习传达中央军委委员、第二炮兵司令员靖志远在第二炮兵作战值班室指挥抗震救灾工作时所作的重要指示，副政委喻允刚要求各临时党支部充分发挥作用，引导广大党员干部、团员青年发挥突击队作用，全力以赴，在抗震救灾行动中，尽最大力量抢救伤病员和人民群众财产。为激发官兵战斗精神，采取播放战地广播、播映励志影片、悬挂标语口号等多种形式展开战地文化活动。尤其是组织各单位在帐篷内张贴各种口号、营训、连训；在帐篷周边加固台上用沙石摆成各种激励性口号和图案，进一步激发官兵斗志。同时，从机关和基层各单位抽调具有文艺专长的官兵骨干，利用业余时间自编快板、小品、故事等

5月2日，96361部队组织抗震救灾官兵进行“战旗签名”活动
（96361部队　供图）

文艺节目。4月20日，组织官兵安装5套卫星电视接收设备，收看中央电视台“情系玉树 大爱无疆”抗震救灾特别节目。进一步增强广大官兵夺取抗震救灾斗争全面胜利的信心和决心。截至4月20日，利用野战文化车，播映《惊天动地》《惊涛骇浪》《天安门》等励志教育影片57部。5月2日，组织全体抗震救灾官兵进行“战旗签名”活动，进一步激发官兵敢打必胜的信心。5月28日，三营、四营以抗震救灾为主线，以“人民的需要，我的选择”为主题举办演讲比赛。参赛的6名官兵从不同角度讲述了抗震救灾中的感人事迹，颂扬了官兵在抗震救灾中表现出的不畏艰险、克服万难、迎难而上的大无畏英雄气概，赞扬了官兵在大灾大难面前表现出来的忠诚、坚强、无私、团结的精神。5月30日，立足灾区实际，贴近救灾任务实际，适应官兵需求，充分发挥文化骨干作用，开展了一场战地卡拉OK比赛，14名参赛选手通过激烈角逐，尽情展现自我风采，用自己的歌声为抗震救灾前线官兵助威鼓劲，激发斗志。

4月14日，武警部队政治部向武警救灾部队发出《关于认真做好抗震救灾任务中政治工作指示》，要求抗震救灾部队要深入搞好思想发动，引导官兵增强参加抗震救灾的使命感、责任感，大力弘扬英勇顽强、敢打硬仗的作风，全力以赴参加抗震救灾，充分发挥党员干部的先锋模范作用，带领官兵坚决完成抗震救灾任务，加强组织领导、科学实施抗震救灾行动。次日，武警部队政治部再次向武警救灾部队发出《坚决贯彻落实胡主席重要指示扎实做好抗震救灾中政治工作》，要求坚决用中共中央和胡锦涛重要决策指示统一思想，深入搞好思想发动和宣传鼓动，扎实做好经常性思想工作，严格执行救援行动的各项纪律，加强各参战力量的团结协作，坚决完成抗震救灾任务。16日，为激励官兵斗志，司令员和政委向武警救灾部队发出慰问电，代表武警党委首长和机关，向全体参战官兵表示亲切的慰问和崇高的敬意。要求全体参战官兵自觉践行当代革命军人核心价值观，想灾区人民所想，急灾区人民所急，尽最大努力减少灾害损失。19日，武警部队玉树抗震救灾前指针对部分官兵中出现的骄傲自满情绪、对任务的艰巨性复杂性认识不足、对少数群众不理解感到困惑、对身体健康安危有所担忧、对个人荣誉进步要求迫切五种现实思想问题，下发《重点做好五种现实思想问题深入做好救灾官兵教育疏导工作》的通知，要求各级要用胡锦涛重要指示统一官兵思想，鼓舞部队士气；重点抓好形势任务、光荣传统、民族宗教、群众纪律“四项教育”，校正官兵认识偏差；加强心理疏导工作，调节官兵情绪。

## 三、人文关怀

各级党委和政治机关坚持思想教育、典型激励与人文关怀、心理疏导相结合，在动员官兵积极投入救灾行动的同时，想方设法为任务部队官兵排忧解难。随着救援工作的持续进行，官兵长时间在高原缺氧的艰苦条件下执行救灾任务，遇到的困难不断增多，高强度快节奏的救援行动给官兵身心带来极度疲惫，一些官兵在生命大救援行动结束后出现倦怠情绪和松口气的思想。针对这一情况，5月3日，总政治部下发《关于进一步做好抗震救灾政治工作的指示》，要求部队不间断搞好教育激励和人文关怀，把强有力的思想工作贯穿抗震救灾始终，把官兵思想统一到救灾形势依然严峻、任务依然艰巨上来，牢固树立连续作战、艰苦作战、长期作战的思想；要灵活有效地搞好思想发动和现场鼓动，注意做好一人一事的思想工作，发挥表彰奖励、发展党员、士兵考学、福利补助等激励政策的作用；要关心官兵的身体健康，科学安排工作和休息，改善物质文化生活条件，解决官兵的实际困难，搞好心理服务，做好防治高原病的工作；要充分发挥各级党组织、党员干部的作用，领导干部要身先士卒、靠前指挥、勇挑重担，深入开展创先争优活动，引导广大党员在各项救灾任务中当尖兵、打头阵；要扎实做好宣传和团结群众的工作，广泛开展“学人民、爱人民、为人民”活动。

在军委总部的关心支持下，从全军抽调15名具有高原病防治经验的专家15日就赶赴灾区，携带了1万多册高原病防治的手册，携带大量药品，帮助治疗高原反应重症的患者，同时对广大部队官兵进行普及防病的教育。总后勤部持续加大有关药品和设备的补充。至4月15日，总后勤部一共为灾区的救灾部队补充了5000人份的高原特需药品、100多台制氧机、145台便携式的加压氧舱，采取这些措施以后，有能力保障部队康复，完成抗震救灾任务。

联指为任务部队配发电视机、照相机、DV摄像机、DVD影碟机各500台，影视光盘500套，收音机1.4万台，调拨图书1.3万册，增印分发军内报纸，丰富官兵文化生活，确保广大官兵每天都能收听收看到抗震救灾的最新进展、全国各地支援灾区的情况和中共中央、中央军委的指示；协调组织总政歌舞团、军区歌舞团、武警青海总队文工团、青海省和玉树州歌舞团5个文艺团体，为救援部队和灾区群众开展慰问演出11场；派出心理专家和心理骨干，深入抗震救灾第一线搞好心理疏导和心理咨询服务；有计划、分批次组织任务部队官兵换岗轮休，及时救治回送183名患高原病官兵（含公安消防官兵121人），使官兵及时得到生理和心理上的调适，确保身心健康；安排118名参加军校招生考试的战士回撤复习；拿出16.7万元对家庭受灾的72名官兵进行慰问救济；把军区执行抗震救灾任务部队立功受奖的比例分别提高到9%、30%，战士、士官入党比例提高到10%、30%。为保证救灾官兵身体健康、保持官兵战斗热情，军区（前指）为官兵每人每天补助伙食费10元、卫生防疫费1.5元，及时调拨补充生活必需品。

68303部队坚持把解决官兵实际问题与做好思想工作结合起来，为在玉树执行救灾任务的官兵解除后顾之忧。先后给4名玉树籍家庭受灾官兵发放慰问金8000元，为家庭出现变故和有特殊困难的6人协调飞机舱位让其及时回家处理；为每名官兵请领补充被褥、服装等生活用品，配备单兵增氧器和高原药品，开设“野战营区超市”方便官兵购物，派出淋浴车和被服洗涤车使官兵及时洗上热水澡、换洗干净衣物，满足官兵生活所需；开展“文化活动下营连、关心解难到人头”活动，在上级配发电视机、音响、收音机、报纸和高原药品的基础上，为每个班排购买扑克、象棋、军棋、羽毛球等文体器材，解决官兵开展娱乐活动难的问题；依靠驻地电信部门，免费定制15万元的“军旅通”无线公话，为营连安装便携式电话机，实现“每顶帐篷有电话、每名官兵一张卡”，较好地解决官兵在灾区打电话的难题；着眼缓解和消除因任务区余震不断、受灾场面残酷给一些官兵带来的焦虑、恐惧等心理，发挥心理医生和心理骨干的作用，定期邀请兰州军区疾控中心2名专职心理医生，指派医院（卫生队）2名兼职心理医生到各任务点巡回举办心理健康讲座，采取定点与巡回的方式搞好心理疏导，认真细致地做好一人一事的工作，化解心理矛盾、排解心理疾患；梳理归纳“心理调适十八法”，制成卡片发给每名官兵随身携带，使官兵照着就能做、做了就见效，保证官兵思想稳定、心理健康；营连主官分散吃住在班排，与战士实行“五同”，经常谈心交心，及时了解掌握官兵心理问题，有针对性地靠上去做疏导工作；开展“结互助对子、解心理扣子”活动，让心理疏导骨干与心理素质弱、适应能力差的士兵结成互帮对子，帮助解决心理问题，确保官兵始终以良好的心理和精神状态投入抗震救灾任务。

青海省军区针对少数官兵救灾中出现的胆怯心理、厌烦情绪和怕苦怕累思想，派出基层医务人员和心理骨干，开展医疗诊治和心理疏导，对救灾受伤的官兵及时治疗，对有高原反应的官兵安排轮换休息，对产生心理疾患的官兵及时疏导调适；为每名官兵购置配发加厚手套、卫生口罩、高原反应常备药品等；向家庭受灾的 72 名官兵每人写慰问信。

玉树军分区身处重灾区，自身损失严重，救灾工作强度大、持续时间长，官兵受伤多、易发高原疾病，家在灾区的官兵家庭损失严重、个人思想负担大。军分区组织 9 名思想骨干深入一线开展一人一事的思想工作，化解疑虑鼓舞干劲；组织所属单位的 4 名医务人员，对地震和救人过程中受轻伤人员进行及时救治、定期检查，向每名官兵发放《高原性疾病预防手册》，及时发放常规药品，配发红景天、复方丹参滴丸等抗缺氧抗高寒药品，发放高原护肤霜、防裂唇膏、防护罩、手套、手电等生活必需品；向军分区家庭受灾的官兵每人写慰问信；开展心理咨询和疏导工作，及时消除一线官兵出现的焦虑急躁、恐惧紧张等不良情绪，确保官兵精力充沛、身心健康、保持旺盛战斗力。

4 月 20 日，兰州军区联勤部政治部发出《关于深入做好家住地震灾区官兵思想工作的通知》，要求各级有的放矢地做好玉树籍官兵的思想工作，开展“送温暖、献爱心、一帮一、结对子”等活动，帮助其缓解紧张情绪和心理压力。

68060 部队投入 20 万余元给参加抗震救灾的 247 名官兵和武警部队 56 名配属人员每人购买 1 部 MP4 影视播放器，解决一线官兵文化生活单调乏味的问题；政委孙安运在应急兵站组织后勤保障工作期间，4 月 20 日专门到解放军第 4 医院护理部副主任护师、藏族干部索玉梅家中看望慰问，送去 2000 元慰问金；在军需物资处副团职助理员王若军被抽组到应急兵站执行抗震救灾任务、其母亲患急性胆囊炎住院时，部队长李文林安排人员协调医院手术和照顾护理，为其减免所有医疗费用。

兰州军区兰州总医院常委分头带领机关人员逐户深入执行抗震救灾任务的官兵家中走访慰问，送去米、面、油等慰问品；针对部分人员参加抗震救灾后孩子上学无人照看的情况，依托医院幼儿园开办“小饭桌”，安排专人接送、照顾孩子并为其辅导功课。4 月 18 日，急诊科主治医师李文杰父亲突患脑出血、生命垂危，总院领导立即派人将老人接到医院，安排专用病房，由副院长王立安负责组织专家实施抢救，使老人转危为安。抗震救灾期间，总院还将 42 名一线官兵的父母接到医院进行体检，使一线官兵备受鼓舞。

解放军第 1 医院派出领导走访慰问救灾一线官兵的家庭，帮助解决实际困难，采购水果、咖啡、巧克力及女性生活用品送医疗队。

68062部队采取打电话、发慰问信、组织慰问来队家属等方式向官兵家人介绍灾区情况和官兵执行抗震救灾任务时的表现，帮助解决官兵家庭遇到的实际困难，取得家属的支持。

兰州军区联勤部政治部根据总政治部《关于做好青海玉树抗震救灾中干部工作的指示》精神，为13名在抗震救灾中表现突出的副团和中职以下干部提前晋职调级。任务部队回撤后，又先后4批安排执行玉树救灾任务的部分干部、士官到青岛、大连和临潼等地疗养。

武警青海总队先后给任务部队配发彩电120台、卫星电视接收设备120套、收音机980台、电池4000节、摄像机10部，征订《解放军报》《人民武警报》，丰富官兵业余文化生活。

武警8653部队针对抗震任务繁重、生活条件艰苦、官兵心理压力大等实际，邀请总部心理服务队和总部法律服务组到驻地为官兵开展心理疏导和法律咨询活动，为官兵答疑解惑，缓解心理压力，防范官兵出现心理问题。及时配发39台电视机、510台收音机，订阅《解放军报》《武警报》和《青海日报》，确保官兵能看上电视、听上广播、读上报纸；投资7000余元购买和下发扑克、象棋、军棋和跳棋，较好地满足官兵的业余文化生活需要。

在抢救生命72小时黄金救援期过后，为鼓励官兵保持高昂斗志，进一步搞好排查搜救，4月17日，兰州军区向在玉树抗震救灾的全体官兵发出慰问电。慰问电对奋战在青海玉树抗震救灾前线的部队指战员和民兵预备役官兵们表示慰问，号召各级党组织要充分发挥核心领导作用和战斗堡垒作用，广大党员要模范带头、率先垂范；领导干部要深入一线、靠前指挥，科学高效组织救援工作；全体参战官兵要认真履行职责，主动克服各种困难，始终保持旺盛斗志和高昂士气，为党旗增辉、为军旗添彩，为夺取抗震救灾斗争全面胜利做出新的贡献。

## 第二节　军队党组织工作

### 一、“火线”入党入团、立功创模活动

为激发救灾部队官兵高昂士气，在指导部队全面进行思想发动的同时，4月15日，兰州军区政治部下发《关于在执行抗震救灾任务部队中开展“火线”入党入团、立功创模活动的通知》，要求激发党组织的核心领导作用和战斗堡垒作用，发挥党员的先锋模范作用。在抗震救灾一线的各任务部队，扎实开展立功创模和“火线”入党入团活动，大力宣扬表彰救灾中涌现的模范集体和先进人物，结合救援和后勤保障对表现突出的团员青年进行教育培养，用身边人、身边事激励官兵，大力开展“火线”入党入团、立功创模活动，落实了一线任务部队按照立功9%、嘉奖50%的比例实施奖励；直接参加抗震救灾的部（分）队，年底义务兵入党比例由5%增至10%，士官比例由非党员士官的30%增至40%的目标要求。各任务部队先后有213人“火线”入党。

## 二、建立临时党组织

4月19日，联指召开临时党委成立会议。兰州军区政委李长才宣布军队和武警部队玉树抗震救灾联合指挥部临时党委成立，刘晓榕任临时党委书记。

联指临时党委统一组织指导救灾部队行动，先后3次召开临时党委会，部署工作；绘制任务部队组织体系和政工机构路线图，实时掌握各级组织工作动态，对抗震救灾实施坚强有力的集中统一领导。各任务部队成立临时党委（支部）103个，调整317名党员充实到一线，保证抗震救灾任务延伸到哪里，党组织的领导就跟进到哪里。

兰州军区联勤部队执行救灾任务的单位根据抽组力量和担负任务，分别成立临时党委和临时党支部。联勤部党委在地震发生当天就指派副部长王子军带领机关有关人员赶赴玉树，组织军区前指（后为联指）后勤保障组，参加联指临时党委，领导指挥联勤各救援力量临时党委、党支部的工作。

68060部队领导率机关和解放军第4医院医疗队、解放军第10医院医疗队、解放军第25医院医疗队、68062部队、68063部队、某综合仓库、某油料仓库抽组的保障分队在玉树设立应急兵站，担负医学救援和灾区任务部队的后勤保障工作。针对多个单位一起协同工作的实际，部队决定成立应急兵站临时党委，由副政委魏继荣任书记、副部队长刘爱民任副书记，下设8个临时党支部。同时，成立应急兵站临时团总支（下辖8个临时团支部）。6月25日，根据人员轮换情况，对应急兵站临时党委成员进行调整。

各医院派出的医疗队和兰州军区疾控中心防疫队均成立临时党支部。

68211部队救援队建立临时党委1个、临时党支部3个、临时团支部3个。

68303部队针对部队部署高度分散、小群多路进村入户执行任务的实际，及时调整各级组织，健全127个党（团）支部、321个党（团）小组，做到连有党支部、排有党小组、班有党员。根据救灾任务分工，适时对党支部进行调整健全，做到部队前进到哪里、任务执行到哪里，党组织就建到哪里，确保任何时候组织不散、指挥不断、管理不乱。针对进村入户排查搜救多以小组为单位展开的实际，打破班排建制编成任务小组，确保每个任务小组必须有一名党员，每个点位有一名党委（支部）成员。

68710部队根据救灾任务分工，调整健全23个党支部，做到班有党员、排有党小组，将省军区配属的宣传小组中的党员纳入政治处党支部。在单独或配属执行保障任务过程中，根据任务调整转换、人员重新配置、分散行动等情况，及时完善党组织，做到单独任务时就地组建、分散行动时及时补缺、力量重组时及时调整。

第255方舱医院在全体党员中“开展一个活动、投身两个实践、争当四个模范”活动。开展一个活动，就是在全体党员中开展“建功抗震一线，争当优秀党员”的争先创优活动；投身两个实践，就是号召全体党员积极投身救治受灾群众和抗震救灾部队伤病员的实践，积极投身玉树灾区又好又快恢复重建的实践；争当四个模范，就是号召全体党员争当文明优质服务的模范、维护生态环境的模范、执行政策纪律的模范、增进民族团结的模范，取得了好的效果。

青海陆军预备役步兵旅前方指挥所成立临时党委，在医疗、通信、工兵、水务、修理等救灾分队中建立5个临时党支部，成立9个党员突击队。

96361部队成立以部队长李保弟为书记、副政委喻允刚为副书记的临时党委，13个机关、基层临时党支部（9个营级临时党支部和4个机关临时党支部），建立了“三个到一线”制度，即灾情调研到一线、任务筹划到一线、现场指挥到一线。

北京军区第255方舱医院设临时党委1个、临时党支部2个。

武警部队建立健全1个总队前指临时党委；1个师前指临时党委，4个支队（团）党委，1个支队前指临时党委，1个医疗队临时党支部，1个警种部队前指临时党委，1个警种部队临时党支部；1个前指临时机关党委，1个机关直属党委，12个机关党支部，5个临时机关直属单位党支部；11个大队（营）党委，57个中队（连）党支部（含8个临时党支部）。设党小组147个，组成党员突击队126个。

## 三、发挥党团组织作用

各任务部队及时健全和完善党组织，建立组织制度，开展组织活动，强化组织功能，充分发挥党组织和党员、团员队伍的作用，在抗震救灾中发挥一个党委班子就是一个坚强有力的领导核心，一个党支部就是一个坚不可摧的战斗堡垒，一名党员就是一面火红鲜艳的战斗旗帜等“四个作用”。

在执行抗震救灾任务中，广大党员冲锋在前，党员干部身先士卒，参战官兵连续作战，始终保持了昂扬的士气、旺盛的战斗力。

68211部队灾后重建分队124名党员组成党员突击队，专打攻坚战，啃硬骨头，每天连续作业12小时以上。48名党员在出现恶心、头痛、胸闷等强烈高原反应情况下带病坚持工作，16名党员骨干在执行应急救援任务后申请继续留灾区执行灾后重建废墟清理任务，6名官兵家中出现家庭变故、亲人病故、子女病重等情况，没有要求轮换或回撤。

68303部队制定下发《关于在抗震救灾任务部队中开展“火线”入党入团和立功创模活动的通知》，广泛开展比士气斗志、比团结协作、比工作标准、比完成任务的“四比”活动，“火线”入党入团、立功创模和“争创先进党（团）组织、争当优秀党（团）员”活动。组织党（团）员打起党（团）旗、戴上党（团）徽，成立53支党员突击队当尖兵打头阵，无论是进村入户搜救人员，还是清理废墟、拉运物资，党员干部始终坚持指挥在一线、解决困难在一线、工作不干完不休息、部属没休息不就寝。为执行抗震救灾任务，部队70多名党员提前结束休假、8人推迟婚期、22人家庭面临困难，但没有一人向组织提过任何要求。3营采取“每个党员带一组、每个小组包十户”的方式展开排查搜救，为受灾群众挽救价值7000万余元的财产。部队所属医院副院长石自福，患急性高原肺水肿后被送医治疗，仅仅调养一周就迅速返回灾区工作岗位。

4 月 17 日，68710 部队共产党员、战士王育龙冒着生命危险钻进废墟营救被困群众　　（68710 部队　供图）

68710 部队 267 名党员成立 13 个党员突击队，确立“灾情是命令、时间是生命、第一是救人、科学是效益”的思想，发扬连续作战艰苦作战的作风，争分夺秒投入救人行动。广泛开展“红旗打起来、口号喊起来、标语贴起来”活动，激发官兵士气。13 名表现突出的战士加入党组织，5 人荣立三等功。正在西宁家中休假筹办婚事的通信连代理连长、共产党员宦盟接到部队执行任务的命令，迅速返回部队。在救灾一线，宦盟带领全连官兵昼夜奋战，为受灾群众和学校搭建帐篷 700 余顶、搬运救灾物资 10 余吨、架设野战电话 30 多部、铺设被覆线 30 多千米，清理废墟 21 户，抢救物资 100 余吨价值上千万元，出色完成上级赋予的各项任务。其先进事迹被中央电视台、《人民军队》报、青海卫视和青海省广播电台等多家媒体报道。修理所汽修班修理技师、四级军士长、共产党员马俊峰，专心探索抗震救灾中车辆紧急抢修和野外部队宿营供电保障方式办法，为不影响部队工作，对故障车辆不分昼夜加班抢修；为保证部队用电不间断、不出问题，坚持昼夜吃住在发电机旁；在翻越海拔 4000 多米的巴颜喀拉山等恶劣路段时，面对恶劣天气、复杂地势和器材短缺等诸多不利因素，带领抢修组紧急抢修故障车辆 20 余次，保证团队摩托化机动按时到位。马俊峰因疲劳过度多次晕倒在现场仍坚持不下火线。3 营 8 连 8 班班长、共产党员王育龙在抗震救灾行动中不辱使命，冲锋在前，带领全班人员先后搜救被困群众 13 人，其中生还 2 人，为群众清理房屋 120 余间，抢救财物价值 400 万余元。在抢救被埋在废墟下的藏族群众扎西才让时，为了确保受困者不再受二次伤害，坚持不使用锹镐，冒着余震趴在地上一点一点用手向外刨土，浑然不顾双手血肉模糊，经过 55 分钟的艰难刨挖，成功将扎西才让从废墟中救出。在抢救藏族小女孩阿留卓玛时，用自己的身体抵挡余震震下来的砖砾石块，利用一次大余震引起废墟结构变化的瞬间顺势将小卓玛拉出。

解放军第 4 医院玉树籍藏族副主任护师、共产党员索玉梅，4 位亲属在地震中不幸罹难，她顾不上回去安排亲人的后事，随医疗队投身于灾区伤病员的护理工作。看到一些患者烦躁痛苦、情绪低落，她主动请缨，牵头组建心理辅导办公室，对伤病员进行心理干预和抚慰。她用相同民族、相同语言和同样失去亲人的经历，拉近与藏族伤病群众的距离，精心护理、照料每一位伤病患者，和同事们一起对 60 多名伤病员进行心理疏导。索玉梅强忍失去亲人的悲痛始终坚守在岗位上，直到震后第十天才回到家乡，短暂地看望亲属后又匆匆赶往该院设在玉树体育场的救治点投入工作。她一直坚持到医疗队轮换时才离开玉树。索玉梅被中宣部表彰为优秀共产党员。

解放军第4医院外科副主任医师何敏患有乳腺癌，已经准备住院手术。地震发生后，她积极要求参加医疗队，置个人病痛于不顾，4月16日随队飞赴玉树，抢救灾区受伤群众。到达结古镇后，顾不上喘口气、喝口水，一头扎进帐篷，连续工作30多个小时直至晕倒在救治现场。在被称为“生命禁区”玉树高原，何敏承受了常人难以忍受的病痛折磨，一边抢救病人一边悄悄服药，咬牙坚持18天，5月2日被医院强行召回住院治疗。何敏用生命抢救生命、用生命奉献高原、用生命践行忠诚，受到胡锦涛和军委总部首长的亲切接见，被中共中央、国务院、中央军委表彰为“全国抗震救灾模范”。

在执行抗震救灾物资应急运输任务中，68062部队1连在翻越4800多米的巴颜喀拉山时，由于大雪覆盖、山高路滑，一些年轻驾驶员出现畏惧心理，不敢前进。连长卜瑞才带领5名党员技术骨干冒着危险把运输车逐台开过险要地段。由于连续长途奔袭，先后有9名党员因劳累过度晕倒在执行任务途中，但没有一人退缩叫苦。

96351部队共产党员、5名待转业干部主动请缨参加抗震救灾。96361部队原副部队长沈继龙和政治部主任肖华威，随队第一时间到达灾区一线，担负起红卫、当代两个街道排查搜救和格萨尔广场二炮帐篷医院警戒任务，他们每天坚持工作10个小时以上，对红卫村530户家庭进行地毯式、拉网式排查搜救，搜救重伤员12名，清理现金数百万元，帮助50多户家庭搬运物资。带领20名官兵昼夜巡逻，确保了警戒区人民生命财产绝对安全。同时，发挥自身优势，积极对红卫村和团结村的党支部进行帮建，取得明显成效。所属某通信团原政委刘建福、某通信营教导员李学建、后勤部牧场助理会计师崔凯3人组成的抗震救灾志愿小分队，承担起西宁曹家堡机场搬运救灾物资任务，从4月18日起，坚持每天24小时在机场物资转运站待命，随叫随到，随到随运，平均每天搬运帐篷、食品、棉被等物资6吨左右。特别是在4月23日，在物资多、人员少、时间紧的情况下，小分队连续奋战一昼夜，协助搬运物资9车。第二炮兵96361部队成立9个党员突击队和8个团员先锋队，党团员战斗在最危险、最艰苦的地方。

武警部队充分发挥党组织和党员干部“四个作用”，1384名党员干部勇挑重担、敢打头阵，以实际行动带领部队完成各种急难险重任务。青海总队党委科学统筹救援、警戒、守卫、守护、交通管制、物资搬运等任务，保证救灾工作有序高效推进。

玉树支队已确定转业的干部颜益泉得知玉树发生地震后，乘飞机从湖南老家赶回驻地投身救灾；甘肃总队救援队针对少数战士面对遇难人员遗体腐烂变形产生胆怯恐惧心理，采取一名党员和一名干部带一名战士的方法搬运遗体；在搜救一个经营化学用品的商店时，面对随时可能发生次生灾害危险，迅速组建党员突击队，连续奋战4个多小时，排除险情。

交通一支队助理工程师郭瑾圣得知玉树发生地震灾情后主动请缨，再奔灾区。在玉树州格萨尔广场，49岁的藏族同胞德仁被压在一座倒塌的五层楼下，右腿被水泥块死死卡住，特勤中队中队长高云刚带领党员突击队苦战10个小时，将德仁成功救出。水电五支队原参谋长程强，知道马上要转业，但仍然率领部队战斗在抗震救灾第一线，表现出了一个党员干部和革命军人应有的品德和优良的作风。水电五支队六中队排长崔中国带领本排战士参加废墟清理工作，由于高原缺氧和过度劳累，当场晕倒，被一名医护人员及时救醒后，又立即投入搜救工作。他们连续搜索800余户民居和商铺，清理废墟3万立方米。5月13日，崔中国带领5名战士妥善处置两罐剧毒液体，保证周围人员安全。水电五支队六中队党员、士官甘明辉，自4月15日以来，每天连续工作15个小时以上，因长期操作设备，两只胳膊又红又肿。因长时间保持坐姿，每次工作结束离开设备时，两腿总是发抖，走不动路。5月15日至18日，因发高烧，边输液边工作。玉树支队党员、士官陈光强和战友第一时间赶赴救灾现场，在救援过程中，他不放弃任何一个救人的机会，不计个人安危，被倒塌的房梁砸伤腿部后仍继续参加战斗，连续十几个小时没有休息过一分钟、没有吃过一口饭，在没有任何大型救援工具的情况下，用手刨用肩扛，成功救出13名生还群众，转移遇难者遗体4具。

广大团员青年彰显共青团员的生力军和突击队作用。68303部队结合开展纪念五四运动91周年活动，评选表彰在执行抗震救灾任务中“制度坚持经常、活动开展丰富、作用发挥明显”的15个团总支（支部）、15名团总支（支部）书记和142名优秀共青团员。在第一批专项奖励中72人立功、205人获嘉奖，激发了广大官兵投身救灾任务的光荣感和积极性。

解放军第1医院医疗队在抗震救灾一线开展“六个一”（进行一次专题教育、举办一场纪念大会、组织一次“火线”入团活动、抓好一个共建点、表彰一批先进典型、解决一些实际困难）活动，把团员青年紧紧凝聚在一起。团员青年们把继承优良传统、弘扬抗震救灾精神落实到行动中、体现到岗位上。5名团员在救灾中表现突出加入共产党，6名青年加入共青团组织。解放军第4医院团员护士马何萍为伤员清洗伤口、止血包扎、打针输液，劳累过度而失声，一句话都说不出来。她用手比画着与病人交流，用笔和纸与医护人员沟通，灾区群众称她为“哑女波念”（藏语“哑女天使”）。

解放军第10医院医疗队团员青年，为了不耽误抢救因高原缺氧导致脑水肿救援人员的时间，每人怀抱1瓶因气候寒冷而结晶的特效药品甘露醇，用自己的体温融化结晶，为抢救脑水肿伤员赢得宝贵的时间。

在抗震救灾期间，联勤部队先后有152名团员青年在抗震救灾一线向党组织提出入党申请，80人被发展为预备党员，46人“火线”立功。

## 第三节　军队干部工作

### 一、救灾一线考察干部

按照兰州军区政治部通知安排，要重视在救灾一线考察识别干部骨干，把抗震救灾表现作为选拔干部、选取士官的重要依据。充分发挥各级党组织和党员干部骨干的“四个作用”，深入开展“创建先进基层党组织、争当优秀共产党员”活动，引导广大干部和党员深入一线、冲锋在前，到灾情最严重的地方去，到最困难的地方去，用身先士卒、率先垂范的模范行动团结带领官兵奋力救灾。

4月25日，总政治部下发指示，对加强干部考察培养、组织干部调整补充、落实干部激励政策、解决干部实际困难等提出具体要求。强调各任务部队要抓好干部激励政策落实，在干部晋职晋衔、调整专业技术等级、交流使用、表彰奖励、转业复员安置和士兵提干考学、干部子女照顾入学等方面，对抗震救灾表现突出的官兵按规定给予倾斜；要千方百计解决干部实际问题，关心抗震救灾部队干部的身心健康，帮助解决老人赡养、子女教育等困难，对家庭受灾、直系亲属伤亡的进行救济。

## 二、身先士卒经考验

在严峻的抗震救灾过程中，各级党委快速反应、果断决策，充分发挥核心领导作用；各级领导干部率先垂范、靠前指挥。兰州军区司令员王国生、政委李长才、副司令员赵建中、副政委刘晓榕等7名党委常委冒着余震和次生灾害危险，多次深入一线现场指挥。武警部队司令员、政委等4名党委常委先后赴玉树抗震救灾一线，实施强有力指导。

兰州军区机关和各任务部队有40余名军级以上领导干部现场组织指导部队救灾行动，玉树军分区在强震袭来的生死关头，党委“一班人”挺身而出，身先士卒，带头抢救群众生命财产。军分区在家的几名常委迅速碰头，明确责任，部署和展开救援。官兵分成7个救援分队，分别由常委或干部带队，火速奔赴现场展开救援，成为灾区最早实施救援的队伍之一。在营救生命的72小时黄金救援期，先后救出被埋群众1132人。

军分区政委王全进得知玉树发生重大地震消息后，告别正在手术中的岳母，从陕西蒲城行程2100多千米，一边赶路一边电话了解各族群众对地震灾害的思想情绪，同时掌握国道214线、通天河大桥、飞机场等交通要道的通行情况，15日9时赶到单位立即投入救灾工作。

地震发生后，各路救援部队火速驰援灾区，一时间大军云集玉树，国家和军队各级指挥机构都设在军分区院内，每天进入院内人员有6000多人（次）、车辆2300多台（次），空前繁重的协调和保障任务摆在党委“一班人”的面前，军分区人员组成组织协调、医疗救治、物资运输、生活保障4个小组，开设3个食堂，为军地各级指挥人员提供生活保障，最多时达3000多人用餐。王全进先后10多次深入玉树县结古镇的甘达、禅古、西杭、民主、扎西大同等受灾严重的7个村庄了解灾情、慰问官兵、看望群众，做好宣传鼓动、消除恐慌、稳定情绪的工作。

军分区副政委旦增8名亲人遇难、10多名亲友受伤，家中房屋全部倒塌。这位新时代革命军人作出人生最艰难的取舍，义无反顾地带领官兵全身心地投入抗震救灾中。军分区副司令员管开吉，带病坚持工作20多天，组织人员救出18名被埋群众和40多匹军马，搭建帐篷150个、帐篷教室33个。政治部主任吴同安8年第一次回湖北老家，在家中只住了一宿，得知玉树发生地震的消息后早饭都没顾上吃，就换乘多种交通工具于15日上午赶回单位。军分区后勤部部长马胜强按照分工，带领人员昼夜奋战，在地震发生后3天内为军地各级指挥机构和数十家新闻媒体搭建帐篷520多顶，架设照明线路1.3万多米，开通电话230多部，备足2000人吃一周的快餐食品，组织后勤部19名官兵发放应急保障物资2万多件（套），连续20多天为1100多人提供24小时不间断饮食保障，调运供应各类油料200多吨，供水3200余吨，供电4万多千瓦时。

军分区在外休假、出差、学习、疗养的38名干部，得知玉树发生地震的消息后，在最短的时间内返回单位参加抗震救灾。治多县人武部部长郭建臣组织带领民兵预备役人员挖掘废墟下掩埋人员16人，为63户藏族群众抢救出生活用品和财产，搭建帐篷67顶，装卸救灾物资160多吨，完成对错桑、错多两村的拉网式搜寻。

68710部队党委“一班人”充分发挥集体领导核心作用，针对救援地域广阔、现场情况复杂、人员高度分散、通信联络不畅等实际，将担负的救援区域分成4个任务区，合理配置兵力，党委常委分工包营、靠前指挥，保证人员搜救、伤员转运、物资卸载、警卫执勤等多项任务的顺利展开。各级党员领导干部以身作则，危险面前冲在前、关键时刻站在前、面对艰苦走在前。部队长王波涛连续81个小时不下火线，以自己的实际行动激励和带动广大官兵的战斗精神。

68303部队14名党委常委始终坚持第一个进危房、第一个查看情况、第一个上阵指挥、第一个排除险情，现场统筹协调、现场解决问题。针对进村入户排查搜救多以小组为单位展开的实际，打破班排建制编成任务小组，确保每个小组有党员、每个点位有党委（支部）成员负责。坚持把最放心的营（连）党委（支部）和党员干部调整到抗震救灾任务最艰巨、条件最艰苦的方向和点位上。在执行任务初期，将全面建设过硬的邱少云生前所在营派驻到距离最远、海拔最高、灾情最重的隆宝镇，6名党委常委和团职干部分驻各方向，负责单独执行任务的部队，对救灾行动实施坚强有力的领导。

武警任务部队36名军师职领导干部、100余名团职干部，既当指挥员又当战斗员，身先士卒，靠前指挥。武警青海总队总队长谢才书、副总队长牛建国，甘肃总队参谋长刘志强先后从各地奔赴玉树艾哈灾害现场，投入繁忙而又紧张的抢险工作。青海总队玉树支队支队长石华杰果断指挥，组织部队迅速转移到安全地带，在第一时间成立了救援组、医疗救护组和增援组，并按照15人一组将部队编成40个搜救小组，带领官兵喊着口号直接从操场奔赴一线。在抗震救灾中，他牢记时间就是生命，号召全体官兵视灾区人民为父母，克服一切困难，想尽一切办法，付出一切努力，不放弃一个生还希望，没工具就用手刨、用肩扛，连续14个小时水米未进，先后冒着十几次余震的危险，始终与全体官兵战斗在抗震救灾第一线。玉树支队政委贾振雄正在西宁检查身体，从医院直接搭出租车返回玉树；青海总队一支队支队长安大均正在输液，拔掉手上的输液管，组织部队开赴一线。

## 三、政治纪律挺在前

军委、总部首长高度重视地震灾区的民族团结问题，要求任务部队官兵在救援过程中模范执行党的民族宗教政策和群众纪律，秋毫无犯，尊重当地少数民族群众的风俗习惯，树立人民军队威武文明之师的良好形象，促进民族团结。

4 月 19 日，总政治部印发《抗震救灾群众纪律》，明确“十不准”要求：不准私藏清理出的钱物；不准与群众争水争电争住所；不准截留、私分救灾款物；不准擅自进入宗教场所和群众居所；不准有简单粗暴对待群众的过激言行；不准围观和干涉少数民族群众的宗教活动；不准违反少数民族风俗禁忌；不准猎杀老鹰、金雕、秃鹫；不准捡拾寺院僧侣散落的物品；不准上山挖虫草和乱扔垃圾。

4 月 20 日，总参谋部、总政治部在《关于认真学习贯彻胡主席重要指示，充分发挥部队抗震救灾突击队作用的通知》中再次强调，任务部队要深入做好宣传服务群众的工作，以抗震救灾的实际行动促进民族团结。教育引导官兵严格遵守民族宗教政策，自觉尊重少数民族风俗习惯，模范执行各项群众纪律，遇事讲冷静，处事讲稳妥，办事讲科学，树立和维护威武文明之师的良好形象。广泛开展“学人民、爱人民、为人民”活动，积极为灾区群众“送温暖、献爱心”，把群众工作做得真切自然、易于接受，真正取得实效。充分发挥战斗队、工作队、宣传队作用，深入开展“共创灾后临时模范社区”等形式多样的军民联建共创活动，进村入户为群众解难题、办实事、送温暖。大力宣传党和政府灾后重建的决策部署，宣传各族人民全力援助灾区的生动事例，宣传军民同心、重建家园的感人事迹，让藏族群众真切感受到共产党好、祖国大家庭好、“金珠玛米”好。

针对部队转入执行灾后重建、清理废墟的后续任务，救灾工作由点向面拓展、人员更加分散、军地联系交往更加频繁的实际，总政治部再次下发指示，教育官兵模范遵守党的民族政策，严格执行群众纪律“十不准”，确保不发生问题。同时，组成群众纪律检查监督工作组，对部队执行群众纪律情况进行检查，维护纪律规定的严肃性。

## 第四节　军队舆论宣传

### 一、树立榜样

各级政治部门在全国全军范围内推出先进，树立典型，起到示范带动作用。先后推出解放军第 4 医院高原医疗队、69008 部队救援分队；玉树军分区司令员吴勇、副政委丹增，武警玉树支队支队长石华杰，解放军第 536 医院护士长任玲，西藏军区副司令员兼西藏军区总医院院长李素芝等一大批抗震救灾先进单位和先进模范个人，发挥典型的榜样辐射作用和示范引导作用，激励鼓舞部队士气。4 月 26 日，联指下发《表彰抗震救灾先进单位和个人的通报》，通报表彰军队和武警抗震救灾部队 28 个先进单位和 211 名先进个人，激励全体官兵以更加高昂

4 月 14 日，玉树军分区党委班子成员在军分区机关干部宿舍前研究抗震救灾工作　　（玉树军分区　供图）

的士气和热情做好下一步救灾工作。

各任务部队充分挖掘、宣扬具有自身特点的优良传统、精神财富和救灾实践中的身边人、典型事，影响官兵，教育官兵，感染官兵。

68211 部队大力发扬光大战争时期和社会主义建设时期长期形成的“开山斧”精神，激发官兵抗震救灾的战斗豪情；总结宣扬团政委杨新民、救援队营救组组长彭红兵、救援队仪器搜寻组成员路开彬等先进典型，掀起学先进、比工作、比干劲的高潮；将各级的慰问电、嘉奖令及时传达到一线官兵，鼓舞官兵再立新功的干劲。

68303 部队充分运用队魂——邱少云精神激励部队，教育官兵在抗震一线争做“少云传人”、争当救灾尖兵，打牢长期作战、连续作战、艰苦作战的思想基础。邱少云生前所在三营九连，坚持发扬“少云精神”，第一个向部队党委递交请战书，主动要求到条件最艰苦、任务最危险的任务区；在红土山垭口搜救时天气骤变，面对突如其来的雨雪冰雹，全连官兵无一退缩，顶风冒雪，手刨肩扛，完成搜救任务；为帮助灾区儿童尽快复课，全连官兵扛着 3 顶 200 余千克的帐篷翻越 3 座 4000 米以上的雪山垭口，顶风冒雪搭建起帐篷学校，指派 6 名大学生官兵担任辅导员，使学校如期复课。经各级政治机关梳理推荐，中央电视台、青海卫视、《解放军报》和《人民军队》报对九连抗震救灾事迹都作了突出报道。官兵广泛开展向九连学习的热潮。玉树籍藏族战士更松才仁家中房屋在地震中全部倒塌，损失严重，但他未向组织及任何人提起家中情况，随部队执行救灾任务路过家门而不入。连队得知情况后多次催促他回家探望都被婉言谢绝。更松才仁在救灾中发挥情况熟、语言通的优势，主动担当连队的搜救向导，抢救群众冲锋在前，用双手刨扒废墟，指甲掉了、手指伤了从不退缩，被党支部火线吸收为预备党员，他的典型事迹感染了广大官兵。挖掘、总结九连党支部充分发挥战斗堡垒作用的先进典型事迹，如藏族战士更松才仁“舍小家顾大家、以实际行动谢党恩”、四连连长成彦龙告别新婚妻子追赶部队执行任务、三营教导员陈祥东“与妻子同赴抗震救灾第一线”等，编辑成录音，利用“抗震救灾快报”“战士小报”“少云之声”广播等媒介反复宣传。结合开展纪念五四运动 91 周年活动，通报表彰 15 个团组织和 142 名优秀团员，给 304 名官兵记功、嘉奖，为 3 名团员和 9 名青年举行火线入党入团仪式，极大地调动官兵投身抗震救灾任务的积极性主动性。三营党委被 21 集团军评选表彰为先进营党委，九连党支部被中组部表彰为“抗震救灾先进基层党组织”，九连团支部被团中央表彰为“全国五四红旗团支部”；二连与新寨村党支部、五连与当代路社区党支部“党员活动室”被玉树州作为军地党组织“联建共创”示范工程，先后 6 次在中央电视台、青海电视台、玉树州电视台等媒体进行报道。更松才仁、陈祥东、成彦龙和“灾区中校邮递员”冉守忠等典型事例被《解放军报》《人民军队》等报纸广泛报道。

4 月 16 日，兰州军区联勤部政治部发出《关于在执行抗震救灾任务中开展“火线”入党入团、立功创模活动的通知》，指导各任务部队在执行抗震救灾任务中扎实开展立功创模和“火线”入党入团活动。各单位临时党委、支部加强组织引导，结合救援和后勤保障任务对表现突出的团员青年进行教育培养，用身边人、身边事激励官兵。抗震救灾期间，联勤部队先后有 152 人在抗震救灾一线向党组织提出入党申请，80 人被发展为预备党员，46 人“火线”立功，涌现出一大批具有鲜明特色的先进典型。兰州军区联勤部先后总结、推出被藏区群众亲切誉为“菩萨兵”的解放军第 4 医院高原医疗队和兰州军区兰州总医院政委朱自清，解放军第 4 医院副主任护师索玉梅、副主任医师何敏等一批先进典型，号召联勤部任务部队官兵以典型为榜样，在抗震救灾的实践中实现自己的理想、贡献自己的力量。5 月 24 日，联勤部党委发出《关于开展向第 4 医院学习的决定》。7 月 27 日，又发出《关于给联勤部司令部战勤处和洪志杰等 75 名同志记功、嘉奖的通令》，给 1 个单位和 75 名个人记功、嘉奖。

青海省军区党委重视榜样的力量，组织力量发掘总结宣扬玉树军分区领导身先士卒、不畏艰辛、奋力救灾的典型和 68710 部队官兵奋力抢救群众生命的动人事例，激励任务部队官兵。

玉树军分区党委一班人勇于担最危险的任务、乐于挑最重的担子、敢于啃最硬的“骨头”，带领官兵攻坚克险、勇往直前，哪里最危险、哪里最艰苦、哪里最需要，常委的身影就出现在那里、战斗在那里。司令员吴勇，反应迅速、指挥果断、身先士卒，在抗震救灾第一线连续奋战十多个日日夜夜，带领组织官兵奔赴多个救援点救出 125 条生命。中央电视台、新华社、全军政工网、《解放军报》、《人民军队》报等多家新闻媒体和网络对吴勇的典型事迹进行采访报道。吴勇受到军委主席胡锦涛及军委领导等党、国家和军队领导人的亲切接见。军分区副政委旦增在 8 位亲属不幸遇难、10 多名亲属受伤的情况下，不顾小家，身先士卒，奋不顾身，冲锋在前，仅 4 月 14 日上午就带领官兵在玉树州职业技术学校等地点救出 7 名被困群众；冒着余震危险两次巡查灾区，准确掌握玉树受灾情况，为抗震救灾行动提供宝贵的决策依据；动员儿子、女儿一起参加抗震救灾，受到藏区群众广泛赞誉。兰州军区政治部下发《广泛开展向玉树军分区司令员吴勇同志学习活动的通知》，青海省军区编发战地快报 27 期，在军地各大媒体刊发稿件 530 多篇，宣传吴勇、旦增等重大典型。党员领导干部这种“看我的、跟我上”的昂扬斗志和饱满精神状态成为激励官兵奋力抗震救灾的旗帜，极大地鼓舞官兵夺取抗震救灾胜利的高昂士气。

在救灾过程中，68710部队涌现大量先进典型和感人事例。部队长王波涛周密组织部队的救援行动，仅用48分钟就完成第一梯队的各项准备，带领官兵以最快的速度赶赴灾区，科学指挥、靠前指挥，为抢救更多的生命，持续工作81个小时，中间只分段休息不足6小时。连长张继福组织全连官兵救援，48小时未合眼，清墟工作中强忍右脚踝一年前受伤的剧烈疼痛，克服小孩有病带来的家庭困扰，倾尽全力投入救援行动。八连班长王玉龙不顾个人安危，冒着较大余震风险机智救出藏族小女孩。副部队长班玉宝身先士卒，带头钻进废墟救出受伤群众。68710部队对抗震救灾典型个人、典型事例进行挖掘整理，依托部队创办的《雄鹰简报》刊登宣传，采取会议讲评、编印小故事下发、宣传车滚动播放等方式，营造“学典型、做典型”的氛围；用石子铺设荣誉路、构筑荣誉榜、堆制使命图，坚定官兵向往荣誉、渴求荣誉、续写荣誉的决心，形成“给任务就是给机遇、给任务就是给荣誉”的思想共识。

武警部队把争创先进党组织、争当优秀党员活动贯穿任务始终，组织广大官兵开展党员、团员重温誓词、读报演讲、谈一线感受、“火线”入党感言，号召党员当标杆、做表率，自觉做到服从命令、顾全大局、勇挑重担，充分发挥先锋模范作用。在党员干部的感召下，抗震救灾中共有1500多名官兵向党组织提出入党申请，1200多名党员写挑应战书和决心书，138名党员轻伤不下火线，以实际行动影响和带动部队，使部队始终保持高昂士气和旺盛的斗志。

武警青海省总队宣传典型6个（单位4个、个人2个），展示武警部队形象，鼓舞部队士气。利用板报、宣传栏和战地快报及时表扬表现突出的单位和个人，结合阶段性总结表彰奖励救灾工作先进单位和个人，各任务部队13个单位、83名个人受到军队武警联指和武警部队通报表彰，1360人立功受奖，极大地激发官兵的战斗热情。

武警8653部队采取组织“火线”入党、开展立功创模、评选先进典型等方法，大力培育、挖掘和宣传一批抗震救灾先进典型，激发官兵“忠诚职责使命、争当救灾先锋”的战斗热情。共挖掘树立3个抗震救灾先进单位和12名抗震救灾先进个人，吸收14名入党积极分子“火线”

4月14日，武警青海省总队玉树州支队支队长石华杰指挥部队抗震救灾

（火光　供图）

入党，为 103 名官兵记功嘉奖。特别是二连、六连和九连开展向赵登川、李延明、姬晓军等身边典型学习活动，收到良好的效果。在宣传报道上，中央电视台综合频道、新闻频道、军事频道等先后对 8653 部队“抗震救灾中的一对好主官”“抢救禅古寺文化遗产”等典型事迹深入进行宣传报道，发表各类新闻稿件 107 篇，极大鼓舞了部队士气。

4 月 27 日，军队和武警抗震救灾联合指挥部下发通令，对 28 个抗震救灾先进集体和 211 名先进个人进行表彰，使官兵学有榜样、赶有目标，奋力争先创优，促进各项任务的顺利完成。

## 二、宣传队伍

为更好地宣传中共中央、国务院、中央军委的声音和各级领导机关的指示要求，开展宣传群众教育群众的工作，兰州军区、第二炮兵、武警部队组建野战政治工作宣传队。

4 月 16 日下午，根据兰州军区命令，新疆军区抽调 12 人、野战文化宣传车 3 台，组成兰州军区玉树抗震救灾政治工作宣传队，赶赴灾区进行战地宣传。

政治工作宣传队分成 3 个小组执行任务。分别配属到 68710 部队，在结古镇赛马场片区开展工作；68303 部队在结古镇体育场片区进行宣传；68211 部队在结古镇格萨尔广场片区开展工作。

政治工作宣传队的 3 台野战文化宣传车在结古镇的大街小巷活动，用汉语和藏语两种语言，向救灾部队官兵、灾区群众广泛进行宣传。反复播发《人民日报》、《解放军报》、《人民军队》报社论、评论员文章，转播电视新闻和广播节目，传递中共中央、中央军委的声音；依托西北民族大学救灾师资力量，对报纸杂志相关内容进行编辑翻译，制作成光盘、录音带和宣传册，发放给灾区群众和救灾部队；协调玉树州政府、青海省司法厅驻玉树联系点等单位，精选 20 余个部队官兵和当地群众可能遇到的法律问题，利用宣传车进行巡回播放，为灾后重建工作营造良好的法律环境；宣传“四防”常识，征求地方民委、卫生部门的意见，编写以“防病防疫防火防电”为主要内容的“四防”知识宣传材料，每天巡回宣传，确保救灾部队官兵不发生事故、保护人民群众的生命财产安全；开展环保教育，广泛宣传《保护三江源生态，共建美好家园》《维护生态环境群众纪律》《生活垃圾处理常识》等宣讲材料，宣传保护环境对三江源和全国生态安全的重要意义，引导部队官兵开展植被浇灌、垃圾清运、草场补种、围栏加固等工作；开展心理疏导活动，发放《心理健康手册》，进行灾后心理安抚，减轻受灾群众心理压力，鼓励受灾群众战胜困难，勇敢面对未来生活。

宣传队还利用宣传车在部队集中驻扎的营区建立“战地广播”，播放时政要闻，在生命救援、灾后重建中救灾部队官兵的感人事迹，青海省双拥工作领导小组、玉树州委、州政府致抗震救灾部队的慰问信等，营造遂行抗震救灾任务光荣的浓厚氛围，激发官兵连续作战、艰苦作战、长期作战的斗志。利用野战文化宣传车的装备优势，帮助结古镇政府、扎西大同社区、红卫帐篷社区及受灾群众安置点建立社区广播站，开办“军民之声”广播，宣讲政策，发布公告，

4月24日，新疆军区抗震救灾宣传队和西北民族大学学生播放抗震救灾稿件

（新疆军区　供图）

帮助社区干部开展工作。

兰州军区玉树抗震救灾野战政治工作宣传队在灾区开展宣传43天，出动宣传车570余台（次），编写新闻稿件468篇，翻译藏语宣传稿450篇，录制光盘8盘、录音带26盘。

第二炮兵任务部队迅速抽组精干力量组成文化服务队，抽调大型野战宣传文化车进入玉树灾区，在安置受灾群众最多、喇嘛活动最为集中的结古镇格萨尔广场和主要街道开展宣传文化服务。文化服务队充分发挥大型野战宣传文化车技术先进、功能齐备、功率强大的综合优势，采用大功率卫星广播、大屏幕卫星电视、标语口号快速制作系统、采编播一体化集成等多种手段，用藏汉两种语言、声像图文等形式滚动播放重要新闻，广泛宣传中共中央、胡锦涛对灾区人民的亲切关怀和对抗震救灾工作的坚强领导，宣传人民军队不畏艰险、不怕困难、连续作战的优良作风和良好形象，宣传举国上下团结一心、众志成城、共克时艰抗击灾害的决心、信心和力量，形成了强势宣传效应，使共产党好、解放军好、各族人民大团结好成为地震灾区的最强音。

武警玉树州支队在72小时的黄金救援期过后，抽调8名藏族官兵，由三中队排长加洛东智任组长，组成了救灾工作宣传队，并配备了1台宣传车。他们因陋就简，巡回各受灾群众安置点和主要街道，用汉藏双语进行广播宣传，讲解党的民族宗教政策、党和政府抗灾救灾的最新决策指示，以及武警官兵与受灾群众一道共克时艰的坚强决心，及时把中共中央、国务院的关怀，救灾工作动态与现场救援进展，传达到受灾群众心中，最大限度地安抚受灾群众，激发军民同心协力共抗灾难的豪情。武警任务部队先后派出宣传车3台、宣传队272个，采取宣传车管面、宣传队管片等方法，宣传党和政府的惠民扶助政策，宣传全国人民对灾区群众的无私支援，宣传军警民和藏汉群众患难与共、团结抗灾的感人事迹，帮助受灾群众坚定对党和政府的信赖、战胜自然灾害和重建美好家园的信心。

## 三、社会宣传

### （一）兰州军区综合宣传

地震后，中央和全国各地各宣传机构，调动各方宣传力量，运用现代传媒手段，以丰富多彩的形式，宣传中共中央、国务院、中央军委决策部署；宣传军警民在被喻为“生命警区”的平均海拔4000米以上的青藏高原展开生命大营救，弘扬军民抗震救灾战胜一切困难的英勇气概；宣传抗震救灾先进集体和模范人物以及军民同呼吸、共命运、心连心的鱼水情深；宣传救援各方众志成城、迎难而上和敢于胜利的豪情壮举，为做好抢险救灾工作提供了强大的精神动力和舆论支持。兰州军区政治部宣传部和各大单位成立抗震救灾新闻宣传领导小组，精心筹划，组织新闻报道人员围绕兰州军区党委决策部署、紧跟任务进程，深入救灾一线开展新闻报道。兰州军区在中央主要媒体刊播稿件3000多篇（幅、条），其中新华社519篇、《人民日报》107篇、《解放军报》353篇、《光明日报》58篇、《中国青年报》120篇、中央电视台564条、中央人民广播电台375篇，《人民日报》、新华社、《解放军报》内参稿件41篇，实现重大救灾行动报道全面及时有力度、新闻发布先声夺人有成效、先进典型宣传有震撼力、军地媒体合力联动有声势，为抗震救灾提供强大的舆论支持。

### （二）跟踪报道

一是新闻宣传部门应急响应。4月14日9时，解放军报社驻兰州军区记者站记者李秦卫、兰州军区政治部宣传部电教室干事高思远、《人民军队》报编辑边红星等5名新闻记者赶赴灾区。随后，政治部从西安陆军学院举办的新闻骨干培训班抽调6名新闻干事连夜飞赴玉树进行实地采访报道。当日，下发《关于做好青海玉树地区抗震救灾新闻宣传工作的紧急通知》，组织兰州军区有关单位新闻人员及时展开抗震救灾新闻报道和宣传工作。

兰州军区政治部整合本级、青海省军区新闻骨干力量，做到地震灾区每个救援点位都有新闻报道人员，主动与中央、地方各大媒体建立联络，实现资源互通、优势互补；军区各新闻媒体在地震当天设置专版、开辟专栏，借助中央电视台、《解放军报》等主要媒体，依托兰州军区《人民军队》报、《西北民兵》杂志、政工网、政工信息动态，发挥平面媒体、立体媒体、网络媒体和新闻发布会综合效应，全时空、全方位反映兰州军区抗震救灾动态和官兵精神风貌。

武警部队立即启动应急新闻报道机制，成立抗震救灾新闻报道小组，组织新华社武警支社、解放军报社武警记者站、中央人民广播电台武警记者站、武警电视宣传艺术中心有关人员研究制定报道方案，并以电报形式给任务部队下发《关于做好青海玉树抗震救灾新闻报道的紧急通知》，明确宣传原则、责任分工、报道重点和宣传纪律，对抗震救灾宣传报道进行快速部署。立即通知驻灾区的青海、四川总队及驻训的武警8650部队新闻骨干深入灾区，了解掌握灾情，收集整理文字、图片和影像资料；迅速调集武警部队与中央电视台在兰州、成都应急报道点人员投入抗震救灾报道，并于当天下午派出11名文字、摄影、摄像记者组成报道小组赶赴玉树结古镇。

兰州军区联勤部政治部抽调 3 名宣传报道骨干，于 4 月 15 日跟随任务部队赶赴灾区。联勤部有关单位也都派出宣传报道骨干伴随应急兵站、医疗队赴救灾一线，追踪救援进程、捕捉新闻线索、挖掘典型事例、撰写新闻稿件。青海省军区在震后两小时组织新闻干事紧急飞赴灾区，及时发出灾情报告。

4 月 15 日，兰州军区和武警部队的卫星直播车开赴玉树，配合报纸、广播、电视等媒体，对军队、武警部队抗震救灾情况进行实地报道。

二是规范采访报道秩序。4 月 17 日，针对灾区各方记者众多、采访秩序不够规范的现象，为营造和维护抗震救灾良好舆论环境，联指下发《抗震救灾部队接受采访和加强舆论引导的几点要求》。对外国记者的采访一律不予接受；正确对待国内地方主流媒体和军队新闻单位采访，尊重、善待记者；部队官兵特别是旅团领导要提高应对媒体的素质；加强舆论引导，对敏感问题分析研判，做好预防工作。

4 月 19 日，兰州军区政治部转发总政治部宣传部《关于认真做好军队和武警部队参加抗震救灾宣传报道的通知》，要求各级党委和政治机关把搞好抗震救灾新闻宣传工作作为一项重要的政治任务，突出报道重点，注重通联协调，主动搞好保障，严守宣传纪律，切实搞好抗震救灾中的新闻宣传工作。

三是多形式宣传报道。新闻机构和人员积极创新宣传报道的形式、内容和方法，发挥报纸、广播、电视、网络等媒体作用，广泛采取现场报道、电话连线、滚动播报、网上访谈等多种形式，综合运用消息、通讯、综述、特写、评论等多种体裁，围绕任务部队紧急驰援灾区、各级领导靠前指挥、开通空中生命通道、前后方协调一致救治伤员、为受灾群众提供生活保障、搭建帐篷帮助学校复课、对口帮扶灾区医疗机构、全面投入灾后重建等救援行动，展开全方位、立体式宣传报道。

武警总部积极组织新闻力量做好抗震救灾宣传报道。截至 4 月 30 日，在《人民日报》、新华社、《解放军报》、中央人民广播电台、中央电视台等中央主要媒体刊发抗震救灾新闻稿件 1320 多篇（条、幅），先后宣传武警青海总队玉树州支队支队长石华杰等一大批先进典型，充分展示了广大官兵忠于使命、舍生忘死救助群众的感人事迹和不怕牺牲、英勇顽强的精神风貌，为稳定灾区民心、鼓舞官兵士气、树立武警部队良好形象发挥了重要作用。

兰州军区联勤部政治部和各任务单位构建一线新闻报道骨干与后方宣传报道力量互为依托、协同作战的新闻网络，电视新闻、文字新闻、图片新闻、网络宣传齐头并进，形成强劲的新闻宣传态势。救灾期间，联勤部机关和各任务单位在《人民日报》、中央电视台、《解放军报》、《中国青年报》、新华网等军地媒体发表稿件 1600 多篇（条），在《人民军队》报上多次运用专刊、连载等形式，宣传报道联勤部队玉树救援的感人事迹。

4 月 18 日起，联勤部政治部组织力量编辑出版《抗震救灾快报》，印发联勤部队，至 9 月 25 日出版 15 期，集中宣传胡锦涛的重要指示，全面反映联勤部展开抗震救灾医学救援和各种后勤保障工作的情况，报道兰州总医院和解放军第 1、第 4、第 10、第 25、第 323 医院医疗队奉命急赴灾区抢救生命和 68063 部队执行抗震救灾物资应急运输任务的典型事例，宣传兰州军区党委《关于开展向第4医院学习活动的决定》，推出《共产党派来的“菩萨兵”》《践行根本宗旨、奉献青藏高原》《雪域圣火》等长篇报道，集中宣传解放军第4医院倾情服务藏区群众积极维护民族团结和参加玉树抗震救灾的先进事迹。68060部队政治部也创办《抗震救灾政工动态》，编发12期。

青海省军区政治部宣保处干事赵济潮，奉命赴灾区进行采访报道，冒着生命危险深入救灾一线，夜以继日加班加点，独立完成《解放军报》军事特刊和《人民军队》报2个整版专稿、《中国国防报》3个头条2个报眼稿件；合作完成中央和省级媒体稿件48篇，其中头条4篇；撰写电台、电视采访词10余条。

96361部队组织新闻骨干深入灾区跟踪采访，加强与中央、军队和地方媒体协作，宣传报道第二炮兵部队抗震救灾最新情况。积极主动进行新闻宣传报道，截至5月21日，在中央、军队和地方主要媒体播报新闻300余条，在《解放军报》刊稿100余篇，在《火箭兵报》刊稿150余篇。

武警青海总队新闻站干事火光，4月14日7时53分接到中央电视台电话通知传送玉树地震画面。8时，火光通过总队作战值班室将部队第一时间救灾的画面传输到武警总部，通过总部传输到中央电视台军事部。随后，他带着摄像机和传输设备赶往灾区，在随部队开进的路上，联系中央电视台《新闻频道》栏目和凤凰卫视等媒体，把现场指挥员石华杰的电话告诉各大媒体，让石华杰及时通过电视，向中共中央和全国人民将玉树现场救援的消息作了介绍，并对总队领导指挥抢险救灾和部队开进情况进行现场连线。在快到共和县时，再次接到中央电视台和其他省（市）电视台电话，让他想办法把部队开进情况传输给中央电视台。到达共和县后，他及时联系海南州电视台把部队开进画面通过接力方式传输到青海电视台，再由青海电视台传输至中央电视台，占据当天各大电视台播放画面的三分之二。4月14—18日，火光拍摄的部队火速增援、现场救援、安置群众、废墟清理等画面，先后被中央电视台《新闻联播》《中国新闻》《军事报道》以及其他省（区、市）电视台滚动播出，并在中央电视台“大爱无疆”大型赈灾晚会上播出。拍摄的抗震救灾系列新闻在中央电视台《新闻联播》《军事报道》播出，其中“战士救人”等4个画面被中央电视台等新闻媒体作为片头滚动播出。抗震救灾期间，火光先后在中央电视台《新闻联播》播发新闻12条，《新闻直播间》《军事报道》等各个频道播发102条，拍摄2个小时的专题片。新闻干事严万宝到

4月20日，青海省军区政治部主任李军（右一）在新闻发布会前接受中外媒体记者采访　（青海省军区　供图）

达地震灾区结古镇后，在中央人民广播电台开辟的玉树抗震救灾栏目作了10多次电话连线，给《新闻和报纸摘要》栏目编发6篇新闻稿件，青海总队1740篇文字稿件，他写了近三分之一。武警青海总队新闻站在《人民日报》、新华社、《解放军报》、中央人民广播电台、中央电视台等中央主要媒体（含网络）刊稿2120篇（条、幅）。其中，《人民日报》、《解放军报》、新华社每日电讯等中央级媒体头版头条7篇，中央人民广播电台新闻报纸摘要8条，新华社内参17篇，中央电视台《新闻联播》11条。

**（三）舆论引导**

一是组织召开新闻发布会。针对地震发生在少数民族聚居区，国际社会对军队救灾行动关注度高和宣传报道政治性、政策性、敏感性强的实际，兰州军区政治部及时向总政治部宣传部上报《关于设立青海省军区玉树抗震救灾新闻发言人的请示》。经军委首长批准，总部第一次授权战区一级设立新闻发言人，召开新闻发布会。新闻发布会由青海省军区政治部主任李军担任发言人。为回应社会关切，李军多方搜集救灾情况，广泛了解媒体关注，精心策划新闻发布主题，准确把握新闻发布时机、内容和有关政策。4月17日，联指召开第一次新闻发布会，李军介绍抗震救灾任务部队组织指挥机构、担负的主要任务、执行救援的总体情况和后续任务，并现场回答军地记者的提问。4月19日，联指组织召开第二次新闻发布会，介绍救援部队执行进村入户排查搜救幸存者、开展医疗救助、转运救灾物资和重症伤病员等任务情况，简要介绍青海省玉树军分区司令员吴勇、武警青海玉树支队支队长石华杰的抗震救灾先进事迹，欢迎记者深入采访报道。4月24日，联指组织召开第三次新闻发布会，介绍地震发生后11天里军队和武警部队出动兵力和执行任务情况，详细介绍下一步救灾重点工作，对军队和武警部队参加抗震救灾行动的特点进行概括，表示军队和武警部队将以更加顽强的精神、更加迅速的行动、更加科学的方法，坚决夺取抗震救灾的完全胜利。

二是在国务院新闻发布会上介绍救灾情况。为向全国和世界介绍军队和武警部队在玉树抗震救灾的情况，兰州军区政治部派专人赴京，协调总政治部，筹划兰州军区副参谋长王振国参加国务院新闻办公室组织的新闻发布会事宜。经中宣部批准，4月25日，王振国出席国务院新闻办公室新闻发布会，向中外媒体介绍军队和武警部队参加玉树抗震救灾情况。

三是组织专访节目。新华社、中央人民广播电台、中央电视台、中国军网等中央主要媒体，专访兰州军区领导，请他们介绍军区党委抗震救灾决策部署、部队救灾行动展开情况，介绍官兵把救灾战场作为当代革命军人核心价值观的实践平台、为人民利益牺牲奉献情况，介绍救灾部队资助“三孤”人员、搭建帐篷学校帮助学生复课、促进军政军民团结和民族团结等情况。

5月5日起，联指协调兰州军区政工网联合全军政工网连续举办4期“直击玉树抗震第一线”视频访谈节目，邀请参加玉树抗震救灾一线官兵和先进典型做客兰州军区视频访谈室，向全军官兵介绍救灾进程、讲述感人故事；通报抗震救灾情况，对负面信息和不实报道进行及时有力的反驳和回应。

在全军、全国乃至世界得到强烈反响。中央电视台、中国国际广播电台、人民网、中国军网等媒体对军队玉树抗震救灾新闻发布会情况进行现场直播，美联社、路透社、法新社等国外知名媒体有关玉树抗震救灾的报道，均采用新闻发布会的相关信息。公开、透明、及时的新闻发布，引导了国际舆论。奥地利《新闻报》报道：从汶川到玉树，世界上没有哪个国家的军队应对灾难的能力像中国军队这样出色。美联社刊文：虽然救援条件恶劣，但中国军队对灾害的反应一向是训练有素的。德国《世界报》指出：玉树地震灾后救援及时，各方面互相协调，以各种方式快速提供最新信息，为人们迅速真实了解灾情提供了可能。

**（四）典型宣传**

玉树抗震救灾，是迄今为止军队在高原高寒地区展开的最大规模救援行动。广大官兵克服强烈的高原反应，不畏艰险，顽强拼搏，涌现出许多可歌可泣的感人事迹。兰州军区政治部宣传部主动加强与中宣部前方派出机构、总政治部宣传部和中央新闻媒体的联系沟通，深入挖掘抗震救灾中涌现的先进典型事迹，采取及时推荐上报典型、向媒体提供典型线索、写内参稿件向上反映等多种方式，先后推出玉树军分区党委、解放军第4医院、69008部队救援分队、68303部队“邱少云连”、68710部队和玉树军分区司令员吴勇、玉树军分区副政委旦增、玉树县人武部后勤科长杨朝阳、解放军第4医院藏族高级护师索玉梅、68303部队藏族战士更松才仁等一大批先进单位和个人的事迹在中央媒体进行突出宣传，在社会上引起强烈反响。

5月11日，中央政治局常委李长春、中央军委领导作出宣传解放军第4医院在玉树救援工作中的先进事迹的批示，兰州军区积极配合中宣部做好宣传第4医院的先进事迹的工作。5月中旬，组织协调《人民军队》报和陕、甘、宁、青等地方主流媒体进行集中宣传；5月25日起，协调新华社、《人民日报》、《解放军报》、《光明日报》、中央人民广播电台、中央电视台等20多家中央媒体相继在重要版面、黄金时段突出报道，刊播重要稿件120余篇。5月19日，根据中宣部统一安排，新华社、《人民日报》、《解放军报》、《光明日报》、中央人民广播电台、中央电视台等20多家中央媒体又分别在“抗震救灾英雄谱”栏目中，对兰州军区兰州总医院政委朱自清的先进事迹进行集中宣传。

为了形成抗震救灾新闻宣传的整体合力，兰州军区联勤部政治部和任务部队宣传部门重视做好通联工作，主动加强与军内外媒体沟通，协调联系救灾一线的媒体伴随联勤部队的救援行动，对抢救生命和后勤保障中的典型事例进行现场报道，《解放军报》4月16日刊登通讯《灾区诞生的第一个新生命》、《人民日报》4月18日刊登通讯《抢救藏族孕妇仁青卓玛的48小时》、新华每日电讯5月26日刊登《“金珠玛米”给了地震伤员第二次生命》等；配合《解放军报》驻兰州记者站、兰州军区政治部电教室、《人民军队》报社对联勤部队抗震救灾行动和后勤保障工作进行大力宣传，先后采写刊发《高原爱民医疗队11小时救助伤员610名》《共产党好，解放军亲》《每位受伤群众都是我的亲人》《生命在接力》《他把使命举过头顶》《把爱民情怀镌刻在玉树高原》等一大批反映联勤部队官兵服务灾区、奉献人民的感人事迹。

随着抗震救灾的不断深入，武警青海总队又宣传了9个先进典型。心系灾区的将军——武警青海总队总队长谢才书；打着吊瓶上一线的指挥官武警青海总队政委孟世强；以科学的指挥和高尚的人格魅力赢得灾区群众和一线官兵赞誉的武警青海总队副总队长杨全刚；敢啃硬骨头的指挥员武警青海总队一支队支队长安大钧；指甲盖脱落的新战士武警青海总队一支队一中队陶兴东；患上肺水肿不肯下火线的武警青海总队四支队特勤务中队新战士夏祥；推迟婚礼带伤工作的武警青海总队四支队火炮中队代理中队长马红超；黑脸硬汉——武警水电一总队五支队六中队中队长许渡波；抗震救灾中的一对好主官——8653 部队部队长孔新、政委陈增云。

**（五）深度报道**

新闻人员站在国家战略全局高度，围绕军民团结和民族团结、共迎世博会开幕、综合展现救灾成果等方面策划选题，进行深度报道。

针对互联网上出现的负面不实信息，组织策划《我们是生死相依的兄弟姐妹》等重点稿件，用大量事实及时予以报道；针对玉树地区是三江源头、水资源保护关系到亿万民众健康和安全问题，策划救灾不忘生态环境保护等选题报道；突出军民团结和民族团结这一主题，策划《一切为了人民》《患难与共、民族团结坚如铁》等重点选题，协调中央电视台在焦点访谈栏目播出《玉树，我们在一起》电视新闻，展现部队官兵弘扬伟大抗震救灾精神，与各族群众同舟共济、共克时艰的生动实践；组织撰写高效救援彰显人民军队非战争军事行动能力提升、强有力思想政治工作铸牢救灾部队“生命线”、救援部队积极破解高原救灾保障难题、抗震救灾成为玉树军政军民关系“增进剂”等内参文章，从深层次揭示抗震救灾的经验和做法。

兰州军区联勤部所属各级宣传部门，借助平面媒体、电视媒体、网络媒体，综合利用文字、图片、视频、广播等多种形式，多角度、不间断地进行深度报道。

5 月 6 日，兰州军区联勤部卫生部部长李小明、兰州总医院副院长王立安等 5 人参加全军政工网联合举办的“伟大的生命接力——玉树抗震救灾后方医疗纪实”视频访谈活动。

5 月 26 日下午和 5 月 27 日，68060 部队政委孙安运和第 4 医院政委郭占武、普外科护士长倪玲芬先后参加人民网、新华网的视频访谈活动。人民网、新华网、中国新闻图片网、中国网络电视台等网络媒体发表大量反映联勤部队官兵抗震救灾生动事迹的图文、视频资料。

灾情发生后，《人民日报》、新华社、《解放军报》、中央人民广播电台、中央电视台等中央媒体 270 多名编辑记者赶赴一线进行救灾报道。为给媒体记者创造良好的工作生活条件，兰州军区坚持每天向记者们通报救灾进展情况、提供新闻线索，帮助他们解决生活和工作中的实际困难，先后为媒体记者提供帐篷 15 顶、床铺和被褥 180 多套，协调采访用车 600 余（台）次，保证媒体记者饮食起居及采访用车。中央新闻单位把镜头和报道重点对准军区部队，使兰州军区部队许多重大救灾行动和先进典型得到充分反映。据不完全统计，中央媒体反映兰州军区部队的稿件达到整个抗震救灾报道的 75% 以上。

地震发生后半小时，武警部队就发布组织兵力投入抗震救灾的消息，起到稳定民心的作用；随着救援部队的开进，武警部队卫星通信车不断向中央电视台传输灾区视频画面，让观众直接了解到灾情发展情况；同时，通过电话连线在结古镇指挥救援的武警青海总队玉树州支队支队长石华杰，及时公布搜救进展、救援难度、急需物资等情况。武警部队领导指挥部队全力救援的情况也在中央媒体进行了充分报道，为稳定灾区民心、鼓舞部队士气、凝聚各方力量发挥了重要作用。

# 第五节　青海省舆论宣传

## 一、省委宣传部

玉树地震发生后，省委宣传部迅速将工作重心转移到抢险救灾的宣传报道、广播电视等基础设施的恢复、重点文物和非物质文化遗产的抢修保护工作上，4 月 14 日，省委常委、省委宣传部部长吉狄马加主持召开中央驻青海新闻媒体负责人紧急会议，要求所有新闻单位领导干部必须坚守阵地，班子成员 24 小时带班；要求立即组织记者，兵分多路赶赴灾区，采访抗震救灾的最新进展；要求电视台和各新闻网站随时直播最新消息；要求向社会公布新闻中心的电话，收集社会各界的信息。同时，青海省突发公共事件新闻报道应急机制启动，抗震救灾宣传协调领导小组成立。

## 二、抗震救灾宣传协调领导小组

抗震救灾宣传协调领导小组迅速组织记者，兵分多路赶赴灾区，采访报道抢险救灾的最新进展；随时直播最新消息，让全社会最大限度了解灾情和抢险救灾进展情况；制定下发《玉树“4·14”地震抢险救灾宣传报道方案》《关于组织抢险救灾综合深度报道宣传报道意见》，对各项工作的程序、内容和措施提出明确要求。通过召开新闻协调会、通气会，下发新闻协调通报、新闻报道方案等形式，为各媒体指明报道方向，统一报道口径。邀请民政、交通、卫生等部门的负责人和重要环节、关键领域的相关单位负责人，对不同时段的地震灾情和各项抢险救灾工作情况进行介绍和发布，做到信息发布及时、准确、公开、透明，为外界了解和掌握抢险救灾工作的新情况、新信息创造良好的条件，牢牢掌握舆论引导的制高点和主动权。截至 4 月 26 日，新闻中心先后在西宁和玉树召开 19 次新闻发布会。

7 月 2 日，青海省委常委、宣传部部长吉狄玛加（右一）到玉树地震灾区慰问受灾群众　　（省政府新闻办　供图）

## 三、抢险救灾应急新闻中心

组成青海省抢险救灾应急新闻中心，在救灾一线成立中外媒体服务中心，为先后到灾区采访的144家中外媒体的644名记者提供新闻稿件和视频网络传送、食物、饮用水和生活日用品、医疗救治等多方面的24小时不间断服务。及时加强和密切与全国各级网络媒体的联系，形成中央重点新闻网站、国内主要门户网站、各省重点新闻网站共58家网络媒体报道网，为夺取抢险救灾的全面胜利营造了有利的网络舆论环境。围绕玉树抢险救灾工作，策划编辑出版诗集《废墟上的花朵》《玉树不倒——4·14大地震影像纪实》，报告文学集《玉树大营救》，图书《玉树不倒青海长青》，摄影画册《玉树不倒》，影像志《玉树“4·14”抢险救灾影像志》，文集《玉树，挺起你坚韧的脊梁》。完成以玉树抢险救灾为题材的电影《玉树花开》的拍摄制作。启动拍摄玉树重建电视宣传片《新家园新玉树》。与四川省委宣传部、成都军区政治部宣传部组织合作共同创作演出大型灾后重建话剧《情满玉树》在北京成功演出并在全国巡演，得到中央及省委领导的高度评价。随着抢险救灾工作转入过渡安置、恢复秩序、灾后重建，省委宣传部制定下发《玉树抢险救灾第二阶段宣传报道意见》，对第二阶段抢险救灾宣传工作作出安排部署。有计划地安排一些全景式和综合性的报道，把先进人物和先进事迹的宣传引向深入。举办“省垣社科理论界大力弘扬玉树抢险救灾精神座谈会”，对玉树抢险救灾精神进行定位和解读。制定《玉树地震灾后心理援助工程规划》，组织专家队伍赴玉树灾区开展心理援助活动，开展心理援助7000多人次，培训人员4000余人次。在玉树灾区开展社科普及周活动，宣传地震科学知识。

## 四、全省宣传思想文化战线

全省宣传思想文化战线认真贯彻中共中央、国务院的决策部署，在组织新闻采访队伍和专业队伍奔赴灾区开展各项工作的同时，及时制作、印刷防震减灾的抢险救灾知识读本等出版物，为预防各类火灾事故的发生，在灾区广泛张贴横幅、宣传图和防火画册、材料。举办各种摄影展览，举办大型赈灾文艺晚会和会演，为抢险救灾一线部队官兵举行专场慰问演出，组织力量为受灾群众进行心理危机干预等。国家广电总局、省广电局、省电台及时向灾区运送35000多台收音机、1000台电视机以及1000套卫星地面接收设施等设备器材，全部发放到灾区群众和相关单位。为玉树抢险救灾前线指挥部及时安装有线电视系统并传送了40多套数字电视节目，在玉树县结古镇格萨尔广场、赛马场两处受灾群众集中安置点安装大型LED显示屏。国家广电总局向玉树灾区配发数字放映机4台、发电机4台、流动放映车2辆。省广电局组织培训放映员并组建放映队，为灾区群众、援建单位、部队、医院以及学校放映电影，累计放映电影1907场次。省广电局将中宣部配发的1000台液晶电视和3000台电脑以及5辆工作用车发放到玉树州宣传文化系统各单位、玉树州各级学校、医院及寺院和农牧家书屋。解放军四总部抢险救灾部队为玉树州受灾群众集中安置点解决500余台液晶电视机及卫星直播接收设备，这些接收设备完成安装调试，为满足灾区群众收听收看广播电视的需要发挥了应有作用。

4月14日，首批灾区急需的抢险救灾知识读本等出版物紧急启程运赴灾区，另有20万册（套）藏汉文出版物紧急加印，16日交付救灾物资运输专用通道。

4月14—15日，藏汉双语版“抗震减灾”知识宣传手册送往灾区。省科协干部连夜加班整理出藏汉双语版抗震减灾知识宣传页及《青海科普》地震知识宣传手册，汇集地震中的自救方法及震后疾病的预防等应对地震的各种常识，各印制2万份送往灾区。

4月19日晚，由省委宣传部、省民政厅主办，青海卫视、湖南卫视、湖南经视、凤凰网联合承办的“永不放弃——向生命致意”大型赈灾晚会，感动着每一个中国人。

4月20日，中国文联、青海省委宣传部、中国摄影家协会主办的“影像凝聚力量，爱心传递真情——2010青海玉树抗震救灾纪实摄影展”在北京开展。展出图片作品共200余幅。中国文联、中国摄影家协会有关负责人、摄影家及越南、尼泊尔、伊朗驻华使馆文化参赞、联合国教科文组织驻华代表、北京各大新闻媒体记者出席仪式并参观展览。

20日晚，“情系玉树　大爱无疆——抢险救灾大型募捐活动特别节目”在中央电视台1号演播大厅举行。节目现场，出席会议的党和国家领导人带头捐款，众多企业和单位向地震灾区伸出援手。被埋100个小时的老人获救、重伤藏族产妇顺利诞下男婴、地震救援中的感人故事……来自震区的报道及时再现募捐现场，“情系玉树　大爱无疆”特别节目以新闻性、纪实性事件回顾和现场连线报道两条线索同时播出。

4月21日，青海玉树抗震救灾纪实摄影展在西宁举行。“爱心传递真情、影像凝聚力量”青海玉树抗震救灾纪实摄影展览在中心广场举行。为期3天的展览由中国文联、省委宣传部、中国摄影家协会主办，省文联和省摄影家协会协办。这次展览是从上万幅作品中选出来的珍贵影像，展览共260余幅作品，其中80余幅是已经在北京展览过后到青海巡展的全国摄影家作品，180余幅是省内摄影家陈有均、张纪英、马福江、缪白泰4人的纪实摄影作品。

4月25日，省社科联与中国心理学家协会共同编写、印刷2.6万册《震后心理救援常识》发至玉树灾区。

5月4日，由青海日报社主办的“众志成城 抗震救灾”摄影展在玉树县结古镇的格萨尔广场亮相。省委常委、省委宣传部部长吉狄马加在宣传部副部长周贤安、高玉峰和青海日报社党组书记、社长、总编辑刘力群的陪同下，参观了摄影展。青海日报社用了短短5天时间，制作了长达70米的展板，将一线摄影记者拍摄的近500幅照片根据不同主题，编排出“生命大营救”“英雄走好”“生活在继续”等多组照片。

# 第六节　新闻媒体报道

## 一、中央新闻媒体报道

### （一）《人民日报》

灾情发生后，人民日报社启动突发事件应急机制，成立玉树抗震救灾领导小组和前方报道组，从总社和分社抽调9名记者到灾区一线开展现场报道工作。4月15日，推出2个整版的《抗震救灾特刊》将权威信息和数据先期发出。同日，《人民日报》头版刊登《青海玉树灾区救援全面展开》，并推出《抗震救灾特刊》。同时，《人民日报》携手人民网共同推出《青海玉树县发生7.1级地震》专题，采取记者连线、视频播报等形式随时向网友传递救援信息。4月14日15时50分，人民网连线玉树州人民政府副秘书长黄立明向网友发出“目前最急缺医疗设备、物资、食品、饮用水，以及防疫消毒液”这一信息，并公布受灾捐助热线。《人民日报》在4月15日见报的《抗震救灾特刊》中刊发题为《损毁严重，灾区急需帐篷、药品》的报道，向读者传递了灾区最急需哪些物资的重要信息。截至4月19日，共推出特刊4期、专版18块、新闻报道115篇、评论5篇、图片33幅。

### （二）新华社

4月14日8时6分8秒，新华社发出首条英文快讯；8时29分55秒，发出首条中文快讯。9时，新华社青海分社启动突发事件应急预案。10时，派出3名记者赶赴灾区；13时，第二批2名记者赶赴灾区。当晚分社立即成立玉树抗震救灾报道指挥部。24时40分，由分社副社长王宏伟带队的第三批17人报道组兵分两路赶赴灾区，于15日14时抵达结古镇。15日晚，成立新华社青海玉树地震报道前方总指挥部，部署记者进行采访发稿。截至20日，参与前方报道人员达到百人。四川分社副总编到达玉树后，高原反应强烈，仍坚持给记者投稿。14日15时25分，前方记者从玉树巴塘机场发第一条来自地震灾区的文字、图片稿。新华社精心组织的重点报道《同人民在一起——以胡锦涛同志为总书记的党中央领导开展青海玉树抗震救灾纪实》《72小时生命大救援——抗击玉树地震情景再现》《我们万众一心我们永不言弃——全国各地救助玉树灾区纪实》等文章，气势恢宏，充满力量。《玉树灾区的第一堂作文课》《病房里的“小翻译”》是新华社记者根据在灾区所见所闻采写的多个小故事，反映了灾区群众坚强地从灾难中站起来的情景。21日，一篇名为《16岁女孩救活全家满怀希望面向未来》的图文互动英文报道引起关注。再现了16岁的藏族女孩贡桑·德吉在地震发生后靠自己的力量从废墟中救出全家9名亲人的感人故事。截至4月22日16时，新华社共播发对内中文稿837条；对外中文稿346条，对外英文稿319条；中文图片表1921张，对外英文图片表1291张；音像视频稿件 949 条，直播 16 场。截至 30 日，累计向国内外播发文字、图片、音频、视频等各类稿件 2000 条；新华网青海频道共选、编、发稿件 4745 条；新华手机报和新华画报向全省 1.24 万名用户全面展现灾区实况。

**（三）《光明日报》**

灾情发生后，光明日报社第一批派出 3 人前方报道组。15 日，在头版刊登通讯《把温暖和希望送到灾区去》。随后，即时推出每天 4 个整版的《抗震救灾特刊》。截至 4 月 19 日，共推出特刊 4 期、专版 18 块、新闻报道 115 篇、评论 5 篇、图片 33 幅。同时，该报社推出抗震救灾《书法特刊》《文艺作品特刊》，邀请欧阳中石等书法家撰写书法作品，并以诗歌、散文等文学作品形式，讴歌抗震救灾中涌现出的感人精神。该报所属《新京报》，以日均 7 个版面的力度，进行全方位报道，共刊发抗震救灾专版 30 多块、150 余篇相关报道。同时，《光明日报》开辟了专门网页，每天摘发网友对抗震救灾的反映。

**（四）《经济日报》**

地震发生后，《经济日报》驻青海、甘肃记者站接到总站通知后，两站站长分别率报道组赶赴一线投入采访报道工作。4 月 15—19 日，《经济日报》除做好抗震救灾要闻报道，在头版开设“来自抗震救灾一线的报道”专栏外，还推出 16 个“抗震救灾特别报道”专版，包括“全力做好抗震救灾工作　千方百计救援受灾群众”主题专版及摄影报道专版。截至 4 月 22 日，《经济日报》刊发“抗震救灾特别报道”专版 29 个，稿件 350 篇，图片、图表 127 幅。

**（五）中央人民广播电台**

地震发生后，中央人民广播电台《中国之声》栏目组紧急与国家地震局确认信息，并于 8 时 10 分插播玉树发生地震的消息。8 时 17 分播出中央人民广播电台青海记者站第一条记者连线“玉树县大部分房屋倒塌，已有人员死亡”的消息。中央人民广播电台据此启动应急报道机制，调整常态节目，确定以连线为重点及时播发地震消息。获取信息来源及分工，驻青海记者站记者先后采访省委、省政府职能部门及玉树州、县和有可能联系到的人员；采访中央、国务院及部委、军队、武警等关联部门。16 时，青海记者站的一名记者随省委书记强卫飞抵灾区。18 时，《中国之声》的一名记者随国务院领导飞抵灾区。15 日上午，中央人民广播电台的一名副总编带领记者小分队乘坐空军飞机抵达灾区，协调指挥采访报道工作。青海记者站创新工作方式，将撰写的邀请函传真至省政府及多个关联直属部门，约请各单位将各自获取的灾区信息及时通过传真、邮件、短信等方式反馈给记者，记者站进行编辑后通过《中国之声》《经济之声》《华夏之声》的连线节目播出，再将编辑后的信息转发至中国广播网刊出。15 日夜，《中国之声》启动“玉树不眠夜”全程直播。中央人民广播电台在玉树地震发生的 72 小时内发挥了其他媒体不可替代的作用，成为国内外媒体播发玉树及时新闻最多、内容最丰富、信息量最大最权威的媒体。至 16 日，共有 19 名记者抵达玉树地震灾区。至 20 日，记者人数达到 20 人。玉树藏族群众使用康巴方言，中央人民广播电台据此调整康巴语播出时间，并从四川康巴卫视借调 2 名康巴方言播音员，在北京直播室工作，国家广电总局将调频 106.0 改为康巴语广播频率，将康巴方言节目时间由原来的每天 2 小时延长至 8 小时，同时邀请知名心理学家制作多集心理安抚节目，在节目循环播出。在玉树抗震救灾工作中，康巴语广播频率发挥了重要作用。

**（六）中央电视台**

地震发生半小时后，中央电视台新闻频道《朝闻天下》与国家地震局权威信息同步发布；8点23分，以字幕形式播出地震突发消息；8点26分，播发相关口播新闻；8点50分，《朝闻天下》现场电话连线玉树州电视台记者，报道最新灾情。17时30分，中央电视台开始在震区进行实时连线报道。当日派出14名记者赶往灾区开展工作。同时，从兰州、西安、成都应急报道点调集记者赶赴灾区投入工作。当天，成立中央电视台抗震救灾报道前方指挥部。中央电视台通过新闻、直播、评论、专题节目等多种形式，全方位、立体展现生命大营救、伤员救治、修复受损设施等情况。中央电视台国内、国际频道新闻节目打破常规，高频率更新抗震救灾相关内容，形成持续关注。同时，还利用新闻频道“生活提示”专栏等，为抗震救灾和群众自救等提供交通、气象、自救常识等方面的信息服务。中视网还开辟《震区面临困难》专区，通过图文并茂的报道，向网友传递灾区缺乏救援机械、专业救援人员、医护人员、药品和帐篷等信息。4月20日晚，由中央电视台承办的“情系玉树 大爱无疆——抗震救灾大型募捐活动特别节目”，将全社会对玉树地震的关注推向高潮。节目结束时，现场共募捐集各类款项21.75亿元，创下一次募捐活动的最高纪录。各大门户网站的网民发言数以万计。截至4月21日，中央电视台综合频道、新闻频道共播出1689次，直播105场次，中文国际频道累计播出新闻千余条，直播节目21场，英语、阿拉伯语、法语、西班牙语、俄语5个国际频道播发新闻2933条，直播12场次。

**（七）中国国际广播电台**

玉树大地震发生后，中国国际广播电台总编室迅速调整发稿计划，及时与青海记者站保持全时段连线，将获取的信息通过连线节目及时播出。“环球资讯广播”在当天下午的《第一资讯》节目中，集中报道灾情动态及救援最新进展，同时连线专家解读地震原因。与此同时，国际报道部迅速动员驻外记者站积极关注驻在国和地区的反应，驻外记者充分、及时报道国际社会对中国政府救援工作的积极评价，跟踪报道华人华侨为地震遇难者举行哀悼活动及踊跃捐款捐物的情况。至19日，中国国际广播电台新闻中心共播发有关地震灾情的各类稿件200余篇，并运用61个语种和国际在线网站的中文、外文网站播放大量有关青海玉树抗震救灾的报道。

**（八）《中国日报》**

中国日报社紧急调遣9名记者赶赴灾区采访报道，每天开辟3个专版集中报道青海玉树抗震救灾情况，并充分利用《封面故事》《中国面孔》等精品栏目作报道。其中，《封面故事》栏目用故事的形式报道中国生命营救，《中国面孔》栏目通过故事反映救援队、志愿者忘我救援的精神风貌。该报每天发表一篇社论，反映和代表中国的权威之声。地震发生后，国家主席胡锦涛推迟对拉丁美洲两国的访问，提前回国。《中国日报》立即发表评论，指出中国领导人面对灾难迅速作出反应，体现出以人为本的执政理念。还采访国外知名人士和学者，请他们谈谈对中国救援应急行动的看法，借外国视角评价中国救援行动。

## 二、青海省新闻媒体报道

地震后，青海省各新闻媒体立即成立抗震救灾报道领导小组，召开紧急会议传达省抗震救灾领导小组、指挥部和应急新闻中心的相关指示精神，要求全力以赴投入抗震救灾宣传报道工作。

青海日报社成立前方报道组和后方报道组，赶赴灾区采访抗震救灾的最新进展。从 15 日起，《青海日报》推出特刊《众志成城　抗震救灾》23 期，刊发文字稿件 168 篇、图片 28 幅。《把温暖和希望送到灾区去——青海玉树地震第一天抗震救援侧记》等来自一线、鼓舞人心、稳定人心的报道，全面及时地展现全省人民抢险救灾的精神面貌。《青海日报》在短短 10 天里连续推出 69 个专版，开辟 10 余个专栏，发稿 1000 余篇。《玉树大救援》《爱心大集结》《一切为了人民》等重点报道气势恢宏、立意高远，有力地打造主流舆论，20 余篇评论员文章时刻把握抗震救灾工作进程，起到了引导舆论、统一思想、振奋精神的作用。4 月 23 日当天推出 8 个整版的图片专刊，受到灾区群众的追捧。“五一”期间，《青海日报》又提前策划组织，将总长度 100 多米的图片展板运到灾区展出，受到当地藏族群众的欢迎。

14 日上午，青海电视台派出记者分批次赶赴地震灾区，开展抗震救灾报道。当晚 22 时 20 分，成功推出青海电视台历史上第一次严格意义的新闻直播，时长 45 分钟。此后，全天 24 小时并机直播，并滚动播出字幕。同时，开通青海电视台玉树抗震救灾新闻报道电话热线，全天候现场直播来自玉树的消息。藏语卫视及时编译播出中央电视台和青海电视台玉树抗震救灾的最新报道，滚动播出抗震救灾的动态信息文字，日均译制量达 50 条以上，时长近 120 分钟。制作的抗震救灾主题诗歌朗诵和音乐片《玉树，全国人民和你们在一起——玉树加油！》。《青海藏语新闻》在每天播出的基础上，自“4·14”后增加了近一个小时的抗震救灾特别节目。青海电视台 4 个频道并机，全天滚动播出抗震救灾新闻，这也是其首次实现自主新闻直播。在地震发生的 15 天里，青海电视台播出新闻的总时长达 58463 分钟，制作宣传片 130 多条。藏语卫视播出抗震救灾新闻 14586 分钟，创造了同时间内发稿量最多、直播时间最长的纪录。

青海人民广播电台及时整合资源，新闻综合、经济、交通音乐 3 个频率并机直播，《情系玉树灾区》《众志成城　情系玉树》特别节目轮盘式播出抗震救灾工作最新消息。与浙江、青岛等电台进行《玉树大救援》异地双向同步直播；与全国 20 多家电台实行异地双向直播，一线记者向全国 30 多家电台现场播报抗震救灾消息。藏语频率 24 小时播出，节目量达到 18 小时。在推出的《来自玉树地震灾区的报道》特别节目中翻译播出抗震救灾消息 260 多条（次）。同时录制了一首针对灾区的藏语歌曲《众志成城》滚动播出。在藏语特别节目中反复播出温家宝讲话录音，对鼓舞人心起到良好效果。青海藏语广播和网站登载、发布灾区信息 1400 多条，欧洲、美洲、东亚等 30 多个国家的人们点击阅读。许多旅居国外的藏族听众通过网站收听青海藏语广播直播，真实地了解了灾情和全国救援灾区的感人情景。

《青海藏文报》将原来的周报临时改为日报，连续刊发抗震救灾稿件 380 多篇。

4 月 14 日 10 时，《西海都市报》编委会派出第一批 5 名记者赶赴玉树；15 日 7 时，社领导带领第二批 5 名记者赶赴玉树；16 日，加印 1500 份报纸空运至灾区免费发放；17 日，举办“玉树，我们和你在一起”大型义卖义演献血募捐社会公益活动，共募集款物 520 万余元。至 5 月 15 日，共刊发抗震救灾版面 384 个，日均 12 个版面；本地发稿 2443 篇（幅），日均 78.8 篇（幅），成为省内发稿量最大的平面媒体。抗震救灾期间，《西海都市报》创造了五个“第一”：发稿量第一，刊发的抢险稿件国内网站转载量第一，省内报纸第一家送达灾区，省内媒体第一家派出 3 路记者分赴兰州、成都、西安采访伤员救治，省内媒体第一家举办大型社会募捐活动。

《西宁晚报》编委会迅速做出反应，14 日 10 时，派出第一批 5 名记者赶赴玉树灾区一线进行抗震救灾宣传报道。向报社传回稿件 7 篇，将灾区灾情和各级党委政府组织群众开展抗震救灾工作进展情况第一时间传回报社。特刊《聚焦玉树大地震》19 个版面，共发稿件 124 条、图片 45 幅；《玉树大救援》7 个版面，共发文字稿件 50 条、图片 18 幅。以超大的信息量，把在玉树灾区的所见所闻、政府的救助情况以最快的速度传递给读者。

西宁电视台、《西海农民报》、《青海法制报》、《青海青年报》、《青海科技报》等省内其他媒体也纷纷推出特刊，及时报道抗震救灾的最新消息，向全国、全世界展示了青海省干部群众在中共中央和省委、省政府的领导下不惧艰难、全力以赴抢险救灾的精神面貌。《青海法制报》3 次增刊，加大报道力量，抗震救灾宣传在整体报纸宣传中占 85% 以上的比例。十余天发稿 500 多篇。《青海青年报》策划制作特刊 6 期，发稿 300 余篇。

青海新闻网采用图文实时滚动发布、视频播报、Flash 动画演示等多种网上表现形态，实现所有抗震救灾新闻报道和权威信息通过互联网第一时间权威发布。青海新闻网还及时与全国主要网络媒体联系，形成中央重点新闻网站、国内主要门户网站、各省重点新闻网站共 58 家加入的“关注玉树地震”网络媒体报道联盟，使互联网成为玉树地震这一重大突发事件最重要的信息传播平台。

中国藏族网通在得知地震的消息后，充分发挥在藏区和国外覆盖面广的优势，全员进入紧急状态，三班轮流倒班，24 小时值守，网站首页头条 14 日当天三度更新，并开设汉藏双语专题，仅藏文报道就刊发 990 条，海外点击率飙升。

《青海手机报》则尽显随身媒体的优势，在第一时间内集中快捷地播报了中央和青海省各项救灾举措和相关新闻。

## 三、军队新闻媒体报道

新华社解放军分社、解放军报社、中国人民广播电台军事宣传中心、解放军电视宣传中心、八一电影制片厂共派出 75 名军事记者赶赴灾区，展开现场采访报道工作。地震当天，从解放军报社、解放军电视宣传中心、广播电台军事中心等系统抽调 7 名记者，作为首批前方报道组赶赴灾区执行抗震救灾采访报道任务。

地震发生后，《解放军报》把青海玉树抗震救灾宣传报道作为当时首要政治任务，严密组织，科学部署，全力以赴展开宣传报道。解放军报社社长孙晓青要求将周三、周五、周六的 8 个版面增加到 12 个版，保证每天 4 版抗震救灾专刊。4 月 18 日，《解放军报》及时调整发行方案，专派出版发行报纸协调员赶往青海西宁增设印点，每天加印 3000 份报纸，直接发往救灾部队。在救援阶段，社长孙晓青、总编辑黄国柱坚持在一线，策划专题，修改稿件，指导《解放军报》新闻工作者及时报道各级领导干部身先士卒靠前指挥的先进事迹，大力宣扬抗震救灾的感人事迹，宣传救灾官兵不怕苦、不怕累的大无畏精神，先后推出《有勇有谋，堪称抢险智多星的玉树军分区司令员吴勇》《机智果断，无愧搜救先锋：武警玉树支队队长石华杰》等一批先进典型。从 4 月 15 日起，《解放军报》连续推出《抗震救灾挑重担》《第一位是救人》《不畏艰险 全力以赴》《团结协作出战斗力》《当先锋和突击队》《以实际行动促进民族团结》《患难与共风雨同舟》《不怕疲劳 连续作战》8 篇评论员文章，及时体现中共中央、国务院、中央军委关于搞好抗震救灾工作的指导精神，指导前方部队的救援行动。《解放军报》认真借鉴四川汶川抗震救灾宣传报道的经验，注重挖掘抗震救灾报道的深度和厚度。策划推出“解放军和武警部队玉树抗震救灾实录”系列报道，先后组织编写《危难之际，我们当尖兵打头阵》《践行宗旨，人民利益重如山》《连续作战 不怕疲劳 攻坚克难——解放军和武警部队玉树抗震救灾一线见闻》《200 多支党员突击队当先锋打头阵》等数十篇重点稿件。

在搞好《解放军报》《中国国防报》等纸媒宣传的同时，注重发挥中国军网和国防部网站、《环球军事》手机报等网络媒体速度快、容量大的优势，开设专题，24 小时滚动发布抗震救灾新闻，组织 4 次嘉宾访谈，邀请相关专家与网民在线交流，指导部队和灾区群众抢险救灾。截至 4 月 22 日，累计发稿 6712 篇，中国军网、中国国防网站在互联网上日点击率直线上升，其中军事图片日点击率达 800 万次，军事博客的点击率达 600 万次以上。

地震发生后，中国军网派报道组赶赴灾区，多角度、全方位、全景式地报道解放军和武警部队官兵抗震救灾行动。共播放视频新闻 77 条，进行嘉宾访谈和人物专访 115 场次，其中直播 56 场次，还利用新技术手段，首次实现现车机动条件的全媒体直播报道，中国军网的嘉宾访谈、现场报道和人物专访的视频节目总时长达 31 个小时，创造中国军网视频报道的历史纪录。中国军网借助由中国科学院上海微波系统与信息技术研究所提供的宽带无线移动通信系统，实现了在没有灯光、没有网线野外条件下依赖网络接口即可进行嘉宾访谈异地视频，66 位嘉宾进行 50 场一线访谈。4 月 26 日，中国军网在玉树军分区独立骑兵连军马饲料库举行第一个嘉宾访谈日，从军分区副司令管开吉到骑兵连官兵 30 人，共进行 20 场嘉宾访谈；4 月 27 日，中国军网联合解放军电视宣传中心在玉树的记者担当特邀主持人，在部队联合指挥部驻地举行第二个嘉宾访谈日，军队抗震救灾各条战线的 15 名负责人，共进行 12 场嘉宾访谈。

# 第七节　增进军民民族团结

## 一、严格群众纪律

玉树震区为藏族群众聚居区，藏族人口占 97%，藏传佛教影响大。搞好军政军民关系、增进民族团结、促进社会和谐，是部队在玉树抗震救灾中需要特别关注的重要一环。军委总部、联指，对抗震救灾中做好民族团结工作高度重视，多次下发指示，提出严格要求。

各任务部队教育官兵把严守群众纪律、尊重民族习俗作为完成抗震救灾任务的重要保证，积极开展群众工作，增进民族团结，促进社会和谐。4 月 21 日、22 日，总政治部下发《关于印发〈抗震救灾群众纪律〉的通知》和《关于加强抗震救灾群众工作的意见》，强调救灾部队要严格落实抗震救灾群众纪律“十不准”“十严禁”。兰州军区政治部转发总政治部关于严格遵守群众纪律的通知，从 7 个方面对加强抗震救灾中的群众纪律提出要求，强调要大力开展群众纪律教育，自觉尊重地方党委、政府，认真贯彻民族宗教政策、尊重群众风俗习惯，自觉体谅地方困难，全力保护群众财产，认真做好地方捐赠的接收工作，加强对执行群众纪律的检查；摘编抗震救灾群众纪律“十不准”、藏族风俗习惯及有关禁忌、藏族日常用语、与群众交往的“十句文明用语”等 5 个方面基本常识，印制《抗震救灾群众纪律规定》，制作“十必须”“十不准”警示卡片，下发任务部队官兵人手一册，把抗震救灾群众纪律“十严禁”“十不准”制成宣传牌悬挂在每个帐篷醒目位置，时刻警示官兵。

兰州军区部队进入灾区前普遍进行民族团结教育，抵达灾区后利用救灾间隙请乡镇干部介绍当地的民族风俗习惯，组织官兵大唱《三大纪律八项注意》，自觉做到不向当地政府摆困难、提条件、添麻烦，坚持不住民房、不用民物、不收民礼，做到助民不添乱、为民不扰民。

兰州军区联勤部多次发文强调抗震救灾部队群众纪律“十不准”，组织官兵学习党的民族政策和宗教政策，引导官兵熟知民族地区风俗，尊重藏族群众的宗教信仰和生活习惯；在清理废墟、处理遗体、医疗救治、救助受灾群众以及与少数民族群众交往等方面，严格遵守当地村规、民约和习俗；把纪律约束细化到救灾中的一举一动，如不准擅自进入宗教场所和群众居所，不准围观和干涉少数民族群众的宗教活动，不准违反少数民族风俗禁忌，不准猎杀鹰、秃鹫、金雕等，不准捡拾寺院僧侣散落的物品等。68060 部队结合多年来在藏区开展双拥共建、维护民族团结的实践和执行救灾任务可能遇到的特殊情况，制定抗震救灾群众纪律“八不准”。

68303 部队大力开展“纪律重于生命”军魂教育，组织官兵学习藏族宗教风俗习惯，严格落实政治纪律“十不准”和自行制定的抗震救灾群众纪律“十四个不准、十不得”和防止生态破坏环境污染“十个禁止”，引导官兵在执行任务中严格遵守纪律、模范践行当代革命军人核心价值观。

第 255 方舱医院抵达灾区后，及时邀请玉树县领导给官兵介绍当地风情、民族习惯，引导大家自觉遵守党的民族宗教政策，自觉维护民族团结，结合实际，编写《抗震救灾政治纪律》《安全管理 24 条》，教育官兵模范遵守民族政策，官兵未发生一起违纪问题。

第二炮兵任务部队针对玉树地区藏族群众多的实际，及时开展民族宗教政策和群众纪律教育，为每名救灾官兵发放《党的民族宗教政策知识手册》，专门制作以维护和巩固民族团结为主要内容的“十要十不”卡片（一要坚持民族平等，不准在抗震救灾中搞亲疏远近。二要牢固树立“民族宗教问题无小事”思想，不准发生伤害民族感情问题。三要深入开展“三个离不开”教育，不准出现不利于民族团结的言行。四要尊重少数民族宗教信仰，不准歧视和非议信教群众。五要尊重各族群众的风俗习惯，不准违反少数民族禁忌。六要尊重民族群众正常宗教活动，不准擅自进入宗教活动场所。七要积极帮助各族群众解决实际困难，不准与群众争粮、争水、争购。八要自觉尊重少数民族群众意愿，不准强加于人。九要积极预防和妥善处理民族纠纷，不准引发和激化民族矛盾。十要热情接待少数民族群众拥军慰问活动，不准接受馈赠宴请），为一线官兵配发《民族宗教知识 50 问》口袋书。引导官兵严格遵守党的民族宗教政策，尊重藏族群众宗教信仰自由和风俗习惯，以实际行动展示二炮部队文明之师形象。

武警 8653 部队严守群众纪律，做到秋毫无犯。将总政治部《群众纪律》小卡片、武警部队《参

5 月 19 日，玉树抗震救灾部队参加青海省玉树地震灾后重建指挥部召开的拥军大会

（兰州军区司令部编研部　供图）

加玉树抗震救灾群众纪律“十不准”》、“四个绝不允许、两个一律”下发每名官兵，供学习使用。采取任务前有强调、任务间隙有要求、任务后有讲评等方法，见缝插针地搞好群众纪律教育，引导官兵自觉做到不拿群众一针一线，对现场清理出来的财物，认真登记，如数上交。执行任务以来，官兵对挖出的现金、存折和珠宝、玛瑙、金佛、金碗、虫草等，未动一丝一毫，赢得了当地党委政府、灾区群众和寺庙僧侣的高度赞扬。其中，六连官兵在抢救禅古寺文物时，在天气炎热、工作时间长、口渴难耐等情况下，未动老百姓一瓶矿泉水；四连排长王中奇、机炮连排长范海舟拒绝群众赠送藏狗；三连连长黄振刚、五连班长冯后育拒绝群众赠送香烟，都表现出了很强的组织纪律观念。

## 二、树立爱民形象

任务部队广泛开展“学人民、爱人民、为人民”活动，以良好的人民子弟兵形象，增进军民团结和民族团结。

4月21日，兰州军区政治部转发总政治部4月20日下发的《关于加强抗震救灾群众工作的意见》，要求各级党委和政治机关深入进行军政军民团结和民族团结教育，强化政治意识、大局意识和责任意识，大力做好群众工作。

4月19日，武警8653部队将在禅古寺挖出的文物，逐一移交给寺院　（武警8653部队　供图）

兰州军区救灾部队官兵发扬人民军队优良传统，一切为了人民，处处爱护群众，自觉做到“三不”，即不因条件艰苦而与民争利、不以任务特殊而不尊重藏族群众宗教习俗、不借救援需要而给地方党委政府提额外要求，以实际行动树立起良好的形象。

武警青海省总队、武警8653部队等单位制定群众纪律细则，组织任务部队层层签订遵守群众纪律责任书。

长期驻扎在青海的68710部队所有官兵做到“三不”，即不喝群众一口水、不吃群众一粒粮、不拿群众一针一线。救灾前期，生活物资相对匮乏，在高强度的体力劳动下，官兵每天需要的热量几乎是平时的一倍，但是看到受灾群众吃不上饭、喝不上水的时候，不少官兵把早餐鸡蛋留下来、把每天仅有的一瓶矿泉水也留下来送给灾民。在扎西大同路给老百姓挖掘财物时，由于工作量大，官兵出汗多，有的甚至虚脱，藏族群众送来的水果和饮料都被战士婉言相拒。5月6日，步兵八连在一个藏族群众家清理财物时，全连官兵连续奋战2个小时，将藏族群众家的传家宝——价值70万元的玛瑙项链挖了出来。主人为了表示感谢，要将价值4万元的金腰

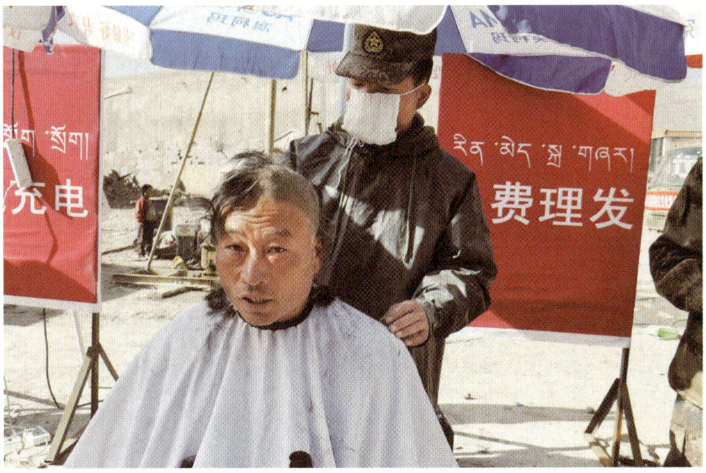


5月6日，96361部队在玉树地震灾区开展为民服务活动
（96361部队　供图）

带送给战士们。面对馈赠，官兵丝毫不动心，均以好言相拒。机炮连代理排长张鹏在清理扎西大同路两侧的废墟时，应一名藏族群众的要求，只身多次往返半倒塌的危楼，冒着余震搬出老乡急需的生活用品和财物，在最后一次冲出危楼瞬间横梁坍塌下来。房主感动得拿出一包虫草往张鹏手里塞，被张鹏婉言谢绝。3天时间，张鹏带领全排官兵从废墟中挖出金佛14尊、其他金银器具37件、小轿车2辆，均如数交还物主。

在清理废墟的过程中，任务部队官兵用铁的纪律和过硬作风赢得灾区群众的高度信任。5月12日，68211部队灾后重建分队在西杭废墟清理点作业。战士董晓飞受到藏族群众点赞、68303部队邱少云生前所在连九班战士帮藏族群众九阳清理废墟时挖出9尊金佛，受到群众的好评。

68303部队在清墟过程中，每天派专人检查部队执行纪律情况，听取各任务点群众意见，认真清查违反群众纪律的人和事。整个抗震救灾期间，官兵参加大小行动上千次，先后挖出金银首饰、虫草等贵重物品3万多件、现金4430万余元，均如数向有关部门移交，没有发生一起违反群众纪律的事情，赢得灾区藏族同胞的赞扬和高度信任。

武警玉树州支队，玉树、甘孜军分区官兵和民兵预备役人员，在承担救灾食品装卸和转运任务中，再渴不喝一口搬运的矿泉水，再饿不吃一包搬运的方便面。96351部队某修配厂官兵在国道214线近400千米的运输线上执行抢修救灾车辆任务，坚持做到不扰民、不侵占群众利益、不给群众添麻烦，在公路上风餐露宿，被沿途群众亲切地称为“新时代的红军传人”。联指和各救援部队均成立群众纪律检查小组，聘请任务区藏族村民为群众纪律监督员。各单位领导结合检查指导抗震救灾后勤保障工作对执行群众纪律情况多次进行检查。联指在医疗队、防疫队和应急兵站回撤前，分别对执行群众纪律的情况进行走访和检查，结清各种账目，没有发现任何遗留问题。

各级坚持把加强群众纪律监督检查贯穿抗震救灾全过程，经常分析形势，走访地方听取干部群众意见，及时发现和解决倾向性、苗头性问题。任务部队普遍开设群众纪律监督电话，在每顶帐篷、每个班组、每个任务点设立群众纪律监督员，搞好经常性督促检查，使官兵时刻处于组织监督之下、纪律约束之中。空军、二炮、武警部队前指坚持每周对部队执行群众纪律情况进行巡回检查，定期通报讲评。联指专门在交通运输沿线设卡，检查官兵有无捕捉购买藏獒、采挖虫草、私藏清理出的贵重物品等问题。兰州军区还商请玉树州民政、公安和民族宗教事务等部门参与监督，聘请当地群众担任监督员，以健全的监督机制保证部队严格遵规守纪。部队回撤前，均主动走访地方党委、政府和任务区群众，征求对官兵执行群众纪律的意见建议。部队回撤后，各级先后派出30多个群众纪律检查组，普遍利用一周时间，对任务部队执行群众纪律情况进行回访检查。

10月12日，总政治部发出《关于参加玉树抗震救灾部队执行群众纪律情况的通报》。通报指出：在整个抗震救灾期间，任务部队没有发生一起违反群众纪律的人和事。广大官兵以严明的纪律、真情为民爱民的行动，践行了当代革命军人核心价值观，谱写了新时期军政军民团结奋斗的新篇章，保证了抗震救灾任务的圆满完成。

## 三、促进民族融合

各救援部队努力当好工作队、宣传队，结合进村入户排查搜救、治病救人，大力宣传党和政府执政为民的理念和对灾区藏族群众的关爱，宣传党的民族宗教政策和军民团结、民族团结的优良传统。

68211部队在共建示范社区时，认真落实民族政策，召开军地联席工作会议时，邀请藏族、回族、汉族3个民族群众代表列席参加，共同学习民族政策，按照平等、团结、互助的原则救助受灾群众，鼓励各民族受灾群众相互扶持、相互帮助、共克时艰。引导藏族党员干部与回族、汉族群众建立深厚感情，让回族、汉族群众在藏区找到归属感。部队干部、村党支部成员和州（县）包干干部联合制定定期走访回族、汉族群众制度，主动了解生活困难、帮助解决实际问题，使社区各民族群众和谐相处。社区民兵应急分队队长任清家里灾损严重，但他顾不上清理，一心扑在社区治安上，带领民兵应急分队对回族、汉族居民帐篷进行重点保护，被回族、汉族居民亲切称为“大我”。

68303部队着眼“促进民族团结，共建互信桥梁”，开展学习藏族文化、做民族团结使者活动。将兰州军区分配的20名藏语翻译、集团军配属的6名藏语骨干和本单位的19名藏族官兵分配到各连，担任藏语教员，教授官兵藏族日常用语，购买藏族宗教、历史、文化、民俗书籍800册下发营连，编印藏汉语言对照口袋书3000本供官兵随时学习；同藏族群众举行联谊活动，共唱藏族歌曲，共跳锅庄，共话汉藏友谊；先后与30余名藏族干部结成工作对子，与45户藏族群众组成帮扶对子。

解放军第4医院医疗队指派玉树籍藏族女干部索玉梅带领医护人员，多次深入地震受损的结古寺和当卡寺宣传党的民族宗教政策，义务送医送药，用真情感化僧侣，赢得信任和配合。根据军区指示，解放军第4医院不断加强与各大寺院管委会联系沟通，先后到7个寺院上门巡诊看病，为1000多名僧侣查体，救治僧侣40人，与结古寺、禅古寺、当卡寺、让娘寺签订“关爱众僧健康、共创平安寺院”的协议。医院医疗队教导员才英卓玛在入寺巡诊、为僧侣和藏族伤员诊治的同时，宣传党和国家对藏区人民的关爱，宣传党的民族宗教政策，针对一些僧侣和藏区群众的疑虑进行耐心解释和疏导，安抚僧侣和藏族群众的情绪。

68710部队把尊重灾区群众的风俗习惯和个人意愿作为一项政治纪律严格执行并贯穿任务始终。官兵们组织搜救时，都要首先征得家属同意后再开始行动，对于搜寻到的遇难者的遗体何时挖出、是否做法事，一切按照群众的意愿，绝不强行处置。这一做法深得群众赞扬。

玉树军分区礼堂在地震中倒塌，清理废墟时发现许多早期刻制的嘛呢石。军分区领导清醒地认识到，如何处理这些嘛呢石，是事关民族宗教政策和赢得藏族群众信任的大事。当即与玉树州民族宗教事务局联系，组织官兵将清理出的10万余块嘛呢石全部送到结古镇嘉那嘛呢石堆。

96361部队为加强与藏族群众的沟通了解，紧紧团结和依靠广大藏族群众开展工作，组织官兵开展“学藏语、用藏语”活动。4月23日，邀请当地藏族教师公保才仁、卓尕到部队进行藏语教学。编写了《日常藏语300条》，每天利用间隙时间组织官兵学习。从5月3日开始，为深入开展“学人民、爱玉树、建新功”活动，临时党委提出了“金点子”工程，及时开通便民服务求助热线，为受灾群众搭建一个“看得见、抓得住”的求救平台。截至6月5日，接受群众求助128次，解决群众困难98次，其余由于不在任务区域或立足自身条件无法解决等原因，均已介绍求助者与对口救助部门取得联系。5月5日至6月5日，为贯彻落实胡锦涛关于深入开展“学人民、爱人民、为人民”活动的指示要求，发挥专业人才技术优势，抽调12名人员，组成法律咨询、心理援助、医疗救助、文化服务、应急救援服务队，采取定点服务与流动服务相结合的方式，积极为灾区人民提供便民服务。平均每天向灾区群众提供法律咨询40余人次、心理咨询服务30人次，医疗服务130余人次，义务理发90余人次，手机充电60余人次。截至6月5日，共提供便民服务6360余人次，进一步增进了部队与灾区群众的情谊。

4月23日，武警部队抗震救灾前指下发《坚决贯彻落实胡主席重要指示持续为灾区群众提供十项救助》的通知。十项救助为：抢救生命、救治伤病、保障饮食、搭建帐篷、援校助学、疏导民心、维护稳定、照顾孤寡、卫生防疫、重建准备。

## 四、联建共创活动

解放军四总部为灾区安装600台液晶电视（主要安装在6个乡、3个镇、64个行政村、8个受灾群众安置点、61所中小学、15所医院、53个寺院和14所幼儿园、敬老院等公共场所，供8000多名群众收看）和2块25平方米的LED大屏幕，开设388个电视收看点；兰州军区派出100名藏族干部、40名藏族大学生与官兵组成工作队进街入村，慰问孤儿、孤老、孤残人员，帮助建设灾后“示范新区”。

任务部队深入推进以“灾后临时模范社区”为主要形式的联建共创活动，和地方基层党组织开展联建共创“九个一”活动（组织一期党务知识培训班、援建一个党员活动室、召开一次军地党员座谈会、组织一次军地民意调查、开展一次为困难群众献爱心活动、举办一次抗震救灾先进事迹报告会、组织一次基层党支部书记查体观摩活动、搞好一批文化共建项目、表彰一批抗震救灾先进基层党组织和优秀共产党员），进一步巩固军政军民团结、促进军地和谐稳定。

广泛开展“政策下乡”“文化下乡”活动，使藏族群众真切感受到共产党好、祖国大家庭好、“金珠玛米好”。6月，联合指挥部组织军地5支文艺团体，深入藏区为官兵和群众巡回演出，进一步激发部队士气，密切军民关系。

68211部队在共建灾后临时社区中，抓住 “六个一”。一是建强一个好支部。在地震中，村党组织28名成员有7名失去亲人，支部办公场所、党员活动室化为废墟，正常的组织生活无法开展，致使抗震救灾工作进展缓慢。为了给灾区打造坚强的基层领导力量，为抗震救灾工作建起靠得住、有力量、能战斗的堡垒，救援队针对村党支部活动场所缺少的问题，利用废旧指挥方舱帮助他们建立一个有党旗、党徽、基本制度表、工作计划、结对帮扶计划、党员名册、活动记录本等设施的临时党员活动室；针对救灾任务重的实际，明确了党支部宣传党的政策、组成党员骨干突击队、组织群众自救互救、维护社区秩序等方面的活动内容；针对村党支部刚刚健全、相对较弱的实际，建立军地联建共促机制，通过支委碰头会、支部联席会、支部联合党员大会等形式，恢复党组织功能，提高开展工作的实际能力。二是成立一支联合突击队。着眼玉树地区高原高寒、严重缺氧和抗震救灾任务繁重的实际，组建一支以建设美好新社区为共同目标、以军地党员领导干部为骨干、以民兵为主体的联合突击队，叫响“打头阵、挑重担、当先锋”的口号，每天进入最危险的点位，担负最艰巨的任务，发挥最关键的作用，先后挖掘出小车4台、现金580余万元、家电（具）85件、衣物被褥555件（套）、金银玛瑙首饰465件、其他贵重物品324件，清除建筑废料600余立方米，搭设帐篷45顶，以突击队的模范作用促进群众性的自救互救氛围。三是构建一个好的社区环境。救援队坚持从净化美化社区环境抓起，合理规划社区布局，划分了生活区、畜牧区、救灾物资发放区、垃圾处理区，建起了方舱厕所、医疗室、垃圾台，坚持每天对社区内的各类设施进行消毒；对所有帐篷进行加固，生上火炉，备齐受灾群众生活必需品，营造温暖舒适的环境；丰富社区的文化生活，张贴藏语、汉语标语，架起“军民之声”广播，安装了大尺寸的电子屏幕，传播先进思想文化，占领正确舆论阵地，倡导文明生活方式。四是培养一种好心态。社区群众经历强震惨烈场面，大都产生了悲伤、恐惧、孤独、烦躁、抑郁等情绪，甚至少数人有幻视幻听等不良心理反应。着眼帮助群众消除思想负担、重建心理家园、培养健康心态，救援队抽选5名心理骨干深入22户，采取适当放松、心理暗示、自我激励等方式，对31名心理创伤较重群众进行心理干预；组织93名队员与128名村民结成思想抚慰对子，开展谈心交心，引导群众树立战胜困难的坚强信心；安排3名大学生官兵利用救灾间隙帮助35名学生辅导功课，关注孤寡老人、孤残和孤儿，给他们送慰问金、检查身体、发放药品，照顾好他们的日常生活，鼓起他们生活的勇气。五是建立一种新型邻里关系。震前各家各户都是独家独院，震后很多人受条件限制，不得不挤在一个帐篷，生活空间狭小，加之有的生活习惯不同，容易出现纠纷；灾区生活必需品相对匮乏，群众在领取救灾物资中容易产生矛盾。针对这一实际，救援队和村党支部一起，逐家逐户了解实际需求，制订救援计划，及时补充救灾帐篷20顶，基本实现一家一户独立居住；协助村党支部对救灾物资发放进行监管督查，做到人人有份、相对公平；在社区内广泛开展“创建和谐社区”和“互帮互助互励”活动，引导群众把帐篷当家园、把邻居当亲人，融洽相互之间的关系，凝聚抗震救灾的合力。六是创造一个安全稳定的局面。坚持一手抓抗震救灾，一手抓社会稳定。针对灾后社区秩序较乱的问题，与村里一起研究制定《社区管理规定》和《日常行为规范》，对救灾物资请领、帐篷维护使用、出入车辆管理、环境卫生清理等方面进行了明确；针对民族地区情况复杂的实际，在社区建立治安联防室，与民兵一起开展安全巡逻，配合警察疏通道路，防止发生打架斗殴、哄抢物资、丢失被盗等问题；针对一些藏族村民文化水平低、法纪观念淡薄的实际，组成3人服务小组，深入群众宣讲地震常识、普及法律知识，引导群众从维护社会稳定和民族团结的高度，自觉学法、守法、用法，做合格公民。

68303部队积极创建文明“过渡安置社区”。按照当地政府提出的集中供水、集中供电、集中医疗的要求，在西杭片区转移搭建210顶帐篷，铺设1700米砂石路，平整构建600平方米的社区简易文化广场，制作张贴宣传横幅50个，赠送社区办公用品和文化活动器材，协调州政府开办了1个医疗诊所、3家零售商店，基本满足社区群众的生活需要，被当地政府确定为“多功能集中过渡安置示范小区”。针对灾后地方基层党组织基础薄弱、工作任务繁重、精力分散较大等实际，在充分调查论证的基础上，研究制定《关于与乡镇村（社区）党组织开展“结对联建共创”活动的实施意见》，依托各营（连）党委（支部），与23个乡镇、学校党委（支部）结成对子，建立联建共创关系。结合任务进程，组织军地党员干部认真学习中共中央、国务院和中央军委关于抗震救灾的一系列重大决策部署，抓好思想共建；先后搭建帐篷党员活动室23顶，添置党建刊物和资料500余册，积极开展“学藏族语言、交藏族朋友、促民族团结”活动，充分发挥兰州军区分配的20名藏语翻译、集团军配属的6名藏语骨干和部队19名藏族官兵的作用，利用分发物资、走访排查等时机，积极做好群众工作，极大地促进了帮建和重建工作的有效展开。

68710部队与“一镇两校两所”（结古镇党委，玉树县第一民族中学、玉树县第二完全小学，扎西大同村派出所、新建路派出所）开展联建共创活动。从4月20日开始，与玉树县第一民族中学、玉树县第二完全小学开展联建共创活动，为学校搭建帐篷98顶，安装活动板房120间，清理垃圾24车，帮助两所学校尽快恢复教学，8名干部担任辅导员。与扎西大同村派出所、新建路派出所开展了联建共创活动，主要任务是发放物资、舆论宣传、维护治安等，每天派出15人为

6月7日，68710部队党委和玉树县结古镇党委开展联创共建活动 （68710部队 供图）

受灾群众提供心理咨询，安抚灾区群众，每天派出人员维护交通秩序，协助发放救灾物资 83 吨，确保了任务区社会稳定。从 5 月 15 日起，部队党委与结古镇党委开展联建共创活动，严格按照联合指挥部开展“九个一”的要求，成立军地联建共创领导小组，由部队党委书记刘晓明、结古镇党委书记尼玛扎西任组长，共同负责军地联建共创的活动。组织一期党务知识培训班。从 5 月 25 日开始，利用任务间隙组织军地党委成员，学习上级关于抗震救灾和灾后重建的一系列指示要求，学习《关于在党的基层组织和党员中深入开展创先争优活动的意见》，学习党的基本知识，进一步统一思想认识，厘清工作思路。采取观摩交流的方式，参加对方的党委常委会、党委会、党小组会等，共同分析抗震救灾形势，研究办法措施，熟悉基本制度，提高了党委议事决策水平和组织生活质量。援建党员活动室。修建板房，投资 2 万元制作 6 块展板，捐赠 1 万元的图书器材、文体用品等，保证党员在过渡安置期间办公有地点、开展活动有场所、日常学习有书籍、文体娱乐有设施。召开军地党员座谈会。组织军地党员干部围绕如何在灾后重建中发挥基层党组织作用交流了心得体会，开展了“我为灾后重建献一计”活动，相互提出建议希望，加强沟通理解，增强了党员表率意识，凝聚了军地重建合力。组织军地民意调查。组织军地党员干部通过召开群众代表座谈会、下发征求意见表或挨家挨户走访慰问、上门征求意见等多种形式，围绕救灾物资发放是否公平合理、灾后重建政策是否清楚、基层党组织和党员是否发挥作用、官兵遵守群众纪律是否严明、对上级搞好灾后重建工作有什么意见建议等群众普遍关注的问题进行调查了解，共同协商解决的措施和办法。开展为困难群众献爱心活动。为灾区群众送温暖、献爱心、办好事、解难事，照顾好扎西大同村的 7 名“三孤一困”人员，开展经常性的走访慰问、环境整治、助民劳动、科普宣传、送医送药、政策法律宣讲等活动，树立军队良好形象，营造和谐融洽的军民关系。

4 月 27 日，第二炮兵援建灾区的第一个“党员之家”在结古镇红卫村宣告成立。青海省委书记强卫、96351 部队政委张升民，玉树州、县党政领导，红卫村党支部有关人员和部队官兵参加揭牌仪式。张升民代表二炮部队向强卫赠送“党员之家”学习资料和办公设备，联手为“党员之家”揭牌。12 名部队和 10 名地方“火线”入党积极分子进行入党宣誓。在抗震救灾工作重点逐步转向灾后重建时，二炮抗震救灾部队着眼打牢灾区基层党组织基础、更好地帮助灾区人民完成恢复重建任务，以结古镇红卫村党支部为试点，利用两天时间平整场地、拆除危房、铺垫道路，搭建起 40 平方米的“党员之家”活动板房，配备 2000 余册学习图书和书柜、报架、办公桌椅等设施，安装液晶电视和卫星接收器，并与红卫村党支部加紧联络，迅速收拢分散党员、组织党员培训、恢复组织功能，充分发挥党支部战斗堡垒作用和党员干部的先锋模范作用，为抗震救灾打下坚实的组织基础。

武警青海总队紧贴玉树抗震救灾任务实际，主动与玉树县甘达村结成帮扶对子，大力开展“帮支部、帮教育、帮孤残、帮医疗，共建民族团结村”活动，不断夯实灾区警民团结和民族团结基础，形成警地携手共建富裕文明和谐新玉树的良好局面。一是帮支部，建强战斗堡垒。甘达村有村民 242 户 1031 人，村党支部由 5 名支委组成，党员 19 人。针对地震中部分班子成员和党员受伤、遇难，基层党组织建设受到较大影响的实际，总队第一支队与村党支部共同研

4月27日，96361部队与玉树县结古镇红卫村党支部开展共创坚强战斗堡垒活动
（96361部队 供图）

究制定党组织建设规划和支部工作规范。为村里建起了帐篷社区党支部、帐篷社区工作站、党员活动室，赠送党旗、党章和320册党建图书，保证在过渡安置期支委办公有地点、开展活动有场所、日常学习有书籍、文化娱乐有设施。利用任务间隙组织党员学习中共中央、国务院抗震救灾和灾后重建一系列重要指示和党的基本知识，进一步统一思想认识，厘清工作思路。采取指导帮带、观摩交流等方式，提高党支部的议事决策水平和组织生活质量，激发广大党员发挥先锋模范作用，团结和带领群众积极投身灾后恢复生产和家园重建。6月1日下午，中共中央政治局常委、国家副主席习近平在视察甘达村灾后党建工作时，对该村“警民共建民族团结村”活动做法给予了充分肯定。二是帮教育，改善就学条件。甘达村小学有学生109人，原土木结构校舍在地震中全部倒塌。在完成搜救生命任务后，总队及时为甘达村小学搭建了6个帐篷教室和8个学生帐篷宿舍，捐赠了120套学生桌椅、书包和学习用具，确定第一支队支队长安大钧担任村小学名誉校长，派出2名官兵为校外辅导员，配合学校搞好教学工作。通过组织学生军训、开展国防教育、参观部队营区等活动，培养学生刻苦学习、遵守纪律、热爱集体、吃苦耐劳的思想品质。教育引导师生以胡锦涛看望灾区时“新校园，会有的！新家园，会有的！”题词精神为动力，进一步感受到党和国家的关怀与温暖，感受全国各族人民的关心与支持，激励重建校园、重建家园的信心和勇气。4月26日，总队在甘达村武警爱民帐篷小学举行捐赠复课仪式，签订长期援建工作协议，为抗震救灾部队援建灾区教育事业树立了样板，受到各级党委政府和当地群众的普遍赞誉。三是帮孤残，解决生活困难。甘达村有孤寡老人23人、孤儿12人、孤残19人。采取支队包村、大队包社、中队包户的办法，有组织、有计划、有步骤地开展扶孤助残活动。先后为该村捐款24500余元，3次组织人员对“三孤”人员进行生活、医疗和心理服务，以“动真情、真救灾”的实际行动帮助群众解决生产生活困难。第一支队支队长安大钧带头与才仁闹本、白玛拉永、扎西多杰结成帮扶对子，资助3名孤儿上完高中。二中队班长李伟帮助伤残群众多杰家清理废墟时，双手被钢筋划破，但他不顾伤痛，冒着房屋随

时倒塌的危险，冲进房内抢救出一幅珍贵的唐卡，村长洛哇拿出自己家珍藏的藏药为他进行包扎。总队有40名党员干部与该村“三孤”人员结成帮扶对子，想方设法为群众做好事办实事解难事，增强了群众战胜灾害、重建家园的信心和勇气。在救灾官兵的感召下，甘达村200多名群众自发组织起来，与官兵一起帮助孤残家庭清理废墟、料理生活、展开灾后重建，解决了“三孤”人员的后顾之忧。四是帮医疗，提升健康水平。甘达村海拔4100米，村民居住分散。为有效改善灾后群众的医疗卫生条件，总队为该村援建了帐篷药房、帐篷诊疗室，捐赠了价值12万元的药品器材，签订了免费培训村医协议。定期派出医务人员了解掌握村卫生状况和疫情动态。采取发放疾病防治手册、上卫生课、出卫生板报、播放灾区防病防疫影碟等方式，加强了疫病防控宣传工作。成立医疗救护组为群众提供医疗救治服务，免费发放急需药品，定期对村民进行健康检查。在帮助村民对废墟、垃圾坑、厕所等重点地段进行消毒和灭蝇灭鼠的同时，第四支队还派出80名官兵积极配合玉树州疾控部门，在甘达村至红土山垭口25平方千米区域内进行为期5天的灭獭行动，严防鼠害疫情发生。针对废墟清理过程中易造成水源污染的实际，不间断地对村民饮用水源进行监测，确保了村民饮水安全，有效提升了村民的健康水平，受到州、县疾控部门和当地群众的一致好评。

# 第二章　物资保障

## 第一节　交通运输保障

### 一、公路运输保障

抗震救灾期间，大量救援人员和物资向灾区输送。各级抗震救灾指挥部认真筹划、综合协调、精心组织，采取多种运输方式，将人员和物资源源不断地输送到灾区，确保救灾行动顺利进行和人民群众的生活需要。

**（一）青海省交通运输部门公路运输保障**

玉树州不通火车，通过铁路送到西宁的救灾物资、通过空中运送到曹家堡机场的部分物资以及省会西宁筹措的救灾物资都需通过公路运送到玉树灾区。省交通运输部门紧急调集客货运力待命，落实驻军部队应急运输车辆，储备充足应急运输运力。全省各级交通主管部门、省运管局、各地运管处、大型骨干运输企业等部门全员动员，落实救灾运输车辆组织运输抢险救援人员和救灾物资。

运力储备。交通运输部协调青海省周边四川、甘肃、宁夏、陕西四省（自治区）各准备符合技术标准的重型货车600辆、600辆、300辆和500辆，作为应急运输储备运力。4月14日12时，青海省交通部门先后同兰州军区、纵横物流有限公司和省内各汽车运输公司落实应急保障车辆，储备救灾运力，力保运输，在西宁市各客运企业、旅游客运企业应急储备客运车辆209辆，在六州一地落实应急储备客运车辆85辆，合计客车294辆8820客位、货车45辆总吨位1710吨。至4月22日，储备应急客车209辆2007客位，储备货车262辆载重量42070吨。其中，玉树州紧急储备应急客车60辆，应急货车20辆。

运送救灾人员、物资。青海省交通运输部门本着“特事特办、急事急办、简化手续”的原则，对救灾物资快速转运、快速中转。在西宁火车站、西宁机场、玉树机场成立车辆调度指挥点，相关单位负责人蹲点指挥，确保通过航空和铁路运送来的物资和人员到达多少运出多少。

4 月 14 日 13 时 30 分，向灾区调集客车 16 辆，总客位 600 多个，货车 9 辆，总吨位 360 吨。14 日 13 时，落实驻军部队应急运输车辆 260 台，调派 17 辆应急客车运输青海省军区救灾官兵赶赴灾区。14 日 19 时，调派客车将在西宁宾馆调集的第一批 300 人的医疗队运往灾区。4 月 15 日，机场指挥点调派客车 129 辆，运送救援队伍 4894 人；调派货车 119 辆，运送抢险救灾物资 2170 余吨。至 4 月 22 日，交通部门累计调配货车 835 台次，运送物资 16690 吨。

4 月 14 日至 5 月 18 日，全省交通系统累计调配应急客车 588 辆次，运送人员 14356 人次。

从 4 月 24 日起，省交通运输部门组织玉树地震中受伤人员治愈返乡运输工作。截至 10 月 15 日，累计安排伤愈人员 1728 名返乡，调派客车 9 台次，多数返乡人员被安排通过正常客运班车返乡。

6 月 26 日至 9 月 17 日，省交通运输厅组织青海省汽车运输集团有限公司、玉树州客运集团总公司完成 18 批次 7833 名师生转移运送任务。其中，由玉树转运到西宁 5888 人，至同仁 1009 人，至海东 636 人，至海西、海北 300 人，共调用客运车辆 189 台次。

玉树州交通运输部门从省汽车站和州客运集团公司紧急调集35辆客运车分别在州体育场、格萨尔广场、赛马场等灾区群众临时安置点，将伤员运送至玉树机场，调派 12 辆大巴车在机场转运救援人员到重灾区。救灾期间共运送受灾人员 13835 人，其中伤员 3109 名。5—9 月中旬，调派运送学生客运车辆 205 台，运送师生及工作人员 8223 名。截至 10 月底，累计发送班次 4310 台次，完成客运量 168803 人次，客运周转量 9084 万人千米。累计投入货运车辆 15858 台次，完成货运量 183179 吨千米，货运周转量 9881 万吨千米。

果洛州玛多县紧急组织人力物力，分 2 批将价值 16.81 万元的救灾物资送到灾区。抽调 32 名民警在国道 214 线花石峡至清水河段设立 3 处流动警务服务点和 2 处治安执勤点，加强道路应急疏通，为救灾应急车辆提供警务护送，救助救灾车辆车祸受伤人员，保障抗震救灾期间国道 214 线大动脉畅通。玛多县电信、移动、气象等部门也在国道 214 线设立应急救灾服务点，为过往救灾人员提供便利。

海南州交通运输部门运送棉被、矿泉水等救灾物资 298 吨。通往玉树灾区的 4 条运输线位于高海拔地区，部分公路路段属于 3 级和 4 级公路，由于环境和气候原因，线路通过能力极其有限。国道 214 线要翻越 2 座海拔 3600 米的山峰和 6 座海拔 4000 米以上的山峰，包括海拔高达 4824 米的巴颜喀拉山。面对恶劣的运输环境，担负运输任务的单位和车辆驾驶员克服重重困难，安全、快速做好运输工作。

**（二）青海省交通战备办公室协调运送军地人员、物资**

省交通战备办公室启动应急保障预案，按照“平时服务、急时应急、战时应战”的总要求，积极投入部队车辆调用、部队机动交通保障、道路保通等抗震救灾中，为抗震救灾部队顺利通行提供高效、持续、安全的交通保障。下发青海省应急机动道路交通保障实施方案，各级交通战备部门立即启动应急交通保障预案，成立交通战备应急交通指挥机构。建立省、州、县、部队四级交通保障联动机制，保证指挥联络畅通。下发应急交通保障工作指示，要求各级战备部门和国防交通专业保障队伍迅速收拢人员、工程机械设备，在最短时间内完成由平时向紧急状态转换，确保各类交通保障力量迅速集结，整装到位。地震刚发生时，紧急动员65辆大客车，全力保障部队输送需要。当济南军区、北京军区方舱医院到西宁后，及时调动大客车8辆，将医疗人员和急需医疗器械运输到灾区。为兰州军区、北京军区、济南军区等部队25000余人、1320台各种车辆行驶提供18批次全程交通保障，并协调交警部门派出警车125台次、252人次，确保部队顺利到达救灾目的地。紧急协调驻西宁部队落实车辆，在最短的时间内调用汽车480台，运输抗震救灾物资5000多吨抵达玉树。请示国家交通战备办公室、交通运输部战备办紧急从玉树黄河沿和果洛达日2座战备仓库各调用1套“321”加强型公路战备钢桥（达日33米、黄河沿33米），从青海循化战备仓库调用1座ZB-220型公路战备钢桥39.6米，从西安筑路机械厂调用3座ZB-200型公路钢桥118.8米，用于玛多黄河大桥架设。从青石嘴战备仓库调用2套国家储备的“321”战备公路钢桥66米，用于国道214线花石峡大桥的桥梁架设。为保证灾后重建道路畅通，从四川调往玉树7座“321”加强型战备钢桥231米，总计从省外调用战备钢桥12座429米，在当卡寺架设。总后勤部从福建战备物资储备中调往花石峡2座ZB-200型战备钢桥作为备用，为抗震救灾和灾后重建道路保通奠定基础。通过国家交通战备办公室、兰州军区交通战备办公室，省军区与执行任务的部队建立联系，围绕“现实状况是什么、军地双方有什么，相互支援要什么”进行协调沟通，按照“急事急办、特事特办、简化手续快办”的原则，明确各自职责，理顺工作程序，凝聚军地保障合力，确保交通保障全方位、不间断实施。

**（三）部队运输保障**

4月14日，兰州军区联勤部军事交通运输部向全区军交运输部门下发《关于做好抗震救灾准备的指示》，指导汽车部（分）队收拢人员、检修车辆，做好出动准备。

各级军交运输部门建立军交运输三级指挥体制和军地协作保障机制，搜集地震灾区公路运输保障数据，勘察道路通行条件。担负救灾任务的汽车部（分）队迅速完成应急保障力量抽组，按照《汽车驾驶员临战调配方案》，调整补充驾驶员130余名，落实每台车编配2名合格驾驶员的要求。

兰州军区确定，玉树抗震救灾运输力量以68062部队、68063部队为主，以联勤某分部汽车营、救援部队和协调62201部队的运力为辅，调集各型运输车512台。针对地震灾区通信联络严重受阻、指挥员对汽车部队无法实施有效指挥控制的实际，4月22日，协调总部为68062部队配备21部北斗指挥机和3套神通卫星便携站，实现对汽车部队的跟踪定位和可视化指挥。

各级围绕“人员抢运和物资抢送”两个重点，打破常规，特事特办。联指后勤保障组及时通报救灾有关情况，昼夜协调安排救援部队物资运输任务。地震发生当晚，安排68062部队出动56台运输车执行紧急运输任务。其中，20台从西宁机场运送600名救灾官兵赴玉树；36台运输车前送帐篷等救灾物资至灾区。15日，先后动用68062部队和68060部队某汽车营51台运输车向玉树灾区前送食品等53吨。16日，安排运输车277台运行25批次，运输人员600名、炊事挂车5台、各类物资2690吨。20日，又安排出动车辆120台28批次，运送物资920吨，保证灾区群众急需物资及时到位。

向玉树灾区运送物资，路况差，运程远，装备损坏严重，车辆故障率高，加之沿途人烟稀少，没有可依托的维修点。4 月 15 日，68062 部队依托花石峡兵站开设综合保障点，对途经救援部队饮食、住宿及装备维修实施定点和前送保障。4 月 21 日，68062 部队派遣修理所高级工程师虞荣广带领 5 名修理工，对运输车队实施伴随保障。

玉树地震应急救援阶段，68062 部队、某分部汽车分队、68063 部队和 68060 部队某汽车分队累计出动运力 4019 台次，前送救灾物资 18970 余吨，运送救援部队 4901 人次，安全行驶 329.4 万车千米。68062 部队花石峡综合保障点为第 255、第 153 野战方舱医院和甘肃武警、广州消防等救援部队和地方救灾车辆提供维修服务 230 台次。

地震发生当日，兰州军区交通战备办公室通过各种渠道了解交通通信基础设施受损情况，督导地方交通战备部门加快国道 214 线、省道 307 线和玉树机场通往结古镇的道路抢修；召开紧急会议分析预测抗震救灾工作任务，及时向陕西、甘肃、宁夏、新疆等省（区）交通战备办公室通报情况，督导各级交通战备办公室实行战备值班制度和每日报告制度，建立顺畅的指挥体系；重点指导青海省交通战备办公室与省政府应急部门和交通运输厅沟通联系，做好驰援玉树灾区的准备工作。

4 月 15 日晚，接到兰州军区关于通往玉树灾区道路不畅的通报后，军交运输部在西宁紧急召开交通战备应急保障协调会，成立由军交运输部、青海省交警总队、省军区、省交战办等单位组成的领导小组，制定确保国道 214 线畅通的 8 条措施，协调青海省公安厅对国道 214 线沿线实施全线分段管制，确保救灾车辆顺畅通行。

地震造成玉树巴塘机场至结古镇公路中断，玉树州大部分通信中断。为确保灾区“生命线”通畅，本着“先通后畅”的原则，协调专业保障队伍集中力量抢修公路。协调专业保障队伍及时进行桥梁、涵洞和大型防护构造物隐患排查，对存在安全隐患的桥涵，分别采取铺设钢板、开设便道等方法保证通行。对国道 214 线花石峡大桥、玛多黄河大桥、通天河大桥等重点桥梁，坚持 24 小时值守，加大检查频率，采取单车、限速通行等安全措施。针对灾后重建物资运输车辆剧增、桥梁通行压力大的实际，5 月 10 日，先后向花石峡、玛多调运架设“321”战备钢桥 4 座、ZB200 型战备钢桥 2 座。集中保障人员和保通机械，加大对灾区干线公路养护管理力度，对零星塌方、落石等险情，坚持随毁随时抢通；对路面积雪、结冰等问题，及时组织清除、撒铺防滑料，在岔路口、陡坡、急弯等处增设交通引导标志和警示牌，保证救灾车辆安全通行。甘肃、宁夏两省（区）交通战备办公室和西安机动通信局派出 5 支公路、通信抢修队伍，连夜赶赴灾区支援。

地震发生当天，青海省交通战备办公室在省战备汽车团和全省客运、货运企业落实储备客运车辆 294 台计 8820 客位，落实储备货运车辆 484 台计 5955 吨，为救灾提供比较充足的运力。甘肃省交通战备办公室迅速征集 20 台大客车、10 台运输车随时待命。在救灾过程中，各级坚持优先调派车辆保障救灾人员、伤病员和帐篷、粮食等急需物资运输，先后调派客运车辆 525 台次、运送人员 1.2 万人次，货运车辆 1026 台次、运送物资 2.3 万余吨。甘肃省交通战备办公室完成两批近 200 名伤员及家属的转运任务，出动 10 台客车和 20 台货车执行西宁至玉树救灾人员物资转运任务，累计运送 600 余人次。

各级交通战备办公室提前勘察机动道路，协调交警、路政、高速公路管理等部门，先后为救援部队 13 个批次、7000 余人、520 余台车辆装备摩托化机动提供道路交通保障。在保障第 255、第 153 野战方舱医院等部队机动过程中，针对外区部队长途机动、道路生疏、首次上高原等实际情况，加强与救援部队联系，了解机动路线和保障需求，采取专程派人到省界迎接、在各收费站点开辟专用通道、协调警车提供全程交通引导、免费提供食宿保障等方式，保障救援部队机动安全顺畅。

4 月 14 日至 5 月 10 日，陕西、甘肃、青海、宁夏等省（自治区）交通战备系统累计投入各类国防交通专业保障队伍 3.1 万余人次，出动车辆机械 4300 余台次，清理塌方、落石 19 万余立方米，抢修抢通公路 64 条 2766 千米，修复玉树地区通信设施；动员民用运力 1500 余台次，运送人员 1.2 万余人次、物资 2000 余吨；协调公安交警、公路管理等部门出动 320 余人次、150 余台次车辆为抗震救灾部队摩托化机动提供道路交通保障。

**（四）交通管制**

玉树特大地震发生后，全国各地专业救援队伍、抢险队伍及设备、救灾物资大量涌入结古镇。结古镇道路平时汽车承载量仅 3000 辆，4 月 15 日中午，救援车辆达 3 万辆。16 日凌晨，国道 214 线歇武镇至结古镇 50 千米道路被救灾车辆阻塞。省抗震救灾指挥部决定，从 17 日起对国道 214 线新寨村至结古镇段、结古镇部分路段实施交通管制。公安部紧急部署青海及周边地区立即启动应急机制，加强对通往灾区道路管控。省政府应急办、省公安厅迅速制作通行证，省公安厅立即发布《关于对玉树抗震救灾通道实行交通管制的通告》，开通抢险救灾绿色通道，部署 637 名交警上路执勤，其中从外地调集 94 名交警赶赴玉树灾区执勤，抽调 150 名公安特警、100 名武警协助，采取“全线布警，远程管控、远端劝返、分段包干、车辆分流、货物集散点引领、交特警联勤、严格执法、落实责任”等措施，平均每天全线投入交警警力 500 余人次，疏导进出灾区各类车辆 1.2 万余台次，纠正交通违规行为 900 余起，全力保障通往灾区各交通干道，特别是国道 214 线和结古镇内的交通畅通。青海周边省区四川、甘肃、西藏、新疆等地也派出警力加强通往灾区道路管控，其中甘肃抽调 6 辆警车和 6 辆清障车执行引导和清障任务。4 月 14 日下午起，甘肃省高等级公路各收费站开辟快速专用通道，对拉运抗震救灾物资的车辆一律免费快速放行。

4 月 14 日下午，海北州公安局副局长、交警支队支队长郑晏接到省交警总队命令后，立即启动应急预案，成立玉树州抗震救灾期间道路交通应急保障工作领导小组，备好防寒帐篷、衣物等物品，连夜从各县交警大队和支队机关抽调 14 名交警和 4 辆警车到支队集结，随时听从上级调遣。

15 日，黄南州交警支队接到命令后，抽调支队机关及河南、泽库、同仁、坎布拉直属交警大队 46 名干警组成应急机动组，连夜赶赴国道 214 线海南州境内执行交通疏导任务，保障通往灾区的交通安全畅通。

抗震救灾期间，交通警察在国道214线指挥交通，保障交通畅通　（省公安厅　供图）

甘肃省交通运输厅抽组5名专业人员和3台机械，在国道214线承担倒淌河至姜路岭段260千米路段清障、事故车辆施救、抛锚车辆维修、公路疏通等工作，保障河卡山隧道和鄂拉雪山路段。救援人员克服气温低、海拔高、高原反应强烈等困难，每天6时上路，全天清障，在清障车上宿营，每天巡查路段520千米以上，先后在倒淌河地段、河卡山地段、鄂拉山地段成功救援由于事故翻倒在边坡下和路基上的4辆大卡车和1辆小型越野车；在河卡山地段、鄂拉山地段维修出现故障影响道路畅通的2辆大卡车和1辆小轿车；4次引导50辆以上大型车队顺利通过事故易发路段；配合交警在倒淌河点、共和点、河卡山隧道点对驶往玉树的车辆进行交通管制，引导17500余台车辆进入玉树灾区。

16日1时，黄南州交警支队执勤民警46人分成2个执勤点，在国道214线共和县幸福滩和兴海县河卡山隧道重点路段进行道路巡查和指挥疏导。其间，共和县恰卜恰镇和倒淌河镇派出所27名民警协助共和县交警大队在国道214线（共和县境内）协助设立4个24小时执勤点，指挥疏导交通。3名民警在倒淌河至共和县路段进行道路巡查，16人在兴海县河卡山隧道两端及河卡镇协助兴海交警大队进行疏导交通，确保河卡山隧道畅通。

玉树州公安局交警支队连夜对县区主要交通要道进行排查，共排查出倒塌电线杆及房屋散落物等交通安全隐患点段55处，17日上午及时向省抗震救灾指挥部报告，请求组织相关部门整治、清除隐患；派出2辆交通安全宣传车，在结古镇主要路段宣传交通管制通告内容，提醒驾驶人遵守交通法规，文明驾驶，有序通行；连夜印制1万份温馨提示卡，在国道214沿线向过往车辆发放，提示司机服从交警指挥，安全驾驶，确保救援车辆安全通行。

16日18时，省公安交警总队从全省抽调94名交警驰援结古镇，西宁市11名交警17日9时到达结古镇。结古镇交通堵塞严重，尤其是民主路、红卫路、胜利路丁字路段，救灾物资运不进去，重伤员无法转送，原本承载能力有限的结古镇道路交通面临着巨大压力。其中，民主路双向四车道路面上滞留着无法通行车辆，道路两侧停放着大型工程机械车、抢险车、运送物资等待卸货的车辆，加剧道路阻塞程度。西宁交警沿民主路至三岔路口一线展开，在车流中穿梭指挥、全力疏导，经过3个多小时的努力，滞留车辆逐步恢复双向正常行驶。至深夜12时，将阻塞滞留的车辆全部疏导通行完毕，恢复正常的交通秩序。

16日21时，海北州公安局交警支队再次抽调12名民警和3辆警车，由支队副支队长高清山带队到达结古镇；对分管区的车辆通行进行疏导，经过4个多小时的疏导、分流，道路逐渐疏通。

16日，省公安厅制定并下发《国道214线抗震救灾道路交通安全保障工作方案》，即日起对国道214线青海段、马场垣至西宁高速公路、西倒一级公路、玉树机场至结古镇路段救援通道实行24小时分段交通管制，确保通往玉树灾区主要道路的交通运输安全顺畅；在西湟一级公路湟源出口、国道214线倒淌河岔路口、海南州共和县次汗素设超限超载检查站，河卡山收费站、玛多县花石峡、歇武镇交叉路口等地设立6个固定交通安全保障服务站，坚持24小时监控管理。

4月17日，四川省公安机关执勤交警3828人次，设立执勤点66个，对成都—雅安—甘孜—玉树救援通道日增加1000台次的车流进行疏导，实现通往玉树抢险救灾车辆畅通无阻。

18日8时，180名成都特警赶到结古镇胜利路至机场沿线19千米的路段执行交通疏导任务，在14个主要路口执行交通疏导。

18日夜，兴海县境内普降中雪，海拔4499米的鄂拉雪山路面积雪冰滑，对通往灾区的救援车辆正常通行造成很大影响。一些外地支援灾区的车辆司机，对冰雪路面经验不足，不敢前行。一辆运送救灾物资的车辆在冰雪路面打滑横在路中央，导致交通一度阻塞，在此执勤的黄南州交警支队副支队长张海平带领执勤民警马金玉、郝强和4名协警员徒步行进6千米，指挥疏导过往车辆，在最短的时间疏通道路，保证运输线畅通。

18日，甘肃交通突击队与青海海南交警支队配合，参与对倒淌河点、共和点、河卡点实行交通管制。8时，甘肃省交通抢险突击队根据玉树交警部门的要求，在离玉树县20千米处国道214线旁边整修出一处大型救灾物资集散场地，减轻国道214线的通行压力。

玉树抢险救灾期间，青海省公安交管部门共投入警力9369人次， 出动警车420辆，安全护送、引导通往玉树的大型救灾车队341批次，各类救援车辆6193辆次，完成短距离护送、警卫开道任务461次，施救抛锚车辆391辆次，解答路况咨询3万余次，累计确保66240余辆各类车辆安全出入玉树灾区。玉树州各级公安机关共开展统一清查整治行动211次，出动警力98001人次（州公安局含6县公安局、武警、外援交警特警），查验各类车辆9004台，依法查扣涉案车辆8台，查扣“三无”车辆633台，查处酒驾31人，查缴伪造通行证等各类证件180张，收缴假牌35副，假证210个；查处无证驾驶人员4100人次；收缴违规安装警灯警报器50套；纠正违章停车等违法行为28790人次。共排查出隐患点段251处，其中国道214线61处、省道308线152处、省道309线38处。在全州张贴《州人民政府关于对结古镇实行交通管制的通告》800份；在州电视台反复播放交通管制通告；向全州6县发放《管制通告》5000余份，发放宣传单1.5万份，采编交通信息15期；制作限行、禁行广告牌11副，在各建（管）会的支持和帮助下，组织召开不同层次交通整治座谈会16次，结古镇交通秩序明显改善。

## 二、铁路运输保障

### （一）铁道系统运输保障

大地震发生后，铁道部立即成立抗震救灾领导小组，设立抗震救灾调度指挥中心救灾台，24小时负责处理救灾物资装车、卸车和运输事宜，主要领导赶赴青海，坐镇青藏铁路公司抗震救灾指挥部，现场指挥抗震救灾工作，按照“信息畅通、反应快捷、指挥有力、运输高效”的安排，确保救灾物资以最快速度运抵灾区。按照“手续从简、重点保证、从速发送”的原则，快装、快卸，优质挂运，救灾专列运行会让等级高于普通旅客列车，成批救灾物资原则上安排专列运输的方式，组织救灾输送；部署各铁路局与地方政府及相关部门保持密切配合，确保救灾物资运输畅通；要求对行包和集装箱运输的抢险救灾物资，中铁快运和中铁集装箱公司及时受理，优先安排，重点挂运；要求青藏铁路公司加强与地方政府及相关部门沟通和协调，掌握救灾相关信息，保证抢险救灾物资输送和卸车，并高度关注余震情况，加强设备检查，确保行车安全；下达开行救援列车调度命令，通过开行救援列车、加挂专用卧铺车厢等办法，最快速度将救灾物资、医务人员运抵西宁站，后中转运抵灾区。从4月15日11时开始，开行“救”913次、1209次、917次等专列，T151次、K146次、1048次旅客列车加挂卧铺车厢，从重庆、西安、太原、北京、昆明、成都等地迅速运送医务人员826人。根据北京市连夜抢运10万件棉衣被、1万顶帐篷和2万个折叠床、10吨药品以及23辆救护车的需求，北京铁路局火速调集56辆空敞车、20辆空篷车、12辆平车集结到大红门站，北京市发往灾区的首批救灾物资15日11时全部装运完成。4月14日22时至15日零时46分，四川迅速筹备支援地震灾区的1.5万床棉被，用汽车运达成都。成都铁路局迅速行动，开行“抢”12次救灾专列（只有3节车厢）奔赴西宁。上海铁路局迅速启动救灾物资抢运应急预案，提前做好计划、运力、装卸劳力等运输组织工作，确保抢险救灾物资快速运往灾区。4月15日下午，首列装有5000顶帐篷的“抢”字头救灾物资专列由合肥站运往西宁。兰州铁路局按照“手续从简、重点保证、从速发运”的原则，优先装车，优先挂运，对救灾物资做到随到、随装、随运，有多少运多少，对成批救灾物资安排专列运输。西安铁路局接到救援紧急通知后，迅速制定优先配车、优先装车、优先挂运的救援措施。14日晚，西安西站职工连夜装运12车帐篷、棉被等救灾急需物资，确保第一批救灾物资专列15日凌晨1时41分准时从西安西站开出。来自全国各地的救灾物资、救灾人员通过铁路运抵西宁，西宁铁路枢纽成为救灾物资和救援人员的“中转站”。

地震发生当日，青藏铁路公司启动抗震救灾应急预案，组织巡查管内铁路线桥隧涵、通信信号、供电、房屋等行车设备，盯控余震可能对行车设备构成的威胁，确保铁路运输安全；成立领导机构，制定《抗震救灾物资转运方案》，设立抗震救灾指挥部，在西宁站临时办公，下设现场指挥、运输协调、后勤保障、治安保卫、宣传报道5个工作组，组建临时党委和5个党支部，建立和完善抗震救灾物资登记、验收、交接、统计等制度，确保不发生丢失、贪污、损坏等问题；扩充仓储能力，腾空西宁货场既有仓库，将西宁西站、东站货场作为抗震救灾物资

4 月 21 日，青藏铁路公司青年志愿者突击队和装卸工人突击队抢卸抢装抗震救灾物资　（青藏铁路公司　供图）

运输备用货场；设置抗震救灾指挥调度台，24 小时指挥救灾物资运输和装卸工作，向青海省提供救灾物资专列到达信息，做到提前 10 小时预报、3 小时精报，保证救灾物资运输工作有序衔接。4 月 15 日 8 时，青藏铁路公司停办西宁站的日常货运业务，清空 7 条货位线，搭建临时站台，组织装卸工具和 200 名装卸人员，为救灾物资转运做好准备。公司调度所本着“特事特办、急事急办、简化手续”的原则，对开往公司管内的救灾人员和物资列车，一律以“抢”字头、“救”字头车次，优先安排；快速配车、快速装车、快速挂运、快速中转，确保救灾物资以最快的速度在西宁站中转。

按照铁道部党组“尽快完善救灾指挥部设施建设，做好长期作战准备”要求，4 月 17—19 日，青藏铁路公司会同中铁二十一局集团四公司，用 3 天时间，在西宁站货场搭建一座高 5 米、面积 300 多平方米的彩钢板房，作为铁路抢运抢险救灾物资指挥部新办公地点。4 月 18 日，青海省玉树抗震救灾指挥部在青藏铁路公司召开由省交通厅、省民政厅、省卫生厅等单位参加的玉树抢险救灾物资运输专题会议，进一步细化修订抢险救灾物资运输方案，成立 6 个工作小组，全力配合做好救灾物资到达西宁后的卸车、装车、检疫和运输事宜。4 月 19 日，青藏铁路公司成立 51 人组成的抢险救灾党员突击队、101 人的青年突击队和 41 人的装卸工人突击队，确保抗震救灾物资安全、高效卸装，快速转运灾区。4 月 20 日，铁路、省民政、省交通部门在新建的铁路抗震救灾指挥部合署办公，形成路地一站式联动管理机构，提高了工作效率。同时，按照铁道部决策部署，青藏铁路公司着眼适应玉树重建规划启动后大量物资接卸和转运实际，在用好既有货场能力的同时，迅速开辟新货场，满足灾后重建大宗物资到达仓储、快速转运需要。其中，6 月 30 日，建成西宁北货运中心抗震救灾应急工程并投入使用（该工程属于西宁站改造及相关工程的一部分，结合灾后重建，提前启动实施），按 3 个装卸站台和 3 条股道布置，相配套的站台、雨棚、仓库等设施一并建设；5 月 25 日，建成海晏抗震救灾物资集散应急工程并投入使用，该工程利用海晏焊轨基地既有股道和场地改扩建，有满足整列装卸条件的 1 个装卸站台和 2 条货物线，其中 1 条为散堆货物装卸线，1 条为高站台整件装卸线。补强部分车站满足承运重建物资需要，即延长平安驿站货运站台，整修货场外道路，满足灾后重建物资装卸需要；对湟源车站新建的 1 条整列货物线，实施路基边坡、货场平整、护砌，满足煤炭等散堆装货物的整列运输；结合格尔木车站货场实际，新建 2 条货物线、1 座货物站台，补强部分设备，满足格尔木站承运重建物资需要。

4 月 15 日 16 时 30 分，首趟救灾物资专列“抢”9 次从西安抵达西宁站，仅 40 分钟，首批救灾物资 750 顶帐篷、2500 床棉被卸装到 6 辆货车上，从西宁运往玉树。4 月 16 日 8 时 30 分，首趟救援人员专列“救”913 次列车从重庆抵达西宁，15 分钟内 102 名医务人员从西宁站无缝对接转乘汽车奔赴玉树灾区。同日，从重庆、太原、西安、北京驰援而来的 4 支医疗救援队 600 多人和部分医疗器械通过铁路运抵西宁，并转乘汽车迅速赶往灾区。至 4 月 22 日晚，第 100 列装有救灾物资的列车抵达西宁站，交通部门立即组织大吨位货车快速装货，及时赶往灾区。

截至 6 月 30 日，铁路部门运送救灾物资、人员 224 列、1704 车、81121.8 吨。其中，帐篷 53514 顶、棉被 144252 床、大衣 163881 件、救护车 218 辆、挖掘机 2 台、汽（柴）油 616 车、折叠床 20754 床、保障车牵引车 19 辆、简易厕所 500 座、药品医疗器械 34375 件、建筑材料 1654 件、食品饮料 89463 件、军品 505 车、发电机 278 台、大米 1380 吨、活动板房 173 套、火炉 1025 个、防潮垫 43170 件、轨枕 6968 根、其他 20515 件（含润滑油 160 桶）；救灾人员 1111 人。

**（二）部队军事交通部门铁路运输保障**

兰州军区联勤部军事交通运输部接到地震情况通报后，在没有接到预先号令的情况下，启动应急机制，成立抗震救灾运输指挥组，派员赶赴救灾一线，组织救援部队行动保障和救灾物资运输。

4 月 14 日 10 时，军事交通运输部通过铁路运输调度值班系统向各军代处下发《关于做好抗震救灾应急铁路输送工作的紧急通知》，要求加强铁路调度值班，随时掌握灾情变化，充分做好救灾准备。派员分赴兰州、西宁火车站，现场协调组织军列运输。各级军事交通运输部门加强与总部业务部门和兰州军区应急办沟通联系，提前了解掌握运输任务。在应急输送中特事特办，超常组织，紧紧抓住车辆准备这个难点，采取提前选扣、车种替代和停限装商运等措施，迅速集结所需车辆；在装载实施中，采取边装载、边检查、边办理手续、边安排运行线路的平行作业方式，缩短装载时间；在运行组织中，实施全程掌控，采取选线与定点相结合、减少停靠车站、提高军列运输等级、送餐上车等特殊措施，加快军列运行速度，使最快平均旅速达到 63.49 千米 / 小时，零星整车最高达 61.07 千米 / 小时，比平常旅速提高近一倍。在卸载中，根据卸载站能力，科学安排军用车辆到达时间，加强与接收单位联系，采取一站多点同时卸载和压岔卸载，组织应急保障队伍突击抢卸等措施，提高卸载速度。

驻青藏铁路公司军代处 4 月 14 日制定《玉树地区抗震救灾物资铁路运输保障预案》，成立抗震救灾运输领导小组；选定多个卸载站点，首次启用野战机械化站台和军事交通调度指挥车实施保障，多点架设龙门吊，采取一站多点同时卸载和压岔卸载；会同铁路、民政部门现地勘察车站及线路，指示 3 个车站腾空装卸线路和站台，腾出 1000 多平方米的物资集结场地，清理 5 股进出站道路；协调铁路部门投资 200 万余元添置军运备用品，在西宁火车站搭设 2 个临时站台，抽组 20 人的专业保障队伍；组织军供站做好沿途饮食保障准备；在西宁火车站设立抗震救灾服务点，编印《高原安全常识手册》，投入资金购买食品、矿泉水、常用药品，为过往救灾部队官兵免费提供食宿保障。

4 月 15 日 11 时 30 分，接到总部下达的紧急运送 10 批 126 车油料任务后，军事交通运输部责成驻乌鲁木齐铁路局军代处派出军代表赴现场组织指挥，选扣轻车油罐 61 车，连夜在乌鲁木齐西站组织抢装，前 7 批 66 车 3300 吨 −35 号轻质柴油于 16 日凌晨 3 时 30 分提前开出，沿途按抢险救灾专列组织运行，分别运送至西宁西站和格尔木南山口站卸载。

截至 5 月 10 日，共装载 23 批 12 列 263 车、运行 71 批 35 列（含地方“抢”字专列 20 列）571 车、卸载 71 批 571 车，使用铁路客车 12 辆、篷车 63 辆、平车 310 车、罐车 186 辆，装运各类装备物资 22935 吨，协助零星购票 97 张，办理饮食供应 6 列次 7 批次 855 人次，完成玉树抗震救灾应急铁路输送任务。

## 三、航空运输保障

### （一）政府、民航、空军三方应急救援体系

玉树至西宁空中飞行仅 1 小时，是救援人员和物资抵达灾区的最快捷途径。地震发生后，中国民用航空局、通用航空公司、人民解放军空军迅速行动，西部机场集团青海机场有限公司积极协调，加强信息沟通，实现政府、民航、空军三方应急救援体系有效对接和整体联动；国内 13 家航空公司先后出动 42 架飞机，空军调用 8 架空军大型运输机、兰州军区调用 3 架直升机，青海省交通运输部门调集 270 多辆货车、70 多辆大巴、50 多辆吉普越野车参与抢险救灾。省内曹家堡机场、格尔木机场、玉树机场超负荷运转，快速输送救援人员、物资和伤员。截至 5 月 7 日，青海机场公司保障抗震救灾飞行 1027 架次，运送救援人员 33067 人次，运送救灾物资 4233 吨。其中，玉树机场保障抗震救灾飞行 490 架次，运送救援人员 17051 人次，其中伤员 2133 人次，救灾物资 2175 吨。西宁机场保障抗震救灾飞行 509 架次，运送救援人员 15696 人次，救灾物资 2028 吨。格尔木机场保障抗震救灾飞行 28 架次，运送救援人员 320 人次，救灾物资 30 吨。

### （二）组织协调

地震发生后，国家民航局非常重视，主要领导作出批示，要求民航系统全力以赴保证西宁—玉树空中交通畅通。4 月 16 日，国家民航局副局长夏兴华在西宁机场听取民航西北地区管理局、西北地区空管局、中国东方航空公司、民航青海监管局、民航青海空管分局、西部机场集团、青海机场公司等单位抗震救灾工作汇报，青海省政府副秘书长乌成云参加会议。4 月 18 日，国家民航局局长李家祥到玉树机场检查指导抗震救灾工作，指示立即新建目视助航灯光系统、站坪及联络道扩建等应急工程。

民航西北地区管理局成立以局长乔新山为总指挥的西北民航抗震救灾指挥部，分别在西宁、玉树机场成立现场协调指挥中心。4 月 14 日 14 时 17 分，乔新山乘坐第一架救灾飞机飞往玉树，指导抗震救灾工作。西部机场集团公司成立以董事长何喜奎为组长的抗震救灾领导小组，

空军派出的大型运输机运送救灾物资　　　（陈有钧　供图）

设置相应组织机构，集团公司总裁曾顺福、副总裁姜世卓、安全技术部总经理汤涛以及西部机场集团派出的专业技术人员于14日15时相继赶赴西宁机场，指导协调机场救灾运输工作。西北民航精心组织，特事特办，协调各航空公司迅速调配运力，西北空管部门优先放行执行救灾任务的飞机，中国航油西北公司紧急调运储备航空和发电用油，西北民航抗震救灾指挥部就近从各单位紧急抽调近50名气象、通信、管制、急救等方面的专业技术骨干增援玉树机场，迅速从西安、银川、格尔木、威海调集专业设施设备，增援玉树机场，保证玉树机场在超负荷情况下的安全运行。

青海省玉树抗震救灾指挥部成立西宁机场航班协调及救灾物资、人员进出领导小组，负责机场运力协调、救灾人员物资分流运送和各地支援灾区救援物资接收、机场周边环境安全、中转人员保障等工作。4月15日10时30分，青海省政府在西宁机场召开玉树抗震救援现场协调会，民航西北地区管理局副局长王小辉、省政府副秘书长乌成云、西部机场集团有限公司总裁曾顺福、东航西北分公司总经理翟大仁、青海机场公司党委书记巴麻仁欠及各保障单位负责人参加会议。会议听取各单位第一天抗震救灾工作汇报，要求青海机场公司在后续的抗震救灾中积极做好救援人员的后勤保障工作，并对西宁机场航班救灾物资进出协调小组各成员单位的工作作具体部署。兰州军区空军在西宁、玉树机场设立协调指挥机构，派代表驻守机场，确保空军抗震救灾飞行顺利进行。

4月14日8时30分，西部机场集团青海机场有限公司总经理程珠祖接到青海省政府秘书长高华要求联系飞机前往玉树抗震救灾的命令后，立即成立抗震救灾指挥部，下设6个小组，设西宁、玉树两个现场指挥点，由公司总经理程珠祖和党委书记巴麻仁欠分别负责，建立指挥协调体系，启动应急救援预案，全体人员进入紧急状态。在随后的20分钟内，指挥部将有关情况通报西北民航管理局各单位，协调东航西北公司安排执行格尔木的航班在返回西宁后迅速投入抗震救灾飞行，后续又安排2架飞机支援抗震救灾。8时50分，青海机场公司通过兰州军区空军无线短波与玉树机场取得联系，获知机场基本正常，公司指导西宁和玉树机场做好抗震救灾各项保障工作。9时40分，青海机场公司在西宁机场召开由公司应急救援领导小组、民航监管局、各驻场单位领导参加的紧急会议，成立航空运输应急救援领导小组，对西宁机场和玉树机场的抗震救灾工作进行紧急部署，明确各单位在救援工作中担负的职责，建立内部协调机制和信息共享机制。14时20分，第一架抗震救灾飞机搭载青海省省长骆惠宁和救援人员飞往玉树灾区，公司主要领导同机赶赴玉树机场指挥救援工作。4月20日，兰州军区空军装备部副部长高军杰到西宁机场进行军航现场运行指挥，抽调4架空军大型运输机参加救灾运输，全力确保救灾急需物资及时运抵灾区。青海机场公司及时将情况上报省抗震救灾指挥部机场协调领导小组。根据西宁机场机坪资源紧张情况，确定2架运力驻场全力转运物资、2架运力机动待命，随时准备将外地支援急需物资直运玉树，减轻西宁机场保障压力。省抗震救灾指挥部向国家抗震救灾指挥部建议将各地支援的急需物资就地集结后，由空军派飞机直接运往玉树。为解决2架空军大型运输机的过夜机位，青海机场公司协调民航西北地区管理局、青海监管局、民航青海空管分局、省民政厅等单位，制定大型运输机临时占用C# 滑行道保障方案，确定加强机坪监护，严防工作人员侵入跑道，提前制订物资转运计划，增派装卸力量，提高中转效率，减少停场时间，及时清理滑行道及跑道杂物，杜绝道面异物扎伤轮胎事件3项安全保障措施。为加强政府、民航、空军在物资运送工作上的沟通联系，公司组织成立机场、民政、空军工作人员组成的三方工作小组，及时通报空军飞机飞行动态，及时制订物资运送计划、及时进行机位安排和组织装卸保障，确保救灾物资快速高效安全运达灾区。

**（三）玉树机场航空保障**

玉树机场属于高原4C级支线机场，地震发生时，通航时间仅8个多月，机场机位少，无夜航设施，保障能力有限，工作人员少，员工队伍比较年轻。地震造成玉树机场市电损毁，地面通信中断。机场86名员工勇挑重担，在余震不断的情况下迅速展开救灾行动。机场派出3个专业小组在余震不断的情况下对跑道、通信等设施进行认真检查评估，做好机场保障的各项准备工作。4月14日10时玉树机场恢复开放。机场开辟救援紧急绿色通道，简化安检、登机流程；安排运送病人和装卸物资的车辆到飞机下实施快速装运，安排员工在做好专业保障工作的间隙，协助装卸救灾物资、抬运伤员；加大协调力度，对伤员的运输流程进行科学安排，明确武警部队对道口的把守和物资搬运工作的分工及流程等措施，提高伤员抬运和救援物资装卸速度，提高机场利用率。机场员工在海拔3900米的高原与时间赛跑，在做好本职工作的同时，帮助安抚、抬运伤员，卸货、充当翻译，每天连续工作20个小时以上。

地震造成机场30名员工家庭不同程度受灾，其中23人直系亲属伤亡严重，17人家庭住房全部损毁，13人住房严重损坏。他们不计个人得失，顾不上家里的事情，迅速赶到本职工作岗位，全力以赴投入抗震救灾工作。机场水暖工曹宇妻子在地震中丧生，他简单处理了妻子的后事，又回到了机场工作。货运员李正基的妻子在地震中受伤，运送异地后，迅速投入救灾物资搬运中；通导机务员秋拉，在地震后赶回家，将受伤的母亲安顿给邻居，又立即返回机场，立即投入工作中。抗震救灾期间，玉树机场有8名员工“火线”入党。

为加强玉树机场救灾人员力量，14日，西部机场集团公司、西宁机场、格尔木机场、民航青海空管分局、中航油青海分公司派往玉树机场参加抗震救灾援助人员16名。4月14日，玉树机场保障救援飞机起降14架次，运送人员709人次、货物47吨。15日，全国各地大量救援物资陆续运抵玉树机场，在货物装卸、伤员集中运出等保障条件极为困难的情况下，保障救援飞机起降44架次，运送人员3712人次（伤员742人）、货物168吨。这个通航后平均每周只有3个航班、仅有3个机位的小机场，在抗震救灾高峰日保障救灾航班50架次，高峰时段6架次的停放和安全运行。5月7日，玉树机场恢复常态运营。

**（四）西宁机场航空保障**

西宁机场是玉树抗震救灾人员和物资运输的中转站，任务十分繁重。针对救灾运输量大、机型增多、机坪负荷量是平时的3～4倍、高峰时段机位全部饱和的情况，西宁机场制定《保障大型航空器预案》和《机坪资源饱和应急预案》，加强现场运行指挥，合理规划机坪，增设临时停机位，科学安排机位资源，优先保证放行救援飞机，实现救援航班和正常航班均未因机位原因造成延误和不安全事件。为实现人员和物资的快速转运，按照“特事特办，急事急办”的原则，设立救援绿色通道，简化转运手续，建立高效有力的多方协调机制，及时做好信息收集和传递，准确掌握运输需求，充实岗位工作人员，实施航班快速过站程序，保证人员、物资的随到随运，无一滞留。抗震救灾期间，大型全货机多次执行物资运输任务，而西宁机场不具备保障大型运输机和全货机的能力，也没有相应的专业设备，给机场保障和货物的装卸、运输带来较大困难。机场公司积极协调，从西安、银川等机场调运专业设备15台，保障救灾物资的快速运输。抗震救灾期间，机场平均每天要接收救灾物资200多吨，工作量是平时的10倍。在人员设备不变、工作量猛增的情况，集中人力，统一分配工作，加快货物的梳理速度。同时积极协调兵力装卸物资，全力保证现场救灾物资的及时装卸。

**（五）航空公司航空保障**

4月14日19时20分至15日凌晨5时许，中国民用航空局紧急调派中国国际航空公司、中国南方航空公司、中国东方航空公司、上海航空公司6架运输机从北京、广州、昆明、济南、成都等方向满载救援人员和物资，于4月14日19时20分起至15日凌晨5时许陆续抵达西宁机场。

中国东方航空公司在地震发生后迅速作出反应，抽调最得力机组人员和性能最良好的飞机执行抗震救援任务。4月14日14时17分，首架执行地震救灾任务的东航空客A319型飞机搭乘专业救援人员99人于15时18分抵达玉树机场；16时40分，青海省委书记强卫率96名专业救援人员和大量救灾物品搭乘东航第二架飞机抵达玉树机场。随后，东航将飞行、乘务、机务维修等部门近百名业务骨干部署在西宁，支援玉树抢险救灾，将3架空客A319型飞机固定在西宁机场。4月15日14时44分、15时20分，127名伤病员分两批从玉树乘坐东航空客A319型飞机抵达西宁机场。截至4月27日，东航共执行西宁至玉树救灾飞行166架次，累计运输7500余人，累计运输物资300多吨，运送伤员近1200人。东航西北分公司西安—西宁—玉树往返航班自5月7日恢复为正常航班，从5月10日起，由过去的每周两班增加至每天一班；5月15日，应青海省玉树抢险救灾指挥部请求，东航再次增加西宁—玉树的3个往返航班，使得西宁至玉树每周有10个往返航班。

中国国际航空公司4月14日紧急抽调3架高原机型执行救灾飞行任务，其中1架经过改装的适应高原飞行的空客A319型飞机从北京直飞玉树；1架空客A319型和1架波音B757型飞机从成都飞往西宁，运输救援队和急需的救灾物资前往灾区。

南方航空集团公司4月14日16时30分和20时，派出两架空客A320型飞机，从广州飞往西宁，运送救援官兵和生命探测仪，执行抢险救灾救援任务。

中国邮政航空公司4月16日11时调出8Y9011航班运载卫生部筹集的200台制氧机从首都国际机场起飞到西宁机场。

**（六）军队航空保障**

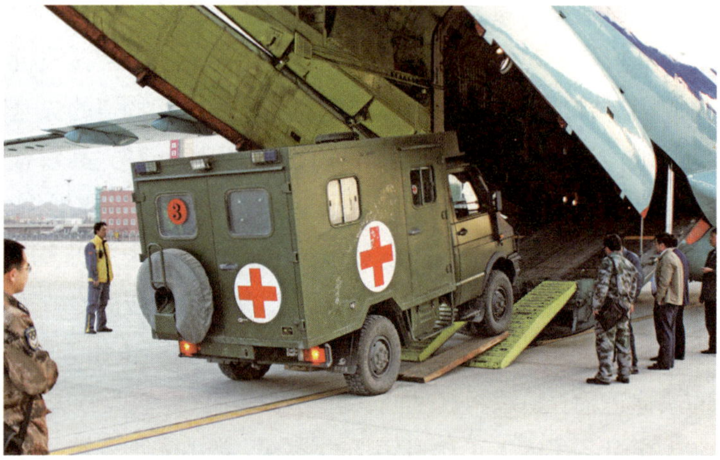

4月15日，空军大型运输机装载救护车空运到玉树抢险救灾现场（兰州军区司令部编研部　供图）

玉树地区抗震救灾航空运输保障工作从4月14日开始，5月6日结束，历时22天，使用空军大型运输机6架、国航空客A319型客机3架、东航西北分公司空客A319型客机4架、69008部队直升机3架。在西安、兰州、西宁、格尔木、共和、玉树等7个军（民）用机场空运飞行1128架次，运送救援人员2.9万余人次、物资4600余吨，后送伤员2500余人。其中，军用飞机飞行512架次，运送救援人员2600人次、伤员950余人、物资3750余吨；民用飞机飞行616架次，运送救援人员2.64万余人次、伤员1550余人、物资1050吨。

4月15日，兰州军区联勤部军事交通运输部副部长张永科协调青海省政府、民航西北管理局、东航西北分公司、西部机场集团、兰州军区空军等单位在西宁、玉树机场成立抗震救灾空运指挥部，在西安、兰州等机场设立空运保障办公室，负责组织救援人员、物资空运及伤病员后送，协调部队装卸物资及转运等工作。军事交通运输部指导驻西北民航管理局军代处加强与民航和军用空运力量的联系，及时掌握玉树、西宁曹家堡、兰州中川、西安咸阳等机场的飞行航班和装卸情况。

为加快运输进度，提高保障效率，空运指挥部制订详细的空运计划，按照先救援人员和急需药品、后生活物资的顺序安排航运力量抢运。针对玉树机场地处高原、保障能力弱、可执行空运任务飞机少的实际，与地方政府商定以西宁机场为转运机场，明确救灾人员、物资先空运至西宁，再安排东航西北分公司4架空客A319型高原型飞机和空军6架空军大型运输机担负转运任务。

为提高救灾物资转运速度，协调部队抽调800余名官兵负责西宁、玉树机场的装卸载工作，协调空军在玉树机场安装夜航设施和天气监测设备，从西安、西宁等机场抽调部分装卸机具和操作人员加强玉树机场装卸力量，将玉树机场保障能力由原来每日保障6架次提高到每日平均保障22架次，最高峰时日保障32架次。协调西北油料公司向玉树、中卫机场紧急调运航油270吨，保障部队运输机和直升机需要。

4月30日起，协调东航西北分公司飞机加班飞行，先后包机4架次，运送回撤部队及总部、兰州军区机关360余人。空运指挥部及时与机场有关部门沟通，制定严格的安全保障措施，明确安全工作责任制。协调部队抽调 50 余名战士，在机场四周、旅客进出通道、行李托运处等地警戒；机场成立安全巡逻组，随时检查机场重要部位和跑道使用情况，确保空运万无一失。

玉树机场是支线机场，机场跑道长 3800 米、宽 45 米，停机坪狭小，只能容纳两架民航客机同时停靠，没有夜航灯光，不具备夜航能力，不适宜大型飞机起降，吞吐量低。地震发生后，为确保空中救援通道 24 小时畅通，空军从广州军区空军、成都军区空军和空军直属某部紧急抽调 17 名官兵、3 台应急助航灯光车，组成夜航保障小分队，保障飞机夜间起降。空军第 9 工程总队（代号）完成机场新建目视助航灯光，站坪及联络道工程任务，使机场能够保障大型飞机起降。

4 月 14 日，按照空军指挥部的紧急部署，空军某团场站场务连连长张中堂等 5 名官兵，携带空军紧急调派的 1 套应急助航灯光系统和 3 台灯光布设车飞抵玉树机场，担负布灯保障任务；22 时 8 分，开始架设设备；22 时 32 分，第一架搭载伤员的运输机在助航灯指引下升空。

14 日 17 时，成都军区空军某部警场连连长李崇林带领从灯光班、消防班和养场班选出的 6 名参加过汶川地震抢险救灾、思想素质好、专业技术过硬的人员，组成玉树机场夜航保障小分队，携带装备器材乘运输机紧急起飞。20 时 10 分，飞机降落在玉树巴塘机场。官兵联系机场指挥部，调阅机场平面图，研究制定灯光保障措施，并开始布设灯光。24 分钟后，138 盏红、黄、白、绿、蓝 5 种颜色的应急灯，准确地放置到机场跑道的预定路线上。

夜航保障小分队为保持灯光车 24 小时性能良好，每天晚上分别在 12 时、2 时、4 时、6 时发动灯光车进行热车。应急灯无法固定，仅依靠自身重量稳定在机场跑道上，为防止助航灯光设备被吹倒、刮跑，保障小分队每天派出 1 名司机和 2 名灯光手全天巡查，及时将灯光设备归位和更换，确保飞机 24 小时起降。

## 第二节　通信与电力保障

### 一、通信保障

#### （一）工业和信息化部通信保障

4 月 14 日下午，工业和信息化部党组成员、总工程师朱宏任带领运行监测协调局、电信管理局相关人员、54 所工程师刘志辉，携标准型应急平台应急指挥车，随国务院副总理回良玉专机抵玉树。迅速连通灾区与国务院应急办的视频会议系统，54 所选派 5 名技术人员在国务院应急办执行技术保障任务。

**（二）中国电信通信保障**

电信青海分公司机动应急通信队由 3 辆 C 网应急通信车组成。4 月 14 日 23 时，第一批 CDMA 移动应急车到达电信玉树分公司。根据通信抢修指挥部命令，应急通信车 15 日 0 时到达玉树机场。抢修人员立即选定停车地点，开启海事卫星，通知上海机动局地球站和西宁 BSC 网管配置数据，同时 C 设备加电、安装天线、设备加电、调通卫星电路。15 日 2 时，卫星传输链路开通，2 时 15 分，玉树机场 C 网应急基站开通，中国电信首先开通机场移动通信信号。15 日 4 时，中国电信集团公司网运部应急处、交换处一行 4 人抵达灾区组织指挥通信抢修工作，并组织集团网控中心查看青海方向各类话务，确保不发生因话务拥塞导致交换机瘫痪；安排西安机动通信局、甘肃机动通信局抽调人员赶赴灾区，协调卫星转发器等应急资源支援抗震工作；为玉树州政府应急指挥部提供 7 部应急指挥电话、10 部“天翼易通卡”，保证中国电信 WLAN 正常覆盖。15 日 4 时 53 分，光缆抢修人员抢修结古至玉树机场光缆线路后，机动应急通信队同西宁 BSC 网管联系，立即开通玉树机场 C 网基站，形成对玉树机场 C 网双覆盖。15 日 19 时 45 分，开通巴塘乡基站，解决巴塘乡灾区通信，为结古镇至玉树机场公路 C 网覆盖延长 7 千米。16 日，大批新闻媒体记者在玉树机场发送视频图像，导致机场内数据话务量剧增。根据玉树机场 1X 和 DO 话务情况，机动应急通信队与西宁 BSC 网管技术人员协商，为保证数据用户网速，位于玉树机场的应急通信车关闭 1X 语音业务，只开通 DO 业务，保证数据用户正常使用。16 日 0 时，担负西北地区应急通信任务的中国电信西安机动局指挥车 1 台、交换应急车 1 台（1000 门）、软交换设备 AG 应急车（256 门）、200 千瓦电源应急车、卫星通信车、微波设备 2 套、海事卫星 6 套运抵玉树，立即进入现场值守。5 时许，开通玉树至西安卫星电路、综合接入终端、程控电话交换机；为玉树灾区提供 1256 部固话通信，为玉树灾区电信通信楼出现意外提供应急备份。6 时 18 分，通过卫星中继开通车载交换机，为党政军通信畅通提供更加强有力的保障。18 日凌晨，该局为玉树灾区提供宽带服务，为媒体传送新闻稿件。4 月 17 日，四川机动局 4 辆、甘肃 1 辆应急通信车到达玉树灾区，按照通信抢险指挥部部署，替换青海 2 辆应急通信车，进入已选点位，17 日 17 时 13 分，对玉树机场至结古镇 27 千米路段进行全程覆盖，机动应急通信大队组织四川机动通信局、甘肃应急通信大队利用 C 网应急车和卫星电路，开通巴塘、文成公主庙、禅古水电站和禅古寺 4 个应急移动基站，至 17 日 18 时 10 分，灾区州府至机场移动通信全面贯通。4 月 19 日，针对结古镇至歇武镇方向 47 千米路段靠歇武镇方向 15 千米路段无 C 网信号的情况，通信抢险指挥部安排电信宁夏公司应急通信车 13 时开通基站。至此，中国电信全线覆盖结古至歇武之间的 C 网信号。

电信青海分公司综合维护事业部各专业坚持 24 小时值班，所有领导带班值守在通信枢纽楼，各部门联动实时观察网络运行情况和网络流量，采取果断措施，适时调整资源，确保玉树灾区通信畅通。4 月 14 日 8 时 10 分，玉树分公司 44 个基站中有 22 个基站退出运行，其中结古镇的邮政局基站、广电局基站、民族师范学校基站、电信综合楼基站还能够保持通信，但通信量相当于往日忙时的 100 倍，无线网络优化中心采取各种快速有效手段，调整所有资源。在 C 网应急通信车赶赴玉树途中，按照观察到的玉树 C 网流量，用 1 个小时完成玉树在网基站载频扩容、CE 资源扩容、功率资源扩容、开销信道增益调整工作；按照 C 网应急预案协调 C 网应急通信车、上海机动局、西宁古城台 BSC 机房电路；协调计费中心申请 20 个 CDMA 基站 CI 数据，保证四川、甘肃等 C 网应急通信车进入灾区开通应急基站所需，保证州府基站的语音通信畅通。网络监控维护中心按照应急预案，及时向前方反馈网络指标信息，以 24 小时不间断的行动在后方作出各种支援。震后第一时间明确工作重点，实时观察网络运行情况和网络流量。当发现玉树 C 网漫游用户数高达地震前的 7.76 倍，使玉树 C 网与移动双向电路利用率高达 87% 时，通过与相关运营商协商调整电路，使双向电路利用率降到 50% 左右，满足双方用户的通信需求，网络监控维护中心协调玉树电信员工，在最短的时间内恢复震中结古镇全球眼监控系统，让省委、省政府实时了解到地震较为严重的玉树县三岔路口情况， 为省政府及相关部门指挥抢险救灾提供依据。网络监控维护中心承接全省公益短信发送工作，发送出寻亲热线短信，对短信网络和能力进行紧急调整，保证公益短信的正常快速发出。地震后发送公益短信 3338 万多条。

**（三）公安机关通信保障**

地震造成玉树州、县公安局和派出所房屋全部损毁，网络通信设备全部损坏，公安信息通信网络全部中断。公安信息网是公安民警在网上为群众提供身份核实、信息查询、业务办理，实有人口管理（暂住人口、流动人口、旅馆业管理）、警综平台应用等多项公安业务的重要信息平台，省公安厅科技信息化处组织人员抢修公安信息网络。

4 月 15 日凌晨 1 时 30 分，科技信息化处派出应急通信保障小组，携带“动中通”卫星通信车和无线应急通信车到达灾区后，迅速搭建公安部门抗震救灾现场指挥应急通信平台，开通前方指挥部与省厅指挥中心和公安部指挥中心的视频通道、公安专网电话、传真和公安信息网，使用“动中通”车载转信台，构建现场公安 350 兆无线通信网，为开展抗震救援、交警部门疏导管理交通和警卫保障等工作发挥重要作用。自 15 日凌晨开始在灾区公安现场指挥部工作的 3 天时间里，应急通信保障小组利用“动中通”完成视频资料采集上传 380 分钟、图片资料若干，利用车载发电机为现场指挥部的部分成员单位解决供电和文档传真、数据资料传输等工作，为公安现场指挥部提供通信保障服务。其间，保障视频会议 1 次，与公安部科技信息化局视频通话若干次。

15 日，公安部科技信息化局派往青海地震灾区的应急通信小组和装备抵达灾区指挥部，立即投入使用。

16 日，玉树灾区震后先后成立 3 个帐篷房派出所，州、县公安机关开始在帐篷里办公。为保证玉树地震灾区抗震救灾和灾后重建工作顺利进行，科技信息化处及时协调青海电信公司，紧急抢修、调试线路，为灾后成立的玉树县新建路、民主路、胜利路派出所和州交警支队车管所、县交警大队、县公安局等单位临时开通公安信息网。

17 日，科技信息化处通信保障小组同时为现场指挥部、灾区救援现场搭建无线 350 兆常规通信环境，为玉树州、县公安局及省厅部分警种、指挥部成员、甘肃特警、成都特警配发 350 兆对讲机，上传救灾视频资料。

25 日，玉树州、县两级公安局的公安信息网完全恢复。

29 日，科技信息化处将玉树灾区至省厅的主干网电路带宽提升至 100 兆，新开通省厅驻玉树灾区指挥部和玉树州公安局驻地公安信息网和 4 路公安专网电话、传真。为玉树县公安局帐篷办公点搭建县公安局局域网，并接入 8 台计算机，为玉树县公安局恢复网上办公办案等业务创造条件。

5 月 1—2 日，中共中央政治局常委、国务院总理温家宝第二次飞赴玉树地震灾区指导抗震救灾工作。根据省指挥部的部署，科技信息化处出动“动中通”卫星通信车和无线应急通信车，先后赴玉树县隆宝镇、玉树县第三完全小学执行安保通信保障任务。任务期间，在安保现场搭建 350M 无线常规通信网络，保障该区域警卫、治安及交通管理等勤务活动，并利用无线图传设备和卫星通信系统，将温家宝一行在隆宝镇期间的现场图像实时传送至公安部和省厅指挥中心。

3 日，科技信息化处在“警综平台”中开发“受灾人员登记系统”，为灾区震后流动人口管理、核实地震死亡人员提供技术支撑。

19 日，玉树县结古镇 350 兆集群基站全面恢复。

6 月 11 日，结古镇震区的 3 个派出所、各特警队、交警支队、车管所、看守所公安网恢复开通。21 日，玉树州公安局“一机两用”系统、防病毒系统和州公安局主页恢复正常。

**（四）兰州军区通信保障**

玉树地震发生后，兰州军区通信部门启动应急响应，根据上级命令、指示，紧急调派通信车 18 台、官兵 148 名组成应急通信保障分队，动用各类通信指挥装备 5000 余部，组成抗震救灾前指通信枢纽，建立上至总部、兰州军区，下至各任务部队的有线、无线、卫星、图像、CDMA、机要密码、北斗装备等 11 种通联手段；开设通信装备应急补充点，为部队紧急补充铱星电话、车载台等通信装备 1900 多部。

68046 部队 61 分队驻地在玉树结古镇，担负青海玉树地区军事单位对西宁、兰州、北京等上级机关的通信保障任务，是玉树地区军事通信枢纽。

地震使 61 分队三层综合楼房主体受损，通信机房玻璃隔断及窗户玻璃全部震碎；玉树至西宁的 155M 光端设备机柜呈 40 度倾斜，但运行未受影响。震后，分队官兵迅速展开自救互救和应急通信保障。组织业务骨干对地震损毁的光缆线路进行修复，开通备用信道，为各方救援力量提供通信保障；市电中断后迅即启用柴油发电机供电；安排人员对线路和设备进行检查巡视，对机房和通信设备采取加固防护措施，将通信值勤终端搬迁至临时帐篷中；按照先上级、后下级，先干线、后支线，先救援部队、后保障部队的原则，调度使用玉树至西宁、兰州和北京方向的线路，保证指挥通信畅通。4 月 14 日上午，68046 部队接到 61 分队关于玉树地震的报告后迅速上报兰州军区司令部，并召开党委常委会会议，分析判断震区情况，成立总站抗震救灾指挥机构。在甘肃张掖建立抗震救灾通信保障基本指挥所，向玉树派出前进指挥所，在青海民和享堂镇建立保障预备队。其中，玉树前指设 4 个小组，分别为网络抢修组、值勤管理组、电源保障组和后勤保障组。抽调通信、医疗、心理辅导等专业骨干力量组成应急通信保障救援队。派专人先期赴西宁、兰州采购物资、联系运输车辆，向军区司令部通信部请领 2 部 3 千瓦柴油发电机，在西宁购买 2 部 10 千瓦的汽油发电机。震后 8 个小时内，68046 部队应急救援队筹集装配各类器材、物资 6.7 吨，通信抢修器材 18 种、发电机组 3 部（套），缆线 2000 余米，速食食品、饮用水、药品和 10 顶棉帐篷、45 套被褥。4 月 14 日 10 时，救援队乘坐 2 辆越野指挥车从张掖出发，在西宁与雇用地方拉运救援物资的 1 台运输车会合后赶赴玉树。15 日 20 时抵达灾区结古镇。经抢修恢复，61 分队玉树至西宁方向有多个 2M 信道保障执行救援任务部队。按照兰州军区指示，重点保障联指人工 PCM 电路、指挥专网、程控数字交换和图像传送信道。4 月 16 日，61 分队通信机房视频信号经张掖站接入兰州军区军事综合信息网，为总部、兰州军区首长查看救援现场画面提供便利。61 分队玉树通信台站通信楼整体结构受损，属于危房，为保障部队抗震救灾行动，兰州军区要求加快建设抗震板房，将通信设备由危楼搬迁至板房。震后 10 天，68046 部队救援队完成板房材料采购、运输和搭建任务。4 月 21 日凌晨 2~3 时，61 分队配合到玉树救援的兰州军区某通信总站救援队割接进局光缆，将业务由通信楼调整至该站应急通信方舱车。28—29 日，68046 部队救援队组织通信机房搬迁，将设备搬迁至板房，布放进局光缆、同轴电缆、音频电缆和电力电缆，对设备进行加电测试。30 日 2～3 时，割接进局光缆，将业务由应急通信方舱车恢复至 61 分队临时通信机房，68046 部队重新担负灾区救援部队的通信保障任务。68046 部队在完成玉树通信机房搬迁任务后，按照兰州军区司令部通信部指示协助青海省军区展开军地联合指挥中心通信枢纽建设任务。5 月 10—15 日，先后完成指挥中心通信枢纽至玉树通信站、电信局和扎西科等方向的光缆布设任务。由于地震后玉树地区拆除危房行动多，导致联指至扎西科救援部队的光缆经常阻断，应急抢修队先后 5 次执行光缆线路故障的抢修工作。

4 月 15 日，兰州军区向某通信团、某通信总站、某指挥自动化工作站下达《赴玉树担负抗震救灾通信保障任务》的通知，出动某通信团 49 人、9 台车辆（电台车 3 台、KU 干线卫星车、综合通信车、图像传输车、通信指挥车、电源车、炊事车各 1 台），某通信总站 18 人、4 台车辆（应急通信保障车、光缆抢修车、通信指挥车、生活保障车各 1 台），指挥自动化工作站 3 人、1 台装备车（带便携式通指设备），16 日 12 时前到达玉树，担负军区前指通信枢纽及抗震救灾通信保障任务，由军区前指直接指挥。为实施对任务部队的有效指挥，在做好应急通信保障的基础上，4 月 16 日，兰州军区司令部下达《玉树地区抗震救灾通信保障补充指示》，明确兰州军区及所属救援部队通信力量建立的通信组织。一是短波通信。建立兰州军区抗震救灾短波指挥网（兰州军区基指、兰州军区前指、青海省军区基指、玉树军分区、68303 部队、68211 部队、68710 部队）。二是卫星通信。使用卫星视频通信车伴随兰州军区前指首长行动，传输指挥图像和进行程控交换；68303 部队、68710 部队加入战区卫星通信网，保障兰州军区对抗震救灾行动的越级指挥；救援部队使用铱星、海事卫星电话作为应急备用通信手段。三是超短波通信。68303 部队、68211 部队、68710 部队使用超短波战术电台建立内部指挥网对营连指挥；玉树军分区全时开通移动集群通信系统，建立救灾地域的移动集群对讲通信。四是有线电通信。利用应急通信保障车开通光端、程控设备，为前指通信枢纽要素入网运行提供保障；利用综合通信车开通程控交换设备接入国防通信网，为总部指导组、兰州军区前指、青海省军区前指首长、重要指挥要素、救援部队指挥所提供保密、人工、自动电话和保密传真通信；分散执行救灾任务的部队利用既设军用和民用电路，开通对上、对下电话、传真通信。五是指挥图像通信。利用图像传输车建立兰州军区前指至兰州军区基指的指挥图像通信。六是军用 CDMA 移动通信。兰州军区前指和抗震救灾部（分）队指挥员使用军用 CDMA 移动手机，依托 CDMA 公众网建立指挥通信。七是指挥自动化。利用便携式指挥自动化设备，通过既设电路开通兰州军区前指至军区基指的指挥专网文电。兰州军区某通信装备技术大队在前指地域开设通信装备应急补给点，储备对讲机、集群车载台、军用 CDMA 手机、汽油发电机等装备，为抗震救灾部队提供通信装备应急补给。兰州军区某通信总站光缆应急抢修车担负玉树地区光缆线路维护巡修任务，随时抢修恢复中断的光缆。5 月 31 日，随着玉树抗震救灾联合指挥中心建成，兰州军区通信部门组织指挥中心通信、指挥系统建设，铺设玉树通信枢纽至军地联合指挥中心光缆 1.5 千米和指挥中心内部光缆 10 千米，组织完成联指及玉树军分区临时通信枢纽搬迁。

青海省军区通信部门按照兰州军区通信保障指示，立即研究部署玉树抗震救灾通指保障工作。指挥玉树军分区、预备役步兵旅、68710 部队迅速建立与省军区、省军区与联指的无线电、有线电、卫星、CDMA 移动、指挥自动化、传真、视频会议系统等通信手段，保障省军区对上、对下指挥通信顺畅。截至 6 月 12 日 18 时，省军区共出动通信保障兵力 180 余人（次），通信车辆 8 台，为救援部队补充各类通信装备及器材 567 部（套）。

实施应急保障。4 月 15 日凌晨 3 时，省军区通信部门派出 1 名参谋带领通信保障人员随省军区前指首长赴玉树现场组织通信保障。到达玉树灾区后，官兵克服装备器材短缺、保障任务艰巨等困难，在不到一天的时间里，为四总部前方工作组和联指、省军区、军分区安装开通自动电话 30 部、人工电话 5 部、保密传真机 2 部、军用文电处理终端 1 部。指导玉树军分区、68710 部队建立救灾应急通信组织、沟通对上对下通信联络，为救援工作顺利展开提供保障。4 月 16 日凌晨 2 时，针对玉树军分区通信保障力量弱、应急保障任务重的实际，组织 68708 部队 6 名骨干及救灾急需的 300 余部（件）通信装备紧急加强玉树军分区。加强力量到达玉树军分区后，立即展开应急保障；按照兰州军区《通信保障补充指示》中关于通信组织调整的要求，省军区基本指挥所通信保障组向有关部队下达《通信保障补充指示》，指导通信分队展开通信组织调整，督促各单位按照兰州军区要求于 17 日 8 时前完成新的通信组织调整。经调整，四总部前方工作组和联指无线电、有线电、指挥自动化、视频会议系统、超短波集群通信系统、卫星、军队 CDMA 移动通信系统等通信手段全部建立，实现抗震救灾指挥通信顺畅。

建立通信网络。4 月 15 日后，救援部队不断进入玉树震区，配置地域相对分散，部署调整频繁，青海省军区和玉树军分区通信力量难以完成保障任务。针对这一情况，省军区迅速向兰州军区司令部通信部请示，请求加强保障力量。兰州军区通信部迅速抽调通信保障力量到玉树地区，建立联指至总部、兰州军区和部分救援部队间的有无线通信，采用开设军用通信装备、租用地方信道资源等方式，调通专线电路 16 条次，安装开通保密专线 8 部，确保中共中央、国务院、中央军委、四总部和兰州军区首长视察灾区期间指挥通信顺畅。为四总部前方工作组、联指及兰州军区前指安装开通自动电话 53 部、人工电话 10 部、保密传真机 5 部、军用文电处理终端 2 部，保证各级指挥部指挥通信畅通。为 8 个旅以上救援部队安装开通军线（地方线）自动电话各 20 部；利用图像传输车，建立联指至总部和兰州军区的图像通信。

完善通信建设。省军区通信部门依据兰州军区军队抗震救灾通信系统建设方案，协调兰州军区通信部门筹措经费 200 余万元和通信装备 12 类 238 件。根据联指和玉树军分区板房通信系统建设需求，在 1 周时间内将各类所需通信设备采购、筹集完毕并前送至灾区。协调玉树州电信局将州电信机房至 68046 部队 61 分队通信机房和联指板房主要干线光缆线路铺设完成。为确保 6 月 1 日玉树军分区拆迁工作顺利展开，调整技术骨干赴玉树地区，协助联指通信组搬迁通信机房，完成军分区及联指通信机房搬迁。

玉树军分区在地震发生后，开通通信电台指挥车，开通地方专线电话 30 多部、军用电话 200 多部，架设通信线路 13 千米，保证军地各级抗震救灾指挥机构有序设立和救援工作的顺利展开。

## 二、电力保障

### （一）国家电网青海省电力公司应急供电

地震造成灾区电力设施严重受损，没有照明和工业用电，为救治伤员、指挥救灾带来不利影响，也严重影响灾区人民生产生活。省抗震救灾指挥部调集发电设备，进行应急供电；国家电网青海省电力公司及各救援单位也筹措发电设备进行自我保障。

4 月 15 日 13 时 40 分，西宁供电公司 23 名专业人员、两台大功率发电车及抢修物资到达结古镇。400 千瓦发电车部署在玉树军分区机关大院内，6 名队员迅速敷设电缆，为各级指挥部和新闻媒体的帐篷供电；315 千瓦发电车部署在赛马场，为受灾群众安置点和医疗救治点帐篷供电。4 月 16 日，西宁供电公司 83 名队员和 14 辆装满物资的车辆组成的第二批抗震救灾突击队到达结古镇，为赛马场安置点布设电力线路，赛马场是结古镇最大的受灾群众安置点，仅东侧搭建的帐篷就有 2000 顶左右。副总经理张玉海带领队员克服帐篷分散以及不少受灾群众来回移动帐篷的困难，每天顶着 6 ~ 7 级的大风，在能见度只有 5 米左右的情况下紧张施工。4 月 17 日凌晨，50 基电线杆、62 盏广场灯、30 千米低压线路架设完毕，赛马场顺利供电。

海南供电公司 80 千瓦发电机组、4 台小型发电机及抢修物资 4 月 15 日 11 时到达结古镇。80 千瓦发电机部署在格萨尔广场，为医疗救助机构、受灾群众提供照明用电。19 时 30 分，格萨尔广场顺利供电。

海北供电公司 160 千瓦应急电源车 1 辆、人员 11 人为青海省人民医院、青海大学附属医院医疗队，玉树州藏医院等 12 个单位提供电力保障。

海西供电公司 400 千瓦电源车、油罐储备车、10 人于 4 月 15 日 17 时 30 分到达结古镇，为位于玉树州体育场的医疗救护点进行供电，保障解放军第 4 医院、武警青海省总队医院、青海妇幼保健院医疗队、新华社等帐篷用电。

**（二）国家电网四川省电力公司应急供电**

地震发生后，国家电网四川省电力公司迅速展开支援玉树电网抢险工作。4 月 14 日 17 时 30 分，四川省电力公司首支抢险救灾抢险队 21 人，车辆 6 辆，携带 2 台 30 千瓦、1 台 20 千瓦发电机从康定出发，连夜驱车赶赴四川省石渠县和青海省玉树县；16 日下午，由 74 名电力员工、21 辆车组成的第二支抢险救灾抢险队从成都出发，携带应急电源车 1 辆、28 台发电机以及高低压电力抢险设备及救援物资紧急奔赴地震灾区。到达灾区后，为四川省人民医院医疗队、甘孜州人民医院医疗队、甘孜县人民医院医疗队、德格县人民医院医疗队、石渠县人民医院医疗队、武警甘肃省总队医院救护队、果洛特警医疗队、果洛医疗救护队的临时医疗救助点供电。

4 月 17 日，抢险队为玉树县第一民族中学 19 座帐篷教室制订供电照明方案，进行照明线路安装工作，20 时 50 分，帐篷教室实现照明。之后，又为玉树州政府应急指挥中心提供临时供电，为赛马场受灾群众安置点提供应急电源。为保障灾区群众能正常收看 20 日晚在中央电视台直播的玉树灾区救灾募捐文艺晚会，四川省电力公司现场应急指挥中心调拨 5 台 5 千瓦发电机做好保电工作；20 日下午，抢险队向禅古水电站送去 2 台 5 千瓦的发电机；在红旗小学设置 1 台 500 千瓦发电车，确保学校办公用电以及为 25 日学校的正常复课创造条件。4 月 21 日，为玉树州红旗小学教师入住的帐篷装上室内照明和室外路灯，提供工作和充电所用的插座；在受灾群众安置点设置 4 个便民手机充电站。

**（三）国家电网甘肃省电力公司应急供电**

4 月 14 日，国家电网甘肃省电力公司成立支援玉树电力抢险应急办公室，选派兰州供电公司担任支援玉树抢险救灾特遣队。4 月 14 日 20 时 30 分，首批抢险队 21 人携带 1 辆指挥车、2 辆工程车、2 辆应急电源车（共 350 千瓦）冒雨出发。首批电力抢修物资钢芯铝绞线等专车连夜起运。16 日凌晨，抢险队到达玉树县结古镇。

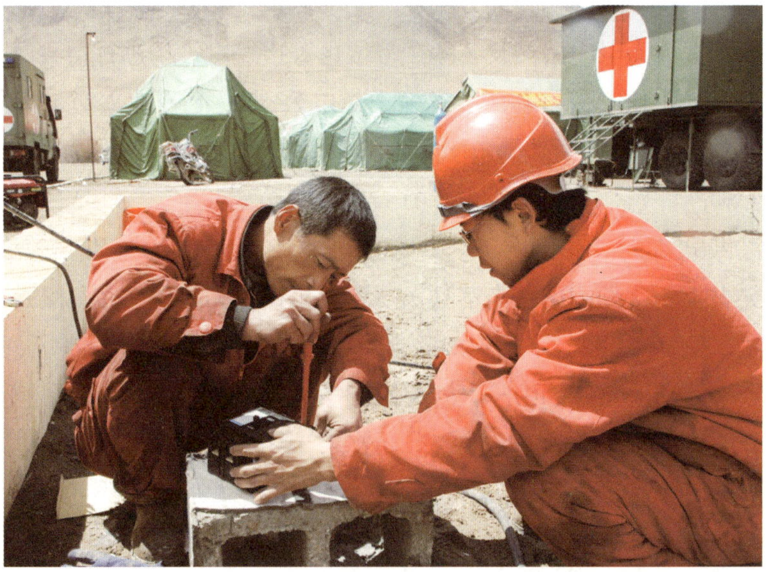

5 月 23 日，中国石油青海油田公司抗震救灾抢险队检修设备
（中国石油青海油田公司　供图）

抢险队为受灾群众集中安置点之一的格萨尔广场和野战医院供电，一台 300 千瓦发电车保障格萨尔广场用电，另一台 50 千瓦的发电车保障野战医院用电。

4 月 17 日，由白银供电公司和定西供电公司组成的第二批抢险救灾保电队到达灾区，为玉树肉联厂冷库、政府、部队供电。

甘肃公司抢险队将10多个电源插板布设在多个充电站，为受灾群众的手机充电。

**（四）中国电力投资集团黄河上游水电开发有限责任公司应急供电**

4月16日凌晨4时，中国电力投资集团黄河上游水电开发有限责任公司救援人员携带2台1000千瓦柴油发电机组和1辆装有30吨柴油的油料供应车，从拉西瓦水电站建设工地抵达灾区。根据省抗震救灾指挥部命令，两台发电机组部署在玉树机场和格萨尔广场救灾安置点，配备8名技术人员轮流值班，为玉树机场和格萨尔广场救灾安置点供应电力。4月24日，玉树机场发电机组调配至玉树电力公司结古镇中心变电所，4名技术人员留守灾区负责运行、检修。

**（五）中国石油青海油田分公司应急供电**

中国石油青海油田分公司抢险救援队24人携乘用车4辆、运输车5辆于4月16日13时到达结古镇，随同运达2台300千瓦发电机组、1台200千瓦发电机组、50顶帐篷、15.12吨柴油等救灾物资。17日11点30分，根据省抗震救灾指挥部命令，部署到结古镇赛马场抢救中心医疗点供电。12时30分，救援队员安装调试发电设备，13时19分向果洛州救援小组、成都市紧急医疗救援中心、四川省人民医院医疗队等10家医疗救援单位和果洛州特警大队供电。4月20日，根据省抗震救灾指挥部指令，保障兰州军区兰州总医院医疗救援队、解放军309医院救援队、武警玉树县中队、玉树县看守所供电。

## 第三节　测绘与气象保障

### 一、测绘保障

4月22日，青海省测绘局组织近500人的测绘队伍，紧急测制玉树地区6个县城、10个镇、35个乡、258个村庄共299平方千米的1∶500、1∶1000和1∶2000比例尺地形图；完成玉树县9600平方千米的1∶1万影像图、结古镇1∶500和1∶2000影像图的编绘和制作。抗震救灾期间，针对震后测绘设施损毁现状，配合国家测绘局完成15个临时全球卫星定位连续运行基准站建设、灾区高精度似大地水准面解算、灾区195幅1∶1万比例尺影像地图测制、灾后重建地理信息服务平台和多尺度基础地理信息数据库建设等工作，实现灾区重建规划基础地理信息快速查询、分析和分发服务。

兰州军区司令部测绘信息中心、气象水文中心迅速与总参谋部测绘局、气象水文局取得联系，拟制上报抗震救灾应急测绘导航保障计划，请领相关装备，成立应急保障队，携带地图复制车、计算机、绘图仪、预报保障车、车载式天气雷达等专业保障装备248台（套）及相关保障用品，赶赴玉树灾区执行应急测绘伴随保障任务。先后制作玉树县城震前影像图、玉树县城震后航空影像图、玉树县城区平面图，标绘部队机动、抢险部署等各类救灾专题图36幅，制作图册 1 本，喷绘要图 270 余平方米。

### 二、气象保障

4 月 14 日上午，玉树州气象局将一份手写的气象服务信息送到州委、州政府。14 时 20 分，省气象台开始全天滚动制作并向玉树州气象局通过电话方式提供玉树 6 县未来 3 小时天气预报。从 14 日开始，省气象台每天向中国气象频道和青海卫视提供气象工作及气象保障服务电视新闻。每天 3 次接受青海广播电台连线采访，直播玉树及救灾沿线未来 3 天天气预报。

16 日开始，省气象台制作《青海玉树抢险救灾服务专报》，每天 3 次上报中国气象局，内容有玉树灾区实况（包括玉树州气象局每天 3 次提供的帐篷内实况气温）、未来 5 天预报，甘肃省兰州市至玉树、四川省甘孜州到玉树公路沿线实况、天气趋势预报，沿线共 13 个主要城镇未来 2 天具体预报，每天向中央人民广播电台、中国国际广播电台、省交警总队发布《青海玉树抢险救灾专题预报服务》，为玉树机场空中运输提供气象保障服务，并派 2 名职工支援玉树机场气象台开展业务。

4 月 18 日，气象人员为省玉树抢险救灾指挥部玉树指挥点安装 LED 电子显示屏，为指挥机关抢险救灾提供气象服务。即日起，省气象台每小时向兰州军区气象水文中心提供西宁至玉树公路沿线点的实时天气实况资料。

受灾群众过渡安置点建成后，气象部门在安置点设立小黑板，发布天气预报信息，并通过喇叭广播天气预报和实况信息。通过手机短信发布温度、风向、风速、降水、含氧量以及天气预报信息。气象部门工作人员还携带便携式气象观测仪器，到扎西科赛马场灾区群众安置点开展现场气象服务，并就近期的天气趋势及对抢险救灾工作可能产生的影响，向参加救灾的部队、交通等部门和受灾群众进行详细讲解，有针对性地开展气象防灾减灾科普教育。

## 第四节　军事物资保障

### 一、装备器材保障

#### （一）总装备部管理保障

军队和武警部队装备保障按照“总装指挥协调组—兰州军区前指装备组—任务部队（含区外部队）装备机关”三级装备保障指挥机制进行保障。兰州军区装备部构建玉树抗震救灾“兰州军区（联指）—任务部队”通装联保与专装专保相结合的两级装备保障指挥体系，密切跟踪掌握救援部队出动装备数质量、修理力量、维修器材及机具设备情况，准确预测装备保障需求，

4月24日，军队抗震救灾指挥协调组组长、副总参谋长章沁生（左三）视察兰州军区任务部队援建的帐篷学校

（兰州军区司令部编研部 供图）

采用灵活的保障方法，对救援部队实施及时高效的保障。

总装备部机关坚决贯彻中共中央、中央军委的决策，中央军委委员、总装备部部长常万全要求“建制内、建制外都要保障，只要是救灾所需就全力保障”。总装备部派出前方工作组赴一线指导救援行动装备保障，因地制宜、因时制宜、因事制宜，一切从实际和实效出发，急事急办、特事特办。4月19日、4月20日、6月5日，总装备部先后下发《关于为抗震救灾部队补充部分车辆和气象装备》《补充抗震救灾所需维修器材机具设备》和《补充玉树抗震救灾工程车辆装备维修器材》通知。为参加抗震救灾部队调拨补充车辆18台；部分车型的随车附件4项、机具设备29套、轮胎7180套、蓄电池2900只等车辆维修器材；工程装备维修器材45881件（套）、机具设备64件（套）；防化装备维修器材1075件、机具设备11套。总价值2350万元。

据统计，总装备部在玉树抗震救灾行动中，紧急空运补充部队铱星、海事卫星电话200部、军用CDMA手机1200部、太阳能电源100部，为救灾部队配发北斗导航设备416部、测绘气象作业车4台、装备68套，测制下发大比例尺灾区航拍图和专用图1000幅。紧急补充通用车辆和工程机械80台（部），调运价值3636.52万元的车辆和工化维修机具设备器材182734台（件、套），下拨预储各类维修器材2006万元，紧急空运工程抢险箱组、多功能液压钳等8类61套抗震救援专用器材。

**（二）兰州军区应急装备保障**

地震发生后，兰州军区装备部启动应急保障机制，成立保障组织，为任务部队下拨保障经费，补充装备器材，保障部队紧急出动和展开救援行动。

1. 应急响应

4月14日，兰州军区装备部召开党委会和机关及附属单位干部动员大会，传达学习中央军委、总部和军区首长关于做好抗震救灾工作的一系列重要指示，通报震区情况，对军区抗震救灾装备保障工作进行部署。装备部在综合计划部战勤计划处设立军区抗震救灾装备保障应急值班室，负责掌握情况、协调相关事宜。值班首长由装备部领导轮流担任。20时，根据军区统一部署，装备部组成抗震救灾装备保障组，随68211部队抗震救援队奔赴玉树灾区展开工作，后又指派综合计划部副部长王刚刚带有关人员赶赴灾区，加强装备保障组的力量。

4 月 15 日，兰州军区装备部下发《关于扎实做好青海玉树地区抗震救灾装备保障的指示》，明确建立“总装指挥协调组—军区前指装备组—任务部队（含区外部队）装备机关”三级装备保障指挥机制，提出装备保障主要任务、保障关系及落实要求。向任务部队下达《补充抗震救灾装备器材及预拨专项装备经费》的电报。

4 月 28 日，军队和武警部队玉树地区抗震救灾联合指挥部装备保障组召开会议，研究装备保障工作

（兰州军区司令部编研部　供图）

2. 请领装备器材

4 月 14 日 24 时，根据救援部队需求，兰州军区装备部向总装备部上报《关于申请抗震救灾装备器材的请示》，申请补充抗震救援箱组 1 套，便携液压多功能钳、液压顶杆、破拆工具、冲击器各 5 件，液压组合工具 20 部，内燃式切割具 10 部，小型发电机 10 部，加油车 3 台，吊车 3 辆，自卸车 6 辆，救护车 5 辆，工兵锹、镐各 1 万把。

4 月 16 日 15 时 30 分，总装备部紧急调运的 8 类 61 套抗震救援专用设备运抵玉树机场（总装备部科订部派出的 5 名器材操作培训人员同机到达）。联指装备组于 18 时前将装备发放部队。

4 月 16—17 日，总装备部通保部派出 2 名、科订部派出 5 名培训人员分别组织 68710 部队、68211 部队救援队和 68303 部队技术骨干，对配发的 8 类装备器材的操作使用进行应急培训。为贯彻落实胡锦涛关于兰州军区要在玉树建立长期保障点，以保障国家机关、军委总部及地方政府到灾区检查指导工作需要，联指装备组向总装备部申请补充柯斯达旅行车、猎豹 2031 型指挥车各 2 辆，所申请车辆于 4 月 20 日到位。兰州军区 4 月 25 日从本级调配考斯特 3 辆、猎豹指挥车 2 辆。调配运水车 7 辆，其中 4 辆用于保障任务部队用水、3 辆保障灾区群众用水。

4 月 19 日，为保障部队开展进村入户排查搜救以及灾后恢复重建需求，联指装备组向总装备部上报《关于申请补充抗震救灾维修器材机具设备的请示》，申请总部补充维修机具设备器材共 2013.51 万元。4 月 22 日，联指向青海省军区司令部下发《关于总部补充抗震救灾维修器材机具设备的安排意见》，对总部专项补充维修器材机具设备的使用管理作出安排，其中 2257 万元的物资器材由青海省军区负责接收，存放在省军区某装备仓库，由联指装备组统一调配补充；93 万元维修器材由青海省军区根据联指装备组安排组织就近购买。同日，装备组起草下发《关于明确抗震救灾任务部队有关装备保障问题的通知》。

总装备部在兰州军区申请的基础上，加大补充兰州军区维修器材价值 249 万元。4 月 24 日 22 时，首批器材价值 1255.6 万元装载 12 个车皮经铁路输送运抵青海省。青海省军区及时组织卸载、清点核对；4月27日，68036部队派出22辆运输车、1辆指挥车，将车辆装备、维修机具、设备器材11738件（价值147.8845万元）、工程装备、维修机具、设备器材16852件（价值208.7432万元）运抵玉树，由装备保障基地依据分配计划分发各救援部队。

3. 动用本级装备

兰州军区采取从部队紧急抽调和动用库存补充的办法，为抗震救灾实施应急保障。4月14日，保障青海省军区大锹2000把、大镐2000把、小锹500把、小镐500把；4月15日，为68211部队、68303部队、68710部队、68062部队等部队补充车辆维修器材价值170万元，调配工兵锹、镐共5000把；4月16日，组织兰州某车材库为68211部队、第21集团军某团发放价值74.62万元的车辆器材和维修设备，向联某分部发放40套价值6.05万元的轮胎。组织某工兵仓库向第21集团军某团紧急补充大军锹500把、大军镐200把、防毒面具520具、防毒衣500套、防毒手套720双、四合一工作站2套；向68303部队紧急补充大锹800把、小锹200把、大镐300把、小镐200把、防毒面具800具；向68211部队补充大军锹、小军锹各300把、大军镐200把和价值3.19万元的工程维修器材，价值2.7万元的工程装备蓄电池60块，价值16.91万元的车辆维修器材（蓄电池133块、维修帐篷1顶、启动电源1套、轮胎161套）；保障某部汽车营轮胎40套。预拨任务部队装备经费1800万元。其中，新疆军区、第21集团军各300万元，第47集团军、青海省军区各500万元，军区联勤部200万元。

4月17日，根据68211部队救援队执行任务需求，装备组为其保障手套300双、口罩300个、电池700支、手电筒50把。19日，组织某工兵仓库和某防化技术大队调拨灾区锹8000把、镐2000把、三合二消毒剂10吨。所调拨物资由联勤某分部派出车辆4月20日送达灾区。22日，联指装备组指令某防化技术大队在兰州购置大锤300把、大锤把600把、钢钎300个，24日运抵灾区；指令白银某综合仓库为兰州军区联勤部调拨补充4台运水车；指令兰州某车材仓库为青海省军区供应2套野战修理所帐篷；23日，给任务部队发放大锹4620把、大镐600把。

5月1日，为保障救援部队遂行清墟任务的需要，装备保障基地对库存维修器材进行清理和分发，补充96351部队车辆维修器材2484件、68303部队车辆维修器材2251件、68710部队车辆维修器材1485件。13日，联指装备组从兰州调拨器材，对军队两个方舱医院和其他部队专业特种车的专项维修器材进行补充。

5月15日，协调济南重型汽车有限公司派出技术人员携带20万元斯太尔自卸车维修器材抵达玉树。18日，协调陕西重型汽车有限公司派出8名技术人员对任务部队2190底盘车辆进行维护保养，维修车辆42台。

## 二、救援阶段部队装备保障

### （一）完善保障机制

玉树抗震救灾部队兵种多，隶属关系不同，对装备保障需求各异。针对这一情况，在军区装备部的指导下，联指装备组统筹各种保障资源，建立联保机制，对任务部队实施统一、高效的装备保障。

4 月 17 日，根据总装备部玉树抗震救灾工作组的建议，联指成立装备组，由军区装备部综合计划部副部长王刚刚任组长，综合计划部、车船工化部有关人员组成，对玉树灾区救援部队装备保障实施统一指挥协调。兰州军区装备部部长高亢在玉树召集联指装备组传达总参谋长陈炳德在军地联合指挥协调会上的重要指示，就贯彻落实会议精神明确六项工作：一是尽快建立完善玉树灾区抗震救灾装备指挥关系；二是建立完善装备保障联络关系；三是了解掌握救援部队当前装备保障情况及需求；四是通知相关单位提前做好抗震救灾任务转换装备保障的准备工作；五是要求任务部队建立装备保障日志并报联指装备组；六是尽快召开任务部队装备保障协调会。18 日，高亢在联指装备组工作例会上提出，要建立顺畅的横向贯通、对上协调和对下指挥的装备保障关系，筹划装备保障基地开设与运行，完善装备保障系统工作机制。

4 月 20 日，联指装备组组织玉树救灾的 8 个大单位、25 支救援部队领导召开玉树抗震救灾装备保障协调会，传达学习总装备部部长常万全讲话精神，明确建立由四总部联合工作组装备组具体指导、军区（联指）装备组统一指挥的装备指挥关系，构建统一筹划安排、统一保障渠道、统一组织实施的装备保障体系，提高装备保障指挥效能。根据常万全关于建立“保障任务统一区分、保障力量统一运用、保障需求统一提报、物资器材统一调配”的指示精神，研究建立组织协调与供应保障机制，将部队、武警和地方的装备统一纳入保障范围；建立装备保障工作组织计划、请示报告、战备值班等制度，规范装备请领、维修保障、器材供应等装备保障运行机制，强化组织计划，理顺保障渠道，实行集中统一的装备保障。

各级装备部门针对部队组织机动、展开救援、清理废墟和恢复重建等几个阶段的不同需要，采取灵活多样的保障方法保障部队行动。在部队组织机动阶段，将装备保障力量编成若干保障小组，实施伴随保障；在集中展开救援阶段，开设装备保障基地、建立器材供应点，实施定点维修保障。

4 月 25 日，总装备部部长常万全对兰州军区装备部“工作做得很好，要再接再厉，为圆满完成救灾任务提供坚强装备保障”的批示下发后，联指向各任务部队下发《关于贯彻落实中央军委委员、总装备部常万全部长在〈抗震救灾装备保障进展情况〉上重要批示的通知》，组织装备组和装备保障基地全体人员认真学习、贯彻落实。

4 月 27 日，联指抗震救灾阶段性任务部署会后，为做好回撤部队的装备保障工作，装备部综合计划部副部长王刚刚召集装备组全体成员开会传达会议精神，确定装备保障基地 28 日派人到回撤部队进行装备检修；拟制在花石峡、清水河设立装备保障点以及 68211 部队工程装备配属 68303 部队、68710 部队的方案。

5 月，为保证清墟任务顺利完成，兰州军区本着就近就便、集中使用、成建制动用的原则，调用 68211 部队 55 部装备和 110 名操作手投入玉树废墟清理、灾区重建任务。针对废墟清理任务重、工程装备动用多的实际，科学预测装备保障需求，在玉树超前储备价值 532 万元的工程装备维修器材。

随着清墟工作的全面展开，装备组协调、指导部队与青海海南东顺汽车运输有限公司签订租用地方装备 117 辆（工程机械 25 部、自卸车 92 辆）的协议。其中，68303 部队租用工程机械 16 部，自卸车 36 辆；68710 部队租用工程机械 9 部、自卸车 56 辆。在第一阶段清墟作业中，任务部队每天动用通用车辆、工程机械车辆 170 ～ 280 辆；第二阶段清墟作业，每天动用 300 辆左右。

5 月 10 日，联指召开抗震救灾部队领导干部会议，明确灾后重建装备保障工作任务。决定以 2 个装备保障基地为主体、以任务部队保障力量为补充，对部队和地方参与灾后重建的车辆、装备实施保障；灾后重建物资运输展开后，建立以国道 214 线为轴线，以花石峡、清水河保障点为依托的装备保障通道，对拉运物资车辆和装备实施检修维修保障。联指装备组组织有关单位，在国道 214 线沿途建立 4 个保障点。其中，68062 部队在花石峡兵站、62214 部队在清水河兵站各设立 6 个固定保障点，各由 1 个维修班兵力组成；96351 部队在湟源、日月山设立 2 个流动保障点；4 个保障点均纳入联指装备保障体系，各保障点器材设备、机工具由联指装备组统一筹措、统一供应。

6 月 24 日，联指装备组对第一保障基地库存车辆维修器材进行分配。其中，分配某汽车修理所回收器材价值 49.6 万元，分配玉树军分区 63 万元、68303 部队 25.4 万元、68211 部队 6.68 万元、解放军第 255 医院 5.52 万元、解放军第 153 医院 5.46 万元。下拨工程机械维修机具设备 6 件价值 16.5 万元，维修器材 889 件价值 34.69 万元。

6 月 25 日，经总部批准，联指及部分任务部队和保障分队回撤。为做好后续废墟清理任务，联指装备组提前配发部队车辆维修器材价值 63.06 万元、工程机械维修机具设备和器材 895 件价值 51.19 万元，指导部队从地方租用车辆工程装备 30 台，采取队属力量自我保障与玉树军分区和地方维修力量支援保障相结合的方式，担负后留部队装备保障任务。

### （二）组建装备保障基地

联指和兰州军区装备部针对任务部队保障资源分散、自身修理力量不足、器材筹措供应困难、维修任务繁重等特点，按照“整合力量、优化资源、统筹兼顾、集中保障”的原则，建立以装备保障基地为骨干、以任务部队修理分队为辅助、以兰州军区直属保障部队为补充的装备保障力量体系，突出装备维修、器材供应和技术支援三大任务，灵活采取定点保障、巡回保障、伴随保障、跟进保障等方法，实现对救援部队及时有力的装备保障。

4 月 17 日，联指装备组拟订装备保障基地建设方案。为满足装备保障基地建设，向总部请领补充价值 2006.81 万元的车辆、工程装备维修机具设备、维修器材，为基地配备储备大锹 8000 把、大镐 2000 把、三合二消毒剂 10 吨和部分车辆维修器材。

4 月 18 日，兰州军区装备部从军区某车辆工程装备保障基地抽调 30 名装备维修骨干、16 部野战保障装备和抢修机具装备赴玉树组建装备保障基地。所抽调人员装备于 20 日到达玉树指定地域，展开保障基地筹建工作。

4 月 23 日，联指玉树灾区抗震救灾第 1 装备保障基地建成并举行成立仪式。

装备保障基地由修理区、器材区、待修区、生活区四部分构成，分为车辆保障组和工程装备保障组。车辆保障组担负猎豹等车型的维修任务，日修理能力：车辆装备中修 2 台、小修

15 台，工程装备中修 2 部、小修 3 部。工程装备保障组担负装载机、挖掘机、推土机的维修及发动机总成中修等任务。基地采取定点保障与巡回保障相结合的方式，以换件修理和拆拼修理为主的方法，对灾区救援部队（含预备役部队和征用装备）通用车辆和工程装备进行抢修、器材供应和技术支援，解决灾区部队装备维修保障难题。

4 月 23 日，军队和武警部队玉树地区抗震救灾联合指挥部装备保障基地检修参加抗震救灾的四川省军区和四川省地方指挥车

（兰州军区司令部编研部　供图）

4 月 29 日，联指装备组下发《关于成立联指第 2 装备保障基地的通知》，决定依托 96351 部队部署在玉树州委党校东侧的维修站建立第 2 装备保障基地，隶属联指装备组指挥。经过组织筹备，5 月 3 日建成并举行成立仪式。四总部工作组、联指装备组、二炮有关领导参加成立仪式。第 2 装备保障基地由保障人员 46 人、各类保障装备 6 部（台）组成，日维修车辆、工程装备能力 20（部）台。联指第 2 装备保障基地的成立，进一步整合保障资源，增强综合保障效益，实现了玉树地震灾区各军兵种、各大单位救援力量装备保障由自我保障向联合保障、由分散保障向集约保障的转变。

4 月 23 日，军队和武警部队玉树抗震救灾联合指挥部组建的装备保障基地一角

（兰州军区司令部编研部　供图）

截至 6 月 30 日，各级投入装备保障力量 220 人，维修车辆、工程装备 2690 余台（部），供应维修器材 30 余万件，下拨专项经费 1800 万元，为夺取玉树地震应急救援阶段任务胜利提供有力的装备保障。

**（三）协调军地技术力量实施保障**

兰州军区落实总部首长指示，先后为武警部队、96351 部队及其他区外部队维修车辆 760

台次、工程装备38台次，帮助地方应急修理各型车辆、机械156台次。特别是解放军第153医院、解放军第255医院“欧曼”运输车，中央电视台卫星转播车等特种车辆出现故障时，在库存没有特种维修器材的情况下，协调生产厂家，专项定购部分维修器材，派出技术人员上门服务，保证所有救灾装备性能良好。

联指装备组不断探索军地联保的方法，注重组织动员地方技术力量参加救灾装备保障行动，将部队保障资源与地方技术优势有机结合，形成保障拳头。先后协调北京吉普、济南和陕西重型汽车有限公司专业人员38人，与保障基地技术人员混合编组，深入一线巡回保障，提高保障效益。依托西宁至玉树沿途兵站建立4个装备保障点，实施定点保障和应急抢修，先后出动修理分队200余人次，抢修车辆330余台，排除故障460余起，保证往返玉树灾区的救援车辆顺利机动。

针对军区援建“两校一院”和担负灾后重建物资运输任务情况，指导68062部队和62214部队对600台车辆装备进行全面技术整治，配发维修器材价值200万余元，协调陕西和济南重型汽车有限公司直供任务部队特种车维修器材价值40万元，全面做好运输物资的装备保障准备。

注重发挥民兵预备役部队维修力量，指导青海陆军预备役步兵旅抽组139名预编人员组成预备役应急修理分队，15日从西宁出发，分4个批次到通往灾区国道214线沿途的日月山、姜路岭、花石峡等地建立固定和流动维修点，采用定点和巡回的方法抢修维护运送救灾物资和各救援部队的车辆。维修队员在缺少重型吊装设备的情况下昼夜连续奋战，累计抢修车辆223台，对1102台车辆进行随伴保障，检测车辆917台，保证救灾人员、车辆、物资的运输。

## 三、任务部队装备保障

### （一）青海省军区装备部门

在联指统一实施装备保障的基础上，各任务部队装备部门根据救灾需要，采取有效措施筹措、调配、购买急需的装备维修器材，进行自我保障。

地震发生后，青海省军区装备部门迅速检查省军区装备物资储备情况，分析装备保障形势，安排部署工作。启动抗震救灾行动装备保障预案，依托省军区前指和机关建立装备指挥机构，理顺装备保障指挥关系；与灾区及救援部队沟通联系，及时掌握保障情况，请领保障物资下发装备保障指示和有关通知，要求沿线各军分区、人武部和兵站积极协助抗震救灾部队搞好装备保障，先后动用预储车辆维修器材4种65件（套）、各类轮胎23条、电瓶20块进行应急保障。装备处派员随前指于4月15日凌晨3时到达玉树县结古镇，组织玉树军分区机关和独立骑兵连对武器库、弹药库等重要目标进行检查，对倒垛弹药进行标记、受损情况进行统计，派出人员24小时看护，确保武器弹药绝对安全。装备处副处长宗志胜组织车辆、物资调运和装载，将上级下拨的车辆前送至玉树灾区。4月14日，省军区司令部装备处建立装备保障日志和档案，对每天部队行动和装备工作开展情况进行登记统计。先后与各专业器材仓库以及兰州、西宁等地铁路军代处建立联系，掌握装备器材运输信息及到站时间，确保总部为灾区调运的车辆、工程和防化装备器材到站后能够及时卸载、入库和转运。青海省军区确立“特事特办、急事急办、简化程序、迅即保障”的装备保障原则，构建符合省军区特点的装备保障机制，协调多方保障力量和资源，采用多种方法实施装备保障。针对队属保障力量薄弱的实际，组织68710部队修理所技术人员参与联指装备维修保障基地工作，联合开展各类维修保障工作；利用社会资源，组织地方维修力量对机关、68710部队的各类车辆进行重点检查抢修，检修各类车辆35台次，为部队顺利机动奠定基础；指导68710部队3个机动梯队携带41类215件车辆器材随队机动，派出技术骨干进行伴随保障，利用大休息间隙组织修理工和驾驶员对车辆进行技术检查，对故障较多的车辆组织重点检修，伴随修理各类车辆12台次；组织国道214线沿途军分区、人武部动员地方维修保障力量，在部队机动沿线设立装备保障点，采用定点保障和机动保障相结合的方式，保障过往救灾车辆2100余台次；组织青海省军区军械修理所购置6万余元的机具设备，先后7次派出人员送往玉树，投入23万元为玉树军分区武器库和68710部队临时驻地建设围墙。青海省军区采取向上级请领、调用库存和区内调整等形式多方筹措装备物资。动用本级库存向任务部队补充救援器材1000余件（套）、车辆器材26种1615件（套），向各预储点和兵站补充车辆器材6种126件、工兵器材160件，向救灾部队下拨专项经费230万元；根据联指安排，先后组织26人次前往4个装备仓库，请领前送指挥车6台、柯斯达旅行车2台、工兵器材5000把，预储防暴器材；指导68710部队从地方购置抢险救灾器材500余件（套），购置4台柴油叉车用于各类器材机具设备的装载，将其中1台前送至玉树灾区联指装备维修保障基地；针对到灾区进行救援指挥的车辆种类多、上级补充和本级库存部分车型维修器材不足的实际，预先购置价值20万余元的丰田、三菱等车型的维修器材，以保障各级车辆维修基本需求；为保证联指装备保障基地尽快展开工作，购置、前送6万余元的保障物资，购置乙炔、氧气等20余种维修附品，前送扒胎机、动平衡机等机具设备和器材，组织省军区军械修理所昼夜加班生产制作70余件（套）各类标牌。救援阶段，青海省军区装备部门组织运输车辆89台次，为灾区调运前送工程、车辆、防化装备及维修器材23826件（套），请领、前送车辆17台，向所属救灾部队下拨专项保障经费230万元。

**（二）68211部队**

4月14日，第21集团军接到预先号令后，立即指示配备专业救援装备的68211部队，迅速检修车辆装备，调整补充物资器材。迅速准备好电磁波生命检测仪、复合气体探测仪、双轮异向切割锯、卫勤救护器材等9类937件专业救援装备；对所有车辆进行检查和启封，重点对专业救援队11台运输车和专业救援车进行检修，请领配备48部海事卫星电话、车载GPS定位仪等通信工具，确保部队随时依令出动。4月27日，接到兰州军区动用部分兵力装备赴青海玉树参加灾后恢复重建任务的命令后，集团军指导68211部队集中组织修理工检修工程机械和车辆，细化车辆机械定人定位，调整补充器材工具，拟制铁路输送和摩托化机动方案，派出机关人员提前赴西宁市协调征集平板拖车和沿途兵站保障事宜。

**（三）68303部队**

接到预先号令后，68303部队紧急启封检修车辆263台。根据高原高寒部队机动特点，为每台车辆配备防滑链 1 条、随车工具 1 套；成立 4 个抢修组和 1 个收容组；依据每个梯队的车型情况，携带充足的常用车辆易损配件和修理工具；机动途中利用大小休息间隙检修各类车辆 29 台，确保车辆无一掉队。部队到达任务区后，协调二汽、依维柯、江淮服务站对 23 台车辆进行初驶保养，组织修理工对 69 台车辆进行检修，将部分无法维修的车辆送至联指装备保障基地进行修理，恢复车辆性能。为保证搜救、清墟工作顺利展开，请领大锹 2000 把、大镐 500 把、组合工具 10 套、内燃切割机 5 部、冲击器 3 部、破拆工具 3 台、液压顶杆 3 套、液压多功能钳 3 套，组织 40 名修理工对配发的专业救灾工具进行技能培训，提高救灾工作效率。

**（四）空军装备部**

地震发生后，空军装备部迅速成立抗震救灾保障领导小组，及时对现有装备进行清查摸底和全面维护。建立救灾飞机完好情况日报制度，对空军运输机、直升机完好情况进行统计分析。同时，紧急组建直升机应急抢修分队和远程技术支持分队。针对同期发生的几起故障，组织技术骨干深入分析原因，开展专项普查，杜绝同类问题重复发生。针对玉树机场高海拔的特点，研究制订空军大型运输机高原机场维护使用注意事项和随机携行航材备件、技术资料、检测设备、工装等清单。截至 4 月 17 日 16 时，空军装备系统为相关运输机部队补充 4 批 29 项 690 件航材，为玉树抗震现场指挥组补充指挥车 1 辆，为兰州军区空军抗震救灾部队补充运输车 20 辆和 2 万升飞机加油车 4 辆。

**（五）武警青海省总队**

玉树大地震发生后，武警青海省总队投资 15 万元购置枪弹柜、报警器等安全设施，指导玉树受灾部队抢救武器和弹药。同时，针对地震灾区实际，及时调整规范武器弹药的保管、动用、审批程序，确保灾区部队静态枪弹绝对安全。武警青海总队先后组织出动车辆 350 余台、驾驶员 390 余名、修理工 20 余名紧急奔赴救援现场，在西宁、海南、玉树等地分别开设车辆维修点、器材供应点，先后为武警 8653 部队，陕西、甘肃、四川、湖南总队以及水电、交通部队抢修车辆 40 余台次。筹措经费 110 万余元为部队配发应急车材 680 余件（套）、附属油料 370 余桶。

## 四、后勤保障

**（一）总后勤部保障**

总后勤部坚决贯彻中共中央、中央军委的决策意图，坚持一切从实际和实效出发，全力保障部队救灾行动和灾区群众生活急需。

4 月 15 日，军委抗震救灾专题会议后，总后勤部部长廖锡龙召集总后勤部有关领导和二级部领导开会强调，要坚决贯彻落实胡锦涛和军委的重要指示精神，全力以赴做好抗震救灾后勤保障，既要保障有力、要人给人、要钱给钱、要物给物，又要贯彻落实科学发展观，按实际需求报申请、订计划，做到精确保障。

根据廖锡龙指示，总后勤部发出《关于迅速做好青海玉树抗震救灾后勤保障和相关准备工作的指示》，要求各业务部门坚决贯彻中共中央、国务院和中央军委的决策意图，积极投入抗震救灾行动中，急事急办、特事特办，高标准按时限完成后勤保障任务。4 月 17 日，总后勤部下达《关于为抗震救灾任务部队补充后勤物资事项》，为任务部队补充后勤物资。

总后勤部在玉树抗震救灾行动中，先后 4 次向灾区调运高原炊事车 23 台、加油车 20 台、医疗用车 21 台、净水车 13 台、淋浴车 9 台和其他特种保障车辆 12 台，以及被装、给养、卫生、野营等后勤物资 80 余万套（件）。

**（二）兰州军区后勤保障工作**

1. 保障机制

按照军委总部明确的指挥保障关系，军队和武警部队、地方政府及时对接保障需求，协同保障事项，解决保障难题。兰州军区加强与各总部直属单位和参与救灾的各大单位后勤部门联系，密切配合，协调一致搞好任务部队的后勤保障工作。

兰州军区后勤系统面对灾区物资短缺、救援部队后勤保障需求大等实际困难，理顺保障关系，规范保障行为，采取建制保障与区域保障、伴随保障与定点保障、就近筹措与前送保障等方式组织各项后勤保障工作。为任务部队筹措下拨救灾专项经费 3 亿余元；开设救灾物资转运中心和应急兵站 5 个，开设野战油库、野战淋浴站、供水站 25 个，调拨补充各类被装、给养器材、油料装备、医疗药品、野营物资 82.3 万台（件），供应发放主副食品和油料 7600 余吨；动用调运各类车辆 2331 台次，组织铁路 806 个车皮和运输机 192 架次，运送物资 10.7 万吨、人员 1.8 万人次，为救灾部队提供持续有力的保障。

4 月 14 日 10 时 20 分，兰州军区联勤部紧急召开保障会议。会议决定，按照“加强指导、了解需求、超前准备、主动保障”的原则，迅速行动，做好玉树地震救援各项保障工作；指导青海省军区后勤部门、联勤分部、青南沿线兵站搞好各项保障；主动加强与总部沟通协调，借鉴汶川抗震救灾经验，做好一切准备。

10 时 40 分，联勤部下发《青海玉树地区抗震救灾后勤保障指示》（简称《指示》），明确后勤保障的组织指挥与保障原则，构建军区联勤部（联指后勤保障组）——救灾部队后勤两级保障体系，确立“保障任务统一区分、保障力量统一运用、保障需求统一提报、装备物资统一调配”的组织协调与供应保障机制。部队抗震救灾后勤保障在地方党委政府和兰州军区的统一领导下，以青海省军区后勤部为主，68060 部队 1 名领导带领机关人员参与，在玉树结古镇开设后勤指挥所，统一组织协调后勤保障有关事宜。后勤保障的具体组织按照“建制保障为主，支援保障为辅”的原则实施。兰州军区任务部队按建制实施保障，跨区任务部队由 68060 部队负责保障；对参加救灾且自我保障困难的武警部队，兰州军区给予必要支援，先办事后结算；参与救灾的民兵预备役人员由青海省军区后勤部协调地方政府组织保障。兰州军区为青海省军区加大拨款 1000 万元，为 68060 部队加大拨款 300 万元。任务部队按携运行标准带齐个人被装物资和油料装备器材，后方油库做好应急发油准备，沿途兵站、加油站加大油料储备，随时为过往部队加注油料；青海省军区后勤部协调地方启动军地联合保障机制，由地方商业部门和加油站提供主副食和油料供应。军事交通运输部门搞好与地方交战部门的协调，做好过往救灾部队沿途保障。《指示》强调，各级后勤要抓紧制订保障计划、筹措物资器材、完善保障准备，确保一声令下迅即行动、保障有力；要周密高效组织供应保障，凡是抗震救灾需要的兰州军区后勤具备的人员、装备、器材，需要多少就投入多少；要认真做好后勤各项管理，提高经费物资保障效益，确保后勤自身安全；各级后勤主动作为、密切配合、及时协调处置困难和问题，建立落实问责制，加强救灾后勤保障工作的归口统管。

当晚，联勤部再次召开会议，传达学习军委、总部抗震救灾后勤保障指示，研究细化玉树救灾后勤保障问题。副部长王子军带机关人员组成前指后勤保障组在玉树组织指导一线救灾和保障行动，形成玉树靠前指挥、西宁中转协调、兰州支援保障“三点一线”的抗震救灾后勤保障链条。

4 月 17 日，兰州军区联勤部发出《青海玉树地区抗震救灾后勤保障补充指示》（简称《补充指示》），明确协调机制，理顺保障关系，规范战备值班。《补充指示》指出，任务部队申请解决后勤装备及物资器材，按建制保障关系，逐级归口申报实际保障需求；机关业务部门对部队提出的保障需求认真审核、从严把关，对申请总部解决的问题归口统一办理。部队抗震救灾后勤保障以青海省军区后勤部为主，68060 部队支援。任务部队到达玉树灾区后，由联指后勤保障组指导 68060 部队应急兵站组织保障；机动途中由青海省军区后勤部组织沿线兵站保障。任务部队后勤要依托战勤值班室建立专项值班，及时报告灾情和物资动用消耗、应急输送、医疗救治、抢修抢建等后勤保障情况。

针对任务部队类型多样、隶属不同、需求多元的实际，兰州军区联勤部启动和建立“两区（西宁、兰州物资筹措区）、三点（玉树、西宁、兰州）、一线（青南兵站线）、一站（68060 部队应急兵站）”应急保障机制，搞好物资筹措供应。在兰州和西宁建立物资筹措保障区，在青海共和县尕海滩建立军地救灾物资导运中心，在西宁曹家堡和玉树机场、西宁铁路站货场开设物资装载转运点，组织物资转运和前送。采取建制与支援、伴随与定点等保障方式，依托 68060 部队应急兵站，对参与救灾的陆军、空军、二炮及武警部队提供上门保障、配送服务。

4 月 18 日，兰州军区联勤部在兰州召开玉树抗震救灾专题办公会议，传达总后勤部工作组和兰州军区首长关于抗震救灾工作的指示要求，通报联勤部队前期抗震救灾保障工作情况，进一步明确指挥和保障关系，部署抗震救灾后勤保障工作需重点落实的 8 项任务。联勤部有关领导在西宁召集青海省军区后勤部、68060 部队、驻青藏铁路公司军代处等单位领导开会，分析救灾一线后勤保障工作情况，研究救援工作逐步转入常态后的有关问题。

4 月 21 日，兰州军区联勤部连夜召开紧急会议，传达学习总后勤部《坚决贯彻胡主席重要指示精神，进一步做好抗震救灾后勤保障工作的通知》精神，研究贯彻落实措施，下发《坚决贯彻总后〈通知〉精神，进一步做好抗震救灾后勤保障工作》指示，进一步明确抓好抗震救灾医疗救治、供应保障、物资转运、经费使用、装备管理、军民共建等工作的具体措施要求。23 日，联勤部下文传达军委领导关于抗震救灾后勤保障工作的重要批示，要求各级后勤要以军委领导重要批示为动力，以更高的标准、更实的作风、更积极的态度和更有力的行动，为救援部队和灾区群众提供更加优质高效的服务保障。

4 月 27 日，联指下发《关于做好后勤装备器材物资管理工作的通知》，明确各任务部队按标准编配后勤装备器材，按操作规程科学使用，按规章制度维护管理；以规范保障、科学保障、安全保障为目标，用制度和管理规定指导后勤保障工作。经费使用严格开支范围，及时收集整理相关原始凭证，清理结算租赁地方工程机械等相关经费和手续，确保无遗留问题；主副食品和油料供应严格落实日消耗报告制度，采取由各任务部队提报需求计划，应急兵站统一筹措、统一供给，减少损耗浪费，做到规范有序保障；战役储备物资动用严格掌握批准动用权限，按程序归口统一办理，按渠道逐级请领收缴，严格操作使用规程，落实维护保养规定，提高保障效益；加强抗震救灾经费物资拨付、使用和管理情况审计，确保抗震救灾每一分钱、每一件物都发挥应有效益；坚持一手抓保障、一手抓安全，指导各级后勤从人员、资金、油料、医疗、车辆等方面搞好专项风险评估，全时段、全方位、全过程把好卫生防病关、饮食入口关、运输安全关和重点目标管控关。

随着部队救援任务大部分完成，部分救援队、医疗队陆续回撤，留驻灾区部队的救援工作重点转换。6 月 21 日，兰州军区联勤部发出《关于玉树地区抗震救灾任务部队部署调整后勤保障有关问题的通知》，68060 部队应急兵站撤销，由青海省军区后勤部保障继续执行任务部队后勤保障工作；各救援部队清理和结算各项经费，清理统计抗震救灾期间总部统一配发使用的骨干后勤装备和动用的战略战役储备物资，按请领渠道归还上交。

2. 经费保障

玉树大地震发生后，兰州军区联勤部财务部启动应急保障机制，指示部队加大现金储备，通知有关银行按照协议随时办理资金业务；请示总后勤部给任务部队明确抗震救灾有关经费标准，并将经费标准项目、享受范围、计领规定等整理成简明表册下发任务部队。针对玉树灾区前运后送难、物资筹措难的实际，加大拨款力度。震后 4 小时内，给青海省军区加大拨款 1000 万元。4 月 15 日，给陆军第 47 集团军拨款 500 万元，给 68060 部队拨款 300 万元。4 月 16 日，又给青海省军区加大拨款 1000 万元。4 月 20 日，再次给任务部队加大拨款 2320 万元；5 月 10 日，向青海省军区增拨抗震救灾专项经费 1000 万元。6 月 17 日，又增拨 1 亿元用于支援玉树灾后恢复重建。

对救灾部队经费保障，通过银行办理资金拨款、转账和银行划拨资金受阻时实施现金前送保障。驻地不在青海省内的救援部队自身携带现金储备金 877 万元，68060 部队应急兵站、青海省军区为其前送现金 70 万元，保障部队机动途中资金需求。为便于救援部队进入青海后顺利开设临时银行账户和提供资金支援保障，协调青海省军区、68060 部队及在西宁至玉树国道 214 线沿线设立 8 个经费保障点，协调有关银行在西宁、格尔木、德令哈、平安、民和、乐都、互助等市（县）明确 10 个银行保障点，为过往任务部队提供资金保障。青海省军区和 68060 部队为任务部队提供支援保障，办理借款 25 笔 306.7 万元，协调办理银行卡 12 张。协调各开户银行前送现金实施保障。

4 月 19 日，兰州军区联勤部财务部下发《关于进一步明确青海玉树抗震救灾经费补助标准的通知》和《关于加强青海玉树抗震救灾财务管理的通知》，要求各单位加强管理、正规秩序。提供资金支援保障要严格手续；现金保管要采取防护措施，防止丢失损坏；经费开支要严格审批权限和程序，取得合法凭证；收发物资、接受或馈赠，向地方捐款要逐笔登记，办理签字手续；上报决算要认真清理，不得扩大范围。

4月27日，兰州军区联勤部财务部下发《关于清理统计玉树抗震救灾经费物资消耗的通知》，要求兰州军区所属救灾部队对截至4月27日的经费开支及物资消耗折款情况进行清理统计。5月12日，转发总后勤部财务部《关于统计测算玉树抗震救灾经费物资消耗的通知》，指导任务部队进行截至5月14日的经费物资消耗统计工作和5月15日至6月14日的经费物资消耗测算工作。5月21日，对统计和测算情况审核汇总，专题报总后勤部财务部。

兰州军区和救灾部队各级财务部门先后抽组38批66人次检查组，对经费管理使用情况进行检查指导，督促抓好管理。任务部队财务部门组织发放工资津贴时，采取部分存入工资卡、部分付现金的办法，发放52批9300多人次；利用财务管理考评和专项抽查，把抗震救灾的资金保障、经费开支等情况作为重点内容进行检查。

部队抗震救灾工作展开后，兰州军区联勤部审计局根据解放军审计署《军队参加玉树抗震救灾经费物资保障专项审计方案》，对抗震救灾经费物资保障情况审计工作进行部署。4月30日，下发《青海玉树抗震救灾经费物资保障专项审计方案》，兰州军区联勤部审计局先期开展审计调查。5月16—23日，解放军审计署审计组对兰州军区部队抗震救灾经费物资拨付、使用等情况进行专项审计调查。

**（三）兰州军区物资保障供给**

1. 军需物资油料保障

兰州军区联勤部军需物资油料部和各大单位业务部门超前预测，预做准备，按照“四统一”（统一制订保障计划、统一使用保障力量、统一组织物资筹措、统一实施各项保障）要求，组织军需物资和油料保障，保障35个单位、15000人、132个伙食单位、1400余台装备的救灾行动和生活所需。4月14日至7月20日，向玉树灾区紧急调运棉被、棉褥、皮大衣、棉大衣、棉衣裤、手套等防寒被装物资45个品名、23.2万套（件），防弹背心360件，为部队配发野战被服洗涤车5台，为官兵洗涤被服4.82万余套（件）。

2. 被装保障

地震发生后，兰州军区和总部、外区救援部队紧急驰援玉树，由于多数救援部队是第一次到青藏高原执行任务，加之出发仓促、预计不足，均未带御寒衣物。针对这一情况，联勤部军需物资油料部在震后第二天将后方军需（综合）仓库库存的11个品名4000余套（件）防寒被装前送灾区，随后一周内先后5次向玉树灾区调运棉被、棉褥、皮大衣、棉大衣等被装24个品名10万余套（件），为救援官兵补充更换御寒、污染和破损被装。4月20日，玉树灾区气温骤降。为确保救灾官兵防寒需要，联勤部采取公路运输与空中运输相结合的方式前送棉被、内衣裤、口罩、手套等被装物资5.4万套（件）。4月23日，组织30余人的被服发放服务队，为31个救援部队官兵发放61个品种69992套（件）防寒和急需的被装物资，为临时抽调到玉树执行任务的 40 名藏语翻译发放棉被等被装物资。4 月 27 日，从西宁向玉树空运高腰作训鞋 6000 双、作训鞋 2000 双、夏袜 10000 双、棉褥各 3000 床，预置 68060 部队应急兵站。

5 月 14 日，救灾部队转入执行清墟任务后，联勤部调拨作战靴 3670 双、招待卫生棉被 250 床、被套 400 床、宽褥单 300 床，预置于 68060 部队应急兵站。次日，将 3670 双作战靴发放给 68211 部队、68303 部队、68710 部队等清理废墟一线官兵；为第 255、第 153、第 4 医院医疗队发放招待卫生棉被、被套、宽褥单各 100 床。

6 月 7 日，为保障联指人员搬入新建成的玉树抗震救灾军地联合指挥中心后的生活需要，为指挥中心配发被装物资 2492 套（床）。在依托 68060 部队应急兵站预置被装物资的同时，军需物资油料部先后申请总后勤部为抗震救灾部队增配 23 个品名 33.2 万套（件）被装物资。为解决官兵洗衣难的问题，将总后勤部调往灾区的 5 台野战被服洗涤车和已装配部队的 3 台洗涤车捆绑使用，采取“以点带面、就近就便、划区保障”的方式，开设 8 个被服洗涤保障点，为官兵提供全天候服务。

3. 给养保障

4 月 15 日，兰州军区联勤部军需物资油料部向灾区调运压缩干粮 6000 千克、单兵自热食品 1800 日份。为兰州军区兰州总医院前送野战给养单元 1 套和野战厨具 1 套。4 月 16 日，配合总后勤部为兰州军区 7 支医疗队紧急调运，各配发高原炊事车 1 台、高原野战厨具 2 套；协调野战主食加工车 1 台配属 68710 部队。

4 月 17 日，军需物资油料部针对首批抵达灾区的应急医疗队急需食品和饮用水而玉树和西宁均无法筹措的实际，从兰州筹措方便面 630 件（1.7 吨）、矿泉水 1900 件（18.9 吨），和调运的排用野战给养器材 15 套一并送往西宁机场，经军用直升机空运到玉树灾区。

4 月 20 日，68060 部队为 3 支医疗队前送高原炊事挂车 3 台、高原野战厨具 6 套、野战主食加工车 1 台。根据玉树副食品筹措、运输、储藏困难和炊事挂车零配件短缺的实际，申请总后勤部解决高原自行炊事车 12 台、食品冷藏车 5 台、冰柜 132 台、食品运输储藏筐 5000 个和高原炊事挂车零配件 25 个基数。向 68060 部队应急兵站紧急前送不锈钢保温桶 10 套。

4 月 18—27 日，为任务部队配送分发土豆 8 吨、其他蔬菜 3168 千克、压缩干粮 300 箱、单兵食品 225 箱，组织兰州军区农业新技术实验培训基地向灾区前送猪肉 2000 多千克，鸡蛋 5000 多千克，茄子、辣椒等新鲜蔬菜 4000 多千克。利用主食加工车和面包加工方舱加工 3500 人份的馒头和面包，保障供应任务部队。

军需物资油料部指导青海省军区和各救援部队后勤部门，协调地方粮食部门理顺玉树救灾部队军粮供应关系，成立野战军供站，由地方商业系统组织副食供应。68303 部队所需蔬菜、大肉等副食品筹措，由原驻地甘肃省武威市供应商组织采购配送；人数较少的救援部（分）队所需物资和食品，由玉树州商业系统组织信誉好、实力强的供应商配送；形成“军供站供应粮油、应急兵站供应副食、地方商业系统补充供应”的供应方式。为确保粮油供应持续不间断，4 月 15 日，协调玉树州粮食部门加大玉树结古镇野战军供站粮油储备，预储面粉 1500 吨、大米 100 吨、食用油 16 吨。

68060部队应急兵站在结古镇展开后，立即派出4个应急保障协调联络组走访外区救援部队，先后到四川省军区救援部队等10多个单位了解保障需求，沟通衔接供应保障关系，针对各单位提出的保障需求连夜制订保障方案。4月17日，在西宁紧急筹措饮用水20吨和2车肉食、蔬菜，前送玉树，保障外区救援部队。

军需物资油料部针对救援部队使用的新型饮食装备多、操作技术要求高，特别是保障部队满负荷运转、人员操作不熟练的实际，在总后勤部的支持下，协调沈阳、安徽等装备生产厂家派出技术人员到一线开展饮食装备巡回检修服务。4月19日，3523工厂派出7人饮食装备操作维修队，随救援部队前往玉树。饮食装备维修队在抗震救灾期间累计为27个单位维修炊事车260台（次），培训操作技术人员320名。

4. 油料保障

玉树大地震发生后，军需物资油料部迅即通知西宁某油料仓库和西宁通往玉树灾区沿途兵站，做好应急加油准备，随时为过往救援部队补充油料。指导兰州军区任务部队快速实施油料加注，安排沿途油料仓库为机动部队提供油料保障。玉树地震救援工作全面展开后，针对部队分布点多线长的实际，采取开设野战油库、依托固定加油站、油罐车伴随保障、以车代库等多种方式满足部队用油需求。

4月14日，向灾区组织前送油料130吨，在国道214线沿线兵站储备油料253吨。此后，通过公路、铁路运输先后从后方油库向救灾一线调运油料近6000吨，为沿线各兵站加油站补充油料1000余吨，为救援部队补充发放手摇泵、油桶等加油器材270件（套），出动整体自装卸油罐车、自装卸加油车、加油挂车等大型油料装备42台（套），申请总部配发20台（套）。

4月16日15时，68060部队应急兵站在玉树县城以西8千米处开设野战加油站，为救援部队实施油料保障。4月17日，抽组官兵5名，带6管加油车1台到任务部队驻地和救援现场实施巡回加油。同日，联勤某分部在兰州市郊柳沟河高速公路收费站附近开设油料补给站，为解放军第323医院医疗队摩托化机动分队加注油料。

兰州、西宁某油料仓库等沿途油库利用加油站进行定点保障、利用油料装备上路实施随机保障。4月17日，西宁某油料仓库为第二炮兵某基地供应保障 −35 号轻质柴油20吨，为空军救援部队补充 −35 号轻质柴油50吨。4月18日，在湟源县通向玉树方向高速路口设立移动油料补给站和接待站为过往救援部队供应保障油料。

抗震救灾进入清理废墟和灾后恢复重建阶段后，针对任务部队动用装备多、油料消耗大的实际，兰州军区联勤部4月20日下达命令，由68060部队应急兵站在结古镇以西5千米处开设1座100立方米容量的野战油库，25日17时建成并投入使用。4月26日，向西宁某油料仓库调拨JFL−35长效防冻液20吨、SJ10W/40汽机油10吨、80W/90重负荷齿轮油10吨。

为弥补军内油料保障力量不足，军需物资油料部与中石油等机构联系，中石油青海销售公司所属温泉、清水河、玛多、歇武、结古等8个地方加油站，开辟军油绿色通道，为途经救援部队加注油料。为保障执行抗震救灾任务的69008部队3架米17B−7型直升机用油问题，军需物资油料部和军事交通运输部派人赴兰州中川机场与航油公司紧急协商，确定由玉树机场航油公司负责 3 架直升机的油料保障。

5. 营房保障

各级营房部门围绕“宿营进帐篷、睡觉有床铺、用上照明电、喝上干净水、洗上热水澡、如厕有保障”的目标，把解决好抗震救灾部队官兵宿营、供水、洗澡、如厕等问题作为重点，全力组织保障服务。

4 月 14 日下午，将 3023 顶（台）帐篷、取暖炉和高原暖风机等野营装备物资从甘肃某综合仓库前送玉树灾区。17 日，兰州军区联勤部基建营房部发出《关于进一步做好青海玉树抗震救灾野营保障工作的通知》，要求各救援部队严密组织野营宿营保障，依托制式装备，对相对集中设置宿营的保障点实施保障；做好防寒保暖工作，防止人员冻伤；科学选择营地，提前勘查驻地周围地质地形条件，避开不稳定的山体、陡坡险段，避免发生次生灾害。提前安排有关仓库做好物资发放准备，快速组织力量前送野营物资。

玉树地震救援阶段，兰州军区向总部申请解决野营装备物资 6032 台（件、套），向玉树灾区紧急调拨 7 批 8505 台（件、套），及时为救灾任务部队发放 4264 台（件、套），指导部队搭设帐篷 1611 顶。

5 月 6 日，联勤部基建营房部发出《关于做好抗震救灾部队回撤阶段野营保障工作的通知》，在强调持续做好任务部队野营保障的同时，抓紧组织战储野营物资回收，做好物资清查和维护保养工作。

针对抗震救灾部队执行任务点位多、劳动强度大、持续时间长、粉尘污染重，特别是救援部队中有女性的实际，各级后勤部门把解决好任务官兵饮用水和洗澡、如厕问题作为重点。

抗震救灾初期，在 68060 部队应急兵站预置连排净水器 8 台、野营净水车 2 台、模块化淋浴装置 2 套、野营淋浴车 1 台，由应急兵站开设野战供水站 2 个、野战洗浴站 1 个、流动洗浴站 1 个；在西宁某综合仓库预置部分连排净水器、野营净水车、模块化淋浴装置和野营淋浴车等装备，按任务需求及时前送保障。

根据总后勤部《坚决贯彻胡主席重要指示精神，进一步做好抗震救灾后勤保障工作的通知》精神，指导 68060 部队应急兵站搞好驻地供水管线、供电线路等基础设施修复，在现有的保障基础上，增开 3 ~ 4 个野战供水站和淋浴站；责成青海省军区后勤部调整加强花石峡、清水河等兵站的水电保障力量，拓展供水、供电和洗浴保障功能，形成持续有力的兵站保障线。先后动用现有野营淋浴车 6 台，申请总部解决野营淋浴车 10 台，为任务部队驻地开设野战洗浴站 14 个，组织 2 个流动洗浴站。4 月 26 日，联指后勤保障组下发《关于进一步加强救灾部队洗浴保障的通知》，就洗浴服务站的设置及使用管理问题进行明确。至 4 月 30 日，在灾区设立 7 个供水站、16 个淋浴站，每日可为任务部队提供生活用水 200 余吨，提供洗浴保障近 2000 人。抗震救灾期间，共为官兵提供洗浴保障 71500 余人次，供应净化水 13900 余吨。

为解决救援部队官兵如厕难的问题，在指导部队搭建临时厕所的同时，向总部请领野战制式厕所 20 个，搭建野战环保厕所 32 个、简易厕所 133 个，并与地方市政、供电部门协调，及时解决联指和救援部队驻地供电问题，保障救灾官兵用水、用电、取暖、洗浴和如厕等。

基建营房部针对投入抗震救灾野营装备多、技术含量高、操作骨干缺乏，加之灾区环境气候恶劣导致装备故障率高的实际，协调邀请淋浴车、净水车、30 千瓦电站、3 千瓦发电机组等装备生产厂家 5 名技术人员组成兰州军区野营装备巡修服务队，由野营装备维修站 1 名干部和 1 名技术人员带队分 2 批赴灾区进行保障服务。4 月 25 日、26 日，巡修服务队带维修器材和配件分 2 批抵达 68060 部队应急兵站展开巡修服务。服务队为救援部队修复照明电站 9 组、淋浴车 9 台、净水车 5 台，培训照明电站操作手、净水车操作手、淋浴车操作手 31 名。6 月 4 日，针对任务部队淋浴车损坏较多的实际，紧急调运淋浴车零配件 562 件（个）进行补充；组织淋浴车厂家和野营装备维修站各 1 名技术人员组成维修小组，再次赴灾区进行维修服务，修复淋浴车、净水车、发电机等骨干野营装备 169 台，培训修理工操作手 134 人，使救援部队骨干野营装备完好率达到 100%。

**（四）空军后勤保障**

地震发生后，空军后勤部迅速成立抗震救灾领导小组和办公室，实行 24 小时值班制度，及时组织指导西安咸阳、兰州中川、成都双流和北京南苑机场，全力搞好抗震救灾空运后勤保障。截至 18 日 18 时，空军后勤部为兰州方向筹措被褥和防寒物资 2500 套，为某机场补给航油 2000 吨、航空附油 9 种 3.3 吨，为某场站补充地油 17 吨、地面附油 5 种 7 吨。

从空军总医院、某航空医学研究所、空军后勤部某防疫队等单位抽组野战医疗所、空运医疗队、野战防疫队等各类机动卫勤分队 11 支；从兰州、青海片空军部队协调运输车 53 台，组成救灾运输分队；从某空防工程处、兰州军区空军某机场工兵勤务队、某场站抽调 105 人、38 台（套）机械装备成立支援分队。

**（五）任务部队后勤保障**

1. 青海省军区后勤部

青海省军区后勤部坚持“建制保障为主、支援保障为辅”的原则，按照“迅即反应、全力应对、军地协作、多法保障”的思路，及时组织后勤保障。

省军区抗震救灾紧急会议后，后勤部迅速召开会议，传达学习省军区会议精神，研究部署抗震救灾后勤保障工作；启动抢险救灾后勤保障方案，各业务部门分头展开工作。组织库存物资清点和配发，展开物资筹措装载、油料拉运储备、运力调整补充、经费增拨下达等工作，指导 68710 部队和玉树军分区组织应急保障，协调解放军第 4 医院为 68710 部队加强医疗力量，依托青南兵站对过往部队实施保障，依靠西宁进行保障物资请领补充中转，保障救援部队顺利前出和展开救援行动。制定下发《青海省军区抗震救灾后勤保障工作指示》，转发兰州军区联勤部《保障指示》《保障补充指示》和做好抗震救灾后勤保障工作通知，对保障任务、组织指挥、专业保障做出安排部署，实施 24 小时不间断的组织指挥和协调指导。省军区后勤部全面了解掌握驻青部队和省内地方保障资源，组织军民联合保障，对地方可以承担的保障指定社会实体组织实施，对地方无力承担的保障依靠部队系统筹措供应。依靠地方政府拓宽物资筹措渠道，对需求量大、品种多的物资，通过当地政府和国民经济动员机构，建立军需物资筹措机构，扩大部队取给范围和品种。协调地方开设（开通）军粮供应站、玉树军分区农行账户、23 个中石油补充加油站点，开通军车运行“绿色通道”；协调68062部队、62201部队、96351部队出动车辆394台次，租用地方车辆34台次，本级出动151台次，为部队、地方拉运物资器材4070余吨；贯彻青海省玉树地区抗震救灾道路交通工作协调会和铁路运送救灾物资转运统筹协调会精神，配合交通战备部门对西宁至倒淌河路段进行现地勘察；指导所属军分区、人武部协助交警部门对道路进行维护和疏通，增设200个交通管护标志，确保交通道路畅通。根据保障实际和人员特长，省军区统一调配整合保障力量，组成玉树灾区联指保障组、国道214线沿线兵站保障力量加强组和西宁后方综合保障协调组，3个小组相互衔接、互为补充、同步工作。

4月28日，兰州军区开设野战供水站

（兰州军区司令部编研部　供图）

根据兰州军区联勤部《青海玉树抗震救灾后勤保障指示》精神，省军区后勤部副部长刘国华带领机关12人，于4月15日赴玉树灾区参与联指后勤保障组工作，完成省军区所属部队后勤保障指导协调、各类物资接收与配发和接待保障任务。指导和协助玉树军分区完成胡锦涛、温家宝和各级各类工作组、配属加强的零散救援力量以及军地联合指挥部自身的保障与接待任务，累计接待231批，搭建帐篷340顶，保障热食供应1万多人（次），野战厕所14间。

协调救援部队在玉树开设银行账户，以自我保障为主。采取农行、工行互相补充、机制互通的办法为部队提供经费，玉树灾区以农业银行保障为主，西宁地区及国道214线沿线以工商银行保障为主。协助兰州军区联勤部财务部启动《应急资金保障系统启动书》，两次会同银行召开资金保障协调会，要求银行加大现金储备、24小时提供资金保障；先后给部队加大拨款2540万元（增拨1810万元、灾后重建500万元、装备经费230万元）；依托玉树、海东、海南军分区后勤部财务办和省军区后勤部供应处在国道214线设立4个财务保障点，为过往部队提供资金保障；协助救援部队办理临时银行卡，为部队借款30余笔303.7万元；派人携带现金20万元送到玉树军分区，保障抗震救灾急需。主食供应，建制团以上单位由军粮供应站定点保障，其他任务小分队由军粮供应站支援保障；副食供应，建制团以上单位自我保障，其他任务小分队由68060部队应急兵站协调地方物流公司前送灾区，依托兵站保障供应；联指、玉树军分区及所属部队由省军区后勤部前送保障。抗震救灾一开始，省军区立即对生活急需、部队短缺、现地无法筹集的给养器材，调用本级库存补充557件，发放单兵携行具、前运被装袋、作战靴等被装物资6814套（件）。

遵循以青南沿线兵站保障为主、地方中石油加油站（点）保障为辅的原则，采取定点保障与伴随保障、部队体系保障与地方补充保障、自我保障与支援保障相结合的办法，全时空、无条件对所有救援部（分）队实施油料保障与补给。为沿线兵站加油站前送各种油料700余吨，各种油料装备50余件（套）；先后为1000多批（次）部（分）队和各类医疗救护、防疫、检查组等5600余台（次）车辆及装备补充加注油料1000余吨；开通军车加油“绿色通道”，沿线开设地方加油点23个。

抽组28名驾驶员和11台运输车，加强68710部队和汽车分队进行应急保障；对于大批量、多波次地方救灾物资运输，协调62214部队、68062部队、96351部队予以保障；先后申请配发大型后勤骨干装备15台（次），加强国道214线沿线兵站保障力量，提高对过往部队服务保障质量；坚持急需物资实施空运、一般物资汽车拉运的原则，组织27个批次（航空代运9批次、汽车运输18批次）、308台（架）次物资器材前运，共向玉树灾区前送保障物资器材543780件（个、套），油料327吨、燃煤60吨和副食品及生活用品32吨。

立足自身携行帐篷、取暖炉组织宿营，对于无携带帐篷条件的指挥部、工作组和零散执行任务人员，由后勤保障组负责保障。利用当地现有水源、电力条件组织供水供电保障，条件不具备的利用发电机、运水挂车、净水车进行辅助保障。先后投入220余人次，调配各类库存物资500余件，购置煤炭、电力设备等物资器材70多个品种、80余万元。先后7次向玉树、沿线兵站运送物资，搭建帐篷200余顶，铺设电力线路1400多米，连接供水管道100余米，增设床位200多张，粉刷房间300多平方米。

2. 68211部队

68211部队分3个阶段进行保障。第一阶段（4月14日至19日），采取自我保障的方法，抗震救灾专业救援队携带各类帐篷11顶、5千兆瓦发电机组1台、2立方米软体贮水罐1个，以及连用给养单元1套、排用给养单元2套、1号高压锅1口、SC-513F型心电图机1台、食品水质检验箱组1套等制式后勤装备和各类自购器材，救灾官兵以我为主进行伙食保障。

第二阶段（4月20日至5月2日），由应急兵站定点保障。4月20日，68062部队开设应急兵站，采取受供单位自提与兵站前送相结合的方式，组织对救援部队实施应急保障。为68211部队配备15顶84式班用帐篷、15个取暖炉、2个2立方米软体水袋、5台5千瓦发电机组、1台3千瓦发电机组和120套单兵增氧器。4月28日，68211部队从联指请领高原型野战自行炊事车1台，用于保障任务部队日常就餐，协调68062部队拉运净化水，缓解官兵吃水难的问题。

第三阶段（5月2日后），采取由上级保障与自我保障相结合的方法。4月30日，68211部队灾后重建分队携带各类帐篷30顶、2立方米软体贮水罐2个、发电机组2台等自购器材，连用给养单元2套。协调68060部队应急兵站自行式野战淋浴车、野战净水车、主食加工车和野战油库等后勤装备，对部队和受灾群众实施集中保障。

截至5月30日，68211部队救援队和灾后重建分队共保障就餐7192人次，开支经费93.84万元，加注油料44584升，累计筹措各类物资3000余件。援建“高考帐篷学校”采购筹措营房类和生活类物资2880余件计38万元；为灾区群众提供无偿伙食保障7760人次，消耗各类给养物资 14.5 吨计 20 万元。

68211 部队救援队积极筹划，加强协调，依托地方银行及 68060 部队定点保障单位，采取定点保障与伴随保障等方式进行经费保障。主动与驻地开户银行联系，启动应急战备金制度，2 个小时内筹措应急战备金 30 万元，由财务人员随专业救援队实施伴随保障。累计保障伙食开支 61.50 万元（不含保障灾区群众就餐伙食开支），其中 68060 部队为救援队官兵供应各类生活物资 47.20 万元。

3. 第 21 集团军后勤部

4 月 14 日，第 21 集团军后勤部根据 68211 部队执行任务油料保障需求，向上级申请救灾专项油料。68211 部队从银川某油库拉运柴油 30 吨。机动途中，出动 1 台 2 管解放型（5 吨）油罐车，并利用汽油桶携带 600 升汽油，对救援队实施伴随保障。到达玉树灾区后，68211 部队救援队对车辆出动次数和使用管理进行严格限制，除动用指挥车、生命救援车和 1 台生活保障用车外，其余车辆原则不动。5 月 2 日，灾后重建分队到达玉树后，专门对车辆动用程序和相关规定进行明确，指定副部队长负责申请油料、审批派车。救灾期间，救援队共消耗柴油 105.112 吨、汽油 5.104 吨、汽机油 14 千克、柴机油 1600 千克、液压油 710 千克、防冻液 300 千克、齿轮油 100 千克、汽车适用锂基脂 510 千克。累计出动车辆 2937 台次，安全行驶 352440 千米，主要用于生命救援和废墟清运。

4. 68303 部队

68303 部队接到预先号令后，就地购买铁锹 1000 把、镐 1000 把，补充分发班用棉帐篷 338 顶、餐厅帐篷 27 顶、水袋 30 个、蜡烛 2000 支、手电筒 50 把、发电机 2 台；配发高原炊事挂车 30 台、高原压力锅 32 套；发放单兵自热食品 4 日份、野战方便食品 2 日份；运行粮油 7 日份、副食 5 日份。根据任务特点，配发口罩 9000 个、手套 6000 双；柴油 25 吨、汽油 5 吨、附油 3 吨，携行储备 2 个营基数战救药材和高原药品。针对机动距离远、路况不明的实际，优选 40 名司机，按照每台车 2 名司机的标准配至摩步 3 营，作为先期救援力量；优选 100 名技术过硬的司机统编至各单位人员乘坐车和特种车，确保机动安全顺利。机动途中，部队将 1 个基数的油料由原来的集中储备改为单车储备，节约途中加注油料时间 4 小时；采取伴随保障与定点保障相结合的方式实施油料保障，为每个行军梯队配备加油车 1 台；协调花石峡兵站组织各梯队加油。部队部署到位后，着眼长期执行任务需要，协调请领配发被褥、服装等生活用品，在西宁建立物资采购点，为各伙食单位订购餐桌 410 套、小凳 2100 个，采购洗衣粉、卫生纸、牙膏、牙刷等日常生活用品补充各任务点；与地方供应商联系，每 2 天供应 1 次副食，投入 3 万余元购买电冰箱 20 台；定期组织对生活用水进行消毒检疫，确保官兵饮食卫生；向上级请领淋浴车 2 台、净水车 3 台，建立野战浴室和净水点，每周轮流组织各任务点官兵洗澡，解决官兵吃水难、洗澡难的问题；联系高原病防治专家讲解高原病临床表现及防治常识，帮助官兵消除高原恐惧感。为部署在海拔 4000 米以上的单位配发单兵吸氧器 1200 个，加大高原药品储备量。

5. 96361 部队

96361 部队接到预先号令后，请领补充帐篷、铁锹、镐、麻袋、撬杠等抗震救灾器材 550（套）

件，维护检修车辆 65 台件，准备人员途中干粮，携带出动人员 20 天粮秣、个人生活物资，出动冷藏车 1 台、救护车 1 台、防疫车 1 台、修理工程车 1 台、消防车 1 台、自行式炊事车 3 台、炊事挂车 1 台、运水挂车 3 台。4 月 20 日 10 时 30 分，卫生队 5 人，动用背负式动力喷雾机 2 台、卫生防疫车 1 台，采取“全面消杀与重点防控相结合”的方式，对 96351 部队、96361 部队宿营区、格萨尔广场、当代和红卫片区进行消灭杀工作，日覆盖面积达 67000 平方米。4 月 22 日 8 时，96361 部队为提高任务官兵身心素质，在宿营区开设高原氧吧。4 月 22 日 8 时 30 分，派运输车 6 台返回大通营区拉取给养物资。4 月 24 日 18 时 40 分，为 508 名抗震救灾官兵配发抗菌内衣、袜子、羽绒背心、护膝、唇膏等生活物品；为抗震救灾官兵发放手机充值卡 64500 元。为官兵发放生活用品（洗发水、牙膏、牙刷、香皂、卫生纸）各 508 份；发放被装棉被、荒漠迷彩服、迷彩作训鞋、手套、口罩各 508 份；内衣、内裤、毛巾各 1016 份，满足官兵日常工作、生活所需。4 月 29 日 14 时 30 分，联系玉树州有关部门，将市电接入宿营地，并使用铝芯互套线进行线路改造，提高供电效率和安全性能。

6. 62201 部队

62201 部队根据抗震救灾后勤保障方案，积极协调银行，迅速筹措资金，及时下拨到位，并针对受领任务调整变化情况，适时增拨，确保抗震救灾行动顺利展开。针对抗震救灾药品和车材等物资紧缺的实际，采取统一办公、集中请领、对口办理的方式，迅即将物品下拨到位。利用高原炊事装备进行热食制作，采取自带单兵口粮与组织前送相结合的方式，确保 100% 官兵和收治伤员的热食供应。抗震救灾中，共筹措各类经费 672 万元，其中直接支援地方应急开支 333.15 万元，消耗各类物资器材 6.24 万件（个、批）计 791.69 万元。

7. 武警部队

武警部队按照属地管理的原则，由武警青海省总队牵头，保障武警部队参与救灾的部队后勤保障工作。在各任务部队自行保障的基础上，对急需的给养、油料物资等，由任务部队后勤部门提前计划，提出需求，武警青海省总队予以保障，总队后勤机关抽调干部 13 人组成前指后勤组，后勤组和武警总部后勤部指导组共同做好救灾武警部队后勤保障工作。

武警青海省总队采取边集结边部署、边开进边筹措、边救助边补充的方式，购置钢钎、铁锹、帐篷、发电机等救灾急需物资 2300 件（套）；针对震区水、电、通信、道路中断，营房严重受损，物资极度匮乏的实际，紧急筹措前送野战食品、帐篷、汽化炉、水囊、棉衣、被褥等保障物资 197 个品种、257630 件（套），共计 2000 余吨。调配后勤特种车辆装备 37 台。与地方军粮、石油、医院等部门协调，畅通保障救治渠道，现地展开 2 个野战救护所、3 个医疗救护点，成立 10 个救护小组，建起集“吃、住、行、医、修”于一体的“武警野营村”，确保救灾任务顺利完成。启动应急资金保障预案，向玉树支队增拨抗震救灾专款，协调有关银行储备资金，先后为救灾任务部队拨款 700 万余元，并指导做好经费保障工作。总队军需物资部门科学筹措物资，精心组织供应，积极靠前保障，抽调 4 人先后赶赴灾区一线指导军需保障工作。针对灾区环境恶劣、震后物资匮乏、救援队伍多元、保障难度较大的实际，及时疏通供应渠道，与西宁市大型超市、农贸市场签订供货协议，采用物流配送的方式，为一线部队输送生活物资。筹措前送 46 个品种、被装物资 22 万件（套），汽化炉 50 套、行军锅 20 口、野战给养单元 10 套、米面 60 吨，各类蔬菜和方便食品 80 余吨，保障总队和友邻部队救援官兵生活所需。开设便民饮食服务点 6 个，搭设受灾群众伙食点 12 个，免费为 3000 余名灾区群众和地方救援人员提供伙食保障，解决灾区群众就餐急需。武警青海总队先后组织出动车辆运送兵力 3700 余人、物资 1600 余吨、油料 800 余吨。协调沿途军队油库开通油料供应绿色通道。在西宁、海南、玉树等地分别开设油料保障点，先后为武警 8653 部队、陕西总队、甘肃总队、四川总队、湖南总队以及水电部队、交通部队供应油料 500 余吨。采取伴随保障方式，调用车辆 243 台，抽调驾驶员 50 名，配属到第一支队、第四支队，保证每辆抗震救灾运兵车有 2 名驾驶员。针对多部队协同作战、高海拔长期驻守、数千人后勤保障，先后运送帐篷、床板、行军床、气垫床、发电机等战备器材 1.6 万余件、应急物资 260 余吨。

武警 8653 部队在玉树抗震救灾中，注重探索后勤保障模式和渠道，不断优化和改善官兵物质生活条件，确保官兵以健康的体魄和饱满的精神投入救灾任务。搭建炊事帐篷 8 顶，申请综合炊事车 3 台和野战炊事平台 1 套，购买汽化灶 12 套、高压锅 12 口和 3 个 5 吨级水囊下发连队，优化基层炊事作业条件。紧贴救灾任务紧张、任务区分散、官兵就餐不定时等实际，采取留守官兵固定保障、外出救灾官兵定量保障或定时送水送饭保障相结合的方法，确保官兵吃饱、吃好、穿暖。成立营房保障分队，搭建野战厕所 2 个，修建大型垃圾池 1 个，搭设 100 平方米晾衣场，购置蓄水袋 8 个，购买电灯 200 多盏，为每个帐篷和营区接通电源，确保官兵洗衣、饮水、用电等。针对灾区夜间寒冷、帐篷数量少等实际，请领棉帐篷 90 顶、发电机 10 台和睡袋 500 套，调运单人床 600 张，保证救灾一线官兵住得下、住得暖。针对高原气候恶劣、车辆动用频繁的实际，通过加强司机队伍教育、严格派遣手续、带车干部随车督促、抢修车跟踪保障、依托地方修理厂维修等途径，严格司机队伍教育管理和车辆管控，确保行车安全。救灾以来，累计出车 1000 多台次，行程约 1.1 万千米，安全无事故。采取异地运送、驻地储备和就地供应的方法，确保日常用油充足、战备油料达到规定标准，满足遂行救灾任务需要。投资 8 万余元购买常用药品 32 种、急救医疗器材 13 种、消毒用品 5 种和高原特殊药品 6 种，为每名官兵配发 21 金维他、红景天、高原护肤霜、保湿润唇膏和原生肽多肽蛋白粉，满足官兵健康需要。严格落实定点诊治、巡诊到班、送医送药等制度，做好高原条件卫勤保障，确保官兵身体健康。采取日巡查、3 日消毒、周防疫检查等方法，抓大灾之后防大疫工作，喷洒消毒面积 71 万平方米，检验水质食品 32 次，杜绝疫情发生。

# 第三章　社会安全保障

## 第一节　安全警卫

### 一、守护重点目标

公安、武警在灾区党委、政府和公安机关的统一部署下，加强对重点目标和要害部位的警戒，维护灾区稳定和社会秩序；开展警民共建活动，建立治安联防互动机制，落实社会治安综合治理措施；严格落实对水、电、油、气和通信、广电、金融等 34 个重点单位以及受灾群众安置点、救灾物资集散地等部位的巡防守护，确保不出问题。

地震发生后，武警玉树州支队派出警力对玉树州油库、玉树州人民银行金库、玉树州粮油储备库等重要目标进行警卫，增派兵力增援玉树县看守所，防止出现人犯脱逃。增援警力到达玉树后，武警青海省总队第一支队、第四支队担负青海省抗震救灾指挥部、玉树州粮油储备库、玉树州临时石油库、巴塘物资转运点、玉树县水源地、物资发放点共十七八处重点目标和要害部位警戒的任务。

武警玉树州支队官兵守护重点目标安全　（火　光　供图）

4 月 16 日 8 时 40 分，青海省红十字会运往灾区价值 20 余万元救援物资被千余名群众围堵在州政府院内，海南州特警支队接到玉树州抗震救灾指挥部指令后，立即赶往州政府院内维持秩序，以拉人墙的方式护卫救援物资，劝解疏散三四百名群众。13 时，海南州特警接到玉树州公安局治安支队的救援请求，徒步赶赴 5 千米外的州委党校院内，看护民政局救援物资，劝解、疏散群众。

19 日，省公安厅从黄南州、海南州交警支队抽调 15 名民警在共和县尕海滩民政部门设立的物资转运站实施 24 小时执勤，维持治安，保护救灾物资。

20 日，玉树州国家粮食储备库围墙倒塌，给粮食安全带来隐患。武警青海总队第四支队派出 50 名官兵，实行 24 小时守卫警戒，检查出入库区人员和车辆，确保粮食安全。

4 月底，随着虫草采挖、交易增多，群众在广场附近设立交易摊点随之增加，每天的虫草交易量 10 万元以上。为保障虫草买卖客户的资金安全，玉树县民主路派出所安排民警每日巡查、管控。

5 月初，玉树州公安机关抽调 12 名民警协管员，在玉树最大的受灾群众安置点赛马场维护治安秩序，服务群众，民警分 3 组，每天 24 小时逐片巡逻、检查，掌握治安动态。

### 二、重大警卫保障

地震发生后，党和国家领导人、解放军和武警部队以及省委、省政府主要负责人在地震灾区检查指导救灾工作、看望慰问受灾群众，警卫任务繁重复杂。青海省公安厅成立以副省长、公安厅厅长为总指挥，警卫局局长张东风为副总指挥，武警总队、省国家安全厅、省卫生厅、省信访局等相关单位和消防、治安、刑警、交警等相关警种负责人为成员的安全警卫工作指挥部，负责组织指挥落实各项安全警卫工作。青海公安警卫部队在兄弟省市公安特警、武警部队的大力支持和配合下，充分发挥职能作用，精心组织、周密部署，圆满完成国家领导人重大等级警卫任务 25 批次 41 人次（一级警卫规格 9 批、二级警卫规格 12 批、三级警卫规格 4 批，一级警卫对象 9 人次、二级警卫对象 26 人次、三级警卫对象 6 人次），省主要领导警卫任务 50 余批次，省抗震救灾指挥部重要会议警卫任务 30 余次。

押运国务院和省应急指挥平台涉密通信装备、救灾物资等临时性警卫任务 7 批次。共出动警力 1200 余人次、警车 360 余台次，行程 30000 余千米。没有发生一起安全或责任事故。

## 第二节　维护灾区秩序

### 一、安全防范

地震造成玉树结古镇基础设施毁坏，社会各机构无法短时间内有效运转，人民群众的生产生活受到影响，一度出现哄抢偷盗救灾物资、一些不法分子趁机滋事等问题，严重影响社会安定，也给救灾工作带来不便。针对这一问题，公安部立即从甘肃、四川和青海调集 8 支特警队共1000余人赶往震区。参加抢险救灾的解放军、武警官兵和公安干警，坚持一手抓抢险救灾，一手抓维护灾区社会稳定，化解受灾群众的情绪和矛盾，加强对重点目标和重要设施的安全警卫，开展军警民联防联治，为抢险救灾创造良好的社会安全保障。

公安特警在玉树地震灾区巡逻　　（公安部治安管理局　供图）

救灾部队和公安民警加强协调配合，落实综合措施，在治安防范中，加强街面巡逻防控，组织开展军警民联防，疏导化解矛盾纠纷，加强对枪支弹药和违禁物品的收缴销毁管理，维护灾区社会治安秩序，保证抗震救灾顺利进行。

针对抢险救灾工作中出现的影响社会政治稳定的苗头倾向，加强与西藏、四川等重点省区的情报交流，建立情报每日会商研判机制。武警西宁市支队、玉树州支队在结古镇民主路、新建路、胜利路、赛马场受灾群众安置点和折龙达、加吉娘、当代、扎曲南路、扎西大同5个社区进行武装巡逻，采取定人、定车、定时、定路线、定责任的方法，加强与州公安局、片区派出所、社区警务室、社区治保组织、居委会及周边群众的治安联防，构建覆盖结古镇的防控网络体系。

玉树州公安机关全面核查登记涉枪涉爆单位，收缴销毁废墟中清理出的各类枪支、弹药，消除隐患。开展对涉枪涉爆单位安全检查和隐患排查整治，共检查涉爆单位12家、涉枪单位15家，对发现的安全隐患及时进行整改；开展对流散社会的非法枪支、爆炸物品和管制刀具收缴。共收缴各类枪支34支、子弹2187发、炸药183千克、雷管116枚、导火线785米、手榴弹3枚、管制刀具1362把，对非法携带管制刀具的85名违法人员依法进行行政拘留处罚，并上交历年来收缴的514支非法枪支。

组建72个义务联防队，开展以防火、防盗为主要内容的群防群治活动，维护灾区社会政治稳定。以防哄抢、防盗抢、防破坏为主要任务，加大对街面警力的投入，在外援警力和武警部队的支持下，分片包干，同时开展巡护居民安置点、受理群众报警、分发救灾物资、核查补办证照、开展消防安全培训、提供医疗服务等基础工作。

4月下旬，省公安厅针对清水河部分玉树籍司机围堵运送灾后重建物资车辆的情况，及时下发通知，玉树州公安局制定《关于开展打击“车匪路霸”专项行动的实施方案》，以结古镇国道214线为重点开展打击“车匪路霸”专项行动，并就如何应对此类事件作出部署，协调沿线公安机关治安、交警及交通运输部门及时建立、健全和完善道路交通安全保障应急工作机制，提高应对突发事件的应急处置能力；玉树州人民政府制定出台《玉树州道路交通环境整治工作方案》，从4月底开始在全州范围内组织开展道路交通秩序专项整治行动，集中整治突出的交通安全问题。在国道214线沿线先后组织开展打击哄抢、打击车匪路霸等专项行动，打击各类违法犯罪活动，共破获各类刑事案件111起，收缴被盗抢机动车80台。

## 二、维护稳定

### （一）武警部队维稳

4月15日，根据联指安排，武警玉树州支队担负维护社会稳定任务，玉树支队每天派出100名兵力担负重点目标巡逻警戒任务，在政府、邮局、银行、金库、加油站、主要街道、救灾物资发放现场执勤。

武警部队在玉树地震灾区巡逻　　（火　光　供图）

23日，武警青海总队前指制定有关防范措施，组织人员对玉树13个重点地区进行现地勘察，熟悉道路、地形及周边环境，完善行动预案；协助公安机关在进出灾区要道设卡，疏出阻入。在任务转换阶段，武警部队始终坚持救灾与维稳并重，及时制定处置青海藏区抗震救灾期间突发事件应急预案和处置青海玉树地区抗震救灾期间突发事件应急预案，先后3次下发指示，对维护青海藏区和玉树灾区社会稳定提出要求，与青海省、玉树州安全局、公安局、国保、民宗、统战等部门建立情报信息共享机制，武警任务部队依据联指和武警总部要求和原则采取有效措施，完成处突任务，有力维护灾区社会稳定。

6月18日10时30分，武警青海总队第四支队驻杂多县部队协助当地公安机关疏导劝阻200余人无证企图采挖虫草聚集人群。

### （二）公安机关维稳

地震发生后，省公安厅网络安全保卫总队组织开展网上情报信息搜集、分析、研判工作，共编报互联网情报研判报告41期，其中13期被省抗震救灾指挥部和公安部采用。开展网上信息巡查处置工作，人均日巡查量2000余条，处置删除危害灾区稳定的有害信息。

4月20日，玉树抗震救灾指挥部建立维稳情报每日会商研判机制，坚持每日一汇总一研判，重大紧急情况随时分析研判，为各级抗震救灾指挥机构和各级党委政府决策提供服务。为妥善防范和处置群体性事件，制定《虫草采挖期群体性事件处置预案》《危房鉴定和拆除拆迁、征地矛盾纠纷群体性事件处置预案》《玉树州公安机关处置灾后重建期群体性突发事件工作预案》，将精力更多地集中在灾区维稳各项措施落实上，集中在矛盾纠纷排查调处措施的落实上，全力配合相关部门做好解决群众诉求的工作，防止发生阻拦交通、围堵各级指挥机构、干扰正常办公秩序问题。通过信息预警、群防群治、妥善处置受灾群众救助、危房鉴定、规划征地、危房拆除、宅基地权属和虫草采挖等引发的矛盾纠纷和群体性事件，确保大局稳定。

## 三、打击刑事犯罪

玉树州政府和公安机关在武警部队协助下，依法严厉打击各种刑事犯罪活动，维护灾区社会秩序，保障抢险救灾工作顺利进行。

4 月 16 日，中国建设银行青海省分行在对玉树地震救灾账户、款项监控时，发现一个以个人名义设立的可疑募捐账户。接到报警后，青海省公安厅立即组成专案组展开侦查。在海南省公安机关配合下，4 月 20 日，犯罪嫌疑人薛某被专案组在海南省儋州市抓获。据交代，4 月 15 日，薛某在网吧上网时得知青海玉树地震的消息后，产生以赈灾名义实施诈骗的念头，随后，薛某以中国红十字会名义制作虚假玉树地震赈灾捐款网页，骗取赈灾善款。截至 4 月 20 日，薛某骗取玉树地震赈灾善款 4571 元（其中 3100 元赃款被青海警方追回）。4 月 26 日 13 时，犯罪嫌疑人薛某被青海警方押解回西宁。

4 月 18 日，针对一些不法分子的违法行为集中出现的情况，成都、兰州、甘孜、阿坝公安特警和青海省果洛州公安局及玛多县公安局协助玉树州公安局，科学调配警力，实施 24 小时街面武装巡逻，加强重点部位的巡防守护，提高街面见警率和管控率，严厉打击哄抢救灾物资、盗窃受灾群众财产等违法犯罪活动，安抚稳定民心。在结古镇主要出入口设立治安卡 3 个，开展治安巡逻，打击街头违法犯罪活动。破获各类盗窃物资案件 40 起，抓获犯罪嫌疑人 30 人，打掉涉嫌盗窃物资的甘孜籍团伙 1 个。

4 月 21 日零时，玉树州公安局针对震后救灾物资发放点秩序较乱，一些不法分子趁机滋事，多处废墟中的财物被盗等违法犯罪活动较突出的情况，组织开展以集中打击哄抢抢险救灾物资、盗窃灾区群众财物等犯罪行为为目标的行动。抽调警力 100 余人，出动车辆 20 余台次，抓获犯罪嫌疑人 9 名，收缴小口径步枪子弹 39 发、半自动步枪子弹 40 发、管制刀具 2 把，查扣涉嫌汽车 2 台、摩托车 7 辆，追回部分被盗财物。

4 月 24 日 15 时许，某特警三中队在扎曲北路和昌路门洞口执勤时，发现一僧侣与当地僧侣区别很大，而且左肩部纹有毛主席像、右肩纹有天安门像。特警队员上前对其询问，发现此人持有两张身份证，两个证件上的姓名一样，但身份证号却不一致。通过公安网查询，此人在 2008 年因诈骗罪取保候审，随即将此人移交玉树州公安局。玉树州公安局刑警支队民警审查发现此人有重大嫌疑，遂移交当地执法部门。

4 月 25 日 14 时许，玉树州公安局特警旦曾加措和周桑才旺两人在格萨尔广场桥头执勤时发现一处废墟上有人在挖掘，而且神色慌张、行迹十分可疑，遂上前对该人进行询问，发现他们在废墟中盗挖玛瑙、珊瑚等贵重物品，将两人送至州公安局。

5月10日，省公安厅刑警总队领导赴玉树州督导打击刑事犯罪工作，对囊谦县达那寺灵塔被盗案件进行督导，会同州公安机关有关人员赶赴案发现场，进行勘查，并召开省、州、县三级公安机关案情分析会。

5月20日，玉树州公安机关对收缴的一批危爆物品进行集中爆破。州政府批转州公安局《关于进一步加强民爆物品管理的通知》，及时对20余家涉爆企业进行安全管理大检查，严格监管。

6月14日，玉树州公安局针对地震后玉树县发生电缆线路被盗案21起、被盗线路长达4.5千米的情况，派出侦查员准确掌握4个非法收购电缆窝点，当日18时，刑警支队民警兵分3路出击，将分布在巴曲河沿岸的4个窝点成功捣毁，当场缴获通信电缆铜线1200余千克、断线钳3把、通信电缆若干米，抓获犯罪嫌疑人17名。

截至6月底，玉树州各级公安机关共破获各类物资盗窃案件40起，抓获犯罪嫌疑人30人，打掉涉嫌制造假证团伙1个（6人）、涉嫌盗窃物资的团伙1个（13人），缴获救灾帐篷18顶及面粉等大量抗震救灾物资。

## 第三节　转移在押服刑人员

地震致玉树县监狱外围监墙向外倒塌，但监舍无损。108名在押人员在监舍里情绪激动，大声叫嚷。地震袭来时，在监墙执勤的武警玉树县中队一号哨兵李军辉被地震波推向监墙，他急忙冲向哨楼里的应急电铃，但哨楼倒塌，被埋进废墟中的李军辉在一只眼被砸伤的情况下推开石块爬出，用对讲机向中队报告情况。在监墙上通道执勤的二号哨兵李永松，在墙体向外倒塌的一刹那，跳到墙外的农田里，然后迅速往中队方向跑去报告情况。县中队中队长赵伟和指导员彭兴太指挥所有官兵向监墙方向集中，加强警戒。此时，人犯在监舍哭叫，赵伟怕发生意外，上报支队长石华杰，请求增援。看守所教导员扎西组织监管民警打开监舍铁门，武警战士和监管民警将服刑在押人员集中到看守所后面的一块空地上。

8时许，玉树县委政法委书记李春平带有关人员赶到看守所，现场召开会议，制订应急方案。成立由州政法委、州公安局、武警玉树州支队、州检察院负责人组成监所救灾和在押人员看押工作临时指挥小组。8时30分，武警玉树州支队参谋长范玉龙带领50名战士跑步到看守所增援，和李春平研究后，组织在押人员转移。组织老、弱、病、残人员在其他在押人员和监管民警的扶助下率先撤离，其余在押人员20人一组有序地向县中队操场转移。20多分钟后，部门在押人员全部集中至安全区。

9时，省公安厅监管总队召开紧急会议，专题研究部署玉树县看守所在押人员处置工作。一是决定由监管总队政委仁青带队赶赴玉树县看守所，协调指导在押人员分流羁押工作。二是将地震中玉树县看守所服刑人员无一伤亡的情况迅速通报全省监管场所，要求各监管场所做好玉树籍在押人员思想工作。三是省公安厅监管总队加强与玉树州其他 5 县看守所联系，了解在押量和受灾情况，为分流玉树县看守所在押人员做准备。

21 时 30 分，仁青到达玉树县看守所，察看监狱设施毁损情况、在押人员临时转移和安全羁押情况，主持召开相关部门负责人会议；增加警戒力量，划定警戒线；对在押人员进行分流羁押。增加 15 名公安特警和武警，拟订在押人员分流羁押和路途押解方案。

15 日 10 时，看守所临时指挥小组将在押人员分流方案报告玉树州抗震救灾指挥部。指挥部同意将 31 名已决犯押往西宁投送监狱，未判决在押人员转移至治多县看守所关押。监管总队迅速报告青海省检察院监所检察处，协调省监狱管理局和省劳动教养局做好服刑人员的收押工作。

15 日 16 时 30 分，根据押解方案，玉树县公安局局长李炎率 10 名民警、10 名武警，将未判决在押人员武装押解送往 200 千米外的治多县；21 时，安全转移至治多县看守所。16 日 15 时 20 分，仁青率 8 名武警、5 名特警，武装押解服刑人员安全转移至西宁西川女子监狱和多巴劳教所。

# 后　记

根据青海省人民政府组织编纂《玉树大地震救灾重建志》的工作安排，2011 年 3 月，青海省军区受领担负《抢险救灾志》的编纂任务。4 月，省军区成立编纂委员会，责令省军区军事志领导小组办公室承担此项工作，由孟克那生负责编纂工作，刘本新协助并撰写有关章节，同时从省内聘请 3 位专家参与编纂工作。

省军区领导高度重视编纂工作，司令员张书领、李松山，政委武玉德、李宁多次批示要求做好编纂工作，副司令员昂旺索南，参谋长冶建军、韩光忠经常深入军志办检查指导，协调解决困难，副参谋长陈正果多次参加军志办组织的有关会议，研究具体工作，并修改有关章节。在编纂过程中，全志委办公室领导非常关心、支持编纂工作，主任王振青、杨松义及业务指导处处长李泰年多次到省军区调研协调，现场解决问题。

为做好编纂工作，编纂委员会多次召开会议，研究撰写中遇到的困难和问题，并派孟克那生随省《玉树大地震救灾重建志》编纂委员会办公室考察组赴四川、陕西、甘肃“5·12”汶川特大地震抗震救灾志有关编纂单位学习取经，组织人员参加全志委办公室组织的培训。针对资料难协调的实际，2012 年 5 月，聘请省军区平安民兵装备仓库原主任李润才担任资料收集任务。9 月，派 4 人分赴北京、河北、山东、四川、重庆收集抗震救灾资料，派孟克那生 2 次赴玉树州收集资料。编纂工作历经编写大纲、收集资料、撰写资料长编、完成初稿 4 个阶段，2013 年年底基本完成初稿撰写。第一篇组织领导、第二篇组织救援由刘本新撰写，第三篇抢救生命财产由原武警西宁指挥学院教研室主任张乐撰写，第四篇抢修恢复、第五篇救灾保障由青海省发展和改革委员会原调研员贺文慈、青海省人口与计划生育委员会原处长安萍撰写。

由于多种原因，初稿存在资料使用不全、缺项等许多问题。为加强对编纂工作的领导，保证志稿的质量，2014 年 3 月，省军区调整军事志领导小组办公室领导，由军志办主任石江河负责编纂工作，石江河、袁建光负责统纂志稿。经过资料补充，7 月完成统纂初稿，请兰州军区司令部编研室原主任海增顺修改。10 月，根据海增顺意见，进行补充完善，调整结构。2015 年 5 月，再次送海增顺修改，8 月完成初稿，送各参编单位修改并征求意见，报全志委办公室审核。9 月，根据全志委办公室关于《玉树大地震救灾重建志》编纂专项督察搜集到的资料，进行补充完善。根据全志委办公室审核意见和各参编单位意见，2016 年 7 月，再次对志稿进行修改，形成终审稿，10 月报全志委办公室。2017 年 10 月，根据有关专家的修改意见，进行了再次修改。

文稿内容所涉及的所有资料、内容，虽然经过反复核实，多方考证，全面落实，但由于救援单位多、行业系统多、参与人员多，存在资料收集难、资料核实难等许多困难，加之编纂人员水平和能力有限，还存在疏漏与不足，请批评指正！

《玉树大地震救灾重建志（卷三）抢险救灾志》编纂委员会

2020 年 11 月